洞见江西

（上）

当代江西杂志社 编著

江西教育出版社
JIANGXI EDUCATION PUBLISHING HOUSE
·南 昌·

赣版权登字-02-2024-613

图书在版编目（CIP）数据
洞见江西 / 当代江西杂志社编著. -- 南昌 : 江西教育出版社，2024.11. -- ISBN 978-7-5705-4585-8
Ⅰ. I25
中国国家版本馆CIP数据核字第2024FV4229号

洞见江西
DONGJIAN JIANGXI
当代江西杂志社 编著

江西教育出版社出版
（南昌市学府大道 299 号 邮编：330038）

各地新华书店经销
江西千叶彩印有限公司印刷
720 毫米 ×1000 毫米 16 开本 59.75 印张 717 千字
2024 年 11 月第 1 版 2024 年 11 月第 1 次印刷

ISBN 978-7-5705-4585-8
定价：119.00 元（上、下册）

赣教版图书如有印装质量问题，请向我社调换 电话：0791-86710427
总编室电话：0791-86705643 编辑部电话：0791-86700573
投稿邮箱：JXJYCBS@163.com 网址：http://www.jxeph.com

深度凝聚力量

新媒体的传播力影响力从何而来？“当代江西”微信公众号应该成为一个什么样的新媒体？我们一直在思考。

在“乱花渐欲迷人眼”的移动互联网时代，经历过传播技术的狂飙猛进，眼见舆论场上众声喧哗，我们愈发感觉到：资讯和流量有多爆炸，观点和深度就有多稀缺。从“铅与火”到“光与电”，再到今天的“数与网”，媒介始终是思想的载体，观点永远是内容的灵魂，就像千年之后，我们依旧能透过文字典籍，仰望人类思想史上一颗颗璀璨的星辰。

怀揣着这种使命，2023年4月，“当代江西”微信公众号改版面世，以全新的面貌与读者见面。每天2篇原创文章的陪伴、对深度的极致追求、开诚布公敢说敢言的调性、与读者亲切交谈的文风，吸引了越来越多关注的目光。

我们曾反复追问，“当代江西”微信公众号要塑造一种什么样的气质？或者说，党刊新媒体该以什么姿态与读者对话？一年多来，我们埋头耕耘、不断求解，试图用每一个选题、每一段文字、每一篇文章来回答这个问题。实践让我们更加笃定：有高度、有深度、有锐度、有温度的优质内容，是我们的永恒追求。

以高度引领方向。我们胸怀家国使命、社会责任和人文情怀，立足江西、放眼全国，以小切口折射大主题、以小故事反映大时代，致力于打造有江西辨识度、有影响力的媒体平台，当好时代的记录者和瞭望者。

以深度体现价值。我们坚守深度观察这条主赛道，向下掘井、垂直深耕，专注于解剖热点现象，探究问题本质，以专业思维增加信息的黏稠度，以冷静思考抵达问题的最深处，用优质内容驱动传播、增值新闻、集聚流量。

以锐度引导舆论。我们力求见人之未见，言人所未言，关注人们的痛点和呼声，不遮掩、不躲闪，在纷繁的舆论场上直面问题、敢于亮剑，以颇具锋芒的观点拨开思想迷雾，引领舆论走向，用思想赢得读者，让观点直抵人心。

以温度触达情感。我们追求一种清新质朴、要言不烦的写作方式，饱含温情、惜字如金，不说空洞的套话，不讲正确的废话，用通俗易懂的语言和推心置腹的交流引发共鸣、触发共情，让读者见字如晤、如遇知己。

不论技术如何迭代，“文以载道”永远是主流媒体必须坚守的品格，饱含深情的文字总是有承载思想、直击人心的力量。令人欣喜的是，一年多来，我们的内容正被更多人看见，我们的声音正被更多人听到，一个个点赞、一条条评论、一次次转发，都是对我们的鼓励和认可，这是我们自我变革、自我重塑的底气、勇气和动力。

这次精选集结的170多篇文章，是对过去一年的深情回望，也是对走向未来的美好期许。“雄关漫道真如铁，而今迈步从头越。”在抵达受众、凝聚共识的路上，我们日夜兼程，永不停歇。

鲁迅先生有言：无穷的远方，无数的人们，都和我有关。愿我们的文字能亮起一束光，照亮每一个前行者的路；愿我们的文字能燃起一簇火，温暖每一个同行者的心。

《洞见江西》编委会

2024年10月

目录

第一篇章 / 江右风华

第二篇章 / 乡土观察

第三篇章 / 红色基因

第四篇章 / 赣鄱时评

第五篇章 / 时代先锋

◎第一篇章

江右风华

万寿宫何以成为江西人的“文化图腾”

大大小小的万寿宫，如同一缕红线将在外闯荡的江西人紧紧牵在一起，串起一个庞大的商业网络。

提起“南昌热度”的“流量密码”，万寿宫历史文化街区的贡献功不可没。

在今年火爆全网的“特种兵式”游南昌的热潮中，万寿宫历史文化街区理所当然成为游客的首选打卡地。无数年轻人争相走进这个号称“赣鄱文化第一街”的文化地标，体验古韵与新潮的碰撞融合，品味城市的烟火气。

万寿宫为啥这么“火”，其背后隐藏着怎样的文化密码？被视为江西人“文化图腾”的万寿宫文化对于江西的历史与当下有着怎样的意义？

一

万寿宫是江西民间信仰的朝圣地，承载着江西人对治水英雄许逊的缅怀。

许逊何许人也？

许逊，字敬之，南昌人，祖籍河南汝南（今许昌）。他年轻时拜著名的道士吴猛先生为师，得真传。后举孝廉，许逊难以推辞，便到蜀地当上旌阳（今在湖北枝江）令。许逊目睹晋王朝乱象，辞官到南昌西山隐居修道。这是许逊的人生轨迹，并不复杂。但他的身份却不少：官员、道士、英雄和水利工程师等。

古代英雄被人崇拜的原因大多是除暴安良和治水为民，当这两种特质同时聚集到许逊一人身上时，他就有了被万世纷沓朝拜的理由。

东晋时期，衣冠南渡，许逊的祖父迁到南昌，许逊也因此成为南昌人。许逊这位水利专家在南昌一带取得三大惠民成果：疏通河道、筑堤和灌溉。

正史上未看到关于他治水的详细记述，反而是坊间的口头文学，神化了这位东晋的水利专家，从唐朝就开始提供凿凿物证。一方面，人们构想出一只孽龙，将所有的罪责归咎于这个虚构的形象，另一方面，构想出许逊作为降服孽龙的神的存在。

据《十二真君传》载，许逊于豫章遇一少年，容仪修整，自称慎郎。许君与之谈话，知非人类，指顾之间，少年告去。真君谓门人曰："适来少年，乃是蛟蜃之精，吾念江西累为洪水所害，若非翦戮，恐致逃遁。"蜃精知真君识之，潜于龙沙洲北，化为黄牛。许逊化为黑牛与之相斗，其弟子"以剑挥牛，中其左股，因投入城西井中"。

许逊跋涉于山水间，奔波于风尘中，他留下的踪迹，成了神话的物证，唇舌相传的百姓是人证。许逊的形象深植在赣鄱大地上，生长神话的土壤亮起了一个个地名当作标识：蛟桥、许家营、生米、翻车冈、老龙窝居、龙冈、板坊庙、慈母渡、慈母村、棕帽巷、黄牛洲、沙井、观看桥、观音庙等。笔者某次到湾里采风，听乡民说某乡有一巨石，上有脚印状的陷坑，当地人附会为观音大士帮许逊斩妖除魔时留下的痕迹。

井依在。许逊为铁柱作祷祝谶语：铁柱若歪，其蛟再兴，吾当复出；铁柱若正，其妖永除。

二

许逊不仅是治水英雄，还用高超的医术治病救人，他给了这个城市丰厚的历史回忆。许逊在梅仙祠旧址上始创净明道派，观名“太极观”，唐宋时期该观相继易名为“太乙观”和“天宁观”，直至八大山人的到来，更名为“青云圃”。于是，八大山人有了“正开山祖道朗号良月文号八大山人朱真人”的牌位。

南昌人向往云腾雾漫的神话，将想象力的全部色彩投射到许逊身上，拔宅升天的结局将他的人生推向巅峰。老百姓说得有鼻子有眼，跟真的一样。

东晋孝武帝宁康二年（374）八月初一，许逊举家42口拔宅飞升而去。唯有石函、药臼、车毂和许逊用的御锦帐从云中堕于故宅。他们从茫茫苍生中脱颖成神祇，由一朵云带着去了天堂。群众如此生动地为一位水利专家在神仙的班列里，找到了一席之地。一人得道，鸡犬升天。宋徽宗封许逊为神功妙济真君，道家尊其为西山净明法派祖师，世称许真君。

赣人是许逊遗产的继承者，万寿宫是最坚实的信念。南昌主要有三座，以城内的铁柱宫为支点，其他两座一座在逍遥峰依山，一座在象湖傍水。

其一，玉隆万寿宫，西山道遥峰下，人们习惯上称之为西山万寿宫。东晋时为许仙祠，南北朝时改为游帷观。北宋真宗皇帝赐匾，升为玉隆宫。西山万寿宫经数十次兴废，可相传许真君亲手所植的瘗剑柏，经历1600多年却依然生机不减。

其二，妙济万寿宫，又称铁柱万寿宫，毁于四十年前，后复建。

其三，象湖万寿宫，根据考证，青云谱施尧村一带是许逊治水的重要区域，这是象湖万寿宫的依据之一。

赣人习惯安排一个好日子，梳妆打扮后前往万寿宫拜祭。

三

万寿宫曾经是世界了解中国的窗口，也是江西走向世界的象征。

南昌对于许逊的情感，从感恩出发，又与未来的生存休戚相关。对于这一点，远方来的利玛窦是不知情的。看得见千船万帆的广润门又称广货门，是说这里水运进出的货物种类有很多，不远处就是铁柱万寿宫。

1595年4月的一个早晨，高大的利玛窦瞪着好奇的蓝眼睛东张西望，这里百货、布纱、盐、粮等商号云集，还有镂月裁云的木刻石雕，这些深深吸引了他，他选择在南昌暂住下来。

当利玛窦走进铁柱宫，他死活不肯跪拜，因为许逊不是这位西方人的信仰。他第一次与当地人发生了不愉快的冲突，但这并不影响他对这块水土表达出的喜爱：“（南昌）较广州更漂亮、更高尚……房舍美观，街道又宽广又直。”“它的面积以我的看法，较翡冷翠（即意大利佛罗伦萨）大两倍。”“南昌街上这类牌坊雕得十分精致，比比皆是……”“庙建设宏伟，里外都是做生意的，好像天天开商展会似的，极为热闹。”

利玛窦卓越的文献意义，竟使得万寿宫的场景成了世界了解中国的线索。这位传教士讲述得越是绘声绘色，越是勾起大家的好奇，中国记忆性的话题，拥有了广阔的知名度。显然，它是民众聚集的中心，一个城市曾经的熙攘和繁华。

正如闽文化中的天后宫、沪文化中的城隍庙、宁文化中的夫子庙一样，作为历史堆积成的赣文化品牌在一片荡漾的水边重生。许多古建筑虽有毁坏，但有些古建筑坍塌或毁灭后，民众的双手总是又让它再度矗立，这是什么原因呢？是因为一种文化的内核永远都毁不掉。

四

万寿宫是江右商帮文化的纪念地，江西人闯荡四方的出发地。许逊成为江西民间信仰最重要的神祇，是时代的选择。万寿宫是漠然、动荡的世间一处坚固的馆舍，它能行走，走进了湘西、西南、广东以及东南亚等地，各地万寿宫尽管建筑规模、风格上各有特色，但始终保持着江西文化的元神。仿佛再远的江湖都能找到万寿宫，它都将乡人目光引往原乡——江西，走多远，都有万寿宫陪伴，它们以一种根性和精神召唤，存放难以割舍的乡愁，像一座座移动的故乡，收拢赣人踏尽苍茫的脚步。

具有江西人文地标意义的万寿宫是江西人灵魂的一个归宿，理所当然成为江西会馆，它是故乡之心，江西人走天下的见证。

随着明清江右商帮的兴盛，跟随江西商人的足迹，万寿宫进一步在各地“繁殖”。据统计，在江右商帮鼎盛的清代，全国共有万寿宫1400多座，除省内600余座外，几乎分布于全国各地，甚至漂洋过海，把万寿宫“出口”到东南亚一带。这些大大小小的万寿宫，如同一缕红线将在外闯荡的江西人紧紧牵在一起，串起一个庞大的商业网络。

如今，在湖南长沙、凤凰古城以及云贵川渝等地仍可见明清时期建的万寿宫，这些万寿宫大多是江右商帮的会馆。

许真君是赣人代言人，他所建立的净明道在中国本土宗教树立起一面旗帜，宏观视野下的万寿宫是江右精神拥抱世界的一次远行，在东南亚的万寿宫也因此成为海上丝绸之路的历史见证。这个聚焦镜像里，有一个融合商贸文化、移民文化和市井文化的内在命题，是江西人进取心、诚信与凝聚力的空间体现。

治水的许逊希望所有的水和人都能守着规矩，净明道的宗教伦理以许逊的忠、孝、廉、谨、宽、裕、容、忍的“垂世八宝”为依据，成了江右商帮文化的灵魂和行动准则，心怀“贾德”的江右商人，依此在各地经营着瓷器、粮食、茶叶、纸张、布匹、药材、木料和盐等。朱元璋攻城略地，打江山，也打出一个江右商帮，从军需物资起家的商业团队，随着“江西填湖广”“湖广填云贵川”的移民史创造出赣商的江湖。

千百年来，万寿宫逐渐上升为江西地理的文化徽记，成为江西地域人文的典型代表。徜徉在万寿宫历史文化街区，回眸历史，这里是南昌最早，也是最旺的商品交易街区。作为老南昌气象的集中体现，俨然是城市文化遗产的体验地，以及城市休闲文化的观光地。万寿宫历史文化街区有人间烟火，更有时光的温情。

作者：邓　涛

2023 年 6 月 27 日

才子解缙与《永乐大典》的相互成就

解缙为何提出编修《永乐大典》？编修过程中又有哪些故事？

作为明朝内阁首辅和历史上最有学问的才子之一，解缙生前最大的功绩就是主持编纂了中国古代雄伟、浩繁的文化工程——《永乐大典》“纂集四库全书，及购募天下遗籍，上自古初，迄于当世，旁搜博采，汇集群书，著为奥典”。作为“万宝之书”，《永乐大典》辑有当时古今图书七八千种，多达3.7亿字，是中国古代最有影响力的类书之一，被誉为“世界有史以来最大的百科全书”。

解缙为何提出编修《永乐大典》？编修过程中又有哪些故事？让我们一一道来。

一

洪武二年（1369），解缙出生在江西吉水鉴湖旁的一个书香门第。

祖父解子元，元至正五年（1345）进士，是元朝安福州的判官，在元末战乱中死于乱兵之手。父亲解开，曾经“二魁胄监，五知贡举”，但他淡泊名利，一心从事著述、办学、培养人才。母亲高妙莹，不但贤良淑惠，而且通书史、善小楷、晓音律。生长在这样的家庭，解缙从小就受到良好的教育。

传说解缙天生过目不忘，3岁应口成诵，5岁开口成诗，7岁便想修家谱，9岁日记万言，10岁能贯穿四书五经传注义理，12岁遍阅儒家经典，14岁能一目数行，被称为“神童”。

民间流传了不少解缙巧对对子的故事。

有一年春节，解缙在后门上贴了一副春联：“门对千竿竹，家藏万卷书。”对门的员外看了，很不高兴，心想只有像我这样的人家，才配贴这副对联，就命仆人把竹子砍了。不一会，家人告知，解缙的春联改成了：“门对千竿竹短，家藏万卷书长。”员外听后，又叫家丁把竹子连根挖出，不料解家的春联又改为：“门对千竿竹短无，家藏万卷书长有。”

洪武二十年（1387），18岁的解缙第一次参加乡试，一举夺魁，人称“解解元”。次年赴京参加殿试，解缙被录为二甲进士，他的哥哥解纶和妹夫黄金华也同登进士榜。

解氏家族“兄弟同登第”的消息传出，轰动京城，一时传为美谈。

二

虽然《永乐大典》是在永乐年间完成的，但早在洪武年间，解缙就提出编修大典。

公元1388年，19岁考中进士的解缙，在翰林院做庶吉士。朱元璋很喜欢他，常留解缙在旁伴读。在陪朱元璋读书时，他发现朱元璋喜欢读一些杂书，如佛家、道家的书，还有汉代刘向《说苑》、宋代阴时夫《韵府群玉》等。他对朱元璋说，这些书，有的内容荒诞，有的杂乱无章，不值得多花时间细看，不如找一批志同道合的、优秀的儒家学者，一起编纂一部内容丰富的类书。

他随后进言："陛下若喜其便于检阅，则愿集一二志士儒英，臣请得执笔随其后，上溯唐、虞、夏、商、周、孔，下及关、闽、濂、洛，根实精明，随事类别，勒成一经，上接经史，岂非太平制作之一端欤？"

朱元璋了解解缙的想法，对其深加赞赏和信任，让他着手准备编修大典。但出于种种原因，编修之事却暂时搁置了。当时，有的大臣嫉妒解缙的才华，常在朱元璋面前攻击他骄狂。朱元璋也觉得他还年轻，不够稳重，有意给他一些磨炼，要他父亲将解缙带回去读书，增加学问和修养。解缙因此回到家乡，编书的愿望未能实现。

三

公元1403年，朱棣称帝，重用文臣，召回解缙。此时的解缙春风得意，担任内阁第一任首辅。

为消除臣民特别是读书人不服气的心理，笼络人心，炫耀文治武功，明成祖朱棣决心编一部有特色的大书，命翰林院大学士解缙担任总纂修编修大典。同时作出明确要求："凡书契以来经史子集百家之书，至于天文、地志、阴阳、医卜、僧道、技艺之言，备辑为一书，毋厌浩繁。"就是要使编成的书既要内容丰富、包罗万象、不怕浩繁，又要作分类、按韵编排、便于查找。

由此，解缙立即召集同乡胡广等147人，分头编纂。虽然解缙学识渊博，参与编修的人员也很多，但当时朱棣刚即位，很多事情千头万绪，解缙又被很多事务牵扯了精力，初稿的编修工作并不顺利。或许由于完工心切，短短一年后，解缙就上交了大典初稿《文献大成》。

但朱棣看后，很不满意，认为大典搜集范围不广，记载的内容简略且不完备，要求重修，并指派太子少师姚广孝、礼部尚书郑赐等人监修，先后选派官员及全国各地饱学老儒两三千人协助解缙，可谓“天下文艺之英，济济乎咸集于京师”。

这一次，既有皇帝的严格要求和高度重视，又有足够的时间、精力和人力，踌躇满志的解缙亲自安排各部门工作，在《文献大成》的基础上进行大规模修改补充。

书稿每编成一部分，解缙都要亲自审阅，并提出修改意见。书籍采购、史料辨析、编写抄缮乃至校勘、印刷等每一个环节，事无巨细他都要亲自过问。几番寒暑后，大典终于在永乐五年（1407）完成。朱棣对这部巨著颇为得意，亲自为大典作序并钦定书名为《永乐大典》。

遗憾的是，这部旷世宏编面世后，解缙却因进言获罪，遭人诬陷冤杀。他的一生充满辛酸和悲剧，他的贡献和成就却将永远被后世所铭记。

四

与清代编撰的《四库全书》等丛书不同，《永乐大典》这种类书并非简单地整理古籍资料，而是将一个关键字作为索引，从一些古籍里寻章摘句，将同类的信息放在一个名目之下，类似于今天的关键词检索。比如，第3518卷的关键字是“门”，开篇就介绍历史上各种各样的“门”，以及颜真卿、黄庭坚、米芾等书法家笔下各种“门”的写法，可谓图文并茂。也正因《永乐大典》的收录，使“秦磁石门”这条史料得以翔实记载。

《永乐大典》的最大贡献，就在于保存了我国明初以前各种学科的大量文献资料。例如西晋杜预《春秋释例》、唐林宝《元和姓纂》、北宋薛居正《旧五代史》，以及宋代医学名著《苏沈良方》《博济方》等亡佚已久的秘籍，它们因整本整本地抄进《永乐大典》中得以幸存。一些被焚毁的古书，因为有些章句被辑录在《永乐大典》里，得以保存下来。早已失踪的《旧五代史》就是被清代史学家邵晋涵从《永乐大典》等书中辑佚出来的，若非如此，就没有今天我们看到的完整的二十四史了。

道教在元朝经历毁灭性打击，元朝的统治者几乎烧毁了所有关于道教的书，而《永乐大典》则最大限度地记载了明朝以前所有的道家经典。很可惜的是，当时此书没有刊刻出版，除正本外，仅仅抄写了一部副本。目前一部下落不明，另一部清朝时还保存在皇家档案库中，八国联军入侵时被烧毁，至今只剩下几百册残本，散落在全国各地。几经波折，离厄重重，《永乐大典》流传至今只余百分之一二，其他部分因为自然或人为的破坏，最终在历史长河中湮灭了。

2023年2月，“《永乐大典》高清影像数据库（第一辑）”正式上线，用户可随时随地翻阅大典。

如今，《永乐大典》不仅仅是一部书籍，更是一种精神的象征，展现了中国人民自强不息、追求知识和文化的精神。它的存在和延续，就是对中华民族丰富历史和博大智慧的最好见证。

作者：贺小林

2023 年 7 月 6 日

一个神秘家族浓缩半部建筑史

“一家样式雷，半部古建史”，是什么人设计出太和殿这样无与伦比的顶级木结构建筑？故事还要从江西永修的“样式雷”家族说起。

太和殿是中国现存规制最高的古代宫殿建筑，其顶级的榫卯结构和坚固程度十分出名。但你可能不知道，这样一座建筑精品却是由江西省永修县“样式雷”家族设计建造的。更令人惊讶的是，中国五分之一入选世界遗产的建筑设计都出自这个家族。

8 月 2 日，中国国家版本馆首批版本捐赠入藏仪式在京举行，南昌丰和营造集团股份有限公司的太和殿木结构模型、太和殿木结构全息互动数字展示文件等16件来自江西的艺术精品入选。是什么人设计出太和殿这样无与伦比的顶级木结构建筑？故事还要从江西永修的“样式雷”家族说起。

“样式雷”，是对清代200多年间主持皇家建筑设计的雷姓世家的誉称。清代，从顺治二年（1645）到宣统三年（1911）长达260多年里，江西省南康府建昌县（今江西永修）雷发达一家八代十人因相继担任皇家建筑师，被人们誉为“样式雷”。

“样式雷”是中国古代建筑科技史上成就卓著的杰出代表。经“样式雷”家族设计、承办的皇家工程有紫禁城（故宫）三大殿、颐和园、万寿山园庭、玉泉山园庭、香山园庭、承德避暑山庄、昌陵、圆明园东路工程、定陵、惠陵、隆恩殿等。至第六代“样式雷”雷思起和第七代“样式雷”雷廷昌时，“样式雷”名声大噪，闻名海外。

一

“样式雷”建筑世家创造了5项“世界文化遗产”和1项“世界记忆遗产”，是全球唯一获此殊荣的建筑世家。从1987年到2008年，中国有25处建筑物或遗址入选世界文化遗产，其中有5处建筑物出自“样式雷”的手笔，分别是：故宫、天坛、颐和园、承德避暑山庄和明清皇陵的清东陵、清西陵。

不仅仅是建筑，“样式雷”建筑世家还留下了2万多件极为珍贵的建筑史料——“样式雷”建筑图档。“样式雷”建筑图档包括设计图纸、烫样和施工设计说明。“样式雷”建筑图档涵盖清代皇家建筑规划、设计和施工各个阶段的详细情况，是中国古代建筑史上最翔实、最直观的资料，对研究清代历史和中国古代建筑史，以及相关文物建筑的保护、复原等，均有巨大价值。它反映了中国古代建筑达到最后一个高峰时期的全面成就，充分体现了中国古代建筑技术的科学性和艺术性。

2007年6月20日，联合国教科文组织公布，“‘样式雷’建筑图档”入选《世界记忆遗产名录》。当时中国入选《世界记忆遗产名录》的项目仅5项，“‘样式雷’建筑图档”是其中之一。

长期以来，由于缺乏史料证据，中国古代的辉煌建筑都被认为是靠能工巧匠的经验修建起来的，甚至不需要设计图、施工图。“样式雷”建筑图档的存在，彻底否定了这种观点，充分体现了中国古代建筑的高超水平。

中国古代建筑，无论是宫殿、寺庙、园林、住宅还是陵墓，它们的个体和群体形象都是一个时期政治、经济、文化、技术（包括建材、结构方式、施工方法等）诸方面条件的综合产物。

“样式雷”图档是清代皇家建筑设计及营造活动的真实记录，不仅对于研究清代建筑历史有重要意义，而且对于揭示营建活动的整体背景，以及探寻清代政治、经济、科学技术、文化艺术诸方面史实，都具有很大价值，也起到了参证弥补史籍或其他清代档案记载不足的作用。

“样式雷”在修建清宫的设计中，既对中线上的建筑物保持严格的对称，又对主轴两侧次要轴线上的建筑物采用大致对称而又灵活变动的格局。这样的安排，既突出了中心，体现了“居中为尊”的思想，又形成了统一而有主次的整体。按这种设计思想所设计修建的清宫，被海内外推崇为我国古代建筑中线对称设计的典范。

二

“样式雷”始祖雷发达，明万历四十七年（1619）生，出身木工世家，祖父雷玉成、父亲雷振声、叔叔雷振宙都是木工。雷发达12岁随父亲学习木工技艺。明朝末年，雷发达全家迁徙至金陵之石城（今在南京鼓楼区）谋生。雷氏在金陵城开了一家木工店，雷发达随父亲、叔叔参与过金陵城古建筑的修缮工程。在父亲的严格管教下，雷发达练就了一身过硬的本领。

顺治二年（1645），雷发达和叔叔雷振宙“以艺应募”赴北京参与紫禁城重修。雷发达当时年仅26岁，技艺超群，工作勤奋，为人谦和，讲究诚信，深得工部官员的信任和工友们的爱戴，很快便在工匠中崭露头角。

太和殿重建时，缺少楠木做大梁，雷发达建议拆取明陵旧楠木柱充用，得到工部长官的支持和皇室的首肯。大殿上梁之日，顺治皇帝率文武百官亲临行礼。上梁之时，大梁悬而不落，工部官员相顾愕然，唯恐耽误了上梁吉辰，令雷发达换上官服，袖揣铁斧，攀上梁架，咔咔几斧，榫合梁落，上梁礼成。

顺治皇帝目睹上梁全过程，十分高兴，当场授予雷发达工部营造所长班。自此，“上有鲁班，下有长班，紫微照命，金殿封官”的传说不胫而走。

此后数十年，雷发达一直担任工部营造所长班，主持并参与了清皇家多项重大工程的设计和建设，直至70岁“解役”，由此奠定了“样式雷”家族在清代皇家建筑工匠中的领袖地位。

雷发达“解役”后，雷金玉子承父职担任工部营造所长班，承办了卢沟桥、雍和宫、承德避暑山庄等工程，成为第二代“样式雷”。在修建圆明园的过程中，雷金玉将江南的圆润秀美与北方的朴实简洁融入其中，赢得了雍正皇帝的赏识。

然而，“样式雷”家族也先后两次面临后继无人的危机。第一次发生在雍正七年（1729）秋，随着第二代“样式雷”雷金玉去世，雷家却没人能继承他的技艺。所幸其子雷声澂在母亲雷张氏的严格管教下长大成人，在无父兄的指导下自学成才，继祖业任“样式房”掌案。雷声澂成年时正值乾隆盛世，其兴建的万寿山清漪园总体规划以杭州西湖为蓝本，同时广泛仿建江南园林及山水名胜，园内的主体建筑为大报恩延寿寺，并有一条长达700多米的长廊，其建筑与装饰绘画都相当精彩，具有很高的艺术价值。

第二次发生在道光五年（1825），第四代“样式雷”雷家玺去世时，其子雷景修22岁。雷家玺担心雷景修难继重任，留下遗言将“样式房”掌案职位移交给同事郭九。雷景修谨遵父言，将“样式房”掌案职位移交给郭九，自己甘居其下，兢兢业业奋斗了24年，终于在道光二十九年（1849）46岁时，凭借着自己丰富的建筑经验，争回了“样式房”掌案一职。雷景修除了恪尽职守外，尽心收集祖上留下的和自己创作的图纸、画样、烫样、工程做法、簿册、折单等资料，所收集的资料装满了3间房屋，对“样式雷”图档能够流传至今厥功至伟。

“样式雷”家族在第六代雷思起手中发展到巅峰。同治十二年（1873），慈禧为办四十寿诞，决定重修圆明园，要求雷思起一个月之内做出所修宫殿的画样和烫样。雷思起与其子雷廷昌带领“样式房”工匠，夜以继日制作万春园大宫门、天地一家春、清夏堂、圆明园殿、奉三无私殿施工所需的画样和烫样。同治皇帝和慈禧亲自审查修改，连续5次召见雷思起父子，封赏雷思起二品顶戴，雷廷昌三品顶戴，“样式雷”家族的荣耀在帝国的衰败中迎来荣耀巅峰。

雷思起去世后，其子雷廷昌成为第七代“样式雷”，父子两人闻名遐迩，“样式雷”地位更为显赫。此后，雷廷昌长子雷献彩成为第八代“样式雷”。但随着1911年辛亥革命胜利，清王朝退出历史舞台，皇家建筑终止，“样式房”也随之消失。

“一家样式雷，半部古建史”，260多年的历史中，“样式雷”家族与清帝国一路同行，他们凭着天赋、勤奋和坚韧，成为中国营造的集大成者，把姓氏烙印在中国留存至今的众多世界文化遗产上，在华夏大地上留下一处处惊艳的人文胜迹。

三

参天大树，必有其根；环山之水，必有其源。“样式雷”之所以能成为世界级建筑巨匠，是因为雷氏深厚的文化底蕴和诚德家风。

雷氏文化源远流长。雷氏祖先在族谱中制定了《家训十则》，教育后人要尽孝尽悌，尊敬师长，读书明礼，遵法守礼，敦亲睦邻，诚实做人，勤奋做事，不贪不吝。

“早晚谨慎，官差宜勤不宜怠，衣食宜简不宜裕，共事宜和不宜生，则获无疆之福矣。”“诸事竭力尽心尽力而为，下功夫学习。总要吃亏才好。慎之慎之。”……国家图书馆保存着230余封“样式雷”世家家书，他们以家书的形式传递技艺，教育子弟。

正是因为家书家训世代相承，不断规范，才使之瓜瓞绵绵，兴旺发达。时至今日，“样式雷”的家风家训，仍持续散发着时代光芒，成为哺育后人的宝贵精神财富。

“样式雷”不仅是雷氏一族的荣耀，更是灿烂多姿的中华建筑文明的荣光，是十分宝贵的历史文化遗产。今年6月，江西“样式雷”太和殿木结构模型收到来自中国国家版本馆的典藏证书，8月中国国家版本馆首批版本捐赠入藏仪式在京举行，该模型正式入驻中国国家版本馆。“样式雷”也曾多次亮相国际舞台，向世界展示了大国工匠风范。

作者：陈前金

2023 年 9 月 6 日

首倡设立教师节的是咱江西人

9月10日教师节，祝敬爱的老师们节日快乐！

今天是我国第39个教师节，感恩求学路上的每一位引路人！

1985年1月21日，第六届全国人大常委会第九次会议通过关于建立教师节的议案，正式确定每年9月10日为中国教师节。教师节的设立，无疑是中国教育发展史上具有里程碑意义的大事。

你知道吗？中国教师节的设立与一位江西吉安籍教授的努力分不开，他就是我国著名数学家、中国科学院院士、北京师范大学原校长王梓坤。

从小与书结缘

生于贫困农民家庭的王梓坤，一生酷爱读书。他从小就立志要当一名教师。在《王梓坤先生回忆录》里，记载了这样几件事。

他上小学时，有一次，他到阁楼上去清扫谷舍。让王梓坤喜出望外的是，在阴暗的谷仓角落里，他发现了一本书——《薛仁贵征东》。书的开头有一首诗：日出遥遥一点红，飘飘四海影无踪，三岁孩童千两价，保主跨海去征东。

王梓坤如获至宝，看得如醉如痴，尽管有些字还不认识，但是故事可以看懂，他一连看了几遍。从此，他就对书籍产生了极大的兴趣，到处搜书来看，第二本又看了《罗通扫北》，后来又看了《三国演义》《聊斋志异》，之后无论是放牛，还是车水，王梓坤总是书不离身。

有时候借到了好书，实在爱不释手，便自己动手抄录。抄书虽然辛苦，却也有益处。抄书毫末俱见，胜读十遍。多年来，王梓坤陆续抄录过林语堂的《高级英文法》、英文本的*Complete English Grammer*(《英语语法大全》)、《孙子兵法》……他对《孙子兵法》情有独钟，一口气抄了两份，并将其中一份送给了好友。

1952年7月大学毕业后，王梓坤分配到南开大学教书，无事便泡在图书馆里，常常一待就是半天，有时甚至一整天遨游于书海，不知疲倦。为了弥补当年无钱只能“望书兴叹”的遗憾，王梓坤的工资大部分花到了购书上。日积月累，聚沙成塔。在王梓坤的住处和办公室，竟形成了三个小型“图书馆”，各种书籍琳琅满目。置身其间，仿佛进入梦幻书海，纸墨飘香。

在南开大学教书期间，王梓坤十分重视科学普及，发表了数十篇科普文章及两部科普著作。其中，《科学发现纵横谈》因对青年进行科学方法和思想的教育起到良好作用而影响最为广泛，也因此荣获“全国新长征优秀科普作品奖”。

首倡设立教师节

当一名优秀的教师不仅是王梓坤一辈子的理想，也是他毕生的事业。他不仅是一名好老师、好校长，还是尊师重教的典范，中国教师节就是在他的首倡下设立的。

在吉安县固江镇枫墅村王梓坤故居，有一组陈展照片十分醒目：从1985年第一个教师节到1989年第五个教师节，连续5年均有党和国家领导人出席北师大举行的庆祝教师节活动。王梓坤的堂侄、吉安市教育评估监测研究中心主任王新林向笔者介绍了照片背后的故事。

1984年5月，王梓坤调任北京师范大学校长，他提倡师范大学“既要抓高的学术水平，又要面向教育，培养老师”，提出了“把北京师范大学办成国内第一流，国际上有影响、高水平的重点师范大学”的奋斗目标。在他的带领下，北师大的教育、科研和管理水平得到迅速提高，基本建设也有了较大发展。

据王新林介绍，在王梓坤刚担任校长时，当时不少地方领导集中精力抓经济，对教师地位和待遇的改善工作不够上心。如何真正让教师成为“阳光下最光荣的职业”，这个问题始终萦绕在王梓坤的心头。

1984 年12月9日，习惯早起工作的王梓坤去往办公室。从家到单位的距离不过几百米，一个在脑海里突然闪现的念头变得越来越强烈，那就是“应该给教师设立节日”。到了早上8时，他拨通了《北京晚报》记者黄天祥的电话……第二天，《北京晚报》头版刊发题为《王梓坤校长建议开展尊师重教月活动》的200多字简讯。通过媒体把单独设立教师节的想法公之于众，是他为推动设立教师节而努力的第一步。

报道引起了广泛议论。为进一步推动这个倡议落地，12月15日，王梓坤在北师大召开座谈会，邀请钟敬文、启功、陶大镛、朱智贤、黄济、赵擎寰等著名教授参加。会上，教授们热烈讨论教育发展话题，王梓坤有关设立教师节的提议也得到大家的一致赞同。几名教授当即联名向上级人大建议设立教师节。第二天，《北京日报》登出了关于这一倡议的简讯："北师大校长王梓坤倡议每年九月为尊师重教月，建议九月的一天为全国教师节。"这是设立教师节的倡议第二次出现在媒体上。

令王梓坤惊喜的是，仅仅过了一个多月，倡议便成为现实。而更令王梓坤动情的是，在北师大第一届教师节庆祝大会上，学生们打出了一条写有"教师万岁"四个字的横幅。

不过，王梓坤并没有把设立教师节的功劳揽到自己身上，他认为那纯属凑巧，因为当时为教师呐喊、关心教育的大有人在，他只是其中一分子而已。他再三说："我个人的力量非常有限，两次发出倡议后，我的精力也主要到校务上，没有再多做什么。而和我同时发出倡议的许多老师，像黄济教授就是政协代表，还有其他关心教师的人们，他们有更多机会提到此事，促成此事。"

王梓坤是一名尊师重教的典范。在北师大担任校长那几年，王梓坤开创了"三个先河"：每年大年初一，他会逐一打电话亲自给教授拜年，致以新春祝福；为利于创作更多学术成果，他给每位教授均配备了一名工作人员；凡是教师找他反映问题，他都亲自接待从不推辞。

尽管尊师重教的氛围越来越浓，但王梓坤还有个心结未解，那就是，农村地区的教育依然存在很多困难，少数地区甚至存在拖欠教师工资现象。他认为，设立教师节的目的不能停留于形式、浮在表面，应该千方百计提高教学质量、改善办学条件、改善教师地位和生活，为国家培养更多优秀人才。

王梓坤很推崇唐代文人韩愈所写的《师说》，里面有一句话精准定义了教师的职责：传道、授业、解惑。三者又以传道排第一位，认为教师应该首先帮助学生养成正确的人生观、价值观，明理知是非，然后才是传授实际应用的知识。

感恩回报桑梓地

“王院士的家乡情结非常深，不管什么人，只要找他帮忙，他都会竭尽所能。他十分关心家乡的教育事业，对家乡的发展可以说是殚精竭虑，不遗余力。”每每介绍起王梓坤感恩桑梓、回报家乡的事迹，王新林总是感慨万千。

家乡枫墅村枫江小学、固江中心小学、吉安白鹭洲中学……随处可见由王梓坤捐建的教学楼、设立的奖学金、题写的校名。

在任北师大校长期间，王梓坤关心家乡的人才培养，率先在江西开设北师大本科函授站。他本人多次到江西各学校讲学和做励志报告。

当选中国科学院院士后，他率领院士团队对南昌大学进行“211工程”评审指导，前后历经两年，使南昌大学成功进入国家“211”重点建设大学序列，结束了江西无重点大学的历史。

作为土生土长的吉安人，他主动促成吉安市几所大学合并，并受聘担任合并后的吉安师范学院名誉校长，后来几经争取，他在80岁高龄时还向国家领导人和教育部提出请求，筹建井冈山大学，改写了吉安革命老区无综合性大学的历史。

尤其是近些年，他还一直关心家乡的经济发展，多次参加家乡政府在北京召开的恳谈会，并积极建言献策。2018年，他不顾年事已高，毅然决定在他曾经就读的吉安国立十三中所在地——青原区建立院士工作站，为家乡的企业提供人才和技术指导。目前，王梓坤院士创建的工作站正在申报省级院士工作站。王梓坤对家乡的院士工作站非常关心，并题词“发展科技、服务社会”，勉励企业为家乡服务，但从不领取报酬，被人尊称为“免费院士”。

今年，94岁的王梓坤发现自己身体大不如前，认为必须在生前抓紧给自己的书稿找个好的归处。他把王新林叫到北京，让王新林协助妻子谭得伶帮忙整理书籍和手稿，并决定把这些书稿捐献给井冈山大学。目前，第一批4.5吨、150包书稿已运抵学校，正在紧张地进行编码工作。井冈山大学依据王梓坤意愿，设立“王院士夫妇藏书阅览室”。

有人说，王梓坤是教育家。事实上，他更是一位教育实践家，以自己优良的品德践行为人师表、立德树人的典范。

作者：康美权

2023年9月10日

首座元青花博物馆因何花落高安

提起景德镇、提起瓷器，元青花无疑是一个让人着迷的话题。在距景德镇数百公里外的高安，因曾经出土一批罕见的元青花而举世震惊。景德镇所产元青花为何出现在高安？

元青花，一个令无数人着迷的名字。有人说，只要一件元青花就足以让一座博物馆声名远扬。

位于江西省高安市的元青花博物馆，因馆藏20件元青花而享誉中外，是世界上首座以元青花命名的博物馆。其馆藏的元代青花带盖瓷梅瓶，入选江西博物馆十大“镇馆之宝”名录。

景德镇所产元青花为何出现在高安？高安与元青花有着怎样的传奇故事？这要从43年前的一次意外发现说起。

惊艳全球的考古大发现

在我们这个有着五千多年文明史的古老国家，没有人知道她的地下究竟藏着多少秘密。

1980年11月29日14时许，原高安县博物馆馆长刘裕黑接到江西第二机电厂党委书记周则胜的电话，说该厂扩建施工时发现窖藏瓷器，可能是文物。

刘裕黑和博物馆工作人员火速赶到施工现场，只见几十人围在一个约两米深的窖穴边。刘裕黑跳下坑，发现周围散落许多瓷片，一些大件瓷器刚刚露出表面，8个民工正在挥动锄头往下挖。他立即上前劝阻：“我是博物馆馆长，地下文物一概归国家所有，请大家停止挖掘。”

刘裕黑一面请周则胜派人协助保护现场，一面带领博物馆专业人员熊琳、刘玲琳开始发掘。发掘工作持续到次日凌晨，共清理出文物200余件，其中瓷器239件、铜器4件、铁器1件，装满了6个箩筐。

回想起当时的情景，现年87岁高龄的刘裕黑老先生记忆犹新：“我和老熊一夜没合眼，文物挑回馆里后，我们又继续工作，一面清理文物表面泥土、斑迹，一面查找资料、图片，目测对比鉴定。不弄个名堂出来，心里不踏实。”

文物出土后的第三天，正在翻阅资料的熊琳突然惊叫一声：“不得了，国宝出土了！”他指着文献和图片给刘裕黑看：“你看，形制、胎质、釉色、纹饰一模一样，不会错，是元代的东西。”两人激动不已，仔细比对一番后，初步鉴定窖藏瓷器中有些是罕见的元代青花瓷。他们赶紧把文物放入仓库，严加保管，并迅速向县领导报告。

高安出土元代青花瓷的消息传到了省城，又传到了北京。1981年10月16日，著名陶瓷考古学家、北京故宫博物院研究员李辉炳带领全国各地的文物考古专家60余人来到高安。

专家们分批进入仓库参观后，无不大开眼界。李辉炳激动地说：“我到国外考察了30多个国家，国内几乎跑遍了，都没看过这么多这么好的元代青花、釉里红瓷……高安出土的这批窖藏瓷器，是新中国成立以来陶瓷考古史上的一次重大发现，其数量之多、质量之精、器型之大、品种之齐、窑系之广，不仅在江西尚属首见，在全国也是最丰富的一次发现。”

两个月后，中国古陶瓷研究会会长冯先铭率领当年参加中国考古学年会的代表68人来到高安，对窖藏瓷器进行鉴定后，再次肯定这是一次国内外重大考古新发现。

至此，239件出土瓷器被确认了年代和烧造窑口：景德镇窑生产的青花、釉里红、青白釉、卵白釉瓷器67件，龙泉窑青瓷168件，钧窑瓷3件，其他窑口瓷器1件，均为元代名窑精品。其中，包括19件青花瓷、4件釉里红瓷在内的42件瓷器被定为国家一级文物，198件为国家二级文物。

一时间，高安发现窖藏瓷器的消息在海内外引起了极大轰动，中外文物考古专家慕名而至，邀请展览的信函不断飞来……

精美绝伦的国宝

高安元青花瓷的出土为何能引起轰动？元青花瓷、釉里红瓷何以成为“国之瑰宝”？

首先，高安元青花的出土，说明至少在元代，景德镇瓷窑已经有了制作青花瓷和釉里红的成熟工艺。而此前，人们对景德镇在元代究竟有没有能力和技术生产青花瓷，一直有争议。景德镇早在北宋时就因为烧制出青白瓷，获得了以宋真宗年号“景德”为名的殊荣。至元代，来自北方大草原、崇尚白色的蒙古族人格外青睐有“饶玉”之美称的青白瓷。1278年，元政府在景德镇设浮梁磁（瓷）局，专门负责烧造官府用瓷及官办贸易所需瓷器。在烧制成熟的青白瓷和卵白瓷的基础上，景德镇窑工采用优质的白瓷土制作瓷胎，用波斯的钴料为着色剂在瓷胎上绘画，然后施以透明釉，经1300℃以上高温烧成了一种白底蓝花釉下彩瓷器——青花瓷。青花瓷色彩浓艳，纹饰精美，格调清新，展现出前所未有的风格。元代青花瓷的成功烧制，改变了中国传统瓷器以青、白、黑为主的局面，是中国陶瓷艺术史上的一个里程碑，为明清青花瓷崛起打下了坚实基础。此后，青花瓷成为景德镇瓷器乃至中国外销瓷器的主流，并作为“国瓷”传布全世界，奠定了景德镇世界瓷都的地位。

其次，高安的元青花一次性出土最多，馆藏量全国第一。由于元朝历史不足百年，当时只有官窑才能烧制青花瓷，大部分成品被销往海外或者被朝廷作为外交礼品远送他乡，因此国内存世数量极少，以致20世纪初人们还认为元代无青花瓷。据统计，元代青花中高档瓷目前全世界收藏约300件，收藏最多的是土耳其伊斯坦布尔托普卡帕宫，有40件；第二是伊朗阿德比尔清真寺，有28件；高安一次性出土19件，社会征集1件，数量居世界第三，中国第一。釉里红瓷也是元代景德镇瓷的新品种，以矿物铜料勾绘纹饰，制作工艺比青花瓷更难控制，成品率极低。据统计，我国国有博物馆和文物收藏单位共藏有三级以上元代釉里红瓷器42件，高安一次性出土4件，且瓷质精良，堪称世界之最。2005年，一件绘有“鬼谷子下山图”的中国元代青花瓷罐在伦敦佳士得拍得1568.8万英镑（当时约合人民币2.3亿元），创下当时亚洲艺术品拍卖之最。这件“天价”青花罐缺盖，严格意义上说是一件残损品。而高安出土的两件青花盖罐与此形制相同，纹饰不同，且都有精美罐盖，堪称元青花珍品。

最后，高安元青花瓷具有完整无损、大器颇多、级别最高、钴料名贵、精美绝伦、内涵丰富等六大特征。以“镇馆之宝”元青花带盖瓷梅瓶为例，这是成套的6件梅瓶，器型相同，造型优美，主题纹饰分别为4件云龙纹和2件缠枝牡丹纹，釉色莹润透亮。最特别的是，盖内壁和底部分别墨书“礼”“乐”“射”“御”“书”“数”铭文，且一一对应。这六个铭文即儒家文化中的“六艺”，既作为梅瓶的编号，又体现窖藏主人崇尚儒家文化之用意。整套梅瓶可以说是陶瓷文化和儒家文化结合的产物，具有极高的艺术价值和科研价值。再以元青花高足杯为例，杯内草书“人生百年长在醉，算来三万六千场”，全世界仅此一件。

神秘的窖藏主人

元青花和釉里红在产地景德镇都少有发现，为什么在高安出土这么多？谁把一堆宝物藏在地窖？至今，这仍是困扰学界的未解之谜。

高安地处赣中，建县始于汉高祖六年（前201），取名建成。唐武德五年（622），改名高安。元代时，高安为瑞州路治所。

明正德《瑞州府志》记载，至元十三年（1276），瑞州因处要地设为上路；至正八年（1348），禹苏福从平江路（今江苏苏州）达鲁花赤一职改任瑞州路总管，加封为“银青荣禄大夫”，属元朝从一品重臣。

出土的瓷器都是元代名窑精品，且多为皇宫、官府用具，它们的持有者应当是权贵人物。至于是哪个权贵人物，学界各抒己见。

专家首先指向的是元世祖忽必烈的女婿伍兴甫和外孙伍良臣。清同治《高安县志》记载：“伍良臣，字云从，元驸马都尉兴甫之子。尘视富贵，致力经籍，为诗文畅达清润。壮游京师道，不谐于俗。后辟为临江经历，八十日即弃去。时元社将屋……”

伍家父子是高安上泉伍家村人，生卒年不详，但从伍良臣弃官的时间（“时元社将屋”）看，父子俩应该生活在元代中晚期。他们在元大都宫廷为官，有权有钱，能自由出入皇宫或周游四方。

元青花等高档瓷不是一般人能拥有的，只可能是宫廷赏赐或高价购入。而历史上在高安住过，并在元代官至驸马都尉级别的只有伍兴甫一人。元末战乱，在兵荒马乱中，父子俩将收藏的瓷器运回高安，又把这些不易携带的宝物藏于地窖，是很有可能的。

也有专家提出不同看法，认为高安窖藏瓷器是元代瑞州路总管府定制的祭祀用具。据《元史·祭祀志》载，至元十年（1273），元政府颁布政令，全国诸路立社稷坛围及祭祀场所，设祭祀仪式。元政府出台专用于保障祭祀经费的政策，瑞州路的祭祀文化随之兴盛。《瑞州府志》记载，至正年间，类似于禹苏福这样来自西域并在元帝国任职的官员众多。从身份、地位分析，他们应比来自西域的工匠更有先决条件，来执行元朝政府颁布的祭祀政令，并将波斯钴料和工匠引进中原，在景德镇烧制出成熟的青花瓷器，以满足瑞州路官府祭祀的需要。

由此推论，窖藏中的大部分器物在元代中晚期烧制，可能是瑞州路用来祭祀的器具。尤其是窖藏中的青花和釉里红瓷，与同时代伊朗阿德比尔神庙和土耳其皇宫旧藏的大批青花瓷一样，均是当时朝廷及地方政府用作祭祀的“国之重器”。

1362年，当陈友谅部将刘五从瑞州路城北直取总管府时，那些来自蒙古及西域的官僚们将无法携行的“国之重器”悉数下窖，覆土掩埋后出逃……

关于窖藏主人的故事，还有其他版本。主人之谜，有待学界去解开。

护宝和传承之路

窖藏瓷器作为宝贵文物，承载着中国陶瓷文化的基因和血脉。自国宝重见天日那一刻起，几代高安人为保护国宝和传承陶瓷文化接续奋斗，取得了非凡成效。

刚出土时，考虑到安全性和展出条件不足，元青花被封存于高安博物馆地下秘库。除了少数几件借调去国内外展出外，真品从未同时向大众展出。安保方面，高安博物馆也做得非常谨慎，任何人进库都要经过“三道门槛”，才能欣赏到真品；馆内安装了先进报警装置，配备专职人员24小时值守……几十年来，这批国宝毫无损伤地保存在高安博物馆，其间虽经历了四次惊心动魄的夺宝斗争，但最后都化险为夷。

为了更好地传承弘扬中华优秀传统文化，高安市在原有博物馆的基础上，打造了一座元青花主题博物馆。

2015年8月，元青花博物馆开馆，神秘国宝终于近距离出现在大众面前。至今，元青花博物馆已接待近300万名海内外游客。

元青花博物馆矗立在锦江北岸，造型犹如一只硕大的青花瓷罐摆放在四方桌上，素白的墙体上镶嵌着一圈青花纹饰。馆内展示区由序厅、历史文明展厅、国宝厅、元青花鉴赏厅等构成，其中元青花展览面积约1000平方米。在二楼国宝厅，240件元代窖藏精品依次陈列，美轮美奂。在元青花鉴赏厅，借助三维立体投影等技术，游客可以体验到元代窖藏从发现到研究的全过程，还可以亲手“制作”元青花。

从元青花的幽蓝神韵中，人们仿佛看到了大元帝国的兴盛与辉煌，深切感受了世事的沧桑与巨变。它们曾经在富丽堂皇的宫廷中熠熠生辉，又在幽深漆黑的地窖里默默叹息……

如今，它们已成为高安的一张文化名片，厚重名片的背面，写满了700年的传奇故事。

作者：汤建萍

2023 年 10 月 18 日

读懂书院里的江西

书院，在江西的历史文化中有着浓墨重彩的一笔。想了解江西，先来读懂书院里的江西吧！

书院是中国教育史上一种独特的文化现象，江西作为中国书院文化的主要起源地和重要发展地，其书院创办之早、延续之长、数量之多、影响之大，在中国书院发展史独领风骚。

江西书院是如何发展的？现状如何？

发展历程中的江西书院

书院是中国古代开展教育教学的场所，也是学术思想交流的中心。就目前研究来看，中国书院产生于唐代，源于私人治学的书斋与官府整理典籍的衙门。据史料记载，民间书院的出现早于官府书院。民间书院大约起源于隋末唐初，源于读书人个人的书斋，当书斋向社会开放，成为公众活动场所时，书斋就演变为书院。

书院的另一个源头是官府的丽正、集贤书院，脱胎于朝廷整理图书典籍的机构。唐玄宗在长安设丽正、集贤书院，从开元六年（718）到开元二十八年（740），唐朝用了22年的时间，完成了“书院”这一全新机构的创设工作，官府的书院逐渐成为定制并被纳入大唐帝国的政体之中。

1901年9月，清政府正式下达书院改制上谕。1905年，随着科举制的正式废除，书院改学堂的任务基本完成。从此，新式学堂取代传统书院，有着1000多年历史的书院结束了其历史使命。

中国书院的发展，基本上是以长江流域为中心向四周辐射的。江西地处长江流域的重要地带，在1000多年的书院发展史中，一直是全国书院发展的中心地区，涌现出白鹿洞书院、鹅湖书院、象山书院等名闻天下的书院，朱熹、周敦颐、陆九渊、吕祖谦等众多著名学者均在江西书院发展史上留下浓墨重彩的一页。

白鹿洞书院以其悠久的历史、学以致用的教学理念、严谨的学风、著名的大师等成为天下书院之首。朱熹制定的《白鹿洞书院揭示》成为天下书院教学的定制，“博学之，审问之，慎思之，明辨之，笃行之”成为中国古今治学的准则。据史料记载，唐代全国有据可查的民间书院约40所，其中江西7所，仅次于湖南的8所，排名全国第二。五代以来，江西书院数量一直保持着领先地位，直到清朝退居第二。

岁月的流逝、历史的变迁使江西书院饱经沧桑，许多书院变成废墟，难觅踪迹。据江西省第三次全国不可移动文物普查统计，江西现存书院有170多所，其中全国重点文物保护单位有白鹿洞书院、鹅湖书院、龙江书院、潋江书院等，省级文物保护单位有仰山书院、信江书院、燕山书院等，其余绝大多数为市、县级文物保护单位和一般文物点。

尽管不复当年盛况，但江西仍留住了书院的根和魂。目前，江西著名书院大都独立存在、自成体系，如庐山白鹿洞书院、铅山鹅湖书院、吉安白鹭洲书院、上饶信江书院、兴国潋江书院等。

绝大多数书院坐落在乡村，尤其是在国家级、省级历史文化名村和中国传统村落中书院较多，如“千古一村”乐安流坑现存有建于明末的大型书院“文馆”，以及状元楼、翰林楼、五桂坊等教育遗址；“庐陵文化第一村”吉安渼陂存有“青源”“明新”“敬德”“振翰”等书院；遂川县堆子前镇井下村存有燕山书院；高安市新街镇贾家村存有“明月轩书院”“皖月轩书院”“鹤鹿书院”等众多书院。还有的书院坐落在现代学校校园中，或与学校连为一体，至今仍在开办，如白鹭洲书院自宋代创建以来，累经修建，几经易名，至今仍在办学；同文书院于1881年创建，是江西历史上的第一所教会学校，1906年更名为南伟烈大学，1929年更名为九江同文中学，现为九江二中。

书院具有哪些功能

书院教育。书院是古代教育的重要支柱。课程形式上，以命题式的讲座形式展开，师生自由研讨。教学特点上，百花齐放、百家争鸣，讲明义理、躬行实践，启发诱导、因材施教，教学相长、师生平等。教学内容上，分为小学、大学两阶段。小学侧重教人处理人际关系的方法，大学侧重深究其中的道理，以格物致知为教学理论，有着浓郁的理学特色。同时，书院注重培养经世致用人才，平民教育和民智开发，知识传播和文化普及。这些对唐宋以来文化的繁荣与发展产生了深远影响。

书院藏书。古代书院藏书的主要来源为捐赠、购置、抄写和自刻。内容上，儒家经典是书院藏书的主体，书院还注重收藏文史典籍、地方志和私人著述。书院通过藏书保存了大量文化典籍，一些珍贵典籍和善本书籍具有很高的历史文化价值；促进了人才培养，由于书院教育不同于官学教育，其教育方式和思想更为自由、活跃，士子具有独立的思想和人格，藏书亦不拘一格，有利于学术创新、人才培养；积累了图书管理经验，书院藏书不同于官府、私家藏书的“重藏不重用”，在管理上更具开放性与公共性，在注重保管的同时也提供给书院师生，甚至社会文人、学者和地方官员使用，既提高书的利用率又增强流通性。

书院祭祀。祭祀礼乐是古代书院重要教育活动和仪式。通常大型书院，尤其是官学化的书院祭祀孔子、“四配”、“十二哲”等先师先儒，地方性书院供奉祭祀本书院尊崇的学术大师、有关学者以及乡贤。书院祭祀从感情上培养对先圣先儒先贤的敬仰。在偏远落后地区举建书院、祭祀先师先贤，是用理学教育百姓、促进文明开化的有效方式。同时，书院祭祀是学派教育、榜样教育和乡土教育，能促进学术流派的形成与发展，增进人们对乡土历史的了解，增强人们对家乡的自豪感。

如何做好保护利用

江西书院在中国书院发展历程中具有独特地位，是江西宝贵的历史文化资源。为弘扬中华优秀传统文化，江西在保护利用书院方面做了大量卓有成效的工作，主要有以下几个方面。

提升书院文物保护级别。江西将古代书院列为文物普查重点，优先将书院文物申报为各级文物保护单位，尽最大可能将书院纳入文物保护法的保护范围。例如白鹭洲书院、安福孔庙、赣州文庙成功申报为全国重点文物保护单位，新兴书院、郎山书院等被列为省级文物保护单位，更多的书院列为市、县级文物保护单位。

做好书院文物维修保护。历经岁月洗礼，不少书院保存现状不容乐观。为做好书院文物的保护维修，江西着力加强书院保护规划编制，白鹿洞书院、鹅湖书院、白鹭洲书院、龙江书院、潋江书院、赣州文庙、安福孔庙等均已利用国家重点文物保护专项补助资金进行维修保护，目前保存状况良好。对于书院类省级文物保护单位，则利用省级专项资金及时保护维修。

促进书院有效利用。经过维修保护的书院均已对外开放，充分发挥书院在陶冶情操、进行爱国主义教育及革命传统教育和弘扬社会主义核心价值观中的独特作用。如白鹿洞书院、鹅湖书院、白鹭洲书院、阳明书院、叠山书院均有书院文化专题陈列。白鹿洞书院还整理古代碑拓精品100余件到全国各博物馆展出，同时联合江西卫视五套与湖南卫视、河南卫视成功举办全国“四大书院”直播活动，反响热烈。而同时兼具红色文化色彩的如龙江书院、潋江书院等，均已纳入红色精品旅游线路，成为进行爱国主义和革命传统教育的基地，是进行气节教育、爱国教育、红色教育、廉政教育的生动课堂。

加强书院文化研究。深入开展书院文化研究是传承和发扬书院文化的基础。江西在保护利用书院的过程中，十分重视书院历史文化、历史事件、历史人物、历史价值等方面的研究与探讨。如白鹿洞书院加强与北京大学合作，成为北京大学的教育基地。吉安地方学者和当地高校对白鹭洲书院、阳明书院进行深入研究，充分发掘书院文化价值，同时引入国学基础教育培训，恢复书院传统教学，传承普及国学。信江书院与上饶师范学院朱子研究所合作，开展信江书院历史文化研究并出版历史文化研究丛书等，使信江书院的历史价值得到挖掘提升。

作者：赖振敏　刘　源　金艳红

2023年11月10日

韩愈的袁州缘

"莫以宜春远，江山多胜游"，1000 多年前，韩愈为宜春写下的诗句至今仍是宜春形象宣传的常用"广告词"。那么韩愈与宜春究竟有怎样的渊源？

在韩愈五十七年的人生旅途中，被贬袁州刺史任上的9个月，似乎极其平淡无奇，以至于常被后人一笔带过，甚至吝着一墨。

但在宜春中心城区所在地的袁州，却有三座楼阁，见证了他在当地的为民功绩。

韩愈与袁州究竟有何不解之缘？

昌黎阁下万民仰

秀江以北约两公里，有一大一小两座袁山，唐诗："袁山大小双螺并，秀水东西一带横。"高度概括了袁州城的山水风光。袁州因袁山而名，袁山因东汉高士袁京而名。

袁山的最高处，却留给了韩愈。一幢三层楼阁，名曰"昌黎"，登临可鸟瞰全城。昌黎阁的第一层名唤"景韩堂"，明确宣示这是为纪念唐代文豪韩愈的。韩愈体胖，曾自嘲"腰腹空大何能为"，但邑人或许为了缅怀他泽被袁州的辛劳，选了一幅体型纤瘦、白衣出尘的画像，悬于中堂。

唐元和十五年（820），韩愈到任袁州刺史。一日，来到城东南宜春台脚下，看到一个衣衫褴褛、伤痕累累的少女。细问之下，竟是少女家贫，无力还债，被豪门抵债为奴，不堪虐待，见机逃出。问过左右，这样穷苦的袁州百姓还有不少。

如何解决逼良为奴问题，韩愈有自己的秘诀。他以大唐律法为基础，提出负债百姓以为奴期间的工钱折抵本息，不够的再补足差额，最终让731人重获自由。仅此一事，便让韩愈在袁州家喻户晓，深得百姓爱戴。

韩愈做的还远不止于此。当年春夏之交，袁州发生了罕见的旱灾。“以久不雨，苗且尽死”，“今既大旱，嘉谷将尽，人将无以为命”。韩愈从来就不是当太平官的性格，问过属吏后，去了东门附近的城隍庙求雨，但等了几天没有反应。又有人向他推荐了仰山神。仰山在袁州城南六十里，宋代张商英的《仰山庙记》记载了较早的仰山传奇，大致是说邑人徐璠乘舟，负载化作人形之仰山二神，自维扬（扬州）回袁州。二神说：“予家仰山之阴，石桥之右”。徐璠知其所载不是凡人，急忙表达欲取田地养家的愿望。不久果然暴发山洪，冲出良田五顷。

韩愈在《袁州祭神文》中向仰山之神祷告说：“若守土有罪，宜被疾殃于其身；百姓可哀，宜蒙恩悯。”在古代，地方官祈雨并不鲜见。但如韩愈这般，为一方百姓“被疾殃于其身”，绝非常例。韩愈是排佛的，但并非无神论者，在鬼神之说横行的年代，颇有几分儒士不惜身的风采。幸运的是，仰山神很“配合”，随即天降大雨“膏泽之”。韩愈也松了一口气，再次带上祭礼，感谢仰山神原谅自己的罪过。

民以食为天，袁州人民将昌黎阁建于袁山之巅，就是对韩愈亲民为民的永久纪念。

多胜楼畔播华章

在秀江（袁河城区段）下游，碧绿澄净的江水回环处，有一雄伟峻拔、气势逼人的九层楼阁，凌江矗立，匾曰："多胜楼！""多胜"一名，显然来自韩诗"莫以宜春远，江山多胜游"。这是12年前，韩愈的门生皇甫湜因廷对触怒宰相，牵连其与韩愈为同榜进士的舅舅王涯，王涯被贬到袁州，韩愈在饯别宴上给王涯诗中的这句多少有安慰的成分。但历史好像跟韩愈开了个玩笑，12年后，他自己也来到了袁州。所幸"多胜游"并非浮夸，袁州风景优美，人安吏循，韩愈"诚欢诚喜"。

但他也有小烦恼。差官"自南回，过吉州"，沿赣江而下，在新淦县（今新干）溯袁河而上，带来了友人孟简的质询。

韩愈虽然主张上排佛，但不排斥和僧人交往。相反，他在潮州就与大癫和尚很谈得来，临走还送了一件衣服给大癫。韩愈跟大癫交好的事传开后，很多人都以为韩愈转性了，不再排佛。有些释家信徒更是趁机推波助澜。所以这次，同样信佛的、当过户部侍郎、后任吉州司马的孟简特意给韩愈写信，询问此事真伪。名利如浮云，但是"韩愈信佛"这谣言，不但关乎自己名声，还涉及自己的主张，当然不能听之任之。于是，韩愈在袁州郡斋研墨挥毫，写下《与孟尚书书》。文中寒暄几句后，直接以"有人传愈近少信奉释氏，此传之者妄也"回击了关于自己弃儒信佛的传言。

接着，他又举例"杨、墨塞路，孟子辞而辟之"说明自己排斥佛老的必要性，结尾以一句“安得因一摧折，自毁其道以从于邪也”表明自己的决心——我怎么可能因为一次贬谪就改变自己的主张，倒向佛教的阵营！

这篇在袁州写就的文章，是《谏佛骨表》的补充与升华，文章以浩荡的胸怀、雄辩的气势、奇诡的笔法，成为韩愈散文的扛鼎之作。曾国藩评价“此为韩公第一等文字，当与《原道》并读”。

韩愈在秀江河畔著就的雄文，照亮了儒家道统的天空，进一步丰富了自己崇儒术、排佛老的形象。

不唯此篇，当年南昌滕王阁新修，韩愈奉南昌刺史、江西观察使王仲舒之命，做《新修滕王阁记》，该文被清代文学家方苞等人评价为欧阳修诸辈散文的范本。韩愈被贬潮州时，曾受广州刺史孔戣接济，韩愈量移袁州后，因南海神庙碑新成，应约写就《南海神庙碑》。清代桐城派代表作家刘大櫆称“碑文惟昌黎独擅”，而《南海神庙碑》正是其中的佼佼者。

韩公祠北斗牛雄

来袁州上任之前，在揭阳的海滨，韩愈满怀期待地对赵德说：“我要量移宜春啦，你随我一起去吧！（及我迁宜春，意欲携以俱）”赵德曾臂助韩愈“勾当州学”、振兴“人吏目不识乡饮酒之礼，耳未尝闻《鹿鸣》之歌”的潮州教育。

邀请自己的僚属随自己异地任职，振兴莅任之地的教育事业，这在封建官僚中似乎极为罕见。但人各有志，对方找借口婉拒了。

“携友支教”的愿望破灭，但韩愈推行儒学、传播文化的使命却没有半途而废。在韩愈等人的影响下，袁州不久出现三年两状元的奇观。

有文献记载，韩愈为州刺史，黄颇师之为文章，遂大振，与卢肇齐名不相下。城西至今有黄颇路，纪念这位宜春才子。卢肇因家贫，曾在秀江下游沙洲伴月苦读。卢肇中状元后，州人谓其读书地为“卢洲”。洲上有状元阁，阁上二层有匾曰“鸢飞鱼跃”，拓自韩愈真迹。

韩愈任兵部侍郎时，唐穆宗曾派兵征讨叛将王廷凑，但出师不利，第二年朝廷不得不派韩愈去招抚。鉴于王廷凑以前残暴的作为，朝中大臣都认为韩愈有去无回，元稹直呼：“韩愈可惜！”但是，有过多次被贬经历的韩愈，心志已坚不可摧。他以文人之身，在叛军刀斧丛中立下夺帅之功，避免了一场兵燹。他的行为也激励袁州遐迩士人学子以之为范。

曾任漳州知府的邑人袁业泗，身处“明实亡于万历”的多事之秋，在《重经昌黎祠怀古》中吟出“而今四海犹多难，愿得如公惠此乡”。明朝丰城邓子龙，在宜春台上以一句“看剑长歌苏武赋，韩公祠北斗牛雄”，表达自己以苏武、韩愈为榜样，身怀为国家建功立业的远大抱负。后来，邓子龙投笔从戎，援朝抗倭，终成一代名将。

韩愈甫临袁州，新皇大赦的制书就已经踏上了南下的官道，袁州这座温润如玉的江右小城，治愈了“罪臣”韩愈最后一丝惶恐。而袁州三座楼阁背后的故事，令袁州从一个瘴林四布、猿啸猱啼的蛮荒小城，渐次成为“清风鲁儒”“文物昌盛”之地，韩愈其行其文其功，恩泽袁州千年而不息！

作者：何水飞

2023 年 11 月 12 日

“帝师元老”朱轼

康乾盛世时期，江西高安出了一位享誉朝野的帝王之师，他就是朱轼。他的为民情怀、为事之能、为官之道为何值得从政者学习与效仿？

据记载，朱轼，字若瞻，号可亭，清代中期名臣，历康熙、雍正、乾隆三朝，官至太子太傅、文华殿大学士兼吏部尚书。他颇具惠政，居官廉洁，刚正不阿，世人颂其“束其励行，通经史百家”。

朱轼如何从一介贫民子弟成长为当世名臣？他的为民情怀、为事之能、为官之道究竟有何过人之处？窥一斑而知全豹，我们不妨采撷三五个故事，为读者揭开历史的神秘面纱。

一

朱轼出身柴门，对穷苦百姓有着天然的情感，为官堪称勤政爱民的典范。

相传，康熙四十三年（1704）夏的一天清晨，从外地来潜江谋生的王铁根挑着一担豆腐上街去卖，被当地的地痞流氓黄霸元以“挡路”为由，将其豆腐担砸得稀巴烂。

王铁根拉住黄霸元索赔，黄不但不赔，反而持刀砍杀王。王往旁一闪躲过了一刀，抬起腿朝黄踢去。只见黄身子一歪，“扑通”一声栽倒在地，那高高飞出的大砍刀不偏不倚正好落在自己的颈脖上，顿时血流如注，气绝身亡。

身为县令的朱轼迅速赶到现场仔细勘查，反复研究斗杀者的供词与旁人证言，认定王铁根属正当防卫，是彼此互斗中失手，非故意杀人，因而据实判决。然而，被杀者黄霸元有个当知府的舅舅，疏通湖广总督喻成龙。喻成龙偏信被杀者亲属的一面之词，硬说是故意杀人，命朱轼改判。见朱轼不从，喻总督大怒道：“尔犹执己见，吾不能劾尔耶？”朱轼义正词严地说道：“故意杀人罪是要掉脑袋的，因为害怕遭参劾而要我冤杀他人，我坚决不干！（故杀罪不赦。畏参劾而枉杀人，令不为也。）”说完，拂袖而去。故潜江百姓称他为“拂衣县令”。

后来，此事闹到了京城，康熙帝派钦差大臣前往潜江明察暗访，得知真相后严厉斥责喻成龙，将朱轼调往刑部任职。自此，朱轼感念皇恩，工作更加兢兢业业、任劳任怨、忠于职守，依法秉公断案，“杀罪不赦、枉断不为”，僚属“惊以为神”。由此，朱轼曾得到康熙的“特达之知”，诏令“凡内外大狱，悉令裁决”。此后，朱轼的仕途一帆风顺，官越做越大。

朱轼身为七品县令，为了一介与自己毫不相干的平民百姓不被错杀，竟于自己的前程而不顾，公然顶撞朝廷大员，违背顶头上司的命令。他敢于为民请命、刚正不阿的铮铮铁骨实属难能可贵。

二

据史料记载，康熙年间，浙江风俗以尚奢靡而扬名，官场摆阔气，民间讲排场。民间常以吃喝好坏来显示门楣的高低，每逢红白喜事大摆宴席，动不动二三十桌，每一席酒桌上摆满了鸡、鸭、鱼、肉等二十五六个大盘大碗。尤其是男方完娶不仅要大吃大喝，还要拿出一大笔聘金给女方请客做酒，弄得许多人家卖田卖屋来完婚，一结完婚便一无所有。不少贫家子弟家中没东西可卖，筹不到这笔钱，只能打一辈子“光棍”，多数平民百姓因做红白喜事而债台高筑。

康熙五十六年（1717）春夏之交，朱轼赴任浙江巡抚。他一到任，便把去奢从俭、整饬吏治、端正民风作为工作的重中之重来抓。

正人先正己。朱轼在去奢从俭的过程中，十分注重言传身教、以身作则。作为巡抚，他本可以乘轿出行，但他在五里之内办公差一律步行前往，五里之外一律骑马或乘马车，从不坐轿。他下乡时一律穿便服，吃一荤一素的便餐。相传，朱轼在充恩科会试正考官期间，恰逢其母冷氏八十大寿。雍正念其一心一意为国操劳，便特赐银二千两，以及一块“淑范崇年”九龙烫金寿匾赠与冷太夫人贺寿，但被朱轼以其老家住宅老旧狭窄放不下烫金寿匾而婉拒。雍正一脸狐疑，连夜派钦差大臣前往高安暗访，使臣领旨后快马加鞭来到高安朱轼故里，见其祖屋果真是幢破旧小土砖房且四面透风、家徒四壁，进门后又见冷老太太还伏在织布机前纺纱织布。雍正听完使臣禀报后惊得目瞪口呆，称赞朱轼为“当代穷经彦，清时守道贤”。

同时，为破除大吃大喝的陋习，朱轼明文规定并通告全省各地：凡婚嫁喜事和乡里宾腊宴会，只用通常的五样菜，不设珍馔，更不得以设珍馔大摆筵席来夸耀乡里、竞相攀比。要求全省各地官民一律照此规定行事。由于自上而下严格执行，此陋习很快便被遏制。为感谢朱大人的恩典，浙江老百姓便把这5个菜的酒席赞誉为“朱公席”。自此，浙江全省上下出现了官场清明、官员清廉、社会清朗、民风清新的良好风尚。康熙帝闻知，称赞其“轼持风廉，以身作则，境内之治，号通国第一”。

“去奢从俭”是古今社会一个永恒的话题。朱轼身为一省巡抚、贵为封疆大吏，竟然以身作则，崇尚节俭，时刻把底层百姓的冷暖挂在心头，真正做到了“其身正，不令而行；其身不正，虽令不从”，整治了官场与民间“尚奢靡、摆阔气、讲排场”的顽疾。

三

朱轼不仅是一代廉吏，更是一位能臣，被雍正视为股肱之臣。

相传，康熙在位时实行“宽仁恤民”政策，吏治松弛，贪污腐败较为严重，弄得国库空虚，官场一片黑暗。雍正对此深恶痛绝，可一时之间一筹莫展。

朱轼给他出主意，建议“设立会考府，专司查清政府亏空、打击官吏贪污舞弊现象”，并向雍正帝呈奏折，为皇上谋划全面清理钱粮的办法。

雍正见状龙颜大悦，同意设立会考府，当即降下谕旨：“嗣后一应钱粮奏销事务，无论何部，俱著怡亲王允祥、舅舅隆科多、大学士白潢、左都御史朱轼共同办理。”由于当时怡亲王病重、隆科多忙于吏治、白潢不久接手朱轼的左都御史之职，实际上会考府由朱轼主政。

朱轼主政会考府后，深入各部院、各省州府内查外调，在不到三年的时间内共办理部院银米奏销案件550余件，仅户部库银就查出亏空250万两。他大刀阔斧地整治查处了上至十阿哥、敦郡王胤䄉，下至陕西前任巡抚苏克济、德音等一干官吏，将他们抄没家财、革职查办以偿亏空。十二阿哥胤祹为填补亏空，被迫将家用金银玉器摆在大街上出卖。其他官员见此情景，一个个乖乖地迅速变卖家产，主动上交所欠的银两。朱轼在皇帝的鼎力支持下，用铁腕整治国库空虚这一沉疴顽疾，为朝廷挽回千万两白银，补足粮食上亿石，大大充实了国库，被雍正赐予“朝堂良佐”金匾，紧接着加太子太保，旋加太子太傅、文华殿大学士、吏部尚书兼领兵部尚书，宠荣一身，显赫无比。

打铁还得自身硬。朱轼之所以敢于碰硬、敢于铁面无私地清理打击各级官吏贪污舞弊现象，连皇亲国戚也不放过，不仅因为他精通大清律法，有高超的执法水平，更为难能可贵的是他一身正气、两袖清风，拥有超凡的拒腐防变品质。正因如此，雍正才放心大胆地将朝中大权交与朱轼，并把他视为做官的楷模。据《张文端公传》中记载：“上有旨：‘汝辈他日作官，当如张鹏翮、朱轼，方不愧朝廷’。”可见，朱轼在雍正心目中的地位是如此显赫，在朝廷文武百官中的影响是何等深远。

朱轼病重期间，乾隆多次前去探视并赐御医为其治疗。惊闻其逝世的噩耗后，乾隆痛哭不已，即命辍朝一日，亲率文武百官往朱府哭奠。据传，因朱轼生前官衔太多，其灵位不好落笔，朝臣上疏请皇上，乾隆帝挥毫书之曰：“祖之臣、父之大臣、朕之师，朱老先生之灵。”后来更是御赐“帝师元老”之称。朱轼生前逝后享有如此高的荣耀，这在康乾盛世中也是屈指可数的。

古人云：“以铜为镜，可以正衣冠；以古为镜，可以知兴替；以人为镜，可以明得失。”康雍乾三代名臣朱轼，正是一面既可知兴替又可明得失的明镜。

作者：徐光荣

2023 年 11 月 28 日

一个明代藩王的前半生与后半生

谁也不曾料想，1977年，古琴演奏家管平湖先生用朱权亲自选材制作的古琴演奏的《流水》，被录入美国“旅行者1号”太空飞船携带的镀金唱片中，琴音撞破天界，传响苍穹。

据《南昌县志》记载，当年朱元璋与陈友谅交锋于鄱阳湖时，朱元璋曾屯兵武阳渡。民间一直盛传，朱元璋第十七子朱权居住于武阳镇朱坊，随军参加了鄱阳湖大战。

事实上，鄱阳湖大战发生于元至正二十三年（1363）七月，而朱权出生于明洪武十一年（1378）夏天。因此，所谓朱权随军参加鄱湖大战并居住于南昌之说无疑是个谬传。

但人生往往富有戏剧性，在明永乐元年（1403）那个晦暗的春天，26岁的宁王朱权被改封南昌，从此再也没有离开这座赣江畔的城市。

一

洪武二十四年（1391），朱权被明太祖封为宁王。两年后，朱权赴藩地大宁（今内蒙古宁城）。此时，宁王朱权带有甲兵八万、战车六千，所属朵颜三卫骑兵骁勇善战、所向披靡。

建文帝即位后，实施削藩。燕王朱棣不甘，于1399年发动靖难之役。他忌惮朱权抄其后路，便使诈前往大宁，执朱权之手嚎啕大哭，谎称不得已才起兵抗衡朝廷，如今兵败，恳求兄弟代为起草奏章向建文帝谢罪。朱权并非一介莽夫，但待人过于真诚，他被兄长淋漓尽致的表演迷惑，结果被朱棣挟持，绑上谋反的战车，麾下精兵悉数为朱棣所驱使。

靖难之役尘埃落定后，朱棣如愿登上九五之尊。朱权自然不敢奢望兄长会兑现当初“事成，当中分天下”的许诺，只想求得南方一隅之地安身。但朱棣否决了其请封苏州、钱塘的诉求，希望他选择建宁、重庆、荆州这些边鄙之地，最后朱权不得不接受改封南昌的事实。

朱权郁郁寡欢地入驻江西布政使司衙门，这里也因此成为宁王王府。兵权被剥夺，宝剑再不能露出锋芒，对这位曾经叱咤风云的青年将领而言，可想而知，是一种怎样的致命打击。更令人惊魂的是，朱权在新封地的座上还未坐热，便有人诬告他私下施展巫术诅咒害人。明成祖窃喜之下，立即命人秘密查访，未获证据，这才悻悻罢手。汉武帝时期的巫蛊之祸犹在眼前，熟读史书的朱权逃过此劫之后，后怕不已，他下定决心韬光养晦，于是对外托病，不再过问政事，关门闭户读书写字，做一个王府隐士。

二

在大宁时，征战之余，朱权便醉心于古琴研究。偶然间，他得到宋代田芝翁的《太古遗音》残本，如获至宝，品鉴欣赏之余，有心要进行整理。如今，在南昌宁王府，正好可以一心一意拾遗补阙。

任凭世间风吹雨打，一盏孤灯只照琴心。朱权迷恋于乐律的高山流水之间，在35岁那年编修完成《太古遗音》，这本书被誉为中国首部成体系的琴论专著。兴犹未尽，他又开始编选《神奇秘谱》。他搜罗千余首流传下来的曲目，精挑出64首神曲，自汉晋唐到南宋，均有代表，其中大胆编入一些道教琴曲，成就《神奇秘谱》3卷，上卷称《太古神品》，计16首，中、下卷称《霞外神品》，计48首。

朱权对琴的痴迷几乎像强迫症一般。他竟亲自选材制作出明代第一琴“飞瀑连珠”，并署上自己的名号“云庵道人”。谁也不曾料想，1977年，古琴演奏家管平湖先生用这架古琴演奏的《流水》，被录入美国“旅行者1号”太空飞船携带的镀金唱片中，琴音撞破天界，传响苍穹。

朱权当然不会想到身后六百年的传奇，他只是将“飞瀑连珠”当作自己的知音，让《梅花三弄》复活于指尖，深情地倾诉衷肠，月光如水，心事潺湲。

琴曲《梅花三弄》，乃《神奇秘谱》里的名曲之一。这首琴曲相传起于东晋的桓伊，几经演变推扬，至明代时，已无琴谱的详细记载。朱权通过千淘万漉，终于抢救出这首远古之曲，还以其本来面貌。他还在解题时强调：“桓伊出笛作梅花三弄之调，后人以琴为三弄焉。”

永乐二十二年（1424）七月，明成祖朱棣驾崩于榆木川，八月，长子朱高炽登基，仅一年便暴病而亡，26岁的皇太子朱瞻基于洪熙元年（1425）六月成为明王朝新的掌舵者，是为明宣宗。

有意思的是，此时的宣宗皇帝，跟朱权初到南昌城时年纪相仿。不过，此时东湖之畔的朱权，已俨然仙风道骨，沉醉于修道、抚琴、吟咏、唱和的精神世界，熙熙攘攘乱纷纷的宫斗与他毫无瓜葛。

三

宁王府毗邻铁柱万寿宫一侧，原为布政使司衙署，也是元代行中书省、宋代隆兴府故址，建筑并不豪华，其位置在如今的南昌市子固路东、胜利路西、杨家厂南、后墙路北。

朱权在王府里专门腾出房间，设置了一家“文英馆”，负责刻书刊印，让自己的文艺思想、精神图腾、审美情趣、心灵诉求复活于书卷里。月照西楼时，朱权忽然觉得自己拥有了另一个疆场，他的八万甲兵、六千战车和朵颜三卫骑兵依然在纵横驰骋，摧枯拉朽。

寻道问隐是朱权日常生活中的重要一环。《献征录》如是评价朱权："好学博古，诸书无所不窥。旁通释老，尤深于史。”可以说，朱权是一位学贯百家的“杂家”，精力充沛，笔耕不止，“古今著述之富，无逾献王者”。

明朝自建国始，即十分重视释儒道三教的功用和精神统治，朱元璋甚至撰写《三教论》加以阐述，他对道教尤其青睐，写了一篇《御制周颠仙人传》宣传“神神妙用”。受此影响，朱权从小便喜好道术。被打发到南昌坐冷板凳之后，朱权更是乐于此中天地，与江右道教人物交往频繁。

朱权与龙虎山天师道四十三代天师张宇初过从甚密，寄诗往返，其中《送天师》写道："霜落芝城柳影疏，殷勤送客出鄱湖。黄金甲锁雷霆印，红锦韬缠日月符。天上晓行骑只鹤，人间夜宿解双凫。匆匆归到神仙府，为问蟠桃熟也无？”或许因为对道教痴迷，朱权对许逊（许真君）充满敬意，到南昌就藩后，他前往铁柱万寿宫观览拜谒，并将此确定为演习王府礼仪的场所。朱权在大宁时，将自己的居室起名曰“太清”。随着对道教的修炼日益精深，他乐于给自己取道号，宣称自己乃南极冲虚妙道真君。他还曾居住于西山的道教第十三洞天西山洞，专心致志地研修净明道。悟道之余，朱权为道家辛勤笔耕，至少编纂、创作近30部与道教相关的著作和杂剧，最为有名的当属《天皇至道太清玉册》八卷、《庚辛玉册》八卷。宣德七年（1432），他甚至在自己未来的陵墓前修建了一座道观，名“南极长生宫”。朱权生前“不乐封藩，栖心云外”，去世后，则头戴道冠，身着道袍，曾经的赫赫藩王，完全是一番道人风范。

众所周知，元曲杂剧包括散曲和杂剧，在中国文学史上可与唐诗、宋词比肩。朱权在与文人学士的交往中，对元曲杂剧多有涉及。经过深入研讨、梳理、思考，最终于洪武三十一年（1398）形成《太和正音谱》二卷，两部分内容分别为戏曲理论和史料、北杂剧的曲谱。彼时，朱权正镇守大宁，年方21岁。

朱权进入江西后，北剧逐渐衰微，南戏将要复兴，令他心怀慰藉的是，赣地北剧竟然依旧活跃。醉眼蒙眬中，他轻轻打着节拍，缓缓吟诵：“江亭远树残霞，淡烟芳草平沙，绿柳阴中系马。夕阳西下，水村山郭人家。”仿佛为了酬答宁王的良苦用心，其身后百年间，江西新建人魏良辅成为昆曲之祖，中国也迎来了“汤显祖时代”。

四

没有几人能够一一细数朱权的著述。宣德四年（1429）至正统十三年（1448）之间，晚年的朱权依然没有停止著书立说，几近只争朝夕，《茶谱》由是问世。

书中，他指出饮茶的最高境界是："会泉石之间，或处于松竹之下，或对皓月清风，或坐明窗静牖，乃与客清淡款语，探虚立而参造化，清心神而出神表。"这种境界，又何尝不是朱权寂坐南昌四十余年的心灵写照呢？清心寡欲，无为而为，他反而成为一座艺术高峰。

这是真实的历史，也是戏剧性的历史。

明仁宗时期，法禁稍有缓解，朱权上奏称南昌并非自己的封国。朱高炽回信说："叔父从先皇那里受封已经二十余年了，不是封国，又是什么呢？"宣德三年（1428），朱权上书明宣宗朱瞻基，请求将南昌城郊的灌城乡土田赐给宁王府，后又议论说宗室不应确定品级。宣宗立即予以指责，朱权赶紧上表谢罪。

这几件事，是朱权与朝廷往来的为数不多的记载，换而言之，朱权基本从明王朝的高层销声匿迹了。

按理说，经过多年修炼，朱权应该更加清心寡欲，看穿世间的一切，可是为何还会跟皇帝理论这样无关痛痒的问题呢？也许，他只是一种试探；也许，这是其残存的一丝热血还在奔涌。谜团，或许只能交给历史了。

正统十三年（1448），朱权去世。身后有宫词多首遗世，其中一首道："辇路飞花满翠阴，数年无复幸车临。独有海棠枝上月，几番圆缺到如今。"

作者：彭文斌

2023 年 12 月 5 日

一代名相周必大的家风故事

勤政廉洁、严己宽人、慎独慎微，是周必大的为官准则，也是他终成一代名相的“奋斗密码”。

庆元三年（1197）三月，周必大根据自己在朝为政的经验，写下十句箴言为即将赴任临川县倅的儿子周纶送行：“莅官以勤，持身以廉，事上以敬，接物以谦，待人以恕，责己以严，得众以宽，养知以恬，戒谨以独，询谋以佥。”

勤政廉洁、严己宽人、慎独慎微，是周必大的为官准则，也是他终成一代名相的“奋斗密码”。

一

周必大（1126—1204），字子充，绍兴二十一年（1151）进士及第；绍兴二十七年（1157），举博学鸿词科；曾多次在地方任职，官至吏部尚书、枢密使、左丞相，封许国公；宋宁宗庆元元年（1195），以观文殿大学士、益国公致仕。

周必大从政四十五年，他初学黄庭坚，追慕欧阳修，与陆游、杨万里、范成大等名家交游频繁。在校勘、刻印书籍方面也颇有建树，曾主持校订、刊刻了《文苑英华》，有《省斋文稿》《平园续稿》《玉堂类稿》等传世，后人汇为《益国周文忠公全集》。而周必大之所以在为政、为文等方面均造诣颇深，成为后人榜样，与其家族的良好家风传承有着密切关系。

周必大家族是庐陵一个家风非常淳厚的家族。从他曾祖父周衎开始，到他爷爷周诜，到他伯父周利见、父亲周利建，再到他自己，都始终把良好的家风家教摆在家族发展最重要的位置，从而形成了在庐陵地域文化中具有重要影响力的周氏家风。

从周必大送子从政的十句箴言看，他详细谈到了做官的方方面面，重点强调要勤政廉洁，要严于律己，善待百姓，对上级要尊敬，待人接物要谦虚，要淡泊名利，要慎独慎微，随时做好自律，做决策时要善于集思广益等。应该说，这些为官箴言，一方面是周必大从他的父辈、祖辈们家教家风中传承下来的，另一方面也是他自己为官数十载的经验总结、人格写照。他希望儿子能够把周氏家族的良好家风代代传承下去，做一个清官、好官。

周必大的曾祖父周衎是一位名望出众的士人，“以读书起家，未尝一问财利。曾祖即弃世，遂迁居州城。宅基宏丽，产业皆富”。他爵至朝奉郎、中奉大夫，学问德行优异，“躬行对于古人，宦学闻于当世”，所憾在官场未有大进展，“位不称德，士论惜之”。当周围的人都为他在政治上没有应有的进展而惋惜时，周衎淡然处之，觉得把子孙教育好比什么都重要。因此，在他“以诗书教子孙”的言传身教和良好的家风影响下，子孙辈中出了十几位进士。

二

周必大的祖父周诜，元符三年（1100）进士及第，后一直在中原地区任职，宣和七年（1125）调任吉州通判。建炎三年（1129），周诜去世即安葬于庐陵。因此，周必大说："周氏世郑人，徙吉三世矣。"

周诜仕途也不是很畅达，"德业藏于身，声闻流于时，官不过五品，而位止郎、舍也"。但他和他父亲一样注重优良家风养成，对儿子的教育培养做得非常出色，两个儿子周利见、周利建同时考中政和八年（1118）进士，与朱熹父亲朱松，参知政事张焘，曾任吉州太守的江少虞，名士王庭珪等名人同榜。

宋光宗在给周必大进位"益国公"时，表彰周诜道："唯是一经之教施于孙。"这是非常中肯的评价。

周必大父亲周利建官职虽不显，但他从小深受祖父和父亲的影响，故能承继家学，所谓"袭美于家学，振声于世科而雅不善宦老于博士，功业不见于世而文辞但以诏后人也"，"然而过庭之训，插架之书，渊渟骏发，见于贤子，经文纬武，天下赖之"。周利建在仕途上虽不畅达，但他能把周家良好的德行与家教传承下来。可惜的是，周必大四岁时，周利建便去世了。不过，周利建对儿子的影响还是比较深的，周必大回忆称"先公早负大名，虽历官太学而年弗及强仕，厚积啬取，敷遗子孙"。

伯父周利见以儒学和德业见称，"硕德巨儒，遍仪清缀，崇观典礼，皆所是正"，后以"文学行义，蜚声上庠"受到直龙图阁尚佐均的赏识，尚佐均将女儿许配于他。周必大和伯父感情很深，因为父母双亡后，伯父将他带到身边抚养，并让他接受良好的教育。他不仅精心抚养侄子，而且推及至其他遗孤。伯父的养育之恩和崇高德行，让周必大一生难忘。

三

周必大本人一生从政经历非常丰富，他在朝任职三十多年，参与了南宋前中期的许多政事，既有政府基层事务，也有朝廷高层机密。应该说，他能从一个孤儿，进而考中进士，并最终位极人臣，皆因他既有扎实渊博的学识基础，也有为人正派的道德品行，还有踏实勤奋的干事作风，更关键的是他传承了周氏家族的良好家风。他不仅把这种良好的家风运用到工作实践中，而且在教育子孙方面也颇为用心。其中，最能体现他廉政勤政为官精髓的便是他教育儿子周纶如何为官的《送纶丞郡临川十以箴》。

周必大与同为庐陵“五忠一节”的杨万里是同时代的人，只比杨万里大一岁，他们在政治上也有着相同的秉性，不避权贵，忠诚直谏，体现了庐陵人的正气、硬气。

杨万里受到宰相排挤，又不满权臣韩侂胄当权，最后愤然不再上任为官。周必大则公然对抗权臣翟婉容,极力反对其推行的“碍正法”。十天后，皇帝又重申“碍正法”。周必大知道自己的谏言未被采纳，于是请求去做祠官。过了很久朝廷才派他去南剑州任知州，后改任福建提点刑狱。周必大赴任南剑州知州前，朝廷派赵雄出使金国去赍送国书。朝议授书礼节时，周必大上奏称：尊卑名分已定，或校正等级威仪就可以了。我国与金已是叔侄之情相亲，怎能嫌此称呼不佳？皇帝褒奖他道，我还没有诏论国书的内容，而你就能道出朕心中所想的事，真乃大智大才也。同年，周必大兼任兵部侍郎，他奏请重视侍从言，以储备将相人才；增加台臣谏官，以扩展耳目；选择监司郡守，以补充郎官。不久，便派他代理礼部侍郎兼直学士院同修国史、实录院同修撰。

未几，他直学士院职务被解除，改任建宁知府。他行抵丰城，自称有病而归，并再一次上奏朝廷提出愿当祠官。乾道六年（1170）宋孝宗又任命周必大为敷文阁待制兼侍读、兵部侍郎、直学士院等职。孝宗称赞周必大，认为他不善于阿谀逢迎，从不附和权贵，所以对他特别器重。于是封周必大为兵部侍郎兼太子府詹事，不久又升周必大兼侍读学士，改任吏部侍郎，授翰林院学士。周必大在翰林院六年，受旨撰写《选德殿记》《皇朝文镒序》，所制诏命温和尔雅，叙事周说，为当时词臣中最好者。

嘉泰四年（1204），周必大逝世，享年78岁，死后追赠太师，谥号文忠，宋宁宗亲自题其墓碑曰："忠文耆德之碑。"这位位列庐陵"五忠一节"的文忠公，留下遗著有80余种，内有《平园集》200卷。

以周必大为代表的周氏家族，从中原迁徙到庐陵能够快速地成为当地望族，其家族代代相传的家风起到了十分重要的作用。这些家风内容的积极因素，对当今家风建设仍具有积极、重要的引导作用，值得我们不断传承。

作者：李夏署　邓　菲

2023年12月24日

寻找《千里江山图》里的庐山

《千里江山图》作为浪漫主义绘画的巅峰之作，展现出了中华疆域，特别是长江流域壮丽的山河。而这幅作品的创作主景竟与江西息息相关！

每年的春晚，总有那么几个让人难忘的瞬间。2022年的春晚，我们记住了那台波澜壮阔的舞蹈诗剧《只此青绿》。以中国十大名画《千里江山图》为背景创作的舞蹈诗剧《只此青绿》，用舞蹈之美引领观众步入充满现代意蕴的中华美学殿堂。这也引出了一个疑问：气势宏大的《千里江山图》的创作主景到底在哪？其实，早在2018年2月4日《浙江日报》刊登的《宋画专家解密:〈千里江山图〉主要取景庐山和鄱阳湖》一文已经告诉了我们答案。

一

九江揽长江、抱庐山、拥鄱湖，自古便有长江黄金水道和鄱阳湖水道联结东西南北，文人骚客们只凭一叶扁舟，便可抵达庐山山麓。自汉晋以来，历代名人骚客竞相慕名而来，游踪不断。2018年1月20日，浙江大学故宫学研究中心主任、故宫博物院研究馆员余辉在央视4

套《文明之旅》栏目，为大家解密《千里江山图》这幅近12米长的传世名画。在他看来，《千里江山图》的主要取景地是庐山和鄱阳湖，其中还隐藏了来自唐代诗人孟浩然的五言诗《彭蠡湖中望庐山》。

不信，可以“跃上葱茏四百旋”来庐山看看！

“横看成岭侧成峰”是苏东坡笔下的庐山。《千里江山图》绘制的是山峰而非山脉，在山脉中山与山之间有关联，脉有走向，山峰跟山峰之间不可能没有关联，也不是忽然从地底下冒出尖峰。而在构造上，庐山正是一座块垒式的有山无脉的孤山。

“一山飞峙大江边”是伟人毛泽东眼中的庐山和长江。《千里江山图》的自然景观是在大江大湖边上，耸起一片高峰，从现代卫星地图看，庐山和鄱阳湖的地理关系正好契合这一特征。画中的大山大岭屹立在江湖沼泽之畔，在北宋统辖的疆域，只有鄱阳湖畔的庐山有此特性。

《千里江山图》中，一座座突兀的高山大岭伫立在大江大湖边，群峰簇拥主峰，多处还出现U型谷的造型，左右高峰各为冰川刃脊。

水有水路，冰有冰道。U型谷就是冰川行进的谷道，地质上称“冰川谷”。根据著名地质学家李四光的实地勘察结论，这是两三百万年前第四纪冰期时冰川流动时将山谷基岩刨蚀的结果，也是庐山特有的自然景观，山脚的湿地就是鄱阳湖。

由于庐山一带的基底是古老岩石，已经刚化变硬，在燕山运动中不再弯曲褶皱，主要表现为上升和断裂。庐山上升，风化侵蚀作用剥去了一部分地表岩石，使巨大的花岗岩裸露于峰巅。庐山最高峰大汉阳峰，就是一个燕山运动晚期侵入的巨大花岗岩体。

大汉阳峰是庐山第一高峰，海拔1474米，据说在月明风清之夜，站在峰巅上，可观汉阳灯火，故得名。大汉阳峰峰巅上，有一方形石台，名为汉王台。传说是汉代洪水稽天时，汉王避水于此峰，周围群峰都被洪水淹没，唯此峰独露洪水之上，后人为纪念汉王修建。

二

《千里江山图》的画面，起南端闽东南，沿仙游向西北经九江庐山、鄱阳湖，达润州（今镇江），折吴郡（今苏州），到开封。

作者王希孟别具一格，没有像《清明上河图》的作者张择端那样记录12世纪的北宋汴京的城市面貌和当时社会各阶层人民的生活状况，也没有像后来元代画家黄公望的《富春山居图》那样只描绘富春江两岸秀丽的山光水色，而是将连绵的群山冈峦和浩淼的江河湖水，于山岭、坡岸、水际中布置，点缀亭台楼阁、茅居村舍、水磨长桥，加上捕鱼、驶船、行旅等动态场景，描绘精细，意态生动。

《千里江山图》作为浪漫主义绘画的巅峰之作，展现出了中华疆域，特别是长江流域壮丽的山河。从《千里江山图》描绘的场景来看，除福建莆田仙游外，江西庐山、鄱阳湖以及江苏的镇江、苏州，都属于长江流域的主要范围，也是长江文化的重要支点城市。

王希孟画《千里江山图》时不到18岁，他既不太可能像苏东坡那样在畅游庐山时写下具有哲理的《题西林壁》，也不可能像现代人通过网络饱览庐山的秀色。有研究者认为，王希孟的构图技法可能参照了五代荆浩的《匡庐图》，它是现存最早以庐山为题材的绘画作品。《匡庐图》以高远和平远相结合的全景式构图表现峻拔的山峦和水边村居的清幽景色，结构宏大；王希孟的《千里江山图》以俯瞰的方式将平远、高远、深远相结合的全景式的长卷构图，重峦叠嶂，千岩万壑，气势浩大。对比一下可发现，《匡庐图》层次分明，峰峦峻拔，林木瘦劲，皴染兼备，画出山势的形态变化，深远、缥缈尽得其当；《千里江山图》则气势连贯，以披麻皴与斧劈皴相合，表现山石的肌理脉络和明暗变化。

三

还有一些学者认为，王希孟的《千里江山图》的画意场景源自孟浩然途经鄱阳湖（古称“彭蠡湖”）时写下的《彭蠡湖中望庐山》：

太虚生月晕，舟子知天风。挂席候明发，渺漫平湖中。
中流见匡阜，势压九江雄。黯黮凝黛色，峥嵘当曙空。
香炉初上日，瀑水喷成虹。久欲追尚子，况兹怀远公。
我来限于役，未暇息微躬。淮海途将半，星霜岁欲穷。
寄言岩栖者，毕趣当来同。

宋徽宗喜用唐诗命题，尤其是爱出隐逸之句考学生的画意，要求学子们曲尽其意、遐想无限。所以他检验画师水平的高低，首先考唐诗，进入宣和画院后，画师必须以唐诗为题材作画，要画出诗意。这也是专家推测这幅画中的风景是在庐山的又一理由。

唐宋时期日趋发达的商业经济使得人们的生活节奏日益加快，形成了早起早行的风气，甚至五更出行已成习俗。如诗中所云“挂席候明发”，大家在清晨就开始忙碌起来，有的船已经扬起席帆，还有洒扫庭院的童子、驾舟赶船的乘客、下山赶集的农夫、上山远行的驼队等。

“峥嵘当曙空”在画中也有体现，天亮的时候，出现曙光，要把天的颜色加深，下面一点用绢的黄颜色作底色不罩染，衬出曙光初照的情景。

庐山仙人洞是一个由砂崖构成的岩石洞。由于大自然的不断风化和山水长期冲刷，逐渐形成天然洞窟，是道教的洞天福地。相传吕洞宾曾在此洞中修炼，直至成仙。

王希孟十分崇敬曾隐居于此的东汉隐士尚长和东晋高僧慧远等，曾言“久欲追尚子，况兹怀远公”，因此又在山坡和山脚画了一些书院和寺观。晋孝武帝太元三年（378），著名高僧慧远，奉道安之命，领着数十弟子沿襄阳、荆州东下，宣扬佛法。至浔阳访师兄慧永以践赴罗浮山之约。来到庐山西林寺，见这里山峰俊秀，气候宜人，“可以息心”，于是决定在此建寺，因寺位于西林寺之东，故命名东林寺。

唐贞元年间，洛阳人李渤与其兄李涉隐居在庐山五老峰下一个四山环合、形似一洞的地方读书，养了一只白鹿，非常通人性，经常随他们出入，人称他们为“白鹿先生”，故称这里为白鹿洞。至南唐开元四年（940），李氏朝廷在庐山白鹿洞建起庐山国学，从此便成为一所与金陵秦淮河畔国子监相似的学校，宋初扩为书堂。

我们猜想，王希孟在宋徽宗政和三年（1113）四月创作《千里江山图》时，应该了解历史上曾经有过的“白鹿洞书堂”。

作者：宋志龙

2024 年 1 月 15 日

“江西第一人杰”吴芮

吴芮，被誉为“江西第一人杰”。后世评价吴芮时，普遍称赞他是一位忠义贤德、文武超群、功绩卓著、深得民心的英雄。

江西自古享有“物华天宝，人杰地灵”之美誉。滕王阁内有一幅巨大的壁画《人杰图》，描绘了江西自先秦至明末的80位各领风骚的历代名人。在这些杰出人物中，排在首位的便是吴芮。

吴芮何许人也？他为何被誉为“江西第一人杰”？

一

据《通志》《昌江风土记》等史料记载，吴芮生于战国末年（前241），浮梁县鹅湖镇人（亦有为鄱阳县人、余干县人等多种说法），秦汉交替时期的楚地领袖，西汉初期杰出的政治家和军事家，江西首个在《史记》《汉书》等典籍中有明确记载的历史名人。

秦并六国之后，秦始皇采用李斯的建议，把全国划分为36郡，每郡下设若干县。秦在今鄱阳县一带设番县，封吴芮为县令。吴芮在番县任职十多年，大胆革除弊政，轻徭薄赋，带领百姓兴修水利、发展生产，因而深得民心，被人们尊称为“番君”。

公元前209年，陈胜、吴广领导900名戍卒在大泽乡起义，点燃了我国历史上第一次大规模农民起义的烈火。身为番县县令的吴芮，深恶痛绝当朝的暴政，决定弃官从民，率领当地百姓加入反秦队伍当中，成为秦朝第一位支持和参与农民起义的朝廷命官。后其同乡兄友、台岭（今大庾岭）守将梅销率众多精兵来投，使吴芮信心增加百倍。此事震动全国，反秦浪潮暴涨。六县（今六安）人黥布（后改名英布），曾触犯秦律被押送到陕西骊山服劳役。数十万骊山之徒起义反秦，黥布是起义发起人之一。起义失败后，黥布听说吴芮声名，率领7000余起义勇士来番县投靠吴芮。

为了加强两支义军的团结，吴芮将自己的女儿嫁给黥布为妻。陈胜、吴广起义军主力失败以后，部将吕臣率领“苍头军”退到南方。吴芮命黥布与吕臣配合，北击秦兵，在河南清波与秦军展开激战，击败了秦军左右校，夺回起义军重要据点陈州（今河南淮阳）。

刘邦攻打南阳时，吴芮派部将梅销率军相助，攻克了析、郦等地。项羽破秦时，吴芮亲率大军力助，并随项羽入关，立下汗马功劳。

项羽自立为“西楚霸王”时，于公元前206年分封了18位王。其中吴芮被封为衡山王，吴芮的女婿英布被封为九江王，刘邦被封为汉王。楚汉相争，吴芮反感项羽追杀义帝、残杀战俘的手段，赏识刘邦善于用人、广纳人才的胸怀，因而决心弃楚归汉，拥戴刘邦称帝安定天下。

汉高祖五年（前202），刘邦依据吴芮的灭秦功绩，封其为长沙王，定都临湘（今湖南长沙）。刘邦是个多疑之人，容不下一个不放心的文臣武将。他在汉王朝建立之初共分封8位异姓王，但不久就先后消灭掉7个，唯独留下长沙王。

公元前202年，闽越地区发生兵乱，刘邦听从陈平的建议，诏令长沙王吴芮带兵前往闽越平乱。当队伍行至庐江郡虔化县金精山（今江西宁都翠微峰）时，吴芮病发去世，年仅40岁。吴芮遗体被运回临湘，安葬于开元寺旁。刘邦派陆贾到临湘主祭，宣读御敕："长沙王忠，其定著令。"谥其曰文，嗣传子臣。

公元前156年，第五代长沙王吴差病逝，因吴差无子嗣继位，按当时规定，长沙国"国除"。

二

长沙国是汉初唯一世袭五代的异姓王国，且吴芮子孙中另有9人封侯，这在中国历史上并不多见，反映了吴芮及其子孙为人之品德、于国之忠诚，也与其秉承吴姓始祖吴泰伯家风密切相关。

传说吴芮自少不群，有大人志，好读书博古，日记三百言不辍。泰伯三让王位的故事深深地烙在吴芮的心里，他自小就立下报效国家、造福黎民的志向。纵观吴芮一生的言行举止，无不闪烁着高尚品德的光辉。

他施行仁政，爱民如子。在担任地方武装力量统帅期间，他带领民兵和村民防御盗贼，发展生产，深受乡亲们称赞。番阳县县令任上，他清正廉明，勤于政事。做衡山王时，面对其他诸侯争权争利争霸，以致烽烟再起的情势，他一心一意治国安邦，使衡山国政通人和，国泰民安。他带兵作战，关爱士兵，不侵害百姓利益，不虐待俘虏，以致很多俘虏不愿回家，而愿跟随他征战。他把中原的水稻带到南方种植，促进了南方的粮食生产和百姓生活的改善。因此，南方很多地方为感激和纪念吴芮，称水稻为“芮稻”。刘邦封他为长沙王后，他不忘初心，仍把以民为本、造福黎民作为治国方略的主线，精心治理长沙国，使长沙国的面貌日新月异，呈现出“男乐其畴，女修其业，事各有序。惠被诸产，久并来田，莫不安所”的太平景象。

他为官清廉，令人称颂。他任番阳县县令办的第一件大事，就是除霸安民。当时，番阳最大的恶霸李斌、李华父子无恶不作，残害百姓，民愤极大。但因李斌的弟弟是秦廷的一员将领，家中还豢养了几十个会武功的家丁，前任县令惧怕李家的权势，不敢查办李家父子。吴芮上任后，秉公执法，抓捕并处决了李家父子，百姓拍手叫好。他任番阳县县令期间，廉洁嫁女，贺礼一概谢绝，在百姓中传为美谈。

他谦让大度，让人敬佩。在与部将梅锠等人在竹沟村商议行军计划时，梅锠等人建议率军西征，攻取咸阳，以履行“怀王之约”。但吴芮考虑楚怀王已委任刘邦为西征义军的主将，且秦军主力章邯军还未被歼灭，出于谦让和顾全抗秦的大局，他没有听从梅锠等人的建议，而决定分兵两路。

因为吴芮品德高尚、行为端正，所以，汉定天下前后，刘邦先后剪除了7个异姓王，唯独长沙王得以保留。为此，班固在《汉书》中赞曰：“唯吴芮之起，不失正道，故能传号五世，以无嗣绝，庆流支庶。有以矣夫，著于甲令而称忠也！”

三

宋代名相范仲淹在《番君传》中，对吴芮的生平、品德、政绩及功劳给予高度总结和评价，赞扬吴芮“以其心体下，饥者赈之，寒者恤之，老者养之，强者抑之，弱者扶之”，号召世人向吴芮学习，又感叹说：“番君以是行之一邑及郡，终应天下人乐趋顺抑，何刑驱势迫者哉！是知，人心之不可拂，天理之不可违者，此又见孟子之言为可试哉！”番君的仁者形象跃然眼前。

景祐三年（1036）八月，范仲淹以朋党罪第三次被贬，知饶州。在饶州期间，范公对吴芮这位千年前的先贤更为敬仰，曾沿着吴芮从浮梁到古番县、黄冈、长沙的线路凭吊其一生功绩，并留下大量诗文。

古番县治所历史上曾建“长沙王庙”纪念番君吴芮。《江西通志》有载：“吴文王庙在鄱阳毛家巷，祀汉长沙王吴芮，祠在州治内，宋知饶州范仲淹迁治西。”范公知饶州时，古代所建的长沙王庙早已荡然无存，因而又在治西选址重建，并为吴文王立庙作传。此事，60年后饶州守令陈贻范在《范文正公鄱阳遗事录》中作了翔实记录。

不仅如此，后世评价吴芮时，普遍称赞吴芮是一位忠义贤德、文武超群、功绩卓著、深得民心的英雄。宋人华镇颂扬吴芮的诗云：“秦吏方摇毒，君王独得名。国虽为地小，忠亦自天成。秘殿似容悴，玄堂草木荣。兴亡何足道，青竹有嘉声。”清代蒋士铨到鄱阳凭吊番君庙时赋诗云：“丈夫功业立天下，生王死神宁苟且？江湖民心亦易得，在尔鄱阳后来者。”

作者：吴逢辰

2024 年 1 月 20 日

欧阳修与苏轼的忘年之交

初次见面，欧阳修和苏轼彼此就倍感亲切。谁也不会想到，相差整整30岁的两人后来竟成了“忘年交”，先后成为北宋文坛领袖，并结下了深厚的师生情谊。

北宋年间，有这样一对才华横溢的师生，他们惺惺相惜、亦师亦友，同列“唐宋八大家”，享誉文坛千百年，他们就是“六一居士”欧阳修和“东坡先生”苏轼。

宋真宗景德四年（1007）六月，欧阳修出生在四川绵州父亲工作的军事推官廨舍里。30年后，苏轼于四川眉山纱縠行苏宅呱呱坠地。

彼时，谁也不会想到，相差整整30岁的两人后来竟成了“忘年交”，先后成为北宋文坛领袖，并结下了深厚的师生情谊。其中种种情缘，温煦动人，值得回眸与寻味。

一

苏轼出生之时，距北宋开朝已有70余年，其时，范仲淹、欧阳修、王禹偁、梅尧臣等一大批改革求新的文坛巨匠通过艰苦的努力和探索，开创了新文风之先河。

苏轼从小受到时代新风的濡染，很快成长为一名才华横溢、器宇不凡的青年。在古代，参与科考是获取功名、经世济民的重要路径。

幸运的是，苏轼在科举的路上遇上了欧阳修这位恩师。嘉祐元年（1056）三月，苏洵带着苏轼、苏辙兄弟俩告别家乡父老，来到京城汴梁（今开封）参加进士考试，苏轼兄弟首战告捷。

第二年正月，礼部侍郎、翰林学士欧阳修奉命担任礼部考试主考官。当时文坛流行华而不实、内容空泛的“西昆体”文章和艰涩难懂、怪诞诋讪的“太学体”文章，欧阳修下定决心，与一批志同道合的文友发起诗文革新运动，并欲借此次主持礼部考试的机会，推动改革运动深入发展，刷新文风。

欧阳修规定此次评判考卷的标准是文章言之有物、平易流畅、感情真实，险怪奇涩、空洞浮华的文章一律不予录取。这次科考以《刑赏忠厚之至论》为考题，苏轼仅用六百余字就阐明了他以仁治国的思想，其文引古喻今、笔力稳健、质朴自然。梅尧臣首先批阅到这篇文章，大为赞赏，当即呈送给欧阳修。欧阳修读后又惊又喜，深感文章说理透彻、语意敦厚，颇具大家风范。本想列为第一，又恐是自己的门生曾巩的答卷，为避徇私舞弊之嫌，只得忍痛割爱，使该文屈居第二。后在礼部复试中，苏轼获得第一，殿试中苏轼和苏辙同科进士及第。

按照北宋惯例，金榜题名后，主考官和新科进士便有了师生的名分和情谊。苏轼按惯例向恩师呈递了《谢欧阳内翰书》，表达谢意。该文高屋建瓴，精要概述了宋朝开国以来文学发展的历程，彰显了年轻的苏轼不凡的见识和高超的文字驾驭能力。欧阳修后来给友人写信时对苏轼击节赞赏：“读轼书，不觉汗出。快哉快哉！老夫当避路，放他出一头地也。可喜可喜。”欣喜之情，溢于言表。他回家又对其子说：“汝记吾言，三十年后，世上人更不道着我也。”

后来，苏洵又带着苏轼兄弟登门拜见欧阳修。初次见面，欧阳修和苏轼彼此就倍感亲切，欧阳修对苏轼欣赏之至，从此结下了亲密情谊。他充满温情地对苏轼说：“此我辈人，余子莫群。我老将休，付子斯文。”欧阳修此时已决定把苏轼当成文坛接班人来培养了。

经欧阳修的介绍和推荐，苏轼还拜见并结识了文彦博、富弼、韩琦等朝中重臣，他们都对苏轼以国士之礼相待。欧阳修对苏轼的热情奖掖和广为赞誉，使苏轼名噪京师、声震天下。

二

嘉祐五年（1060）二月，苏轼兄弟在老家服完母丧后再次来到京城，他们对朝廷的任命辞不赴任，而是在欧阳修的保举下参加了第二年的制科考试。

欧阳修在保举状中写道：“臣今保举，勘应材识兼茂明于体用科……如有缪举，臣甘伏朝典。”“制科”是由皇帝特别下诏并亲自主持，为选拔非常人才而特设的一种考试，应试者须有朝中大臣保举，难度极大，且通过者极少。苏轼破天荒考入三等（一二等虚设，实际三等为最高等，苏辙考入四等），之后被授予大理评事、凤翔府签判。欧阳修再次充当了苏轼成长路上的阶梯。

苏轼也没有辜负恩师的期望。他发扬了欧阳修刚正直率、风节自持、标举儒家名节的人格精神，坚持欧阳修开辟的诗文革新运动的改革方向，继承欧阳修忠心为国、宽简爱民的执政理念，纵使仕途多舛，始终不改初心。

宋神宗熙宁元年（1068），苏轼服完父丧返京在直史馆任职。第二年，神宗和王安石发动了以“理财”和“整军”为中心的变法运动。变法声势浩大、来势汹汹，为的是富国强军，巩固宋朝政权，缓解社会危机。

以司马光为首的保守派则认为祖宗之法应“存其善而革其弊”，不应全盘改之。欧阳修、韩琦、富弼等元老重臣大多认同司马光的政见。

而苏轼对于这场暴风骤雨般的改革运动，开始是困惑、不安，但随着变法的深入，其弊端日益显现，变法并没有减轻底层人民的负担，反而加深了社会矛盾，最后苏轼选择站在司马光、欧阳修等反变法派元老大臣的一边。这不能完全排除苏轼与欧阳修等元老重臣的人事渊源因素，但更大的原因是他秉承了欧阳修宽简爱民、实事求是、不务虚名的从政理念。

像欧阳修刚正直言、勇于进谏一样，苏轼反复进谏批评新法的弊端，令神宗十分不悦，最后被政敌乘机罗织罪名弹劾。

在此后的宦海生涯中，苏轼不管是身处何境，为官何方，恩师欧阳修都是他的榜样。在杭州期间，他治理西湖，慎重处理诉讼，尽心尽力，为民造福；密州任上，他挺身而出，为民请命，根治蝗灾；徐州任上，他蓑衣草鞋，抗洪抢险，治理水患；因在诗中暗谕讥讽新法和朝政而被贬黄州，他也没有就此沉沦，还是心系百姓，创立救儿堂，纠正当地溺婴的恶俗；重回朝廷核心后，他“为时”“为天下”爱护后进，“苏门四学士”之黄庭坚、秦观、晁补之、张耒等都成为日后北宋文坛引人注目的杰出人物。

三

对欧阳修的知遇之恩，苏轼始终谨记于心。熙宁四年（1071）九月，苏轼在去杭州上任途中和苏辙一起到颍州看望在此致仕的恩师欧阳修。

苏轼兄弟的到来，令欧阳修高兴不已。他们兴致勃勃地荡舟西湖，饮酒赋诗，畅谈终日，温馨的画面定格于深秋的湖面。一天，欧阳修对苏轼兄弟俩说："你自请出知外郡，符合我的思想。我平日所讲的文学，一定要与道义相结合。只会写文章，没有品行，见利忘义的人，不是我的学生。"

欧阳修把领导文坛的接力棒交给了苏轼，苏轼也发誓遵循老师教诲，至死不易。在颍州流连了二十多天后，苏轼依依不舍地前往杭州上任，没承想这次分别竟成了永别。第二年欧阳修溘然长逝，苏轼因公务在身，不能前往吊唁。他满怀悲痛地写下了《祭欧阳文忠公文》以寄哀思："闻公之丧，义当匍匐往救，而怀禄不去，愧古人以忸怩。缄词千里，以寓一哀而已矣。盖上以为天下恸，而下以哭其私。呜呼哀哉！"祭文真挚动情，上为天下苍生而悲恸，下为自己的情感而痛哭。

"思翁无岁年，翁今为飞仙。"终其一生，苏轼对恩师一直感怀备至。扬州的平山堂是欧阳修任扬州知州时修建的名胜，凭栏远眺，江南诸峰与槛廊齐平，故名"平山堂"。当年欧阳修常与宾客在此赏荷纳凉、吟咏达旦，八年后他送好友任职扬州时作的一首《朝中措·平山堂》使平山堂名闻天下。

元丰二年（1079）三月，苏轼由徐州移知湖州，途中再次来到平山堂，这已是他第三次来此缅怀恩师了。堂前欧公亲手种植的杨柳、墙上书题的诗句依旧，斯人已逝，往事如烟，苏轼睹物思人，抚今追昔，情难自抑，写下了著名的《西江月·平山堂》，对恩师的怀念流于笔端，难掩悲伤。

元祐六年（1091）八月，苏轼出知颍州。一到颍州，他抑制不住对欧公的想念，月夜泛舟颍水，回忆着二十年前和弟弟苏辙一起前来看望老师，同游西湖的美好时光。忽闻远处传来悠扬婉转的歌声，歌词正是四十三年前欧阳修所作的《玉楼春·西湖南北烟波阔》。苏轼嗟叹不已，有感而发，步其韵作《木兰花令·次欧公西湖韵》一首：

霜余已失长淮阔，空听潺潺清颍咽。佳人犹唱醉翁词，四十三年如电抹。

草头秋露流珠滑，三五盈盈还二八。与余同是识翁人，惟有西湖波底月！

此时距离欧公作《玉楼春·西湖南北烟波阔》已过去近半个世纪，时光转瞬即逝，如今在这清寒秋夜的颍水上，熟悉欧公音容笑貌的，除了水底的月亮，也就他这两鬓斑白的学生了。

作者：苏卫军

2024 年 1 月 23 日

明朝首位状元吴伯宗

作为大明王朝的第一位状元，吴伯宗虽然一生坎坷，宦海沉浮，但他为人温厚，不攀附权贵，敢于直言，在其位谋其政，在文学创作、外交活动和天文研究等方面均有突出的成就。

洪武三年（1370），大明王朝首次举行科举考试。明太祖朱元璋非常重视，第二年殿试时，亲制策问。殿试结束后，考官拟定郭翀为第一名，可是，朱元璋觉得此人貌不惊人，不足以显示大明帝国的新兴气象，而将气宇轩昂、相貌堂堂的吴伯宗钦点为第一名。于是，37岁的吴伯宗成为大明王朝的第一个状元。

吴伯宗何许人也？作为明朝的开国状元，他的人生经历了哪些风风雨雨，又给后世留下了怎样的精神遗产？

一

吴伯宗，名祐，以字行于世，金溪新田（今位于抚州东乡区）人，出生于书香世家。父亲吴仪，从学于元代文学家虞集，至正十六年（1356）考中举人，时称“东吴先生”。因时局动荡，吴仪几乎过着隐居的生活，在家潜心教子。吴伯宗从小聪明过人，10岁时就“跳级”完成了举人必修的学业，长辈和有才学的人都夸赞他写的文章有韵味有气势，就像玉光剑气，无法遮掩其寒光。

高中状元后，吴伯宗被授予礼部员外郎的职位。洪武六年（1373），吴伯宗参与编纂《大明日历》及后妃功臣传。这是一项浩大的工程，纂修班子非常精干、经验丰富，第二年就完成了《大明日历》的编印。该书采用编年纪事体例，时限从朱元璋在今安徽濠州起兵开始至洪武六年（1373）止，系统记述朱元璋讨平四方、治理天下的辉煌业绩，共100卷。朱元璋审阅后非常满意，当即赐衣袜给吴伯宗等人。

彼时，左丞相胡惟庸权倾朝野。胡惟庸是一个喜欢玩弄权术、结党营私的人，他想要将才学过人的吴伯宗招揽到他门下为其效力。可是性格刚直不阿的吴伯宗断然拒绝，并以实际行动表示自己不肯依附于他。为此，胡惟庸怀恨在心。洪武八年（1375），胡惟庸抓住吴伯宗的一次失误，恶意中伤吴伯宗，并趁机将他贬谪到安徽凤阳。吴伯宗没有屈服，仍然向朱元璋上疏，直言评论时政弊端，义正词严地指出胡惟庸专横跋扈，不守朝廷法度，不宜委以重任，否则将对国家产生严重危害。奏疏中列举了大量事实，对危害性的分析合情合理。

这封奏疏原本是要先经胡惟庸批阅再转呈皇上的。恰巧胡惟庸一时疏忽给漏看了，最后径直到了朱元璋手中。朱元璋读了奏疏之后，深为吴伯宗的刚直而感叹，很快将他从安徽凤阳的任上召回。

吴伯宗回到朝廷后，得到皇上赐给他的全套衣服和一笔银钱。之后，他受朱元璋之命，以礼部员外郎身份出使安南（今越南）。

二

吴伯宗载誉归国后，任国子监助教。洪武十二年（1379），吴伯宗被安排到东宫为太子进讲。其间，他第一次向太子推介了正心诚意的学说，这是一门新兴学说，得到太子首肯并采纳。后来，吴伯宗改任翰林典籍。他才思敏捷，善于应对。有一次，朱元璋出了10道题，命他当即作赋。他挥笔立就，且词意俊洁清新。朱元璋大加赞赏，再次赐给他织金锦衣。洪武十四年（1381），朱元璋封他为太常寺丞，为正六品官，他却辞谢不就。第二年，朱元璋又让他担任国子监司业，他又婉言谢绝。

在遭到吴伯宗三番两次的拒绝后，朱元璋终于发怒了，把他贬为金县（今甘肃榆中）教谕。就在吴伯宗离开京城来到江苏淮安地盘时，朱元璋又后悔了，将他召回为翰林检讨，官从七品。

朱元璋杀掉胡惟庸、废除丞相后，以前属于丞相分管的事务，都压到皇帝自己身上。为减轻负担，朱元璋在1382年决定设置殿阁大学士来管理部分事务。当时，殿阁大学士的名目很多，有华盖殿、文华殿、武英殿、文渊阁、东阁等，都以品位较低的编修、检讨、讲读之官充任，帮助朱元璋阅读奏章、处理和起草文书等。吴伯宗担任翰林院检讨不久，就被晋升为武英殿大学士。

洪武十六年（1383）冬，吴伯宗因在三河任知县的弟弟吴仲实向朝廷举荐人才不实一事而受到牵连，又被降为翰林院检讨。

洪武十七年（1384）四月的一天，朱元璋突然向吴伯宗咨询一事，吴伯宗认为这事与他的职权无关，就贸然答道：“此非臣职掌，难以为答。”朱元璋一听龙颜大怒，遂以“文字进不以时”罪将他贬谪云南。

由于山高路远，交通不便，已是天命之年的吴伯宗在路途中感染风寒，又未及时治疗，结果还没到云南就病逝了。

得知吴伯宗去世的消息后，性情宽厚的太子朱标深感惋惜，立即派人护丧归葬。吴伯宗生前未生育子女，平时仅靠其妻龚氏勉力维持。龚氏变卖了金银首饰作为盘缠，几经周折才将吴伯宗的灵柩运回故里安葬。

三

作为明代首位状元，吴伯宗一生著述甚多，著有《南宫集》《使交集》《成均集》等共20卷，可惜均已散佚，现仅存被收入《四库全书》中的《荣进集》4卷。《四库全书总目》这样评价吴伯宗："诗文皆雍容典雅，有开国之规模。明一代台阁之体，胚胎于此。"意思是说，吴伯宗是明代"雍容典雅"的台阁体文风的孕育者。

综观吴伯宗所有诗作，题材广泛，词句雅洁，他尤其推崇李白诗风。其所作《长江潦水诗十二韵应制》气势宏阔，颇有李白之遗风。他的《奉使安南国闻角》云："海水盈盈漏转筹，霜风吹角到谯楼。梦残明月三更晓，心逐闲云万里秋。玉帛几回宾上国，诗书半世客南州。平生事业浑如昨，无奈青灯照白头。"这首诗写景抒情，立意高远，表达了自己身负外交重任，急于报效朝廷的心情。在散文创作方面，吴伯宗也有自己独有的风格。如《送太学生何端归省序》一文，文字简洁，说理透彻，通篇平心达气，以理服人，具有较强的感染力。

吴伯宗还在古代天文学方面作出了杰出贡献。洪武十五年（1382）九月，吴伯宗奉命与翰林学士李翀、回回大师马沙亦黑、马哈麻等人合译波斯人阔识牙耳的《天文宝书》（也称《回回历》）4卷，次年二月将该书译成。书中说星分六体，列有12个星座共30颗星的星等和黄经，这是星等概念在中国的首次出现。为此，吴伯宗在该书的序言中说："西域天文书与中国相传殊途同归……刻而列之，与中国圣贤之书并传并用，岂惟有补于当今，抑亦有功于万世。"从此，《天文宝书》与我国《大统历》相互参照使用。吴伯宗参与翻译的《天文宝书》，以及相关概念等成为中国古代天文学的一个重要组成部分，在中国多个民族沿用至今。因此，也有人称吴伯宗为中国古代的天文学家。

作为大明王朝的第一位状元，吴伯宗虽然一生坎坷，宦海沉浮，但他为人温厚，不攀附权贵，敢于直言，在其位谋其政，在文学创作、外交活动和天文研究等方面均有突出的成就。

作者：汪云飞

2024年2月1日

千古第一墓志铭的背后

清代桐城派散文大家刘大櫆在评论历史上众多的墓志铭时，认为宋代欧阳修撰写的《黄梦升墓志铭》应该排为史上墓志铭的第一，刘大櫆说："欧公叙事之文，独得史迁风神。此篇道宕古逸，当为墓志第一。"

历史上有很多文章大家都撰写过墓志铭，欧阳修所撰《黄梦升墓志铭》的主人公黄梦升，其实在历史上并没有多少印记，论官衔只是一名地方主簿。

欧阳修怎么会为一个普通的名不见经传的修水人撰写墓志铭，并且一写就成了千古第一的墓志铭？

一

黄梦升，名注，字茂映，号梦升，北宋洪州分宁县（今江西修水）人。出生于至道三年（997），与黄庭坚祖父黄湜为叔伯兄弟，其叔伯兄弟十人全部考中进士，被时人誉为分宁"十龙"。那时，黄梦升的堂兄黄茂宗正在湖广崇信军（今湖北随州）任节度判官，黄梦升随堂哥在崇信军读书。彼时，欧阳修的父亲欧阳观死在泰州判官任上。由于欧阳观为官清廉，家无余钱，家人温饱都成了问题。1016年，欧母郑氏夫人只好带着欧阳修投奔在随州任推官的叔叔欧阳晔，这一年欧阳修仅有9岁，黄梦升19岁。这样，欧阳修和黄梦升都在随州，一个跟随堂哥，一个跟随叔父，并且都在随州官衙，因而成了好朋友。后来，两人一起参加科举考试，同登金榜，又为同年，关系自然更是亲密。中进士时，一个33岁，一个23岁，都是青年得志，意气风发。

不久后，两人因仕途各奔东西，欧阳修初授将仕郎，试秘书省校书郎，后任西京（今洛阳）留守推官；黄梦升则授兴国军永兴县（今湖北阳新）主簿。从此天各一方，再无仕途交集，只有江湖偶遇。机缘巧合的是，黄梦升调任江陵府公安县（今荆州公安）主簿之时，欧阳修被贬为夷陵县（今湖北夷陵区）令，两人在上任途中的江陵城相见。

见面之时，欧阳修简直认不出黄梦升。几年不见，梦升容颜憔悴，精神萎靡不振，和当初初登金榜时睥睨天下、舍我其谁的气概简直判若两人。欧阳修心下思虑，要么是家里遭遇变故，要么是上司愚俗，致使壮志难酬，郁郁不得其志。相互定定地打量了一阵子后，两双手才紧紧地握在了一起，摇了又摇，唏嘘感慨良久。后来，两人手牵着手走进了酒馆，一番推杯换盏之后，黄梦升已是初醉，站起身来，且歌且舞，大声呼叫，其情慷慨激昂，其气意气风发，喜登金榜时的黄梦升又活脱脱地回来了。但细心的欧阳修发现，在黄梦升的欢歌快舞中，还隐藏着丝丝无奈和郁郁情怀。

二

相聚之后又是各奔东西，再次相见已是两年之后。欧阳修转任乾德（今湖北老河口）令，黄梦升再迁南阳（今在南阳宛城区一带）主簿，两人又在邓州相遇。一起喝酒后，欧阳修问黄梦升最近写了一些什么文章或诗词，黄梦升不愿拿给欧阳修看。继续喝酒，黄梦升再次不胜酒力，醉后仍是又歌又舞，边歌边舞之间，把文章诗词拿给欧阳修观看。欧阳修立即读了起来，感觉黄梦升的文章博辨雄伟、意气风发，似乎不可驾驭。虽然这些年黄梦升在几个地方都是主簿，始终沉沦下僚、仕途失意，但其奋发向上的气概还是充溢在诗文的字里行间。

时任邓州知州的谢希深，是真宗大中祥符八年（1015）进士，与黄梦升堂哥黄茂宗同榜，现在是黄梦升的上级。虽然谢希深比欧阳修大了13岁，但他们却是忘年之交，并且谢希深十分惜才爱才，乐于提携后学才俊。欧阳修将黄梦升的文章诗词抄了一些，并写了一封推荐信寄给谢希深。不想信还未到，谢希深却因病逝世。后来接任的人都是庸官俗吏，黄梦升的伯乐始终没有出现。

黄梦升因性格刚直，不阿谀奉承，不苟合世俗，满腹才华无从发挥，冲天壮志难以实现，终日愁肠郁结，庆历五年（1045）不幸病逝于南阳主簿任上，终年仅48岁。家人将其遗体运回分宁故里，先葬董坊先茔，后改葬双井虎形“十龙”坟。

黄梦升的亲弟弟黄渭，也是分宁双井“十龙”之一。哥哥黄梦升逝世四年移葬之时，黄渭知道欧阳修与梦升是同榜进士，更是知音之交，于是找到欧阳修，哭着说：我哥哥在世时就担心世上没有人能理解他，不知道有哪个人能为其撰写墓志铭？欧阳修看到伤心落泪的黄渭，黄梦升的音容笑貌立即浮现在眼前，想到梦升郁郁不得志的短暂一生，他心里十分难过，顿时鼻头一酸，忍不住也流下了热泪，连连点头说：墓志铭我来写！

三

欧阳修提笔就想到第一次见到黄梦升的情形。那时黄梦升的堂兄黄茂宗是随州节度判官，自己的叔叔欧阳晔是随州推官，并且两人是要好的朋友。欧阳晔知道茂宗才华横溢，遂将欧阳修委托给茂宗进行教育。欧阳修第一次去黄茂宗处聆听教诲时就见到了黄梦升，黄梦升就给欧阳修留下了非常深刻的印象："予为童子，立诸兄侧，见梦升年十七八，眉目明秀，善饮酒谈笑。予虽幼，心已独奇梦升。"

想到梦升短暂而又抑郁的一生，欧阳修在墓志铭里，撷取和梦升两次偶遇，和自己为梦升三次悲叹来写：第一次悲叹梦升虽然不得志但少年时候的意气风发尚存；第二次悲叹梦升虽然志向屡次受阻扰但文章还没有衰退；第三次悲叹梦升虽有盖世的才华却无处施展，郁郁而终，也不知是谁的过错。

为增加文章的冲击力，欧阳修还借用黄梦升的文句来写梦升不同凡响的文章："子之文章，电激雷震。雨雹忽止，阒然灭泯。"黄梦升的侄子黄庠考中进士仅五年就离世了，黄梦升为他写下了一篇哀伤凄婉、沉郁顿挫的怀念文章，上面的文句就出自这篇文章。

欧阳修的《黄梦升墓志铭》之所以被刘大櫆列为第一，最主要的原因还是文章写得跌宕起伏，写得对比鲜明反差强烈，感情真挚欲哭无泪，写得"遒宕古逸""独得史迁风神"。初见黄梦升时是"眉目明秀"、风姿俊朗，故“心已独奇梦升”，而后面几次见面则是“颜色憔悴”，故令欧阳修几次“益悲”，最后梦升却是命途多舛、壮志难酬，以致郁郁而亡。文章多次用到“悲”字，其悲伤哀恸之情充溢在字里行间，似乎可见斑斑血泪浸洇了纸稿。是什么造成了黄梦升的悲剧？欧阳修也不知道！只能“吾不知所归咎，徒为梦升而悲”。

黄梦升，虽怀才不遇、英年早逝，却因欧阳修的文章而千年不朽！

作者：周　斌

2024 年 2 月 2 日

谢灵运的万载情缘

谢灵运开创的诗风，不仅成为南朝诗歌创作的主流，也对盛唐诗风的形成有着十分积极的意义。

403年，18岁的谢灵运被晋安帝封为康乐公，食邑两千户。从此，这位酷爱游山玩水、被后世称为“中国山水诗派鼻祖”的诗人，便与康乐县结下了不解之缘。

康乐县，即今天的江西万载县。谢灵运祖籍陈郡阳夏（今河南太康），生于会稽郡始宁（今在浙江绍兴）。出身豪门的谢灵运因何被封为康乐公？谢灵运墓为何在万载县被发现？他与万载有哪些鲜为人知的故事？

身世显赫却命运多舛的“谢康乐”

谢灵运是东晋名将谢玄的孙子，大书法家王羲之独生女儿是他的外婆。383年，在著名的淝水之战中，谢玄为东晋前锋都督，以少胜多，击败不可一世的前秦苻融统帅的东征军，立下赫赫战功。“山阴道上桂花初，王谢风流满晋书。”王谢两个大家族为晋王朝建功立业，在当时风光无限。

谢灵运小时候长得灵秀帅气，聪明伶俐，祖父谢玄把他视为掌上明珠。谢玄曾感叹说："我乃生瑍，瑍那得生灵运！"意思是说：我生了谢瑍，谢瑍不成才，但他却生出了灵运这样聪明的孩子。谢灵运4岁时，祖父病重，临死前嘱咐家人一定要把灵运带好，培养成才。18岁那年，谢灵运继承祖父的爵位（康乐公），世称"谢康乐"。两年后，谢灵运任琅琊王大司马行参军，后任太尉参军、中书侍郎等职。420年，刘裕废东晋恭帝建立宋朝后，降谢灵运的封爵为康乐侯，改食邑为五百户，初将其任命为散骑常侍，转太子左卫率。

谢灵运自恃门第高贵，兼富才华，曾高傲地说："天下才共一石（十斗），子建独得八斗，我得一斗，天下共分一斗。""才高八斗"一词即由此而来。恃才傲物的谢灵运自以为"宜参权要"，不料反遭朝廷权贵排挤。422年，因朝廷疑忌，谢灵运被调离京城建康（今江苏南京），到当时偏僻的永嘉郡（今浙江温州）担任太守。他心情烦闷，不理政务，一味纵情山水，写写诗文，以宣泄胸中块垒。一年后，谢灵运称疾辞官。

426年，宋文帝刘义隆为巩固其统治，对世家大族采取笼络政策。谢灵运由于名气大，被征召为秘书监，还被指定撰修晋史。时隔不久，谢灵运看出皇帝对他表面上尊重，实际上"惟以文义接见"，只是要他充当一名文学侍从，并无政治上加以重用之意。于是，谢灵运又辞官回到始宁，或与朋友往来吟咏，或率领仆从出入于深山幽谷，探奇览胜。有一次，他带着几百仆从到临海郡出游，声势浩大，太守王琇以为来了强盗，急忙亲自率兵捉拿，到近前一看，方知是大才子谢灵运。

431年，宋文帝派谢灵运出任临川（今江西抚州）内史。在临川任职期间，谢灵运还是不理政事，终日出游，被地方官员弹劾，要治他的罪。谢灵运不服，反而把有关吏员扣押起来。他还赋诗一首："韩亡子房奋，秦帝鲁连耻。本自江海人，忠义感君子。"诗中将刘宋王朝比作暴秦政权，并以张良、鲁仲连自比，暗示要像他们那样为被灭亡的故国复仇雪耻。这样的行为和言论，显然足以让他获罪。他被判流放广州，可是刚到广州，朝廷的公文又到了，诬他犯下了新的叛逆罪，命令将他就地正法。

433年，谢灵运在广州被行弃市刑，死时年仅49岁。一代文豪犹如一颗流星，在历史的天空划过一道短暂而耀眼的光芒，倏然而逝。

中国山水诗派鼻祖

谢灵运天资聪颖，博览群书，工诗善文，少年时就成为江南诗坛上颇有名气的新秀。15岁那年，他去京都旧居乌衣巷游玩，得到堂叔谢混的喜爱，谢混称他"文章之美，江左莫及"。

谢灵运是个生性热爱大自然的人，酷爱登山，尤其喜欢攀登幽静险峻的山峰。他登山时常穿一双特制的木屐，上山时取掉前掌的齿钉，下山时取掉后掌的齿钉，分外省力稳当。这就是李白在《梦游天姥吟留别》中赞叹不已的"谢公屐"。

在晋末和刘宋初期文坛，谢灵运与颜延之齐名，并称"颜谢"。谢灵运的山水诗，大部分是他任永嘉太守以后所写。这些诗以富丽精工的语言，生动细致地描绘了永嘉、会稽、彭蠡湖等地的自然景色，主要特点是鲜丽清新，其中有不少流传千古的佳句。比如"昏旦变气候，山水含清晖。清晖能娱人，游子憺忘归"（《石壁精舍还湖中作》）"池塘生春草，园柳变鸣禽"（《登池上楼》）"云日相辉映，空水共澄鲜"

（《登江中孤屿》）“野旷沙岸净，天高秋月明”（《初去郡》）等。

谢灵运的诗大都是一半写景，一半谈玄，仍带有玄言诗的尾巴。尽管如此，谢灵运以他的创作丰富和开拓了诗的境界，使山水的描写从玄言诗中独立出来，呈现出“情必极貌以写物，辞必穷力而追新”“性情渐隐，声色大开”的新特征，从而扭转了东晋以来的玄言诗风，确立了山水诗的地位，因而被后世誉为“中国山水诗派鼻祖”“百代诗宗”。

谢灵运开创的诗风，不仅成为南朝诗歌创作的主流，也对盛唐诗风的形成有着十分积极的意义。

康乐人崇祀康乐公

万载县最早叫阳乐县，于222年单独设县。西晋太康元年（280），阳乐县改名为康乐县。其后该县历经多次撤并和更名，直至921年，定名为万载县。

2004年，谢灵运墓在万载县康乐镇里泉村莲花形山上被发现。墓碑上的刻字显示，这是其后裔于光绪七年（1881）重修的，与《万载南源谢氏族谱》所载“葬北关外厂塘莲花形卯山西向”相吻合，经考证此为全国唯一有碑之谢灵运实墓。据《万载西都谢氏族谱》称，谢灵运被害后，其孙“超宗始由金陵来筠，复由筠居万”。灵运既殁，后裔奔逃食邑，将其安厝于此，让其魂归康乐，也是理所当然。2006年，谢氏后人将谢灵运墓修葺一新。由于谢灵运食封康乐，加上他在文学史上的成就和声望，因此，“谢康乐”在今万载县影响深远，历代文人雅士及县衙都十分敬重他。据县志记载，至正七年（1347），僧人片云募款，邑人龙珣在该县东北十里名丁田的地方建了一座桥，就以康乐侯命名，叫康乐桥。此桥为万载县最大的一座石桥，是万载到宜丰、铜鼓的必经之桥，如今还稳稳当当地横跨在蜀江之上。还有一条河被命名为康乐水，在县城东北三十里。《太平寰宇记》云："谢康乐尝游此，因名。"

为纪念康乐公谢灵运，万载县在明代前就建有三处康乐祠。一处在县东的小水双江桥侧；一处在康乐桥左，元至正年间建，由欧阳元书额；另一处在该县东北四里的杉树亭（即谢灵运墓旁）。清代何艮曾题《谢康乐庙》诗一首："先生六朝秀，敛迹谢宠禄。发韵寄烟萝，超兴自林麓。凿险搜洞壑，缒幽穷水陆。……荒祠托岩阿，遗像祀山足。虚幌暗尘生，古座苍苔伏。容范虽代去，徽猷动心曲。视瞻荐苹藻，高风彻流俗。"为使文事昌盛，清代万载县还建有两座谢灵运读书堂：其一在县北四里的山峡，台上石砚犹存；其二在县东北二里的厂塘，此遗址后改建为公祠。

作者：胡学正

2024 年 2 月 14 日

庐陵：阳明心学的预演场

在吉安随处可见的“阳明路”“阳明中学”“阳明商城”“阳明书院”等诸多的以“阳明”命名的场所，无不诉说着阳明先生与庐陵的不解之缘。

正德五年（1510），阳春三月，春和景明，在贵州“龙场悟道”后的王阳明履新吉安府庐陵县（今吉安县）知县。庐陵，由此成为阳明心学首次实践的舞台。

在庐陵的7个多月时间里，他“为政不事威刑，惟以开导人心为本”，减税息讼、保甲防火、乡约教化，卧治庐陵而百务具理，对当地产生了深远影响。

如今，在吉安随处可见的“阳明路”“阳明中学”“阳明商城”“阳明书院”等诸多的以“阳明”命名的场所，无不诉说着阳明先生与庐陵的不解之缘。

减税息讼

“正德五年三月十八日，本职方才到任，随蒙府差该吏郭孔茂到县守，并当拘粮里陈江等，著令领价收买。据各称本县地方，自来不产葛布……无产县分，量地方大小，出银解送收买，本县奉派折银一百五两……”据王阳明《庐陵县公移》记载，王阳明上任的第一天，府衙就派员吏来催缴葛布税，陈江等几位粮长和里长还被拘留在县衙。原来这是官府巧立名目的苛捐杂税，贪官奸吏的欺诈诛求，贪赃枉法。这对于从小立下圣贤之志，经历过廷杖、牢狱、龙场悟道的王阳明来说，这是绝不能容忍的事情。王阳明查到，早在正德二年（1507），一个姚姓的镇守太监就案告布政司：凡出产葛布的县，必须按时采办葛布；不产葛布的县，按照地方的大小，交银两收买葛布。庐陵县规定交折银105两。可是到正德五年（1510），竟又另加派105两。加上其他无名杂赋如料杉、楠木、炭、牲口等项，由旧额的3498两加派到10000余两。

当时正值庐陵旱灾频发，疾疫大作，乡民甚至有的阖门而死。官府却不顾百姓死活加紧催征，致使乡民大量逃亡，流离失所。王阳明心中不禁沉重起来。国家之事，不就是这样败坏的吗？照这样下去，老百姓哪里还有活路！

这天，王阳明正在查阅案卷，忽然听到衙门外面呼天喊地，原来是1000多乡民冲入县衙，群情激奋，请求知县替他们做主，减免无理摊派。王阳明看到这些衣衫褴褛、面有菜色的乡民，眼含泪水，竟说不出话。他挥了挥手，让乡民们安静下来，掷地有声地说：“乡亲们，本县刚刚到任，尚未完全体察民间疾苦。但是加派这件事，我已经查明原委，一定会为你们如实向上级说明，进行减免！”

王阳明第二天就把写好的《庐陵县公移》，递交给吉安府和江西布政使司的主官，请求免除镇守中官加给本地的不合理摊派。几天后，上头下文，对加派的银两全部蠲免，庐陵乡民一时间欢天喜地，也对王阳明感恩不已。

王阳明上任前就听闻庐陵有“筠袁赣吉，脑后插笔”之说，也是有心理准备的。可是就在摊派一事刚解决不久，衙门竟每天都有上千人涌进来送诉状。看过之后王阳明也是哭笑不得，都是些“你家狗吃了我家鸡”之类的鸡毛蒜皮的小事，还多数都是子虚乌有的。几番较量下来，王阳明决定不再轻易受理了。可是如果不受理，乡民们的诉状就会送到府衙、按察分司，也就是越级上访。这还是小事，更严重的是有的人还会因为官府不理而自行处置，引发斗殴。

王阳明决定晓之以理，动之以情，写了一篇《告谕庐陵父老子弟》：“庐陵文献之地，而以健讼称，甚为吾民羞之……”同时王阳明还规定，不管大事小事，诉状一定要在两行字内把事说清楚，一行不允许超过30字，否则，不但不受理，诉讼人还将受到惩罚。果然，来送状子的人少了很多。

王阳明深知，对于“好讼”成风的庐陵大地，这篇《告谕庐陵父老子弟》和简单的文风规定只是短期内能够奏效，社会风气的好转还需法治和社会教化兼施并用。

乡约教化

好讼、民困、盗行是庐陵的三大社会弊病，王阳明认为根源还是人心败坏堕落，所以需要以开导人心为本。同时王阳明也知道庐陵文风昌盛，可以通过教育加以引导来改善社会民风，引导民心向上向善。

《告谕庐陵父老子弟》中写道：“自余宿憾小忿，自宜互相容忍……吾非无严刑峻罚以惩尔民之诞……”王阳明向大家说明了不用严刑峻罚来惩治讼民的缘由，希望用仁义礼让来劝导他们互相容忍，息讼罢争。他亲自下去询访里役，考察各乡贫富奸良之况，讼争冤忿之实；稽考国初旧制，命各乡慎选里正三老，由他们负责讼事；坐审讼案，劝谕开导讼民，化争为和。王阳明还恢复了明初设立的“两亭”制度，要求里老重新承担起教化乡民的责任，并要求各家家长对子弟进行管束和教育。在“旌善亭”对好人好事进行大力表彰，对坏人坏事进行公开批评谴责；在“申明亭”进行民间纠纷的调解，讲明法制，以此形成强大的社会舆论力量，维护社会的和谐稳定。

此外，王阳明还恢复了庐陵自宋代就有但明中叶以后日渐废弛的乡约，强调“夫乡邻之道，宜出入相友，守望相助，疾病相扶持”，注重用礼义化民，行孝悌忠信来正人心，感化引导民心向善。面对当时出现的疾疫，王阳明采取三管齐下的办法：一方面遣医生下到各乡，疗疾治病，消灭疫灾；一方面命三老下到乡井民户访病问疾，劝乡民行孝悌之道，讲信修睦，疾病相扶持，贫饥相互帮助；另一方面又组织庐陵城里德高望重、敦义孝行的“父老”下到各乡慰劳抚恤，劝谕乡民行孝悌仁爱，送给汤药，施舍饭粥，做到户户家庭敦睦，村村乡里和谐。

保甲防火

比较棘手的问题还有防盗治盗。王阳明没有到处搜查盗贼的下落，而是从自我防护做起，强化明初建立的里甲制度。即推行保甲法，防盗禁盗，县城内十户为一甲，乡村以村为单位，十甲为保，保甲相连；还要求平时邻里和睦相处，患难相恤，如遇“贼盗”，则相互救援。这不但有效地控制了盗匪作乱，也是后来王阳明在赣州、南安等地推行保甲制度的预演。

民间传说庐陵是火神爷的居地，是“火城”，所以火灾特别多。当时庐陵县城的民居，都是木质结构，而且建得特别密集，房屋之间，没有砖墙相间，也没有火巷相隔，加上街道狭窄，一旦发生火灾，就是连烧成片。

王阳明在防盗治盗的同时又大力纾救民困，全力抗旱防火。当年四月以来，庐陵连发旱灾，又引发火灾，眼看夏收无望，官府却变本加厉督促征收钱粮，勒民限期交赋。

王阳明在《告谕庐陵父老子弟》中说：“今天时亢旱，火灾流行，水泉枯竭，民无屋庐……请罪于山川社稷，停催征，纵轻罪……禁民间毋宰杀酗饮……”王阳明主动揽责，说是由于他不称职，才获怒神人，并斋戒省咎，停止征税工作，释放请罪的犯人。同时告诫全县百姓“解讼罢争，息心火，无助烈焰”。

王阳明还以火灾为借鉴，从改造街道、建立火巷入手，加强火灾防备。他进行了大规模城市改造，凡临街建筑，均退地三尺，以拓宽街道，建立防火带；临巷居民建筑砖墙，以断火势。同时，城中大量打井，作为消防水源，并加强防火巡查督察。

一套组合拳打下来，庐陵社风民风得到极大改善。王阳明的思想也渗透于地方文化中，影响着当地社会秩序的建设。庐陵诸多的乡规民约、家族家规中，不少以“阳明先生曰”为指导，把“正心术”置于首位，王阳明教化了民众，在他的影响下形成了庐陵“家孔孟而人阳明”温良恭俭让的淳朴民风。

贬谪龙场三年，他深知底层民众的苦与乐。在庐陵的半年多时间，他将“圣人之道，吾性自足”“知行合一”的精髓发挥得淋漓尽致。他时时处处都能一针见血看到问题的本质，治理举措直指人心。从人心人性的角度出发，尊重客观事实，践行“亲民”，王阳明在庐陵的实践中检验出“心学”经世致用的强大力量。

作者：蔡　玟

2024 年 2 月 28 日

苏辙的高安岁月

苏辙两次被贬筠州(今高安)期间所作诗与散文，应是他一生中写得最好的篇章。

元丰三年（1080）六月，苏辙被贬到筠州监盐酒税，主要负责卖酒、卖盐、收税等工作，这一待就是5年，至元丰八年（1085）八月才离开。

绍圣元年（1094）苏辙降授少府监，分司南京，第二次在筠州居住，这一住又是3年，至绍圣四年（1097）才离开，其间遍访古刹，走访名僧，寄情于筠州山水。

苏辙一生所写记叙文，以在筠州的为最多，他前后两次被贬筠州，度过长达8年的岁月，其间写了游记、碑铭等文章，留下大量诗文。

苏辙一生宦海沉浮，多次遭贬谪，除了青少年时期的家乡眉山和都城汴梁，就要数中年贬居筠州和晚年隐居颍川时间最长了。

一

监盐酒税是什么官？这相当于现在税务局负责盐酒税收的官员。可别小看监盐酒税是个芝麻大的小官，要知道食盐关系到国计民生，自古以来都是统治阶级重点管控的物资。汉武帝时，盐铁正式国营，以所获之利为军费，使得四夷臣服。北宋时期，朝廷实行盐专卖制度，且征税与专卖并行，有专门的行政管理体制、盐户制度和盐仓管理制度。此后的历朝历代，食盐都实行官产官销制度，政府设立盐官，招揽盐户，盐税成为财政来源的重要税种。

“然盐酒税旧以三吏共事，余至，其二人者适皆罢去，事委于一。昼则坐市区鬻盐、沽酒、税豚鱼，与市人争寻尺以自效；暮归，筋力疲废，辄昏然就睡，不知夜之既旦。旦则复出营职，终不能安于所谓东轩者。”读苏辙《东轩记》可知，监盐酒税的工作包括鬻盐、卖酒、征收商税三种，他每天做的就是在官府设置的榷场向老百姓卖盐和酒，同时征收商税。

东轩，名义上是苏辙的“宴休”之所，但他哪里有闲情逸致在这里享受呢？筠州的盐酒税务本来是三个人办理，苏辙到任的时候，其他两人都已经罢任离开了，卖酒收税的事落到他一个人的头上。烦琐的工作，使得苏辙精疲力尽。正如他在诗中所言：“我坐米盐间，日被尘垢侵。”与市场上的小商贩争尺寸的小利，还要忙于收取猪、鱼杂税。这是一种看似简单实则烦琐的工作，加上这里的买者绝大多数是靠艰难劳作维持生计的人，这些人买起东西来岂止是斤斤计较，简直是锱铢必较了。与买卖人讨价还价，争吵于市井，苏辙整天累得疲惫不堪，直到很晚才收摊回家，吃几口晚饭，就倒在床上昏昏沉沉地睡了。一觉醒来天已大亮，早晨起来又要来工作，日复一日，始终不能在东轩安稳地生活。

原本苏辙修建“东轩”，是想着每天闲暇时享受读书的乐趣，接待亲朋好友，却派不上用场，每天从它的旁边经过，看到它，连自己都觉得好笑，“每旦莫出入其旁，顾之，未尝不哑然自笑也”。苏辙于元丰三年（1080）所作的《雨中宿酒务》最能体现他此刻的心情：

微官终日守糟缸，风雨凄凉夜渡江。
早岁谬知儒术贵，安眠近喜壮心降。
夜深唧唧醅鸣瓮，睡起萧萧叶打窗。
阮籍作官都为酒，不须分别恨南邦。

筠州之地自古以来便盛产稻米。据清同治《高安县志》记载，高安早在唐代就以出产香米闻名京都。唐代的靖州治所设于高安，因盛产香米，一度易州名为米州，如今高安仍保留有一条米州路。宋代，奉新所产的香稻为宫廷贡品，曾享受由东门入贡皇宫的特殊礼遇。苏辙《筠州圣寿院法堂记》中提到：“（高安）居溪山之间，四方舟车之所不由，水有蛟蜃，野有虎豹。其人稼穑渔猎，其利粳、稻、竹、箭、楩、楠、茶、楮。民富而无事。然以其险且远也，士之行乎当时者，不至于其间。”民富无事，又盛产稻谷，以至筠州酿酒业非常发达，零售卖酒的酒肆林立。因此，作为筠州盐酒税的苏辙，卖酒收税的任务也不轻。既要卖盐又要卖酒还得收税，当然也就无暇享受“东轩”时光。

二

在苏辙眼里，筠州的美景是这样的：“高安在南，分自豫章。重山复江，鱼鸟之乡。”“城上青鬟四山合，门前白练长江泻。”“云气山川满，江流日夜深。”读后给人以无限的遐想，去筠州游玩的想法油然而生。

元丰三年（1080）六月，苏辙从应天府（今河南商丘）出发，赶赴筠州上任。一路跋山涉水，翻山越岭。苏辙在《东轩记》里写道，在他到筠州之前，筠州连降暴雨，筠水（今名锦江）泛滥成灾，“筠水泛溢，蔑南市，登北岸，败刺史府门”。大水淹没了城南的街道，城北的堤岸，冲毁刺史官府的大门。监盐酒税的官舍在“俯江之漘（临近江边），水患尤甚”，被洪水毁坏得更为严重。苏辙到达筠州后，见房屋破损得不能居住，“敝不可处”，无奈向上级报告，“假部使者府以居”。他请求借户部巡察使的房屋来居住，郡守同情苏辙没有住处，便答应了苏辙的请求。苏辙在新住所安顿好之后，就投入了灾后重建工作。直到年底十二月，苏辙才开始修整房子，他砍伐树木支撑倾斜的柱子，修补倒塌缺损的墙壁，并在听事堂东面新盖了一间小屋，栽种了两株杉树，上百棵竹子，作为宴乐休息的场所，取名为“东轩”。

苏辙对他所栽种的竹、杉，非常重视，一有闲暇时间，常常“洗竹培杉”。3年之后，也就是元丰六年（1083），已是“种竹成丛移出檐”了。于是他挥笔赋诗：“种竹成丛杉出檐，三年慰我病厌厌。剪除乱叶风初好，封植孤根笋自添。高节不知尘土辱，坚姿试待雪霜沾。属君留取障斜日，仍记当年此滞淹。”诗义通俗易懂，他爱竹又爱杉，是以竹拔节而上的“高节”，杉木不惧雪霜。

纵观全诗，苏辙写出了当时贬谪后的忧郁之情。身处逆境之下，他之所以如此爱竹、杉，一方面他欣赏竹之“高洁”、杉之“坚姿”，“高节不知尘土辱，坚姿试待雪霜沾”；另一方面，他寄情于竹、杉，“三年慰我病厌厌”。

三

苏辙两次被贬筠州，都是他一生中的转折时期，其一生思想的成熟期也是在筠州。他在《筠州圣寿院法堂记》中这样写，元丰三年（1080），他以“罪迁”筠州，“然以其险且远也”，“居溪山之间，四方舟车之所不由”，陆路、水路交通都非常不便，一般读书人是不会到这个地方来的。正如他在《披仙亭晚饮》中所说：“江西八月热犹在，坐中迁客头欲班。何时解网听归去，黄花白酒疏篱间。”诗的大意是，江西的八月依然炎热，在座的客人忧心忡忡；何时才能解脱束缚，倾听归去的声音,在黄花和白酒之间，放松身心。这首诗写了他对于炎热夏季的感受以及对自由、宁静的向往，在繁杂的世事中被束缚，希望能够找到一片宁静的心灵净土，这正是他寄情山水的表现。

他在《雨中游小云居》一诗中是这么写的：

卖酒高安市，早岁逢五秋。
常怀简书畏，未暇云居游。
十载还上都，再谪仍此州。
废斥免羁束，登临散幽忧。

苏辙说被贬筠州的前5年，没有时间去游玩，一是“常怀简书畏”，因为受贬，所以有些畏惧、胆怯；二是实在太忙，没有闲暇时间，前面说了他一个人做三个人的事，因此，“五年卖盐酒，胜事不复知”。“余既少而多病，壮而多难，行年四十有二，而视听衰耗，志气消竭。”于是，他在《次韵子瞻端午日与迟适远三子出游》写道：

人生逾四十，朝日已过午。
一违少壮乐，日迫老病苦。

丹心变为灰，白发粲可数。
惟当理锄耰，教子蓺稷黍。
谁令触网罗，展转在荆楚。
平生手足亲，但作十日语。
朝游隔提携，夜卧困烝煮。
未歌《棠棣》诗，已治刍灵祖。
士生际风云，富贵若骑虎。
奈何贫贱中，所欲空龃龉。

政治上的失意和生活上的拮据，让他很是苦闷，但也使他能看淡得失，做一个超然物外、安贫乐道的人。苏辙早年受儒家思想影响积极入世，从《初发嘉州》中“谁能居深山，永与禽兽伍”的诗句，能看出来他积极进取的人生态度，不想永居深山被埋没。但随着政治环境的变迁，苏辙因为与新派在一些政策上的分歧而被贬谪，使他产生了超然出世的想法，但随着时间的推移，苏辙渐渐被筠州的山水治愈。

作者：刘叔军

2024 年 3 月 4 日

被误读的杨万里

与陆游、范成大、尤袤并称为“南宋中兴四大诗人”的杨万里，常常被误读为是一位过着闲云野鹤生活、充满天真童趣的“陶渊明式”诗人。殊不知，在这位爱国诗人看似轻盈隽永文笔的背后，有着刚强而凝重的坎坷人生。

寒门出贵子

公元1127年，杨万里出生在吉水县湴塘村一户贫寒秀才家。这一年，经历靖康之变后，北宋被金人所灭，宋高宗赵构于江南地区建立南宋政权。

杨万里是“南溪居士”杨芾的第一个孩子，已处在“三代业田”窘迫状态中的杨芾，日日走乡串村当着私塾老师，勉强维持着全家的温饱。次子出生不久便夭折，原配毛氏也因长期艰辛劳作和营养不良，在杨万里8岁那年撒手人寰。续弦罗氏之后也并未生育。对杨芾而言，这个取名“万里”的独子，被寄予了振兴家族、光耀门楣的强烈期许。

杨芾虽穷，却热衷买书，靠着节衣缩食，在十年内积累藏书数千卷。在父亲的私人书屋里，少年杨万里如饥似渴地阅读学习，常常忘了吃饭。吉水民间至今流传着杨万里“啃书当饭”的佳话。

14岁时，杨万里被送往他的第一位老师高守道创办的“松下斋”学习。每至夜里，别的生徒大都回家吃住，作为寄宿生的他，只得孤寂地在书院中勤学苦读。17岁时，杨万里告别恩师，就读于江西名士王庭珪的家馆。王庭珪是两宋之交的重要诗人，为人个性刚直。在满朝官员都碍于秦桧淫威，皆不敢发声的情况下，王庭珪敢于赋诗为被贬去新州的同乡爱国名臣胡铨送行，触怒秦桧遭贬后，还能在后来几次三番受到宋孝宗的超规格礼遇。

王庭珪的为学、为诗、为人和为仕，无不启迪着年轻的杨万里，二人也建立了深厚而难忘的师徒情谊。经王庭珪提点，入仕前的杨万里又分别拜刘廷直、刘安世、刘才邵等人为师。广师博学的岁月里，杨万里还结识了不少不同阶层的学友，其中最有名的当数官至左宰相的周必大。

杨万里从不因自己的贫寒出身而自卑，始终致力于求真知，经世致用。尽管首次参加解试以落榜告终，但面对中了进士的同乡周必大，他仍自信地告诉对方：“尝小蹶矣，自期以千里之姿，必能致远！”

7年后，杨万里与族叔杨辅世双双考中进士，开始踏入仕途。

诗格与官品

一生作诗2万余首，其中传世作品就有4200余首的杨万里，哪怕放到整个文学史上也可以被称得上是高产诗人。

北宋末到南宋初期，以黄庭坚为代表的江西诗派成为宋代最有影响力的诗歌派别。杨万里起初也是江西诗派的学习者，日臻成熟的习作被胡铨在《诚斋记》里称赞:“撷葩咀英,词藻粲发。往往钩章棘句,怪怪奇奇,可喜可愕。”当杨万里奉上自己的得意之作时,却遭到北宋宰相刘挚的曾孙刘子驹的“当头一棒”。刘子驹心直口快、毫不客气地批评其作品无法打动人心,让原本还有些自负的杨万里意识到自己的诗歌确实存在过分拘泥形式的问题,于是将之前所作的千余首“江西体”诗付之一炬,转而重新开始探索属于自身的独特风格。

摒弃了江西诗派后,杨万里渐渐形成了诗法自然、以无法为法的创作手法,自然景物和现实生活皆是他关注和取材的对象。知名后世的那首《小池》即是典型,此情此景跃然纸上、生机勃勃。尽管后世更熟知的是他那些描绘自然景物和闲适情趣的作品。实际上,在他的诗歌中,民生诗亦占据了很大篇幅。这不仅跟杨万里出身于农家有着直接的联系,也源于他从孔孟之道中生发的爱国爱民情怀。

初任官员的杨万里,第一站是在赣州做司户参军。当时年轻气盛的他,不善交际,也无意左右逢迎,因此惹得顶头上司——州府通判黄金发特意召见他,并就交友和工作方面作了一番提醒。谁料杨万里却产生了误会,于是二人间生出抵牾。杨万里甚至认为黄金发在刁难自己,一气之下准备效仿陶渊明辞官回乡。好在与恩师刘才邵交往密切的太守薛弼,充当了和事佬,消除了误会。薛弼告诫杨万里:“庶政不谙,尤应首先求精于吏课。”从此,杨万里以重实践、深入基层为工作导向,尽心做到“为官一任,造福一方”。

在任永州零陵县丞期间,杨万里积极配合知县办好核田、赈灾、催科等大小政务,跑遍全县摸底实情、掌握丰歉,甚至除夕前夜仍在乡间奔波,自叙“市人歌呼作时节,诗人两膝高于颊。还家儿女问何如,明日此怀犹忍说”。杨万里深知百姓疾苦,他帮助民众积极抗旱,又动员兴修水利，耐心引导交租交粮，还做好人才队伍和乡风文明建设。离任后，当地百姓凑钱为他建造了生祠，以示感激。

杨万里清正廉洁、勤政爱民，因其文采与人格，赢得周必大、陈俊卿、虞允文等人的认可与赏识，但自叹“人生须富贵，富贵竟何如”的他却不以人脉为攀附手段，仅将自己的诗作、墨宝作为礼物赠给投缘之人，无心钻营功名利禄。同代诗人徐玑见到他后，曾写下“名高身又贵，自住小村深。清得门如水，贫惟带有金”。明代大才子解缙则赞扬他是“文章足以盖一时，清节足以励万世”。

遗恨中归隐

杨万里的一生，历经高宗、孝宗、光宗、宁宗四朝。几位帝王虽治国策略有所不同，但总体都满足于偏安一隅，享受着“山外青山楼外楼”的自我陶醉生活。

由于王庭珪的教导，青年时代的杨万里便仰慕着胡铨、张浚等主战派抗金能臣。任零陵县丞期间，杨万里结识了张浚之子——南宋著名理学家张栻，与其成为莫逆之交，并迫不及待地通过张栻，拜谒了正谪居永州、闭门谢客的张浚。聆听了张浚授予的“正心诚意”之教，杨万里当即将书房取名为“诚”，自号“诚斋”，随后用一生践行“诚”，亦成长为一名主战派爱国名臣。他著有政论《千虑策》，深刻总结自靖康之耻以来惨痛的历史教训，并提出系列振兴国运的对策。

自入仕以来，杨万里弃官归隐之心与忠诚报国之志总是交织在一起。如果说“读书只为稻粱谋”，乃是他宦海浮沉的主要选择，那么如前辈张浚、胡铨那般志在北伐中原、恢复宋室疆土，则是他在朝堂上冒死谏言、痛陈时弊的初心所在。然而杨万里并非只有挥斥方遒的书生意气，他曾在55岁任提点广东刑狱时，率军赴潮州、梅州剿匪。因平定寇乱有功，被宋孝宗称为“仁者之勇”，表彰其“秀才知兵”。

随着昔日的主战派陆续辞世，又反感外戚韩侂胄专权乱政，65岁的杨万里颇感大势无力挽回，索性辞官回归故里，这一归隐便是整整15年。归隐期间，家人知其处江湖之远仍忧国不已，因此凡是邸吏通报当时政治形势消息，都没有告诉他。开禧二年（1206），已79岁高龄的杨万里，从归家族子中听闻韩侂胄对金用兵的消息，不由悲恸失声，挣扎而起，写下“韩侂胄奸臣,专权无上,动兵残民,谋危社稷,吾头颅如许，报国无路，惟有孤愤”，又书十四言别妻子，落笔而逝。

纵观诚斋先生的一生，求事功而不可得，最终将人生目标彻底转向诗歌创作与著书立说。“细草摇头忽报侬，披襟拦得一西风。荷花入暮犹愁热，低面深藏碧伞中。”心有猛虎的杨万里，立朝遇事敢言，无所顾忌，只为匡扶社稷，意识到“补天徒劳”，烈士暮年便只得将雄心壮志与忧国愁绪，一一寄托于看似那细嗅荷香的日常闲情中。

作者：文　颖

2024年3月26日

“赣剧之父”石凌鹤

我一生不忘两件事：一是一直追随党，为人民谋利益，死而后已；二是搞戏剧创作，为祖国文化事业贡献一分力量，除此以外，别无他求。

——石凌鹤

国家非物质文化遗产（赣剧）传承人、南昌大学教授陈俐的“赣剧艺术鉴赏”课堂片段风靡全网，让人们见识了传统戏曲的魅力，也让古老的地方戏种赣剧着实火了一把。在江西文化长河中，赣剧如同一朵绚烂的浪花，跃动着历史与艺术的双重魅力。

提及赣剧，便让人想起那位被称为“当代汤显祖”“赣剧之父”的杰出戏剧家石凌鹤。石凌鹤与赣剧的情缘，犹如一段跨越时空的文化传奇，既深沉又炽热。

一

回溯赣剧的历史，那一幕幕动人的戏码，仿佛是岁月留下的斑驳印记。

赣剧是江西省有代表性的地方传统戏剧剧种，源于明代四大声腔之一的弋阳腔，后与各地民间艺术相结合，逐渐形成唱高腔、弹腔、昆腔等多种声腔的艺术特色。

在江西这片热土上，赣剧曾有过辉煌时刻，也历经了沧桑与变迁，石凌鹤便是赣剧传承发展的重要推手。石凌鹤（1906—1995），原名石联学，乐平市后港镇大田村人，戏剧家、电影评论家、诗人，新中国成立后江西新文艺事业的拓荒者、奠基人之一。他曾说：“我一生不忘两件事：一是一直追随党，为人民谋利益，死而后已；二是搞戏剧创作，为祖国文化事业贡献一分力量，除此以外，别无他求。”

年少时，一次偶然的机会，石凌鹤观看了赣剧表演。那是他第一次接触赣剧，那独特的唱腔、古朴厚实的表演风格，深深吸引了他。从此，他对赣剧产生了浓厚兴趣。石凌鹤深知赣剧的价值与魅力，也清楚它面临的困境。因此，他下定决心，要为赣剧的传承与发展贡献力量。他深入研究赣剧的艺术特色与表演技巧，积极探索新的表现形式和传播途径。

担任江西省文化局领导期间，石凌鹤对传统赣剧进行了一系列改革与创新。石凌鹤遵循“百花齐放，推陈出新”的方针，将以古老的乐平腔为主的饶河调与广信调合并，定名为“赣剧”，并成立江西赣剧实验剧团（江西省赣剧院的前身）。

在剧本创作上，石凌鹤注重反映现实生活，塑造不同时代的人物形象。他创作了一批具有时代特色的新剧目，如《方志敏》《南瓜记》《画皮》等，改编了一大批戏曲剧目，如《还魂记》《珍珠记》《西厢记》《西域行》《玉茗花笑》等，都堪称赣剧的经典之作。石凌鹤的赣剧作品充满了人文关怀和社会责任感，不仅是他艺术才华的结晶，更是他对生活的感悟和对社会的思考。这些作品不仅深受观众喜爱，还多次在国内外戏曲大赛中获奖，它们以独特的艺术风格和深刻的思想内涵，展示了赣剧这一古老剧种的魅力与生命力。

石凌鹤对赣剧表演、唱腔、乐队、服装、道具进行了改革。在表演艺术上，石凌鹤注重吸收其他戏曲剧种的优点，融合创新。他提倡演员要具备扎实的唱功和做功，注重声腔与表演的完美结合。在他的指导下，赣剧演员的表演水平得到了显著提升。他培养了一批批优秀的赣剧演员和创作者，为赣剧事业的持续发展奠定了坚实基础，使赣剧逐渐成为一个大剧种。

石凌鹤还非常注重赣剧的传播与普及。他积极组织赣剧演出团队到各地巡回演出，让更多的人了解并爱上赣剧。他倡导利用现代科技手段传播赣剧艺术，如录制唱片、拍摄电影等，这些举措扩大了赣剧的影响力。

二

1959年，中共中央在庐山召开了一次重要会议。会议期间，江西省赣剧团为与会者带来了一场视听盛宴——《还魂记·游园惊梦》。表演者用生动的表情和精湛的演技，将人物的情感和心理活动表现得淋漓尽致，成功地塑造了一个个鲜活的人物形象，使观众仿佛置身于故事之中，与剧中人共同经历着那些悲欢离合。

《还魂记·游园惊梦》是石凌鹤根据汤显祖的《牡丹亭》改编而成的赣剧大作。石凌鹤在保持原作精神的基础上，以他对传统文化的深厚理解和现代审美的敏锐洞察，巧妙地融入了赣剧的艺术元素，使这部古老的戏曲作品在赣剧的舞台上焕发出新的光彩。此剧一经上演，便以其独特的艺术魅力赢得了广大观众的喜爱。观众既被剧中杜丽娘与柳梦梅之间生死不渝的爱情所打动，又被石凌鹤精湛的表演所折服。毛泽东观后更是给出了“美、秀、娇、甜”四个字的高度评价，周恩来还因此亲笔题写“江西省赣剧团”。

1961年中央工作会议在庐山召开，毛泽东亲自圈点石凌鹤新编历史剧《西域行·汉宫夜谏》。同年9月，石凌鹤改编的赣剧青阳腔《西厢记》在南昌公演。香港一位画家观后，特送画题诗，诗曰：“会真翻作石西厢，胜似当年关董王。演到佳期甜绝处，莺莺始信在南昌。”此后，“石西厢”之誉传遍全国。

赣剧的传承与创新，是一个长期而艰巨的任务。石凌鹤深知这一点，因此他始终保持着对赣剧事业的热爱与执着。他的一生，与赣剧紧密相连，仿佛是为了让这门艺术绽放更加夺目的光彩而存在。他用自己的生命，为这门艺术谱写了一曲动人的赞歌。在他的带领下，赣剧焕发出新的生机与活力。

三

在石凌鹤的影响下，一代又一代的赣剧人秉承着对艺术的热爱与执着，续写着石凌鹤与赣剧的情缘故事。

陈俐教授的赣剧课在网上突然爆火，让人看到了赣剧传承与创新的无限可能。陈俐的名字与赣剧紧密相连，成为传统与现代交融的一个缩影。在她的课堂上，古老的赣剧不再是高高在上、遥不可及的艺术，而是变得亲切、生动，触手可及。

传承，是每一种文化艺术的根基。赣剧作为江西的文化瑰宝，其传承的重要性不言而喻。然而，在这个日新月异的时代，单纯的传承显然已经无法满足人民日益增长的文化需求。于是，创新成为赣剧发展道路上不可或缺的一环。那么，赣剧如何实现创新性发展呢?

传承需要“接地气”。只有将赣剧融入现代人的生活中，让它成为人们日常娱乐的一部分，才能真正激发起大众对这门艺术的兴趣与热爱。陈俐的课堂正是如此，她身着戏服上课，把课堂变舞台，带领学生们舞水袖、挥折扇，让学生在一招一式中感受赣剧的魅力。

创新需要“守正出奇”。在保留赣剧传统精髓的同时，结合现代审美和科技手段进行创新尝试，是赣剧发展的关键所在。比如可以尝试将赣剧与现代流行音乐元素相结合，创作出具有时代特色的新作品；或者利用虚拟现实技术，为观众呈现沉浸式的赣剧演出体验；等等。

赣水悠悠，历经千年仍流淌不息。古老的赣剧艺术，虽经历了风霜雪雨，却依旧在江西这片热土上绽放出耀眼的光芒。

作者：史　俊

2024 年 4 月 16 日

曾巩的故乡往事

有人说，苏轼之后，再无苏轼；曾巩之后，无数曾巩。

在唐宋八大家中，曾巩的名字虽没有苏轼、欧阳修等人的名字那般如雷贯耳，但他12岁试作《六论》，援笔而成，辞句宏伟。年轻时曾巩虽身在乡野，却名震天下。

从田头耕夫到文坛巨匠，曾巩的文学才华不可谓不出众。王安石在《赠曾子固》中高度赞叹曾巩的文学修养："曾子文章众无有，水之江汉星之斗。"即使狂放不羁的苏轼，对曾巩也是钦佩不已："醉翁门下士，杂遝难为贤。曾子独超轶，孤芳陋群妍。"

曾巩（1019—1083），字子固，江西南丰人，北宋文学家、史学家、政治家。南丰，作为曾巩的出生地，承载着他儿时的记忆，见证了其刻苦攻读的经历及坚韧不拔的意志，也因其宦游九州，政声流芳千古而铸魂塑形。

岩洞静学

宋真宗天禧三年（1019）八月二十五日，临川县尉曾易占喜得贵子，取名曾巩。在“曾密公旧宅”（因其祖父曾致尧卒后被封为“密国公”而得名），也就是现在南丰县城东门老街盱江东路老针织厂一带，曾巩度过了他快乐的童年。

10岁时的一个酷暑，曾巩在房内读书热得不行，就找兄长曾晔闲聊，谈话间了解到盱江对岸南山密林修竹之间有一个清幽的岩洞，非常适合读书，便缠着曾晔带他去。到南山脚下后，兄弟俩很快就找到了一个长宽约3米，高约2米的岩洞，四周高树遮掩，浓荫蔽日，在岩洞右下侧有一泓清澈的山泉，是个读书的好去处。两人在炎炎夏日下遽然走进这个岩洞，全身备感清爽，非常喜欢。二人对岩洞内外的碎石杂木和岩洞西侧沟谷下的泉水池进行了清理，一来方便读书，二来方便清洗笔砚。清理过的岩洞更显清幽雅致，兄弟俩从家中搬来小桌子、凳子和笔墨纸砚，一个小小的书房就布置好了。从此，岩洞里不时传来琅琅书声。不久，弟弟曾牟也加入其中。三人在岩洞中刻苦攻读，累了就爬到山顶，站在巨石上远眺军峰山，鸟瞰盱江蜿蜒如带；倦了就静卧于巨石之上，畅谈理想、闭目养神，好不自在。

南宋时期，儒学大师朱熹特意寻踪来到南山，在岩洞和水池边的岩壁上分别题上“书岩”和“墨池”。之后，读书岩前建起了岩亭，岩西侧建起了曾巩祠堂，在20世纪80年代开辟为曾巩纪念馆，馆内景色秀丽，丛丛修竹，红墙青瓦，回廊曲径。

几经兴废，现在的读书岩，已成为人们发思古之幽情、追先贤之遗德的名胜古迹。“书岩映月”，便成了南丰八景之一。

躬耕苦读

景祐三年（1036），其父曾易占于玉山任上坐诬失官，此后很多家产易主，曾巩所居房屋空间渐显局促。婚后他又将原本兼作书房的卧室改成了婚房，曾巩更是没了合适的读书场所。

在妻子晁文柔的建议下，曾巩与邻居商量，利用邻居家后院位置搭建书房。在征得邻居同意后，曾巩与曾牟、曾宰、曾布四兄弟便开始动手搭建书房。经过十天左右，书房便搭建好，周围还栽上了小树、竹子等，书房取名为“南轩”。曾巩将此前所藏的书籍全部搬入其中，并先后写了《南轩记》《学舍记》两篇文章，以表心志，坚定在苦难中不屈服、在逆境中不服输的态度和决心。其中《南轩记》还被抄写贴在书房墙壁上，以此激励自己不断进步。

庆历七年（1047），父亲离世，曾巩不得不独当家事，一力承担起“大家长”的责任。“皇皇四方，营饩粥之养”，劳碌顿挫，艰苦异常。《宋史》记载：“巩性孝友，父亡，奉继母益至，抚四弟、九妹于委废单弱之中，宦学昏嫁，一出其力。”第二年，曾巩从洪州回到南丰，在时任洪州太守刘沆的资助下，和兄长一起，带着4个弟弟、9个妹妹回乡躬耕垄亩，开始了长达10年的耕读岁月。

在南丰，曾巩与曾牟、曾宰商议后，买下南丰洗马桥附近南源的一片田地用来耕作。同时为方便休息、炊饮及设案读书，还在南边山脚下建了一栋茅屋。从此，小小茅屋承载着曾巩一家的苦与乐、耕与读。此后的岁月中，曾巩在困顿中“励其志、坚其守、广其学”，还一直督促弟弟们勤学不辍，亲自为师教育弟弟。十年躬耕，笔耕不辍。在《读书》一诗中，曾巩深情地回忆了那段艰辛岁月：“荏苒岁云几，家事已独当。经营食众口，四方走遑遑。”

彼时，以曾巩之才，“非今所谓贤人者”。然而造化弄人，庆历元年（1041），曾巩与兄长曾晔科举落第后南归，惹得同乡人冷嘲热讽。“三年一度举场开，落杀曾家两秀才。有似檐间双燕子，一双飞去一双来。”这首记载在南宋著名史学家王明清的《挥麈录·后录》中的打油诗，说的便是曾巩兄弟在考场失意后遭嘲讽的情形。

虽科举失利，但曾巩却遇两件幸事，其一是与应试的青年士子王安石交友，其二是以文拜谒当时的文坛领袖欧阳修。欧阳修读其文后大加赞赏：“过吾门者百千人，独于得生为喜。”（《上欧阳学士第二书》）后来曾巩师从欧阳修，思想与文风都受到欧阳修的直接影响。

落魄不落志，落选不落学。嘉祐二年（1057），曾巩与弟弟曾牟、曾布，堂弟曾阜，妹夫王无咎、王彦深同科考中，创造了一门六进士的佳话，轰动朝野。曾巩在人生至暗时刻，先是重疾缠身，几乎丧命，其后父亲与长兄又先后去世，家庭落入“卑巷穷庐，冗衣砻饭，芑苋之羹”的窘况。虽身处逆境，曾巩依旧泰然处之；穷且益坚，不坠青云之志。

以学著文

皇祐元年（1049）秋日，曾巩和兄弟几人正在南源劳作，一群士人迎面而来，其中一位向曾巩打听子固秀才在何处劳作。曾巩施礼回答让一行人甚是惊讶，未曾想到，眼前农夫装扮之人竟是文章深得欧阳修赞赏的南丰先生。待到曾巩在近旁南涧洗去身上泥土后，来客便在茅舍中说明来意，希望曾巩能帮忙写一篇记文，以便庆祝宜黄县学竣工落成。“县之士来请曰：‘愿有记。’其记之。”

三个月后，曾巩完成《宜黄县县学记》。曾巩在文中对宜黄重视教育的行为表示十分赞赏，尤其表现在对教育场所的兴建、设备器材及古书古籍的完善，“虽古之去今远矣，然圣人之典籍皆在，其言可考，其法可求，使其相与学而明之”。他认为读书是用来明事理以及对古人礼制、乐理、文章的求证与辨析。

学习是无止境的，良好的学风和品德不仅对个人、家庭，甚至对一个国家都是会产生积极影响的。曾巩在《宜黄县县学记》中写道：“若夫正心修身……使一人之行修移之于一家，一家之行修移之于乡邻族党，则一县之风俗成、人材出矣。教化之行,道德之归，非远人也，可不勉与！”

“艰难困苦,玉汝于成”，正是困顿南丰的经历，“励其志、坚其守、广其学”的曾巩才成了“千古醇儒”南丰先生。入仕之后，不论是馆阁十年，还是转徙七州，曾巩都坚守儒家思想，以之为立身处世、为官经世的准则。元丰六年（1083），曾巩病逝于江宁府（今江苏南京）。

如今，南丰的曾巩文化园已成为当地的文化地标，子固小学、子固路、子固书屋等一系列的文化传承,无不在缅怀和纪念这位先贤。

有人说，苏轼之后，再无苏轼；曾巩之后，无数曾巩。一代代的南丰人传承曾巩励志勤学、胸怀天下的精神品质，从家乡走向全国各地。

作者：曾炳亮

2024 年 4 月 16 日

77 岁举家投水殉国的江万里

虽然江万里没有像杨万里“小荷才露尖尖角，早有蜻蜓立上头”和文天祥“人生自古谁无死，留取丹心照汗青”那样的名句流传于世，但其问学德望、清廉之实、忠义之名被世人广为传颂，一世英名垂千古。

都昌县阳峰乡林塘府前村，因村前有一口很大的池塘，村后有一个府衙，因此得名。这是一代名臣江万里的故乡。村庄离鄱阳湖不远，群山环抱，东倚触山垴，北连楼下山，西临港溪，南与茶山嘴接壤，依山傍水，风景优美。村中有一祠堂，兼村民文化活动中心，又名江万里纪念堂，据说是当年江万里和弟弟江万顷受封恩典时恭迎圣旨的地方。

江万里（1198—1275），名临，字子远，号古心，南康军都昌（今江西都昌）人，南宋著名爱国丞相、政治家、教育家，南宋末年文坛领袖之一。“去国离家路八千，平生不爱半文钱。苍天鉴我无私意，莫使妖禽夜叫冤。”这是江万里为官为政的真实写照。

问学德望　优于诸臣

江万里出身于理学世家，祖父江璘，终生隐居，教授乡里，“乡称善人”；父江烨，宋理宗时登进士第，曾任教授、知县等职，一生专注程朱理学。

宋理宗宝庆二年（1226），江万里进士及第，历任秘书省正字、校书郎、秘书郎，在刑部、吏部、枢密院都干过，后又任参知政事、左丞相，进封南康郡公。江万里历经理宗、度宗两朝，三度为相，在从政的45年中，担任正式官职90余种。

江万里“问学德望，优于诸臣”，“器望清峻，议论风采，倾动一时”，为当时和后世所称道。

文天祥赞美江万里“都范（范仲淹）、马（司马光）之望于一身”，说他是同范仲淹和司马光齐名的大学问家，称他“修名伟节，以日月为明，泰山为高；奥学精言，为天地立心，生民立命”。

宋度宗在《乞言丞相万里公诏》中赞曰：“卿以惇心正学，辅国视政，超贤远识，为时耆艾，若朝廷之典章，军国之机务，生民之休戚，政治之得失，皆常履而知矣。”

其弟江万载、江万顷尽得父兄之学，明经登仕，三兄弟被后世称为“江氏三古”或“江氏三昆玉”。

学有专攻　心系百姓

作为宋代理学家朱熹的再传弟子，江万里天资聪颖，勤奋好学，幼年在祖父所建的书馆内读书。

长大之后，江万里来到庐山脚下的白鹿洞书院求学，朱熹门人林夔孙于嘉定年间在白鹿洞讲学，江万里即在此师从林夔孙，求学两年左右。后又游学隆兴府（今江西南昌）东湖书院一年有余。

嘉定十四年（1221），江万里离开江西，进入临安府（今浙江杭州）太学读书。然而，当时南宋朝廷偏安一隅，内忧外困。江万里认为朝纲不振是因为缺乏栋梁之材，为此他心急如焚："今世所少，惟节义。"因此，江万里办学时尤其注重培养学生立志、立德，寄希望于通过理学教育来造就忠义之士和经世致用之才。

江万里深受周敦颐、程颢、程颐、朱熹理学思想熏陶，所创立的书院以传播理学为主，其思想集中表现在他所倡导的"体用论"和"性情说"。

他认为儒家所倡导的仁、义、礼、智"四端"是世界一切的本体，充满于天地之间，这就是"体用""性情"，就是"理"，如能达到"性情充斥""体立行用"，就能臻于"百川归一"，就能升华到"明天理，灭人欲"的"达"的美好境界。

嘉熙四年（1240），江万里出任吉州（今江西吉安）知州，积极兴修水利，关注农业发展，勤政爱民，跟老百姓在一起，毫无官架子，还写下一首《劝农》诗：

农岂犹需我劝农，且从人意卜年丰。
喜闻布谷声声急，莫为催科处处穷。
父老来前吾语汝，官民相近古遗风。
欲知太守乐其乐，乐在田家欢笑中。

为师重道　兴学化民

江万里积极劝课农桑、兴办学校，倡导教育为本、人才当先。他曾说："某自入境以来，允为教化，为政先务。"他把办好教育、培养人才作为要务。

江万里独自创办白鹭洲书院（吉安）、宗濂精舍（南昌）、道源书院（赣州）三所书院，又两度出任国子监祭酒（国子监是当时国家最高学府，祭酒则是国子监最高长官）。淳祐元年（1241），江万里来到吉州庐陵县城东赣江的江心洲上，见此洲江水环绕，清幽雅静，便筑精舍，便以白鹿洞书院为样板，创办白鹭洲书院，广泛收藏图书，收徒讲学。后江万里奏闻朝廷，宋理宗赐御笔“白鹭洲书院”匾额。

江万里主持书院期间，聘请了不少山长，其中以欧阳守道（1208—1272）最为出色，文天祥即受业于欧阳守道，深得其思想影响和熏陶。后来文天祥以万言策论在殿试中独占鳌头，夺得状元，宋理宗当庭赞之曰：“此天之祥，乃宋之瑞也！”后钦赐字号“宋瑞”。其间，白鹭洲书院还立下了“不独以文章取科第而已，愿以行己有耻为士人第一义”的办学宗旨。江万里晚年回忆自己一生的作为时，常感叹“平生士气之乐，惟鹭洲一事”。

白鹭洲书院延续千年，培养出文天祥、刘辰翁、邓光荐等人才，书院以理学之风著于海内，先贤名人享誉天下。

忠贞不渝　名垂千古

江万里在朝为官之时，正是国家危难之际。大敌当前，奸臣弄权，他力主抗元，遭到贾似道的打击，两次被罢相。他常说：“君子只知有是非，不知有利害。”谈及国事，江万里对文天祥嘱托道：“吾老矣，观天时人事当有变，吾阅人多矣，世道之责，其在君乎，君其勉之！”他把抵抗蒙古军、挽救南宋王朝的希望寄托在文天祥身上。这次谈话对文天祥的影响很大，文天祥后来也用行动践行，直至他为国家大义慷慨赴死。

咸淳十年（1274），江万里返回饶州（今鄱阳）芝山居住，此时的元军水陆并进。听闻襄阳失守，他率领家人，在芝山旁凿池，取名为“止水”，既表明心迹，又包含了他对朝廷大厦将倾的无奈。

德祐元年（1275）二月，饶州被元军攻破，江万里“从容坐守以为民望”，流着泪长叹一声：“大势不可支，余虽不在位，当与国家共存亡。”言罢，江万里与其子江镐，毅然率180多名家人投止水池殉国。史载：一时“尸积如叠”。其弟江万顷被捕后，大义凛然，至死不降，遭肢解遇难。

“天下忠义节烈之士闻风而起，聚集万千众人之力，保江山社稷不移腥膻，道德文章不堕宇内。”江万里希望以自己及家人之死唤醒天下人。

后来，抗元名将张世杰收复饶州，得悉此事，将江万里的事迹奏报朝廷，“余朝大夫其所识与不识者，闻之莫不伤心流泪”。被拘禁在元大都的文天祥，更是悲痛欲绝，写下祭文，云：“星坼台衡地，斯文去矣休。湖光与天远，屈注沧江流。”

虽然江万里没有像杨万里“小荷才露尖尖角，早有蜻蜓立上头”和文天祥“人生自古谁无死，留取丹心照汗青”那样的名句流传于世，但其问学德望、清廉之实、忠义之名被世人广为传颂，一世英名垂千古。

作者：刘叔军

2024 年 4 月 20 日

晏殊家族的忠义之风

家风清正，才会有一脉传承的忠烈。

“忠”是儒家文化中对君子的首要要求，也是晏氏教育子弟的重要原则。

晏殊在家规《义方记》的“莅官”条起首便直言：“孔子曰：君子之事君，进思尽忠，退思补过，将顺其美，匡救其恶。”

这是晏殊在一生跌宕起伏间矢志恪守的原则，也是其后世子孙秉持不懈的良好家风。

一

晏殊（991—1055），字同叔，北宋著名政治家、文学家，临川文港（今南昌进贤文港）人。

晏殊之忠，首在诚实坦荡，表里如一。史载晏殊天资卓绝，张知白安抚江南时听闻其名，一试果然，遂以神童科荐试于朝廷。

据欧阳修《观文殿大学士行兵部尚书西京留守赠司空兼侍中晏公神道碑铭》（下文简称《晏公神道碑铭》）所记，当时宋真宗“方亲阅天下贡士，会廷中者千余人，与夫宫臣、卫官，拥列圜视”，场面宏大，气氛庄严。

14岁的晏殊立于其中，未有丝毫怯意。晏殊在众人围观下，“不动声气，操笔为文辞，立成以献。天子嘉赏，赐同进士出身”。后二日，真宗又召集大家试诗赋论，待真宗御笔钦点的试题发下，场内寂然，众人都在思考如何作答，唯有晏殊稍显稚嫩的声音响起：“臣尝私习此赋，不敢隐。”众人或惊异，或哑然，“真宗益嗟异之，因赐以他题”。

大中祥符八年（1015），天下太平，真宗特许诸臣宴饮，皇城司不予纠察。沈括在《梦溪笔谈》中记道：“当时侍从文馆士大夫各为燕集，以至市楼酒肆，往往皆供帐为游息之地。”独晏殊与弟晏颖闭门读书。

恰逢真宗为皇子挑选东宫属官，真宗谕之曰：“近闻馆阁臣寮，无不嬉游燕赏，弥日继夕，唯殊杜门与兄弟读书。如此谨厚，正可为东宫官。”

晏殊受命后入宫觐见，真宗又一次提及此事，晏殊则答曰：“臣非不乐燕游者，直以贫，无可为之具。臣若有钱，亦须往，但无钱不能出耳。”言虽质野，却不失忠悫可爱。沈括认为这种诚实坦荡的品性正是晏殊能够行稳致远的关键因素。

晏殊不仅自己以实际行动践行诚实坦荡的德行，也以此要求弟子。他在《义方记》中训示子弟：“大臣以道事君，勿欺也……或以赃墨败露，生则削去谱图，死则不与祠祭。”态度不可谓不严厉。

二

晏殊之忠，尤在为政勤勉，清廉自守。自宋真宗景德二年（1005）进士及第，到至和元年（1054）“以疾归于京师”，晏殊一生为国家和百姓鞠躬尽瘁。

在军事上，宋朝军制僵硬，北方边患始终难以解决，“殊请罢内臣监兵，不以阵图授诸将，使得应敌为攻守；及募弓箭手教之，以备战斗”，力图使宋军能够强化战力，灵活应战。“请出宫中长物助边费，凡他司之领财利者，悉罢还度支。”

《晏公神道碑铭》中即评其“由王官、宫臣卒登宰相，凡所以辅道圣德，忧勤国家，有旧有劳，自始至卒，五十余年”。

晏殊一生清俭自律，亦以此教养子弟。在《义方记》“律身”条中，晏殊要求：“故君子必律身为先。”然后周及其他，于为人、交友、行事中皆有所律。他在给堂兄晏詹的《答赞善兄家书》中也规劝道：“置得宅子，大抵廉白守分为官，须随宜作一生计，且安泊亲属，不必待丰足……然须内外各宜俭约为先，方可议此。”

晏殊晚年出知陈州，仁宗念及旧臣已老，心生怜意，对宰相说：“晏某居外，未尝有所请，其亦有所欲邪？”意可许晏殊恩荫封赏之请。

宰相以之告诉晏殊，然“公自为表，问起居而已”，仍坚持不为子弟多求恩泽。

三

晏殊之忠，更在为国选士，为民育才。

晏殊向来以“好贤”著称，欧阳修称其“得一善，称之如己出”。范仲淹、韩琦、富弼等庆历名臣大多出于其门下，“至于台阁，多一时之贤”。

但对托情干求，晏殊则极为不喜，他在《答赞善兄家书》中直言：

“殊一生不曾干求，况今位极人臣，更何颜求觅？”

晏殊认为仕宦者必须能够为君分忧、为民造福，不能无功而饱受其禄。因此他在《义方记》中告诫子弟：“有官守不得其职则去，有言责不得其言则去。立心以公、勤、廉、谨为先。”方能不负朝廷所托，百姓所望。

晏殊十分重视“兴学”对社会发展的重要作用。

欧阳修在《晏公神道碑铭》中即称：“自五代以来，天下学废，兴自公始。”天圣五年（1027），晏殊出知应天府，苦心孤诣，大力兴学。他首先筹办了应天书院，并为之延请名师，其中就有正在“丁忧守孝”的范仲淹。《续资治通鉴长编》载：“殊至应天，乃大兴学，范仲淹方居母丧，殊延以教诸生。”此外，晏殊延请的还有名重一时的大儒王洙、韦不伐等。在他们的影响下，四方学子云集于此，应天书院一跃成为北宋学术重镇。

为纾解书院在银钱上的压力，晏殊上疏请求免去应天书院的地基税钱，仁宗闻之欣然同意。晏殊还常到书院亲自讲学，鼓励穷苦诸生自励奋发。

范仲淹《南京府学生朱从道名述》中道，晏殊“乃首访胶庠，躬省弦诵。敦六籍以恢本，发四科以彰善。于是人乐名教，复邹鲁之盛；士为声诗，登周召之美”。在晏殊的鼓励和支持下，江南官学四起，文风大盛，为朝廷输送了不少人才，对促成“仁宗盛治”的局面做出了突出贡献。

晏氏家族子弟也继承了这股忠义家风。晏殊孙晏溥，靖康初在金人南侵时，散尽家财，募兵抗敌，后与妻赵氏双双战死。

其曾孙晏敦复以刚直闻名朝野。绍兴八年（1138），金国遣使议和，要求南宋君臣拜接金熙宗诏书。晏敦复认为此辱一开，后患无穷，极力上疏谏阻。宰相秦桧却力主屈辱议和，他一面指示手下的台谏官攻击与他持不同意见的人，一面暗中拉拢晏敦复，说："公能曲从，两地旦夕可至。"晏敦复始终坚持国体为大，道："吾终不为身计误国家，况吾姜桂之性，到老愈辣，请勿言。"尽管此时秦桧权势熏天，敦复依然谏之无避。

《宋史》评价："敦复静默如不能言，立朝论事无所避。帝尝谓之曰：'卿鲠峭敢言，可谓无忝尔祖矣。'"

曾孙晏孝广曾任扬州尉，建炎三年（1129），金兵直逼扬州，孝广率兵抵抗，最后英勇战死，其女亦自刎而死。

家风清正，才会有一脉传承忠烈。

作者：徐伟鹏

2024 年 4 月 21 日

布衣姜夔的文化苦旅

作为布衣文人，姜夔心怀锦绣却命似浮萍，一生转徙江湖，一路布衣终老。

在群星璀璨的宋代文坛，姜夔算得上是非常耀眼的那颗。他以词著称，其词清空骚雅，上承周邦彦，下开格律词派，于辛词外自成一脉。

他还是卓有成就的音乐家、书法家、鉴赏家、诗人、文艺理论家，“音节文采，并冠一时”，被誉为中国古代十大音乐家之一，可谓古代文苑中不可多得的全才。而这样一位文坛巨匠，心怀锦绣却命似浮萍，一生转徙江湖，一路布衣终老。

“长与行云共一舟，零落江南不自由”

姜夔（1155—1221），字尧章，号白石道人，南宋饶州鄱阳（今江西鄱阳）人，出身官宦之家。其父姜噩是绍兴十八年（1148）进士，先后任新喻（今江西新余）县丞、汉阳（今湖北武汉）知县，在任上病卒。

姜夔自幼随父亲到任职地生活，14岁那年，父亲去世，姜夔跟着姐姐在汉川山阳村度过了少年时光。他聪慧好学，饱读诗书，随着年龄阅历的增长，受到黄庭坚诗学的影响，自称“三沐三熏黄太史氏”。

20来岁时，姜夔为生计踏上了漂泊之旅。“天寒白马渡，落日山阳村。是时无霜雪，万时砚奔奔。外旃吹已爰，内纩冰不温。吹马马欲倒，吹笠任飞翻。”（《昔游诗其六》）初涉江湖，他便感受到了天地的冷峻。

淳熙三年（1176），姜夔游历到扬州。眼前，他看到了一个曾经繁华的城池因战火而荒废，阴暗处杂生的草木仿佛偏安之家国，随风飘摇。他心怀怆然，感慨今昔，挥毫写下了一首词：“淮左名都，竹西佳处，解鞍少驻初程。过春风十里，尽荠麦青青。自胡马窥江去后，废池乔木，犹厌言兵。渐黄昏，清角吹寒，都在空城……”这篇在南宋文坛轰动一时的《扬州慢》，寄托了姜夔的家国情思，也表达了对历史与现实的思考。《扬州慢》不仅是姜夔的成名作，也是有乐谱流传至今的古代音乐杰作，旷世绝响在姜夔手中化为箫声，断续峭拔，一唱三叹，清音悠悠跨过空城，也穿越了尘封的历史。

“淮南皓月冷千山，冥冥归去无人管”

“别后书辞，别时针线，离魂暗逐郎行远。淮南皓月冷千山，冥冥归去无人管。”这是至金陵。“燕雁无心，太湖西畔随云去。数峰清苦。商略黄昏雨。”这是过苏州。“冷”与“苦”就这样在他的行程中如影随形。

“看尽鹅黄嫩绿，都是江南旧相识。”这是重回合肥，寻找他遗落此地的爱情。著名文学家夏承焘考证出姜夔现存的80多首词中，有20多首与某个合肥女子有关。爱情这个主题一直在姜夔笔下，只是孤贫不第的他没有足够的能力与勇气迎娶幸福。

“肥水东流无尽期，当初不合种相思。”赤阑桥，西小巷，暗藏着姜夔心中的“二乔”。爱难入笔，却又情愫难平，于是爱情在他迷离的眼神里如“冷香飞上诗句”，隔了一层又一层。

“文章信美知何用，漫赢得、天涯羁旅”

辗转江湖后，姜夔声名鹊起，名流文士都争相与他结交。诗人萧德藻既爱其词，又与姜夔父亲为同年进士，念及同窗之谊，便将侄女嫁与姜夔。诗人杨万里向范成大推荐姜夔，连辛弃疾也是与姜夔相互酬唱的文友之一。有学者评价说：“白石脱胎稼轩，变雄健为清刚，变驰骤为疏宕。”

辛弃疾曾写过传世名篇《永遇乐・京口北固亭怀古》，姜夔有感而发，和了一首同名同韵词《永遇乐・次稼轩北固楼词韵》。辛词豪放，心系河山；姜夔的词虽以骚雅格律见长，但他心中也爱家国，奈何造化弄人，只能羁旅一生。

绍熙二年（1191），又一个冬天，姜夔在苏州范家踏雪赏梅，65岁的范成大以咏梅为题向他约稿，姜夔当即创作《暗香》《疏影》词曲。

新曲出炉，歌妓习唱：“旧时月色，算几番照我，梅边吹笛。唤起玉人，不管清寒与攀摘……”一时枝头梅艳雪凝，清音亦婉转动人。范成大大笑，自古宝剑赠英雄，红粉赠佳人。歌妓小红就在这样的一曲歌罢，被执手牵上了姜夔的归舟。垂虹桥下，“自作新词韵最娇，小红低唱我吹箫”的歌声在浪花上一路飞扬。

作为一介布衣，这似乎成了姜夔人生中最为得意与潇洒的时刻。而在他沉郁的心底，那只是换了形式的润格和接济，毕竟人生伤痛，冷暖自知。

“平生最识江湖味，听得秋声忆故乡”

行旅之人惆怅的时候，往往会回首往事，回望故土。自幼随父辈离开家乡鄱阳到湖北汉阳，姜夔就像一只从鄱阳湖起飞的候鸟，有着放不下的乡愁。

淳熙元年（1174）至淳熙十年（1183）间，姜夔曾先后四次回家乡参加科举考试，均名落孙山。《忆王孙·鄱阳彭氏小楼作》就是姜夔在故乡鄱阳写的。彭氏是宋代鄱阳的望族，宋神宗时，状元彭汝砺官至宝文阁直学士，姜夔望着老乡家的小楼，感触自己屡试不第、怀才不遇的命运。

“荷叶披披一浦凉，青芦奕奕夜吟商。平生最识江湖味，听得秋声忆故乡。”这位从鄱阳湖畔走出去的一代词宗，因为一生漂泊所以更懂乡愁，他的乡愁不仅深藏于心，更常流露于笔下，只是由于诗词风格清空委婉，意境朦胧含蓄，长久以来世人便淡忘了他与故乡鄱阳一湖清水的渊源与深情。

姜夔后来到了湖州，见湖州弁山风景优美，于绍熙元年（1190）在弁山苕溪白石洞附近住了下来。文友潘柽见他选择的地方别有情趣，便挥毫写上“白石道人”四个字赠与他。从此，姜夔便以“白石道人”自居。

“念桥边红药，年年知为谁生”

庆元三年（1197），43岁的姜夔曾向朝廷献《大乐议》《琴瑟考古图》，希望获得提拔，但未被重视。两年后，姜夔再次向朝廷献上《圣宋铙歌鼓吹十二章》，这次朝廷下诏允许他破格到礼部参加进士考试，但他仍旧落选。从此他断绝了仕途之念，以布衣终老。

庆元六年（1200），漂泊一生的姜夔，在经历好友离世、家中失火等磨难后，搬到杭州钱塘门外西马塍一带的香梅白雪间，过着他所向往的陆龟蒙、林逋般的隐逸生活。

嘉定十四年（1221），姜夔病逝，生前落魄，身后一无长物，连办丧事的钱都没有，在年轻词友吴潜等人的资助下才葬在西马塍，随葬品仅有一册乐谱、一把琴、一柄剑和一本《兰亭序》。

作为布衣文人，姜夔一生转徙江湖，在诗词、音乐、书法、艺术理论等诸多领域均有建树，影响深远。《白石道人诗集》《白石道人歌曲》《续书谱》《绛帖平》《禊帖偏旁考》等都是中国古代文化艺术史上重要的著述。

元末明初文人张羽说："（姜夔）望之若神仙中人，善言论有物，工翰墨，尤精鉴法书古器；东南人士无不倾慕于夔，夔之名殆满于天下。"清人朱孝臧所编《宋词三百首》中，姜夔词作占了17首。

1987年，国际天文学会把姜夔作为中国文化名人之一为水星环形山命名。

姜夔逝世800年后，在他的故乡鄱阳，建成了一座姜夔文化公园与纪念馆。有一支由本地8位乐师组成的"白石乐坊"，每逢重要节日或活动，都会在姜夔纪念馆演绎《扬州慢》《石湖仙》等歌曲，传扬"白石乐曲美妙传神"的无限意蕴。

作者：张新冬

2024年4月24日

铁血丹心杨邦乂

据说，在金庸的武侠小说《射雕英雄传》和《神雕侠侣》中，有一位英雄人物杨铁心，就是以杨邦乂为原型塑造的。

1085年，司马光编撰完成了《资治通鉴》，也就在这一年，一个叫杨邦乂的小生命诞生了，与他同年出生的还有张择端、赵鼎。谁也没有想到，这个不起眼的江右小男孩，日后会成为抗金名臣。

被俘后，面对金人的百般诱降，杨邦乂宁死不屈，在衣襟上血书“宁作赵氏鬼，不为他邦臣”，令金人恐惧，被金兀术“剖腹取心”而死。

是什么样的力量让其直面生死？又是什么样的精神让其铁肩担道义？

一

杨邦乂（1085—1129），吉州吉水（今吉安吉水）人，字晞稷，谥号忠襄。杨邦乂是遗腹子，母亲陈氏含辛茹苦把他拉扯大。

然而，命运并未因此就垂青于他，杨邦乂尚未成年时，母亲就劳累病逝，留下兄弟三人相依为命。好在兄弟齐心，两个哥哥一直供他读书。

也许少年知道家庭的贫困，也许少年立志要成就一番事业，杨邦乂无论在私塾还是书院都勤奋好学，操守严谨。

在郡城读书时，有同学想毁坏他的操守，假意说请他到朋友家去玩，将他骗进一家酒馆。喝了几杯酒后，安排艺妓出来，杨邦乂大吃一惊，连忙逃走，还将当时穿的衣服都烧掉，痛哭流涕责备自己。

北宋政和五年（1115），杨邦乂考中进士，先后担任婺源县尉，蕲州、庐州、建康三郡教授。因治理、教化有功，南宋建炎元年（1127），杨邦乂出任建康府（今江苏南京）溧阳县知县。

当时正值金兵入侵，徽、钦二帝被俘，而建康府叛将周德又带兵作乱，杀害官员和百姓。

杨邦乂把县监狱中的囚犯赵明放出来，告诉他可以将功赎罪。杨邦乂说："你按律当斩，但你熟悉乡里的豪杰，如确实能聚集你的同党替县里百姓诛杀乱军，我不但宽宥你的罪行，而且可上报功劳赐封你官爵。"

赵明见有活的希望，请求立即行动，喝下杨邦乂的壮行酒之后，迅速联络自己的同伴，向周德叛军进攻。经过激烈的战斗，仅用了3天就讨平叛军。

面对社会动荡不安、人民流离失所的艰难形势，尝过贫困滋味的杨邦乂感同身受，平叛后马上整顿治安，训练民兵，加强民防，以至"在任三年，盗不入境"。老百姓不舍杨邦乂调离，想方设法请求他留在溧阳。但杨邦乂因平叛和治理有功，被擢升为建康府通判。

南宋建炎三年（1129）九月，金国举兵进攻南宋，屯兵长江边，分东、西两路进军，直逼南京，企图一举灭宋。各路宋军虽奋起抵抗，但因实力悬殊而败北。金军轻骑直驱扬州瓜洲渡，扬州失陷。

宋高宗赵构逃往临安，留下右仆射、建康留守杜充为御营使，命令韩世忠、王燮等将领听杜充调遣。朝廷内部，主战派与主和派虽然争执不下，但畏金军如猛虎的宋高宗打算退守长江，以谋求和议，偏安江南。

十月，南宋江防尚未巩固，金军便在主帅兀术（完颜宗弼）率领下，继续挥师南下，攻陷寿春、庐州。大军压境，形势非常危急，但杜充采取“闭门不出，隔岸观火”的态度，仅以6万兵力守卫长江南岸。

时任统制官的岳飞、通判官的杨邦乂，向杜充建言，认为敌人准备横渡长江，需要认真备战，并请求出兵，但杜充一味敷衍，就是不同意。

兀术率军强行渡江，情况十分危急。杜充不得不紧急派遣陈淬、岳飞等将士出击迎战，命王燮所部救援，同时让杨邦乂协调粮草。

十一月，陈淬、岳飞等人与金兵决战于马家渡，硝烟滚滚，双方交战多次，不分胜负。王燮不去救援，还率军先逃，致使陈淬诸将被金兵擒获，岳飞在杨邦乂的后勤支援下率军力战，却寡不敌众。而性情残暴、有勇无谋的宋军主帅杜充却率领几千人逃跑，最后投降金军。

二

兀术渡江后，立即围攻建康。户部尚书李棁、沿江都置使陈邦光等人胆小怕死，见大势已去，决定放弃建康，派人去十里亭向金军送投降书。李棁、陈邦光率领下属官员，跪拜迎接金兵主帅兀术入城。

毫无兵权的通判杨邦乂拒绝向金军投降，决定毁家纾难，带领部分兵士和义士奋起抗敌，因寡不敌众被俘。

兀术为了瓦解宋人的抗金意志，派说客招降杨邦乂。面对金兵的高官厚禄，杨邦乂严词拒绝，破口大骂，咬破手指在衣襟上写下十个血字——“宁做赵氏鬼，不为他邦臣”，以明心志。

第二天，兀术设宴，许诺保留杨邦乂原来的官职，并加升两级。杨邦乂一口拒绝，大声喝道：“活在世上连死都不怕的人，难道还会被别的什么利益所诱惑？快快把我杀掉了事。”并用头撞柱子底下的石礅，顿时鲜血直流。

兀术仍不死心，在第三天举行的招待李棁、陈邦光等降将的宴会上，又命人将杨邦乂带来。歌舞升平、觥筹交错中，杨邦乂横眉昂首而立，誓死不降，其大义凛然的气概，令李、陈等降将无比汗颜。

杨邦乂对李棁等人变节投敌非常憎恶，厉声痛斥：“我与诸君奉天子之命守城，敌军攻来，你们不抵抗，居然派人出城迎接敌军，向敌人屈节投降。即使是战败被俘，也应坚守到底。今天，你们又同敌人在一起饮酒取乐，还有什么脸面见我？”

李棁等人面露愧色，无言以对。随后，他们又以杨邦乂子女年幼、妻子多病等理由劝降。杨邦乂说：“如果家事与国事不能两全，应以国事为先。我固然珍惜亲情，但宁死也要守住气节，请不要再说了。”这时，有个姓刘的金军团练走过来，将一张写有“死”“活”二字的纸展示给杨邦乂，对他说：“你无须多说，想活，就在这纸上写个‘活’字；想死，就在这纸上写个‘死’字。”杨邦乂坦然接过纸笔，不假思索，奋笔写下一个“死”字。

后来，兀术亲自同杨邦乂面谈，劝他投降。杨邦乂遥望着南方，破口大骂：“你们女真图谋中原，上天岂会长久帮助你，定将把你碎尸万段，你怎么能玷污我！”

兀术没料到会遭到一顿痛骂，见软硬兼施、封官许愿都不行，恼羞成怒地问：“好大胆，你究竟安的什么心？”

杨邦乂毫不畏惧地说：“你不知道吗？我有一颗铁心！”

兀术大喊：“那我就把它挖出来！”当即下令刽子手割其舌头，剖开胸膛，剜去心脏。

抗金英雄杨邦乂就这样被残酷地杀害，年仅44岁。

三

杨邦乂铁骨铮铮、以身殉国的事迹传到南宋朝廷后，南宋屈膝投降的朝纲为之一振。

第二年，岳飞率军大破金军，收复建康，奉命建杨邦乂墓、杨邦乂剖心处。

绍兴二年（1132），宋高宗赵构念杨邦乂忠贞报国、高风亮节，遂颁赐诏书，称“烈士砥节，死有重于泰山”，赐谥号“忠襄”，并下令造墓、建祠、立碑，赐建“褒忠祠”。

绍兴七年（1137），枢密院又一次进言，称颂杨邦乂“忠节显著”。宋高宗回答：“邦乂为朕死节，不可不厚褒禄，以为忠义之劝。”追封杨邦乂徽猷阁待制，提拔杨邦乂的儿子做官，增赐三顷田地。

淳熙十二年（1185），杨邦乂族孙、大诗人杨万里撰文《宋故谥忠襄杨公行状》，详细介绍杨邦乂的家世、成长经历、就义细节，以及朝廷如何抚恤后人，还有与杨邦乂一同就义的义士们的事迹。

明洪武十七年（1384），明太祖朱元璋与军师刘伯温游览金陵，问及前代忠臣轶事，刘伯温回答说，宋臣杨邦乂死节最烈，并详细诉说杨邦乂事迹。据说，朱元璋听后感叹："忠臣也。"朱元璋还题赠《褒忠诗》："天地正气，古今一人。生而抗节，死不易心。"

杨邦乂生前虽然官职不高，但其舍生取义、为国捐躯的爱国主义精神和民族气节，一直为后人敬仰。在吉安，杨邦乂与欧阳修、胡铨、周必大、杨万里、文天祥等六位忠义之士，被合称为"庐陵五忠一节"。《宋史》专门列有章节《杨邦乂传》。而在金庸的武侠小说《射雕英雄传》和《神雕侠侣》中，有一位英雄人物杨铁心，据说就是以杨邦乂为原型塑造的。

作者：龚奎林

2024 年 4 月 26 日

"天下第一家"从何而来

义门陈以家国一体，扎根华夏大地，靠的是心中一分对家国的责任和挚爱。

江西德安义门陈氏，是一个历史悠久、文化底蕴深厚的家族。千百年来，义门陈氏走出了一代又一代优秀儿女。清末维新派名臣陈宝箴、著名学者陈寅恪等与这个家族有着深厚的渊源。

"义门陈"的名头从何而来？家族中又孕育了怎样的爱国基因？带着好奇，让我们走进这个赫赫有名的家族。

一

江西义门陈氏发祥地——德安县车桥镇的一个古老村落——坐落在庐山南麓，鄱阳湖畔，千百年来义门陈"忠孝节义为本、耕读奉公传家"爱国情怀在这里流传。

中和四年（884）唐僖宗旌表"义门陈氏"。大顺元年（890），德安义门陈氏第三任家长陈崇，会同六大房长老订立《家法三十三条》《家规十六则》《家范十二则》，成为中国较早以文字形式固定下来的家训家规之一。

至道二年（996）义门陈氏被封为“天下第一家”，宋太宗曾御封“真良家”，次年又赠“聚族三千口天下第一，同居五百年世上无双”一联。欧阳修、苏轼、黄庭坚、朱熹等名儒也大加褒赞，“义门陈”遂名传天下。爱国诗人文天祥说：“昔日为江州之义族，今日为庐陵之忠臣，忠义两全，可仪型于天下矣！”

其“义”，是家国大义。宋淳化四年（993），太宗宣召义门陈家长陈兢入朝。太宗问：“汝义门所以义聚，何也？”陈兢答：“公也，公则无私，无私方可义聚。”太宗大加赞许，遂赐匾一块，御书“至公无私”。

这块牌匾是义门陈氏家范的精华所在：心底无私天地宽，坦荡真诚报家国之恩，而不是耽念小私小家。历代陈氏子孙居庙堂之高，则唯忠唯仁；处江湖之远，则唯孝唯义。浓烈的家国情怀已然融进了陈氏子孙的血脉。

宋嘉祐七年（1062），朝廷颁发圣旨，要求德安义门陈分庄，把族人迁往全国各地，以教化天下。义门陈当家人接旨后为分家犯愁，只好把吃饭的大铁锅吊到祠堂大梁上让它自由落下，再按摔成的碎片分成291庄，迁往全国72个州郡的144个县。从此，“一门繁衍成万户，万户皆为新义门”。

义门陈后裔繁衍至今，门人散播全国各地及海内外。

二

义门陈以“义”治家，培育了一代代社会精英，他们武能定国、文能兴邦，为中国社会的文明进步、国家的和谐兴盛作出了不朽贡献。

明代抗倭名将陈璘（广东翁源人），1598年领军在东南沿海抗击倭寇，后任大明水军提督，赴朝抗倭、大败日军。

清末维新派代表、湖南巡抚陈宝箴（江西修水人），被光绪帝称为“新政重臣”，坚定支持戊戌变法，其在任内与按察使黄遵宪、学政江标等人办新政，开办时务学堂，设矿务、轮船、电报及制造公司；刊《湘学报》，勇为天下之先，成为维新派的中流砥柱。

其子陈三立辅佐父亲推行新政，在整顿湖南吏治、革新文化教育、罗致维新人才等方面多有建树，赢得了极高的社会声誉，与谭嗣同、徐仁铸、陶菊存并称“维新四公子”。

传说慈禧太后重新掌政后，担心陈宝箴东山再起，光绪二十六年（1900）春夏之间，派人专程下达密旨，赐其自尽。陈宝箴生前留下遗嘱：“陈氏后代当做到六字：不治产，不问政。”

为此，陈宝箴后世莫敢不遵。陈三立后长期寓居上海，不问政事，不搞实业，却始终胸怀民族大义。1932年，陈三立的好友郑孝胥投靠日本，陈三立痛骂他“背叛中华，自图功利”，与之绝交。1937年卢沟桥事变爆发，寓居北平的陈三立表示绝不逃难。北平沦陷后，日军曾游说陈三立出山，遭其断然拒绝，后绝食多日，忧愤而死。

义门陈以家国一体，扎根华夏大地，靠的是心中一份对家国的责任和挚爱。2021年6月，“德安义门陈家训传统”入围第五批国家级非物质文化遗产代表性项目名录，成为4个入围的国家级家训非遗项目之一。

随着时代发展，德安义门陈家训传统也在不断丰富和完善，家训对热爱祖国、尊敬长辈、教育子女、和气待人、助人为乐、勤俭持家、移风易俗、遵纪守法以及做人的规范、做事的原则均有明确规定。其中忠、孝、礼、义、悌、廉，敬业、勤读、和睦、爱国、爱族的传统道德观念至今仍然作为义门陈氏家族教育子孙、培养后代的标尺。

三

义门陈以耕读传家，“八百头牛耕日月，三千灯火读文章”，倾资办书院传承义门文脉，“置田二十顷，以为四方游学之资”。

德安义门陈氏创办的东佳书院，起源于唐，延续至清末，在唐宋时曾鼎盛一时，颇得盛名，是中国最早的私家书院（比白鹿洞书院早50年），培养了3位宰相、58位进士和数十位尚书、刺史、节度使等，吸引了欧阳修、苏轼、黄庭坚、晏殊、王韶、夏竦、陆游、朱熹、文天祥等一大批文人学士前来讲学、求知或游园，留下了300多篇题词文章和诗作。

到了近代，义门陈氏后人对教育的重视更令人瞩目，诞生了修水“陈门五杰”——陈宝箴、陈三立、陈寅恪、陈衡恪、陈封怀五位治学大家。

这也是义门陈氏子孙爱国基因传承延续的有力佐证。有理由相信，德安义门陈“以家许国”的爱国基因不仅是家国情怀延续的历史缩影，也将在新时代呈现爱国情感的创新表现。

作者：宋志龙　王瑞凤

2024 年 5 月 13 日

王安石为何拒绝升京官

王安石当官，一不为名，二不为利，三不为权，四不为情。他是一位儒者，理想是“致君尧舜上，再使风俗淳”。

一

1039年，王安石到父亲任职的扬州读书。某日，皓月当空，王安石举头望月，与山间夜气一齐生发的，还有无尽乡思：“故畦抛汝水，新垄寄钟山，为问扬州月，何时照我还？”其时王安石19岁，远离家乡，月下思乡，是心灵所发。

还没来得及去听二十四桥的玉笛暗飞声，家中突生变故，父亲过世，王安石回江西守制。守制毕，已是庆历二年（1042）。朝廷开考，21岁的王安石怀揣抱负，千里迢迢，赶往京都开封参加会试。

王安石12岁才上学，比人家迟了几年。他披荆斩棘，一路高歌，闯进殿试。殿试有三道题，分别是《应天以实不以文赋》《吹律听凤鸣诗》《顺德者昌论》。前两题，有些不讲常理，但也不曾难倒王安石。

放榜日到了，王安石名列第四。据宋代王铚《默记》记载，本来主考官把王安石列为第一名（状元），但因王安石应试赋中有“孺子其朋”

一句，惹得宋仁宗不悦，与第四名杨寘互换，最终王安石与状元失之交臂。

一举首登龙虎榜，王安石被分配任签书淮南节度判官公事，职务名号很长，其实干的是文字活，还有些杂七杂八的事。这是一个累死人的闲差，所谓累，迎来送往，文来文往，最是烦人；所谓闲，不管钱，不管事，只管三千汉语常用字。虽累又闲，这位置升迁倒比其他岗位要快些，很多人削尖脑壳往里钻，王安石却“不安分”。

淮南节度判官一职任满后，按惯例，王安石可以再做一篇献文，求职馆阁。北宋馆阁有昭文馆、史馆、集贤院和秘阁、龙图阁等，职在收国书、修国史、编国集，入馆阁虽是文字营生，但毕竟是首都京官，给天子当秘书，提拔机会多、升迁速度快。

人家都在跑馆进阁当阁老，王安石却不走寻常路：人家往上跑，他偏往下跑。他也献了一文，请求调往地方任职，于是被派往鄞县（今浙江宁波鄞州区），当了一个七品芝麻官。

二

王安石以文章名世，但绝不以文章治世，他之所以不去“南书房”，而去当芝麻官，因他想的是经济天下、实务国家，虚头巴脑作一篇策论，或慷慨激昂作一些批评，志者不为。

王安石上任鄞县知县时，年27岁。上任之初，他走村入户，广泛调研，找到了这地方的穷根子：“幸而雨泽时至，田犹不足于水；方夏历旬不雨，则众川之涸，可立而须。故今之邑民最独畏旱，而旱辄连年。”

此前治理鄞县的官员，把人民之穷归咎于天，老天不曾风调雨顺，百姓不能旱涝保收。王安石目光如炬：“是皆人力不至，而非岁之咎也。”这件事非天灾，是官惰。

王安石治鄞第一事，就是兴修水利。水利是农业的命脉，“乘人之有余，及其暇时，大浚治川渠，使有所潴，可以无不足水之患”。王安石计划趁农闲时，把农民组织起来，疏浚河渠，一举把困扰鄞县千年的水利问题解决。

王安石在鄞县，还做了很多事情。比如抗拒不合理政策。鄞县临海，农民靠制海盐谋生，上面不知民生之所在，要打击私盐，谁检举揭发贩卖私盐者，即给予奖励。

奖励金（悬赏钱）从何来？上头要求各县财政出资。王安石坚决反对：“伏见阁下令吏民出钱购人捕盐，窃以为过矣。”接着列举种种理由，促使上头收回成命。

王安石任地方官，其大志是：谋民生，知民苦，聚民心，不喊空头口号。他在鄞县开展了各方面的工作，很多都是后来改革的预演与试验，比如“青苗法”“农田水利法”“方田均税法”，都是鄞县试验产出的结果。

兴水利，强基础；重理财，纾民困；兴教育，办学校。这是王安石在鄞县的三大功绩。

三

在鄞县为官三年后，王安石离开此地，经过杭州飞来峰，意气风发，触景生情，吟诗一首：“飞来山上千寻塔，闻说鸡鸣见日升。不畏浮云遮望眼，自缘身在最高层。”

王安石理解的最高层是居庙堂之高吗？是居象牙塔之高吗？恰恰相反，是居地方之低，是居民间之低。为人民造福，是政治的最高理想。何以浮云不遮眼？王安石曾经在底层历练过，懂民情，知民意，任何不为民的理论与学说，都不能遮他眼了，任何假汇报，都不能蒙蔽人了。这是那些从学堂到庙堂、从文章到文件者所不能达到的境界。

王安石治鄞，政绩卓著，名声很好，要王安石进京为官的呼声不少，连宋英宗也曾下旨调王安石进京。王安石却拒绝了，理由很牵强，有些编造，不是要尽孝，就是自称有病，都是些不是理由的理由。

在鄞县可以尽孝，到了京城就不能孝母？没这个道理。天子呼来不上船，王安石从不称自己是酒中仙，他几次拒绝升京官，别人以为他在摆架子，自抬身价。

他之所以其时不入京，原因只有一个：沉下基层，了解民情。宰相出于州郡，猛将出于士卒。不把民情国情摸透，骤升高官，不是空谈误国，便是乱命蠹民。

这里，必须说说北宋文坛领袖欧阳修。欧阳修比王安石年长十几岁，可谓王安石的前辈，两人是江西老乡。欧阳修是出了名的“伯乐”，“奖引后进，如恐不及，赏识之下，率为闻人”。欧阳修读了王安石的文章，惊为天人：“使如此文字，不光耀于世，吾徒可耻也。”

欧阳修爱才，不是喊口号，而是实打实的。王安石几次被召，其中就有欧阳修在朝中建言之故。欧阳修要起用王安石，是期待王安石能够“付托斯文”。王安石拒绝了，他回复欧阳修：“欲传道义心虽壮，学作文章力已穷。”

正官家少年，风华正茂，处于创作爆发期，怎能说“文章力已穷”？其实，这不是谦虚，而是另有抱负——文章能赚千古名，非王安石所愿为，纯文学者，你视为不朽之盛事，他视为雕虫之小技。

后来王安石又给欧阳修回复了一首诗：“天方选取欲扶世，岂特使以文章鸣？”直接道明心志——科举选才，是要才者来匡扶家国的，不是让其来做文章赚取名气的。

四

又过了三五年，欧阳修还在挂怀处江湖之远的王安石，想调他入京。这回不是给馆阁之闲差了，而是群牧判官，职责是管理国家公用马匹。群牧公家马匹，就是管理朝廷机关公车。

欧阳修提王安石任群牧判官，肯定不是在羞辱他，而是在试探其志。据说，乾隆皇帝曾望见江河百舸争流，乱船飞渡，问金山寺老僧：“江上几条船？”老僧答：“两条，一条叫名，一条叫利。”名缰利锁，几人参得破名利两字？更加两样，一者权牢，一者情关。

王安石当官，一不为名，二不为利，三不为权，四不为情。他是一名儒者，理想是“致君尧舜上，再使风俗淳”。

王安石为官没得什么名，得到一个“拗相公”之名。在北宋，王安石的名声可谓毁誉参半。他不顾名声好与不好，只想“为圣明除弊事”；他更没得什么利，直条条到官场来，萧瑟瑟离官场去。

遥想荆公王安石，不禁潸然，不禁想起荆公在扬州城、在汴州城、在南京城时的那轮明月：“春风又绿江南岸，明月何时照我还？”

作者：刘诚龙

2024年5月16日

从花炮祖师李畋说开去

花炮祖师李畋用小小的爆竹泽被后人，在一千多年后给自己的家乡撑起了一片全新的天空。

农历四月十八是花炮祖师李畋的诞辰日，在“中国烟花爆竹之乡”上栗县，一场纪念花炮祖师李畋的祭祖大典将隆重上演。与此同时，上栗县还将举办“国潮烟花·上栗交响”2024上栗国潮音乐焰火晚会，邀请众多歌手登台献唱，为观众奉献一场盛大的艺术视听盛宴。

诞生于湘赣边区域的花炮，在千年岁月里，逐渐成为某种精神追求与喜庆快乐的承载物，先是逐渐遍及中华大地，然后又随着华人的脚步漂洋过海。其实，今天我们在欣赏绚烂烟花的时候，或许并不知晓其诞生和发展的背后写满了故事。

一

追本溯源，最初的爆竹是真的“爆竹”。最早，先民不经意地将竹节放火里烧，“啪”的一声裂响，吓了先民们一跳。此后的岁月里，人们用烧竹节时爆出响声来表达祝福。爆裂的清脆竹声，让烧竹节的人在对魔魈邪祟未知的恐惧里找到安稳。这是春秋年间的事。

最早，硝只是一味药，在漫长的岁月里滋生于某个角落。惜命的人将硝取出，于用炼制丹药。但是，炼丹并不如方士们想象中容易，在高温的熬炼里土硝也有着自己的脾气，频繁炸炉让炼丹的人犹疑不已。这是秦汉年间的事。

隋唐时期，惯于在深山里砍柴打猎的上栗人李畋突发奇想，往竹节里装上土硝；再点火，爆竹的脆响和硝烟的药香结合起来，似乎便有了某种神秘的特性。据说，就是靠着这装满土硝的竹节，李畋为唐太宗找到了祛除深夜噩梦的良方。这样的传说只在史书里留下一鳞半爪，更多的细节语焉不详。

此后，在李畋的家乡上栗麻石，有一批村民跟随李畋专心制作这新式的爆竹——“以竹筒实硝磺”。

李畋居住的麻石有点特殊，跨过他家门前一条五尺来宽的麻石路面，就是湖南的醴陵。做爆竹的技艺一传十、十传百，逐步传遍了四乡八邻，也从江西传到了湖南。

而随着节庆时的一声声爆响，越来越多的人爱上了这种寄寓着美好又附带着娱乐的物品，李畋和他的乡邻们制作的爆竹渐渐成为节日或各种祈福祭祀活动中不可或缺的一种物品。

在李畋发明爆竹之后的千百年里，廉价的纸筒替代了竹筒，精良的火药替代了土硝，单个的竹节慢慢演变成了可以成串燃放的鞭炮，简单的爆竹慢慢衍生出了繁复的烟花。当烟花出现后，人们就将鞭炮和烟花合称为“花炮”了。

这个转变发生在宋代。北宋时期，上栗及周边地区已经大量生产小型卷纸烟花，很受人们青睐。南宋时，烟花工匠应节日之需，将各个品种的单个烟花分组捆绑在高大的竹木架上，再用引线按顺序连结，观赏时间一到，便点燃引线，各色烟花次第绽放，经久不息，这就是当时盛行的“架子烟花”。

大约在13世纪初，花炮开始由外国使者和商人经丝绸之路传入印度。在丝绸之路上，商人将来自中国湘赣交界处的花炮当成一种新奇的玩意，途经重要的城市就会燃放少量花炮以为炫奇。传入印度之后约200年间，花炮又经印度传入阿拉伯国家，进而传入西班牙，再经西班牙传播到欧洲和美洲的其他一些国家。

二

不过，在花炮及其制作技艺不断向湘赣周边地区甚至国外传播的历程中，它的故乡却出现了一些变故。作为湘赣两省的军事通道，上栗以及它周边的浏阳、醴陵，经历了元末农民起义、棚民起义、明末清初连年战祸，数百里人烟荒芜，土籍居民所剩极少，花炮的生产技艺和生产规模遭到近乎毁灭的打击。直到清康熙年间，萍乡附近的人丁逐步兴旺起来。但是，曾经家家户户都懂得的花炮制作技艺此时成了极少数人掌握的秘法。

幸好，这一方水土养育的人们并不敝帚自珍，他们先是授徒，然后重开作坊，让工人们渐渐普遍掌握了制作爆竹的各项工艺，终于使萍乡的爆竹业再度兴旺起来。

时光仿佛打了一个盹，几百年前花炮制作技艺从李畋的故乡逐步扩散到周边地区的情形再一次重演。据《醴陵县志》和《萍乡县志》记载，花炮业在清代又一次从江西的上栗扩散到湖南的浏阳，然后推广到醴陵。

重新繁荣起来的上栗花炮达到了新的高峰。此时，上栗再现了几乎家家户户都会做爆竹的盛况，一些专门从事鞭炮生产的家庭手工作坊应运而生。嗅到商机的外地商人纷纷来到上栗收购花炮，贩销到20多个国家和地区，上海、武汉、香港、澳门等地以及日本、英国、新加坡等国家，都设有上栗爆竹销售的分支机构。

《萍乡县志》《萍乡文史资料》等文献记载，清代的上栗仅麻石一地就设有大小货运码头10个，每天有数十条甚至上百条船只装运上栗鞭炮外销。不知道是花炮的魅力无穷还是利润可观，运载上栗花炮的船只所过之处，如上海、广州、福州、厦门、烟台、汉口、天津等大商埠以及香港、南洋等地的巨商（上栗的鞭炮制作者们将其称为西客），纷纷溯着鞭炮的足迹来到上栗，开庄设店。

在清末民初，上栗鞭炮业最兴旺的时候，一年间就新增各类爆庄40余家，在外地发展子庄50多个。此时全国各地在上栗开办的工商企业达到四五百户，建立诸如鞭炮加工业、硝磺爆纸业、布匹百货业、食品糕点业、书纸文具业、石印染纸业、旅社客栈业、饮食服务业、竹木铁器业、香烛纸扎业、理发照相业、土产日杂业等30多种行会。

据《中国实业志》《上栗花炮》等记载，沿着栗江建成的南北两条长街“店栈客商川流不息”，河中船只来往不断，当时的报章因这种繁华而赞誉上栗为“小南京”。

三

制作爆竹的李畋，用小小的爆竹泽被后人，在一千多年后给自己的家乡撑起了一片全新的天空。

从砍伐竹木造纸、筛配硝为火药、插引固口成炮的整个过程逐一回溯，上栗的大人小孩几乎都能讲出制作鞭炮的裁纸、扯筒子、装硝、磕筒、钻眼、编织等12个流程、74道工序。

做花炮的厂家和农家在每年花炮祖师李畋诞辰那天，都会自发进行一次虔诚的祭祀。祭祀的供品里，蒸鸡蛋是最常见的品种。忐忑的人们将一年的平安寄托在一碗语焉不详、缺少把握的廉价蒸蛋上，如果蒸出的鸡蛋品相不好，接下来一年的每日每夜人民都将生活在对未知事故的提心吊胆和紧张中；如果蒸出的鸡蛋品相上佳，在祭祀这天自然是心安心宽，但实际上又哪里真敢在接下来的日夜生产过程中放下心来呢！这种一家一户的祭祀后来演变成了规模浩大的集体祭祖，整个县域都流行着李畋崇拜的民间习俗。

进入新时代，上栗的花炮行业在安全管理和机械化生产方面也有了新作为，花炮企业渐渐有了现代企业的模样。最终，花炮实现了转机，走上了新生。走上新生的花炮成了文化创意产业，既遍布神州也漂洋过海，花炮文化成了国际社会对中华传统文化元素的重要认知符号。而萍乡花炮制作技艺也入选国家级非物质文化遗产代表性项目名录，纪念李畋的习俗也入选江西省第五批省级非物质文化遗产代表性项目名录。

作者：漆宇勤

2024 年 5 月 25 日

读懂白居易诗歌里的九江

九江自古以来就是交通要地，也是风景秀丽的宝地。唐代诗人权德舆在《送孔江州》中盛赞九江风景如画："九派寻阳郡，分明似画图。"

元和十年（815），白居易被贬为江州司马，开启了在九江的5年时光。脍炙人口的长篇叙事诗《琵琶行》，便是在此期间创作的。《琵琶行》中的"九江郡""浔阳""江州"，与权德舆所说的"寻阳郡"，都是九江在历史上的称呼。晋代设寻阳郡，隋朝时先后被改为江州郡、九江郡。唐朝初年，废郡设州，九江变成了"江州"。唐玄宗时期，江州曾短暂更名为"浔阳郡"，不久后又改回"江州"之名。

一

说到九江，人们自然会想到东晋大文学家、"中国田园诗派开山鼻祖"陶渊明，想到陶渊明《饮酒》诗里的千古名句"采菊东篱下，悠然见南山"。诗中的"南山"，是哪座山呢？有人说是庐山，有人说是泛指山峰，也有学者认为并不是指现实中的某座山，而是一种精神上的寄托。众说纷纭，没有定论。

其实，“南山”指哪座山并不重要，陶渊明已经是我国诗歌史上的一座“高峰”。这不，唐代诗人白居易一来到九江，就慕名前往陶公旧宅瞻仰：“我生君之后，相去五百年。每读五柳传，目想心拳拳……今来访故宅，森若君在前。”（《访陶公旧宅》）白居易的诗歌，向来通俗易懂，语言流畅质朴。他生活在中唐，与陶渊明生活的东晋，相隔约400年。

说起九江的古楼，人们第一时间会想到浔阳楼。不过，九江有一座比浔阳楼还早建几百年的古楼。相传，东晋名士庾亮在九江时曾建了一座古楼，后世将其称为“庾亮楼”。白居易在九江时，不止一次登上庾亮楼。一天清晨，白居易独自登上庾亮楼，倚栏远眺，长江开阔寂寥。不过，残冬的气象还是让他触景生情，他不由得想起了故乡：“子城阴处犹残雪，衙鼓声前未有尘。三百年来庾楼上，曾经多少望乡人。”（《庾楼晓望》）

浔阳楼，位于九华门外的长江南岸之滨。如今，浔阳楼的具体建设年代已经难以考证。唐代诗人韦应物曾在九江为官，他是第一位在诗歌中提及浔阳楼的诗人：“始罢永阳守，复卧浔阳楼。”（《登郡寄京师诸季、淮南子弟》）后来，白居易也登上了浔阳楼，并且好奇地表示：“常爱陶彭泽，文思何高玄。又怪韦江州，诗情亦清闲。”（《题浔阳楼》）

白居易常常仰慕陶渊明，为什么陶渊明的文思如此高妙而富有才情？也常常疑惑，为什么韦应物的诗情清闲？直到白居易登上浔阳楼，面对无边胜景，才想通了他们为什么如此出色：“清辉与灵气，日夕供文篇。”（《题浔阳楼》）正是这九江的月光与江山的灵气，带给了他们创造文章的灵感啊！

庾亮楼修建年代早，浔阳楼享誉天下，哪座才是“九江第一楼”呢？我想，它们在人们心中，一定是不分高下的。

二

在九江期间，白居易不仅遍访九江的名胜山川，还不遗余力地向朋友们宣传九江。他在给元稹的信中写道：“湓鱼颇肥，江酒极美。”（《与微之书》）湓鱼即湓江出产的鱼儿。湓江又名湓水、湓浦，也就是今天的龙开河。它发源于瑞昌清湓山，汇庐山下流水，经湓浦口注入长江。白居易告诉元稹：九江的鱼儿鲜肥，美酒更是极美。他还告诉元稹：“仆去年秋始游庐山，到东西二林间香炉峰下，见云水泉石，胜绝第一，爱不能舍。”他说，自己去年秋天开始游庐山，看见庐山那绝妙风景，喜爱得不忍离去。

于是，白居易在这里建造了一座草堂。关于草堂建造的具体细节，他都记录在《庐山草堂记》中。草堂建好后，白居易经常会去住个十天。他甚至表示：“不唯忘归，可以终老。”有这样的良辰美景相伴，可以在此度过一生。

白居易对九江的鱼赞不绝口，那么，他有多爱九江的鱼呢？可以从他的诗歌中找到答案。有一年春末夏初时，正在郊游的白居易特意来到湓浦口观鱼：“观鱼傍湓浦，看竹入杨家。”（《春末夏初闲游江郭二首》）他还标注道：“湓浦多鱼。浦西有杨侍郎宅，多好竹。”杨宅的竹子和湓浦的鱼儿，都给白居易留下了美好的回忆。“绿蚁杯香嫩，红丝脍缕肥。故园无此味，何必苦思归？”（《春末夏初闲游江郭二首》）吃鱼当然得配上极美的“江酒”。“绿蚁”是指新酿的米酒还没过滤时，上面漂浮的绿色泡沫。唐朝人吃鱼，喜欢生切，将鲜嫩肥美的鱼肉切丝，浇上蘸料，配上那新鲜出炉、沁人心脾的美酒，想想那该多么令人心满意足。所以啊，从京城谪居江州的白居易才会愉快地表示：“故园无此味，何必苦思归？”老家也没有这样的美味，所以何必整天苦想着回故乡呢。

三

因为白居易的《琵琶行》，九江还出现了一个旅游景点，那就是“琵琶亭”。琵琶亭建于唐代，相传是白居易在《琵琶行》中提到的送客之处——“浔阳江头夜送客，枫叶荻花秋瑟瑟”。不过，琵琶亭在历史上屡经兴废，多次移址。如今的琵琶亭，面临长江，背倚琵琶湖。

唐宋八大家之一的欧阳修曾经来到九江，并且慕名造访琵琶亭：“乐天曾谪此江边，已叹天涯涕泫然。今日始知予罪大，夷陵此去更三千。”（《琵琶亭》）面对琵琶亭，欧阳修感慨白居易被贬谪九江已经很偏远了，可自己被贬到比九江还要偏远的夷陵，莫不是因为自己犯了“滔天大罪”？

实际上，无论是白居易还是欧阳修，都是因为直言劝谏而遭到贬谪，欧阳修说自己“罪大”，无非是一种自嘲和调侃。欧阳修的幽默和旷达，由此可见一斑。

在《水浒传》里，宋江曾被刺配江州。此处的江州，就是九江。《水浒传》里的“神行太保”戴宗、“黑旋风”李逵，都在江州登场。

我不知道施耐庵先生是否到过九江，不过，他肯定知道九江的那些名胜古迹。比如，《水浒传》里，戴宗带宋江去吃酒时，便极力推荐道:“前面靠江有那琵琶亭酒馆，是唐朝白乐天古迹。我们去亭上酌三杯，就观江景则个。”宋江想吃鲜鱼，李逵为宋江去取鲜鱼，才与“浪里白条”张顺不打不相识。后来，宋江独自一人外出，看到了浔阳楼，便说:“我在郓城县时，只听得说江州好座浔阳楼，原来却在这里。”正是在浔阳楼，宋江题下了一首“反诗”，并引出了后面的梁山好汉故事。

看来，九江的景美鱼肥，在古代已是闻名遐迩。白居易果然没有“吹牛”啊。

作者：邱俊霖

2024 年 5 月 30 日

他为官十年影响千年

《泷冈阡表》是欧阳修的代表作，被誉为中国古代三大祭文之一。字里行间，其父欧阳观勤政敬业、爱民如子、清正廉洁的形象清晰可感，让人敬仰，成为后人尊崇的为政榜样。

欧阳修4岁那年，他的父亲欧阳观在泰州官任上身染重病去世。为官勤廉的欧阳观虽然生命短暂，却留下了显赫的政声。

60年后，已是北宋文坛领袖的欧阳修在《泷冈阡表》里，通过母亲的讲述，深情回忆他的父亲："汝父为吏，廉而好施与，喜宾客；其俸禄虽薄，常不使有余。曰：毋以是为我累。故其亡也，无一瓦之覆，一垄之植……吾虽不及事姑，而以此知汝父之能养也。汝父为吏，尝夜烛治官书，屡废而叹……"

《泷冈阡表》是欧阳修的代表作，被誉为中国古代三大祭文之一。字里行间，其父欧阳观勤政敬业、爱民如子、清正廉洁的形象清晰可感，让人敬仰，成为后人尊崇的为政榜样。

一

宋真宗咸平三年（1000），49岁的欧阳观考中进士，步入仕途。他晚来入仕，并不像有的人那样就此混沌，而是秉持“达则兼济天下”的儒家思想，兢兢业业，从不懈怠，给后人留下了一段贤士佳话。

欧阳观先后任道州（今湖南道县）判官，泗州（今安徽泗县）、绵州（今四川绵阳）推官和泰州判官。彼时，判官、推官掌管着生杀大印，是实权在握的官员，要弄点碎银，囤积财富，可谓轻而易举。不要说荣华富贵，至少可以确保衣食无忧。

可纵观欧阳观在任的11年里，他没有利用手中的权力谋取任何私利，依然是手头拮据，清贫一生，没有留下丁点积蓄和置产，只留下“囊底萧然”的史实记载和“为州判官，以廉能称”的群众口碑。

据史料记载，欧阳观在绵州任职3年，同僚们争相采购蜀地特产，他却什么也没有购置，全部俸禄用于接济穷人、养家待客。任满离开四川时，囊中羞涩的他只购买了一匹蜀绢，请人画成六幅“七贤图”。这是欧阳观蜀地为官3年唯一的纪念物品，也是他一生为人、为官的真实写照。

在儿子欧阳修的记忆里，他对家中所藏的“七贤图”印象很深。欧阳修踏上仕途之时，特意把图挂在自己房内墙上，以激励自己学习父亲廉洁勤政、清正爱民的为政之德。

大中祥符三年（1010），欧阳观调任泰州判官后不久，不幸身染重病。欧阳观突然病逝后，全家的生活陷入极其窘迫的境地。夫人郑氏无可奈何，只得在亲友的帮助下先安葬亡夫，再携带幼儿稚女投奔同样远在随州做地方官吏的小叔子欧阳晔。

在欧阳观短暂的仕途历程中，勤廉、仁爱是其光辉的人生标识。这标识和蔼可亲、为人称道，千余年后依然馨香弥漫，各地建起的祭祀欧阳观的祠堂，就是最好的佐证和说明。

二

刑狱之事历来复杂，更重要的是人命关天。为了防止冤假错案发生，欧阳观对重大案件总是亲自查办，非常谨慎，常常废寝忘食，加班加点处理案件。

一天晚上，欧阳观在办理案件，突然唉声叹气，手中的案卷放下又拿起。夫人郑氏抱着儿子欧阳修坐在旁边，见他几次这样，就关心地问他是怎么回事。欧阳观说："这是一个犯了死罪的犯人，我想为他求得一条生路，可怎么也找不到啊。"郑夫人奇怪地问："犯死罪的人还可以找到活路吗？"欧阳观说："以前案件中有过犯人判处死刑后被赦免的例子，若在法律规定的范围内能够尽力为这个死囚寻求生路，无论结果如何，我和他都不会有遗憾了。但现在我想为他寻求生路，却无能为力了。"欧阳观对百姓生命如此敬重，正是儒家"仁爱"思想的集中体现。这种悲天悯人的情怀，一直伴随他的为官生涯。

欧阳观在泰州任判官时，有一个在外地服役的士兵跑回了老家，结果被人告发。顶头上司把案件交给欧阳观，要他从严从重判处这个逃兵。当时北宋周边强敌环伺，长期处于战争状态，朝廷为了震慑逃兵，对逃兵的刑罚非常重，一般都是判处死刑。

欧阳观没有盲从服从上司的指令，而是秉公执法。他仔细查阅卷宗，并走访了逃兵的街坊邻居，询问缘由，了解到这个逃兵作战勇猛，立了不少战功，跑回老家乃事出有因，罪不至死。本着“能不杀就不杀”的原则，欧阳观顶住压力，没有判处逃兵死刑，而是要他戴罪立功。

三

担任判官、推官多年，长期在基层查办案件，欧阳观积累了丰富的办案经验。他很注重心理战术，善于“观其出言，不直则烦”“观其颜色，不直则赧然”“观其气息，不直则喘”“观其听聆，不直则惑”“观其眸子，不直则茫然”。他通过察言观色来揣摩诉讼对象的心理活动，判断案情的真伪。欧阳观在绵州任职期间，有一财主看中了一穷人的一块山地，欲占为己有，争执不下，双方对簿公堂。财主为打赢这场官司，得到那块风水宝地，连夜带着银两拜访欧阳观，企图用金钱买通欧阳观，把那块山地判给他。

交谈中，通过观察财主的言行举止，欧阳观初步判断其中有诈，当着财主的面把他送来的厚礼扔了出去。经过深入调查，欧阳观了解到财主欲通过贿赂打赢官司，强行霸占穷人山地，他义愤填膺，严正指责财主欺负穷人的不耻行为。狠狠批评一顿之后，欧阳观又耐心地跟财主讲起为人之道，教育他要有仁爱之心，不可以官司之名行霸占之实。

欧阳观语重心长的一席话，深深地打动了财主。在目光犀利、一身正气、秉公司法的欧阳观面前，财主立即败下阵来，已是无地自容，当即承认了自己的错误，发誓再也不与那位穷人争夺山地，并当面向那位穷人道歉赔罪。

欧阳观通过察言观色发现端倪、秉公断案的掌故，很快在绵州百姓中成为美谈。

欧阳观始终站在百姓立场，按照“道”的标准来审理每一个案件，不仅赢得了当地群众的爱戴，还为历朝历代的史家所盛赞。他的勤廉事迹先后编入众多史书的“名宦列传”“良吏传”等相关章节，扬名于世。“先公少孤力学……享年五十有九，葬沙溪之泷冈。”1010年，欧阳观安葬于老家沙溪泷冈。

作者：贺小林

2024 年 6 月 5 日

王韶：从九品文官到一流武将

从一位文臣成长为一代名将，王韶经历了哪些风风雨雨，在宋代及后世产生了怎样的影响？

1067年，宋神宗赵顼继位。血气方刚的赵顼极欲“用武开边，复中国旧地，以成盖世之功”。次年，王韶递上了《平戎策》，提出“收复河湟，招抚羌族，孤立西夏”的方略，很快被采纳。此后，王韶率军驰骋疆场，击溃羌人和西夏的军队，主导熙河之役，拓边两千余里，立下赫赫战功。

从一位文臣成长为一代名将，王韶经历了哪些风风雨雨，在宋代及后世产生了怎样的影响？

一

王韶（1030—1081），字子纯（一说子醇），江州德安（今江西德安）人，祖父和父亲皆为知书达理的乡绅，“家学渊源，庭训有素”。王氏家谱称，王韶“生而颖异，行气不凡”。

王韶少怀抱负，在庐山东林寺读书时曾赋诗《咏裕老庵前老松》以明志：“绿皮皴剥玉嶙峋，高节分明似古人。解与乾坤生气概，几因风雨长精神。装添景物年年换，摆捭穷愁日日新。惟有碧霄云里月，共君孤影最相亲。”

嘉祐二年（1057），翰林学士欧阳修权知贡举，27岁的王韶登进士第，与苏轼、苏辙、曾巩、曾布等同榜。王韶先后任新安主簿和建昌军司理参军。他不甘碌碌无为，再入京城，参加了朝廷举办的制科考试，却未能如愿。郁闷之下，他辞去了平庸琐屑的职务，独自前往西北游历。

北宋中期，青唐部的吐蕃族唃厮罗政权控制了青海与甘肃一带，与宋朝结成联盟以抗衡西夏。但唃厮罗死后，其后裔分道扬镳，政权陷于分裂。此时，如果西夏兼并唃厮罗政权，势必掌握大片土地，对宋朝构成极大威胁；假如宋朝抓住机遇，乘势而上，将西夏以南的吐蕃制服，则可以对稳固和拓展江山起到至关重要的作用。

与王韶想法不谋而合的还有一位少年，那便是王安石的公子王雱。宋初对辽和西夏的军事侵扰，也曾进行过抵抗。宋真宗继位后，采取绥靖政策，对北方民族如小侯事大国，无敢不从，年年纳贡。

景德元年（1004），北宋与辽签订“澶渊之盟”后，西夏便成了北宋主要的威胁。宋神宗继位后，不甘本朝屈辱求和，想通过武力收复失去的国土。

熙宁元年（1068），王韶依据从边关得来的第一手敌情撰写平敌之策，疾赴开封，奏进三篇《平戎策》。他提出，对于强悍的党项骑兵，不应仅作正面防御，而应攻其侧翼，威胁西夏后方，方可取得主动权。王韶大胆地提出欲制服西夏，须断其右臂的主张，一如汉武帝断匈奴手臂的战略战术。

宋神宗批阅之后，甚为奇异，召王韶问方略。王韶说：“人之能为人者，以其有左右臂也，右臂既损，它能为人哉？方今夏人右臂是也，义不可弃。”他主张招抚蕃部各族，从而对西夏形成前后遭夹击势态。神宗采纳了他的建议，授予王韶秦凤路经略司机宜文字之职。

熙宁二年（1069），王安石任参知政事，始行新法。王安石对王韶的《平戎策》十分欣赏，称之为“奇策”，因其与自己所主张的富国强兵之策不谋而合。加上儿子王雱从秦州探明洮河一带军情，也怀有“抚纳”诸族的主张，王安石更坚定了对王韶所议的采用。

就这样，王韶可谓是在合适的时间提供了合适的方略，得到了宋神宗的称许和王安石的肯定，从所取得的空前战果来看，证明它是一个“奇策”。

王韶又上言，称渭源至秦州一带抛荒甚多，请置市易司，以商贾之利来营造良田，也得到了神宗和王安石的支持。然而，政策在实施中却遭到了边帅李师中等人的阻挠，宋神宗也几经动摇。王安石则力挺王韶之策，多次向神宗进言以坚定其意志，驳斥各种异议。

熙宁三年（1070）冬，秦凤路经略使李师中、窦舜卿等人的职务被罢免。王韶被任命为太子中允、秘阁校理，负责招抚蕃部、募人营田和创设市易司等事。

熙宁四年（1071）五月，神宗下敕赞扬王韶“以文学知名，素怀忠义”。同年八月，任命王韶主洮、河安抚司事。

二

王韶率军直抵青唐。在招纳蕃部的过程中，王韶多次上书，主张和平招抚和武力征讨并举，能和则和，不能和则战。具体做法是册封蕃部首领，给予相应的政治地位，同时通过犒赏和赈济等收拢蕃部人心。吐蕃首领俞龙珂在青唐实力最强，渭源羌与夏人都想招揽他。王韶手下诸将急于要征讨俞龙珂，而王韶力排众议，主张先行安抚。他亲引数骑直入俞龙珂军帐，晓以成败，劝其归附。为示诚意和信任，王韶当晚留宿于帐中。不久，俞龙珂率部属12万人前来归附。

降服诸羌的部署初见成效，进一步坚定了神宗收复河、陇的决心，特筑古渭城为通远军，以王韶知军事。

熙宁五年（1072）五月，王韶进兵抹邦山，征伐不肯投降的羌族部落。诸羌部落依山据险，负隅抵抗。王韶亲入险地，命宋军直逼山寨，并传令："敢言退者，斩！"羌兵在山寨居高临下，宋军拼死仰攻。羌兵被迫出寨迎战，宋军则佯装后退，随后发动猛攻。王韶披坚执锐，亲率士兵冲锋在前。羌兵大溃，宋军抢占险寨，焚其庐帐而还，洮西大震。

熙宁六年（1073），瞎征不甘失败，引诱降羌反叛，在河、岷等州重燃战火，王韶率军征战。此次征战，王韶行军54天，平定五州之地，招抚吐蕃诸部无数。

该战当数北宋建立80年来所取得的最大战果，在一定程度上吹散了笼罩在北宋王朝上空的因循苟安、屈辱求和的沉沉阴霾，为新法拓宽了较大的施展空间，也为革新派赢得了政治声誉。

这年九月，王安石和文武大臣向神宗皇帝报捷，神宗欣然解下一条玉带赠予王安石，并说："洮河之举，大小并疑，惟卿启迪，迄有成功。今解朕所御带赐卿，以旌卿功。"王安石固辞曰："陛下拔王韶于疏远之中，恢复一方，臣与二三执政，奉承圣旨而已，不敢独当此赐。"神宗又传旨："群疑方作，朕亦欲中止，非卿助朕，此功不成。赐卿带以传遗子孙，表朕与卿君臣一时相遇之美也。”皇帝的赏赐，足见王韶收复河湟战功之巨，而王安石的鼎力支持是成功的关键。

王安石曾写下数诗，以示庆贺，其中有《次韵王禹玉平戎庆捷》：“熙河形势压西陲，不觉连营列汉旗。天子坐筹星两两，将军归佩印累累。”

熙宁七年（1074）正月，趁王韶入朝之机，瞎征联合董毡等，多次侵扰河州，知州景思立全军覆没，身死踏白城（今在甘肃积石山境内）。王韶闻讯后，日夜兼程，急赴熙州，率二万兵士直趋定羌城（今甘肃广河），截断吐蕃通往西夏的道路，分兵入南山，以阻断瞎征后援，瞎征只好拔栅而逃。当即王韶回师熙河，沿西山绕道踏白城之后，一举焚毁吐蕃八千帐，斩首七千余级。瞎征无计可逃，只有束手就擒。

起初，景思立全军覆没，吐蕃再起之时，朝中一时蜂议横起，不少人主张放弃熙河。神宗寝食难安，及至捷报传来，方转忧为喜。不久后，王韶升任枢密副使。

熙河大捷，震动朝野。苏轼写《获鬼章二十韵》，王纯臣写《启至大寨，闻擒鬼章，捷书上奏，喜而为诗》，纷纷对熙河之役大加庆贺。

三

王韶功勋卓著，可是入朝后，在官场上却不太得志。他先是与王安石发生龃龉，几次以母老乞归，都被神宗挽留；后因建言不慎，神宗不悦，借故将其罢职，出知洪州（今江西南昌）；又因谢表言辞怨慢，坐罪落职，改知鄂州。直至元丰二年（1079）才复知洪州。

晚年的王韶除了政治失意外，据说还时常为昔日西北边陲的杀伐感到不安。他不时出入寺庙，以求得心灵的解脱，惜未如愿。记忆中那些惊天动地的断杀所产生的幻觉，一直在困扰和折磨着他。

元丰四年（1081），王韶因病疽不愈，卒于任，享年52岁。卒后王韶被赠金紫光禄大夫，谥曰襄敏，立庙熙河，赐额“忠烈”，归葬于其家乡敷阳山。

苏辙代筠州（今江西高安）知州前来祭奠：“公学敦诗书，性喜韬略。奋迹儒者，收功戎行。千里开疆，列鼎而食。丰功伟烈，震耀当年……”清人蔡上翔评价说：“王子醇，天下奇才也……韶以书生知兵，诚为不出之才，而谋必胜，攻必克，宋世文臣筹边，功未有过焉者也！”

作者：杨振雩　杨若谷

2024年6月9日

文天祥的端午节

端午佳节，人们吃粽子、划龙舟，以此纪念屈原。700多年前的这一天，宋人文天祥和我们一样怀念三闾大夫，不同的是，等待他的全无节日的欢乐，只有国破家亡的肃杀与悲凉。

公元1282年的五月初二这一天，刚过完46岁生日仅三天，文天祥又迎来了端午节，这也是他的最后一个端午节。

他的诗作《端午》记录了当时的心境：

五月五日午，薰风自南至。试为问大钧，举杯三酹地。田文当日生，屈原当日死……人命草头露，荣华风过尔。唯有烈士心，不随水俱逝……

端午本是拜祭祖先神明、划龙舟、吃粽子的日子，这天文天祥以诗抒怀，全诗未见一丝节日气氛，读来但见一个“悲”字，流露出一股肃杀悲凉之气，让人不禁慨然。究其原因，只因彼时文天祥已入狱多时，山河破碎、身世浮沉，早已心无他念，而是希冀早日以身许国。

一

南宋大诗人陆游曾在端午作诗：

重五山村好，榴花忽已繁。

粽包分两髻，艾束著危冠。

旧俗方储药，羸躯亦点丹。

日斜吾事毕，一笑向杯盘。

端午佳节，诗人吃粽饮酒，储存药物，怡然自得。而在诗外，赛龙舟、斗百草、蓄兰沐浴、悬艾于门、焚香祈福等，也是宋时端午节的日常。

陆游虽生于两宋之间，立志北伐建功、收复河山，但一生生活在时局较为稳定的南宋前中期。虽偶有战祸，但都不是亡国大乱，所以古稀之年时，诗中表露的多是喜悦之情。

文天祥则生活在南宋中后期，彼时国家风雨飘摇、山河破碎，自己也如浮萍一般漂泊无依，每日生活都与杀戮、背叛、劝降有关，难怪他的端午佳节犹如凛冽寒冬，只有一派肃杀之气。

或许，端午当日的大都北京，新的统治者可以去赏龙舟竞渡，投降的人可以回到家乡与家人团聚，继续以最传统的方式度过又一个佳节。

但陪伴文天祥的，只有不足八尺的监牢以及凶狠的狱卒，还有《正气歌》中所描述的水气、土气、日气、火气、米气、人气、秽气。这些污秽气体一日又一日地侵蚀着文天祥的身体，文天祥却甘之如饴，让它们成为锻炼内心“浩然正气”的试炼。

端午后半年有余，文天祥以死报国。妻子欧阳氏收敛尸骨，发现文天祥缝在衣带中的《自赞》：

孔曰成仁，孟曰取义。惟其义尽，所以仁至。读圣贤书，所学何事？而今而后，庶几无愧。

所以在人生的最后一个端午节，文天祥写道：

唯有烈士心，不随水俱逝。至今荆楚人，江上年年祭。

在文天祥心中，端午这天一切情愫都与屈原有关，此刻他与屈原似有“同是天涯沦落人”之感。

两位诗人都在诀别之际面临国破家亡，内心悲愤交加，文天祥向屈原致敬，也是向自己致敬，虽九死而犹未悔。

二

文天祥一生共留存七首端午诗，分别为《端午初度》、《端午即事》《和中甫端午韵不依次》、《端午感兴》（三首）及开篇所提《端午》一诗。

歌诗合为事而作，七首诗各有背景，也各有所表。但从诗歌中，可以揣测文天祥的端午并不安康，也不顺遂，其中夹杂着悲愤与愁苦，也显露出忠贞不渝的品格。

在《端午感兴》一诗中，文天祥写道：

流棹西来恨未销，鱼龙寂寞暗风潮。楚人犹自贪儿戏，江上年年夺锦标。

端午的美好已与文天祥毫无瓜葛，彼时风云变幻，蒙古人的兵锋直指南宋。只是西湖歌舞不曾休，统治者仍在醉生梦死。端午时节，当时的统治者忘记了屈原的悲戚，却贪恋着端午的美好，江上的龙舟竞赛依然激烈。伴随着蒙古铁骑的到来，这样的好日子终究是到头了。

德祐二年（1276），文天祥出使蒙军大营谈判，随即被扣押。他直陈：“（自己是）宋状元宰相，所欠一死报国耳。宋存与存，宋亡与亡，刀锯在前，鼎镬在后，非所惧也，何怖我为？”后经历千难万险，文天祥才从镇江逃脱，但同僚却觉文天祥毫无得以逃脱的道理，对他产生误解甚至想加害于他。

所以在《端午即事》一诗中，文天祥写道：

丹心照夙昔，鬓发日已改。我欲从灵均，三湘隔辽海。

可见，此时的文天祥已经有了效法屈原“捐躯赴国难”的念头。但是幼主尚在，文天祥不得不忍辱负重，依然做最后一搏，希冀能扶大厦之将倾，挽狂澜于既倒，实现国家中兴。

之后，文天祥又辗转数地，不断与元军战斗，其间曾进军家乡江西，收复多处州县。但终因兵少将弱，一步步败退，直至退守广东海丰。景炎三年（1278），文天祥兵败，吞毒自尽未死，最终被俘。

次年为祥兴二年（1279），在囚船上的文天祥见证了宋元最后的决战——崖山之战。宋军难抵元军锋芒，陆秀夫背负 9 岁的小皇帝跳海而亡。南宋小朝廷覆灭后，又有十余万人陆续跳海随故国而去。

押解途中，一日适逢端午，文天祥为同行的邓光荐写了一首《和中甫端午韵不依次》，其中有言：

黄茅古道外，羸马发南州。有客嗤齐虏，何人念楚囚？岁年付流水，风雨满沧洲。手把菖蒲看，黑头非所求。

岁月都已经付诸流水，风雨也充满了这苍茫的水边之地。这个端午，文天祥拿起菖蒲草来细看，想必又想起了少年鲜衣怒马时。少壮而官居高位者为“黑头”，从来都不是他的追求。

三

宋祥兴二年（1279）即元朝至元十六年。这年十月初一，文天祥被押解至大都囚禁。其间文天祥又度过两次端午，除《端午》一诗，文天祥还曾作《端午初度》：

> 死所初何怨，生朝只自知……浮世百年梦，高人千载期。楚囚一杯水，胜似九霞卮……可惜菖蒲老，风烟满故园。

古人云：死生亦大矣。然而，此刻的文天祥早已看淡生死，他并非不惜生，而是死亡对他是一种召唤，诚如其所言“吾以备位将相,义不得不殉国”。菖蒲已经衰败，故园早已颓败，不如归去，不如归去。

“生亦我所欲，所欲有甚于生者，故不为苟得也。”苟活于世，能够加官晋爵，能够悠哉过佳节，但这不是文天祥所欲者。文天祥所欲者是舍生而取义，以此为“亡国不亡魂”画上一个句号。

于是，他把死亡当作一种武器，让死亡成为通向胜利的标注。文天祥被押解过柴市时，神态自若，面色不改，仿佛要回到家乡。他问市集上的人哪边是南方，然后面向南方拜了两拜，从容就义。文天祥死之日，宋已亡7年，而崖山亡又5年。可以说，文天祥书写了大宋最后的慷慨悲歌。

从文天祥的7首端午诗中，不见角黍（粽子），不见龙舟，不见欢乐，不见团聚，不见祥和；但见尘烟，但见风雨，但见别离，但见生死，但见悲怆。

究其原因，是一个人的身影始终出现在文天祥的脑海心尖，这个人便是三闾大夫屈原。可以说，屈原自始至终是文天祥的精神寄托。

作者：杨　弦

2024年6月10日

“东方莎翁”的无奈

一生痴绝，两拒权贵，多次贬官，四梦临川，如今享誉全球的戏曲“大咖”，他的一生又藏着怎样的坎坷与无奈？

“良辰美景奈何天，赏心乐事谁家院？”“情不知所起，一往而深。”……汤显祖在《牡丹亭》中写下的一句句经典唱词吸引着来自希腊、波黑、古巴等国家的驻华使节。

时隔400余年，一场以“推动文化传承创新，对外讲好中国故事”为主题的2024战略传播论坛活动于6月17日至18日在抚州举办。

众所周知，被誉为“东方莎士比亚”的汤显祖，是抚州乃至江西与世界深化交流的一张重要文化名片，他创作的戏曲剧本“临川四梦”成为对外传播中国戏曲文化的精品力作。

一

嘉靖二十九年（1550）八月十四，汤显祖出生于江西临川的一个书香世家，祖上四代均博览群书，知识渊博，会赋诗弄文。他的母亲也自幼熟读诗书。

祖上书香的熏陶加上后天的勤奋苦读，汤显祖5岁读私塾，12岁便会写诗，14岁补了县诸生，21岁就中了举人，26岁时刊印第一部诗集《红泉逸草》，次年又刊印诗集《雍藻》《问棘邮草》。

1577年，汤显祖第一次参加会试，凭他的才学和智商，按说蟾宫折桂是不成问题的，没想到却名落孙山。1580年，他再次参加会试，又名落孙山。

《明史·汤显祖传》记载道："张居正欲其子及第，罗海内名士以张之。闻显祖及沈懋学名，命诸子延致。显祖谢弗往，懋学遂与居正子嗣修偕及第。"张居正有6个儿子，为了让其中2个儿子能考中进士，他想网罗海内名士作为陪衬，以彰显相门的家风家教和代有才人出的荣耀。听说汤显祖与沈懋学有名望且才学出众后，张居正便命令他的儿子们去延请汤、沈。随后，他又让叔父前去游说、笼络，并答应让汤显祖、沈懋学等人中前几名。

面对当朝宰相的威势和仕途的诱惑，一般人都会趋炎附势顺杆向上，沈懋学等人便是这样。而汤显祖却偏偏不畏权势，不为名利折腰，接连两次给予了回绝，并说"吾不敢从处女子失身也"。他把自己的品行看得和女子的贞洁一样重要。结果，沈懋学与张居正的儿子嗣修一起进士及第，而汤显祖则名落孙山。

在张居正当政的岁月里，汤显祖从未入第，这很难不让人往张居正对汤显祖的耿耿于怀方面去联想。万历十年（1582）张居正去世后，继任宰相张四维与申时行曾想帮汤显祖进入仕途，但都被他拒绝了。他想正大光明地步入仕途，不想利用任何关系或通过不当的渠道。《明史·汤显祖传》记载："显祖至万历十一年始成进士。授南京太常博士，就迁礼部主事。"由此可见，汤显祖是多么洁身自好与刚正不阿。

二

33岁的汤显祖考中进士后，开始了他荆棘丛生的仕途。在留都南京的衙门，汤显祖虽是闲职，他却没有虚度，无事就与知名文人研究学问，唱和诗词，切磋技艺，畅游在文学艺术的海洋。而当年趋附张居正的有名望有才学的文人，此时不仅失去了大树的依靠，并且受到了严厉的处分。

万历十九年（1591），任礼部祠祭司主事的汤显祖，目睹一些官员腐败堕落、贪赃枉法、搜刮饥民的犯罪行为以及万历登基近20年政治上的错误，上书《论辅臣科臣疏》。良药苦口，忠言逆耳。神宗皇帝大怒，将其放逐至雷州半岛的徐闻县任典史——一个九品之下掌管缉捕、监狱的外职文官。

在这个具有土著之俗、民风好斗、人皆轻生的县，汤显祖没有低沉气馁，他和县官熊敏将俸银捐出，创办了“贵生书院”，并亲自任教，将孔子的学说、中原的文明，一一传授给当地民众，使他们知书识礼，尊重生命。

通过汤显祖耐心细致的教育和宣传，徐闻县民风大变，文风渐盛，科举盛行。清代《王夫子宾兴》碑文曾记载：“自明义仍（汤显祖字）先生来徐闻建书院，而徐益知向学，当时沐其教者，辍魏科登赋仕，后先辉映，文风称极。”

万历十九年（1591）至明末，徐闻连年大旱，虽然食不果腹，但人们的学习劲头不减，仍出了15名举人。可见汤显祖之举深得民心，功莫大焉。

之后，汤显祖遇赦，任浙江遂昌知县。在遂昌，汤显祖这个七品芝麻官，时刻关心百姓的疾苦，不时下乡察看，促进农业生产，使这块贫瘠的土地很快桑麻葳蕤、六畜兴旺。汤显祖还建射堂，修书院，使臣民能文能武；在司法上，他减少了律条，废除了残酷的杀戮，去掉了囚犯脚上和颈上的刑具。更让人惊讶的是，他还允许囚犯回家过年，元宵节上街观灯。

建造自己理想中的世界，这何尝不是汤显祖“临川四梦”之外的又一梦呢？可这个梦却被政敌的谗言击碎。万历二十六年（1598），汤显祖因触怒权贵，向吏部递交了辞呈后，也不管批不批准，便愤愤而去，结束了5年的芝麻官生涯。

在官场不能游刃自如的他辞官归乡后，“位卑未敢忘忧国”，忧国忧民的情愫仍缠绕在他的心头。汤显祖曾期望有“起报知遇”之日，重新被重用，继续为国为民鞠躬尽瘁死而后已；他也期望着“朝廷有威风之臣，郡邑无饿虎之吏，吟咏升平，每年添一卷诗足矣”。

官场的腐败，使他最终打消了重新入仕的念头，潜心于戏曲创作。除之前完成的被认为影射时政的《紫钗记》，他相继以充满浪漫主义的手法创作出《牡丹亭》《南柯记》《邯郸记》。

三

汤显祖为何被誉为“东方的莎士比亚”？他们之间究竟有何相似之处？一方面，汤显祖比莎士比亚大14岁，但两人同年去世；另一方面，创作取材于他人著作、不循戏剧创作的清规戒律、哀怨动人的浪漫主义手法、享誉世界的盛名等，都如“同胞兄弟”。

但汤显祖比莎士比亚的创作更不容易，莎士比亚创作的是话剧，而他创作的是戏曲，其中的唱词、韵律是话剧所没有的，而唱词、韵律需要坚实的文字功底，其文字组合的技术含量也远比话剧要高。

如《牡丹亭·惊梦》中杜丽娘的经典唱词：

> 原来是姹紫嫣红开遍，似这般都付与断井颓垣。良辰美景奈何天，赏心乐事谁家院。朝飞暮卷，云霞翠轩；雨丝风片，烟波画船。锦屏人也，忒看的这韶光贱。

这段脍炙人口、经久不衰的唱词，运用写诗词的手法，精美雅丽，诗意盎然，活泼灵动，情景交融，将杜丽娘睹景思情，慨叹良辰美景空自流逝、美好青春被禁锢扼杀的心理活动刻画得细腻生动、真切感人，如林中小溪，似山间清泉，潺潺着清丽优雅、悦耳动听的韵律之美。在古典名著《红楼梦》中，林黛玉读着这段唱词，也不由联想到自己的遭遇和处境，感伤泪下。

难怪明代戏曲家吕天成推崇汤显祖为“绝代奇才”“千秋之词匠”；明代戏曲作家、曲论家王骥德赞曰：“可令前无作者，后鲜来者，二百年来，一人而已。”《牡丹亭》是汤显祖的代表作，也是他的得意之作。他曾说：“一生四梦，得意处惟在牡丹。”明朝文学家沈德符在《顾曲杂言》中称：“汤义仍《牡丹亭梦》一出，家传户诵，几令《西厢》减价。”

时隔400余年，《牡丹亭》犹如一朵雍容华贵的牡丹，仍绽放在中外舞台，散发着沁人肺腑的馨香。

作者：韩　峰

2024 年 6 月 19 日

当辛弃疾遇见上饶博山

在博山，辛弃疾疗愈了创伤，舒散了闲愁，教授了辞章，展示了他对生活的热爱和对生命的尊重，留下了对于世事沧桑、人生苦短的深沉感慨和对家国的一往情深。

“少年不识愁滋味，爱上层楼。爱上层楼，为赋新词强说愁；而今识尽愁滋味，欲说还休。欲说还休，却道天凉好个秋。”辛弃疾这首《丑奴儿·书博山道中壁》，不但在国内家喻户晓，也令国外友人陶醉痴迷。

2023年6月，美国著名作家、翻译家、汉学家比尔·波特，在上饶市广丰区博山考察时曾说，当年在济南“二安”纪念馆读到“少年不识愁滋味”词句时就喜欢上辛弃疾，后来决定要翻译稼轩词。近几年，比尔一直与辛弃疾“做朋友”，尝试走进稼轩的内心世界。

广丰博山是辛弃疾寓居上饶期间极其重要的一个站点，他前后20多年在信州带湖和铅山瓢泉生活。他将一腔壮怀与郁愤融入诗词，成就了千古豪放之风，感染了无数后人，赢得“辛稼轩别开天地，横绝古今”之赞，又有“诗中李白，词中稼轩”之誉。

“松窗竹户，万千潇洒”：遇博山风光舒放闲愁

淳熙八年（1181）年底，辛弃疾从知隆兴府兼江西路安抚使调任两浙西路提点刑狱公事，未及赴任便被弹劾罢官，只好举家来到上饶带湖购置田产，安家度日。

博山在距信州城东不足三十里处。山中有清奇的泉石、苍翠的林谷，有九龙戏珠、伏虎长啸等景观，还有雨岩、博山寺等名胜古迹，风景绝佳。也许清幽的环境、秀绝的风光正契合辛弃疾爱探幽揽胜、喜林泉奇石的意趣和“一丘一壑也风流”的交游观，使得博山成了辛弃疾在带湖期间以上饶为圆心作短途旅行的最佳选择。

擅以词鸣的辛弃疾，无奈隐居信州之后，虽然有满腹的落寞和孤愤，但在《水调歌头·盟鸥》这首词中，却表达出优游之趣、闲适之情。他在博山道创作的词，按季节来分，春、夏、秋、冬皆有，从词的内容来看，总体呈现轻松明快的风格。

纵观《清平乐·博山道中即事》：“柳边飞鞚，露湿征衣重。宿鹭窥沙孤影动，应有鱼虾入梦。一川明月疏星，浣纱人影娉婷。笑背行人归去，门前稚子啼声。”全篇都是写景，无一句抒情，但又处处融情于景中，寄意于言外。

一切景观都从词人眼中看出，词人从沿途所见的众多景观中选取自己感受最深的几个片段，略加点染，绘成了一幅情采俱胜的溪山夜景长卷，表现出一种清幽淡远而又生机蓬勃的意境，使人读之宛若身随词人夜行，目睹诸种景观，而获得“俯拾即得，不取诸邻。俱道适往，著手成春。如逢花开，如瞻岁新”的特殊美感。

但毕竟，辛弃疾更向往“马作的卢飞快，弓如霹雳弦惊”的军旅生

活，闲居时，如何排解对“金戈铁马，气吞万里如虎”以及“壮岁旌旗拥万夫，锦襜突骑渡江初”的回忆，他选择“沉醉于酒、快意于诗”。所以，辛弃疾也常常效法范蠡、陶渊明，在博山闲做渔樵，旗亭买酒：

醉里匆匆，归骑自随车。白发苍颜吾老矣，只此地，是生涯。

山水消夏，松竹长伴：

只消山水光中，无事过这一夏。午醉醒时，松窗竹户，万千潇洒。

虚名尽抛，闹市远离：

身后功名，古来不换生前醉。青鞋自喜，不踏长安市。

有酒盈樽，物我两忘：

醉里不知谁是我，非月非云非鹤。

醉里且贪欢笑，要愁那得工夫。

……

在博山道中，他写下了不少与酒有关的诗词，乐于诗酒人生，看淡功名富贵，舒放闲愁块垒。

“一松一竹真朋友”：于博山佛地促膝谈心

始建于925年的博山寺，在当地有着崇高的地位。辛弃疾和博山寺的结缘是远早于博山的。同治《广丰县志》卷二载：“博山寺在邑西崇善乡。本名能仁寺，五代时天台韶国师开山，有绣佛罗汉留传寺中。宋绍兴间悟本禅师奉诏开堂。辛稼轩为记。”

辛弃疾同悟本交谊已久。早在淳熙三年（1176），辛弃疾任江西提点刑狱时，就送悟本禅师赴饶州住持明教寺，并写下一首诗《关悟老住明教禅院》：

道人匡庐来，籍籍倾众耳。规摹小轩中，坐稳得坎止。

这位大慧宗杲的传人或许也对恢复旧境这一现实深为关心，才得到辛弃疾的赏识。两人政治见解契合，都是极力主战一派，自悟本禅师从明教寺转住博山寺之后，每夜做着被朝廷起用而挥鞭征战、恢复疆土美梦的辛弃疾，经常与其彻夜长谈。

况且，在寺院，无论是探讨佛理还是谈论经世之道、复国之策，都要比其他地方安全得多。所以，辛弃疾对博山寺有种特殊的情结。

辛弃疾写明与博山寺相关的词有3首：

鹧鸪天·博山寺作

不向长安路上行，却教山寺厌逢迎。味无味处求吾乐，材不材间过此生。宁作我，岂其卿？人间走遍却归耕。一松一竹真朋友，山鸟山花好弟兄。

点绛唇·留博山寺

隐隐轻雷，雨声不受春回护。落梅如许。吹尽墙边去。

春水无情，碍断溪南路。凭谁诉。寄声传语。没个人知处。

点绛唇

身后功名，古来不换生前醉。青鞋自喜，不踏长安市。

竹外僧归，路指霜钟寺。孤鸿起。丹青手里。剪破松江水。

唐宋以来，寺院与居士、文人之间往往保持着友好关系。寺院和僧人需要居士，特别是像辛弃疾这样有名望的士大夫或文学之士的赠予、交往和联系，提高寺院的知名度。而博山寺与上饶接壤，又位于上饶前往浙西的重要驿道上，加上悟本住持，博山寺特别为辛弃疾设置有读书堂。

所以，辛弃疾常常造访博山寺，把博山寺当作“会客厅”，与寺中人也十分熟悉，到了彼此不用寒暄的地步。如遇浙东、浙西友人来访迎送，都要在博山寺落脚。

“手把《离骚》读遍”：在博山雨岩劝学科考

“江右书院甲天下。”广丰自古就有好学风尚，学风长盛不衰。南宋时读书人更多，科举报考人数甚众，山斋、书院、书舍、精舍遍。唐宋时期，广丰先后开设有“有道山斋”“吟阳书院”“龙山书院”等。

饱读诗书、满腹经纶的辛弃疾闲居上饶后不久，效仿朱熹在建阳开办“寒泉精舍”，也走上了创建书院、讲学授徒之路。辛弃疾通过培育大批人才，使上饶地区形成了崇文重教的浓郁氛围。

“器大者声必闳，志高者意必远。”众人只知“东坡之词旷，稼轩之词豪”，却不知辛弃疾的辞章本身就自成一家，在历史上是有影响的。曾有“鲁之孔丘、楚之屈原、汉之史迁、唐之杜甫、宋之稼轩”之谓。朱熹也称：“卓荦奇才，疏通远识，经纶事业，有股肱王室之心。游戏文章，亦脍炙士林之口。”

南宋文章之学空前发达，以文章设课收徒几成风气。因为辛弃疾的《十论》《九议》等文章辞情慷慨，义行于色，持论劲直，笔势浩荡，智略辐辏，有《权书》《衡论》之风，故南宋有的士大夫甚至把他的散文作为教授弟子的范文。

辛弃疾喜欢劝人参加科考，他对范开、郭逢道如此，对自己的儿子更是如此。其《闻科诏勉诸子》诗云：

> 秋举无多日，天书已十行。绝编能自苦，下笔定成章。不见

三公后，空长七尺强。明年吏部选，梅福更仇香。

《鹧鸪天·送廓之秋试》更是被传颂至今的名篇：

白苎新袍入嫩凉。春蚕食叶响回廊。禹门已准桃花浪，月殿先收桂子香。鹏北海，凤朝阳。又携书剑路茫茫。明年此日青云上，却笑人间举子忙。

在博山，辛弃疾疗愈了创伤，舒散了闲愁，教授了辞章，展示了他对生活的热爱和对生命的尊重，留下了对于世事沧桑、人生苦短的深沉感慨和对家国的一往情深。

“千古江山，英雄无觅，孙仲谋处。”偏安一隅的南宋政权一次次让辛弃疾的政治抱负落空；幸亏有博山的淡月疏星和苍松翠竹，帮助他构筑了诗词的“千古江山”。

作者：杨立坤

2024 年 6 月 21 日

这座城市凭啥千年不涝

有着“江南宋城”之称的赣州老城出现“城外洪水滔滔，城内安之若素”的奇景，这要得益于被誉为当代城市建设文物古迹中“孤品”的赣州古城环保排水系统——福寿沟。

福寿沟是我国北宋水利专家刘彝的杰作，它比巴黎排水系统、东京排水系统分别早了800多年和900多年建造，为世界防洪体系贡献了中国智慧。

赣州福寿沟改建于北宋熙宁年间，是我国古代城市建设中极富创造性的城市排水雨污合流制综合工程。刘彝由于在福寿沟规划设计上的突出表现，一度名声大噪。

元祐元年（1086），刘彝被北宋朝廷提拔重用，从湖北襄阳调入京城任工部“都水丞”，相当于现在的水利部总工程师。

刘彝是福建长乐人，进士出身，熙宁三年（1070）被朝廷任命为虔州（今赣州）知州。刘彝善于治水，是一个讲究科学、注重实践的城市水利专家。他从上任开始，就着手进行城市排水系统的规划建设工作。

“福寿沟”之名从何而来

赣州城自汉高祖六年（前201）建城设赣县后，其城址城名因自然灾害和战争等几度变迁，最初城址建在溢浆溪（今赣州市经济技术开发区蟠龙镇一带），西晋太康末年（289）迁移到葛姥城（今赣州市章贡区水东虎岗一带），东晋永和五年（349）迁移到现在的章贡两江汇合处龟角尾一带，东晋义熙七年（411）因城毁于战火而又被迫迁移到现在的章贡区水东七里镇一带，南北朝梁承圣元年（552）又重新迁回到现在的章贡两江汇合处龟角尾一带，从此城址就相对固定了下来。

赣州城面积原本只有1.23平方公里，城内有一条简易的下水道便可以完成排水，城内“东西南北诸水，俱从涌金门出口，注于江”。

唐末，光启元年（885），南康人卢光稠率众起事，攻占虔州后，自称刺史。出于军事和城市管理需要，赣州城开始扩建。他不仅把城市建设的重点放在城市西北角，在那里设置行政管理机构，甚至还规划建设了皇城，并在城市东南角建设城守营、中营、后营、左营等军事基地。在此期间，城市面积扩大了1.48倍，达到3.05平方公里。

因扩城工程浩大、城西北地势低洼以及城市排水系统规划建设不合理等，此后的一两百年内，赣州城屡遭洪水侵袭，城中百姓苦不堪言。

刘彝受命到赣州上任后，目睹洪涝灾害给老百姓带来的损失和痛苦，经过反复的思考和实地勘探，他根据城市地形地势特点，以州前大街（今赣州市文清路）为排水分界线，建设排水系统。西北部以寿沟为名，东南部以福沟为名。

刘彝依托山形地势，因势利导，把城市排水系统规划设计成一套生态环保循环链系统。在这里，城市污水、雨水排放至池塘蓄水，以调节雨水流量和城市环境空气湿度，池塘用来停积淤泥，以减少排水沟的淤积，池塘可用来养鱼，淤泥用作有机肥料用来种植蔬菜。

打开福寿沟古地图，能看到龟形赣州古城图上，南北向有一个清晰可见的一个古篆体“寿”字形结构下水道平布其上，东西向则是一个古篆体“福”字形结构。

受古代城市风水学文化的影响，刘彝把福寿二沟线路走向设计成“福”“寿”二字的古篆体之形，作为镶嵌在赣州龟形城的龟背纹，充分地考虑了赣州城的永固和百姓福祉，寄托了他内心的美好愿望。

福寿沟是怎样运行的

从北宋神宗熙宁元年（1068）开始，刘瑾、刘彝等人先后组织修建了浩大的福寿沟工程。福寿沟工程从开始规划建设，一直到北宋神宗熙宁九年（1076），耗时近10年才算完工。

福寿沟工程主要分为三大部分。一是明沟与暗渠，将原来简易的下水道改造成矩形断面，用砖石砌垒，断面宽约90厘米，高约180厘米，沟顶用砖石垒盖。明沟、暗渠纵横遍布城市的各个角落，分别将城市的污水收集排放到贡江和章江。二是福、寿二沟与城内的三池（凤凰池、金鱼池、嘶马池）以及清水塘、荷包塘、蕻菜塘、花园塘、铁盔塘等几十口池塘连通起来，一方面增加城市暴雨时的雨水调节容量，另一方面可以利用池塘养鱼、淤泥种菜，形成生态环保循环链。三是建设12个防止洪水季节江水倒灌造成城区内涝的水窗。这种水窗由外闸门、度龙桥、内闸门和调节池4部分组成，主要是运用水力学原理，江水上涨时，利用水力将外闸门自动关闭，若水位下降到低于水窗，则借水窗内沟道之水力将内闸门冲开。

为了保证窗内沟道畅通且有足够的水压力（冲力），刘彝采取变断面、加大坡度的方法来加大水的水流速度，进入水窗的水增加流速2~3倍，既可以冲刷走水中的泥沙和杂物，又可以冲开外闸门，排入江中。

福寿沟工程通过科学合理的设计，利用城市地形的自然高差，全部采用自然流向的办法，使城市的雨污水自然排入江中和濠塘内。

泽惠千年的福寿沟

福寿沟以排雨水为主，根据城市的地形及标高实行分区域排水、雨污合流的合流制古代城市排水系统。福沟主要是排城市东南部之水，集水面积约1.7平方公里，主沟长约8.6公里；寿沟主要排城市西北部之水，集水面积约1平方公里，主沟长约6公里。

福、寿二沟的集水面积约2.7平方公里，当时的赣州古城面积是3.05平方公里，那么剩下的地方为何没有铺设下水道呢？

研究清代保留下来的福寿沟地图可知，当时赣州城西南部一带是武教场，也就是现在的小教场一带，可能是因为当时那片地区仅用作兵勇的训练场所，没有人员居住，所以没有把福沟向那片区域延伸。

主沟完成以后，又陆续建设了一些支沟，从而形成了古代赣州城内主次分明、纵横交错、条贯井然、排蓄结合的城市排水网络系统。

从北宋神宗熙宁九年（1076）福寿沟建成完工到现在已经过去947年，900多年中，由于倒塌淤塞，排水功能大为降低，除了平时的小修小补外，有史记载进行过4次大维修，分别是明朝天启元年（1621）、清朝同治八年（1869）、民国八年（1919）和1953年的四次维修。

其中以同治六年（1867）开始，由官员刘峙主持修建的维修工程最为浩大，这次维修历时3年多时间，耗费48万两白银。刘峙还主持绘制了《福寿沟图》，也是我们现在能看到的仅存的福寿沟地图。清代同治《赣县志》中还专门对这次维修工程作了《修福寿沟记》。

在历史长河中，刘彝主持改建的福寿沟对赣州城市的发展起到了重要作用，为老百姓带来了极大好处。直到今日，还有1平方公里的城市地下下水道仍在使用福寿沟。

900多年前的北宋，在当时的经济和技术条件下，能够完成这样一项规划设计合理、科学技术含量较高、投入和工程量巨大、建设工程周期长的市政工程，的确是一项了不起的壮举。

作者：陆　川

2024 年 6 月 29 日

“恨水”长流黎滩河

在张恨水写于1924年的散文《旧岁怀旧》中，他念念不忘的梦里江南，就是他曾经居住了近一年的江西黎川。文章中提及的桥与河，即为黎川古城的新丰桥和黎滩河。

“长桥大抵跨河而通山，桥正中建屋，敞轩而观四面。桥下临闸，以围大数丈之木轮，置闸口中。水自上流头来，激轮辗转如飞，浪花作旋风舞，至为可观。”

这段优美的文字，出自张恨水写于1924年的散文《旧岁怀旧》。张恨水念念不忘的梦里江南，就是他曾经居住了近一年的江西黎川；文章提及的桥与河，即为黎川古城的新丰桥和黎滩河。

张恨水（1895—1967），原名张心远，安徽潜山人，中国现代文学史上的“章回小说大家”。这位文学大家与黎川因何结下了深厚情缘？黎川人民与张恨水的后人又是怎样续写这份情缘的？

在黎滩河上打开文学大门

1905年，张恨水的父亲张联钰调任黎川县担任税官，10岁的张恨水跟随父亲来到黎川。他曾在长篇回忆录《写作生涯回忆》中写道:“由南昌到新城的木船上，发现了一本《残唐演义》，我四叔正读着，把我吸引住了，我接过来看下去。我已开始读小说了。”这是张恨水人生中第一次接触小说。

张恨水的父亲非常重视教育，在黎川期间，为张恨水及其四叔请了一名私塾老师端木。端木先生是个“三国迷”，常带一本《三国演义》来上课，小恨水一有机会就拿起来看。在端木先生的影响下，张恨水对小说产生了浓厚兴趣，甚至到了痴迷的程度。

张恨水常用省下的零花钱跑到书铺去买小说，日积月累，居然攒了两三个小书箱。他自述在17岁半时，已读了几百种小说了。张恨水也由此获得了“小说迷”的雅号，为后来创作通俗小说打下了坚实基础。在黎川，张恨水爱上了古典诗词，唐诗宋词滋养了他特殊的审美情趣与艺术爱好。

在黎川生活了近一年，张恨水随父亲离开黎川，来到新干县。1912年，父亲因病去世，张恨水全家迁回潜山。几年后，20岁的张恨水赴南昌求学，不久又前往汉口投靠在报馆工作的本家叔伯张犀草，开始了媒体生涯，自取笔名“恨水”。

1924年，张恨水凭借九十万言的章回小说《春明外史》一举成名。此后，长篇小说《金粉世家》《啼笑因缘》的问世让张恨水名声大噪。张恨水将我国传统章回体小说与现代西方小说的表现手法相融合，在人物塑造、情节结构上都进行了新的探索与改进，作品雅俗共赏，深受读者欢迎。

在梦里江南追寻恨水足迹

2011年5月，张恨水四子张伍先生、长女张明明女士来到黎川，开启“寻根之旅”。两位老人参观了父亲的旧居。他们没有想到，先辈的旧居保存得如此完好。张明明女士画下了父亲故居的草图全貌，并挥毫写下了“溪水潺潺，书声琅琅”的赠言。之后，兄妹俩公开发表了《黎川，父亲的梦里江南》，张恨水与黎川的缘分再一次续写。

漫漫寻根路，总有后来人。2013年4月，张恨水之孙张纪，沿着先辈的足迹来到黎川，感受祖父当年的“江南记忆”。看着祖父的老屋，他深情地写下了《黎川笔记》。黎滩河上的廊桥、保存完好的祖屋、厚重的历史文化和当地的特色美食都在他的笔下熠熠生辉。

张纪先生在《黎川笔记》中写道：“看到我祖父的1924年《旧岁怀旧》一文中有这样的记载：‘县为闽赣交界处，距杉关约六十里。是处万山丛杂，林齐深密，驿路一线，曲折于山水间。’百年来，沧海桑田，祖父当年出行的那种不易可想而知。河流纵横交错，航运就是重要的交通方式。无论走向哪里，必定要乘船，无论走多远，船总会把你摇晃到目的地。我的祖父在一百一十年前的某一天，就是乘着小船，追随着他的父亲从南昌来到黎川。也就是在小船上，数日的旅程中，我祖父第一次看到了小说。”

张恨水旧居历经岁月风雨，依然保存完好，成为黎川一道亮丽的风景线，让他的后人深受感动。2013年6月，张明明女士参加一档节目时，重点介绍了张恨水在黎川的童年故事，用精美的图片和画作展示了黎川古建筑的保护和开发，让小城黎川登上了世界文化艺术的殿堂。2015年7月，张恨水的二女婿洪克珉先生怀着对老人的敬仰之情，来到黎川，捐赠了张恨水生前的书信、治印、旧照、诗词作品、手稿原件和复印件，丰富了张恨水旧居的馆藏资料，让来黎川古城的参观者更了解张恨水先生。

在名人效应下绘出黎明山川

一直以来，黎川人民对张恨水先生始终怀着浓厚的崇敬之情。2017年8月，“黎明山川·梦忆心远”——张恨水（黎川）国际文学周活动在黎川举行。活动以张恨水逝世50周年为契机，邀请研究张恨水的知名学者、作家以及张恨水先生的家人，共同探讨张恨水文学的历史地位，梳理张恨水先生与黎川的故事。活动期间，张恨水先生的小女儿张政为张恨水旧居揭牌并捐献图书。

为把张恨水文化魅力贯穿到黎川古城景区的打造中，黎川县筹措资金对张恨水先生旧居进行修缮，打造为纪念馆，还原张恨水先生童年时代的生活场景，展示张恨水先生生平事迹、写作生涯和文学创作成就。同时，该县充分运用线上平台，大力宣传黎川的文化底蕴，讲好“张恨水故事”，不断提升黎川文旅知名度和美誉度。

今年6月，张恨水先生的后人来到黎川，寻访张恨水在黎川的生活足迹。他们参观了黎川古城景区、孔庙、油画创意产业园和张恨水故居，举行了张恨水作品捐赠仪式暨寻访张恨水黎川生活足迹座谈会，向黎川县有关部门捐赠张恨水生前用过的长袍和著述作品。

自是人生长恨水长东。张恨水旅居黎川的印记，见证了年少，写满了故事，正如他的作品一样，吸引着后来人前来观瞻。据统计，每年到张恨水旧居参观的游客达8万多人次。张恨水先生的文学魅力和精神风范将在黎滩河长流不息，先生始终牵挂的“梦里江南”——黎川也将更加出彩。

作者：王　珍

2024 年 8 月 6 日

被孔子嫌弃的弟子如何成为南昌文化启蒙第一人

从某种意义上说，澹台灭明聚徒讲学，是江西书院文化的开端。宋元明时期，江西书院的影响在全国独占鳌头，其中白鹿洞书院、白鹭洲书院、鹅湖书院、濂溪书院、豫章书院闻名遐迩，影响深远。这何尝不是澹台灭明的理想国。

东湖之畔的南昌市第二中学校园大门一侧，坐落着一组群雕。其中，有位站立的长者雕塑双目微合，将左手反剪于背，竖立起右手，好像在专心致志地讲学，又似乎在沉思。时间的长河带走了太多身影，然而，南昌人不会忘记这位长者的名字——澹台灭明。

孔子门下的第一丑男

公元前512年，澹台灭明生于鲁国武城（今山东平邑）。据说他出生那天是个“晦日”，父母便给他取名“灭明”，字子羽。令人遗憾的是，这个孩子长得奇丑无比，从小便成为别人取笑和欺负的对象。好在父母没有嫌弃他，还尽力给他创造良好的学习环境。勤奋好学的澹台灭明不仅能写一手好字，还是写文章的高手。

弱冠之年，澹台灭明在县里担任一名小吏。由于他才识超人，办事公道，刚正不阿，颇有清名，受到邑人的尊敬。不久，孔子的高足子游被派来担任武城宰，他积极贯彻孔子“君子学道则爱人，小人学道则易使”的主张，在当地以礼乐教人，使县内起落弦歌之声。子游还慧眼识人，发现了澹台灭明这颗珍珠。

有一次，孔子路过武城，问子游：“女得人焉耳乎？”子游回答说：“有澹台灭明者，行不由径。非公事未尝至于偃之室也。”子游的意思是说，有个叫澹台灭明的人，从来不走小路，如果没有公事，他从来不到我的房间来。换言之，此人行事光明磊落。孔子一听，很想见见这个被子游赞不绝口的青年。

然而，当澹台灭明出现在面前时，原本兴冲冲的孔子无异于被浇了一盆冷水，因为这个年轻人长得额低口窄、鼻梁低矮，“状貌甚恶”。大失所望的孔子有些厌嫌，认为对方资质低下，没有什么才干。碍于自己“有教无类”的主张，孔子只能勉强将他纳入门下。

澹台灭明并没有因为受到冷遇而衔恨于心，相反，他非常珍惜这个来之不易的机会，努力释《春秋》、习“六艺”，积极传播儒家学说。孔子似乎并不“买账”，依然让这个“丑孩子”坐冷板凳。每当澹台灭明谦卑地请教时，孔子总是心不在焉。后来，澹台灭明被迫退学自修。回到武城的他并没有自暴自弃，而是更加努力学习，宣扬孔子思想。

品德高尚、学风端正、处事光明的澹台灭明最终名满天下，成为“孔门七十二贤”之一。对于自己当初的态度，孔子相当懊悔，自责地说：“吾以言取人，失之宰予；以貌取人，失之子羽。”

当时的齐、鲁，是公认的礼仪之邦。孔子去世后，同窗的师兄弟大多选择投身官场，或往西传播儒家思想，而澹台灭明经过认真思考和权衡，选择了南下，想去“礼崩乐坏”的吴楚之地传播真知。第一站，他到了吴地，在今天苏州城南的湖畔办学授道、兴学易俗。当地人尊称他“澹台子”，并将湖命名为“澹台湖”。

成大事者，永远面向远方。澹台灭明没有止步于锦绣江南，他又把目光投向地处“吴头楚尾”的赣鄱大地。

南昌的第一场文化花雨

钟陵山成为澹台灭明进入江西的落脚之地。他在这儿结草为庐，设坛讲学。彼时的江西全境归属楚国，是中原诸国心目中不遵礼仪、不从仁德的“蛮夷之地”。钟陵山因澹台灭明的到来，一跃成为江西文化的源头，后来更名为“栖贤山”。钟陵山所在的县域，因澹台灭明这颗耀亮的星辰，后来得名为“进贤”。

山不在高，有“贤”则名。被碧波环绕、林木掩映的钟陵山，开始传出琅琅书声。儒家文化的种子在这里生根、发芽、开花、结果。文化的雨润物无声，这粒种子最终成长为一片特殊的旖旎风景。

求学者络绎不绝，无奈之下，澹台灭明只能挑选了一部分资质较好的学生留在山上，手把手传道授业。据说，其门下聚集了三百优秀学生，这看上去似乎不起眼的三百人，却是赣鄱大地上的文化先驱。他们聚是一团火，散是满天星，“设取予去就，名施乎诸侯”。经过澹台灭明的身体力行，儒学在南方成为一个极具影响的学派。

最终，澹台灭明的脚步抵达了今天南昌城的东湖之畔。那时，南昌还没有建城，可澹台灭明对这方水土情有独钟。在弟子们的热心帮助下，一座简陋的草堂在滨水处搭建起来了。在这儿，澹台灭明安贫乐道，孜孜不倦地教导学生读《三坟》《五典》《八索》《九丘》等古书，诠释春秋大义，践行孔子“学而不厌”“诲人不倦”“不耻下问”等思想并总结出一套规范的教学管理制度。

无论贵贱，不分老少，澹台灭明都愿意倾囊而授。栉风沐雨，夙兴夜寐，澹台灭明仿佛一盏长明灯，温暖了一块块求索的心田。湖畔，修身、齐家、治国、平天下的梦想像宣纸上的水墨，氤氲出一幅幅气韵生动的万里江山图。

老百姓太喜欢这个心灵里永远盛开着花朵的丑陋男子，他们自发在澹台灭明经过的道路上搭建起一座牌楼，以示敬意。这个地方被称为“进贤门”，一直叫到了今天。

南昌的东湖之东何其有幸，成为子羽先生的第二故乡。以“仁义礼智信”为核心的儒家思想由此出发，在江西开枝散叶。从某种意义上说，澹台灭明聚徒讲学，是江西书院文化的开端。

宋元明时期，江西书院的影响在全国独占鳌头，其中白鹿洞书院、白鹭洲书院、鹅湖书院、濂溪书院、豫章书院闻名遐迩，影响深远。这何尝不是澹台灭明的理想国。

城门题字有“澹台”

史书为澹台灭明着墨并不多。然而，在诗文之中和烟火民间，澹台灭明的身后却一直闪耀着一片光芒。澹台灭明去世后，弟子们把他安葬在讲堂附近，据说南昌二中校园内至今保存着他的墓。南昌建城后，设立了“澹台门”，以示追怀之情。

值得一提的是，海昏侯墓中，出土了一面西汉时期的铜衣镜，其背面有孔子和他弟子的画像，澹台灭明赫然在列。澹台灭明对后世的深远影响，由此可窥一斑。

早在宋代以前，南昌人便在澹台墓前修建澹台祠，用以四时祭祀。宋明时期，但凡到江西赴任的大小官员，都保留着一个传统——拜谒澹台墓。宋宣和七年（1125），江南西路转运判官高述题名“鲁澹台子羽之墓”。澹台墓、孺子亭和苏圃春晓均为东湖的名胜。江西转运副使程大昌对澹台灭明极为推崇，不但重修了祠堂，题写“友教堂”匾额，并撰写了《澹台祠友教堂记》。

明代的曾棨也慕名来到东湖之畔，在祭拜了先贤墓地之后，写下《澹台墓》一诗：“闻道南游竟不回，城门题字有澹台。楚乡耆旧留遗迹，鲁国衣冠识俊才。庙貌千年存俎豆，旅坟三尺翳蒿莱。斩蛟毁璧真奇事，青简流传莫漫猜。”最后一句中“斩蛟毁璧”的故事流传甚广，唐初的《括地志》亦有记载。据说澹台灭明曾经携带璧玉渡河，遇到两条蛟龙前来抢夺，他认为“吾可以义求，不可以威劫”，当即挥剑斩杀蛟龙，并将璧玉投入河中。在南昌各地，至今还流传着澹台灭明乐善好施、勤勉助学的故事。

当一扇门被关闭了，自己一定要设法开一扇窗。这是澹台灭明用实践告诉我们的一个朴素道理。孔子的“以貌取人”没有击倒澹台灭明，相反，它成就了儒学的南下，成就了一座南昌城。诚如明代熊明遇的诗《澹台祠》所云：“孔席虽不暖，江南未戒程。言游居茂苑，子羽到章城。拔剑蛟龙骇，传书弟子迎。荆蛮新礼教，鲁国老诸生。”

作者：彭文斌

2024 年 8 月 8 日

从小村庄走出的大先生

我回国，肯定主要是教书，中国必须有千千万万了解世界、懂得科学的人才，然后方可以谈得上进步，为了这个，我不得不做出牺牲，因为，毕竟我是一个中国人。

——吴有训

今天是第40个教师节，全国1900万专任教师的节日。教师令人尊敬，大先生更令人景仰。正值开学季，南京大学校园内，新生来到吴有训铜像前和有训书院瞻仰、追思、寻根。

吴有训为什么在南京大学能有这般“待遇”？这位大先生究竟“大”在哪里？

有大学问

吴有训，1897年出生于高安市荷岭镇石溪吴村，7岁入私塾，习旧学，后录取瑞州中学，1914年转入南昌二中，1916年考入南京高等师范学校，1921年通过留美考试，赴芝加哥大学深造，成为康普顿的研究生。

“康普顿效应”举世闻名，这项1927年荣获诺贝尔物理学奖的成果在提出之时并没有获得学界的认同。一方面因为该效应与经典理论有很大的冲突，另一方面康普顿所获得的实验证据仅使用了一种实验样品——石墨，很难说明效应的普遍意义。

为打破学界的怀疑，吴有训先后做了7种物质的X射线散射曲线、15种元素散射X线光谱图，以系统、精湛的实验和精辟的理论分析证明了康普顿效应的广泛适用性。

有苏联学者提出，吴有训为确立“康普顿效应”立下汗马功劳，应将其称为“康普顿-吴有训效应”，国内也有学者认同这样的命名，但吴有训十分谦虚，不赞成用这种名称，觉得自己只是康普顿的学生。康普顿从来没有忘记吴有训在这项伟大发现中的重要贡献，在自己的多部著作和多种场合中都提到吴有训的实验。

1925年，吴有训获得博士学位，留校担任物理系赖尔森实验室助教，年仅28岁。到1926年，吴有训就康普顿效应问题共发表了9篇论文，被选为美国原子分子学会会员，彼时他已是颇有声望的物理学家。

在旧中国落后的学术界，吴有训站在科技的制高点上开疆拓土，与同仁在清华大学建立起我国最早的近代物理实验室，开创国内X射线问题的研究先河，成为我国近代物理学研究和建设的奠基人之一。

1930年，吴有训在英国《自然》杂志发表论文，是中国物理学家在国内的研究成果载于国际一流学术刊物的第一人。1936年，他被德国哈莱自然科学研究院推举为院士，成为被西方国家授予院士称号的第一位中国人。

著名物理学家严济慈称赞他的工作“实开我国物理学研究之先河”，有人将他与胡刚复、叶企孙、饶毓泰誉为中国现代物理学“四大元老”，还有人惊叹他20多岁就登上一座科研高峰，是具有诺贝尔奖成果，没有诺贝尔奖牌的科学家。

植大情怀

1926年，正当科研事业如日中天之际，吴有训向康普顿提出回国。

康普顿久思不得其解，恳切挽留道："吴，你们国家很穷，又是连年战争，没有搞科学实验的条件，像你这样的科学家回去施展不了自己的才华，还是留在我这里吧，继续当我的助手，我将给你优厚的条件。"

鸦片战争后，中国苦难连年，兵荒马乱。在美国，与导师一块做科研前途无量；在国内，干任何事情都困难重重，本来美好的前途可能变得暗淡无光。

吴有训怎能不明白这个道理，可他偏要逆行。他对康普顿说，中国的问题绝不是在国外拥有一两位拔尖科学人才就能够解决的，也不是靠我这一代人能够解决的，我回国，肯定主要是教书，中国必须有千千万万了解世界、懂得科学的人才，然后方可以谈得上进步，为了这个，我不得不做出牺牲，毕竟我是一个中国人。

他婉拒了导师的挽留，毅然回国。后来，他曾利用休假时间到国外做科学访问和研究，康普顿对他再次挽留，他仍不为所动。多年以后，康普顿曾同奥本海默在普林斯顿见到杨振宁，又一次说道，他一生最得意的两位学生就是吴有训和阿尔瓦雷斯，他始终不能辨别两人谁的天分更高。阿尔瓦雷斯于1968年荣获诺贝尔物理学奖。康普顿言外之意是，凭着吴有训的科学素养、科学精神和科研能力，完全可能取得更高的科学成就。

牺牲奉献看品格，逆行路上显情怀。对牺牲“小我”奉献“大我”，吴有训从不言悔。他常用自己这段经历教导青年学生，1947年，中央大学（南京大学前身）毕业考取公费留学生有20人左右，当他得知廖延雄也是江西人时，特别叮嘱：“廖延雄，你可别忘了是中国人，学成后回国做贡献。”

在国家积贫积弱的年代，吴有训放弃追光留名的机会，义无反顾回国效力，这种家国情怀让人钦佩不已。

育大弟子

1964年，一声东方巨响震惊世界。不久，周恩来总理等中央领导在中南海接见参加原子弹研制的几十位科学家。快结束时，周总理请“吴先生讲话”！吴先生望着满屋子的功臣，脱口而出：“同学们！”他猛然意识到不合适，立即尴尬地改口：“同志们！”当时台下的“同学们”自然地鼓起了掌，他们中有钱三强、郭永怀、王淦昌、彭桓武、何泽慧、王大珩、朱光亚、邓稼先等人。

周总理明白个中缘由，连忙解围道：“吴先生，你不必改口，还是称同学们更好，你是他们的老师，这里只有你有资格使用这个称呼，这是你的特权！”瞬间全场掌声雷动。周总理称呼的这位“吴先生”就是时任中国科学院副院长、著名物理学家、杰出教育家吴有训。

自闭桃园称太古，欲栽大木柱长天。为当代，更为下一代，吴有训把“我回国，肯定主要是教书”的誓言付诸行动。从1927年到1952年，他相继在第四中山大学、清华大学、西南联大、中央大学、上海交大等校任教授、物理系主任、理学院院长、校长、校委会主任等职。无论在哪个学校，人们仰慕吴有训的故事一打又一打。

科技界著名的“三钱”，“两钱”为吴有训的学生。钱三强在北京大学读预科，旁听了吴有训的课后，对物理产生了浓厚兴趣，改考清华大学物理系。钱伟长语文和历史非常出色，数理化成绩很差，清华大学中文和历史系的教授十分欣赏他，希望钱伟长学中文或历史。吴有训也劝钱伟长学文科，但钱伟长坚决弃文从理，多次找吴有训要进物理系，最后遂愿。

“两钱”是学生慕名，“一杨”是伯乐选马。杨振宁原本报考西南联大学化学专业，吴有训看了他的入学物理试卷，发现这位学生是学物理的好苗子，就把他拉入自己的物理系。多年后，杨振宁写信给吴有训说：“如果没有当年老师们的启蒙和引导，我现在的一切都是难以想象的，我的成就是不可能的。”

在清华大学10年，吴有训组织起我国第一支“名师”队伍——既是有成就的科学家又是优秀教师，使清华大学出现理科教育“十年春天”，学生中有25人被评为中外院士，其中，王淦昌、赵九章、彭桓武、钱三强、王大珩5人荣获“两弹一星功勋奖章”；他在西南联大8年，学生中有55人被评为中外院士，其中，陈芳允、邓稼轩、朱光亚3人荣获“两弹一星功勋奖章”，杨振宁、李政道荣获诺贝尔物理学奖；他在中央大学仅2年多，冯端、胡宏纹、王业宁、王德滋等院士级学生回忆起几十年前求学的经历，谈及吴有训任校长时的治校理念、师生间的真情和他为师为人的铮铮风骨，个个思绪万千。

吴有训做学生时是导师的大弟子，做导师时他培养的大弟子形成批量、集群的壮观景象。1950年，任中国科学院副院长后，虽然领导工作繁重，吴有训仍坚持上讲台、扶才俊。1958年中国科学技术大学成立，他年过花甲为学生讲课，一时传为佳话。1977年，他80岁高龄，逝世的前一天，还在审读一位山乡青年教师《略论宇宙航行》的论文手稿，扶笔致函钱学森予以整理刊出。

古语曰:“守志如行路……行十里者众，行百里者寡，行终身者鲜。”吴有训是精通专业的“经师”，行为世范的“人师”，也是终生奋斗的“鲜者”。

国将兴，必贵师而重傅。行进在建设教育强国的征途上，学生总希望遇到好老师，学校总希望拥有好老师，国家更希望涌现出大批好老师、大先生。习近平总书记强调，老师应该“做学生为学、为事、为人的大先生，成为被社会尊重的楷模，成为世人效法的榜样”。

吴有训，好老师、大先生的标杆!

作者：彭学明　李向阳

2024 年 9 月 10 日

◎第二篇章 乡土观察

在后河遇见“生态文明”

徜徉古后河，犹胜“半苏州”。后河两岸，曾是宋代大文豪苏轼眼里的“半苏州”，又是宋代著名文学家刘辰翁笔下“长街灯火，定场设宴，饮者争席，呵道而后能过”的热闹市井。

后河是哪条河？它是怎样惠及一方百姓的？水生态治理为何如此重要？值得我们深思。

一

想要了解后河，得先翻一翻它的“身世”。后河是吉安市的母亲河，位于吉安市中心城区。

历史上最初并没有“后河”这一称谓，只有习溪水和“长涝水”之说，因流经城区段的习溪水位于赣江西岸之后，故俗称“后河”。据《吉安府志》记载：“习溪水，在郡城南，源出吉塘渡，流入赣江。”也有记载称，后河原为禾河入赣江故道，禾河改道后，留下古河床接纳雨水。

唐天祐元年（904），吉州刺史彭玕对吉州城进行了一次较大规模的扩建，奠定了今天吉安市的城建基础。他将城市工商业向西南方向伸延至后河东岸的南街（今永叔路）和西岸的西街（今上文山路），并鼓励农村人口到城里经商，沿河而居，同时兴办书院发展教育。

在古代，水运是主要交通方式。宋朝吉州城造船业发达，加上这条贯穿城区的水上通道，一时城市人口迅速增长，赣江边和后河两岸商贾辐辏、百货云集，经济繁荣。

后河上陆续重修、新建了回龙桥、太平桥、铁佛桥、半苏桥、王家桥、小桥、盐桥、南湖桥、习溪桥9座桥梁。号称“九桥锁金洲”的古桥沟通城外南、西两片街市。

南北各地的特色物产、饮食服饰、风情民俗等在吉州城相互融合，促进了物资和文化的交流。

商贾交易聚集的后河两岸，铺舍稠密，烟火万家。竹木、百货、铜锡、茶叶、布匹、铁器、瓷器、米等吉安产的名品的交易规模相当可观。由市而形成的商铺、茶肆、商会数不胜数。至此，吉安经济步入了一个快速发展时期，逐渐成为江南经济发达、商业繁荣、人口集中的重要城市和赣江中游的交通商贸枢纽。

经济繁荣带来文化的兴盛。后河两岸，曾是宋代大文豪苏轼眼里的“半苏州”，又是宋代著名文学家刘辰翁笔下“长街灯火，定场设宴，饮者争席，呵道而后能过”的热闹市井。颜真卿、杜审言、黄庭坚、江万里、王阳明、徐霞客等历代名人，以及欧阳修、文天祥、周必大、杨万里、解缙等古代庐陵先贤，都曾在此留下足迹或诗文，后河两岸遍布名胜古迹。

二

后河河宽水深，水流清澈，水源充足，但由于城市化和工业化进程过快，基础设施跟不上，后河患上了“城市病”，影响了居民生产生活。还城区一泓碧水，尽早恢复水清、河畅、岸绿的美景，成为广大民众的共同呼声。

民心所向，就是施政所指。吉安市将黑臭水体治理、污染源治理、水系周边环境整治等统筹谋划，整治规模之大、牵涉范围之广、延续时间之长，为该市历史上少见。高标定位、精心建设。吉安市于2002年、2011年及2020年分三个阶段开展后河水系综合治理，全方位提升后河生态环境。

后河一期工程主要建设内容为截污、清淤、引水、疏浚、排涝及河岸工程；二期改造“金腰带”工程（又称“古后河绿廊工程”）主要建设引水泵站、河道清淤疏浚与贯通、埋设截污管、砌筑整修河岸、修建跨河桥梁、建设沿河道路和建设沿河绿化景观七大工程；三期水环境综合治理项目主要采用引水活化、疏通堵点、截污纳管、排口净化、清淤疏浚、生态植入等治理方式。吉安市把后河水系综合治理这个民生工程、德政工程、生态工程抓细抓实抓出实效，还群众一城活水、一城清水、一城秀水。

水系治理力度之大，令很多业内人士印象深刻。“我在很多城市承接过治水项目，从来没有见过像吉安市这么‘猛’的！”参加过后河改造项目建设的徐树栋至今记忆尤深。

后河吉安三中段迴龙桥自排管道改造项目实施过程中，因自排管道需要穿越沿江路（路堤工程）后入赣江，为规避施工期间封路影响市民出行，经科学论证，自排管道采取地下非开挖顶管技术，保证施工期间沿江路交通畅通。施工人员加班加点，仅一个月项目就完成，水质大幅提升，环境明显改善。

据介绍，清淤时，所有淤泥均采用快速脱水压干工艺，外弃时充分考虑对弃方环境的影响，每个批次均采样进行微量元素检测，不合格的淤泥采用无害化处理，杜绝再次污染环境。猛药之下，沉疴渐除，改造后的后河以崭新的面貌示人。如今，漫步后河两岸，风光秀丽，如游画中。

三

打造“河畅、水清、岸绿、景美”的城市水系，管好用好河流资源，实现后河的长治久清，满足市民对美好生态环境的需要，一直是吉安市委、市政府始终不渝的追求。

治水为民众。后河治理在设计、施工以及建成后，都优先将民众利益放在首位。后河水深的“深意”，就是这种理念的诠释。

“它的标高是这样的，中间是2.2米，靠内侧是1.5米，岸边是70厘米，整个河床呈锅底形。”吉安市城投公司负责人解释说，“当时我们改造的时候特意把岸边做得不深。一是考虑到水生植物容易长出水面，二是如果市民尤其是小孩活动不慎落水基本能够自救。当时采取的这种草坡入水的工艺，还是我们专门到上海取经学来的。”

以城区水系综合治理为契机，吉安市统筹推进沿岸绿道建设、历史文化街区保护、家门口“口袋公园”建设等，在沿线增加了5处公厕、约2800平方米的停车场以及部分无动力游乐设施，增加了后河周边居民的便利及幸福感。城市“显山露水”更加宜居，后河绿廊真正成为“城市会客厅”。

一任接着一任干，一锤接着一锤敲。吉安市前后历经20年，矢志推进后河水系综合治理，在提升民众幸福感的同时，也提升城市功能品质与创新发展的活力。吉安市系统实施引水入城工程，全面疏通连通吉安中心城区循环水系，源源不断的活水、透水，连同防洪排涝的区域“海绵”，成为一条生态、人文、都市休闲的城市水系景观带。

如今一条条内河蜿蜒流淌，水清河畅，鱼翔浅底；一座座串珠公园依河而立，岸绿景美，水岸相映。

作者：徐瑞春

2023 年 4 月 22 日

一碗米粉折射的江西情

人间有味是清欢，一碗米粉惹乡愁。江西米粉蕴含着江西人的情怀和乡愁，从归家到远行，一碗米粉就足以慰藉乡愁。

2023年6月4日，神舟十五号载人飞行任务圆满成功。返回地球后，江西宜黄籍航天员邓清明第一顿早餐就选择了有家乡味道的抚州米粉。

米粉遍布江南城乡，特别是江西盛产籼稻米，有“乡乡有米粉，县县不同味”之说。作为“隐藏”的嗦粉大省，米粉是江西人刻在骨子里的偏爱。当清晨一缕缕烟火气袅袅升起时，一天便从一碗米粉开启。

关于米粉的吃法，可以大胆放飞你的想象力，炒粉、拌粉、烫粉、冷粉品种繁多，牛肉粉、冷拌粉、泡粉吃法不同，勤劳的江西人民总能给你的味蕾带来极大惊喜。

一

虽然在米粉的“江湖”里，江西米粉没有柳州螺蛳粉臭得出味，也不如桂林米粉名声在外。但在江西，一碗小小的米粉，也有自己的“上下两千年”。

江西米粉记载始于东汉末年，距今已有1800多年的历史。另据钱锺书对《管锥编》的考据，中华米粉最早起源于东汉时期的九江。南宋时期，曾留下“江西谁将米作缆，卷送银丝光可鉴”的佳话。

在饮食文化发展中，米粉的风味几经变迁，从最初的甜食发展为混合肉汁、肉酱食用，而后在明代放入胡椒等调味品拌和，清代后综合以上加工和调味技艺，把调味品熬成卤水、拌合肉类等其他配料食用，并根据各地饮食习惯和口感偏好形成各具特色的地域风味。

江西人是米粉的资深“玩家”，不仅喜欢吃粉，还要变着花样吃。南昌炒粉、南昌拌粉、抚州牛杂泡粉、九江炒粉、景德镇冷粉、萍乡搓菜炒粉、新余腌粉、鹰潭牛肉粉、赣州安远三鲜粉、宜春扎粉、上饶鳜鱼煮粉、吉安峡江贡粉……

你能想到的江西的每一个区域，都将本地的特色风味与米粉融合，形成了独特的烹饪法则。

航天员邓清明所食用的抚州米粉，在重辣口味的江西，是粉界的一股清流，汤粉鲜香，炒粉惊艳。

在抚州，汤粉还能细分成两种：泡粉和煮粉。泡粉是简约派，就是粉加汤，一碗地道的抚州泡粉，最重要的就是汤。泡粉的汤一般是用筒子骨、牛骨、老鸭等食材熬上一晚上的高汤，一碗泡粉正不正宗，看汤的颜色就知道了。而煮粉制作工艺要复杂一点，把汤和浇头一起炒好，再浇在粉上，更有滋味。

以广受大众喜爱的南昌拌粉为例，将泡发好的米粉在开水里“打个滚儿”捞出来，配以葱花、香菜、蒜粒、萝卜干、花生米、辣椒，各种“灵魂”配料完完全全裹住细白的米粉，每一根粉条都散发着诱人的光芒。

江西米粉蕴含丰富的文化内涵。已被列入江西省非物质文化遗产目录的安义黄洲宗山米粉、峡江米粉、万载罗城扎粉等，每一道制作工序都需要付出足够的匠心与耐心，成为江西米粉的魅力所在。

二

米粉产业是传统产业，也是朝阳产业。

不为人知的是，江西掌握着全国甚至世界米粉的“话语权”。据不完全统计，江西米粉年产量约140万吨、日消费量超过1000吨，产值超100亿元，米粉出口占到全国米粉出口总量的60%以上，是全国销量最多的米粉之一。

当然，米粉的力量不仅如此，其已成为江西省粮食转化、精深加工的重要来源和一些地方县域经济的支柱产业。

江西有近200家规模较大的米粉生产企业、千余家小作坊、3万余家米粉餐饮店，米粉行业从业人员超10万人，带动粮食种植、加工、仓储、运输、包装、机械、餐饮等相关产业的发展，正印证一句话：“小米粉，大产业”。

放眼全国，凡是有水稻生产的地方，几乎都有米粉的生产、加工，譬如广西、湖南、福建、贵州等地。总体而言，品类常年处于“大而不强”的市场现状，虽有区域品牌崭露头角，但暂未有全国性品牌出现。

在米粉赛道竞逐，江西有哪些发展优势？

有原料。赣江之水孕育出人杰地灵，也为江西提供了丰富的水资源和优越的稻作条件。江西米粉的原材料，取自于本地籼米。江西年产早籼稻约160亿斤。作为全国水稻种植面积大省，只有本地籼米制作出来的米粉，才能保持与大米近似的洁白色泽，米香味久煮不散。源源不断的原料供给，方能制成一碗碗韧性十足的江西米粉。

有品质。江西米粉的特点是，外观晶莹条形直，食用安全无添加，炒拌汤口感筋道，体积小运输方便。首创的自熟机米粉生产工艺，挤压压力大、一次高压复蒸、两次高温老化、索道式长时间烘干，成就了江西米粉优良的品质。这种创新工艺影响和带动了柳州螺蛳粉、桂林米粉、常德米粉、绵阳米粉、新疆米粉等全国其他地区米粉制作。

有特色。本土米粉产业发展迅速，打出特色品牌，涌现出麻姑米粉、春丝米粉、五丰米粉、鄱阳湖米粉、靖安友和米粉等享誉全国的品牌生产企业，出现了几家现代连锁米粉餐饮企业。甚至一些有影响力的大企业，世界500强企业、国家农业产业化龙头企业等也纷纷以大手笔、大投入、高标准、新思维来布局米粉产业。

于江西而言，提炼有竞争力的商业模式，完善供应链，才能锻造更强大的品牌势能。

三

米粉行业有两个有名的故事：一个是米粉起源的历史故事；另一个是过桥米线励志温馨的爱情故事。那么，能不能把江西米粉与滕王阁、江西红色旅游文化联系起来创造第三个故事呢？

消费者在吃这一小碗的江西米粉的同时，能感受到米粉背后所隐藏的博大精深的饮食文化，吃的不仅仅是一种风味特色食品，从某种程度上可以说是一种文化体验。

米粉不仅是一种食品，而且是饮食文化的承载物。江西米粉享誉世界，必须能让广大消费者认同和接受。

深入推进实施江西米粉品牌化战略，提升江西米粉在全国乃至全球的知名度和辐射力，就要打出鲜明的江西米粉文化IP。

南昌市已建成一条集米粉主题餐饮、江西特色小吃、米粉线上线下体验店等为一体的中华米粉美食街和一批米粉主题餐厅。安义县黄洲镇宗山等地，规划建设集江西传统米粉生产、原料供应、田园休闲体验、现代农业示范、健康产业集聚区于一体的米粉特色小镇。小镇里白墙青瓦、溪水潺潺，流淌着农耕文化、米粉文化、非遗文化。

在江西举办的“中国米粉节”，既是全国米粉行业首个国家级且永久落户江西的展会，也是目前国内规模最大、影响力最广的米粉行业盛会。通过媒体的广泛宣传，江西米粉绿色、生态、健康形象逐渐深入人心。

加快江西米粉的发展步伐，抓创新、创品牌、拓市场，聚焦全产业链发展，这是“主动棋”；提升江西米粉的竞争力与附加值，为消费者提供更多的优质产品，更好满足人民群众舌尖上的需求，才是“关键棋”。

江西米粉，经过一代又一代辛勤纯朴的制粉工艺人、传承人、行业者的努力，它飘香数百年，又不断飘向远方。

作者：傅晓如

2023年6月6日

“高新下午茶”喝出了啥

瑶湖东畔，生机盎然。南昌高新区医药健康产业大咖及全省重点医院代表云集于此。

2023年5月，一场“医企联动·共话医药健康产业发展”的“高新下午茶”在瑶湖公园举行。来自医药领域的10多位企业家和全省各重点医院代表齐聚一堂，共探医企发展未来，共缔医企牵手佳话。

这是南昌高新区举办的第33期“高新下午茶”，是该区持续优化营商环境，助企转型升级发展的品牌活动。在这场以“茶”为媒，共谋产业发展的“谈心”中，“你永远可以相信‘高新下午茶’”成为各企业在南昌高新区安居乐业的共识。

作为南昌高新区优化营商环境一大品牌，这杯“下午茶”，企业到底品出了什么？

一

去年，江西赛基生物技术有限公司（下文简称“赛基生物”）创始人陈善问参加了一期“高新下午茶”活动。茶叙间，陈善问表达了在南昌发展一直存在“人才请不来、留不住”的问题，他坦言若长此下去，赛基生物将被迫放弃整个江西市场。

赛基生物是一家专注于生命科学研究与临床应用领域的医药企业，新型流式细胞创新技术为它开辟了专属赛道，企业前景十分可观。

很快，在了解完企业情况后，南昌高新区为赛基生物召开了专场人才服务座谈会，现场解决企业引才、留才难题，获得了“赛基人”交口称赞。

如今，赛基生物已扎根南昌高新区并扩建了新品研发生产项目，更多产业链上下游配套项目到高新区落户。“留住一家，引来一‘链’”的“赛基现象”就此上演。

企业发展过程中，常常会遇到各式各样的难题，解决这些问题离不开政府这只“有形的手”。很多时候，政府的服务态度，影响着项目的去留，更影响着企业的发展壮大。

企业有所呼，政府有所应。这杯“茶”，彰显了南昌高新区优化发展环境的坚定决心和真诚态度。过去，政企沟通多以严肃刻板的会议为主，企业一场会议下来“只听不说”，导致很多企业有想法、有问题、有建议都不敢说、不好说，到最后不愿说。

如何破解这种局面？南昌高新区选择用“环境”来改变“语境”，2021年11月，“高新下午茶”应运而生。

高新区图书馆、艾溪湖美书馆都是茶话室。告别传统会议室，政府部门与企业负责人身挨身坐、心贴心聊，像家人朋友一样，边喝茶边聊天。在轻松品茶的过程中，企业家纷纷打开话匣子，政府部门充分听取企业家的心里话。

1000余项政务服务事项实现网上可办，超过850项实现“一次不跑”；探索知识产权证券化试点，全年实现知识产权质押融资1.6亿元；

开设专利快速授权、确权、维权和协同保护“绿色通道”，定制个性化政策和服务方案，从项目配套、科技创新等方面给予个性化配套支持。

“一杯茶”下肚，解决了企业牵肠挂肚的难题。这杯“茶”的背后，折射的是南昌高新区把营商环境作为安身立命之本的服务理念和服务实践之变。

二

“一杯茶”有多大能量？创新“语境”是为了改变发展环境，与心交心，才能赢得更大诚心。南昌高新区以“茶”为媒，“零距离”沟通，精准、高效解决企业诉求，着力营造更加暖心爽心的营商环境。

中林集团喝了这杯“茶”，豪掷30亿在南昌高新区成立中林赣投集团；南华生物不远千里赴约品“茶”，只为寻得与企业“牵手”的机遇。在杭州西湖举办的“高新下午茶”，茶香四溢引来医药产业群芳，掀起了一场“品茶共绘未来”的热潮。

南昌高新区作为全省开发区的“领头羊”，必然要挑起自我求新、不断求变的时代担当。如何求新求变？南昌高新区的思路是：项目为基、项目为王、项目为要。

高新区持续优化营商环境。在茶叙中，高新区把话语权交给企业，让企业谈发展规划，让有增资扩产意向的企业提出需求，管委会现场了解、当面解决，全力支持和培育存量企业“老树发新枝”。

江西铜业集团产融控股有限公司与南昌高新区签署总投资约100亿元的“江西铜业产融总部项目投资协议”，从项目洽谈到签约落地仅7天时间。

政商茶叙，企业“点单”提诉求，职能部门“接单”不含糊。一杯清茶，既避免了政企相互吃请等违规违纪现象，也聊出了政企一家亲的氛围，更品出了亲清政商关系。

一杯清茶、一圈茶椅，大小企业共聚一堂，喝出了共情，解决了问题，净化了环境。

三

2022年，南昌高新区生产总值达1010.24亿元，成为江西省首个GDP千亿级开发区。站在新的起点，面向新的征程，如何赋能园区高质量发展再突破？

这杯“茶”或许能给出答案：面向所有企业，为了所有企业，成就所有企业。

“你只需一个背包，其他的‘包’在我身上。”这是南昌市相关领导在“高新下午茶”上多次提到的开场白。简单的话语，折射出高新区的温度与格局。

针对来喝“茶”的企业，南昌高新区不设门槛，没有条件，上至世界500强，下至小微企业，不论规模大小，只要企业愿意，都可来“喝茶”。这样的做法引来无数企业家纷纷点赞叫好。

续写更高质量发展的新华章，南昌高新区不仅打开企业“留”“链”格局，更为企业创造强强联合的发展机遇。

众灿互动是一家致力于智能营销的流量经济企业，与医药产业看似毫无关联，却因“茶”而起，因“茶”结伴，跨界成为江中集团线上推广与直播带货的合作伙伴，捧回了跨界联合营销金奖。

兆驰半导体专注于LED芯片研制和生产领域，对生产LED芯片的设备要求极高，这与南昌中微半导体产品定位不谋而合，二者“珠联璧合”，进一步完善了南昌高新区LED产业的链式发展格局。

去除发展阻力，畅通联系渠道，搭建共赢桥梁，南昌高新区不遗余力用一杯“茶”为企业寻找破局“出圈”的良策。在这样掏心窝子的“茶话会”中，区内企业抱团求新，合力共进，成就了许多供需匹配、一拍即合的佳话。

从杭州“西湖品茗”到高新区图书馆共话，从解决企业难题到谋划企业发展布局……“一杯茶”中，高新区孜孜探寻推进更高质量发展的“密钥”。

作者：叶炼青

2023 年 7 月 3 日

麻姑米粉如何撑起16.88亿元产值

“乡乡有米粉，县县不同味”，这是江西米粉的真实写照。南城的麻姑米粉就是其中的代表之一。

一碗地道的米粉，承载着江西人无限的乡愁。

“乡乡有米粉，县县不同味”，这是江西米粉的真实写照。江西南城的麻姑米粉就是其中的代表之一。

好米传千载 “银珠”生金银

麻姑米，又名银珠米，其色白如银，粒似珍珠，煮饭易熟，香气扑鼻，营养丰富，具有抗病、抗寒的特性。在第八届中国优质稻米博览交易会上，“麻姑”绿色大米喜获全国金奖。

作为南城当地农产品的一张“金名片”，麻姑米已有1000多年的种植历史。据清朝同治五年（1866）所撰《麻姑山志》记载：“银珠米，本山所出，四月始稼，八月方收。宋时取之作贡，今山多系他种，银珠米者，亦鲜矣。”宋代银珠米已作为一种土特产品纳贡。

“前世”辉煌的麻姑米在20世纪90年代却面临生存危机。南城县农业农村局高级农艺师章兴发告诉笔者，受特定环境条件以及品种种性的遗传限制，麻姑米栽种面积少、亩产低；同时，麻姑米属高杆品种，生长周期很长，随着杂交水稻的推广，麻姑米的产出效益相形见绌，农民种植麻姑米的积极性并不高。

随着生活水平的提高，人们对绿色无公害产品的追求，麻姑米因其抗病能力强、不用施农药等特点而重新受到青睐。2018年麻姑米迎来重大发展机遇，成为江西大米区域公用品牌建设工程重点支持的七大大米品牌之一。

乘着政策“东风”，南城县以“效益稻米、绿色稻米、品牌稻米”为发展理念，以推进农业供给侧结构性改革为主线，以建立“好米如丹，健康养生”品牌为引领，形成以优质“麻姑米”品种为纽带、龙头企业为核心、规模经营为基础、订单为抓手、科技服务为支撑、标准化生产为依托的产业发展体系，推进麻姑米区域品牌建设，铸造麻姑米新辉煌。

南城县严把种植源头关，突出标准化、规模化生产，狠抓品质提升，做好麻姑米地标产品认证，建立健全追溯体系，通过“企业+合作社+农户”的形式，建立麻姑米生产标准化示范基地7个，基地核心区1万亩，辐射区达10万亩。

换个新“吃法” 生发大产业

麻姑米综合效益的提升，与农业产业化国家重点龙头企业——江西麻姑实业集团有限公司密不可分，企业“掌门人”熊炳生是一名退伍军人。正是这家“链主型”企业的成长与带动，麻姑米才创造出了新价值，生发出大产业。

2001年，熊炳生牵头组建江西麻姑实业集团有限公司（前身为江西麻姑米粉有限公司），依托“麻姑文化”创建品牌，引进机械化生产设备，进行麻姑米粉加工。为了发展壮大，企业与北京工业大学、江西省粮油科学技术研究所等科研机构合作，组建专门的机械设备公司，引进、培育米粉生产技术设备方面的研发人才。

2015年底，企业首条直条米粉全自动化生产线成功投产，企业也因此成为国内在全自动化生产与保留传统工艺品质两个方面同时取得成功的直条米粉生产企业，产能居行业前列。

在市场风浪中，该公司有6条直条米粉全自动化生产线投入生产运行，已通过ISO9001及HACCP国际质量、安全管理体系认证，发展成为一家全产业链的农业产业化国家重点龙头企业和国家高新技术企业，实现年产米粉3万吨、大米20万吨，日产鲜湿米粉40吨、日烘稻谷360吨，拥有国标储备粮库容积3万吨的生产和服务能力。

如何提升麻姑米的产品附加值？南城县以“粮头食尾、农头工尾”为抓手，大力实施龙头企业壮大培育工程，研究制订麻姑米区域公用品牌领军企业行动计划和骨干企业成长计划，依托南城县大米加工园区，加大稻米龙头企业的招商力度，引进大企业，做好精深加工。

同时，延伸产业链条，加强精深加工技术研发，引导生产集方便、营养、保健于一体的优质功能性食品，重点开发母婴市场、旅游商品市场等高效益的市场，提高产品附加值，将“米袋子”变成致富“钱袋子”。

江西麻姑实业集团有限公司采用原粮自种植、自加工，大米分级市销，谷糠用于粉、糖生产线锅炉燃料，碎米制粉，粉渣提炼糖浆，残余提制蛋白粉；年消化原粮1.6亿斤，构建产业链“上下游通吃”、原粮“吃干榨净”的格局。

粮食加工全产业链提高了麻姑米的综合效益，催生了新的深加工产业集群。南城全县涌现出以江西麻姑实业集团有限公司、江西水龙米业有限公司等粮油生产加工龙头企业和专业合作社20多家，其中日加工能力100吨以上的就有7家。

穿上“水晶鞋” 香飘千万家

企业拥有了成熟的品牌，就像“白雪公主”穿上了“水晶鞋”。“我们研发生产的‘麻姑牌’大米、米粉先后获得中国绿色食品A级认证、中国好粮油产品，被评为江西名牌、江西出口名牌，连续两届获评中国米粉节金牌产品。正是有了品牌效应，订单和价格都呈上升态势。”谈到品牌的作用，江西麻姑实业集团有限公司董事长熊炳生感慨颇多。

如今，江西麻姑实业集团有限公司拥有麻姑贡米、麻姑米粉、江西米粉三大系列100多个中高档粮食深加工产品，在北京、上海、深圳、南昌等各大中城市建立了120多家麻姑米区域品牌营销网络。产品借助天猫、京东等电商平台，年销售收入突破3亿元。

此外，通过自营出口，麻姑米、麻姑米粉系列产品走出国门，年创汇500多万美元，让麻姑系列产品与麻姑文化一起传入千家万户。

“品牌是企业的重要无形资产，实施品牌战略是支持引导企业自主创新、提升核心竞争力的一项重要举措。”为了抢占市场先机，以品牌经济引领产业转型发展，南城县把培育麻姑米品牌作为一项战略措施来抓，建立麻姑米品牌战略推进工作体系，着力在政策引导、资金倾斜、科技支撑上下功夫，通过加大产品宣传推介力度，全面提升产业整体知名度。

该县制定农产品区域公用品牌“走出去”工作计划，组织让麻姑系列产品亮相国内外重要农产品展销会，在品牌形象店、企业旗舰店和大型商超设立专区、专柜等渠道，传播区域公用品牌产品。

借力电商平台，麻姑系列产品变身“购物车的宠儿”。稻米深加工企业通过第三方平台、自建平台、地方特色馆等渠道开展线上销售，建立连锁实体店和电子商务销售体系以及自营仓储物流体系，实现农业生产与消费大市场的有效对接。2022年麻姑米区域品牌实现产值16.88亿元，带动2.7万农户增收致富。

作者：彭国正

2023年7月4日

文港毛笔的前世今生

由一根竹竿、一个笔头组合而成的毛笔，书写着华夏文明的发展进程。起兴于赣鄱的文港毛笔，靠什么赢得天下名？

一个不到5万人口的中部小镇，2022年制笔及相关文化用品产业实现销售收入76.29亿元，创造利税8.58亿元，所产毛笔占据了全国75%的市场份额。

人靠名传，笔靠手张。一根竹竿、一个笔头组合而成的毛笔，书写着华夏文明的发展进程。赣鄱的文港毛笔，靠什么赢得天下名？

一

南昌市进贤县文港镇，地处赣抚平原，自古手工业繁荣、文化兴盛。写下“无可奈何花落去，似曾相识燕归来”的北宋词人晏殊正是文港镇文化昌盛的见证人。

文港有着1600多年毛笔制作史，相传东晋时咸阳人郭解与朱兴将毛笔制作技艺带到了文港。从此，毛笔制作技艺在文港扎下了根，并生生不息。

文港毛笔源于东晋、兴于唐、盛于宋，历史悠久，素以制作精湛、刚柔相济、书写自如、经久耐用著称，笔头似笋、腰身如锥、锋颖毫细，兼备“尖、齐、圆、健”之四德，深受历代文人学者的喜爱。

在清代民国毛笔四大名家中，文港独占其二，“周虎臣”“邹紫光阁”毛笔品牌名扬海内外。

周虎臣（1672—1739），进贤周坊人，父亲周时河从小就教他制笔技艺，长期耳濡目染下，聪颖的他很快就领会了毛笔制作之要领。

早年周家制笔为自产自销，康熙年间集资设肆于苏州，名“周虎臣笔墨庄”。乾隆年间，周虎臣笔墨庄被地方官员指派为清宫廷制作贡笔，乾隆六十大寿时进贡的60支寿笔，深得乾隆赞赏，乾隆皇帝特赐周虎臣笔墨庄牌匾。当时坊间流传“没有周虎臣的毛笔就不能进考场”，可见其声望。

同治元年（1862），为躲避战乱，周虎臣后人于上海南市兴圣街开设分号。因所产的笔做工精细，用料讲究，分号的业务发展很快，周虎臣笔墨庄将赣笔与湖笔两种制笔技艺兼收并蓄，以至于清末民初著名书画家李瑞清赞道：“海上造笔者，无逾周虎臣，圆劲而不失古法。”

周虎臣笔墨庄在新中国成立后改名为“上海老周虎臣笔厂”，其产品负有盛名，深受海内外书画爱好者喜爱，并多次在各类展览会上荣获大奖。2011年，周虎臣毛笔制作技艺入选第三批国家级非物质文化遗产名录。

二

百道工艺，匠心传承。经历代艺人的千锤百炼、推陈出新，文港毛笔的品质不断提高，产品畅销海内外。

出生于毛笔制作世家的周鹏程，8岁随父亲学习制作毛笔，至今已跟毛笔打了60多年交道。年轻时，他外出闯荡，走街串巷，跑书院画室、访名家大师，只为将自己做的毛笔推销出去，不料四处碰壁。从那时起，周鹏程便下定决心，一定要制作出让大师们都想用的毛笔。

但制笔要出类拔萃谈何容易。“抱着祖宗的观念做现代人的事，试过之后发现都行不通，想要在竞争激烈的毛笔市场夹缝求生，只能求新求变。”周鹏程回忆说，当时每到一个大师家拜访，他都想方设法观察大师手中的毛笔，学其精华，而这之后，他也尝试着将制作的毛笔送给大师们试笔，以便改进。

笔见人性，人以笔闻。1997年，书法大家尉天池偶然用到周鹏程制作的毛笔，甚觉得心应手，无可比拟，欣然题赠“中国笔王”，极力推崇周鹏程毛笔。

靠着一番好眼力、一手好功夫，笔匠以细小的刀具决定笔毛的长短，用纯熟的手感决定每一支毛笔的质量。

同是制笔世家的“徐华荣毛笔制作研学坊”坊主徐华荣，经过长年累月的学习、摸索、积累，徐华荣制笔享誉书友圈。徐华荣萌生了仿制古笔的念头时，没有见过实物，完全靠自己摸索，这无疑是极其艰难的。徐华荣没有退缩，他以传承和复兴毛笔文化为己任，花了五六年时间收集图片资料和史料，经过多年的钻研、数十上百次的实践，成功闯出了一条新赛道。

三

老一辈制笔人靠着肩挑手提，走街串户，售卖自己的手艺作品，以换取做笔的原材料，并以此作为营生。文港当地流传一句“出门一担笔，进门一担皮”的俗谚，这是过去当地制笔人的真实写照。

正是靠着这些匠人的坚守，文港的制笔文化得以传承延续，并成为造福一方经济、致富一方百姓的特色产业。

在保护中传承，在传承中保护。近年来，文港镇一方面采取线上线下相结合的方式，大力建设、宣传和推广“晏殊故里·进贤文笔”区域公用品牌，以此作为推动文化产业发展的重要抓手；另一方面，深入挖掘毛笔文化的精髓和内涵，拓宽设计思路，将毛笔文化与红色文化、陶瓷文化跨界融合，打造文港毛笔系列文创产品，用文港毛笔讲好中国故事。

如今，文港毛笔已成为热销的文创产品、旅游商品，独特的地域元素和文化创意推动着“晏殊故里·进贤文笔”区域品牌发扬光大，助推文港镇文化产业快速发展。

随着互联网及电子商务的崛起，文港毛笔企业主动“触网”，依托“电子商务”进农村平台，先后建成文房四宝电商基地、抖音直播基地和O2O展示馆，销售模式由线下转向“互联网＋”产业体系。

传统制笔产业搭上互联网的快车。据统计，文港镇有30%的企业依托国内各类交易平台开展电商业务，全镇电子商务经营主体3000余家，共开设个体网店5000余家，电子商务企业450余家。

发展至今，文港毛笔产业已经形成了一个成熟度高、辐射面宽的产业集群。目前，文港镇拥有毛笔生产企业400余家，毛笔作坊约2200

家，现代笔业105家，产品涵盖了各大系列、各种规格，还拓宽延伸到油画笔、化妆笔等品类。全镇从事制笔及相关文化用品产业的人员达2.2万余人，在外经商1.2万人，销售窗口5100多个，几乎遍及全国所有县级城市。

让毛笔文化搭上旅游快车，打造文旅融合品牌，是文港镇基于自身优势发展经济的又一探索。

文港镇深挖以晏殊、晏几道为代表的“二晏”文化，以文港毛笔制作技艺为代表的非遗文化，以中国传统村落周坊村为代表的赣派建筑文化，整合借助多方资源，建成了毛笔文化博物馆、钢笔文化博物馆、周虎臣历史纪念馆、印文化博物馆、中国毛笔文化第一村——周坊村等一批具有毛笔文化特色的旅游景点，努力让传统文化“活起来”，让文化“走出去”。

如果说十年前文港毛笔是一幅精雕细琢的工笔画，那么今天的文港毛笔产业，已经成为一幅纵横捭阖的写意图。

如今的文港镇集“华夏笔都”“中国毛笔之乡”“中国楹联之乡”“中国毛笔文化之乡”“中国第一批特色小镇”金字招牌于一身。2021年文港毛笔制作技艺入选第五批国家级非物质文化遗产代表性项目名录扩展项目名录，2022年“文港毛笔”获批国家地理标志证明商标，荣获最受欢迎的江西十大地域消费品牌，文港毛笔制作基地获批国家级非物质文化遗产保护生产性示范基地。

作者：周苏雁

2023年7月23日

“凉资源”何以变“热经济”

炎炎夏日，去哪里能觅得一分清凉，以解酷热之苦？宜春市靖安县中源乡是个好去处。

炎炎夏日，去哪里能觅得一分清凉，以解酷热之苦？宜春市靖安县中源乡是个好去处。每年夏季，中源乡开启清凉消暑模式。全国各地的游客纷纷涌入这里，平日常住人口不到7000人顿时游人如织。

中源乡既不如庐山、井冈山等传统避暑胜地那般闻名遐迩，也不如梅岭、武功山等新晋避暑胜地有名，但还是吸引众多避暑纳凉的游客。

这个小山乡，靠什么成为热门避暑地？“凉资源”又是如何转化成“热经济”的？

古朴小村蜕变为风景名片

山巍峨、水清灵，生态环境一流，空气湿度适中，夏季凉爽舒适，当这些优势集中在一起，就形成中源乡极佳的先天避暑条件。

“这里的天气太凉爽了！我每年都要来避暑，晚上睡觉不用开空调，舒服得很嘞！”来自南昌的王先生对中源乡赞不绝口。王先生感受到的清凉，正是源于中源乡得天独厚的生态资源。

中源乡自古有“身上无棉，莫上中源”之说，被誉为“小庐山”。中源乡位于靖安县西面、九岭山脉南麓，境内九岭尖海拔1794米，为赣西北最高峰，避暑民宿大多分布在海拔700米~1000米的山间。

独特的地理位置造就了中源乡独特的气候。每到夏日午后，天空时常下起短时阵雨，为地表降温。整个夏季平均气温在18℃~22℃之间。

着眼于自身区位优势和自然资源，靖安县把握良机，因地制宜谋划产业发展路径。靖安依托位于南昌、武汉、长沙“中三角”中心的区位，找到与消费需求的契合点，打出“中源避暑小镇”的招牌，让去中源乡生态休闲避暑成为人们心中向往的事。

几年前，中源乡依靠丰富的自然资源，吸引了不少游客前来观光旅游，但开发的旅游资源没有特色亮点，加上基础设施薄弱，旅游产业发展一直不温不火。

后来，靖安县聘请了中国建筑设计院和南昌城市规划设计院等国内专业团队，编制《中源避暑特色小镇建设专项规划》《中源全域旅游规划》等，布局全域旅游产业，打出“集镇+村落+景区”组合牌，形成镇村联动、景区带村的产业发展新模式。

如今，休闲座椅或附于小河畔，或点缀于草林之间；彩色游步道如绸带般在路边绿化的映衬下向前伸展；亭台楼阁依一分山水，亮一道风景……

中源乡在不断蜕变中实现美丽升级，一跃成为乡村旅游热门“打卡地”。

民宿让游客感受暖心服务

中源乡三坪村益寿山庄内，绿树成荫，环境幽雅。前来度假的游客三五成群，围坐在一起，或品茶聊天，或吹拉弹唱，悠闲自乐。

山庄主人喻立新早年接待过老知青来家做客，老知青夸赞中源乡夏季气候舒适凉爽，适合长居。受老知青的启发，喻立新于2000年创办中源乡第一家农家乐，成为周边第一个“吃螃蟹”的人。

受其影响，中源乡三坪村许多农户利用自家空闲房屋搞起了民宿。“客人来了和我们同吃同住，大家就像家人一样。很多老客年年来，头一年就把第二年的房间订好了。”喻立新介绍。

此前，由于缺乏规范管理，中源乡的民宿发展走了不少弯路。为此，中源乡成立了民宿休闲旅游工作领导小组，制定《中源乡民宿规范管理方案》等规章制度，通过政府规范引导、支部协会联合议事等方式，规范民宿产业发展。

“这两年，我们加快推进避暑特色小镇基础设施建设，并引进专业人才，开展面点、餐饮、酒店房务整理等培训，全力为游客提供更好的服务。”中源乡党政负责人说。

早期的民宿，属于中低档经济型住宿产品，经营户以本地农户为主。现在中源乡引进了一批高端民宿品牌和一批旅游康养项目，带动全乡民宿产业提档升级，形成能满足各层次消费需求的产业态势。

随着旅游业的发展和人们对个性化旅行的追求，中源乡民宿数量与日俱增。据统计，当地民宿从2018年的278家增长至2023年的721家，为中源乡的旅游产业发展奠定了良好的基础。

新业态新玩法激发消费活力

“来吃烧烤咯！”一声响亮的吆喝，游客纷纷围到烧烤架前，享受新鲜出炉的美食。在美丽乡村的水岸边，在沐光的小院里，游客或是烧烤、唱歌、玩水，或是和家人、好友拍照打卡，玩得不亦乐乎。

原先，中源乡游客以老年人为主，而今随着业态不断丰富，中源乡受到越来越多年轻人的喜爱。

在中源乡，你可以选择徒步北岭观瀑栈道、寻踪西岭梯田、露营九岭尖看云海日出，也可以选择唱歌、烧烤、电玩轰趴、参加草坪晚宴，还可以在游步道、小游园、小广场漫步，可休憩可锻炼，可观景可散心，入眼皆画，移步换景。

在人文景观打造方面，中源乡立足原生态的民俗遗存、文化传统，打造了中源家风馆、四园一礼堂、古戏台广场等文体中心，让游客沉浸式体验农耕文化、书法展演、竹雕字画等。一系列新潮流、新玩法、新场景，将“流量”变“留量”，让中源这个小山乡“出圈”更出彩。

作者：钟永乐　邓绪娟　汪庆澈　罗琪菱

2023 年 7 月 28 日

宜春为何盛产“好人”

从火海勇救6名幼童的谭良才、王茂华，到30余年走村串户开展义务宣传的张包春；从“夺刀少年”柳艳兵、易政勇，到坚守山村教育40余载的支月英……

自2008年中央文明办定期推评“中国好人榜”以来，宜春先后涌现出236名“中国好人”、188名“江西好人”，其中4人获评全国道德模范、15人获评全省道德模范。从“中国好人”上榜人数来看，宜春位居全国设区市前三甲。

一位位来自宜春的“中国好人”，如春风化雨般荡涤人心，使社会主义核心价值体系变得那么可信、可亲、可学。

“发掘好人”展现凡人善举

在万载，有一名老支书退休后一直奔波在乡村公益道路上。从摩托车到三轮车再到小汽车，13年来他跑遍了周边42个村庄、15所学校、4个敬老院，播放乡村电影4680余场，丰富了村民文化活动，点亮了乡村夜生活。

2023年6月，他荣登“中国好人榜”。这个人，就是宜春市万载县茭湖乡上峰村村民胡克丰。

十余年来，为了让更多好人从幕后走到台前，宜春把发掘推荐道德模范、身边好人，作为精神文明建设的重点项目来抓，持之以恒开展“我推荐、我评议身边好人”活动。

选树“好人”，宜春形式多，有网络投票、媒体发现、组织推选等；领域宽，组织发动各行各业评选身边好人；层面广，村乡县市四级联动推荐好人。

被誉为“最美儿媳”的铜鼓县永宁镇居民黄英，带着多病缠身的八旬公公出嫁，用孝心谱写人间真情；奉新县第一中学党委书记、校长闵嗣生把自己当作一盏灯，坚守基层25年，为教育事业奉献微光；宜春安技玻璃工业股份有限公司董事长王德定致富不忘本，将股份无偿赠予员工，携手员工奔向共同富裕。

仁孝的光芒、敬业的精神、信义的担当……这些由“群众的眼睛”发现的、代表宜春人精神风貌的“凡人英雄”树立起做人做事的标杆，拉起道义的准绳，不断刷新着这座城市道德文明的新高度。

“好人文化”厚植道德沃土

“只要我还在坚守，大山的邮路就多一分保障，村落就多一分活力，山里老人就多一分便利。”这是“中国好人”、中国邮政集团有限公司江西省宜丰县分公司双峰邮政所邮递员吴文清写在日记里的一段文字。

这位“绿衣使者”，1993年起沿着父亲足迹，30年如一日奔波在长达127公里的深山邮路上，架起了一座山村群众与外界之间信息、感情流通的温暖桥梁。吴文清子承父业、坚守初心，正是宜春好人文化代代传承的生动写照。

根深才能叶茂。宜春大地好人辈出，得益于宜春深厚的文化底蕴和绵延不断的文化传承。地处江南佳丽之地、文物昌盛之邦，宜春人传承中华优秀传统文化的同时，坚持知行合一，从自律走向自觉；生于红色沃土，传承先辈们天下为公、大公无私的精神，坚韧不拔、勇于奉献、崇德向善。

宜春市委宣传部主要负责人说："多年来，宜春精心培育和弘扬'好人文化'，用'好人文化'感染群众，引导社会大众见贤思齐、向上向善，让宜春这座'好人之城'温润如春。"

身边好人就是有形的正能量，就是鲜活的价值观。宜春用凡人善举凝聚价值共识，切实弘扬"好人文化"：建设身边好人主题公园、广场、街巷等，全景展示身边好人先进事迹；用群众喜闻乐见的艺术形式传扬好人事迹，编创好人电影、好人戏剧、好人广播剧；常态化举办全国道德模范与身边好人交流活动、全国"见义勇为"表彰现场会等；将全市"中国好人"先进事迹编印成书，免费发放到机关、学校、乡村。

"好人好报"树立价值导向

在靖安县双溪镇，"最好妻子""最美妈妈"闵青梅的感人事迹，被广为传颂。20余年来，她对高位截瘫的丈夫不离不弃，含辛茹苦把丈夫与前妻的儿女抚育成人，用行动体现人间真爱。

好人有福气，社会才能树正气；好人过得好，才能激发正能量。双溪镇党委、政府安排闵青梅到社区工作后，帮其申请廉租房，让好人安心过好日子。

宜春出台《宜春市道德模范、身边好人礼遇帮扶实施办法》，设立“见义勇为基金”“慈善救助基金”，用于英模、好人褒奖救助。一套“让好人不吃亏”的机制激励社会人人尊敬好人、人人争当好人。

道德模范谭良才想要创业，政府为其提供创业的便利条件；道德模范皮祖强牺牲后，将其爱人调回老家樟树工作……这些雪中送炭的关心照顾，传递了好人有好报、行善不吃亏的价值导向。

政治上让好人“有位子”。宜春推荐全国道德模范谭良才和“中国好人”王冬新为党代表候选人，推荐全国劳动模范伍映方为全国人大代表，等等。

社会上让好人“有面子”。王茂华、谭良才、皮祖强等荣获全国道德模范或提名奖后，市、县两级举行隆重的庆贺仪式，并常态化邀请这些道德模范、身边好人出席重大节庆活动并观礼。

精神上嘉奖、政策上优待、政治上关怀，宜春以制度为保障，让模范典型成为人们心中的“偶像”，在全社会形成了“爱人者人恒爱之，敬人者人恒敬之”的良好生态。

“好人效应”引来百花齐放

一人兴善，万人可激。宜春市中华助残网志愿服务联合会创始人刘真是一名“中国好人”。他身残志不残，30年来带领联合会提供志愿服务20多万人次，建立了全省首支助警巡逻队、全省第一支女子专业志愿服务队，以及雷锋车队等10多个志愿服务分队。

“一个人的力量有限，但大家的爱心汇聚在一起，点点星光就能汇成璀璨星河。”刘真说。如今，志愿服务联合会由当初2名发起人发展成为拥有6000余名注册志愿者的集体组织，荣获“全国扶残助残先进集体”；在刘真的感召引领下，志愿服务联合会12名志愿者荣登“中国好人榜”，这就是道德模范的辐射效应。

谭良才志愿服务队、支月英志愿服务队、张包春好人工作室……在宜春，由“中国好人”、道德模范领衔的志愿服务组织深入城乡社区、走在田间地头，影响带动更多社会各界志愿者。

好人，犹如一束光，在温暖人心的同时，吸引人们追逐光、靠近光、成为光、散发光。如今，越来越多宜春人崇尚善德义举，存好心、行好事、当好人。

作者：彭文辉　唐　琰

2023 年 8 月 4 日

家居之都勇闯低空经济“无人区”

在南康，低空经济业态如何激发市场潜力，助力低空经济乘风起航？

引入科研院校、网罗知名企业、开辟大片园区……从2020年开始，不到3年时间，位于赣州市南康区的中国赣州低空经济产业园从无到有，成功斩获两个“全国唯一”——全国唯一一个以B类通用机场标准建设的飞行测试基地；全国唯一一个集飞行空域、800米飞行测试跑道、风洞实验室、综合检测实验室、低空综合监管系统、远程指挥平台、通航机库、标准厂房等融合低空经济产业发展全要素的低空经济产业园。

在南康，低空经济业态如何激发市场潜力，助力低空经济乘风起航？

入　局

2023年7月28日上午，炙热的阳光射向大地，树木和花草似乎都染上了一丝倦怠。但走进中国赣州低空经济产业园，眼前的景象却让人精神一振：江西同一无人机科技有限公司展厅内，“鲲龙”AG600全电样机炫酷的外形、亮丽的涂装透露出一丝“霸气”。

去年11月，在珠海举办的第十四届中国国际航空航天博览会上，国内首架“鲲龙”AG600水陆两栖飞机高仿真模型全电样机模型首次亮相就艳惊四座，成为珠海航展史上首个既能静态展示又能动态表演，兼具科普教学和科研试验功能的展示产品。

“我们主打高端定制，主要做固定翼无人机及高端航空模型的研发、生产及销售，产品销往全球20多个国家和地区。”该企业技术负责人刘晨晖说道。

20世纪90年代初，勤劳的南康人凭着“一把刨刀、一根锯条”，将“木匠”这个老行当发展成远近闻名的家居产业，创造了“无中生有”的产业奇迹，成就了南康2500亿元的现代家居产业。

但风光无限的同时，产业结构单一、一家独大的现状，也让不少南康人担忧。如何跳出对传统产业的路径依赖，找到符合自身的新赛道？

抢抓中国民航局对口支援的独特优势，南康把目光投向了低空经济。近年来，随着赣南等原中央苏区振兴发展的各项政策落地，对口支援南康的中国民航局出台了系列帮扶政策。在这种背景下，低空经济被南康拥入怀抱。“改革创新是流淌在南康人血液中的基因。当前，我们加快建设中国赣州低空经济产业园，通过落实党和国家的政策，创造性开展工作，力争打造产值超500亿元的低空经济产业集群。”南康区委书记何善锦表示。

借　力

随着通用航空产业快速发展，以无人机为代表的各类飞行器飞向天空，低空经济这个具有万亿元市场潜能的“新蓝海”蓄势待发。作为被广泛看好的新兴赛道，低空经济入局者众，国内不少地方都在抢滩布局。

南康发展低空经济有哪些优势？南康商贸活跃，经济规模较大，产业基础好，电商和物流业发达，在推动产业集聚发展方面具有优势；政府愿意且有资源来拥抱“蓝海”；拥有较多山地地形，为低空经济提供了丰富的应用场景。

基于对产业的前瞻性思考和自身禀赋的考量，一系列围绕低空经济的布局在南康密集展开。

南康划出可观土地，并投入大量资源，高标准建设了中国赣州低空经济产业园，产业园选定临近赣粤高速龙回出口，规划1000亩土地作为产业发展的平台载体。

筑好巢，引来“凤”。短短几年间，南康就吸引了顺丰丰翼、深圳同一、深圳大漠大、深圳科比特、深圳明德新材、中国科学院无人机应用与管控中心，以及南昌航空大学、江西理工大学相关科研机构等空天“明星”落子，南康由此成为全国低空经济领域冉冉升起的新星。

“赣州作为全国首批13个民用无人驾驶航空试验区之一，拥有民航局对口帮扶等政策优势。与此同时，无人机产业还享有西部大开发税收优惠、IPO上市绿色通道等国家、省市多重战略政策叠加优势，为低空经济发展带来新机遇。”南康区无人机产业发展有限公司负责人介绍说。

政策赋能、科技创新、要素齐聚为南康低空经济腾飞提供了土壤。如今，在产业园内，800米飞行测试跑道可承载大载重、长航时的中大型复合翼、固定翼无人机的测试飞行；风洞实验室成为锻造无人机优越品质的“练兵场”；低空综合监管系统搭建起包含航管服务、数据服务、飞行服务等功能的管理云平台。

起　势

“本以为要15天，没想到10天搞定了！”近日，华宇通航所属的卡-32直升机首次进驻中国赣州低空经济产业园，收获了不一般的体验。

驻场期间，产业园区管理处为机组团队解决了园区宿舍、食堂就餐、物资仓储等问题，维修人员帮助飞机更换了主减速器和主轴。让大家没想到的是，由于产业园各要素齐备，原本需要15天完成的维修工作，在南康10天就完成，效率大大提高。

这几年，南康区坚持开展无人机应用拓展及推广工作，成功探索全国第一个无人机物流配送试点，“顺丰—南康”模式推广至四川、云南、西藏等地。疫情防控期间，南康“无人机+医疗配送”服务团队远赴武汉、上海等地开展支援，打破了长期以来低空经济被认为是“高大上”的产业，只有大地方才能发展的认知。

未来，南康还将加强与发达城市、发达地区的对接，与深圳合作共建“飞地”产业园，在研发设计、生产制造、运行场景、应用试点等方面开展深入合作；同时，向全球企业抛出共赴未来的“橄榄枝”，吸引更多头部企业进入，推动更多科技成果在南康转化应用，营造服务低空经济全产业链的业态环境。

笃定“凌云”之志，坚定向天借力。低空从承载低空飞行的物理空间，变成一种前景广阔的发展资源，低空经济将成为现代化南康的一张新名片。

作者：李宛容

2023年8月16日

“赣南茶油”是怎样炼成的

发展乡村产业，需要做好“土特产”文章。江西土特产品类丰富，油茶就是其中极具经济价值的一种。赣州作为全国油茶主产区之一、全国油茶产业发展示范市，如何打响赣南茶油品牌，做好“土特产”文章？

初秋的赣南，高低起伏的丘陵连绵不绝，郁郁葱葱的山坡上，一株株油茶树迎风而立，绿叶掩映之间，累累硕果长势良好，丰收在望。

油茶全身都是宝。无论是保障国家粮油安全、推进农业供给侧结构性改革，还是助力乡村振兴，油茶产业都具有广阔前景。

截至去年年底，赣州市油茶林总面积315万亩，年产茶油3.04万吨，油茶产业综合产值超120亿元，赣南茶油品牌连续6年登上中国品牌价值区域品牌（地理标志）百强榜。

油茶产业为何能成为赣州的优势特色产业？油茶价值如何实现最大化？

科技兴“油”

8月20日，石城县木兰乡高产油茶基地负责人何程庆像往常一样前往油茶林查看油茶果的长势，看着漫山硕果，脸上露出了笑容。“我们在给油茶林除草、修路，为后期的采摘工作做准备。今年雨水充沛，油茶果长势非常好！”何程庆说。

茶油是我国特有的传统食用植物油，其生产和发展历史源远流长。先秦古籍中即有关于“员木”的记载，“员木”即指油茶。在赣南，油茶种植历史已有2000多年，赣南地区气候温润、光热充足、雨量丰沛，非常适合油茶生长。

赣州市林业局油茶办工程师刘繁灯介绍，赣南所产的油茶籽出油率高，赣南茶油的油酸等不饱和脂肪酸含量超过90%，角鲨烯、甾醇、维生素E等成分丰富，茶油品质好。

赣州产油茶果、油茶籽和新鲜压榨的茶油品质好，除了赣州得天独厚的自然条件，还得益于赣州发挥科技优势，推广良种良法，高质量培育油茶林，规范茶油加工，推进油茶产业提质增效。

“在专家的指导下，我的油茶林经改造后，产量翻了好几倍，今年预计可以突破500公斤。”陈新才笑呵呵地说，他又新种了60亩油茶。以前，陈新才种有34亩油茶，由于不懂种植技术，管理粗放，油茶进入盛产期时也仅每亩产油80多公斤。2020年，基地列入改造计划，政府请来专家现场教授油茶改造提升技术。在专家指导下，去年该基地产油400多公斤。

为了提升种植户经营管理技术，赣州建立了“1+4”（国内知名专家+市级特派员、县级指导员、乡级指导员和乡土油茶专家）油茶科技推广人才体系，聘请国家级油茶专家谭晓风为全市油茶改造提升项目进行技术指导，组建了900余人的科技推广服务队，建立市县两级技术服务人员挂点指导责任制，分市、县、乡三个层级开展油茶改造提升技术培训。

油茶增产让赣南广大农户鼓起了腰包。宁都县东韶乡琳池村龙琳油茶基地，李德贵夫妇在给油茶树进行修枝、除草、施肥。“我们来这里干活，还能照顾家里，到年底基地还有分红。”李德贵算了一笔账，基地务工收入、年底产业分红加上自己原有的养殖收入，一年下来有近5万元。

产业活“油”

在江西省友尼宝农业科技股份有限公司，生产线上不断有山茶油、沐浴露、洗发水等油茶相关产品下线，产品畅销北京、上海、广东、福建、广西等地，深受广大消费者喜爱。

“要做大做强赣南油茶产业，必须做大产业链，发展精深加工，提升产品附加值。”赣州市林业局油茶办业务负责人刘蕾说。赣州有油茶种植加工注册企业52家，引进培育了齐云山、友尼宝等13家油茶精深加工企业，年加工产能达10万吨。油茶产品已形成涵盖茶油初级产品及茶粕、洗发水、沐浴露、茶皂素、香皂等副产品和精深加工产品的多元化格局。

在赣州哈克生物科技有限公司，一排排手工茶油精油皂、抑菌产品、护肤品等精深加工产品引人注目。这些产品是该公司与赣南医学院开展产学研合作，由两者联合组建的赣南生物医药产业研究院研发的成果，其中山茶润肤油获得2020年首届江西林业产业博览会金奖。

赣州致力于做强油茶加工、科研、质检等平台，推动油茶产业创新赋能、转型升级。在茶油生产环节，赣州坚持把好原料到加工全过程质量关，制定油茶果实采收和处理技术指导规范，推广筛选机械精选茶籽，保障茶籽原料质量。

2022年，赣州市试点建设5个油茶机械化栽培示范基地，示范推广油茶抚育管理环节机械设备、水肥一体化设施、生态防草布等设施，探索推广油茶栽培环节机械化，推进实现油茶产业从种植到果实初加工、茶油生产等全过程机械化。

品牌强“油”

今年5月，2023中国品牌价值评价信息发布，“赣南茶油”连续6年登上中国品牌价值区域品牌（地理标志）百强榜，“赣南茶油”在2023年榜单中位列第47位，品牌价值66.85亿元。

经过多年发展，“赣南茶油”先后获批国家地理标志保护产品和地理标志证明商标，被授予首批中国农产品地域品牌标杆品牌，入选江西农产品“二十大区域公用品牌”。

“赣南茶油”品牌崛起的背后走过了怎样的历程？时间回拨到2010年，赣州市申请注册“赣南茶油”区域公用品牌，开始了茶油品牌孵化育强之旅。

形成品牌体系。赣州市打造“赣南茶油”公用品牌，同时培育扶持齐云山、友尼宝等企业自主打造茶油品牌40余个，形成以地标产品为基础、区域公用品牌为支撑、企业品牌各具特色的赣南茶油品牌体系。

制定相关标准。品牌形象的“面子”必须有“里子”来支撑。赣州不断完善茶油质量标准体系建设，规范市场行为，促进产业健康有序发展，制定赣南茶油地方质量标准《地理标志产品　赣南茶油》，出台《赣南茶油地理标志产品保护管理办法》《赣南菜油地理标志证明商标使用管理办法》，并组织市场监管部门开展油茶领域的监督检查，保障产品质量。

组建产业联盟。赣州引导种植大户、油茶销售加工企业和科研院所等48家单位组建赣南茶油高品质联盟，优化整合油茶种植、加工、销售、科研等多方力量，生产所有产品均须经油茶国检中心检测才能进入市场，共同维护并树立赣南茶油的高品质、好形象。

作者：刘珊伊　钟清兰

2023 年 8 月 31 日

“木匠之乡”如何“凿”出千亿元产业

木匠，凝结了南康人的文化精神。“木匠之乡”如何“凿”出千亿元产业？

木之奇，奇冠天下；匠之绝，绝于尘寰。木匠，凝结了南康人的文化精神。

南康，一个千年客家古邑，自三国时期立南安县，晋太康元年（280）始名南康，至今已有1700多年历史。

曾经，敢为天下先的南康人，在无樵可砍、无薇可采、无田可耕的境遇中，凭借着一双巧手、一门传统的手艺延续着代代相传的木匠文化。

如今，历经30年爬坡过坎，从1993年南康第一家家具厂创办，到如今的千亿级产业集群，南康已成为全球最大的家具生产制造基地之一，实现了由“单一内贸”向“买全球、卖全球”的历史性转变。

南康人，是如何弘扬深厚而独特的木匠文化仗剑走天下？南康，又是如何实现由“家具”变“家居”、由“制造”变“智造”的转型升级？

无中生有

南康自古出木匠，经过千年打磨、积淀和发展，培养了大量手口相传的传统木匠师傅，成就了“南康木匠”的美名，这既是南康家具产业人才的自然储备，也是南康家具产业快速发展的先决条件。

改革开放后，10万南康木匠下广东，开阔了眼界，学到了新技术，懂得了管理，积累了资金，便纷纷回乡创业。1993年，杜永红创办了南康第一家家具厂。那一年，杜永红赚了12万元，成为南康家具历史上第一个“吃螃蟹”的人。后来，一大批“宁当鸡头，不做凤尾”的南康人纷纷当上了老板，开办的企业大多形成了“前店后厂”的发展模式。

彼时，赣州行署出台了《关于加快发展个体、私营经济的若干规定》，为刚刚萌芽的南康家具产业生长提供了适时的养料。而后，南康开始推行“个私兴康”“扇炉子”等发展战略，甚至成立了家具产业促进局（现家居产业服务中心），专门负责家具产业发展规划、政策制定、产业培植、市场培育、家居产业服务等工作。

南康家具厂商如雨后春笋般冒了出来，并迅速发展壮大。到2012年形成产值超百亿元、数量近6000家的产业规模。著名社会学家费孝通把南康经济现象概括为“无中生有、有中生特、特在其人、人联四方”。

自我革命

一个地区需要得到长足发展就必须立足本土文化。一个产业也如此，它要迅速地发展壮大，必须寻找到适合它的文化血缘和基因归属。

多年来，南康家具产业“铺天盖地”的发展势头背后，却面临着管理粗放、低小散乱污、产品低端化、销售不畅、物流成本高等一系列问题。如果不能在“十字路口”把握正确方向、实现转型升级，南康家具产业发展势头难以持续。

2012年，国务院印发的《国务院关于支持赣南等原中央苏区振兴发展的若干意见》明确提出：“支持……南康家具以及……产业基地建设”。江西省、赣州市和南康区各级党委和政府抢抓这一重大政策机遇，迅速开始落子布局。

“缺什么就补什么，什么薄弱就强什么！”过去木材进口存在环节多、成本高、以次充好等问题，南康便建了赣州国际陆港；传统的人工喷涂作业不环保、效率低、成本高，便建了共享喷涂中心……南康搭平台、补链条，创造性建成了首个集国际物流、海关监管、保税仓储、数字经济等为一体的中国内陆口岸（江西）国检监管试验区，打造了赣州国际陆港、中国（赣州）家具产业博览会、国家家具产品质量检验检测中心（江西）、家居小镇、共享喷涂中心、金融中心，以及物流、烘干、标准厂房等公共服务平台，使南康家具要素更加集聚、链条更趋完善、功能更加齐全。

除此之外，南康在全省率先大规模启动“个转企、企升规”工作，拆除2000多万平方米铁皮厂棚，新建1000多万平方米标准厂房，推动企业入规、入园、入标准厂房；高标准打造了五星级政务服务中心，深入开展“家具产业一链办”改革，减租降费，创新金融，让近万家家具企业共享“一链式”服务。

“如果说原始积累是南康木匠敢为人先让南康家具‘无中生有’，

那么转型升级就是政府敢于大刀阔斧、刀刃向内、自我革命，推动了南康家具产业成功转型升级。”南康家居产业服务中心主任李庆伟说。

目前，南康已有1000多家规模以上家具企业，拥有品类齐全、集中度高、加工能力强的全产业链条，涌现出江西省首家本土上市的家具企业——汇森家居，家居龙头、上市公司美克家居也将总部迁往南康。

华丽转身

未来的竞争是品牌的竞争，而品牌的一半是文化。一个有文化的品牌，才能享誉世界；一个有文化的产业，才能基业长青、经久不衰。南康家具产业的发展也同样呼唤传统文化与产业文化的传承与回归。

位于赣州市南康区的家居小镇，3枚恐龙蛋造型的建筑傲然挺立，绿树环绕在独具特色的建筑之间，构成了一幅秀美画卷。2018年，南康家居小镇投入使用，快速集聚家居高端要素和新业态，成为南康家具品牌加速崛起的动力引擎。

如今的南康家具撕掉了“水货贴牌”“傻大笨粗”的标签，收获的是“高品质”“高颜值”“高性价比”的口碑。如此“华丽转身”得益于南康依托家居小镇，创建了3个国家级工业设计中心，吸引了100多家国际国内顶尖设计机构和1000多名设计师入驻，家具企业可就近享受国内外顶尖设计服务。企业购买小镇设计服务可享受50%奖补，越来越多本土企业也开始注重原创设计，提升产品品位，满足消费者多元化需求。

2022年南康家具开发原创产品超2万件，外观专利授权数量全省第一，品牌价值超700亿元，雄居全国家具产业首位。

“南康成了最大的实木家具设计聚集地，很多省外家具企业向我们抛出‘橄榄枝’，希望我们在那边设置分支机构。”本土企业江西省赣璞设计有限公司总经理段耀贵说。

近年来，南康还通过大力弘扬木匠文化，助推家具产业高质量发展。南康举办木工技能大赛，选树“木匠大师”，培育和储备家具技能人才；同时，通过推荐认定、培训认定、考核认定、竞赛认定等形式，培养认定“星级南康木匠”，将“星级南康木匠”统一建立档案，纳入区家具产业高技能人才库，并给予一定奖励，进一步促进家具木匠职业素养和木工制造工艺水平双提升。

立足文化根基，打造特色品牌，南康以“设计引领、创新驱动、品牌带动”推动南康家具实现从“制造”向“智造”、从传统家具向时尚家居产业的蝶变。

南康着眼产业链整体规划，建成全国第一条实木家具自动化生产示范线，智能车间、数字工厂裂变到200多个，2100多家企业“上云”，探索打造了“一网五中心”，实现了由传统生产经营模式向网络化柔性生产模式的转变，由单个企业信息化向整个产业数字化转变。家具零部件共享智能工厂将家具生产10多道工序自动化串联，生产线如同一条智慧“高速公路”。

“它的效率是传统家具生产的5至6倍，生产周期缩短60%以上，投入产出比能达到10倍以上。从一块木板原材料到家具零部件只需45秒，从家具零部件到家具成品也仅需5分钟。”南康家具零部件共享智能工厂厂长陈川说。

如今，格力电器、美克家居、大自然家居顺利投产，顾家、左右、圣蒂斯堡等30多家头部企业齐聚南康，家具品类从实木家具扩展至软体家具，开启了“家具＋家电＋家装”融合发展的“三核时代”，南康成为名副其实的家具之都、家居之都，2022年总产值突破2500亿元，正朝着打造5000亿元产业集群的目标奋力前行。

拥抱世界

南康历来商贸繁荣，曾被赞誉为“衣冠文物之名区，财赋舟车之都会”。如何持续唱响品牌，再现商贸繁荣？

布局国内市场。南康选出254家本土家具头部企业组建南康家具品牌联盟，在全国各大节点城市布局“百城千店”战略，计划3年内在全国建成超过100家南康家具品牌馆。南康品牌家具企业亮相国际名家具（东莞）展览会、广东（佛山）国际智慧家居展览会、中国（广州）国际家具博览会等国内一流家具展会，“批家具，去南康”“广东看展，南康下单”成为行业惯性。中国（赣州）第十届家具产业博览会取得专业观展人数超20万人、线下线上交易额突破200亿元、项目签约金额325.5亿元的喜人成绩。

开拓海外市场。南康先后组织经贸团赴东南亚、欧洲考察招商，南康家具首次进驻意大利米兰的展会，签约海外订单30多亿元。越来越多的本土企业主动“走出去”，积极参与国际竞争，南康家具外贸企业也由个位数猛增到现在的850多家。2022年全区外贸进出口总额首次突破100亿元。

依托赣州国际陆港，南康不仅汇聚了俄罗斯、东南亚、非洲等50多个国家和地区的数百种优质木材，更打通了出口内销双循环、线上线下新零售的新通道，带动4300余家家具企业“触网”，探索出了家具大件商品跨境电商的新路径，家具出口到全球100多个国家和地区，电商交易额2022年底达到761.5亿元。

今日南康，凭借陆港、综保区、跨境电商综试区、国家进口贸易促进创新示范区“四区合一”，穿越千山外，联通大世界，加速度，冲出去，抢订单，争市场，实现了“买全球、卖全球”。

“南康正放眼全球，以乘风破浪的决绝与勇毅，打造具有超大产业规模、超强创新能力、超前国际影响力的世界级家具产业集群，世界有米兰，中国有南康，让‘世界有家的地方就有南康家具’的梦想加快照进现实。”南康区委书记何善锦说。

作者：钟雅欢　曾斌生

2023年8月31日

淡水珍珠之乡为何是它

鄱湖之滨，小小的珠贝如何变身为富民强县的支柱产业？这颗珍珠的背后，有着怎样的发展故事？

央视《“县”在出发》节目打卡多个江西宝藏县区，镜头下，候鸟翩跹江豚跃的“中国淡水珍珠之乡”都昌，让人印象深刻。

通过央视的镜头，人们领略了都昌珠贝产业的繁荣发展。鄱湖之滨，小小的珠贝如何变身为富民强县的支柱产业？这颗珍珠的背后，有着怎样的发展故事？

一

从《尚书·禹贡》中所载的“淮夷蠙珠暨鱼”，到《史记·龟策列传》中描述的“明月之珠，出于江海，藏于蚌中”，珍珠的故事由来已久。

珍珠有“光彩好运、财富珍宝、吉祥平安、繁衍新生”等诸多寓意，寄托了人们的美好期许。不管是影视作品《了不起的盖茨比》中上流社会不可或缺的珍珠饰品，还是《九号摩登》《时尚芭莎》中明星们的现代珍珠妆，都表现出人们对珍珠饰品情有独钟。

都昌县珍珠养殖面积约1.5万亩，2019年珍珠产量为42吨，约占全省淡水珍珠总产量的19.2%，占全国淡水珍珠总产量的6.8%。“中国淡水珍珠之乡”的美誉可谓名副其实。

都昌坐拥鄱阳湖三分之一水面，作为一个滨湖大县，靠水吃水的都昌与淡水珍珠的故事颇为精彩。

早在20世纪初，都昌不少乡镇就有人用贝壳加工成纽扣坯。20世纪末，都昌珠贝加工产业经历了一段较快的发展时期，由最初单一的纽扣坯加工，发展到珍珠养殖、珍珠核加工、贝壳饰品、贝壳工艺品和室内装饰材料，产业规模不断壮大。

其中，周溪镇就是典型代表。20世纪60至70年代，周溪镇就已经有近20家乡办纽扣厂。到20世纪90年代中期，全镇5万人中有30%的人从事珍珠核的加工和销售。1998年，周溪人又开始了淡水有核珍珠养殖。2005年，都昌荣获“中国淡水珍珠之乡”称号。

此后，随着产业实力的不断提升，都昌融合鄱阳湖文化、珠贝文化、生态和谐文化，聚力打造都昌县域特色文化品牌。

由一点到一面，由一镇到一县。数年之间，一个以“生态都昌、鄱湖珠贝”品牌为引领，以优质“淡水珍珠”品种为纽带，以规模经营为基础，以标准化生产为依托的产业发展体系逐步成形。

二

翻阅都昌珠贝产业发展史，不难发现，珠贝产业的转型崛起与无数敢想敢拼的珠贝人密不可分。

几代珠贝人不懈奋斗，为一枚枚小小的贝壳撑起了瑰丽的梦想。

第一个把贝壳叫作珠贝的人是世界“贝壳大王”占良生，他创立的“珠”和“贝”易货交易新模式，正式将珠贝业务开拓到国际舞台。

2001年，事业从家乡都昌起步的占良生开始进入珠贝行业。2002年，他在珠三角地区成立香港爱特丽尔国际集团，创立“珠”和“贝”易货交易新模式，开始将珠贝业务搬上国际舞台。后来，他主导的珠贝业务占据中国市场的半壁江山，他也由此成为名副其实的世界“贝壳大王”。

2009年，占良生回乡投资，建设总面积8万平方米的鄱湖国际珠贝城，打造一个国际性的世界珠贝宝石工艺饰品交易中心。此后，随着产业升级步伐加快，一条集养殖、加工、贸易、科研与人才培训于一体的现代珠贝产业链，在都昌渐渐成形。

江西兆骏实业有限公司总经理邵建华，也见证了都昌珠贝产业耀眼的光彩。从青年到不惑之年，他创造了无数“先例”：首个将家乡的贝壳装饰材料远销海外，首个将贝壳材料大规模用于现代装饰，首次提出“宝石泛文化”概念……

2007年，他推出的贝壳加工装饰材料在香港国际建材及建筑机械展览会上一炮而红。2017年，他率先把宝石与贝壳结合起来，成功开辟一片蓝海市场，目前已为世界150多家五星级酒店提供了贝壳装饰材料定制服务。在邵建华的带动下，都昌从事贝壳装饰材料的企业超过500家。

“只有把贝壳全身变成宝，珠贝产业才能有长足的发展。”在一批珠贝带头人的带领下，都昌珠贝走过养殖、粗加工的初始阶段，不断迈向产业链的中高端。

兴产业、强平台、求创新。今天，一个集产品研发、行标检测、生产销售、文化体验于一体的珠贝类产业集群愈加成熟。依托这一产业，都昌“美丽经济”的新路越走越宽。

三

做好“土特产”文章，是乡村产业振兴的关键。放眼全省，赣南脐橙、南丰蜜橘、遂川狗牯脑茶、泰和乌鸡、广丰马家柚等颇具地域特征的特色产品和都昌珠贝一样，一直备受市场青睐。

都昌珠贝产品占国内市场份额约为60%，特色产业引人瞩目。由一颗珠识一座城，都昌靠水吃水，红红火火的珠贝产业的背后，一条可供借鉴的发展路径值得玩味。

念好“土”字诀。不同自然禀赋和农业资源，形成独特的物产，这是土特产的自然根脉。把握这一根脉，要培育新需求、壮大新优势，发挥好“三产”融合发展的乘数效应。例如，重庆涪陵榨菜选用土产青菜头，推出减盐超30%的轻盐榨菜系列产品，上市一个多月销量便突破2亿包。

淡水是都昌最宝贵的资源之一，是大自然给都昌人民的馈赠。都昌找准比较优势，培育壮大传统支柱产业，变湖区为产区。依托特色资源，做好“靠水吃水”文章，可以说，都昌找到了一条可持续发展的产业新路。

拓展价值链。乡村产业竞争，正逐步由单一的产品竞争走向产业链竞争，延长产业链、打造供应链、提升价值链是必然趋势。山东省金乡县700多个加工企业把大蒜加工成调味品、大蒜素、精油、胶囊等100多种产品，身价上涨十几倍，出口量占到全国的70%。

都昌的珠贝产业也遵循这样一条路径。近年来，都昌县投资20亿元建设珠贝文化产业园，建强平台，做大龙头，着力破解“散小乱”等问题，同时加快升级价值链，不断开拓家具装饰、服装纽扣、珍珠装饰等多个细分消费市场，以需求为导向引导珠贝传统产业转型升级，走出了一条多元化、规模化、规范化、现代化的发展新路。

拥抱数字化。产品供需信息壁垒一旦打通，市场就会提供无限可能。做好“土特产”这篇文章，要坚持与时俱进，抢抓数字化发展机遇，融入“互联网+”思维，拓展农业发展新模式，拓宽产品销售渠道，让越来越多的优质特色农产品走出深山，进入广阔的市场。

都昌县将电子商务与乡村振兴有机结合，引入“互联网+”新经济形态，搭建网络营销平台，实现了农业生产与消费大市场的有效对接。在都昌，各种乡村直播带货遍地开花，把展柜直接搬到村里、搬到镜头前。

2022年，都昌珠贝产业年产值达9亿元，带动近2万农户增收致富，真正把小品种特色产业建设成带动一方百姓增收的大产业。

一方水土孕育独具特色的“土特产”。念好“土”字诀、拓展价值链、拥抱数字化，不光是都昌珠贝，所有特色产业都有机会在广袤的乡村大地激荡起无穷活力。

作者：唐青青

2023年9月2日

它凭什么“包”打天下

这个常住人口不到30万的赣中小县，为何崛起享誉全国的箱包皮具产业？小县城何以“包”打天下？

“欢迎来到直播间，现在向大家介绍的是今年的新款箱包，它采用全铝拉杆、静音万向轮……”走进新干县勇晟箱包皮具有限责任公司，一场箱包直播正在火热进行。

经过十余年耕耘，新干拥有箱包企业360余家、箱包专利348项，箱包类产品配件95%实现本地配套，产品远销亚欧美多个国家和地区，成为国内外箱包产业版图中举足轻重的存在。“中国箱包皮具产业基地”“全国箱包皮具产业集群区域品牌建设试点县”等荣誉接连不断……

这个常住人口不到30万的赣中小县，为何崛起享誉全国的箱包皮具产业？小县城何以“包”打天下？

筑巢引凤

“新干箱包皮具产业之所以能有今天的局面，首先得益于全县良好的产业发展基础。”说起该县箱包皮具产业发展，新干工业园区管委会箱包皮具产业工作专班成员皮辉锋有讲不完的话。

新干素有“嫁女必送樟木箱”的传统，也有悠久的樟木箱制作历史，拥有一大批制作箱包的能工巧匠。1993年，木匠出身的李毛子创办了新干第一家真正意义上的箱包企业——华兴箱包厂，主要生产木质皮箱、ABS拉杆箱、公文包等。

在他的带领下，新干越来越多的人涉足箱包产业。但由于当时南下打工潮兴起，技术人员大量外流，本地箱包产业发展缓慢。据说高峰时，新干有2万多人在广州、长沙等地从事箱包皮具生产经营。

2006年，新干县利用在外从事箱包皮具产业人员较多的优势，决定将箱包皮具产业确定为强县富民产业之一。号令一响，乡情涌动。政府搭平台、给政策、划土地，推出系列优惠举措，在外创业的新干籍游子纷纷返乡，一座占地200亩的箱包皮具城迅速崛起在城南新区。2008年，在广州花都创业的邓国平与30多位老乡“抱团返乡”，兴建占地1300亩的中国·新干（国际）箱包皮具产业园。

栽下梧桐树，引得凤凰来。湖南怀化的宏远箱包、南昌的腾达箱包等一批规模以上企业纷至沓来，众多曾持观望态度的新干籍创业者也投身返乡创业的洪流，相继置地建厂。

2010年，新干又在城东布局落子，1100亩的箱包制造基地拔地而起，131家箱包皮具企业入驻基地。至2014年，新干箱包基地建成标准化厂房50多万平方米，整个产业园面积达4300亩。

2017年，新干以“再出发”的豪情再展宏图，投资40亿元在河西建设占地445亩的现代箱包产业园。对外招大引强、定点招商，围绕高端成品、优质配件等优强产业项目，引进了厦门斯巴特科技股份有限公司、上海浩羽箱包有限公司等龙头企业落户；对内推进产业“链主”培育计划，实施箱包企业分类管理，淘汰落后产能，扶持10家箱包龙头企业做大做强。

“新干最吸引我的还是产业集群效应。不出新干，就能找齐箱包产品配件，不用跑腿，就能轻松享受各种优惠政策支持。”深耕箱包皮具行业20多年的浙江客商应恩国，在考察了湖南永州、河北白沟等多个箱包皮具产业聚集区后，最终还是选择了新干。

“从无到有”“从小到大”“由散到集”，新干县形成了涵盖原辅材料成品生产、仓储物流、产品检测、人才交流等产业环节的完备产业链，吸纳技术产业工人3万多人，规模化、集群化发展目标得以实现。

树牌立标

发展之初，粗放式发展模式曾让新干箱包皮具产品质量和口碑一路下滑，甚至成为低端产品的代名词。如何跳出低端产业竞争的泥淖，实现高质量发展？创新技术、树立品牌是必由之路。

“十多年前，我们生产的行李箱就是摆在地摊上卖，没有自己的品牌和专利，只能‘走量’。现在仅2022年一年，我们的研发资金就占营业额的8.2%。”江西省新干县华兴箱包有限公司总经理李水鹏说。

作为当地最早的一批箱包生产企业之一，华兴箱包的成长历程是新干箱包由低端产品向中高端品牌发展的缩影。华兴箱包加大研发，建立团队，精心打造，一系列高端箱包品牌产品一经面世，就迅速在市场崭露头角，新产品销售收入达3380万元，占比91.23%。

一花独放不是春，百花齐放春满园。新干还出台《新干县箱包皮具产业高质量发展实施意见》《关于支持箱包皮具产业高质量发展的若干政策》等文件，采取“公司+平台”等方式，组建工业发展投资公司，设立10亿元产业发展引导基金，为企业品牌创建、技术创新、融资等保驾护航。

同时，新干组建箱包皮具产业链招商队和产业发展专业招商队，全力招引一批产业龙头项目，做好强链补链文章，培育一批示范标杆企业。新干还积极谋划箱包产业联盟，为“新干箱包”制定团体标准，公开征集设计出了“新干箱包”集体品牌形象。

以外贸为主的新干宏图伟业工贸发展有限公司，曾因新冠疫情而积压价值500多万美元的货，后来顺势转战国内市场，瞄准18至28岁年轻消费群体，推出“喵旅”品牌，以“好看好轻好能装”的独特定位在国内箱包市场一路高歌。

2022年4月20日，“喵旅”牌箱包在中国进出口商品交易会线上展会上闪亮登场，赢得海内外市场青睐。该公司行政副总朱文青坦言，研发自主品牌不仅提高了企业知名度，而且也让大家深刻领悟到“品质为王”的重要性。

以“品牌提升”推动产业“能级之变”，2021年，新干箱包被评为江西十大地域消费品牌之一，全县现有中国箱包优秀品牌1个，省著名商标、省名牌产品14个，“赣出精品”名牌产品1家。

转型升级

走进新干宏图伟业工贸发展有限公司生产车间，只见6台锯边机和吸塑机正在机械手的操纵下快速地组装箱包。这不是箱包皮具企业自主推进数字化转型升级的个例，而是整个产业链上企业的共同行为。其中，箱包皮具电商业的快速发展就是最好的例证。

近年来，新干箱包企业年电商交易额突破10亿元，2018年荣获“中国电商示范百佳县”。同时，新干箱包出口增速亮眼，仅2023年一季度，全县箱包皮具产业实现主营业务收入就达21.03亿元，同比增长66.64%，出口额2939万美元，同比增长78.8%。其中，宏图伟业、澳莱特箱包、乐晟箱包3家企业分别在美国、俄罗斯、越南设有海外仓和海外营销网点。

眼界决定方向。在新干河西现代箱包产业园，一座集物联网、会展中心、集采设计中心、检测中心、金融中心、直播中心（“一网五中心”）于一体的建筑巍然屹立其中。新干县工业园区管委会主任蒋伟介绍，直播中心将打造成集培训、会议、直播、销售于一体的一站式服务基地，提供专业化、精准化服务，同时联合箱包设计公司共同打造设计中心。

如今，新干1000多家箱包皮具经营户的销售网点遍布全国各地，中低档旅行拉杆箱占全国市场份额达15%。

伴随箱包产业转型升级，新干当地金融机构也不断加大信贷支持力度，信贷投放持续增加，帮助龙头企业扩产能、调结构。今年，新干金融机构为48户箱包企业发放“财园信贷通”贷款资金2.45亿元，其中，中国银行开发出金融产品“箱包贷”，向14家箱包企业共发放了5000万元用以信贷支持。

从制造到“智造”，新干“包”打天下的决心愈发坚定，向中高端、多元化进军的路径愈发明晰。我们有理由相信，新干箱包皮具产业将在品质化、品牌化、时尚化发展的道路上铿锵前行！

作者：李福孙　何志芳　徐紫燕

2023年9月4日

赣菜香天下

赣菜从绿水青山中走来，聚集赣鄱大地上的丰饶物产，历经多年沉淀，逐步形成老少皆宜、体系完整的一大菜系。

相传，景炎元年（1276），元军占领临安后大举南下，右丞相文天祥破釜沉舟、奋力抗元，自岭海出，引兵至江西，一路捷报频传，到莲花县时，数千壮士群起响应，共同筑起山寨抗击敌军。那日，各路豪杰聚集，端着鸭血酒肃立于帅旗前豪饮而尽。伙夫惊叹于昂扬的士气，一时出神，误将未喝完的血酒倒入锅中，待反应过来时，鸭子渐已呈红糊状，文天祥尝后赞不绝口，“莲花血鸭”这道菜由此在军中和民间流传开来。

无独有偶，四星望月、宁都三杯鸡……“十大赣菜”背后，不乏脍炙人口的精彩故事为其“添滋加味”。《豫章记》曾记载，江西饮食“嘉蔬精稻，擅味于八方”，从东晋时期开始，江西地方的饮食文化就已盛行。丰厚的文化底蕴与自身的特色鲜明使赣菜融合发展，吸取八方精华，不断迭代新生，形成了“鲜辣香醇，味和天下”的独特风味。

赣菜从绿水青山中走来，聚集赣鄱大地上的丰饶物产，历经多年沉淀，逐步形成老少皆宜、体系完整的一大菜系。

一

在一次政银担企座谈会上，相关赣菜企业负责人纷纷表示，这几年餐饮行业营业收入并不乐观，每个月的流动资金在支付员工工资、房租后所剩无几。随着经济回暖、旅游行业升温，正是餐饮行业“重整旗鼓”的好时候，然而资金短缺的“硬伤”却让他们止步不前。

2023年以来，省商务厅联合中国建设银行江西省分行、江西省国控集团等多方为赣菜企业量身打造专属信贷产品——“赣菜贷”，该产品采用“信用＋资产＋数据＋政策性担保”的灵活组合模式，最高年化利率不超过5%，为赣菜企业及其上下游企业提供低费率、高效率的信贷服务。“建行南昌分行‘赣菜贷’为我们餐饮企业开设绿色通道，短短5天就为我们投放了500万元贷款，解决了我们的燃眉之急。”某餐饮企负责人说。

“赣菜贷”精准滴灌“田间地头”，激发赣菜产业活力。中国建设银行江西省分行联合江西省外经贸融资担保有限公司组成银团，开展“千人助千企”沉浸式服务活动。截至2023年6月，累计支持全省餐饮企业3000余户，总金额达18亿元，线下为168户企业提供担保，金额达4.77亿元。从选育优质食材到稳定赣菜菜品质量，再到金融行业关联的信贷产品，江西对赣菜品牌和赣菜产业的呵护可谓煞费苦心。

二

在南昌市东湖区北京西路451号的中国赣菜品牌推广中心，可以看到省内知名品牌的米粉墙、讲述赣菜发展史的观光长廊、摆设优质赣品的“百县百品”展区。该中心既是赣菜对外展示的窗口，又是促进产业发展的平台。

赣菜预制菜产业联盟筹备会顺利召开，浙江、湖北、安徽等地的商务部门代表齐聚一堂，世界美食组织中国区大使化身“赣菜美食品鉴官”为江西米粉“带货”，孟加拉国投资促进研修班成员莅临中国赣菜品牌推广中心参观考察，有力推动赣菜扬名出海。在《江西省打造赣菜品牌三年行动计划（2021—2023年）》的规划部署下，中国赣菜品牌推广中心一步一个脚印，走实品牌推广之路。

2023年6月，“好享赣味”品牌发布会在中国赣菜品牌推广中心举行。“中国赣菜品牌推广中心通过引入外部资源和专业团队，搭建起政府与企业、企业与企业间沟通的桥梁，为食材销售拓展渠道。中心还通过大型专场直播活动拓宽销售面，探寻赣菜公司直播带货新模式，打造‘人才智库＋大数据平台＋IP打造＋品牌运营＋文化交流’于一体的赣菜品牌孵化链条。”中国赣菜品牌推广中心负责人说。

培育新消费热点，激发民众消费热情，持续提升消费质量……围绕赣菜产业，江西不断打造赣菜消费新场景、新环境。

“好享赣味”作为集购物、云游于一体的赣菜文化输出综合性电子商务平台，汇聚了包括预制菜、赣菜食材、名特优产品在内的200余种产品品类，并与100余家平台单位合作，以优质的产品、优惠的价格、优良的服务推动赣菜搭乘互联网“快车”走入千家万户，成为江西推进数字经济与实体经济深度融合的真实写照。

近年来，持续举办的会展活动也成为推介江西美食、传播赣菜文化、推广赣菜品牌、体验特色文旅的重要平台。中国赣菜品牌推广中心亮相中国米粉节、赣菜美食文化节，参与赣菜“扬名”和“创新”

行动。第五届赣菜美食文化节开幕式集中签约20个重大项目，金额达129.3亿元，创历届赣菜美食文化节新高。

三

一碗米粉慰藉千古乡愁。位于南昌市西湖区的“中华米粉街”装潢古典雅致，特色分明的米粉档口、底蕴深厚的米粉博物馆、科技感浓浓的电商文化展示中心，游客在此不仅能够吃到正宗地道的江西米粉，还能身临其境体味美食文化魅力。

从颗粒饱满的早籼稻到百亿元量级的大产业，江西米粉的发展之路从某种程度上来说正是赣菜可供借鉴的“出圈”之路。

为构建具有竞争力的商业发展模式，完善赣菜产业机制、提升赣菜产业现代化水平势在必行。建设一批专业化、规模化、标准化的赣菜原材料种养生产基地，打造一个商流、物流、资金流和信息流集成化运营的全渠道供应链服务平台，以科技赋能赣菜产业。建立数据共享对接，连通林业、税务、政务等外部数据，让“赣菜贷”数据在线上运行，实现从信息“连接”到产业“互通”的大跨越。

截至2023年6月，全省共有餐饮企业经营单位约28.9万家，2023年上半年餐饮业实现营业额712.7亿元，餐饮业的蓬勃发展无疑为赣菜产业发展添了一把“旺火”。值得一提的是，“赣菜贷”持续围绕赣菜“名菜”“名店”“名节”“名材”，精准对接企业融资需求，扩大信贷投放规模，以金融助力赣菜“扬名”。

省商务厅相关部门负责人表示，赣菜产业发展，既要打造品牌、发掘文化、完善供应链，又要以消费者需求为中心，激发民众吃赣菜、学赣菜、推赣菜的积极主动性。赣菜“出圈”的背后，是赣菜文化魅力的释放和赣菜品牌的崛起，预示着赣菜发展的大好前景。

作者：张清越　单希莹

2023 年 9 月 7 日

一根翠竹何以撑起亿元产业

竹林是重要的生态屏障，也是生态产品价值实现、农民致富增收的重要资源存储。如何把毛竹的价值“吃干榨尽”？铜鼓县探索了一条从竹产品到竹木加工生产，再到竹业商贸、旅游的全产业链。

从把鲜竹笋制成笋干、软包装竹笋，到将毛竹制成竹签（牙签、竹筷）、竹工艺品（竹键盘、竹鼠标），再到把下脚料烧成竹炭，铜鼓将竹精深加工产业作为富民强县的支柱产业来打造，构建起涵盖竹笋、竹家具、竹炭等竹深精加工的完整的竹产业链，年产值达7.5亿元。

一棵小竹笋　一年卖出1.3亿元

在大塅镇双红村，85后朱亮是铜鼓县双铜笋业有限公司负责人，也是全省将鲜笋制成包装笋的第一人。

双红村是铜鼓最大的林业村之一，有4万多亩毛竹林。以往，村民采用传统方法，将鲜笋榨成笋干销售。朱亮家是当地的笋干销售大户，一年生产近五千公斤笋干。2002年，年仅17岁的朱亮开始跟着父亲走南闯北，到处卖笋干。有一天，朱亮突发奇想，若将这些水笋进行真空包装，会有销路吗？于是，他买来真空包装机，生产了50包软包装笋丝，放在县城一家大型超市代销。很快，软包装笋丝全部卖完。受此激励，朱亮进而办起了江西石花尖食品有限责任公司，建起了生产线，注册了“石花尖”笋制品商标，开始专业生产软包装笋丝。

“当时笋干每公斤只要26元，但这些笋可以生产18包软包装笋丝，平均每包5元，利润很可观。”朱亮回忆。

生意越做越大，朱亮也从不吝啬，向前来学习技术的村民倾囊相授，将加工笋的经验无偿分享给他们。先富帮后富，村里陆续办起了竹笋软包装厂10余家。

2015年，朱亮的公司通过了SC（食品生产许可证）认证，村内的其他企业也陆续通过了SC认证，或者获得了家庭作坊食品生产许可证。“有了SC认证，产品就可以顺利进入大型超市，对于提高产品销量有很大帮助。”朱亮说。

如今，双红村有大大小小的竹笋加工企业13家，年产值近7000万元，150余名村民在村内企业上班，双红村成了全省乃至全国软包装笋生产名村。

一根小牙签　畅销世界五大洲

2023年上半年，江西金柱实业有限公司（下文简称“金柱实业”）牙签出口创汇160万美元。在金柱实业厂区内，只见运送毛竹的车辆进进出出，车间里工人忙个不停，一根根毛竹从断料、开片、拉丝到烘干，一支支牙签像流水一样诞生了。公司副总经理涂强透露，公司一天可产15吨，约1.2亿支牙签。

金柱实业是排埠镇唯一的牙签生产企业。此前，他们的竹拉丝早先是出售给湖南的客户，由客户加工成散签，再销往浙江、广东、广西、山东等地。“2008年，我们把产品链向前推进了一步，把拉丝做成散签，直接供应给浙江、广东的客户。”公司总经理曾闯说。

同年，金柱实业的产品链又往前跨了一步，除了生产拉丝、散签、竹签，还做起了包装签，直接面向消费者。金柱实业的包装签从原竹做起，把拉丝制成牙签，再把牙签装瓶，卖给消费者。制作1个牙签瓶，需要3套模具。公司现有60多种不同设计与工艺的牙签瓶，让消费者有更多选择。“我们从半成品到包装签，都是通过生产去沉淀，在产业链中寻找机遇，而传统作坊很难做到这一点。”曾闯说，“有了自己的产业链，就有了市场主动权。”

2019年，金柱实业注册了“签般好”牙签品牌。2019年7月，企业完成了对外贸易经营者备案登记，获得了竹制品自营出口权。有了自营出口权，金柱实业的包装签出口海外，就减少了诸多中间环节，节约了运营成本。目前，金柱实业的牙签、烧烤签产品通过深圳港、宁波港出口海外，至东南亚、南美洲、欧洲、非洲等地的27个国家和地区。公司年销售收入近4000万元，其中外贸出口额占比60%。

与金柱实业一样，铜鼓竹产业企业都奔走在“从做半成品到成品，从国内市场到国际市场”这条产业进阶之路上。如今全县有竹签、竹帘等生产企业33家，总产值达到2.8亿元。

一根小楠竹　价值翻了一百倍

在铜鼓，一根小楠竹的售价大约是10元钱。江西奔步科技发展有限公司（下文简称“奔步科技”）将一根毛竹加工成竹键盘、竹鼠标、竹音箱等产品后，其价值可达1600元，为原材料价格的百余倍。

走进奔步科技，其展区内摆满了各式各样的竹产品，小到竹U盘、竹鼠标、竹计算器，大到竹音箱、竹制汽车内饰和多功能竹菜板，各类竹质加工品琳琅满目。

奔步科技是江西铜鼓江桥竹木业有限责任公司的子公司。江西铜鼓江桥竹木业有限责任公司成立于1998年，原以竹地板为主营业务，年产竹地板500万平方米。但随着竹地板加工行业涌入者增多、竞争加剧，这个行业利润越做越低，公司效益也远不如前。

2006年前后，公司决定转型。竹子还能做什么？当时3C数码前景可观，可不可以把竹子和数码产品结合到一起？历经9个多月的试验，摔坏1000多个模型后，公司终于研制出第一代竹键盘。产品一经推出，当年卖出2.5万套，销售额达200万元。

最初的竹键盘，只有框架是竹质，键帽还是塑料的，而生产一个全竹键盘并非易事。没有现成机器，只能自己造。为此，公司技术工程师肖强带领团队改写代码，经过多次数控实验，研发出专门用来生产竹键帽的机器：一根竹条送进去，就可实现自动切割、做弧、倒角、钻孔。

“键帽安装在键盘框里，要不松不紧，确保整齐排列的同时又有足够的活动空间，误差不能超过0.2毫米，而我们做到了不超过0.1毫米。”肖强说。竹键盘取得成功后，肖强又带领团队继续攻关，设计出竹鼠标、竹计算器、竹音箱等十大系列80多个品种的竹产品，这些竹产品畅销美国、加拿大、韩国等国家和地区。

一粒小竹屑　昔日废物今成宝

吴美明每逢过年回老家时，总是发现老家河边堆满了竹木加工企业倾倒的下脚料——锯屑。

这些锯屑能不能再利用呢？他上网搜索发现，不少地方用这些锯屑加工生物质颗粒或者机制炭。排埠镇乃至整个铜鼓县竹木加工企业特别多，竹木下脚料丰富，如果将这些废物利用起来，应该很有前途。之后，他到北方的几个机制炭厂进行考察，心中便有了计划。

2011年，吴美明索性卖掉了3套房产，回到老家排埠镇，开始了创业之旅。选址、买地、做环评安评、建厂房……2013年初，排埠镇金启机制炭厂（下文简称“金启公司”）正式开工。

金柱实业生产牙签，每年产生下脚料近1.6万吨，这些原本被视为无价值废料的下脚料，成了金启公司的“原材料”，在解决下脚料处置难题的同时，还为公司创造了新价值。如今，金启公司每年收购下脚料4万吨，为当地毛竹深加工企业增收1700多万元，炭厂余热销售给两家竹制品厂，年收益超百万元。

用“竹”资源，做“竹”文章，4家公司、4个案例，这是铜鼓县立足资源禀赋演绎点“竹”成金的缩影。如今，竹林不仅是铜鼓重要的生态屏障，也是当地生态产品价值实现、农民致富增收的重要资源存储，铜鼓人正想方设法把毛竹的价值“吃干榨尽”。

作者：邱　桀　刘舒文

2023年9月24日

浮梁茶何以香飘千年

“商人重利轻别离，前月浮梁买茶去。”1000多年前，诗人白居易为浮梁茶做了最好的代言。穿过历史烟云，我们去品尝那杯香飘千年的浮梁茶。

金秋十月，一年一度的中国景德镇国际陶瓷博览会又将拉开大幕，高岭·中国村大唐茶市也将喜迎八方来客。作为景德镇本土茶，浮梁茶已成为瓷博会上不可或缺的元素。

2010年，“浮梁贡茶”作为江西唯一入选的农产品，被特选进入上海世博会。而在1915年巴拿马太平洋万国博览会上，浮梁茶一举夺得茶叶类金奖，更是近代以来浮梁茶的高光时刻。

实际上，在历次高规格茶博会上，都不乏浮梁茶的身影。久负盛名的浮梁茶何以香飘千年？今天的浮梁茶又演绎着怎样的发展故事？

一

公元816年的一个秋夜，被贬谪至江西的江州司马白居易在浔阳江头夜送客，听闻琵琶女漂泊江湖的遭遇后，挥笔写下千古名篇《琵琶行》。诗中“商人重利轻别离，前月浮梁买茶去”使得浮梁茶名声大噪。

浮梁产茶始于汉代，到了唐代已是全国茶叶的主要产区之一，也是古代茶叶贸易集散地。当时的浮梁商贾云集，茶叶贸易十分繁荣。每年采茶时节，当地和外来的商贩便云集在浮梁、婺源等产茶大县，抢购茶品。

据唐人李吉甫著《元和郡县图志》记载，浮梁“每岁出茶七百万驮，税十五余万贯”。同为唐人的王敷在《茶酒论》中这样写道：“浮梁歙州，万国来求。”可见，浮梁在那时已成为重要的商品茶集散地。

从唐宋到明清，描写浮梁茶的文学作品数不胜数，证明了浮梁茶经久不衰。汤显祖在《浮梁县新作讲堂赋》一文中就曾这样描述：“今夫浮梁之茗，闻于天下……浮梁之瓷，莹于冰玉。”寥寥数语，道尽了当年浮梁茶市之盛。

历史上的浮梁茶，不仅享誉盛名，更是地方重要的经贸产品和朝廷重要的税源。唐末，婺源、德兴、浮梁、祁门四地生产的茶叶都在浮梁集散，浮梁茶市由此走向顶峰。浮梁古县衙内的展板清晰地记录了从唐至清不同朝代茶税征收的规定。清朝的茶叶收入，很大一部分来自出口。1886年，茶叶出口占当时清政府外贸总量的八成左右。在当时，浮梁就是清朝对外贸易的重要茶叶货源地。

二

中国是产茶大国，很多省份都种茶产茶。偏居赣东北一隅的浮梁，茶业为何如此兴盛？

首先是自然和区位条件优越。浮梁与江西其他地方一样，地形以连绵起伏的丘陵为主，土壤多呈弱酸性，气候温暖湿润，光照适宜，非常适合种植茶叶。

在古代，茶叶运输以水运为主，而浮梁拥昌江之利，浮梁茶经昌江沿水路西进，再通过鄱阳湖和长江对外运输。因此，水运便利的浮梁，形成了繁盛的码头。随着茶市的繁荣，当时茶叶已是当地主要经济作物之一。

其次是社会环境的变迁。唐开元年间以后，随着南北经济文化交流的加深，饮茶逐渐成为普遍的社会风尚。《旧唐书》曾记载，当时“茶为食物，无异米盐”。

饮茶之风的盛行在文人交往中也有体现。“茶圣”陆羽隐居上饶茶山寺时，就经常与当地知名人士来往。在陆羽所著《茶经》及其他同时代的史书著作中，也都描写了当时饮茶风气之盛。当时江西官设驿站中，特别设有茶库，以备来往官客消渴解乏。

社会经济的发展也促进了浮梁茶的盛行。在古代，浮梁茶售价相对低廉，但产量很大。正因如此，普通百姓才能消费得起，才有了“闾阎村落皆吃之”的盛况。

唐末浮梁茶市的繁荣，还受到当地陶瓷业兴起的带动。景德镇地区的瓷器自唐末五代兴起，陶瓷贸易繁荣了当地经济，提高了当地普通老百姓的消费能力。同时，饮茶器皿的市场需求和对外茶叶贸易，也促进了当地的瓷器交易。

三

浮梁茶并不是一直处在巅峰。明清以来，尤其是清末，浮梁茶在中国茶市逐渐失色。

到1911年前后，浮梁县内的茶商茶号约为200户，而到了1936年，浮梁茶号仅存60余家。受到战争波及，浮梁茶业备受摧残，到1941年，当地茶号一度所剩无几。此后，浮梁茶陷入了较长一段时间的沉寂期。

新中国成立后，浮梁红茶迎来了一段短暂的黄金期。当时，国家抽调了茶界泰斗黄崇焘、发酵能手潘国太等人，研发出的一级工夫红茶“孚钉”出口苏联，这款茶被确定为“祁红珍品”，至今仍为茶界所称颂。

可惜的是，到了20世纪60年代中期，这一生产工艺被荒废，许多制茶人改行，“孚钉”逐渐淡出人们的视野。之后，随着经济环境的变化，浮梁茶几经沉浮。

直到21世纪初，部分国营茶厂经过改制转轨，一批新兴茶企涌现，浮梁茶才得以重回大众视野并逐渐恢复往昔地位。

一组荣誉可以说明。浮梁茶名列“2022中国地理标志农产品（茶叶）品牌声誉百强榜”榜单第16位，入选中国第二批中欧地理标志产品名单；浮梁被中国茶叶流通协会授予“中国古树红茶核心产区”称号，获得“中国茶业百强县”，以及“茶业品牌建设示范县”称号……

2022年，浮梁县茶园总面积达到20.22万亩，茶叶生产总量1.3万吨。目前，浮梁县有茶企90余家。据统计，浮梁县常住人口约28万人，其中茶产业从业人员超过5万人，全县近三分之一的劳动力从事茶产业。

穿过历史沉浮，经过一代又一代浮梁人的努力，今天，浮梁茶正在重拾它的历史荣光。

四

走过历史烟云，经历市场沉浮，浮梁茶终于又迎来了“最好的时代”。

创新工艺。从中唐到清代，随着人们需求的变化，浮梁茶不断推陈出新，先后经历“片茶”、“散茶”、绿茶等品类。清同治十年（1871），浮梁开始改制工夫红茶，该茶以“外形美观、汤色红艳、滋味醇厚、回味隽永”闻名，大量售至浔、汉、沪，工夫红茶声誉大振，于是全县改制红茶。

浮梁工夫红茶，与斯里兰卡的高地茶、印度的大吉岭茶一起，被列入世界三大高香茶，享有盛誉。

千百年来，浮梁茶一直在改进制茶技艺的路上。今天的浮梁红茶，外形紧细圆直，色泽干湿翠绿，溢味醇爽，叶底明亮，在国际市场上有高档红茶的美誉，深受国内外消费者喜爱。

整合资源。原来，浮梁茶质量、工艺、品牌都不统一，呈现出“小而散”的局面，长期在中低端市场徘徊，竞争力不强，知名度不高。

后来，浮梁成立浮梁茶开发（集团）有限公司整体运作“浮梁茶”公共品牌和核心资源。随着资源的整合重组，浮梁茶品牌经营和生产工艺管理进入了新阶段。拥有统一标准、统一工艺的浮梁茶，迎来了“握指成拳”的机遇。

在“2021中国茶叶区域公用品牌价值评估”中，浮梁茶品牌评估价值达28.23亿元。2022年，“浮梁茶”品牌评估价值达31.18亿元，2023年达33.07亿元。

融合发展。当前，农文旅产业融合发展已成为乡村振兴的新引擎。

锚定农文旅融合，浮梁县规划建设了一大批乡村茶文化旅游线路，打造观光茶园和茶产业研学基地，推动茶园景区化种植，推出一批集茶叶种植、管护、采摘、制作于一体的旅游体验项目，推出《大唐茶市奇妙夜》等实景演出，建设塔里茶宿集等茶主题实训基地。

浮梁县还开展丰富的茶文化节庆活动，天祥茶号开山节、浮梁茶主题摄影大赛、春茶发布会，以及各类评选活动，好戏连台，吸引八方游客。

而近年来推出的“中国·浮梁买茶节”，更是将农文旅融合发展推向了一个新高度。据统计，2023年以来，浮梁接待旅游人数超过1000万人次，旅游综合收入达100多亿元。

作者：吴国庆　李宝华

2023 年 9 月 29 日

千年鸟飞南风面

驰名中外的“千年鸟道”、多姿多彩的自然景观、富集的动植物基因库，构成绿色生态是“江西最大财富、最大优势、最大品牌”的缩影。

秋风起，稻子黄，候鸟迁徙忙；井冈正南万羽观，千年鸟飞南风面。

汽车沿着山路盘升，崇山碧绿，峻岭移动，路旁淡黄色巨石上写着“千年鸟道营盘圩”，仿佛告诉来者：您已进入“千年鸟道”核心区。

每年春秋时节，数百万只候鸟在这里蓄势待发。云海之上、青山之间，候鸟翔集，既是美的变幻，又是诗的诵唱。为什么候鸟迁徙史诗会在井冈山正南演绎，这里又是怎样谱写人与自然和谐共生的进行曲？

解密迁徙通道

全球每年有数十亿只候鸟从繁殖地到越冬地跨越洲际迁徙，距离最远可达2万公里，是地球上最壮观的自然现象之一。

全球共9条候鸟迁徙路线，我国有3条。东线候鸟沿大陆海岸线南下，至菲律宾和澳大利亚；西线候鸟穿越青藏高原和四川盆地，进入云贵高原和南亚次大陆；中线曾一直是个谜，专家也不知道候鸟从哪里进入我国南方。

遂川成为解谜之地。早在1998年我国开展野生动物资源调查时，林业工作者来到江西与湖南交界的营盘圩乡实地调查，发现这里可能是候鸟集中迁徙的关键隘口。

从2002年起，专家开始着手调查研究，历时十多年，通过研究鸟类环志、地理气象、森林植被、河流水系、湿地滩涂、湖塘稻田等，对候鸟迁徙时间、路线、次数、物种等调查得清清楚楚，破解了中线“千年鸟道”之谜。

重要的地貌标志。南风面，不是面，而是山，她像一面半圆形巨屏耸立在罗霄山脉。相传炎帝神农氏上山采药时，发现一座山顶有不涸沼池，于是把这里作为天然药场。药晒山上，因四季南风，即便阴天也会吹干，故取名南风面。

遂川鸟道区域北部为南风面，南部为齐云山，西南为八面山。南风面海拔2120.4米，方圆几百公里山峰无出其右。候鸟是有精确“导航系统”的精灵，南风面为候鸟迁徙提供了重要的地貌标志。

停歇的良好场所。这里属中亚热带湿润常绿阔叶林区，森林植被茂盛，生物多样性丰富，又是遂川江的发源地，左溪、右溪两河流水潺潺，池塘湿地广布，稻田直至高山，区内居民少，良好的生态环境为迁徙候鸟中途停歇提供了良好的觅食、栖息场所。

特殊的高山隧道。南风面、齐云山、八面山三座高山之间为海拔600至1200米左右的中低山，形成一条46公里长、39公里宽的峡谷，大自然天造一条“天然隘口”，为候鸟提供了一条集中穿越的“高山隧道”。

助力的强大气流。每年春秋时节，“隧道”内会出现一股强大气流，这股气流沿着山势上升，食饱歇足的候鸟正好利用强劲的气流展翅高飞，这有利于鸟儿省时省力踏上北上或南下的远征之旅。

专家以“遂川候鸟迁徙通道”命名我国中部候鸟迁徙关键隘口，俗称遂川“千年鸟道”。

保护“千年鸟道”

鸟道是江西的，也是中国的，更是世界的。鸟类是生态系统中重要的组成部分，对维护人类的生存环境以及生态系统的稳定意义重大。保护人类“天使”，我们义不容辞。

遂川经济相对落后，为保候鸟平安，县里自筹护鸟资金，在重点乡镇成立由村干部和护林员组成的护鸟大队，严密监控候鸟密集飞越的高岗隘口、交通要道，及时处置各类非法猎捕、贩卖候鸟行为。

2002年，南风面县级自然保护区设立，2010年升为省级自然保护区，“省级”二字反映了人们尊重自然、顺应自然、保护自然的生态理念。2017年，经国务院批准，南风面自然保护区升为国家级自然保护区，这当然与“千年鸟道”的国际地位息息相关。

像保护眼睛一样保护生态环境，像对待生命一样对待生态环境，加强候鸟迁飞通道建设，是生态文明建设的必然要求。

为解决自然保护区的短板弱项，加大建设力度，2020年，江西省在遂川南风面自然保护区管理局的基础上，建立江西南风面国家级自然保护区管理局（下文简称“管理局”），整体转隶划归省林业局直管。

几年来，管理局守正创新抓主业，以完善管理制度、守护生态安全，加强科研监测、发掘科考价值，传承生态文明、共享生态成果为出发点和落脚点，实现了“一年打基础，两年看变化，三年见成效”的既定目标。

藏在大山皱褶里的3栋漂亮楼房，是管理局下设以保护候鸟为主要职责的营盘圩保护管理站。这里建有爱鸟小径、环志工作区、科普宣教馆，成为候鸟文化、爱鸟宣教、人鸟和谐的重要窗口，还是全国鸟类环志中心鸟类环志标准站、国家级陆生野生动物疫源疫病监测站。

管理局局长孙琦介绍，未来，保护区还将迎来更大发展。2022年，全国遴选出49个国家公园候选区，井冈山国家公园赫然在列，南风面国家级自然保护区被纳入井冈山国家公园建设范围。保护区正按照要求，全力以赴、主动作为，努力为井冈山国家公园创建成功，为江西生态文明建设贡献力量。

鸟类环志，是为候鸟戴上国家统一标号的金属环，随即在原地放飞，后续跟踪调查，获取候鸟迁徙路线、种群变化及栖息地等信息。通过采样检测，为防范禽类疫源疾病提供资料。

2013年，营盘圩环志站的一只候鸟跨越数万里，返回俄罗斯繁殖时被当地回收。这个环志案例，成为遂川“千年鸟道”是国际鸟类迁徙重要通道的有力佐证。

做环志研究最辛苦的是捕鸟。万鸟岭是仅有的短期限制性科研捕鸟场所。2023年9月21日夜，天下着雨，不时有雷声响起，万鸟岭两张垂直安放的巨网张开等待，徘徊山间的候鸟，在灯光的引诱下向网扑来，爪子伸进网眼脱不了身。环志人员将鸟捉住，放进白色布袋，挂在工棚竹竿上。

工作人员经常在这里工作至深夜甚至通宵，手上被候鸟啄得斑斑点点。捕鸟结束后再将候鸟挑到管理站，800多级的台阶，多时上下六七趟。

第二天一早，管理站科研人员检测、上环、放飞。22年来，一批批环志人员累计给200多种、3.8万多只候鸟系上鸟环，鸟类种数约占我国的七分之一。该站先后被授予“鸟类环志先进单位”“国家级陆生野生动物疫源疫病监测站”等。

环志器械已由“环”升级为“器”。2023年9月22日，科研人员专门展示科技赋能放飞：给候鸟佩戴专门研制的装有太阳能电池和芯片的轻量化卫星定位跟踪器。

该器械今年首次使用，已有65只候鸟佩戴，可以即时研究候鸟迁徙轨迹、习性、气候条件等。管理局副局长肖卫前指着手机展示一只候鸟的迁徙之旅：2023年9月15日放飞，经过海南、广西，已经到东南亚了。

“同在蓝天下，人鸟共家园……保护鸟类野生动物，珍爱生命，保护环境，守护我们共有的美好家园！”2023年9月22日，赣湘“千年鸟道红色护鸟联盟”2023年秋季候鸟迁徙保护行动在万鸟岭启动，8名红领巾护鸟员宣读倡议书的童声在山谷中回荡。

2020年，江西遂川、湖南桂东及炎陵三县，建立赣湘“千年鸟道红色护鸟联盟”合作机制，还设立了赣湘两省护鸟工作站、“千年鸟道”生态警务室、法院巡回审判点，工作成效显著。

赣湘“千年鸟道红色护鸟联盟”被国家发展改革委列入国家生态文明试验区改革举措和经验做法推广案例。

2023年，江西南风面国家级自然保护区、江西井冈山国家级自然保护区、湖南桃源洞国家级自然保护区以独立单位成为联盟成员，“三县三区”联盟深化护鸟“组织联建、执法联管、教育联手、经济联谋”，联动打造“千年鸟道”区域品牌。

随着“三区”的加入，罗霄山脉“千年鸟道”跨省跨区护鸟合作机制得到进一步巩固和加强，“三县三区”将共护、共享鸟道生态和品牌红利，共促人鸟和谐。

开拓富裕之道

江西南风面国家级自然保护区的金招牌不止“千年鸟道”这“一道”，还有“二雉”——国家一级保护动物黄腹角雉和白颈长尾雉；“三杉”——国家一级保护植物冷杉，我国同纬度面积最大、保存最为完好的万亩南方铁杉，数量众多的南方红豆杉。

驰名中外的“千年鸟道”、多姿多彩的自然景观、富集的动植物基因库构成的绿色生态是江西“最大财富、最大优势、最大品牌”的缩影。

自然保护区内的桐古村，与湖南交界，位置最偏远，海拔最高，牛头坳就在这个村，这里是“千年鸟道”核心区的核心。

午后的桐古村，太阳的金丝照射着高山茶文化广场，“山清水秀是和谐风景　鸟语花香是生态名片”的标语异常醒目。

天上鸟儿飞翔，山上翠竹摇曳，稻田点缀金黄。笛声悠扬，雄鸡和鸣，菜园围栏上两个大南瓜好像孪生姊妹迎接来客。

这里距县城近百公里，因极度偏远而长期贫困，过去主要靠砍树、捕猎、打鸟营生。

熟悉鸟性、会讲鸟语、68岁的曾昭明说：“鸟是追光的，这里鸟特别多，早年夜间点着煤油灯，鸟都会飞到家里来，‘打鸟’曾是这里的习俗。”他回忆，会走路时就跟着父亲上山“打鸟”。

每年春天，鸟回北方产卵，村里人不会去打，待鸟回南方的9至11月，全村人就忙乎“打鸟”这件事。最多时，山上布满了400多张网，至今仍可见到烧火诱鸟留下的“石窝子”和布设捕鸟网留下的“旗杆洞”。

代代打鸟人，捕鸟果腹，并没有脱离贫穷，有的人家仍住树皮作瓦的土坯房。保护生态，曾经“两支竹竿一张网”的活法行不通了。断了打鸟路，寻找新出路。特别是脱贫攻坚工作，桐古村一家通过一个茶园、一个桃园、一片公益林，实现了高质量脱贫。

实施乡村振兴，保护区和当地政府大力扶持桐古村，已投资610多万元，完成了乡村公路拓宽、美丽乡村精品点、光伏发电站、茶叶加工厂建设等12个项目。

依托资源禀赋，当地推出“春品茶、夏避暑、秋观鸟、冬赏雪”旅游品牌；发展以茶叶、油茶为主，毛竹、黄桃、中药材为辅的产业，致力实现农特产品有人来买、农家民宿有人来住、美丽乡村有人来玩，农民致富渠道大幅拓宽。

全村现有候鸟主题民宿10家，茶叶3000多亩、油茶7000多亩、毛竹9000多亩、中药材700多亩、黄桃200多亩，鸟道下的绿水青山成为村民致富的金山银山。

从保护自然中寻找发展机遇，实现共同富裕，是桐古村人的新活法。曾经的打鸟人曾昭明，做环志20年，被省委、省政府授予“江西省生态文明建设先进个人”称号，现在年纪大了，在家颐养天年。儿子曾宪财接棒父亲，每年有两个多月在管理站做环志。

曾宪财说：“保护候鸟，保护生态环境，保护了美好家园，农产品也升值了。”他家一棵黄桃树一年可产桃150多公斤，不仅产量高，而且质量好，仅黄桃每年收入就有10多万元。谈起这些，曾宪财一脸笑容。

万物各得其和以生，各得其养已成。候鸟从这里飞越隘口，为这里带来生机活力，也为村民拓展了富裕之道。

作者：彭学明　刘　倩

2023 年 10 月 11 日

景德镇千年窑火何以生生不息

担负“建好景德镇国家陶瓷文化传承创新试验区”的历史使命，沐浴“匠从八方来，器成天下走”的历史荣光，在“泥与火”的淬炼中，瓷都景德镇又一次开始了蝶变之路。

美国历史学家罗伯特·芬雷在《青花瓷的故事》一书中提出，第一次全球化来自16世纪的景德镇青花瓷。

陶瓷文化是中华文化的重要组成部分。在景德镇，历代名窑林立，名瓷精品迭出，陶瓷文化独领千年风骚。郭沫若先生曾以“中华向号瓷之国，瓷业高峰是此都”的诗句盛赞景德镇灿烂的陶瓷文化和历史。白如玉、明如镜、薄如纸、声如磬……在赓续千年的熊熊窑火里走出来的景德镇陶瓷，从有形到有技，再到有意，延续至今仍享誉中外。

世人不禁要问，景德镇窑火为何燃烧千年而不灭？这个“超级IP”，如何一直火下去？

一

文化关乎国本，关乎国运。

有人说，文化对一座城市而言，是最具代表性和辨识度的名片；对民众而言，文化是与日常生活息息相关的重要内容；对游客而言，文化是观光打卡的必选项。

陶瓷文化是中华优秀传统文化的重要组成部分，是民族文化高度发展的产物和结晶。进入新时代，如何进一步在文化强国建设当中发挥更大作用，这是千年瓷都的时代之问。

担负“建好景德镇国家陶瓷文化传承创新试验区”的历史使命，沐浴“匠从八方来，器成天下走”的历史荣光，在“泥与火”的淬炼中，瓷都景德镇又一次开始了蝶变之路。

过去与未来的辉映。不忘过去，方能开辟未来。从对全城160多处老窑址、108条里弄、“十大瓷厂”老厂房等文化遗存实施系统性保护修缮，让陶瓷历史“活起来”；到实施艺徒制度、代表性非遗传承人制度，壮大手工制瓷非遗传承人队伍，让千年技艺“传下来”；再到组建御窑博物院、陶瓷研究院，成立全国陶瓷文化博物馆联盟，加大对陶瓷文化性、精神性的理论阐释，让陶瓷文化“热起来”：景德镇像爱惜生命一样保护文物和文化遗产，在守正中写好传承这篇大文章。

创新与创意的碰撞。守正与创新相辅相成，体现了变与不变、继承与发展、原则性与创造性的辩证统一。在景德镇，日用陶瓷、艺术陶瓷日益做大做优，先进陶瓷近年来也强势崛起。

譬如，景华特陶公司氧化铝陶瓷和兴勤电子公司陶瓷压敏、热敏电阻质量、销量均列全国第一；和川粉体公司的纳米氧化锆粉体技术填补多项国内技术空白。开辟新赛道的景德镇人让创新开出了花、结出了果。

在这里，科学与艺术、创新与创意总是在不期而遇中撞个满怀。

美丽与魅力的交融。跨境电商平台上一位景德镇陶艺家创作微型花瓶的视频吸引了上亿人观看，被惊叹为“指尖上的china”，展示了陶瓷文化的独特魅力。

坚持“请进来”“走出去”，景德镇先后承办第五届阿拉伯艺术节、国际陶瓷艺术双年展等国际经贸文化交流活动，成为联合国海陆丝绸之路城市联盟首批创始成员，与72个国家180多个城市建立友好联系。景德镇在德国、荷兰等地举办陶瓷文化展，以陶瓷的器物之美、文化之美、精神之美激发文化共情，向世界展现了新时代可信、可爱、可敬的中国形象。

景德镇，这三个字本身就是一个“超级IP”。景德镇在古与新、土与洋、内与外的合力推动下，用小写的“china陶瓷文化”，讲好大写的“CHINA中国故事”，引人入胜、精彩无限！

二

在我国，烧制瓷器的地方有很多，为何只有景德镇被称为“千年瓷都”？“千年瓷都”是景德镇独一无二的文化标识，是对景德镇悠久历史的精准概括。

景德镇拥有2000多年的冶陶史、1000多年的官窑史、600多年的御窑史，制瓷肇始于唐，崛起于宋元，鼎盛于明清，绵延至当代。

悠久的历史和丰富的陶瓷文化遗存，是这座城市的最大优势、最大资源、最大财富。往事越千年，景德镇陶瓷“器走天下”，犹如满天星斗，闪耀在历史的天空，是景德镇“千年窑火，万里瓷路”的见证。

“千年瓷都”蕴含的文化传统和景德镇陶瓷的精神性，是对“何以景德镇”的最好回答。在宋朝，这里出产最具代表性的青白瓷，给人以含蓄风雅之感，有“色比琼玖”“饶玉”的美称，“青白釉传色泽美，方圆形似器容殊”，令宋人痴醉。

景德镇的金字招牌不仅源自历史机遇，更是千年来秉承“择一事终一生”的工匠们执着专注、精益求精的精神凝结，工匠们把瓷器做到极致，以极致达到卓越，以卓越造就瓷都。

这种传统和精神，来自岁月的积淀，来自一代代景德镇人的不懈求索。他们创造了“历朝海外有人到，高岭崎岖为坦途”的历史奇迹。由此，“瓷器”一词的英文“china”也演变为“中国”一词的英文“CHINA”，彰显了瓷器在推动中华文明发展中的历史地位与推动作用。

当然，近现代以来，千年瓷都也曾受到两次重大冲击。一是近代西方机械制瓷技术的出现，使景德镇传统陶瓷赖以生存发展的社会经济土壤一度“水土流失”；二是在市场经济大潮中，曾经的国有“十大瓷厂”逐渐走向没落。幸运的是，大潮此来彼往、波峰上下翻滚，历经风雨的景德镇见到了更加耀眼的彩虹。

这不禁令人想到“柴烧出炉”的瓷艺。在景德镇三宝村的山里，横贯在山脚的天宝龙窑蜿蜒而上，通红的火焰整整燃烧了三天三夜。待陶泥中的铁元素离析出来，与火焰结合，就会形成如凤凰一般奇特纹路的柴烧作品。

这正是“金木水火土，凤凰窑上舞”的真实写照。

三

光阴的故事还在续写，景德镇的辉煌仍在继续。

今天，建好景德镇国家陶瓷文化传承创新试验区，打造国家文化交流客厅、国际文化交流名城，全面建设社会主义现代化国际瓷都，已成为景德镇人共同的追求和梦想。梦想不停歇，我们征途不止步。

打造精品宝库，把宝贝“亮出来”。刚刚过去的国庆假期，景德镇的“无语菩萨”强力出圈，在网络上刷屏，引发了大众强烈的文化共情。

景德镇有的是故事，也有的是传世“宝贝”。我们期待着这座“没有围墙的博物馆”能够有越来越多的陶瓷珍宝展现在人们眼前，有更多沉浸式、多元化的陶瓷文化活动让人为之沉醉、为之倾倒。

创造产业生态，让发展“跑起来”。创新是景德镇的特质。进入新时代，景德镇大力实施“陶瓷+”“文化+”“创新+”“互联网+”行动，推动实现陶瓷产业的突破性发展。

2022年，景德镇陶瓷工业总产值达665亿元，3年增长155%。景德镇打造了全国首个陶瓷行业工业互联网平台，出台了日用硬质瓷器团体标准，创建了全国首个国家陶瓷版权交易中心，获批成为中部地区首个全国版权示范城市……景德镇陶瓷产业核心竞争力日益增强。

塑造互鉴平台，让文化“火出圈”。文化因交流而多彩，文明因互鉴而丰富。随着试验区建设的纵深推进，景德镇陶瓷文化正在一次次交流互鉴中不断焕发新生。例如，通过“瓷”与“乐”的结合，景德镇瓷乐队把《茉莉花》《青花瓷》等中国名曲带到了海外，架起了一座文化交流的彩虹桥。

面向未来，景德镇正加大“走出去”步伐，积极拓展文化交流，向全世界展示陶瓷文化的独特魅力，讲好新时代的中国故事、江西故事、景德镇故事。

文化不是凝固的雕塑，而是流动的活水。景德镇不断增强文化自觉，挖掘历史元素，丰富文化意蕴，中华陶瓷文化一定能够在承往拓今、守正创新中走向世界、光耀全球。

作者：何　莉

2023 年 10 月 16 日

千年古村的重生密码

素有兴盛一时的“小南京”美誉的钓源古村，
在旧与新的碰撞、古与今的融合中，重焕青春。

在距吉安市中心城区不到20公里的地方，一条樱花大道直通绿荫深处，“外面五千年，里面五星级”的钓源古村便藏在其中。掠过青砖黛瓦的房屋，行走在花团簇拥的鹅卵石路上，只觉樟香扑鼻。

这座千年古村如今已蝶变成“未来生活美好村落”，焕发出前所未有的生机活力。这其中最关键的，就是传承与创新、坚守与改变、融合与互促。

一

吉安古称庐陵，而钓源古村堪称一部浓缩的庐陵文化史。古村始建于唐代末年，是北宋著名政治家、文学家欧阳修宗亲后裔聚居地，先后走出过9位进士、32位举人，曾留下“父子登科、兄弟连科”的佳话。

自明朝中叶起，许多钓源人转仕入商，致富后在家乡兴建宅院、铺路架桥、规划街区，使钓源成为兴盛一时的“小南京”。古村留存的150处古建筑是赣派建筑的典型，被香港城市大学列为古建筑学的示范点。

传统村落寄托着中华儿女的乡愁，是优秀传统文化的重要载体。钓源古村拥有厚重的历史文化资源，统筹做好古村的修缮保护与开发利用，是守护和传承庐陵文化的重要途径，也是每一代庐陵儿女的文化使命。

之前钓源古村也是“守着金饭碗，过着穷日子”，由于保护不当、开发不力、运营不佳，出现“人走屋空”“外扩内空”的现象。在这样的背景下，把古村的保护与发展融入到新时代乡村振兴的生动实践中，科学处理古村保护和开发利用之间的关系，积极发掘其文化、经济、生态、社会等方面价值，持续激发内在生命力，成为钓源古村发展的必然选择。

“拯救老屋行动”的发起人，原文化部副部长、国家文物局原局长励小捷曾提出，与古村落“冻结式保护”和“拆古建新”这两种极端方式相比，“再利用”才是科学的选择。

钓源古村的发展也曾走过一个“冻结式保护”阶段，缺乏内在文化灵魂和生命力，严重依赖政府资金“输血”，一度面临困境。

于是，钓源古村放弃“左手握右手”零打碎敲、修修补补的老路，踏上走“紧握市场之手”合作共赢的新路。钓源古村保护开发项目推进之初，就强化市场思维，坚持政府引导、市场化运作、群众参与，把“传承保护”与“开发利用”统筹好。最终钓源选择有业绩、有实力、有情怀的十里芳菲公司作为合作伙伴，对古村进行全方位保护和全景式开发，致力找寻钓源振兴发展的“最优解”。

正如十里芳菲董事长张蓓所说：“每一个村落都是自然生长出来的，

而不是刻意建造出来的，我们要做的，就是在旧与新的碰撞、古与今的融合中，让古村重焕青春。”

二

钓源古村蕴藏着丰富的历史文化信息和价值。在振兴钓源的过程中，如何因地制宜、因势利导，探索一条符合钓源实际的古村落保护和开发路径至关重要。钓源的实践，带给我们这样的启示。

坚持党建引领与乡村振兴互融共促。办好农村的事情，实现乡村振兴，关键在党。充分发挥党建的引领保障作用，坚持“三级书记”抓乡村振兴，推动政策、资源和力量向乡村倾斜。

坚持古村保护与开发利用互融共促。始终秉承“在保护中开发、在开发中保护”的理念，推动村落资源由“静态保护”向“活态利用”转变，让古村留住乡愁记忆，焕发活力新生。

坚持村落景观与人文内涵互融共促。一个地方最打动人心的不是景观，而是文化。把古村文化融入景观设计中，赋予每一个景观深厚的人文内涵，做到既注重景观品位，又促进文脉传承，实现古村由表及里、形神兼备的全面提升。

坚持文旅发展与共富共享互融共促。坚持以人民为中心的发展思想，突出农民主体地位，完善利益联结机制，通过“资源变资产、资金变股金、农民变股东”，形成企业和农户产业链上优势互补、分工合作的互利共赢格局，让农民在家门口就有活干、有钱赚。

三

守护好传统村落就是守护我们的精神故乡，就是守护我们文化自信的源泉。如何让钓源振兴“有魂”“有力”“有韵”“有智”“有根”，是吉州区必须持续努力的方向。

深挖文化内涵，让钓源振兴“有魂”。古村落中蕴含着深厚的人文历史和传统文化，吉州区始终坚持“守正不守旧、尊古不复古”，组织本土文化专家开展研究阐释，深入挖掘庐陵文化和特色民俗文化，并融入现代元素开发非遗体验课程和文创产品。按照修旧如故的理念，吉州区对古民居、古建筑等有形载体进行修缮提升，原汁原味地保留村庄的历史风貌和文化肌理，让每代人都能“记得住乡愁”。在如今的钓源古村，越来越多的非遗传承人、手艺人到钓源短居，他们在榨油、做腐乳、酿酒等方面各有技艺。田里产出的农产品送到村中的榨油工坊、酿酒馆，由手艺人古法制作，游客可观摩体验，也可现场购买。

植入业态多元，让钓源振兴“有力”。做陶艺、体验活字印刷……2023年钓源古村推出“小小村童”夏令营，深受家长和孩子的喜欢。区委、区政府以文旅产业为核心支撑，把运营理念贯穿于项目规划、设计、建设全过程，引进文旅企业，以沉浸式体验为切口，打造“新农业+新服务+新家园”发展模式，量身定制业态，持续做长农文旅、文商旅产业链。同时，采取“流空置业”模式，对150余栋古建筑进行收储，布局植入文旅业态。

系统治理生态，让钓源振兴“有韵”。得天独厚的生态环境是钓源的最大优势和宝贵财富。区委、区政府牢固树立和践行“两山”理念，积极探索生态产品价值实现路径，对村里的老旧房子进行价值评估、确权颁证、托管运营，推动政企银村合作，系统盘活“沉睡”的山水、田园、房屋等原生资产。通过打通村庄水系和建设污水处理系统、生态驱蚊系统，打造“海绵乡村”，自然生态得到全面保护和修复，绿色、循环、低碳已经逐渐成为钓源的一种生活方式、一张亮丽名片。

灵活招引育才，让钓源振兴“有智”。乡村振兴，既需要会种田的“土专家”，也需要高素质的“新农人”。吉州区致力于把钓源打造成为乡土人才聚集的热土，推出“蝴蝶返乡”计划，定期举办研讨交流会等学习活动，大力培育新型职业农民和乡土人才；建立“三回三带”人才返乡创新创业机制，出台多元化激励政策，以人才回归、项目回引、资金回流，推动治理带优、产业带兴、群众带富，让人才和乡村“双向奔赴”。

推进共治共享，让钓源振兴“有根”。乡村善治的核心密码，就是共治共享。吉州区坚持以共同体思维推动乡村有效治理，充分尊重村民的主体地位和首创精神，创新“一格八员、一网三色”市域社会治理工作法，引导村民参与村庄规划、建设、管理全过程，有效激发村民认同感、归属感、获得感。由此，钓源成功探索出一条共建共治共享的乡村治理新路径，在2022年入选第九批全国民主法治示范村。

如今的钓源，青砖黛瓦、雾气氤氲，入眼皆是青山绿水，这正是千年古村又逢春的新模样。

作者：尹冬苟

2023 年 10 月 24 日

蓝冠噪鹛为何安家婺源

位于婺源县星江河上游的秋口镇石门村，是一个可以写入世界鸟类史的村庄——蓝冠噪鹛在20世纪一度被人们认定已经灭绝，直到2000年5月24日婺源鸟种调查组成员郑磐基、洪元华在该村水口林中发现它小巧而灵动的身影。

一

蓝冠、黄喉、黑脸、褐腰、啼声清脆悦耳的蓝冠噪鹛再次出现，吸引了中国科学院动物研究所鸟类专家的关注。

经过鸟类专家的考证梳理，蓝冠噪鹛的身世才慢慢浮出水面：蓝冠噪鹛的初名为黄喉噪鹛，雀形目，画眉科，噪鹛属，其标本是由法国植物学家古尔图瓦于1919年间在婺源采集得到的，随后依据标本命名了一个新的亚种。此后，无论是在婺源，还是在婺源的周边地区，都没有再出现过该种标本的采集记录。

1993年，林业部野生动植物保护司曾收到一份来自英国的电报，称“英国鸟类保护协会在一批从中国进口的画眉鸟中，惊奇地发现混有一只世界濒危鸟类黄喉噪鹛”，同时还附有一张黄喉噪鹛的照片。而转发这份电报的是中国濒危物种进出口管理办公室。专家分析认为，那批混有黄喉噪鹛的画眉，来自江西婺源的可能性较大。

二

2000年6月1日，人民日报以《销声匿迹八十载　山林寻它千百度——黄喉噪鹛重现婺源》为题，刊发了消息。正是这条新闻，引起了世界自然保护联盟（IUCN）和国内外鸟类专家的关注。

2001年4月，德国动物物种与种群保护协会主席罗兰德·沃思博士一行，专程赴婺源实地考察黄喉噪鹛，并签订了为期3年的合作协议，每年提供4000美元的专项保护资金。

2001年10月，世界自然基金会（WWF）把婺源黄喉噪鹛自然保护小区的建设列入中国珍稀物种保护小型基金项目，资助5000美元用于黄喉噪鹛自然保护小区建设。

2002年10月17日，美国福特汽车环保奖组织者将自然环境保护项目一等奖授予了“婺源黄喉噪鹛保护小区建设与保护小区功能研究”项目。

2003年4月，香港观鸟团一行15人专程到婺源考察黄喉噪鹛。

2007年4月24日，婺源县林业局就黄喉噪鹛项目与英国北英格兰动物学会（NEZS）、德国动物物种与种群保护协会（ZGAP）、法国动物物种与种群保护学会（CEPA）、英国利兹市鸟类公园（LCBC）继续签订合作议定书。

一个被鸟类学家认为很有可能灭绝了的鸟种——蓝冠噪鹛，就这样飞向了国际协作保护之路。根据鸟类专家多年的跟踪调查，蓝冠噪鹛虽在婺源秋口石门、鹤溪、太白曹门、湖田、五店等地均有集群现身，但总数却一直没有突破250只。

蓝冠噪鹛每年4月在婺源现身，8月初又神秘消失在人类视野，在此期间会完成产卵、孵化、育雏的全过程。至于其他时间蓝冠噪鹛在哪栖息，仍是一个未解之谜。

而蓝冠噪鹛在世界上的保护级别却逐渐升级：2007年，国家鸟类保护联盟将其列入世界急危物种名录；2012年，列入世界自然保护联盟濒危物种红色名录（3.1版）——极危（CR）。

在婺源石门村水口，香樟、枫杨、槠树、枫香、糙叶树连片成林。1993年，婺源县就在石门村划定面积330公顷为自然保护小区，列入全县193个自然保护小区（193个自然保护小区覆盖全县所有行政村，总面积达10.98万公顷）之一。

在石门自然保护小区，有蓝冠噪鹛、鸳鸯、寿带、黄鹂、冠鱼狗、星头啄木鸟、大斑啄木鸟、小灰山椒鸟、黑冠鹃隼、虎斑地鸫、领角鸮、普通翠鸟、山斑鸠、蓝喉蜂虎等40多种鸟类栖息。

三

在石门村民居的墙上，赫然写着《爱鸟护鸟倡议》：“鸟儿拥有森林，生命才有依托。人们希望在绿色中生活，鸟儿渴望在森林中唱歌。在此，我们共同倡议，主动学习、积极宣传鸟类保护知识和《野生动物保护法》，牢固树立生态保护意识，营造爱鸟护鸟的浓厚氛围……从现在做起，从我做起，为鸟儿的安全栖息繁衍提供有力保障。”

经过不断努力，石门已成为饶河源国家湿地公园的中心区。随着鸟类博物馆、研学基地的建成，石门也受到更多人关注。

2022年12月10日，在加拿大蒙特利尔《生物多样性公约》第十五次缔约方大会（COP15）上，通过图片和视频展示，世界人民进一步认识了婺源的蓝冠噪鹛。这是江西保护珍稀濒危物种的成功实践。

实际上，婺源拥有82.64%的森林覆盖率，山清水秀、林木茂盛，是名副其实的鸟类天堂。数据显示，婺源野生鸟类由2012年科考调查时的286种，增加到2023年的356种，其中国家一级重点保护野生鸟类13种、国家二级重点保护野生鸟类62种。山清水秀的婺源，不仅跻身全国35个生物多样性保护优先区域之一，还成功入选“国家生态保护与建设示范区”。

开启观鸟之旅，发现自然之美。为了一睹蓝冠噪鹛曼妙的身姿，聆听其清脆悦耳的鸣声，越来越多的游人走进蓝冠噪鹛的故乡婺源石门村，这也更加增添了石门人呵护鸟类家园的信心与决心。

作者：洪忠佩

2023年10月28日

当“最美的村”遇见“美丽的路”

“客路青山外，行舟绿水前。”行走婺源，但见一条条“美丽农村路”蜿蜒在青山绿水间，将景区景点和好山好水串珠成链，形成全域旅游“生态链”“景观带”。

2023年10月，交通运输部发布农村公路助力共同富裕典型案例，婺源县《打造“美丽农村路”样板　交旅融合助力乡村振兴》作为全国27个典型案例之一入选。

婺源“美丽农村路”如何助力共同富裕？让我们一探究竟。

一

婺源县内85%是山地，森林覆盖率达83.67%，是典型的山区县，“山清水秀路难行”曾是婺源交通的真实写照。

自2005年被原国家旅游局授予全国唯一的全域3A级旅游景区以来，婺源全县上下矢志不渝抓道路交通建设，让农村公路为旅游发展“保驾护航”。

“良好生态环境是最普惠的民生福祉。”在道路交通规划中，婺源坚持生态优先、绿色发展，反复斟酌路线方案，避免大填大挖，保护生态红线。

在交通项目建设过程中，秉承精益求精的工匠精神，婺源全面提升路基、路面、桥涵、边沟等质量，确保“建一条、成一条、优化一条”，打造“精品工程、百年工程、民心工程”。

2020年以来，婺源先后投资逾16亿元，成功打造“美丽农村路”15条共计190多公里，其中获评全省美丽生态文明农村路8条，尤其是成功打造全省首条人与自然和谐共生的“1号公路”，成了家喻户晓的“网红公路”。

如今，婺源“美丽农村路”建设覆盖全县17个乡（镇）、65个行政村，惠及20余万群众，占全县总人口近60%。

建，还只是第一步。建好后如何管好用好，更考验着决策者的担当与智慧。婺源出台《关于加强农村公路管理养护工作的意见》《农村公路“路长制”工作实施方案》等政策文件，构建农村公路政策制度体系的“四梁八柱”。同时，建立多部门联合执法机制，严厉打击超限超载行为，实施“智能养护”工程，打造干净整洁的道路环境，整治提升文明示范路234公里。如今，“美丽农村路”串街连乡、通山入林，让农业更繁荣、农村更美丽。

通过建设“美丽农村路”，婺源新增绿化面积40万平方米，处置近700处公路安全隐患，整治200余公里沿线“脏乱差”问题，优化2.5万户百姓的人居环境，涌现了漳村、金竹村、马家村、上梅洲村、石门村、严田村等一批高品质示范村和183个秀美乡村点。

一条条蜿蜒在绿水青山、粉墙黛瓦间的“美丽农村路”，成为最美乡村的生动注脚。

二

“人民对美好生活的向往，就是我们的奋斗目标。”秉承“小康路上不让任何一地因交通而掉队”的理念，“十三五”以来，婺源县农村公路实现“村村通”“组组通”，农村公路建设项目交竣工合格率达100%，优良率90%以上。

为促进“交旅融合”，让广大百姓共享旅游发展红利，婺源坚持“一路一风景、一路一特色”，按照“每一条公路都体现最美乡村形象”的要求，在“美丽农村路”沿线科学布设以“两台一区”（观景台、摄影台、停车区）为主要内容的公路驿站，打造集景村党建、徽州文化、生态文明为主要内容的公路景观，建设集“一键免费Wi-Fi、智能广播提醒、信息查询终端、新能源环保充电桩”等多功能于一体的智慧驿站，为群众低碳出行、自驾旅游“保驾续航”。

同时，婺源践行“四季有花”“四季皆景”的理念，将红叶石楠、紫荆、紫薇、桃花、桂花等景观植物，合理融入公路沿线绿色生态景观，科学实施路域绿化美化工程，使农村公路不仅是“山水林田湖、城镇乡村景”的连接线，更是最美乡村的一道风景线。

如今，婺源近200公里“美丽农村路”串联起了江岭花海、篁岭晒秋、秀水湖、文公山、思溪延村等自然和人文景观，“以路为景、以路串景、路景融合”得到完美呈现。其中，依托“美丽农村路”串联起的“‘婺’里看花寻芳之旅”（月亮湾—李坑—汪口—江湾—晓起—江岭—篁岭）获评“全国乡村旅游精品线路”。

放眼婺源，一条条“美丽农村路”就像一根根“金丝银线”，将一处处好山好水、景区景点串珠成链、连线成环；从城区到所有乡镇，到国家4A级以上景区景点，基本实现半小时通达。便捷的交通路网为婺源全域旅游发展注入了强劲动力。

三

一条路，兴旺一个产业；一条路，致富一方百姓。春季是婺源赏花游高峰期，各地游客蜂拥而至，导致交通拥堵，一度造成“幸福的烦恼”。

为解决赏花季交通拥堵问题，婺源投入3亿多元建设4条农村旅游公路，畅通旅游公路循环；投入1亿多元在主要景区周边建设停车场，拓宽改造公路，实行免费换乘，提升景区交通承载量和公路通行能力，破解了景区“幸福的烦恼”。

畅通景区和城乡交通内循环，一条条四通八达、风光旖旎的“美丽农村路”就像一条条发展曲线，铺设着乡村振兴的崭新跑道，为广大百姓带来发展红利、致富希望。

“公路+旅游”蒸蒸日上。修好一条路，带活一大片。农村公路与国省干线公路、城市道路等有效衔接，盘活了婺源城乡旅游资源，创造了“路衍经济”。

如严田至中云、槎口至鹤溪、沱口至鄣村等10条“美丽农村路”串联起13个旅游景区，游客较修路前年均增加了400万人次，旅游收入年均提高了36亿元，婺源县也获评首批江西省“风景独好”旅游名县。

2023年以来，婺源乡村旅游呈现出“爆发性复苏”的喜人态势，1—9月，全县接待游客1838.6万人次，综合收入178.2亿元，同比增长

125.6%、168.9%，与2019年相比增长20.9%、18.2%。

“公路+产业”欣欣向荣。四通八达的“美丽农村路”盘活了乡村特色资源，促进了农村经济发展，城货下乡、山货进城、电商进村、快递入户，改善了百姓生产生活条件，激发了乡村产业发展活力。

如珍珠山至黄砂、港口至璜茅两条“美丽农村路”连接了油茶、竹林、皇菊等产业，产业收入较修路前年均提升了3000余万元，新增就业岗位600余个，擦亮了珍珠山乡“运动休闲特色小镇”金字招牌。其中，黄砂村民宿业主户均年收入6万余元，农特产品年销售额超500万元，诠释着“交通富民”的生动内涵。

“公路+物流”红红火火。一路通则百业兴，一花开来百花开。外通内联、通村畅乡、班车到村，安全便捷的交通运输网络，让广大百姓看到了大道越走越宽广的新希望。

如甲路至中云、中村至双路口两条“美丽农村路”的修建，为每台物流车年均压缩运输费2万元，吸引物流产业投资5000余万元，增加就业岗位600余个，促进特色种养群体年均增收3000余万元。

在近200公里“美丽农村路”加持下，婺源20多万人通过开农家乐、办民宿、产销农特产品、制售旅游商品等，在家门口实现了发家致富，形成了3个百栋以上的古宅民宿群（篁岭、延村、严田），涌现了11个床位数过千的旅游度假村，3300多家农家乐户均年收入超10万元。城乡居民人均存款余额连续多年位居上饶市前列，城乡居民可支配收入4年增长70%，“中国最美乡村”——婺源愈加物阜民丰。

作者：吕富来

2023年11月23日

“峡”处逢“生”有故事

峡江如何“峡”处逢“生”，把生物医药产业做大做强？产业崛起的背后，峡江做对了什么？

峡江县，因两岸群峰夹赣水，江面狭窄而得名，人口、国土面积、经济总量均居吉安市后位。

就是这样一个小县，凭借生物医药产业优势在三年抗疫中大显身手，亮相央视《焦点访谈》；吸引163家生物医药企业，聚集38位生物医药领域省级以上高精尖人才，2022年生物医药产业年营业收入突破300亿元；获评江西省重点产业集群、江西省首批大健康产业试点示范县，生物医药产业集群入选2022年度江西省中小企业特色产业集群……

峡江如何“峡”处逢“生”，把生物医药产业做大做强？产业崛起的背后，峡江做对了什么？

党建联盟　聚势领航

生物医药大健康产业是朝阳产业，也是吉安市着力打造的第二个千亿级产业，而峡江正是吉安市“圈定”的生物医药产业重镇。

近水楼台先得月，向阳花木易为春。近年来，峡江县把党的组织建到产业链、党的工作融入产业链，大力实施“红链行动”，通过“一核四链”的发展模式，探索出一条“党建+产业链”赋能生物医药产业高质量发展的新路。

“组建了联盟后，我们不再单打独斗，而是一个整体。大家心往一处想、劲往一处使，企业的路肯定会越走越宽。”江西玉峡药业有限公司党支部书记何滔感叹道。原来，在2023年6月13日峡江县生物医药大健康产业党建联盟联席会议上，他的公司和上下游配套的几家企业达成了初步合作意向，为企业今后的发展奠定了坚实的基础。

“成立生物医药大健康产业党建联盟，就是通过常态化开展支部结对、研发结对、购销结对等活动，推动产学研、上下游、大中小企业联建共建，实现链内企业信息互联、资源共享、同向发展。”峡江县工信局党委书记曾锐说。

在该联盟的倡导下，峡江县组织上下游企业加强产销对接，促进产业协同发展，已培育出“瞪羚企业”2家、省级“专精特新”中小企业5家、国家高新技术企业16家。

同时，搭建政银医企农平台订单模式，创新设立“企业服务超市”，设立5亿元生物医药产业发展基金，先后召开亲清连心政企恳谈会33期，累计为企业解决困难问题300余个，全力为企业提供“一站式”全生命周期服务。

将党旗插在产业发展的前沿，以党建引领产业发展方向，这不是峡江县的首创，却是峡江县生物医药产业能够发展壮大的不二法宝。

培育沃土　激发活力

想要生物医药这茬“庄稼”长得好，厚植营商环境沃土不可少。

“综合检测中心预计年底可实现实质性运营，届时可优先快速为辖区内生物医药企业提供产品注册检验、注册认证材料制作申报等服务，将大大提高企业批文审批效率，实现产品快速量产、企业快速发展。”峡江县生物医药产业发展中心主任李斌高兴地向大家介绍。

为打造共享平台、集成孵化功能，峡江县大力推进“三中心四平台”建设，打通研发、检测、审批、转化等产业链关键环节，以全产业链孵化载体推进生物医药产业聚集。

“和美药业2012年入驻峡江，至今仍是‘零’税收。但经过11年的研发，6个Ⅰ类创新药全部进入临床三期，拿到批文量产后，预计年销售收入能突破百亿元。”峡江县委人才办主任朱辉满怀信心地说。

针对生物医药企业研发周期长、短期效果不明显的特点，峡江县先后通过基金平台向和美药业投融资1.2亿元支持原创药研发，规划建设产业园，有望在2025年将和美药业打造成吉安市首个生物医药百亿企业。

耀眼成绩的背后，不仅有真金白银的资金支持，更有实实在在的政策支撑。近年来，峡江县连续发布了《关于扶持医药产业发展的若干意见》《关于扶持生物医药大健康产业高质量发展的若干意见（修订）》《峡江县中药材种植发展实施意见》《峡江县生物医药大健康产业倍增升级三年行动方案（2022—2024年）》等为产业量身定制的政策条款。

适合生物医药产业发展的土壤越来越肥沃，在峡江这片美丽的土地上加速“发酵”的各大药企越来越多，聚变效应越来越明显。

产才融合　蝶变升级

“左手握紧药材，大拇指和食指靠紧刀桥……刀工不是一天两天练成的，要经常练习。”在江西顺福堂中药饮片有限公司中药材切片区，老药工廖慧安正在向学徒们传授切片技艺。

廖慧安是公司以技术人才引进的方式挖来的，作为首届“庐陵工匠”，他的到来为公司挖掘与利用传统中药饮片，以及传承樟帮中药炮制技艺打下了坚实的基础，更是该公司高度重视招引医药人才的缩影。

在峡江，和廖慧安一样通过技术人才引进的方式进入各个药企的人很多，他们正在通过自己的努力，将毕生所学投入到推动峡江生物医药产业高质量发展中去。

实际上，峡江不仅成功吸引了很多行业内的专家人才，也和各大院校建立了牢固的人才输送通道。“如今，峡江已经形成了一个成熟的生物医药产业集群，配套的各项政策也很有吸引力，大家去了之后，不仅福利待遇高，而且环境非常宜居……”2023年5月，一场别开生面的招才引智活动在广州举行，4名不同身份、来自不同领域的引才大使，为当地企业招才纳贤卖力“吆喝”。

近年来，峡江县制定“产业人才特惠26条”，组建18个招才引智工作队，在峡江县职业技术学校开办中药炮制、药物制剂等5个专业班级，集聚生物医药领域省级以上高精尖人才32人、博士74名，聘请20名企业专家、技术骨干担任实践导师，年培训本土专业技能人才300余名。

这样一来，峡江生物医药产业的发展，就有了源源不断的智力支撑。“在峡江创业，有种回到家的温馨感觉。”江西康雅医疗用品有限公司的董事长张晓兵笑着说。如何让人才产业项目得以落地、效益持续提升、产业蛋糕不断做大？“保姆式”的孵化服务，就是峡江县给出的答案。

细到为企业提供研发、经营场地和办公设施，全到帮助企业做好工商注册、税务咨询、融资援助等方面工作，这些服务致力于协助企业在当地顺利开疆拓土，降低初创期的风险和成本，提高成功率。

峡江县想企业之所想、急企业之所急，千方百计从各地招引人才，在政策和服务上为个人及企业提供最大力度的支持。这是峡江生物医药产业“长大”的秘诀，也是地方党委和政府踔厉奋发谋经济发展、勇毅向前图峡江未来的真实写照！

作者：刘　洋　刘　伟

2023 年 11 月 24 日

“小泥巴”链出大产业

从一炉窑火到一条产业链，再到成为蜚声海内外的“中国电瓷之都”，芦溪凭何乘风前行？

冬日暖阳，层林染彩。芦溪县上埠镇的电瓷博览园内，数座仿苏联的圆窑和隧道窑，散发着浓郁的瓷城韵味。

就在今天，以“数字赋能　创新发展　电联全球”为主题的中国电瓷电气产业创新发展大会2023年输变电年会在“中国电瓷之都”芦溪开幕，业内“大咖”云集，共襄产业盛举。

为什么是芦溪？古今交错，必有历史回响。从一炉窑火到一条产业链，再到成为蜚声海内外的“中国电瓷之都”，芦溪向我们展示了一个产业传承、创新蝶变的范例。那么，在现代化产业体系建设中，芦溪该如何乘风前行，把电瓷这张名片擦得更亮？

“草根”逆袭变“明星”

千年窑火，百年辉煌。瓷于芦溪，是骨血，是基因。盛产陶土的芦溪，早在东晋时期，就有了制造陶瓷的火种。传说“先有窑下，后有饶州”。在芦溪县窑下村，曾发掘出始烧于宋代的窑址，而饶州指的是今天的景德镇。

近代以来，在洋务运动推动下，芦溪电瓷横空出世。1905年，数位实业救国者在芦溪筹股创办萍乡瓷业有限公司，10年之后，公司开发了电瓷和化工陶瓷，成为我国最早生产电瓷的企业之一。从此，古老的芦溪制瓷业走向全新天地，百年电瓷产业由此奠基。

1938年，芦溪电瓷产业首次实现规模化生产，孵化出“中国电瓷之都”的雏形。

大风起，云飞扬。新中国成立后，电瓷行业以国营企业为主体迅速发展，奋起追赶、填补空白、屡建新功。至20世纪70年代，以萍乡电瓷厂为龙头的电瓷产品占据全国电瓷出口总量的35%。芦溪电瓷广泛进入国际市场，打响了名号，也闯出了江湖地位。

20世纪90年代初，一大批民营电瓷企业如雨后春笋般蓬勃发展，形成了以高强电瓷集团、华东出口电瓷等龙头为引领，中小电瓷企业齐头并进的局面。这些最初不起眼的产业和企业，虽是“草根”出身，却敢于搏击、勇于创新，专注细分领域，让芦溪电瓷业如火苗般轰然成势。

中材电瓷、大连电瓷、抚顺电瓷等央企、上市公司先后进驻芦溪，江西省电瓷商会、芦溪高压电瓷电气研究院有限公司、芦溪县电瓷产业知识产权联盟先后成立。一系列动作勾勒出一条创新突破、高端引领的发展路径，彰显了芦溪做大做强电瓷产业集群的决心。

一路风雨一路歌。2023年，芦溪全县聚集电瓷上下游企业200余家，电瓷产业集群实现产值153亿元，覆盖40多个系列、600多个品种的电瓷产品，销售网络遍布全国及40多个国家和地区。芦溪人用精雕细琢的功夫制造电瓷，在市场经济大潮中劈波斩浪，从赣西小城漂洋过海，奔赴中东地区、南非高原、南洋诸国……一步一个脚印，踏出了从“草根”到“明星”的崛起之路。

“小泥巴”玩出“大产业”

走进中材江西电瓷电气有限公司生产车间，忙碌的工人和流水线上的电瓷配件构成一道亮丽的风景线。

一块块白色瓷土，经过榨泥、成型、修坯、上釉等工序，形成了施着棕釉、高达数米、以吨计重的“大家伙”——瓷质电绝缘材料。公司负责人介绍，当前国际市场对电瓷需求量巨大，抢抓机遇融入“一带一路”建设，是公司提升竞争力的重中之重。目前公司可年产15万支棒型支柱绝缘子、300万片悬式绝缘子，占全国市场份额超三分之一。

在江西强联电气有限公司厂房内，一根根数米高、重量上吨的泥坯已完成烧制，实现“新生”。作为国内唯一一家采用冷等静压成型技术生产长棒型瓷绝缘子的厂家，其自主研制成功的100KN—550KN长棒型绝缘子产品，打破了国外公司的技术和供应垄断，是保障输电线路安全稳定运行的“利器”，市场势头强劲，前景可期。

江西百新电瓷电气有限公司董事长陈启军是位70后的“瓷二代”。在他看来，制瓷的基因流淌于芦溪人的血脉，格外珍爱才能让优势资源变成特色产业，“越玩越新，泥巴也能生金”。他的企业研发的产品，凭借可靠品质和先进技术，赢得了国内外客户信任，让芦溪电瓷有更辽阔的用武之地。

传统电瓷产业，从“制造”到“智造”，一字之差，却有了截然不同的命运。在加快转型升级的新征程中，一批因技术革命获得新生的新产品、新项目，正成为企业打开市场空间、实现创新突围的“攻坚利器”。今年5月中旬，随着大莲电瓷（江西）有限公司正式投产，12条国内最先进的特高压线路用悬式瓷绝缘子智能生产线应运而生，为芦溪打造百亿电瓷产业集群添加了新砝码。做好创新的“加法”，才能做好发展的“乘法”。让一块块“泥巴”攀上“产业珠峰”，问鼎产业最高峰，注重技术创新、产品创新、模式创新，加快由加工制造向创新驱动转变，是电瓷企业不断加大研发力度的动力。

电瓷企业的成长轨迹，正是芦溪经济社会发展进入快车道的一个缩影。芦溪的电瓷企业家，正用敢为人先的智慧和勇气，唱响加快转型升级、实现创新突围的奋进曲。

“小县城”展现“大视野”

从G60沪昆高速入口驱车进入芦溪，沿途“世界电瓷看中国，中国电瓷看芦溪”的大型标语格外醒目。向世界进军，并非芦溪县的异想天开。

当前，芦溪已形成了全国唯一涵盖玻璃、复合、瓷缘子的电瓷产业集群，具备高、中、低档各种电瓷的研发和生产能力，形成了从瓷土开采到主导产品、附件生产制造等较为完善的产业链。产品结构由单一的低压电瓷向超特高压电瓷、电瓷附件配套等发展，多元化产业格局日益形成。

在强强联合、集聚发展下，芦溪电瓷实现了电压等级、绝缘材料、应用领域、产业链条四个“全覆盖”，成为全球最大的电瓷产业基地之一。

做大做强产业集群，既是要掌握行业话语权，也意味着承担更多社会责任。芦溪多方发力，瞄准全球能源互联网和国家新基建带来的新机遇，为产业发展注入新活力。

笃定创新。芦溪聚焦培育“专精特新”等科技型企业，鼓励企业掌握自主知识产权、推动数字化升级，开展产学研联合攻关，推动产业向高端化发展、向价值链顶端攀。同时，高质量办好产业年会，凝聚政府、企业、协会、科研机构多方合力，在国标修订等业内顶层设计方面发出“芦溪声音”。

保驾护航。芦溪锚定“世界电瓷之都”目标，强化政策加持，持续优化营商环境，用好5亿元产业发展基金，发挥人才产业园、电瓷电气技工学校作用，将各类资源进行优化配置，推动产业链整合集聚，用真金白银提振企业信心。

加速“出海”。芦溪抢抓国内国际“双循环”发展机遇，鼓励企业全球化布局，支持企业开展各类外贸活动、跨境电子商务业务等，助力企业加快拥抱国际市场新蓝海。眼下，芦溪已有不少电瓷企业开启国际化进程，凭借着过硬的品质和实力在各大国际电力展会大放异彩，在国际市场抢单夺势。

过去，传统电瓷成就了芦溪的辉煌，也维系着众多芦溪人的生计。如今，涅槃重生的现代电瓷依然风生水起，不仅装扮了芦溪人民的美好生活，更成为芦溪县高质量发展的助推剂。一个脉动强劲的产业，一个更加澎湃的增长极，依旧值得期待。

作者：巫　坚　刘艳红

2023年12月2日

起底“建昌帮”的前世与今生

2023上海合作组织传统医学论坛在南昌举行，这是江西第三次举办上海合作组织传统医学论坛。在中国中医药版图中，江西是独特的存在，盱江医学和樟树药帮、建昌药帮驰誉上千年。让我们走进“建昌帮”，感受南城药香氤氲千年。

2023年，商务部等五部门发布了《关于中华老字号复核结果的公示》，江西共有21家中华老字号复核通过，其中就包括知名药业品牌“建昌帮”。

“建昌帮”与“樟树帮”合称为“江西药帮”，是全国十三大药帮之一。“建昌帮”以擅长中药饮片加工炮制和药材集散交易而著称，尤以药技见长，中药界至今有“药不过樟树不齐，药不过建昌不成（灵）”之说。作为江西中医药曾经的执牛耳者，“建昌帮”有过怎样的光辉历史？又该如何重现辉煌？

一

早在东晋时期，道士葛洪曾在南城麻姑山采药炼丹、著书立说。

道光《南城县志》载曰：“葛洪，字稚川，丹阳句容人也，自号抱朴子。究览典籍，尤好神仙道养之法。洪见天下已乱，避地南城麻姑山。有葛仙丹井相传，洪于此炼丹故名。”

现今麻姑山仍保留的“葛仙丹井”“炼丹灶”“炼丹室”，就是当年葛洪在麻姑山炼丹制药留下的遗址。葛洪在麻姑山的医药活动，开了建昌制药业的先河。北宋时期，官府在今南城一带设立“建昌军药局”，推广《太平惠民和剂局方》中各种膏丹丸散中成药，控制药市经营。

元代，朝野崇尚医药，盱江名医迭出。元代大儒吴澄曾为盱江医学《医说》一书作序曰：“盱江名医黎民寿，尝著《论辑方》，至今盛行于世，医学教授严寿逸，亦盱江人，用药去疾，随试辄效，何盱江独多工巧之医欤？”

盱江，古时亦曰建昌江，很显然，建昌药业与盱江医学是浑然一体、相得益彰的。

明清时期是建昌药业发展的鼎盛时期。封藩建昌府的益端王“医寻岐黄，博究元妙。辨医方，梓《玉机微义》。精制丸散，每给赐以治人。御官守严但有恩，待郡君而不扰”。益王府内设有大药局，药局征收药材，精制丸散，药物加工炮制走上了手工作坊式生产道路。

医学的发展，推动了药业的兴盛，“南城客，建昌帮，人参鹿茸用船装”，“建昌帮”以中药饮片加工炮制独特技术在药界崭露头角，其药材集散经营销售也形成特色。

“建昌帮”药业繁荣鼎盛之势一直持续到20世纪20至30年代，由于传统市场丧失，一些经营了二三百年的大药栈（行）倒闭歇业，药商处境艰难，药市异常萧条，“建昌帮”药业遭受严重打击。抗战爆发后，日寇两次轰炸南城，“建昌帮”四街店屋全毁，商贩集结街头，无家可归，药业基地被摧毁，“建昌帮”药业急剧衰落。

为拯救“建昌帮”，20世纪50至70年代，南城县开始挖掘抢救“建昌帮”的药业资源，“建昌帮”传统炮制技术首次被编入《中药炮制经验集成》，“建昌帮”一些有代表性的饮片炮制方法被记录下来。

1966年，“建昌帮”中药饮片厂首次获“中华老字号”称号。到20世纪80年代，国家提出要振兴中药，因此挖掘重建“建昌帮”被列入南城县委、县政府重点工作，“发掘整理建昌帮中药传统炮制技术”的科研课题被省、地、县分别立项，并确定为重点项目。县政府专设科研领导小组，组建了“建昌帮中药研究会”，并成立专题小组，深入开展采访、考证、试验、编辑等抢救性发掘整理工作。其后，又编撰完成科研专著《建昌帮中药传统炮制法》。

1993年11月，当时国内的唯一一家中药饮片厂——南城县建昌帮中药饮片厂被授予“中华老字号”企业。

二

进入21世纪，因“建昌帮”考究的中药传统炮制工艺，特别是纯手工极为考究的切药制药，难以满足现代医药产业批量发展需要，导致发展遇阻；加上管理体制僵化和人才大量流失，唯一注册拥有“建昌帮”品牌的老牌国营企业——南城县建昌帮中药饮片厂经历一场改制“阵痛”后走向了解体。

2007年，南城县创办建昌帮药业有限公司，通过破除药材、技术、人才瓶颈，重新进行市场定位，创新营销策略，延伸产业链条，在沿袭传统手工生产上不断注入现代元素，老品牌逐渐实现“起死回生”。

为重振“建昌帮”雄风，南城县在传承“建昌帮”中药炮制技术的基础上，加大设备更新和科研投入力度，不断创新产品，先后引进江西百神昌诺药业有限公司，开发了国家级新药“蛇胆陈皮口服液”等中药系列产品。

同时，在传统药材种植条件的基础上，引进先进的种植技术，以科学数据为衡量指标，以中药材生产质量管理规范（GAP）为质量标准，产业化生产地产山药、地黄、半夏、绣花针等药材，中药材种植渐成规模。

但“建昌帮”中医药上下求索之路并非一帆风顺：“建昌帮”中医药加工龙头企业少，同时没有注册的道地中药材品牌，尚未形成完整的产业链，难以参与市场化的竞争与合作，抗风险能力弱，加之中药材种植基地小而散、专业人才匮乏，制约了产业的发展壮大。

2019年冬，一条振奋人心的好消息传来。江西省人民政府专门发布《江西南城“建昌帮”中医药振兴发展实施方案》，明确提出要重振“建昌帮”，传承发展盱江医学，将南城打造成具有鲜明地方特色的中国南方中医药产业聚集区、中医药振兴发展的示范区，为重振“建昌帮”注入了“强心剂”。

围绕新的发展蓝图，南城县深入推进中医药产业高质量发展，以示范基地建设为抓手，着力推动中药材品种培优、品质提升、品牌打造，鼓励和引导中药种植生产规模化、规范化、标准化，推动形成生产、加工、销售、科研一体化的产业发展格局。

三

“建昌帮”是南城乃至江西的文化瑰宝，但要真正实现创造性转化、创新性发展，仍有许多工作要做。

重振“建昌帮”，必须要有产业支撑。南城县中医药产业发展服务中心主任李应龙认为，一定量的企业、从业人员、产值规模是重振“建昌帮”的前提，否则“建昌帮”再续辉煌只是空中楼阁。

乘着全省中医药发展的东风，南城县正逐步脱离一碗汤剂、一枚药丸的传统中医药发展模式，将传统工艺与现代科技相结合，资源优势与制药工业和饮片生产相结合，助推产业朝着现代化、标准化“快车道”前行。

通过招商引资，南城县吸引了同善堂药业、昌诺药业等一批龙头企业落户，开发中成药、原料药等产品，拥有活血止痛胶囊、蛇胆川贝液、煨附片、姜半夏、明天麻、贺茯苓等有独立知识产权的品种20多个，较有优势的“新月”牌活血止痛胶囊、蛇胆川贝液及姜半夏、明天麻、贺茯苓等中药饮片系列拳头产品被市场广泛认可。

截至目前，全县共发展中药材种植面积5.6万亩，建立标准化种植示范基地20多个，中医药产业实现主营业务收入62.5亿元。

重振“建昌帮”，培育传承土壤、实现薪火相传也尤为关键。2016年5月13日，一场简约又隆重的复古拜师仪式在首批国家级中药炮制技术传承基地——江西中医药大学药学院举行，“国家级中药炮制大师”、建昌帮传承人刘香保师傅接受江西中医药大学钟凌云、张金莲等弟子鞠躬敬茶，建昌帮中药炮制技艺又有了新的一批传人。

“我们每一代传承人心里都怀有一个让古老岐黄之术薪火相传，使传统中医药发扬光大的美好愿景。建昌帮不能毁在我们这一代人手里，必须一代一代传扬下去。”在刘香保心里，最大的愿望就是让传统“建昌帮”技艺传下去、传出去。

从1995年起，刘香保在抚州中医学校、江西中医药大学建立了实验室，加强“老字号”与中医药高等教育、专业研究机构的融合，依托高端专业人士开展专业研究，打通技艺传承与学历教育的通道，建立懂业务的专职工作队伍。

如今，“建昌帮”中药炮制技艺传承已初见成效，一批年轻的中药师正崭露头角。南城县还将“建昌帮”中医药文化引进校园，在中小学开设切药制片手工课，让青少年感悟“建昌帮”独特的工艺，同时每年开展“建昌帮”非遗知识竞赛，让“建昌帮”文化实现更好传播。

建昌帮药业有限公司也成为中小学生的研学基地，通过中医药文化科普推广，让学生了解“建昌帮”中医知识，还通过种植基地、中医药文化长廊，深入挖掘“中医药+”的多维路径，让中医药文化火种渗透到孩子们心中。

“通过大手牵小手，家校联动，推动‘建昌帮’中医药文化传播，让中医药文化助力学生成长。”建昌帮药业有限公司负责人章振宇说。

一缕药香跨越千年，一手技艺联通古今。“建昌帮”正以崭新的姿态，重塑历史荣光。

作者：彭国正

2023年12月2日

“粉”上江西味道

第三届中国米粉节有哪些新亮点？江西米粉产业发展现状几何？让我们一探究竟。

牛肉粉、鱼丝粉、土豆粉、锅巴粉、螺蛳粉，一根根丝滑的粉条散发出浓郁的香气，诱惑着每一位食客的味蕾。在南昌举办的第三届中国米粉节现场，原本宽敞的展区挤满了排队嗦粉的市民。

作为一款老少皆宜的美食，米粉的“粉丝”可谓多如牛毛。说起全国知名的米粉，名单可以列出一长串，南昌拌粉、桂林米粉、柳州螺蛳粉、遵义米粉、云南过桥米线……这些米粉全都赫赫有名，并各自拥有一帮“忠粉”。

那么，本届中国米粉节又有哪些新亮点？江西米粉产业发展现状几何？米粉节为何永久落户江西？让我们一探究竟。

一

嗦粉、打卡、打擂台……2023年12月8日开幕的第三届中国米粉节比往年更热闹。9个国家近500家企业和品牌参展，上万名市民和游客共赴美食之约。一碗米粉的万千风情，“圈粉”八方来客。

本届米粉节，可谓是天下米粉齐聚一堂，国内知名的米粉品牌企业几乎悉数亮相。

展品丰富多样。本届米粉节全面升级，主展区总面积3万平方米，共有特装展位95个，标摊235个，特装率超过70%。近千家粉面产业链企业携各色产品亮相活动现场，包括益海嘉里、五丰、麻姑、春丝、立达老汤、常德壹德壹、王仁和米线、天天食品、青岛海特佳等龙头企业，超过1万人次专业观众到场观摩洽谈。

国际美食首次亮相。展会首次设置国际美食馆，邀请了俄罗斯、意大利、越南、新加坡等国家和地区的美食品牌和国内知名高端商超，现场展示各地特色的粉面产品。消费者现场可品尝到正宗的意大利通心粉、越南米粉、日本拉面、印尼捞面、新加坡薄饼、俄罗斯面筋等国际美食。

系列活动有声势。米粉节主会场举办了2023中国米粉产业发展大会、2023中国绿色消费节南昌站、2023品质预制菜中国行南昌站——粉面连锁餐饮对接会、2023中国美食烹饪锦标赛——米粉产品专项赛、米其林和黑珍珠烹饪大师表演赛、米粉嘉年华、线上直播季、文化展演等系列活动。南昌市中华米粉美食街、安义县宗山米粉小镇设立了分会场，举办“潮”粉挑战赛、“潮”粉长桌米粉宴、美食地图打卡、音乐市集等促消费活动，提升市民关注度和消费体验。

产销协作求实效。活动现场，重点展商与连锁餐饮企业进行产销协作，并在南昌、宜春、抚州精选三条线路举办江西优质米粉供应链原产地考察活动，邀请专业采购商实地考察。同时，主办方还举办江西米粉线上直播季活动，与电商平台、MCN机构、知名主播团队深度合作，由国内知名主播团队和网红达人在展会现场和滕王阁景区同步进行溯源地直播带货，消费者可以线上云游观展、线下实地体验。

一场米粉节，就是一场嗦粉的“狂欢盛宴”，为市民游客带来了别样的美食之旅。

二

中国米粉节自2021年落户江西以来，影响越来越大，成为不少“吃货”们了解江西米粉，进而了解江西的一扇窗口。

江西几乎乡乡有米粉、县县有特色，尤其以原料优良、加工上乘、质地细腻、口感滑润著称，米粉生产原料全部采用大米，不需加任何辅料和食品添加剂，产品外观洁白光亮、晶莹透亮、条形均匀挺直，久煮不糊汤、吐浆度很小、不断条，食用口感柔韧爽滑、有嚼劲，是米粉中的上品。

不知何故，江西人对米粉情有独钟，全省各地几乎都有代表性的米粉。比较有名的有南昌炒粉、宜春罗城扎粉、铅山烫粉、峡江贡粉、景德镇冷粉、安义土榨粉等。江西各地特色米粉风味独特，恰是中国好味道！

正宗的江西米粉，是如何制作出来的？

目前，江西米粉基本是采用自熟机挤压、一次高压复蒸、二次高温老化、低温长时间烘干等新技术，比传统蒸气蒸粉后再榨条的压力大得多。高温高压复蒸熟度高，高温高湿老化效果好，所以江西米粉的密度大、耐煮、弹性韧性相对更好，这一整套工艺造就了江西米粉优良的品质。

过去，普通的米粉加工科技含量低、工艺流程简单，个体作坊都能生产。但要追求优良的品质，实现规模化生产，就必须创新工艺、研发新产品、开发新设备。

于是，一群执着于米粉生产的“土专家”，一头扎进米粉新产品的研制中，他们夜以继日研制新产品、新设备，摸索出自熟挤压、蒸汽高温老化疏散等新工艺，创新出新工艺所需要的新设备。针对挂面烘干房烘不干米粉的情况，提出高温高湿烘干理念、重新设计风网系统、采用6—8小时低温长时烘干，圆满地解决了米粉酥条问题。独创高温高压复蒸、两次老化的工艺，让江西米粉韧性更好、表面更光洁、吐浆度更低。

随着一个个难点被攻克，银丝米粉、快食米粉、沙河粉、空心米粉等外观、色泽、口感俱佳的米粉产品先后问世，江西米粉也得到国内外的认可，受到消费者的青睐。

三

据不完全统计，江西米粉年产量近200万吨，全产业链规模超过690亿元，各类米粉销售门店超过3.5万家，米粉出口量占全国出口总量的30%以上，出口规模居全国第二位，远销北美洲、欧洲、东南亚等地的30多个国家和地区。

但与其他米粉知名度较高的省份相比，江西在米粉生产自动化标准化、知名品牌打造、龙头企业带动等方面还有较大差距，因此未来江西米粉要实现自我突破，还有很长的路要走。

笔者认为，江西要围绕产业的兴旺和消费的升级，准确把握引领米粉产业发展的原则，科学选择推进米粉产业发展的方法路径，以此加快推动江西米粉产业高质量发展。

一方面，把准产业发展原则。

突出政府引导、市场主导。政府出台激励江西米粉产业高质量发展的政策措施，加强市场监管，引导市场主体做大做强做优江西米粉产业，让市场发挥决定性作用。

强化品牌引领，规范发展。按照高质量、可持续、营养安全的要求，从提高内在品质入手，打造江西米粉产业的优质品牌，提升江西米粉品牌竞争力，改变“小、散、弱、乱”的产业格局，给消费者以信心。

科技支撑，创新驱动。鼓励科研机构与高等院校、米粉企业深度融合，推动解决制约米粉产业发展的技术难题，在米粉专用稻品种选育、淀粉抗回生老化、汤料口味创新及保鲜、质量控制、加工装备智能化等方面取得突破。

龙头带动，协同发展。要按照专业化、规模化、高品质的思路，引导米粉产业各环节深度融合，延伸产业链、提升价值链、打造供应链，培育江西米粉加工龙头企业，推动米粉产业产前、产中、产后各环节深度融合发展。

另一方面，选对产业发展路径。

进行产业发展规划。上兵伐谋，规划先行。按照原料基地化、品种专用化、储存分仓化、生产标准化、设备智能化、产业集聚化、供应社会化、产品营养化和食用方便化的发展方式，因地制宜，加强顶层设计，制订符合本地实际的江西米粉产业高质量发展规划。

科学制定产品标准。要坚持标准引领，尽快制定江西米粉加工标准和产品标准，鼓励制定并发布各类米粉产品地方标准、团体标准，带动企业出台特色米粉产品标准，用严谨科学的标准规范行业的健康发展。特别是要从制定米粉地方标准层面解决米粉中大米使用比例的问题，在外包装注明原料中大米所占的百分比。

鼓励打造公用品牌。成立江西米粉产业发展联盟，着眼内在品质的提升，鼓励打造江西米粉公用品牌，发挥品牌效应，带动江西米粉产业高质量发展。

培育产业新业态。重点扶持本省一批具有核心竞争力和行业带动力的米制品加工龙头企业，做大米粉产业的体量。同时，引导米粉生产龙头企业与餐饮企业跨界融合，打造一批江西米粉品牌和米粉饮食专店，打造新业态。

江西米粉产业的高质量发展，既是端稳端牢中国饭碗、保障国家粮食安全的现实需要，也是满足消费者绿色安全健康需求、丰富人民群众餐桌、增强老百姓幸福感的重要举措。

相信随着各地对米粉产业的扶持培育力度不断加大，加上越办越红火的中国米粉节的助力，在不久的将来，江西米粉产业将会闯出另一番天地。

作者：傅晓如　胡洁芳

2023 年 12 月 11 日

龙虎凭啥天下绝

龙虎山地质景观独特、旅游资源丰富，是独秀江南的秀水灵山。一句“龙虎天下绝”，道出了龙虎山的景色之绝、文化之绝、地质之绝。

在11月举办的2023“龙虎天下绝”文化旅游节上，来自全国各地的130个非遗项目和上千件非遗产品集中亮相，道文化非遗及文创展、大上清宫遗址开园、海峡两岸道文化论坛等系列主场活动，让人过足了文化瘾。别开生面的文化旅游活动，让人见识了不一样的龙虎山，也让更多人领略到“龙虎天下绝”的文化内涵与时代风貌。

以文塑旅，以旅彰文。立足于文旅深度融合的时代背景，应如何讲好龙虎山的故事，持续擦亮“龙虎天下绝”品牌效应？

一

鹰落樟青情无尽，潭空水碧意更深。

作为六省通衢之埠，鹰潭孕育了四千年的古陶文化、三千年的古越文化、两千年的道教文化、一千年的心学文化。而鹰潭的一切历史人文积淀，集中体现在市内的龙虎山。

《水浒传》第一回“张天师祈禳瘟疫　洪太尉误走妖魔”中说，宋仁宗令太尉洪信为天使，登程前去江西信州龙虎山找张天师求消天灾。文中所说张天师的居所，就是鹰潭龙虎山天师府。

传说东汉中叶，道教正一派创始人张道陵曾在此炼丹，“丹成而龙虎现，山因得名”。据道教典籍记载，张道陵第四代孙张盛在三国时已赴龙虎山定居，此后张天师后裔世居龙虎山，至今承袭六十三代，历经一千九百多年。元世祖忽必烈封第三十六代天师张宗演为“嗣汉天师”，其意为自东汉始，天师代代相袭，道脉悠长。“嗣汉天师府”是历代天师生活起居之所和祀神之处，它原称真仙观，建在龙虎山脚下。明太祖洪武元年（1368），在今上清镇重建天师府。

时至今日，龙虎山仍被视作“道教第一山”，道教名山的殊荣让它享誉海内外。龙虎山深厚的历史文脉不仅因为道教文化积淀，还因为历代文人墨客也曾在这里留下许多名篇佳作，为这座山增添了更多底蕴。

南宋理学家陆九渊在游历龙虎山后，欣然写下《游龙虎山记》，赞曰：“石濑激雪，澄潭渍蓝，鹭翘凫飞，恍若图画；疏松翠筱、苍苔茂草之间，石谖呈黄，金橙舒红”让人领略了龙虎山的丹山碧水。这里既有王安石“湾湾苔径引青松，苍石坛高进晚风”的闲暇惬意，也有潘阆“鹤和猿吟清彻底，龙蟠虎踞翠为屏”的绝美风光，第三十代天师张继先更是留下千古名句“一条涧水琉璃合，万叠云山紫翠堆”。

丹霞仙境秀其外，道教文化美其中，此之谓也！

二

作为独秀江南的秀水灵山，这里地质景观独特、旅游资源丰富，龙虎山的“绝”独步天下，声名远播。

1636年，徐霞客游历龙虎山后曾这样描述：“遥望东面乱山横翠，骈耸其北者，为排衙石，最高；欹突其南者，为仙岩，最秀；而近瞰岭下，一石尖插平畴，四面削起者，为碣石，最峭。”

一个“最高、最秀、最峭”，把龙虎山山水之绝描述得淋漓尽致。龙虎山的“绝”到底“绝”在哪里？

景色之绝。龙虎山拥有壮美的山川、奇特的地貌和丰富的生态资源，著名景点如象鼻山、天门山、仙水岩、金枪峰等，都别具魅力。施耐庵就曾有感于龙虎山的景色，盛赞其“千峰竞秀，万壑争流，瀑布斜飞，藤萝倒挂”。经过千百年的造山运动和长期的风化剥蚀，这里形成了千姿百态的奇山异石。穿山而过的泸溪河宛如一条玉带，将两岸24岩、99峰、108处山水人文景观串联起来，勾勒出一幅蔚为壮观的丹山碧水立体画卷。

文化之绝。作为道教的发源地，龙虎山道教文化源远流长。从张道陵的天师道，到历代天师的传承，再到道教经典的流传，龙虎山都扮演了重要角色。今天，在龙虎山仍能看到许多道教建筑、碑刻和法器等文物。龙虎山鼎盛时期建有道观80余座、道院36座、道宫数个，是名副其实的“道都”，引得天下文人学士纷至沓来，谒教探奇。如今，再看一场《寻梦龙虎山》，沉浸式体验“寻仙问道”的奇特旅程，便能更好地理解龙虎山的文化魅力。

地质之绝。龙虎山的地质构造也十分独特，它的丹霞地貌、溶洞、石林等地质景观，不仅具有观赏价值，还具有很高的科研价值，许多地质学家都曾在此进行科学研究。有“天下第一象”之称的象鼻山，是龙虎山世界地质公园的地质奇观之一，因长期溶蚀风化作用，形成了奇特的石梁穿洞景观。在高约100米的山峰上，一座石梁凌空垂下，远望山体犹如一只巨型石象在汲水，令人啧啧称奇。

三

一句“龙虎天下绝”，道出了龙虎山的景色之绝、文化之绝、地质之绝。

这种“绝”，也得到了无数游客的垂青。仅今年暑期，龙虎山景区就接待游客453.8万人次，再创历史新高。

立足于新的时代化展现和更高层次的文旅融合，怎样让“龙虎天下绝”的品牌进一步焕发新的时代魅力？笔者以为，可以从深挖文化内涵、创新产品供给、提升服务质量等方面着力。

深挖文化内涵，扩大品牌影响力。洛阳老君山与龙虎山同为道教名山，此前默默无闻的老君山最近几年凭借在短视频平台的热度，乘风而起，人气直逼五岳名山，成为景区顶流。2020年，雪后老君山配上“远赴人间惊鸿宴，老君山上吃泡面”的网络热梗，让老君山赚足了流量。龙虎山拥有得天独厚的旅游资源，可以借鉴老君山的“出圈”模式，深度挖掘景区文化内涵，结合道教文化、地质文化精心打造网红景点，用好短视频流量规则，加强宣传推广与话题引导，龙虎山也能成为一座颜值与实力并存的网红旅游目的地。

创新产品供给，拓展客源市场。近年来，体验式、沉浸式项目成为文化旅游的“爆点”，郑州的“只有河南·戏剧幻城”就是通过打造巨型实景，演绎关于“黄河、土地、粮食、传承”的故事，从农业文明到奇幻空间，让游客置身其中体会到故土乡情的真切与感召。尽管旅游资源往往大同小异，但旅游产品却千差万别。龙虎山可尝试打造道教文化IP，根据市场需求开发沉浸式互动旅游产品，如推出道教文化体验游、地质探险游、户外运动游等特色旅游产品，吸引更多国内外游客前来打卡、通关。

提升服务质量，优化旅游体验。任何景区火爆的背后离不开基础设施和配套服务的支持，西安大唐不夜城爆红之前，按照“一草一木、一砖一瓦、一街一景皆是精品”的定位，对街区布景、灯饰亮化、主题规划进行全面升级，这才有了大唐不夜城的持续火爆。旅游体验的根本是服务质量。龙虎山要让“龙虎天下绝”品牌由“网红”变“长红”，应持续提升基础设施建设和管理服务水平，完善交通、住宿、餐饮等配套服务，不断提升游客体验满意度，让游客乘兴而来、尽兴而归。

作者：曾志凡

2023 年 12 月 21 日

昌景黄高铁如何改变江西

昌景黄高铁这一条“金丝带”，带着江西打造内陆地区改革开放高地的愿景，在时代的“大写意”之中留下了属于自己的“工笔画”。

今天，备受瞩目的昌景黄高铁正式开通运行。随着这条高铁投入运营，江西浮梁、乐平、余干和安徽祁门、黟县等地结束了不通高铁的历史。

昌景黄高铁连接南昌、景德镇和安徽黄山，线路全长289.8公里，设计时速350公里。通车后，皖赣两省“名城、名镇、名山、名湖”世界级黄金旅游线路随之迎来换装升级。人们可以乘上高铁，感受英雄城的发展律动，领略世界瓷都的迷人风采，欣赏黄山的苍翠松柏。有人说，昌景黄高铁让“诗和远方”不再遥远。

对江西而言，这条高铁更大的意义在于，江西对接融入长三角，再添一条“大动脉”。昌景黄高铁能给江西带来什么？对江西构建现代化综合交通体系能起怎样的作用？

一

过去很长一段时间内，高铁一直是江西现代交通的短板。2013年厦深铁路正式通车，彼时，一张江西被周边省份高铁网包围的图片广为流传，“环江西高铁圈”的说法一度成为网络热梗。如今，我们在昌景黄高铁开通之际“回头望”，更感慨许多事情需“风物长宜放眼量”，方能审视其中的厚重与长远。

在地图上观察，高铁是两地之间相连的一条线，但要把这条线变成现实，却是要突破空间的障碍、破解建造的难题以及统筹多方的布局。因此，当我们跳出区域视野，站在全国维度来看，就会明白高铁规划布局有着深远的战略考量。江西具有“连南接北、承东启西、通江达海”的区位优势，高铁线路规划对这片土地必然有着眼全局的落笔。

党的十八大以来，借力全国高铁网的整体规划，江西高铁版图不断扩容。

2014年9月16日，沪昆高铁南昌至长沙段通车，从此圆了江西人民的高铁梦；2015年6月30日，合福高铁通车，打通了江西进京快速通道；2019年12月26日，昌赣高铁开通，赣南革命老区因此进入高铁时代；2021年12月10日，赣深高铁建成通车，江西“一路向南”，深度融入粤港澳大湾区……

高铁线路宛如苍劲雄浑的落笔，把江西高铁线路从“一条线”变成“一张网”，赣鄱大地北上南下、东进西出的开放格局逐一打开。

随着昌景黄高铁的开通，江西不仅成为全国首个市市开通时速350公里高铁的省份，在全国各省高铁运营里程排名上，位次也一路攀升。

昌景黄高铁不是终点，而是新的开始。《江西省“十四五”综合交通运输体系发展规划》提出，到2025年，力争200公里/小时以上高速铁路通车里程达到2400公里。

二

驰骋皖赣间，一路踏歌行。昌景黄高铁带来“路通则百通”的效应，可能超乎很多人的想象。

高铁搭台，文旅共唱好戏。要问昌景黄高铁能带来什么惊喜，不妨先看一看沿途的站点：英雄城南昌、世界瓷都景德镇、鄱阳湖国家级自然保护区、世界文化遗产西递宏村、世界文化与自然遗产黄山等，一条线路串起多个国家级乃至世界级旅游风景区。江南醉人景，景景皆不同。与其说人们期待江西新增一条高铁线路，不如说人们期待一条重磅级的黄金旅游通道的落成。风景变“钱景”，文旅是每个地方都乐于端出来的“一盘大菜”。蕴藏在原始森林郁郁深处的瑶里古镇、唱响赣剧之魂的乐平古戏台、被《琵琶行》传诵千载却内敛无比的浮梁茶……随着昌景黄高铁深入到皖赣的腹地，一个人文的江西、自然的江西将进一步呈现。

高铁落子，释放民生红利。鄱阳、余干、乐平等地，一直是江西劳动力输出大户。昌景黄高铁的通达，有助于推动产业向县市转移、发育，很多乡亲们无须跋山涉水，也能完成从“家门口”到“厂门口”的劳动力输送，就业有了更多选择。不仅有“说走就走”“想干就干”的便利，更有从“走得了”到“走得好”的变化。昌景黄高铁推动沿线各地融入“1至3小时交通圈”，有效满足老百姓的出行新期待，“生活圈”“旅行圈”“朋友圈”更加丰富起来，从此天涯不再遥远，思念不再漫长。

高铁铺路，助力发展升级。从“普铁时代”甚至是“地无寸铁”一步迈入“高铁时代”，昌景黄高铁沿线多个县市因此有了做大做强的信心和理由。千年瓷都景德镇加入“高铁俱乐部”之后，建好国家陶瓷文化传承创新试验区的城市大计，有了现代交通的“硬核”支撑；听闻余干县即将通高铁，一家主打玻璃制造研发的科创公司许下了落户余干县高新技术产业园区的愿景；作为我国粮棉油猪重点生产区的鄱阳县，随着高铁加速人流和信息流的交换，更多资金和项目也将随之涌入。

高质量发展不是凭空想象而来，而是需要乘势而上的具体抓手。一条高铁的飞驰，让沿线各个地方干劲更高、信心更足。

三

千山万水飞驰过，九州龙腾“复兴”来。

“充分论证、科学规划，铁路建设要算大账。”对于这笔“大账”，江西省会南昌有着自己的算法。

江西省委十五届四次全会将省会引领作为“五大战略”之一，提出加快做优做强南昌都市圈，引领带动全省区域协调发展。从“独角戏”晋级为“大合唱”，这个“圈”怎么画，一条条高铁就是有力的书写。

构建有全国重要影响力的综合交通枢纽，是由“点”成“圈”的前提和基础。昌景黄高铁全线通车后，将与京港高铁、沪昆高铁、昌赣高铁等线路一起，让南昌都市圈内的诸多城市皆能“大珠小珠落玉盘”。

既要得一隅，更要谋全域。借建设江西内陆开放型经济试验区的时代东风，融入共建“一带一路”的宏大潮流，这是江西之机，也是江西之期。愿景不会轻而易举就达成，首先要打开“公铁水空”立体开放大通道的庞大格局。现在，昌景黄高铁与多条高铁线路交融，在红土地织就了一张流动的巨网，使得共建“一带一路”、长江经济带建设以及中部地区崛起等国家战略在这里有了历史性的交汇与共融。在此基础上，所能想象的高质量发展之图景，不仅让人振奋，也令人充满期待。

从发展逻辑来看，地域经济必然要与对外开放同频共振，打造内陆地区改革开放高地战略的实施，让江西不断拉近与世界的距离。当然，以内陆地域的禀赋主动投身开放、拥抱蔚蓝，不能只是看上去很美，而是要有“起而行之”的胆识和勇气。昌景黄高铁的开通，满足了构建赣中和赣东北地区至长三角地区快进快出的需要，与沿海经济区的经济结构与产业资源都将进一步深度融合，也让沿线地区共享“流动的中国”所带来的“客畅其行、货畅其流”红利。

昌景黄高铁这一条“金丝带”，带着江西打造内陆地区改革开放高地的愿景，在时代的“大写意”之中留下了属于自己的“工笔画”。

作者：谢伟锋

2023 年 12 月 27 日

热敏灸缘何这么“香”

在“打响第一枪”的赣鄱热土上，热敏灸走出了一条敢为人先的新路，为中医药传承创新发展开出了一张“江西处方”。

2023年11月30日零时起，江西省新增221家医院将热敏灸项目及使用热敏灸纳入医保支付范围。与此同时，江西省设立省级治未病中心，发挥热敏灸技术优势，布局建设热敏灸区域诊疗中心4个、热敏灸小镇21个。

热敏灸作为江西省中医药原始创新成果，曾获国家科学技术进步奖二等奖。随着我国中医药事业的发展，热敏灸近年来备受广大群众青睐，成为医疗保健界的“香饽饽”。小小艾条为何能“火出圈”，或许我们能从热敏灸的“前世今生”里窥见一二。

从“新概念”到“老字号”

热敏灸又称热敏悬灸，全称“腧穴热敏化艾灸新疗法”，属于针灸的一种，其创立者是全国名中医、江西中医药大学首席教授陈日新。灸疗是我国古代传统医疗的重要手段，《孟子》中提到，“今之欲王者，犹七年之病，求三年之艾也”。中医典籍《医学入门》中说：“凡病药之不及，针之不到，必须灸之。”民间也素有“火有拔山力，灸有回死功”之说。可见，艾灸自古至今都是百姓日用、简便有效的医疗方法。

然而20世纪末，艾灸在临床上遭受冷遇，出现了重针轻灸，甚至弃灸的现象。“但见针刺病，不闻艾绒香”的状况，让青年时的陈日新陷入深思。他研习针灸多年，深知艾灸的式微，是因人们对灸法的研究十分欠缺，导致临床效果不佳。陈日新决定从灸法入手，寻找一条有效激发经气感传、气至病所的方法，使古老的灸法治疗开辟人体机能调控的新天地。

在临床实践中，陈日新发现按照传统悬灸方法取穴施灸疗效并不稳定，按书本上的取穴方法，疗效有时还不如灸错了位置时好。“中医讲究辨证施治，我们究竟应该以已知的穴位为参照，还是应该以患者的灸感为导向？”经过长期的临床观察和大量严谨的科学研究，陈日新发现，临床上悬灸患者某一穴位时，有时产生“透热、扩热、传热、局部不热远部热、表面不热深部热、非热觉”等奇异的灸疗热敏现象，热感通过经脉传导到达病处能够大幅提升疗效。

从现象到规律，从反馈到总结，从新概念、新理念到系统完整的热敏灸理论，陈日新带领团队在科研的道路上披荆斩棘、孜孜不倦。陈日新至今还记得，在做艾灸调节人体胃功能的实验中，为获得艾灸激活穴位的最佳参数，他在自己身上进行实验，因要反复从不同灸量和穴位中寻找需要的灸感，以致身上留下了大块伤疤。他也曾半夜顶风冒寒地骑自行车到学校提取胃功能数据，校门关了，他便爬铁门进去，甚至被保安误认为是小偷。

功夫不负有心人，在进行大样本、多中心、中央随机对照临床试验的基础上，陈日新团队总结了“灸材、灸位、灸量、灸效适应证”等四大热敏规律，创立了“探敏定位，辨敏施灸，灸敏得气，敏消量足”的热敏灸技术，逐渐被广泛应用于治疗脊柱关节病症、过敏性病症、胃肠功能性病症、宫寒性病症、前列腺病症等。

30余年兴一灸。因疗效显著，热敏灸技术现已成为江西中医药的一张金色名片，荣获国家科学技术进步奖二等奖，《热敏灸技术操作规范》被批准为世界中医药学会联合会国际组织标准。

传统中医插上了科技翅膀

从筚路蓝缕、艰难启程，到初见成效、步入正轨，再到现代科技的持续赋能，热敏灸在守正创新的路上不断完善优化、惠及万家。

“灸疗热敏现象在临床中仅通过灸感法来判定，能不能客观显示与评判？”为了获得更准确的答案，陈日新团队尝试开展动物实验研究，利用现代科学技术阐明灸疗热敏现象的生物学机制。团队应用红外成像技术，证实了腧穴热敏态在一定程度上可被红外成像技术客观显示，并非仅是患者的主观感觉；应用温度觉定量测定技术，证实了热敏态腧穴热觉、热痛、热耐痛阈值均高于非热敏态腧穴，与临床上热敏态腧穴的喜热特征一致；应用高密度脑电、功能性磁共振技术，证实了艾灸得气的客观性、效应特异性。

“科技+”开启了把热敏灸“说明白、讲清楚”的第一步。随着患者多、医者少的矛盾日益凸显，陈日新团队萌生了运用人工智能技术推广应用热敏灸的想法，他们组建多学科团队携手研发热敏灸治疗机器人核心技术。2019年，首个热敏灸机器人样机问世；2021年，热敏灸机器人亮相上海合作组织传统医学论坛的会议现场。热敏灸机器人的组成分为三个部分：热敏灸专家智慧系统、艾热发生器、机械臂。热敏灸专家智慧系统是热敏灸机器人的魂，它储存了施灸经验，指挥机械臂和艾热发生器按照热敏灸得气的规律精准动灸；而艾热发生器是热敏灸机器人的一个重要的终端装置，它对艾热有热度、梯度、广度、脉冲度、迎随度等特定参数要求，这样才能高效得气。"机器人能进行长时程、标准化、精准化施灸治疗，解决人工施灸成本高、人手不足的问题，还能帮助专家远程施灸，成为艾灸界的'千里手'。它还有数据建模的功能。"陈日新介绍道。

根据艾热红外光谱的特点，研究团队还研发了具有安全、方便、环保、高效等特点的热敏灸新材料，开发了智能化热敏灸系列居家产品，把热敏灸技术手法数字化，从而提速艾灸得气，解决了艾灸中产生烟雾的问题，加快了热敏灸技术的普及，有效发挥其在居家治未病与慢病康复中的作用。

薪火相传　艾香四溢

在"打响第一枪"的赣鄱热土上，热敏灸走出了一条敢为人先的新路，为中医药传承创新发展开出了一张"江西处方"。

2011年，全球首家热敏灸医院在南昌开办，2014年组建江西省中医康复（热敏灸）联盟，目前省内已有1177家联盟机构，省外已有10家分院，同时在山东省博兴县建立了热敏灸肿瘤康复基地。截至目前，热敏灸技术已在全国27个省区市、500余家医疗机构推广应用。

近年来，江西又探索出热敏灸走进千家万户的新模式——热敏灸小镇，通过专家指导、志愿者辅导等形式，在小镇上快速帮助群众了解热敏灸、使用热敏灸。资溪县高阜热敏灸小镇便是江西省首个热敏灸小镇，镇上建立了热敏灸体验中心，为群众提供热敏灸学习、体验、治疗一站式服务，开展热敏灸知识宣传及技术培训，并免费发放艾炷、灸具、穴位图等资料。“这种全民健康新模式有效解决了基层中医医疗资源不足、医疗专家缺乏的问题。”江西中医药大学针灸推拿学院院长焦琳表示，小镇模式使百姓实现了“小病不出门，大病少花钱”，较好地解决了群众急难愁盼的实际问题。如今，热敏灸医院、热敏灸联盟、针灸推拿学院、灸学研究所、灸疗推广国家基地、热敏灸小镇等平台绽放出热敏灸研发推广的六朵“金花”。

墙内开花，香飘海外。热敏灸技术也日益受到国外学术界的关注和认可。陈日新教授应邀在第六届世界中医药教育大会、西班牙第十二届世界中医药大会等海内外学术会议上作主题演讲。在2010年上海世博会上，热敏灸技术成为联合国开发计划署唯一向全球推广的传统医学项目。

2015年10月，世界中医药学会联合会热敏灸专业委员会在南昌成立，陈日新教授当选首届会长，理事成员覆盖20多个国家与地区，先后接受来自美国、日本、法国、澳大利亚、新西兰等20多个国家与地区的针灸医生来赣学习热敏灸技术。在葡萄牙、瑞典、突尼斯、加拿大开设热敏灸分院，为共建“一带一路”贡献了中医药力量。江西中医药大学留学生阮越霞带着父亲的心愿从越南来中国学习针灸技术，临毕业时她有感而发：“热敏灸需要找准患者的热敏穴位，所以在临床上比普通悬灸效果翻倍。在越南，人们对艾灸还比较陌生，我很想把热敏灸的理论和技术带回越南，造福家乡的父老乡亲。”

星星灸火，可以燎原。热敏灸在传统中医药和现代科技双重加持下，正以生生不息之势，为人类医学发展书写着浓墨重彩的新篇章。

作者：张卫平　付　淳

2023 年 12 月 29 日

“鸭鸭”品牌沉浮启示录

国货“鸭鸭”带领共青城纺织服装产业重返赛道，再攀高峰！如何让羽绒服穿出时代感、文化味，共青城一直在努力。

“中国的‘鸭鸭’，世界的朋友！”50多年前，中国第一件羽绒服在共青城诞生，这句广告词响彻大街小巷、红遍大江南北，也让纺织服装产业迅速成为共青城的支柱产业。

曾经在羽绒服装产业的赛道上“一飞冲天”的“鸭鸭”，做过行业“顶流”，但也一度濒临破产。2020年，老国货“鸭鸭”再度火速崛起，以“国潮精品”的新身份，再一次走进大众视野，带领共青城纺织服装产业重返赛道、再攀高峰。

让我们一探“鸭鸭”的前世今生，解读共青城的纺织服装产业的裂变升级。

一座羽绒厂　半部共青史

1955年，在一片荒芜的鄱阳湖畔，98名热血知青从上海来到江西共青城开垦养殖，昔日荒凉之地因这群年轻人的到来而变得火热。

他们一锄头一锄头地把湖滩挖成了良田，一棵树一棵树把荒丘栽成了果园，他们放养鹅鸭、捕捞鱼虾，把荒滩变成鱼米之乡。在农垦经济发展到一定程度时，他们又先后兴办了板鸭加工厂、酒厂、机械厂、畜牧场、乐器厂等工业企业。

1970年，共青城人看到了羽绒服装市场的广阔前景和羽毛原料的利用价值，他们利用当地的鸭毛资源，创办了羽绒制品加工厂。在板鸭场内兴办鸭绒加工车间，自制分毛机、洗毛机、烘干机，并筹资2000余元，征集27名女职工，自带缝纫机试制羽绒制品。

要知道，当时可是计划经济时期，没有布料怎么做衣服？厂领导发动大家把各家平时积攒下来准备过年做新衣服的布票拿出来，你家几尺，他家一丈，凑够了买几十丈布料的布票。

衣服做出来了，怎么样才能让大家来买呢？

厂领导灵机一动，将加工的100多件湖蓝色府绸面料的鸭绒背心送到德安县三级干部大会上展销宣传，请县社干部试穿，只收成本费，竟然引起轰动。此后，他们又把鸭绒背心样品送到江西省百货公司验审，省百货公司认可产品后，开始拨给他们生产所需的布料。

1972年9月，板鸭厂鸭绒加工车间生产出第一批内销鸭绒背心3000件，迅速销售一空，由此共青羽绒厂开始了飞跃式的发展。

到1979年，共青城人生产的羽绒制品已达62.83 万件，为共青城羽绒工业的腾飞打下了坚实基础。

转型后的“钮祜禄·鸭”

随着寒潮到来，“鸭鸭”羽绒服专卖店门庭若市。店内陈列着各种款式和颜色的羽绒服，从经典款到时尚款，应有尽有。大家纷纷选购自己心仪的羽绒服，其中不乏专门驱车前来购买羽绒服的客人。

来自南昌的陈佳佳与老公开了一个小时的车到共青城购买羽绒服。陈佳佳在“鸭鸭”旗舰店试穿了一件米白色羽绒服，她对这件羽绒服的款式和保暖性能非常满意。她笑着说：“我一直都是‘鸭鸭’的忠实粉丝，他们的羽绒服不仅保暖，而且款式时尚，非常适合年轻人。”

另一位老大爷也在儿子、儿媳的陪伴下挑选着羽绒服，他说：“我今年已经70多岁了，一直穿着‘鸭鸭’羽绒服，他们的品质一直都很好，而且价格也合理。”

对于老一辈人来说，“鸭鸭”品牌可谓家喻户晓。曾作为“国礼”被赠予外国元首的“鸭鸭”羽绒服，极高的时尚度和性价比为其构筑起品牌的护城河。

其实，老国货“鸭鸭”并非一帆风顺，也曾一度遭遇破产的危机。20世纪80年代，“鸭鸭”曾创下日销10万件的销售神话，并先后远销加拿大、英国、澳大利亚等46个国家和地区。改革开放后的十余年间，“鸭鸭”是中国羽绒服行业的长期“霸主”，其品控标准还长期被引用为我国最初的羽绒服装行业标准。然而，20世纪90年代末期，随着大批海内外羽绒服品牌涌入市场，生产技术迅速更新迭代，行业竞争加剧，持续领跑的“鸭鸭”尽显疲态，陷入长时间的低谷。

2020年8月，共青城市引入铂宸投资有限公司，对“鸭鸭”进行二次重组，实施产品、供应链、生产方式、销售渠道重塑，全渠道销售额由2019年的8000万元增长到2022年的100亿元，短短3年增长124倍。2022年，“鸭鸭”获评“中国最具价值品牌500强”。

50多年的经典品牌焕发新生，在时尚趋势与创新科技的双重加持下,2023年9月21日,“鸭鸭”首次登陆米兰时装周，发布“冰壳系列”，该系列原料用的是北欧殿堂级羽绒“冰岛雁鸭绒”，也是全球首件冰岛雁鸭羽绒服。

此外，“鸭鸭”新团队非常重视品牌美誉度，在含绒量、面料、绗缝技术等方面设有专门的产品检测实验室，只为在不放弃“平民化”“国民化”路线的同时，打造“国潮精品”，逐步撕去老气的“标签”，吸纳更多新客户。

独属共青城的温暖

2023年11月，2023第四届共青城市羽绒服装周圆满落幕，彰显产业实力和时尚魅力的城市名片越擦越亮。

如何让羽绒服穿出时代感、文化味，共青城一直在努力。从2020年正式举办至今，共青城市羽绒服装周每年都会举办新品首发、展会订货以及一系列精彩纷呈的主题活动，奏响着行业“集结号”。

以“鸭鸭”品牌服装生产为龙头，共青城市大力发展纺织服装产业，集聚了500多家纺织服装企业，还引进了武汉纺织大学的科研技术力量，共同成立了武汉纺织大学共青城纺织服装产业研究院，有效推动了共青城纺织服装产业转型升级和高质量发展。

该研究院经过近两年的运行，已完成羽绒服装设计中心、纺织服装科技展示中心、羽绒指数中心、服装展演中心的建设，重点围绕面辅料研发、功能性创新设计、智能制造、创意实践技术优化等领域开展攻关，推动科技成果转化，已完成原创服装设计600余款。

眼下，武汉纺织大学共青城纺织服装产业研究院依托现有的产业基础，正在着手搭建服装产业的“共享大脑”，用数字化精准指导企业设计、生产和营销。

“数据库建立之后，中小型企业就可以在里面找到他要生产的服装版型、工艺，在网上下订单，反应速度非常快。”武汉纺织大学共青城纺织服装产业研究院负责人王秋寒说。

目前，共青城市已和大型研究院所、名企共建研究院6个，涵盖科技研发、人才培育、技术合作、成果转化等8个类别，持续赋能产业聚智增效。

2023年10月2日，武汉纺织大学共青城纺织服装产业研究院赴法国巴黎参加中法巴黎时装周。此次赴巴黎展演的主题为“共青羽绒服·温暖全世界”，展演结合共青城特质，以“红色青春”“向知青致敬”“新国风”三个系列，为共青城服装登上国际舞台提供了一个更加广阔的展示平台，为共青城服装产业整体形象的呈现创造了一个更为开放和多元的契机。

如今，物美价廉、时尚多元的共青城“鸭鸭”羽绒服，不仅吸引了更多的“不是羽绒服买不起，而是军大衣更有性价比”这类理性消费人群，更用背后的诚意、时光的温度、文化的氤氲，给大家在冬日带来不一样的温暖。

作者：王一婷

2024年1月5日

吉安菜帮的生意经

凭借着从小干起的创业精神、敢闯敢拼的闯荡精神、以众帮众的互助精神，“吉安菜帮”正成长为“吉安菜商”。

赣商在历史上被称为“江右商帮”，其人数之众、操业之广、渗透力之强为世人瞩目，遍布全球的1500多座江西会馆和万寿宫，至今依然注解着赣商昔日的辉煌。

在首都北京，长年活跃着一支江西吉安的农民贩菜队伍，他们传承赣商精神，坚持江右商帮生意理念，一度掌握着京城近半大宾馆、大酒店的蔬菜供应，他们就是京城默默无闻又无处不在的“吉安菜帮”。

当初的京城“菜帮”何以成长为全国“菜商”？多年来，吉安菜帮凭借什么“生意经”续写商业传奇？

一根扁担闯出一个“吉安村”

回溯吉安菜帮的发家史，还要从一个农民和一根扁担说起。

20世纪80年代初，吉安市吉州区长塘镇农民罗秋根怀揣致富梦想闯荡首都。当时的北京蔬菜需求量大，罗秋根便做起了卖菜的营生，靠着一根扁担，在京城菜市场上摆摊设点，贩菜为业。

头脑灵活、吃苦肯干的罗秋根起早贪黑摆摊卖菜，仅半年时间，就积累了一笔不小的财富，成了万元户。致富后的罗秋根把新婚妻子也带到了北京，通过三轮车、平板车等方式，每天清早从市郊的农民手里收购大批蔬菜，然后直接送进一个又一个宾馆、酒店、企事业单位的厨房，生意越做越红火。

从此，一传十、十传百，乡亲们纷纷来到北京，左邻带右舍、亲戚带朋友，贩菜的队伍越来越壮大。他们大都集中在北京市郊的丰台区卢沟桥乡岳各庄（现岳各庄属于青塔街道）附近，高峰时有3万多人，在当地形成了远近闻名的“吉安村”。

他们主要以家庭形式或合股经营形式与餐饮企业签订供货合同，实行订单经营，凭借聪明的头脑、勤劳的双手、朴实的为人，从肩挑背扛到汽车运输，在业界树立了良好口碑，户均年纯收入在20万元以上，逐步在北京站稳了脚跟。

20世纪90年代，在交通还不发达的情况下，“吉安菜帮”创造性地通过航陆两线，打通了广东、云南等南方蔬菜进京的物流通道，让“舌尖上的北京”更加多滋多味。

发展到现在，“吉安菜帮”从业人员达5万余人，主要集中在北、上、广、深、津等大城市，他们中有的来自吉州的樟山、长塘，有的来自青原以及吉安其他各地，仅菜帮文化发源地长塘镇就有1万多人在外从事蔬菜贩卖生意。

从京城“菜帮”到全国“菜商”

凌晨4时许，北京岳各庄批发市场灯火通明、人头攒动。1991年来北京的吉水县农民罗小春早早地来到批发市场，忙着购进蔬菜、水产、冻品和各类调料品，再往北京饭店等酒店配送。

像罗小春一样，每天清晨，“吉安菜帮”们都要按照酒店提供的菜单打货，然后再送往各个酒店，从早上4点多钟一直忙到近12点才能送完货。

凭着老区人民不怕苦、不怕累，敢闯敢冒、诚信经营的精神，“吉安菜帮”可以保证在任何时间、任何地点，24小时不间断地供应蔬菜，在业界赢得了良好口碑。

“40多年来，‘吉安菜帮’铸就了勤奋、精明、诚实的精神丰碑，业务越做越大，营业额曾占北京整个蔬菜生鲜配送行业的70%。”吉州区驻北京市流动党总支书记王泽凯说。

进入新时代，“吉安菜帮”有了更开放的思想、更先进的理念、更卓越的胆识，经营理念也为之一新。

他们不再满足于首都北京的蔬菜生鲜配送行业，在揽下首都50%大宾馆、大酒店的蔬菜订单，把蔬菜运送进人民大会堂、钓鱼台国宾馆的同时，不断拓展配送品种，积极开辟配送渠道，线上线下齐发力，把业务扩展至京津沪乃至全国各地。

邹帅华是吉州区白塘人，他接过父辈的卖菜生意后，在2015年成立了北京华利汇食品配送有限公司。经过几年的发展经营，邹帅华已从最初出卖苦力的小商贩转型为一名成功的企业家。

如今，邹帅华公司的业务触角延伸到了天津、呼伦贝尔、南宁等城市，每年的营业额达8000余万元。

像邹帅华一样活跃在全国各地的当代“吉安菜商”越来越多。北京瑞华世纪商贸有限公司董事长伍瑞璋自2016年进入零售行业以来，成为盒马鲜生品牌方的原料供应商；北京宏昌荣辉食品有限公司董事长周忠平的高档食材配送生意已遍布上海、杭州等10多个城市，年营业额达2亿元……

从粗放式到精细化再到品牌化，“吉安菜帮”以北京为中心向全国辐射，从京城的“菜帮”演变为全国的“菜商”，小生意做出了大市场，为赣商繁荣发展留下了浓墨重彩的一笔，也成为改革开放的见证者和受益者。

从“北漂菜商”到致富带头人

有数据显示，已有超半数的早期菜帮成员在北京买房置业、安家落户。仅在北京的“吉安菜帮”人员，每年寄回的收入就超亿元，在老家也都买了地、建了新房。

富起来的“吉安菜帮”心系家乡建设，纷纷带着多年积攒的信息、资金、技术回乡创业。

永丰县农民张谊早年在南昌等地贩卖蔬菜，经过10多年的打拼，生意越做越大。2016年，他回到家乡瑶田镇清水塘村创办了农副产品合作社和加工营销企业，带动周边村民就业和产业发展。

“我们因势利导，不拘一格‘引凤还巢’，目前有10多个在外多年的‘菜帮’成员回乡创业，带回了先进的经营理念和种植技术。”永丰县乡村振兴局局长江志新说。

蔬菜产业是永丰县农业首位产业，全县有11家大型蔬菜生产企业及家庭农场率先申报了粤港澳大湾区“菜篮子”生产基地，各种永丰农产品端上外地餐桌，“一桌桌永丰菜”香飘四海。

在“吉安菜帮”兴起地的吉州区，“菜帮”成员伍元根2008年回乡投资100多万元办起了养鸡场，2011年发起成立了吉州区长塘镇田心蔬菜合作社，带领乡亲创业致富，成为远近闻名的致富领头人。

“菜帮”成员肖俊纬2011年回村创业，2015年担任村党支部书记兼村民委员会主任，2018年投资1300万元创办吉安京创生态农业科技有限公司，之后成立京棚蔬菜种植农民专业合作社……

像张谊、伍元根、肖俊纬这样返乡创业的“吉安菜帮”成员还有很多，他们致富不忘来时路，用真情回馈乡里，成为推进当地乡村振兴的一支重要力量。

凭借着从小干起的创业精神、敢闯敢拼的闯荡精神、以众帮众的互助精神，“吉安菜帮”正成长为“吉安菜商”，不断书写新的商业传奇。

作者：张云长　古　锋

2024 年 1 月 10 日

经典款赣味美食你吃过多少

春节“餐桌盛宴”是中国饮食文化的集中展示。一桌饭菜，它不仅仅是各种食材的简单堆砌，更是历史文化、家庭情感、社会礼仪的综合体现。

春节作为中国最重要的传统佳节之一，美食无疑是其重头戏，牵动着无数人的味蕾。餐桌上的美食不仅让人尽享“舌尖上的味道”，也蕴含着深厚的历史文化内涵。

江西的美食独具风味。香肠、腊肉、板鸭等特色腊味以及藜蒿炒腊肉、白浇雄鱼头、粉蒸肉等赣菜名品，都是春节餐桌上不可或缺的美食。道道美食让春节香飘四溢，爽口的同时也格外暖心。

一

“民以食为天”。中国是一个拥有丰富饮食文化的国家，元宵节可以吃成“汤圆节”，端午节可以吃成“粽子节”，中秋节可以吃成“月饼节”。作为“吃货”大国，丰富多样的美食承载着几千年的文化源流。

我国地域广大，十里不同风，百里不同俗。餐桌的美味也蕴藏着独特的“地域密码”。同样是过年，在“南米北面”“南稻北麦”的地理大格局下，北方与南方的风俗和饮食就多有不同。

在北方，“扛把子”的食物非饺子莫属。饺与交谐音，有“更岁交子”之意；外形和元宝相似，意为“招财进宝”；加上饺子口感丰富，味道鲜美，一张薄薄的皮包裹万物。因此，北方人对饺子的爱尤为深沉。春节里，儿女归家、亲人团聚，一家人和面、剁馅、擀皮，更是赋予了饺子独特的“家文化”意蕴。

在南方，春节米制品的第一把“交椅”当属年糕。与饺子一样，年糕也很讨口彩，意象也极丰富。民间有曰：“年糕寓意稍云深，白色如银黄色金。”方块状的黄、白年糕分别象征着黄金、白银，寄寓新年发财的意思。此外，年糕也意为“年年高”，寄托了人们希望小孩一年比一年高、健康成长的美好祝愿；或是事业步步高的祝福。

关于年糕还有一个接地气的典故。话说，春秋时期吴王夫差平定越国而称霸，得意之下高筑城墙以为万世之业，丝毫不把卧薪尝胆的越王勾践放在眼里。作为谋主的伍子胥见苦劝夫差不听，心灰意冷下便吩咐道，若其死后国都被围，可去相门城下掘地三尺取粮。

伍子胥死后，越王勾践伐吴围了姑苏城，城中炊断粮绝，部下想起了伍子胥的话去挖城墙，果然在城墙底部发现了由糯米粉压制而成的“城砖”——正是这些粮食，挽救了一城的百姓。此后，吴人每逢新年便要以糯米粉制成“城砖”以纪念这个智勇双全的军事家，渐渐便演化成年糕。

年糕各地都有，做法不一、样式众多，比较有名的如弋阳年糕。弋阳年糕产自江西省弋阳县，食用起来方便，味道可甜可咸，烹饪方法既可蒸、煮，也可炒、烤，而且韧性好，长时间煮制也不会糊。当地人通常会将年糕切片，和肉丝、冬笋丝、豆芽、青菜一起炒，等炒到年糕变软后加水，喜欢辣口的再加一些辣椒进去，滋味鲜美、口感滑腻。

尝的是美味，品的是文化。春节“餐桌盛宴”是中国饮食文化的集中展示。一桌饭菜，它不仅仅是各种食材的简单堆砌，更是历史文化、家庭情感、社会礼仪的综合体现。

二

一般而言，凡农业发达的地方饮食文化往往也十分丰富。江西是传统农业省份，气候温和、雨量充沛、土地肥沃，素有“天下粮仓”“鱼米之乡”的美誉，孕育了历史悠久的农耕文化。同时，赣鄱大地文风鼎盛、名人辈出，生态优良、物产丰富，从而形成了富有地域特色的赣菜，成为中国饮食文化的重要组成部分。

《史记·货殖列传》描述豫章等楚越之地“饭稻羹鱼，或火耕而水耨，果隋蠃蛤，不待贾而足”，东晋时期雷次宗《豫章记》描述江西“嘉蔬精稻，擅味于八方”，描述的正是当时江西饮食文化的盛行。

文化的璀璨，总离不开闪亮的文人。赣菜与诸多文人雅士结下过不解之缘。譬如，白居易感怀的“思乡鱼”、文天祥留下的“文山鸡丁”、陶渊明配制的“菊花火锅”等，这些都使赣菜表现出“文人菜”“名人菜”的特征，从而成就了赣菜的吉光片羽。

文山鸡丁是江西一道流传已久的名菜，色美味香、鲜嫩可口。相传在南宋末年，元军占领了南京，文天祥接到勤王诏书后毁家纾难，在他的带动下，赣南绅商纷纷慷慨解囊。于是，文天祥整军经武，准备发兵抗元。在出发前一天，文天祥为了鼓舞士气，举办了一场壮行宴，并亲自下厨，指导厨师烹制菜肴，其中一道笋炒鸡丁为他亲自主持制作。此菜色彩鲜艳、红白相间，肉嫩、笋脆、味美，可谓色香味俱佳。人们为了纪念亲民、爱民的文丞相，将它命名为文山鸡丁（文天祥号文山）。

“窥一斑而知全豹”。文人和赣菜的不解之缘，深度契合了中华优秀传统文化的和合之道，这不仅给赣菜增添了一抹历史风味，更让食材在与故事的交融中成就了一番别有情调的滋味，从而成就了江西人独特的饮食文化和代代相传的美食传奇。

三

江西美如画，赣菜香天下。近年来，江西一直将餐饮业作为拉动消费、扩大就业的重要抓手，着力打造了赣菜“名品”“名店”“名厨”等活动。随着融合创新，赣菜成为继八大菜系之后又一个热门品类，“老味道”正在焕发出新活力。

在千年瓷都，把打造“景德镇菜”品牌作为当地“文化立市、工业强市、贸易兴市”三手同向发力的具体抓手。随着景德镇文旅持续发力，景德镇菜也成为引客入流的一张亮丽名片。这得益于悠久灿烂的陶瓷文化的丰富给养。

一城瓷器半城窑，丰厚的陶瓷文化造就了景德镇许多有特色、有内涵的美食。源自窑工之手的“瓷泥煨鸡”就是景德镇的一道名菜。相传清朝康熙年间，一日，御窑厂窑工正在赶烧御瓷“龙缸”时，忽见一只野鸡正在窑柴堆放处钻出，四处找食。窑工见状，赶紧过去，将其逮个正着。可苦无炊具调料，无奈只好将宰杀的野鸡除毛去内脏，清洗干净，包裹上荷叶，撒上食盐，糊上做瓷的瓷泥，放入窑下火塘的窑柴炭火堆中煨烤。傍晚，干了一整天的窑工准备熄火收工，清理火塘炭火灰时，这才想起其中煨烤的野鸡，窑工随即在炭火中取出煨好的瓷泥坨坨，敲去瓷泥，撕开荷叶，其味鲜润无比，香气浓郁，飘洒在整个柴窑间。此后，这种瓷泥包裹煨烤土鸡的烹调技法，在窑工和市民中广为流传，人们称之为“瓷泥煨鸡”。

用味道记住一座城市，用美食传承一方文化。透过这些日常美食，我们看到的是蕴藏在中国文化深处的遗传密码和文化图景，其更是一个民族的文化传统、价值信仰、审美情趣最生动的展现。

作者：何　莉

2024 年 2 月 15 日

安福：新乡贤向贤

乡贤是一个地方宝贵的资源。在乡村建设中，充分发挥乡贤的桥梁、智库和榜样作用，激活乡贤力量，做活乡贤文章，为乡村全面振兴凝聚力量。

在城镇化快速发展和“老人农业”日趋严重的背景下，根植于乡土文化又富有远见的新乡贤，有望成为推动乡村全面振兴的关键力量。

乡贤是一个地方宝贵的资源。在乡村建设中，充分发挥乡贤的桥梁、智库和榜样作用，激活乡贤力量，做活乡贤文章，为乡村全面振兴凝聚力量。

春节假期，乡贤集体返乡过节，各地纷纷抓住这一“送上门的招商机会”，团结乡贤、发动乡贤、用好乡贤，叙桑梓情谊，聚乡贤力量。

如何深入挖掘乡贤资源，赋能乡村全面振兴？如何有机衔接统一战线的政治优势和新乡贤的资源优势，以“乡贤经济”滋养“乡村经济”？

一

安福县是江西18个文明古县之一，仅宋元明清四代，就有进士475名，乡贤辈出，有“文章理学忠节之邦”的美誉。吴风楚韵滋养了安福人敬贤尊贤、崇文重教、急公好义、守护乡邻的社风民风。

近年来，随着社会经济的发展，安福涌现了许多在外打拼、有所成就、有回报故土情怀的“新乡贤”。如何聚贤纳才、用贤助贤，用好“乡贤富矿”，安福人一直在探索。

走进安福县章庄乡兔子的老家旅游度假区（下文简称“兔子的老家”），一群游客正在草甸上搭帐篷露营，大人们坐着喝茶聊天，小孩则在一旁嬉笑打闹，传来一阵阵欢声笑语。“除了草地露营，游客们还可以体验水上漂流、山野全地形车驾驶、安福金兰柚采摘等游乐项目。”章庄乡乡贤、兔子的老家项目负责人叶爱民介绍说。

谈及返乡创业的初衷，叶爱民感慨万分：“1998年，我就去了北京工作，其间很少回家乡。后来再次回到章庄乡，看到家乡的青山绿水，我萌生了回乡发展文旅产业的想法。”

在叶爱民的“穿针引线”下，北京暖山集团投资10亿元在章庄乡兴建了兔子的老家旅游度假项目。项目的落地，让章庄乡的绿水青山迎来了转化为“金山银山”的良机。

如今，水上漂流中心、兔子的厨房、丛林滑索徒步、浪漫热气球、沙滩竹林烧烤等特色项目为游客提供丰富的旅游体验。规划的健康双养度假区、山野旅居度假区、精品度假酒店及配套商业区也进入了项目筹备阶段。

项目的引进让章庄乡迎来了“华丽的转身”。山村里农家乐多了，种无害化蔬菜的多了，农民在本地就业的多了。项目给当地群众的生产生活方式带来了巨大改变，章庄乡开始了生态旅游产业强乡之旅。

叶爱民带了个好头，其他乡贤也纷纷加入了返乡创业的队伍。羊狮慕镇张湖平开发“遇见山”民宿、王候斌开发慕景民宿，山庄乡苏纪华开发“福安谷”田园综合体、肖健锋开发大智石刻景区，洋溪镇温铁平开发典坑民宿……

一时间，新乡贤返乡助力家乡建设，成了安福县乡村振兴全景图中的一道靓丽风景线。

二

安福县竹江乡是古安平县址所在地，发源于武功山的泸水河由北向南流经乡境。

作为古代通往庐陵的官马大道的重要站口，漕粮的主要运输线，竹江老街曾是安福最繁华的商业街区，这里水陆交通发达，商贾云集。

后来随着时代变迁，老街商业凋敝，河畔垃圾满地。2018年，竹江老街作为全省城乡环境整治的重点之一，被要求限时整改。

如何还竹江老街古朴清幽的原貌？2019年，104名竹江新乡贤成立了竹江乡乡村治理促进会，在曹洪昌、彭中凯等人的推动下，开展“四星”评比，选聘乡贤河长，带动全乡群众沿泸水河岸开展环境整治。

经过几年的努力，如今竹江老街旁的泸水河如同天空一样一碧如洗、白云悠然。每逢节假日，大量游客前往竹江老街观水亲水、休闲度假，老街由此跻身当地小有名气的网红打卡地。

安福县羊狮慕镇是武功山景区的核心区，该镇楼下村作为重点打造的省级水生态文明村，当地老百姓依水而生，房屋依水错落分布，显得格外别致。

可早些年，河道窄臭乱、“断头浜”等问题一直困扰着居民。羊福村饭店老板彭小智说：“这些年，多亏了镇里的河长们，是他们让臭水塘变成了清水绿岸。”

2019年，彭小智投资兴建“体验游”和特色餐饮项目，“休闲+水美+旅游”独特经营模式吸引了众多游客光临，一年下来累计增收10余万元。彭小智说：“我们这里依山傍水、村明景和，现在一说到休闲健身的好去处，首选就是我们福村楼下。”

绿水青山的成功转型得益于安福县一河一策和官方、民间“双河长”机制的推行。

安福县选任三级河长320余人，并选聘38名在家新乡贤担任民间河长，引导他们当好“五员”，投身治河治水、保护水环境工作中。

乡贤民间河长制运行以来，共组织开展巡河、湖达600多人次，清理打捞垃圾1000余吨，他们的实际行动赢得了群众支持和认可，助力全县水碧、河清、湖美。

三

安福县甘洛乡是江右王学的重要传承地。嘉靖三年（1524），甘洛乡贤刘晓，带着刘氏同族一共9人远赴浙江，聆听王阳明讲学，成就了一段“九刘赴越”的佳话。

如何传承好、发扬好先贤留下的丰富精神财富？2018年，甘洛乡成立了吉安市首个新乡贤协会——良知协会。协会组织新乡贤挖掘耕读文化，修撰村俗村史，整理家训家规10余篇，将其转化为新村规民约。

他们倡导各村设立道德“红黑榜”，通过“正面典型”增强村民荣誉感和使命感，用“反面典型”形成群众监督压力；开展“五好”评比，用良知基金奖励“红黑榜”中涌现的先进典型，推动优秀传统文化内润于心、外化于行。

在洲湖镇，一批有威望、肯干事、会干事的优秀新乡贤到村任书记助理或者主任助理，一年一聘，不领酬劳，为有志于乡村振兴、回报家乡的新乡贤提供了一个深度参与乡村治理的平台。

洲湖镇还将书记热线与新乡贤调解有机融合，一个热线电话即可调动在家新乡贤快速上门处理问题。热线还聘请退休教师担任专职调解员，做到“大事不出镇、小事不出村”，把矛盾纠纷化解在一线。

“感党恩、听党话、跟党走”，“启民智、致民富、淳民风”。安福县所有乡贤馆的醒目位置上都悬挂着这样一副楹联，上联是新乡贤的政治标准，下联是新乡贤的行为标准。在这两个标准的指导下，全县19个乡镇全部建立乡（镇）乡贤联谊组织和乡贤阵地，登记入册新乡贤1275人，成立乡贤基金18个，筹集资金1002万元，256个行政村有230个建立村乡贤理事会。

新乡贤以德化民，引导社会各界主动支持参与家乡公益事业，累计捐款超过1600万元。在城镇化快速发展和“老人农业”日趋严重的背景下，根植于乡土文化又富有远见的新乡贤，有望成为推动乡村全面振兴的关键力量。

基于这一现实，安福县突出发挥党建引领作用，延长统一战线工作手臂，以乡情、亲情为纽带，引导新乡贤返乡，让新乡贤在助力家乡发展建设中绽放光彩。

作者：徐庆华

2024年3月3日

这个农民剧团何以走向全国

当戏曲与农民相遇，会碰撞出什么样的火花？

在吉水县，有这样一个农民剧团，剧团成员由农民老表组成，剧团团长在当地被称为“破烂王”“腐竹哥”，就是这样一个农民剧团却走上了央视大舞台，深受乡亲们喜爱。

自2019年起，水南农民剧团成了中央广播电视总台戏曲频道的常客，其选送的采茶戏歌剧《绣红旗》和戏曲《帮扶》等播出后，红遍大江南北。多年来，剧团创作的《鹅缘》《腐竹缘》《水南腐竹情》等带着乡土味十足的戏剧节目先后获得多项国家级、省级大奖。

水南农民剧团“丰收”的秘诀在哪？

“破烂王”建起影剧院

吉水采茶戏是江西地方戏曲之一，起源于歌舞小调，演变成花鼓戏，至今已有百余年历史。早在清代，水南镇华山村就有3个人演出的“三角班”。1952年，“三角班”发展成为农民剧团。1977年，剧团被评为全国先进农民剧团。

今年58岁的杨天义是土生土长的华山村人，在从小耳濡目染下，只读过3年书的他对戏曲小品的热爱越发浓烈。杨天义回忆，小时候他在露天空地上看演出，一场大雨淋湿了看戏的农民，自己也成了一只“落汤鸡”。自那时起，他便暗暗发誓：等长大有钱了要盖一座剧院，让乡亲们能像城里人一样，不管刮风下雨都可以看演出。

15岁就辍学的杨天义什么苦活、累活都抢着干，不仅干过搬运工，当过拖拉机手，还靠捡破烂来维持生计。凭着一股子韧劲和拼劲，2年后，在当地政府帮助下，他开起了一家废品回收站。又经过10年苦心经营，这位当初被人戏称为“破烂王”的27岁青年，已成为当地远近闻名的致富能手。

随着打工潮的兴起，那些原来唱戏、演戏和看戏的村民，纷纷外出务工，加上人们娱乐方式也逐渐丰富起来，曾经热闹的唱戏演戏场景便难觅踪影。

2003年，杨天义用自家房屋作抵押，贷款40余万元，在水南镇街上建起了一座设备齐全的影剧院，他买来数字放映设备，并亲自当起了放映员。

用家里的房子作抵押，并且建的还是一个免费影剧院，这在当时，几乎所有人都不能理解，大家都笑他是个傻子。当影剧院拉开演出帷幕，能容纳800名观众的剧场总是座无虚席，台下全是十里八村赶来看戏的群众，歌声、掌声、笑声不断，他打心底里觉得：值了！

水南是个大镇，戏剧底蕴深厚。看到影剧院如此大受欢迎，杨天义又开始着手创建农民剧团。他整合了几个戏班子，吸纳了爱唱会演的当地村民，组成了水南农民剧团。剧团演员由成立时的16人发展到现今的38人。演员们结合生活实际编排了《王氏劝夫》《墙头记》《鹅缘》等一系列群众喜闻乐见的戏剧小品。

“人这一生总得做一两件有意义的事，不能太计较得失。”杨天义感慨。21年多来，他每年免费为乡亲演出戏剧、放电影1000多场，观众达上百万人次。

“腐竹哥”办起加工厂

水南农民剧团属民间组织，所有支出几乎全靠杨天义撑着。单是演员的工资，一年就得10多万元。尽管有时也会被邀请去演出，但也只是收取一些运输费和演员的演出费。怎样才能维持剧团的长久运行？杨天义把目光瞄准了腐竹，决心做大腐竹加工产业，以厂养戏。

水南镇位于吉水山区，环境优美、空气清新、水质甜润，当地所产大豆具有高蛋白、高营养价值、无污染的特点，水南腐竹是利用纯天然优质大豆与山区优质水源，采用纯手工制作工艺，天然晾晒而成，口感细腻有韧性，可煎可炸可煮。

腐竹在水南镇民间传承生产已有600多年。相传，明正统七年（1442），夏朗村已近半百的刘俨高中状元，衣锦还乡，其母有感皇恩，以豆水相和，精艺结晶，遂成腐竹，作为贡品托子呈送皇上。皇上品之，赞曰：“豆与水之化合，人与艺之结晶，水南腐竹无愧于五谷之精华，可称宴中佳肴……”往后探亲，刘俨定要吃家乡腐竹，返京后，热情的乡亲更是将腐竹捎往京城状元府。状元竹由此得名。

水南腐竹含有丰富的不饱和脂肪酸，既是大众餐桌的美味菜肴，还是高血压和体胖者的食选佳品。但几百年来，一直仅限于群众自产自销，产量也有限。

为了学到过硬的水南腐竹制作工艺，杨天义向有经验的加工户请教学习，从选豆、磨浆、起皮、控制火候、自然晾晒……熟练掌握生产流程后，他创办了天意腐竹厂，主要生产水南腐竹，并把腐竹厂挣到的部分利润投入农民剧团的发展中。因此，他又多了个外号叫“腐竹哥”。

经过9年的发展，2012年，杨天义投入资金1000余万元，兴建了建筑面积2000余平方米的标准化腐竹生产线。在办好天意腐竹厂的同时，杨天义还带头成立了吉水县水南镇天意腐竹专业合作社。

按照“合作社+基地+农户”的模式，专业合作社吸引了300多农户参加，年产值达6000多万元，户均增收1万多元。在杨天义的带动下，目前水南腐竹厂达200多家，“水南腐竹”品牌也获评江西省著名商标，走出了国门，走向了世界。

“泥腿子”当起戏剧家

杨天义至今还种着家里几亩地，是个名副其实的“泥腿子”。

这个“泥腿子”对戏剧有着与生俱来的钟情，他不光做大了一个腐竹产业，也造就了一个戏剧梦工场；他将舞台搭建在泷江河畔，更搭建在淳朴的水南子民心中；他领着那些能歌善舞的村民，将带着泥土气息的民间剧目，送进了乡间村落，也送进了城市高雅剧场。

俗话说：台上一分钟，台下十年功。为了提升自己的戏剧修养，杨天义经常向农村老艺人，向市、县采茶剧团及文化馆的专家学者请教戏剧创作和表演技艺。他善于从农村现实生活中汲取营养，激发灵感。多年来，他与团队一起创作了《鹅缘》《腐竹缘》《水南腐竹情》等20多个充满地域“泥土味”的戏剧节目。

2007年，由杨天义领衔创作的方言小品《鹅缘》获得全省农民剧团展演一等奖，2008年获华东六省一市戏剧小品大赛二等奖，2016年11月获“中华颂”第七届全国小戏小品曲艺大展优秀剧目铜奖、优秀组织奖。同时参加了“中国梦　劳动美——2017五一戏曲晚会”，获得好评。

2018年，水南农民剧团在深圳罗湖区文化馆登台表演。《腐竹缘》荣获特别推荐剧目、优秀剧目奖以及优秀组织奖三项大奖。水南农民剧团成为全国农民剧团中唯一获此殊荣的团体，也是有史以来我省获得最高奖励和最多奖项的农民剧团。

2019年，歌剧《绣红旗》和戏曲《水南腐竹情》在中央电视台戏曲频道《一鸣惊人》栏目播出，杨天义接受了中央电视台的采访，现场掌声雷动。2020年，杨天义加入中国戏剧家协会，成为全国屈指可数，以农民身份加入的中国剧协成员。

杨天义致富不忘乡亲，热心公益事业。他先后被评为江西省劳动模范，江西“最美基层文化人”，他的先进事迹和传奇经历不断激励人们艰苦创业，回报社会。水南农民剧团也成了当地的一张“金名片”。

作者：康美权　上官志春

2024 年 3 月 18 日

在花样南昌遇见“花花世界”

一座现代都市随处可见盛开的繁花，这既是对人们精神文化需求的积极回应，也是内涵型城市建设的一次深度尝试。

入春后的南昌俨然成了花的海洋，城市处处被各色鲜花点缀，互联网上“南昌踏春赏花”成了热议话题。

在马兰圩湿地公园，人与花相互映衬，烘托出浓烈的春日氛围；在赣江扬子洲滩头，金色花海点缀一江两岸；在凤凰沟景区，园内群芳竞秀、热闹非凡……市民不用长途跋涉，在家门口即可乐享灿烂春光，遇见不一样的浪漫诗情。

姹紫嫣红的繁花承载着人们怎样的期许？小处着手的背后，又体现了怎样的城市经营理念？

一

人间三月芳菲始。随着气温回升，各式各样的花儿为城市披上五彩盛装，市民纷纷走出家门踏青赏花，共享这场盛大的春日盛宴。

伴随着春季文旅的升温，越来越多的人走进南昌共赴“花约”，感受这座城市的生机与活力。相比于往年，今年春天，南昌的花儿似乎开得格外热烈、艳丽。

这里有一城春意。整个南昌共有50余处赏花点，涵盖近20种不同的花卉品类。从艾溪湖公园的梨花、滨江月季园的月季、省林科院内的山茶，到狮子峰景区的油菜花、人民公园的玉兰花、太阳谷景区的海棠花，可谓处处皆景、景景不同。

这里有满城花香。铜源峡景区百亩油菜花海和千棵桃树灼灼绽放，经开区樵舍镇千亩七彩油菜花争奇斗艳，八大山人梅湖景区的樱花千姿百态。人们漫步花海、打卡拍照，享受悠闲的春日时光，感受其中的无限诗意。

花与城相映成趣。南昌城中许多通道沿线、小块裸土甚至空中通道，如今都披上了绿装，变成了一个个微型城市公园。道路两旁护坡内，各式各样的花儿悄然绽放，与城市高楼和往来车流共同构成了一幅和谐生态美景。

赏春自古以来就是人们生活中不可或缺的一桩雅事。《诗经·郑风·溱洧》曰："溱与洧，方涣涣兮。士与女，方秉蕑兮。"诗中描绘的就是古人执兰踏春游乐的场景。

阳春三月，景物斯和。人们带上帐篷，骑上单车，打开了享受都市生活的新方式。在这里，我们遇见了有山有湖、有花有草的多面南昌，也解锁了城市春日休闲生活的新玩法。

如今，"诗和远方"越来越成为人们生活中的必需品。趁着春光正好，放空疲惫的身心，在繁花深处共赴一场春天的约定，让心灵来一次"诗意地栖居"。

二

花，不仅是城市颜值的装饰物，也是城市功能品质的“软指标”。一座现代都市随处可见盛开的繁花，这既是对人们精神文化需求的积极回应，也是内涵型城市建设的一次深刻转向。

著名建筑学与城市规划专家吴良镛院士曾提出“城市有机更新”概念，他将城市描述为一个具有自身生长规律的有机体，并倡导小尺度、渐进式的城市更新模式。当城市进入后基建时代，精细化治理就成了普遍面临的课题。2024年南昌市政府工作报告以较大篇幅部署提升城市功能品质，提出今年要新建12个城市公园，打造16条绿化彩化示范路，创建25个“席地而坐”城市客厅示范点。

南昌向“绿”而行的行动力是显而易见的。南昌见缝插绿补绿，利用城市边角地、裸露地等建设小型开放绿地空间和口袋公园，将城市边角地打造成为出门见绿、转角见景的网红打卡点，不断提升美丽家园的舒适度和体验感。

众花之中，今年南昌的油菜花格外“抢戏”。不论是零碎地块、城市公园，还是其他闲置土地，都成了油菜花的海洋。尤其是赣江江心扬子洲，往日荒草丛生的江心岛变身为百亩油菜花海，成为新晋的赏花打卡点。油菜花走进城市，并不只是扮靓城市颜值那么简单。在精细化治理视野下，金灿灿的油菜花除了“占领”城市闲置土地和公共空间，还肩负着提升城市功能品质和保障粮油安全的双重使命。今年省委一号文件指出，确保油料作物播种面积1216.4万亩以上。南昌市委十二届七次全会将“持续挖掘油菜扩面增效生产潜力”作为一项工作重点部署推进。

在城镇化率达80.3%的南昌挖掘油菜种植潜力不是一件容易的事。南昌布局国省道、高速公路、铁路沿线及“两整治一提升”三年行动重点区域，完成油菜播种90万余亩。新建区油菜播种面积增至17万亩，南昌县打造10个油菜集中连片1000亩以上示范点，东湖区扬子洲完成油菜扩种1000余亩……驱车行驶在城市的各个角落，金灿灿的油菜花与高楼街区、绿色乔木相映成趣，点燃盎然春意。

南昌此番挖掘油菜扩面增效生产潜力，推动油菜有序植入城市空间，正是“人民城市为人民”理念下，对市民和游客精神诉求的一次温馨回应，在不断夯实农业基础的同时，也为提升文旅内涵、发展美丽经济打开了另一扇窗。

三

花，正成为人们对南昌的又一个记忆点。人们在拥抱城市花海的同时，也认识了一个温暖可亲的南昌。由花观城，我们能看到南昌在城市治理和形象构建上的哪些用意?

以多美融合实现“美美与共”。对城市来说，良好生态环境是一项基本公共服务，是最普惠的民生福祉，它既关乎城市的品质内涵，也是城市治理效能的重要方面。做大美丽资源，推进“多美融合”，打造全域皆美的现代宜居城市，是推动城市实现更高质量发展的基本路径。街头花草、绿色空间、城市公园，是城市最容易被感知的显性美。南昌立足人文和自然优势，致力于营造舒适的生活空间、一流的城市体验，打造推门见景、移步入园的人居环境，不断提升市民生活品质。内外兼修的南昌城，在扮靓颜值的同时，也是在彰显城市特色、提升民生温度。

以生态红利催生“美丽经济”。当前，“美丽经济”日益成为各大城市竞逐的新经济形态。厚植生态底色，为产业发展和文化旅游注入绿色动能，以生态红利催生“美丽经济”，已成为各大城市释放消费潜能、促进经济包容性增长的一个现实选择。无论是东湖区集游赏、美食、休闲、娱乐于一体的“踏春迎春”主题活动，还是青山湖区天香园景区“国色天香牡丹节”为游客提供的全新春日户外生活，无不着眼于化“颜值”为“产值”，激活“美丽经济”。将赏花作为流量导入的端口，“以花为媒”连接人们的赏花欲、出行欲、消费欲，既有助于提升网络话题度和游客参与感，也能达到聚人气、引人流、促消费的目的。

以体验思维提升文旅能级。《体验经济》一书这样预言：体验是开启未来经济增长的钥匙。事实也证明，体验经济的兴起，正在为文旅市场的繁荣带来新契机。从淄博烧烤热潮到哈尔滨冰雪奇旅，再到天水麻辣烫的舌尖旅行，“泼天的流量”背后，无一不是优质的旅游体验，以及由此催生的情绪共鸣。“体验为王”一直是南昌提升文旅能级遵循的一条法则。在南昌，春日赏花、夏日亲水、秋日采摘、冬日观鸟，这里全域皆是景，四季皆可游，还有城市精品漫游路线和滕王阁—万寿宫—绳金塔核心文旅商圈，提供“吃、住、行、游、购、娱”一站式服务。丰富的旅游体验，在满足游客情绪价值的同时，也为文旅价值重塑和品牌输出，开拓了更广阔的空间。

作者：李宝华

2024 年 3 月 25 日

于都“衣”鸣惊人

从革命老区到时尚前沿，从单纯的加工制造到设计研发生产一体化，经过多年的培育，于都在全国服装产业版图中隆重地写下了自己的名字。

提起于都，你能想到什么？多数人脱口而出的，必定是中央红军集结出发地。但如今，于都还有另一个更时尚的标签，那就是“时尚之都”。

每月一场的时装秀，就是于都“时尚之都”最直观的诠释。

近年来，于都把握产业转移与升级的时代机遇，将纺织服装作为首位产业系统打造，实现了从“三锤三匠”老手艺到“品牌服装”新产业的华丽蜕变。

中国纺织工业联合会会长孙瑞哲说：“‘于都模式’已成为现代纺织服装产业发展的范本之一。”

一

在于都中央红军长征出发纪念馆内，珍藏着一台特殊的手摇缝纫机。

1934年10月，中央红军主力在于都集结出发，有裁缝手艺的葛接调挑着这台缝纫机，跟随红军踏上了漫漫征途，途中休整时，他一有机会就转动缝纫机给战士们缝补衣服。

新中国成立后，在东北工作的葛接调常和家人提起："真想回老家开裁缝铺去，乡亲们现在穿得还暖和不？"让乡亲们穿暖和，是葛接调当年走上革命道路的初心。

20世纪90年代初，时代催生了30万"于都裁缝"涌入沿海服装业。

后来，一批敢求突破的于都师傅，怀揣着在沿海学到的先进技术和管理经验，纷纷返乡兴业，纺织服装产业在于都渐成气候。

看到于都的"裁缝"优势，时任于都县人民政府驻深圳办事处的主任丁有胜向深圳赢家服饰有限公司（下文简称"赢家服饰"）抛出"橄榄枝"。

2012年，赢家服饰来到于都考察，看到于都有大量从事服装行业的员工，毫不犹豫选定于都进行投资。

2014年初项目投产时，仅用了3天时间就招录员工1000余人，投产当年即创造税收1000余万元。赢家时装（赣州）有限公司董事长陈灵梅感慨地说："这是深圳90年代招工的模样。"

引进一个，带来一群。因为赢家服饰的示范带动，很多沿海服装企业跟随赢家服饰的脚步选择投资于都。

从2017年于都确立以纺织服装为首位产业起，每年均有几十家服装企业落户于都。

"于都有30多万人从事服装行业，当地规划建设了智造基地、服装学院、检测中心等十大公共平台，国家、省级、市级、县级多项政策叠加更是'锦上添花'。"于都县纺织服装产业发展中心党组书记、主任丁有胜分析于都纺织服装产业优势时说。

于都的企业所得税执行西部大开发政策，按15%的税率征收；30个省直单位出台了支持于都高质量发展的“一对一”专项支持政策；于都的“服装二十条”政策，从厂房租金减免、基础设施建设奖励、人才引进、上市奖励等方面，给予落户的纺织服装企业真金白银的政策支持……

政策红利和熟练产业工人的双重优势，吸引服装龙头企业向于都集聚。

截至2023年底，于都有纺织服装企业3800余家，规上纺织服装企业达140家，当年的裁缝变身技术工人、时尚达人。

二

当记者走进坐落于于都县上欧工业区的赣州兴雪莱服装有限公司时，映入眼帘的是布料、成品悬挂在上空“自行运转”。

工作人员告诉记者，公司智能车间实现了从裁片、车缝、专机、整烫、分拣、包装、运输、打包全线贯通到成品仓库“一挂到底”，衣服不落地，无须人工搬运，均由智能系统进行计算完成，企业的制造成本节约30%以上。

距离兴雪莱服装有限公司不远的江西翡俪文德时装股份有限公司，也是采用全程吊挂传送方式，裁片上线，成衣下线，一层智能车间一年的产量就可以达到200万件，产值5亿元以上。该公司行政副总裁李健说：“我们引进智能系统，实现了所有设备一键联通，全线上可视化、集中化管理，做到高品高效的配合，实现了从‘人找货’到‘货找人’。”

江西卫棉纺织集团作为上游企业，也一改传统纺织模式，在智能化车间里各种机器飞速运转，一袋袋棉花经过清花、梳棉、并条、络筒等程序，变成一筒筒优质棉纱，偌大的车间只有几名工人辅助操作，同比传统纺织节约用工70%，降低能耗30%，提高效率30%，2023年企业营收同比增长超过150%。

科技赋能生产端，同样也适应了消费者多样化、差异化的个性定制需求。

以科技创新为引领，通过加装“数字引擎”，加大技术改造力度，于都服装产业正焕发出新生机。在赢家时装（赣州）有限公司，展厅店长旷维介绍说：“你只要往智能量体间里一站，3秒钟就可获取28个详细身材数据；出来后在App上就可以选择个性定制专属款式，有关你的量体数据就直接传送到制衣车间，7个工作日后，一件量身定制的时装就能穿到你身上。”

2023年，于都纺织服装全产业链产值达850亿元，获评“全国纺织行业数字化转型先进产业园区”“纺织服装产业集群现代化建设示范区”等称号，“时尚之都”品牌越打越响。

三

“于都纺织服装产业犹如字母U，智能制造在中间，两端是销售和设计，是目前于都正在走的路。服装智能制造不是简单用机器替代部分劳动力，而是让智能化融入企业生产、销售、服务的每一个环节，用供给侧结构性改革的理念、智能制造的手段，实现传统产业的转型升级。”丁有胜说。

为此，于都打造FDC时尚产业综合体，这里有国际标准化秀场、面料图书馆、数字订单中心、直播电商中心，时尚潮牌随处可见，在这里可以找到1700万种线上面料素材，来自世界各地的设计师，只要带着创意来到于都，便能一站式实现选料、样衣制作和量产。

2023江西纺织服装周暨第四届江西（赣州）纺织服装产业博览会在于都举办。伴随着音乐响起，模特们在T台上展示着各类品牌服饰。

服博会以“新长征 新智尚”为主题，集展、秀、赛、会于一体，包括供应链展、高峰论坛、时尚走秀、设计比赛、技能竞赛、采购对接等11项活动。服博会期间，累计达成线上线下交易额1亿余元，签约项目37个，签约金额达114.6亿元；企业订单项目7个，签约金额达10.9亿元。

借展宣传、借会出海，于都先后组织31家企业参加中国国际服装服饰博览会（上海）、第26届中国（虎门）国际服装交易会、香港时装节、第27届深圳国际服装供应链博览会等专业性展会；联合拼多多跨境电商平台TEMU在于都举办拼多多跨境出海招商会，推动当地54家企业入驻拼多多TEMU电商平台。

2023年，于都实现服装外贸进出口总额22.29亿元，同比增长12.84%。

从革命老区到时尚之都，从单纯的加工制造到设计、研发、生产一体化，经过多年的培育，于都在全国服装产业版图中隆重地写下了自己的名字，于都正奋力向千亿产业集群目标冲刺。

作者：钟雅欢

2024 年 4 月 8 日

千亿新钢何以向“新”

“新钢的‘新’是创新的‘新’！”近年来，新钢集团抢抓机遇向“新”而行，按下高端化、智能化、绿色化转型“快进键”，企业面貌正在发生脱胎换骨的变化。

随着新一轮科技革命和产业变革向纵深发展，“新质生产力”已成为当下最受关注的热词。

作为红土地的“钢铁龙头”，中国宝武钢铁集团有限公司新余钢铁集团有限公司（下文简称“新钢集团”）如何在这场高质量发展的伟大实践中，加快培育形成具有自身特色的新质生产力？答案是：聚集科技创新、数智转型、绿色发展三大要素，不断塑造并强化新质生产力，壮大高质量发展新动能，实现“打造精品硅钢和高品质厚板全球双一流示范企业”战略目标。

“新钢的‘新’是创新的‘新’，可以说‘创新’已经融入了我们的基因。”新钢集团党委书记、董事长刘建荣表示。近年来，新钢集团抢抓机遇向“新”而行，按下高端化、智能化、绿色化转型“快进键”，企业面貌正在发生脱胎换骨的变化。

产品向高端化升级

2023年8月，新钢集团成功研发并批量生产世界最薄电工钢领域的“手撕硅钢”——厚度仅0.1毫米的宽幅超薄无取向电工钢。

这是国内首次突破0.1毫米宽幅超薄无取向电工钢轧制，也是全球钢铁行业首次实现1250毫米宽幅0.1毫米超薄无取向电工钢的全流程生产，标志着中国在宽幅超薄无取向电工钢领域的研发和生产达到世界最高水平。

“最开始，新钢集团轧制0.5毫米电工钢都需要请外国专家指导装辊，现在仅靠自己就能轧出世界上最薄的无取向电工钢。”新钢集团总工程师陈凌峰告诉笔者。研发过程中，新钢集团技术团队依靠自主创新，攻克多个关键核心技术难题，成为全球首个具备年产万吨0.1毫米宽幅超薄无取向电工钢的企业，年生产能力跃居全球第一。

科技创新是发展新质生产力的核心要素。新钢集团牢牢抓住“科技创新”这一重中之重，引领企业不断形成并固化新质生产力。2023年，新钢集团科技研发费用已占主营业务收入的3.22%。

科技创新给企业创造的价值日益显现，高性能、高品质、高附加值产品的不断涌现，正持续塑造新钢的核心竞争力。

经过科技人员的刻苦攻关，新钢集团先后成功研发生产海洋工程用钢、IF钢、临氢钢、低温移动式罐车用钢、耐磨钢、模具钢、汽车用钢、高牌号冷轧电工钢等几十类高端产品，广泛运用于石油石化、大型桥梁、军用船舶、核能电厂、航空航天等国家重点工程，并远销20多个国家和地区。

就在前不久，新钢集团《宽幅高品质优特钢带关键技术研究及产业化》科技创新研发成果，受到以中国工程院毛新平院士为首的专家团队肯定，被评价为“处于国际领先水平，可完全替代国外带钢产品”。

这项科研成果的背后，是新钢集团成功打破行业共性难题，研发出0.15mm×1250mm宽幅超薄65Mn优特钢带，实现宽幅优特钢带从0.15mm—11mm厚度规格全覆盖，具备相关产品全流程生产能力，产能及市场占有率均进入行业第一方阵。

近年来，新钢集团不断推动产品结构高端化，新钢高牌号硅钢占比由28%提升至42.68%，先后被比亚迪、理想等知名新能源汽车企业采用；成功研发并试生产9Ni钢，打破国内只有少数企业能够生产深冷环境韧性最好钢质材料技术垄断局面；新钢品牌的船板、容器板、桥梁板市场占有率进入全国前三；新钢技术中心成为江西省唯一国家企业技术中心。

管理向智能化拓展

在新钢集团炼铁智慧集控中心，技术人员将先进的超融合虚拟化技术首次运用到炼铁工序，同时利用近120台高清摄像头对所有生产环节进行全方位监控，让这两座江西省最大的2500立方米高炉拥有更智慧的“大脑”和更明亮的“眼睛”。如今，两座高炉操作界面实现完全融合，操作人员相较过去减少三分之二。

数字化转型是培育新质生产力的必由之路，也是传统制造业转型升级的主攻方向。

为加快数字化转型、打造智慧化工厂，实现管理极简、规模极致、消耗极限，从2021年起，新钢集团专门成立数字化转型办公室、数智化部，并与华为技术有限公司、杭州海康威视数字技术股份有限公司、上海宝信软件股份有限公司等国内外一流数字技术服务企业合作，联手建设数智新钢。

“从‘傻大黑粗’到‘黑灯工厂’，我们正朝着钢铁行业数字化标杆企业大步迈进。”新钢集团数智化部相关负责人介绍。

按照工业4.0设计理念，近两年，新钢集团完成企业云平台、产销质财一体化系统、平安新钢视频系统以及综合料场、焦炉、高炉等近20个区域集控中心和数字化系统建设，50多个智能制造项目投运或正在推进，覆盖生产管控、营销服务、质量管理、财务核算等业务流程。其中，新钢热轧卷板产线被工信部等国家四部委授予“智能制造示范工厂”。

通过一系列信息化、数字化项目的实施，新钢集团已经建设完成质量一贯制管控、一级计划管理、一级成本核算的统一平台。实现厂内人、车、物的闭环和精细化管理；实现全流程工艺质量数字化管控和性能预测，且具有显著的行业示范作用；实现生产全过程的可视化和透明化，提升了产品管控能力；实现采购、物流、销售的全流程管控和高效协同，为企业管理水平实现飞跃奠定数字化保障。

在新钢集团硅钢集控中心，钢卷生产工艺缩短50分钟，集中操控和协同管控功能强大；在新钢物流管控中心，铁运量提升28%以上，运输信息实时掌控，用车工单自动派发。

目前，新钢集团各条产线上活跃着100余台工业机器人，这些机器人全部运用在精细操作及环境恶劣岗位，24小时大显身手；建设完成全智能运行的“黑灯工厂”两个，大大提高了劳动生产效率。

生产向绿色化转型

新质生产力本身就是绿色生产力。在“双碳”目标的导向下，节能降碳已成为钢铁行业高质量发展的刚性要求。

新钢集团作为传统钢铁企业，如何借助新工艺、新技术、新装备，改变原有的生产方式，加快转型升级？

在新钢集团4#、5#烧结机超低排放改造项目现场，焊花飞溅，机声隆隆，一台全球最大、最环保的660m^2烧结机系统正在加紧建设施工中。

“今年10月项目将竣工投产，烧结工序将全面实现超低排放。”在烧结机项目现场，新钢集团炼铁事业部党委书记张思平说。该项目总投资16亿元，使用了目前最先进的余热发电系统及烟气净化系统。

绿色化是新质生产力的本质要求，也是传统钢铁企业转型的必然路径。

新钢集团近年来先后投入200余亿元，优化产业结构、更新迭代装备，全力打造能耗低、环境好、生态美、潜力大的绿色低碳循环集约型钢企。

2022年12月，新钢集团被授予“双碳最佳实践能效标杆示范厂培育企业”标牌，为行业中第一批获此殊荣的企业。

综合料场智能环保易地改造、4.3米焦炉环保节能升级易地改造、尘泥综合治理项目和中水深度处理及回用项目、电弧炉改造项目……

主要装备更新迭代，为新钢集团从源头淘汰和改造一批污染源奠定了基础，解决了无组织排放、废水排放和固体废弃物综合利用问题，实现了尘泥全部循环加工利用。

新钢集团全流程推进超低排放改造，2018年以来先后投资54亿元，完成360平方米烧结机机尾除尘提标改造、转炉二次除尘改造、高炉出铁口环保改造、7#烧结机烟气超低排放改造等30余个环保设施治理项目，有效削减有组织颗粒物排放量。同时，大力推广绿色低碳新工艺、新技术、新装备、新标准，提高能源经济运行水平。

“2023年，新钢吨钢综合能耗同比每吨下降25千克标准煤，能耗强度控制在省下达目标值内，吨钢颗粒物、二氧化硫排放均保持大幅下降态势。”新钢集团能源环保部部长康勇说。

作者：徐　云　李　军

2024 年 4 月 17 日

鄱阳湖畔的候鸟“安居工程”

一只鸟，一杆塔，一个小伙，在我国最大的淡水湖——鄱阳湖，演绎了一段人鸟和谐共生的佳话，守护了“候鸟天堂”。

在鄱阳湖畔一基输电铁塔旁，一名身穿国家电网工作服的男子将望远镜贴在眼前，聚神观看铁塔上方的“网红”东方白鹳一家。

男子名叫李帆，是江西省电力有限公司电力科学研究院的工作人员，也是推动东方白鹳在鄱阳湖境内“安居工程”的第一人。

一

2015年夏天，26岁的李帆前往鄱阳湖一条电力线路进行故障踏勘，正巧看到运维人员在拆除输电杆塔上的鸟巢，鸟巢上方有一只大鸟在盘旋悲鸣，久久不肯离去，时不时冲向运维人员，仿佛发出无家可归的悲鸣之声。这只盘旋的大鸟就是大名鼎鼎的东方白鹳。它在《世界自然保护联盟濒危物种红色名录》中属于濒危等级，1989年被列为中国一级重点保护野生动物。

鄱阳湖有300余种鸟类栖息，是世界上最大的白鹤及鸿雁越冬地。

有数据显示，鄱阳湖区输电线塔上鸟巢数量多达近百处，其中尤以东方白鹳的鸟巢最大。

然而，因鸟类造成高压输电线路跳闸的情况却屡见不鲜。在电网专业人士来看，鸟类对输电线路的影响分为鸟巢材料短接、鸟粪短接以及大鸟穿越导线鸟体短接等情形。

鸟与电网的矛盾在鄱阳湖尤为突出，是一道困扰多年的难题。“难道就没有电网与鸟儿和谐共生的办法吗？”李帆心底萌生了要破解护鸟与护电矛盾的想法。

按照传统的“防鸟”办法，电网工作人员只能无奈地拆除输电杆塔上的鸟巢。李帆发现，用这种简单直接的方法拆除鸟巢，不仅不能保障电网安全送电，反而会二次伤害鸟类，甚至让“拆屋”这一幕重演。

原来，在拆除鸟巢之后，鸟类一般一天内就会在同一个位置重新筑巢，在筑巢过程中往往会因为鸟巢材料掉落而造成电路短接跳闸；而完全做好的鸟巢，鸟巢材料掉下来的概率更低，所以盲目拆除鸟巢更易引起跳闸。到底该怎么办呢？李帆陷入了沉思。

二

走进鄱阳湖，走近候鸟，向自然生态要答案。为了能够获得输电线路涉鸟故障高发地区鸟类活动的真实情况，李帆经常同鸟类专家一起外出调研，日升而出，日落而归，跋涉在鄱湖平原。

护鸟与护电，看似简单的矛盾，实则涉及多个学科，非常复杂。李帆潜心研究鄱阳湖鸟类和电网关系，确定涉鸟故障鸟种，发现并非所有鸟类都会造成停电。

“通过大量查阅资料及实验室试验，发现鸟巢及鸟排便距离绝缘子超过一定距离，鸟巢和鸟粪都不会造成故障跳闸，所以离绝缘子有一定距离的鸟巢及鸟类活动可不用人为干预，并不是看见杆塔上有鸟巢就都要拆除。”李帆说。

经过两年多的不懈努力，李帆收集了大量鸟种信息，牵头建立了涉鸟故障数据中心，涵盖90余种主要涉鸟故障鸟种的图像、音频、习性及对应的电网危害等级、特征和防治措施等信息。

“按照差异化生态防治策略，我们引导鸟类在杆塔安全区域筑巢，在危险区域加固鸟巢，防止因鸟巢发生短接故障。”李帆和同事们决定，要让这些候鸟在鄱阳湖畔生活得更安心。

为给鸟类创造良好栖息环境，他们在鄱阳湖水域输电铁塔安全区域搭建人工鸟巢和人工栖鸟架，引导鸟类在输电铁塔安全区域筑巢和栖息，目前已为东方白鹳搭建36个人工鸟巢。2019年冬季以来，在鄱阳湖水域已观测到80余只东方白鹳幼鸟在人工鸟巢出生。

可能是感受到人类的温暖，从那年起，东方白鹳每年都要飞回来繁殖。

三

当拆巢者变成护鸟人，人鸟和谐的故事连续上演。

在鄱阳湖，不同鸟类对电网的危害方式和等级是不一样的。李帆和他的团队成员深入研究，采取不同的防治措施，开发不同类型的防治装置，最大限度地解决了护电与护鸟的矛盾。

他们运用图像识别技术、麦克风阵列技术和人工智能深度学习算法，首创图音智能识鸟，研发“防鸟大师App”，为线路运维人员提供“一键式”差异化生态治理方案，使防鸟工作更高效、更智能、更生态。

李帆和伙伴们数年刻苦钻研，打破学科间的壁垒，首创的电网涉鸟故障差异化生态防治策略，填补了国内电网涉鸟故障防治的空白，有效解决了电网安全与鸟类保护之间的矛盾

目前，他们的研究成果已获国家发明专利11项、实用新型专利23项、软件著作权3项。其中，电网涉鸟故障差异化生态防治国家及行业标准已在全国推广应用，有效推动防鸟工作降本增效，产生直接经济效益上亿元。

我国西北、西南猛禽很多，电网跳闸现象时有发生，李帆应邀前去宁夏、西藏等地进行技术帮扶，输出更多“江西方案”，指导他们进行差异化防治。

李帆召集航空、铁路、电厂等能源及交通场站的专家，一起研究能源及交通场站的鸟类防治，目前这些技术也正在申请相关国家标准。

“有时候为了给鸟儿让道，我们调整施工方案，这是我们对候鸟保护的态度。”李帆说，“如果不出意外，今年它们还会飞来筑巢孵鸟。”

李帆的话很快便得到应验。这不，就在最近，从江西鄱阳湖国家级自然保护区管理局鄱阳保护监测站传来消息，鄱阳湖今春首批自然繁育的3只东方白鹳幼鸟在鄱阳县白沙洲乡珠湖高压铁塔鸟巢内孵化出壳。

连绵不绝的绿水青山、跨越山湖的道道银线、展翅高飞的成群鸟儿……看着这样美丽和谐的山水画卷，“鸟爸”李帆十分欣慰。

作者：邹海斌

2024 年 4 月 18 日

“江西小炒”如何从流量中掘金

如今，随着“江西小炒”相继“攻占”江浙沪，其不仅是乐平人外出就业的一个出路，更是致富一方的产业。

一句“义乌的特产是‘江西小炒’”，让默默在省外耕耘多年的“江西小炒”迅速走红网络，话题抖音播放量更是达3亿次……“江西小炒”是江西人在江浙沪地区开的江西风味餐馆，尤在浙江义乌等地较为流行。

作为“江西小炒”主力军的乐平人，该如何从“江西小炒”风口流量中发掘商机、振兴产业？

红到义乌的“江西小炒”

上午11时许，在浙江省义乌市廿三里街道后乐小区一家名为“正宗江西小厨”的店内，已有顾客陆续到来，来自江西景德镇乐平的王细军正在后厨忙碌，他熟练地掌着两口炒锅，菜勺翻滚，炝锅香味随之飘来。

他的妻子刘小琴和19岁的儿子正在前堂热情接待点菜的客人，浓浓烟火气，弥漫在这家“江西小炒”店内。

因为地理位置毗邻，江西浙江两地交通便捷，自古以来就有频繁交流。20世纪60至70年代，浙江众多打炉匠、货担郎小摊小贩来到江西谋生。

斗转星移，时空变换。到了20世纪90年代，随着江浙沪经济的快速崛起和外出务工的兴起，浙江成为江西人离开家乡的首站，据说，最高峰的时候有近300万江西人在浙江务工。

乐平是劳务输出大市，在浙务工的乐平人也有16万人之多。口味醇厚的江西人吃不惯清淡甜口的浙江菜，部分先行者开始尝试在外面摆摊经营小炒生意，现实需求造就了巨大的市场，江西小炒店开启了在江浙沪的“征服之路”。

2010年前后，江西小炒如雨后春笋般在浙江、福建各地的大街小巷涌出。光义乌市就有上千家“江西小炒”，有的繁华地带甚至隔百米就有几家。

这些小餐馆大都门面不大，店面装修也不豪华，可一到饭点，每家的生意都不错。剁椒鱼头、肉末茄子、水芹炒腊肉、尖椒肥肠、辣椒炒肉……这些江西的家常美食，让当地人都上了瘾。

据乐平市商务局统计，乐平人开在省外的“江西小炒”门店有近5000家，从业人员1万多人，以鸬鹚、众埠人为主，主要分布在浙江金华（主要在义乌、永康）、宁波、温州（主要在乐清）等地。

致富一方的产业

“开店投资不多，技术门槛也不高，利润却不错，加上在义乌市工作的乐平人本身就很多，大家亲戚带亲戚、朋友带朋友，自然就多了起来。”在义乌市乐平商会副会长王胜看来，在义乌经营“江西小炒”的以乐平人居多，原因不外乎于此。

“江西小厨”的乐平鸬鹚人刘爱琴便是其中一例。前几年，她与丈夫在永康做鞋子，一年收入七八万元。后来，她听说姐夫在义乌开“江西小炒”店生意兴隆、收入较高，便跑到姐夫店里做起了学徒。不久之后她便自立门户，从姐夫手中将店面盘了下来。如今，刘爱琴与丈夫已经在义乌做“江西小炒”四五年了，家里早已盖起了洋房，女儿和儿子也带在身边。问及一年的收入，刘爱琴说道：“看生意好歹，刨去开支，一年三四十万吧！”

来自乐平众埠的王秋龙也是如此。早年他跟随父亲在义乌市廿三里街道开“江西小炒”店，如今自己已经接替父亲掌勺多年，夫妻俩夫唱妇随，由于店里生意较好，父亲帮忙打下手，还请了一个人帮忙。夫妻俩不仅在老家建了新房，还在乐平购置了商品房。

如今，随着“江西小炒”相继“攻占”江浙沪，其不仅是乐平人外出就业的一个出路，更是致富一方的产业。

“鸬鹚乡是乐平有名‘江西小炒’之乡，产业带动作用不可小觑！”乐平市鸬鹚乡党委书记杨宾说。

以前鸬鹚人到福建晋江等地做鞋子的较多，近年来，“江西小炒”成了鸬鹚人外出务工创业的主要行业，全乡2.6万人中，仅在外经营“江西小炒”的就有近5000人，经营门店2000余家。

“一家门店一年营业额平均60万元，2000余家营业额就达12亿元，纯利润至少6亿元以上，许多鸬鹚人因此走上致富之路。”近年来，乡里漂亮的小洋楼多了起来，村民的钱包也渐渐鼓了起来。

2022年2月9日，乐平市鸬鹚乡召开“江西小炒”产业促进座谈会，与会人员一致认为，“江西小炒”产业潜力大，能够稳定解决就业问题，有稳定收入，能促进乡村振兴，优势明显。同时会上也指出了品牌化不强等方面问题，今后要改变自身观念，放眼长远，积极提升“江西小炒”知名度。

如何从流量中掘金

2024年4月中旬，“江西小炒”推介暨服务保障工作座谈会在杭州召开。座谈会上，“赣菜出圈”成为关键词。中国饭店协会资深会长韩明表示，“江西小炒”凭借着新鲜现做和极致的性价比频频“出圈”，这是赣菜加快“走出去”的重要契机。

作为“江南菜乡”和“江西小炒”主力军的乐平已乘着此轮流量风口，主动拓展“互联网+农业”思维，积极发挥“江西小炒”产业繁荣市场、拉动商贸、升级农业的重要作用，整合布局上中下游产业链，为乡村振兴注入了新的动力。

为了能迅速将“乐平菜”端上在省外经营的5000家“江西小炒”店餐桌，乐平市积极打造联通上下游，从种养业到加工业，到物流业再到餐饮业的全链条产业，不断壮大订单式农业的“江西小炒”上游产业链，组织菜农和规模企业与“江西小炒”门店签订合作关系，保证新鲜、无公害、可追溯的稳定供应。

如今，乐平的腊肉、咸肉、猪头肉以及水芹、大蒜等蔬菜早已走出省外，深受消费者喜爱，成为“江西小炒”的重要原料。

谈及乐平市发展“江西小炒”产业的思路举措，乐平市商务局局长彭建飞告诉记者，乐平将从建立该市“江西小炒”行业协会、创建大型连锁区域产业品牌，加大合理有效投资管理等方面进行引导，力争把“江西小炒”发展成为带动百姓创业致富和相关农副产品、种养殖业一并发展的又一个“兰州拉面”“沙县小吃”“四川火锅”式特色餐饮产业。

彭建飞表示，“江西小炒”产业如何按照现代服务业的要求高标准发展，是当前需要解答的命题。第一，要有响亮的品牌，在培育打造“江西小炒”名牌店上下功夫；第二，要加强供应链管理，建立可靠、稳定的供应链，保障食材质量和新鲜度；第三，门店标准化管理，目前“江西小炒”门店标识五花八门，无固定章法，应统一门店标识风格，设计装修中融入更多江西元素、江西文化；第四，政府和相关部门应给予大力支持，不断提升“江西小炒”的经营质量和服务，并进行标准化提升。

随着人民生活水平的提高，人们对饮食要求也逐渐提高，“江西小炒”应乘着这股东风，从流量中挖掘更多价值。

作者：吴　雄　朱媛媛　周建红

2024 年 4 月 26 日

解锁桃源梯田的振兴密码

桃源梯田华丽转身的背后，是当地依山就势做好“两山”转化文章，发展文旅带动乡村振兴的探索与奋斗。

蛙鸣、牛哞、鸡啼……中央电视台《新闻直播间》多次直播桃源梯田春耕美景，一幅幅久违的耕种画面将我们带入了遂川桃源梯田梦幻般的世界，这片被誉为全球十大最美梯田之一的土地。

近年来，随着大众的眼光不断聚焦，藏在大山深处的桃源梯田，从“养在深闺人未识”到逐渐为世人所知晓和惊叹。

桃源梯田华丽转身的背后，是当地依山就势做好“两山”转化文章，发展文旅带动乡村振兴的探索与奋斗。

从垦区到景区：桃源梯田如何华丽转身

东晋陶渊明在《桃花源记》描绘的世外桃源，引发后世无数人的追求与憧憬，也给后人留下千古之谜：桃源究竟是否存在？它又藏身何处？

不知是机缘巧合，还是有意为之，在遂川西部山区的密林里，真有这么一个叫桃源的乡村。他们的祖先也是为逃避战乱，从广东、福建、山东等地迁徙而来。为不与本地居民争田抢地，他们聚集在罗霄山脉南端神女峰脚下，建房造舍，开山垦田，创造了一处人间桃源。

然而，随着农业机械化时代的到来，高山梯田所依仗的“牛耕人犁”“刀割人扛”等效率低下的传统生产方式越来越难以为继，光靠靠天吃饭的几亩梯田种粮致富显然不太现实。那么，这些几十代人辛辛苦苦开垦的梯田怎么办？梯田旅游热的兴起，给桃源梯田带来了发展的机遇。

当地审时度势，充分利用桃源梯田的自然景观和客家文化资源，推动桃源梯田转型升级，成立文旅公司，对梯田进行整体规划和提升打造，桃源梯田逐渐从垦区蜕变为景区。

“依托桃源梯田资源禀赋，因地制宜，科学谋划，精准施策，完善景区基础设施建设、服务质量和旅游业态，着力激发吃、住、行、游、购、娱综合效应。”遂川县委书记胡承国在调研景区建设时一语中的。

遂川建立科学合理的利益联结机制，理顺政府部门、文旅公司、村集体、企业以及群众的关系，有效盘活旅游资源、激发发展的内生动力。

如今，桃源梯田景区范围已扩大到10平方公里，拥有梯田5000余亩，集登山徒步、梯田观光、农事体验、客家风情于一身，成了一个全要素集结的休闲度假胜地。

“我原来的房屋租给了旅游公司，公司又聘我为民宿管理员。除了房屋租金，我每月还有固定工资，年增收近3万元。”村民唐莲香说。唐莲香此前常年在外务工，小孩也成为留守儿童，景区开发后，她很高兴地在家门口吃上了“轻松饭”。

通过组织培训、提供资金支持等方式，遂川积极鼓励和引导村民参与景区建设。不少村民成了景区的讲解员、服务员，甚至是民宿的经营者，景区员工90%是本地人，景区还吸引当地农户参与小商品售卖、农副产品种养，发展餐饮、演艺等，相关产业就业人员200余人，村民实现在家门口就业，收入也显著提升。

从观光游到深度游：梯田美景与文旅融合

随着桃源梯田景区知名度不断提升，越来越多的游客涌入这片神秘的土地。单纯的观光游已经不能满足游客日益多样化的需求，当地政府开始探索从观光游向深度游的转型。

桃源梯田的美景自然是吸引游客的重要资本。无论是望天丘的水源之谜或是轿子顶的变幻莫测，还是盘龙汇的层层叠叠，都让人流连忘返。

“这里集梯田观光、住宿、拍照、打卡于一体。比如望天丘，又叫天空之镜，蓄水时水面把晨曦晚霞折射出来，非常出片。”景区督导主管邓金香说。

景区还精心打造了落霞仙居民宿，夯土墙院、大水车、风雨桥、桃红李白、菊花金黄，让都市忙人乐享山野“仙隐”文化；翻新的客家风情商业街——桃源花街里、浪漫花房式样的酒吧、乡土菜为主的客家乡味农家宴、鲜花树屋形状的网红咖啡店、汉服古装与婚纱摄影的梯田旅拍，让每一份亲情、友情、爱情都有见证和未来。

“夜晚有客家迎亲、山歌对唱、杂技等特色表演，让绝美的夜色再添几分活力，还可品尝客家米酒、花蔬、艾米果、酿豆腐等正宗客家美食，让我目不暇接的同时还能一饱口福。”从泰和过来的朱治平说，“这里比我想象中的还要美，回去之后我要向我的朋友们大力推荐。”

在自然景观中挖掘、植入文化内涵，遂川将客家民俗、农耕文明等元素融入到旅游产品中。游客在欣赏梯田美景的同时，还能了解到客家人的生活方式、耕作技术等，增加了旅游的趣味性和知识性。

“油纸谐音‘有子’，繁体字‘伞’含有五个‘子’，客家人结婚时，女方会买两把大红油纸伞作嫁妆，不但为今后共同的日子遮风挡雨，更寓意多子多福，五子登科！”黄坑油纸伞第二十五代传人胡海华不时向来参观的人们介绍，引起游客阵阵欢笑。

非遗项目折扇和黄坑油纸伞的加入，也为桃源梯田景区发展注入了新的活力。非遗体验馆让游客亲手制作折扇和油纸伞，从旁观者变成参与者，让他们对中国传统文化有了更深入的了解和认识。

从单打独斗到连点成片：融入大井冈旅游圈

井冈山下后，桃源梯田游。

作为后起之秀，桃源梯田景区离旅游目标市场较远，在全国和全省范围内知名度不高，制约着景区的进一步做大做强。因此，借助毗邻井冈山的优势，融入“大井冈旅游圈”，成为桃源梯田景区发展的优先选择。

“迎客下山”。桃源梯田与井冈山景区相距不远，两地在旅游资源上具有互融互补性，遂川主动与井冈山景区开展合作，推动两地旅游业共同发展。同时加强旅游基础设施的建设和完善，提高景区的接待能力和服务水平，吸引更多游客前来观光旅游。

“看了红色井冈山的历史，我了解了革命先辈的艰辛与伟大。再游一游桃源梯田，我又体会了农民的坚韧与聪慧。”清明假期，随妈妈从广东过来的小子敬一脸的兴奋与满足。

“引客入遂”。因势利导，借势发展，加强与周边县市的合作与交流，拓展大湾区、长三角重点客源市场，加强与赣州等周边城市的合作，实现资源共享、客源互送、线路互推、政策互惠、节庆互动。通过在赣州、吉安、南昌、宜春等地举办线下推介，举办区域旅游合作论坛、开展旅游联合宣传等活动，形成推动旅游业繁荣的合力。

与周边旅游景区的“合纵连横”，不仅拓展了桃源梯田的知名度和影响力，也为桃源梯田景区的发展打开了新的空间，开辟形成了更多值得深度游的精品旅游线路和产品。

“桃源梯田景区已经入选全国乡村旅游精品线路了，在不断开发和提升下，旅游业态和产品还将进一步丰富起来。今后桃源梯田景色一定更美，旅游一定更旺，群众致富之路一定更加宽广！”说起梯田的未来，左安镇党委书记黄汉华信心满满。

探秘桃源，我们不仅欣赏到了美丽的风景，更感受到了文旅发展带来的勃勃生机。从垦区到景区，从观光游到深度游，从单打独斗到连点成片，桃源梯田见证了当地百姓的辛勤付出和智慧创造，也见证了文旅发展带来的精彩蝶变。

作者：范录军

2024 年 5 月 6 日

“鳗”游世界

围绕鳗鱼产业，作为内陆小城的新余致力于打造鱼苗供应，鳗鱼养殖，烤鳗加工、出口全产业链条，让新余鳗鱼“游”向更远。

说到中国的鳗鱼养殖，或许很多人会想到福建、广东等沿海省份。几乎很少人知道，地处内陆的江西新余也是国内鳗鱼养殖的重镇。

自20世纪90年代第一批福建养鳗人落户至今，新余已走过近30年的养殖鳗鱼的历史。如今新余鳗鱼年产量达到2500吨，拥有全省唯一的鳗鱼种苗基地。鳗鱼养殖为何能在新余落地生根呢？

一

众所周知，日本人对鳗鱼情有独钟，而人工养殖鳗鱼也起源于日本。20世纪70、80年代，福建人到日本学习养鳗技术后，返乡发展了上千家鳗鱼养殖场，福建逐渐成为鳗鱼生产、加工、出口大省。

“此后，因淡水水域资源不足，鳗鱼养殖业部分往内陆转移，江西、湖南、湖北等成为承接福建鳗鱼养殖的重点区域。”江西壹海渔业发展有限公司董事长高桂波说。

1996年，新余市渝水区界水乡甘村埈村通过招商引进港资创办鳗鱼养殖场，从此鳗鱼养殖在渝钤大地生根开花。此后，养殖场几度易主更名，但养鳗的传统一直延续了下来。

“现在，我这里养殖水域总面积1.5万平方米，有60口大棚高密度水泥精养池，年产量约300吨。”界水乡融发养鳗场负责人周遵新说。

2019年后，新余鳗鱼产业步入快速发展轨道，先后投产了7个鳗鱼规模化养殖基地，分布在渝水区、分宜县、高新区，鳗鱼年产量2500吨左右。这些鳗鱼场的老板是清一色的福建客商。

从新余主城区驱车40多分钟，就到了位于渝水区人和乡穑诞村的新余市瑞之辉水产养殖有限公司，该养殖基地共有70个鱼池，总面积2.1万平方米。“这里是目前新余最大的鳗鱼养殖场，在全省也排在前列。”公司总经理刘仲辉略带自豪地说。

走进鳗鱼养殖保温棚，里面黑漆漆的，一股蒜味扑鼻而来，仅有几处微弱光线。“大蒜是天然的杀菌剂，在养殖过程中会经常用到，使用这种方法杀菌生态又环保。”刘仲辉拿着一只头灯带路，“鳗鱼喜欢阴暗的水域，室温21℃～26℃是它们生长最适宜的温度。”在头灯指引下，可以看到池子里一群群鳗鱼自在游动。

“养鳗投入成本高，养殖难度大。”刘仲辉介绍，鱼苗依靠海洋捕捞，价格贵，要用专门的饲料定时定量投喂。养鳗场内要配备电子显微镜、溶氧检测仪、微孔增氧机、水质净化机等各式设备，还要对养殖尾水进行处理。“养殖废水有的经过设备净化处理可循环利用，有的输送到鱼塘养鱼，循环利用，可以减少废水排放。”刘仲辉说。

鳗鱼不仅养殖成本高，养殖难度还体现在鳗鱼对水质的要求上，需要生态环境良好的“富氧”区域，这对养殖场的选址提出明确的要求。

二

鳗鱼属于洄游性鱼类，在淡水中生长，但要回到大海产卵。目前，鳗鱼苗还无法通过人工繁殖，只能从海洋中捕捞获取，再由人工培育。

由于鱼苗获得不易，其价格会随着捕捞量而起伏，一尾小小的、透明状的鳗鱼苗价格从四五元到几十元不等。因此，鳗鱼又被称为“水中软黄金”。每年10月到次年4月，省内外鳗鱼养殖大户纷纷来到位于新余高新区的江西壹海渔业发展有限公司看苗、买苗。

“公司的鳗鱼苗产自美洲的加勒比海域，9月份开始捕捞运输。一年进口量18吨（1亿多条鱼苗），价值7亿多元人民币。”高桂波说。

高桂波曾长期在海外从事鳗鱼苗销售，2020年与福建老乡在分宜县钤山镇大岗山创办了养殖场后，十分看好内陆鳗鱼养殖市场，于是把产业链的上游——鱼苗基地搬到了新余，这里的鱼苗规模在全国首屈一指。他直言：“现在物流这么发达，已经打破了传统的产业发展模式，种苗基地不一定要在福建，其他地方也可以。”

围绕鳗鱼产业强链补链，新余海关聚焦种质资源引进，积极搭建鳗鱼种苗进口平台，促成专业的进境种用水生物隔离检疫场建成使用，开辟进口鳗鱼苗入境绿色通道，不仅满足新余本地养殖场的鱼苗需求，还远销湖北、广西、福建等地。

“我们按照国家出入境检验检疫行业标准，指导企业建设合格规范的指定隔离场，确保进境水产种苗安全。”新余海关查检科科长陈方平介绍，目前全国实际开展鳗鱼苗进口业务的隔离检疫场只有3个，壹海渔业公司便是全省唯一的一个。

“以前我们需要到福建的隔离场购买鱼苗，十分不便。现在家门口就能买到鱼苗了，非常省心。”分宜县高岚乡的江西省海科农业开发有限公司负责人沈洪平说。

三

“来，91.7（公斤）。”在新余市瑞之辉水产养殖有限公司内，一筐筐成品鳗鱼过磅之后，缓缓升入大型集装箱货车。“近期，我们鳗鱼场开始大量出货，总数在400吨左右。出口的规格一般在280克～550克之间，国内的550克以上。”刘仲辉在现场忙得不亦乐乎。

本地鳗鱼消费能力有限，养殖商一般不在本地零售，因为鳗鱼都是整池捕捞，部分捕捞的话会严重影响其他鳗鱼进食。

这些活鳗主要成批运往福建，或江西上饶、瑞金等地，加工成烤鳗，产品主要销往日本、欧美、东南亚等地，以及国内的北京、上海、福建、广东、浙江等省市。

对日本人而言，没有鳗鱼料理的夏天是不完整的。“日本是鳗鱼的主要消费市场，而中国则是最大的鳗鱼生产国，产量占全球七成以上。”高桂波介绍说，鳗鱼销量、价格深受日本市场导向和把控，不但有养殖风险，更有市场风险。近两年，日本订单下滑，给生产和加工的企业带来了不小的压力。

日本鳗鱼消费的下滑直接影响了鳗鱼养殖和加工业，如何开拓新的市场增长点就成为当务之急。据调查，在东南亚和欧美国家市场上，鳗鱼消费潜力巨大，国内鳗鱼消费市场潜力也在逐步释放。

“考虑到南方人爱吃辣，烤鳗酱汁偏甜，现在出了半成品烤鳗，可根据个人口味添加调料，线上线下烤鳗消费量都在不断攀升。消费对象多元化，整个市场运行会更加有序。”周遵新坦言，鳗鱼产业链各个环节息息相关，虽说在新余发展养鳗产业，但大家都密切关注国际国内的行情。

农产品加工业是实现“头尾呼应”的关键环节，新余有不少鳗鱼种苗基地和养殖基地，何时才能有自己的烤鳗加工厂？

“这就是下一步要做的事。”高桂波表示已在着手规划建设烤鳗厂，之前新余鳗鱼年产量不足以支撑一个烤鳗加工厂，近年来随着新余养殖规模的不断扩大，发展加工出口已具备一定的优势：一方面种苗进口在新余，跟属地海关已经形成紧密协作关系；另一方面，做加工也可以起到调剂作用，在成品鳗鱼价格不理想的时候，用鱼苗换成品鳗鱼回来进行加工，以应对市场行情的波动。

新余海关相关负责人也表示，一旦有出口需要，他们将指导企业建立出口食品安全卫生控制体系，完善养殖场农业投入品管理和疫情疫病监测制度，支持企业办理出口烤鳗原料养殖基地和加工企业海关备案，对企业冷链运输的出口烤鳗产品优先查验、优先送检、优先出证、优先放行。

为促进鳗鱼产业健康、有序发展，新余将围绕养殖产业转型升级，提升水产附加值的同时，致力于打造鱼苗供应，鳗鱼养殖，烤鳗加工、出口全产业链条，续写鳗鱼养殖新篇章，让新余鳗鱼“游”向更远。

作者：徐　云

2024 年 5 月 7 日

走进客家古城的前世今生

从历史走来，古城镌刻着客家文化的隽永基因；以当下为题，古城正书写着古今碰撞的关于“诗和远方”的新答卷；向未来出发，历经岁月涤荡的古城，将不断上演文化传承与产业共荣的新故事。

2024年的“五一”长假，定南客家古城景区累计接待游客10.26万人次，延续了去年底开业以来的火爆态势，成为定南文旅发展的示范性、标杆性项目。

客家古城景区位于定南县老城镇老城村，与广东省和平县仅一山之隔。老城村为定南古县城所在地，始建于明隆庆三年（1569），距今已有450多年历史。古城完整保留了古代县城的格局、规制和功能，对研究客家文化和明代县城规划有重要的历史价值。一座古县城，半部客家史。在赣粤边界的崇山峻岭间，拂去历史的尘埃，这座拥有450多年历史的客家古城，为何能“活”在当下并焕发新的生机？

历史文化润古城

来到客家古城，映入眼帘的是一座古朴大气的古城门——迎阳门，像这样的古城门在古城有3座，均保存完好。古城历史与这些城门有着千丝万缕的关系。推开城门，古城的“前世”神秘面纱缓缓揭开。

明正德十三年（1518），南赣巡抚王阳明率兵平定了赣粤边界长达40余年的匪患，并奏请朝廷设立了广东省和平县，在赣南粤北地区强化统治、推行教化。到了明嘉靖年间，当地盗贼再起，为彻底解决匪患问题，朝廷痛下决心剿匪，历时数年苦战，终于平息匪乱，于明隆庆三年（1569）割周边三县地设新县。因“扼江广咽喉……岭表之长治久安实赖其地”，取安定南方之意而命名定南县，又因此地遍植莲花，故又名莲塘城。

为汲取之前匪患扰袭的教训，莲塘城建设了1460米长固若金汤的城墙军事建筑，并在城内3个方位设了东门迎阳、南门丰阜、西门宝成3座城门。同时，古城内九街五巷纵横分布，街道路面取南门河里的卵石铺就，大部分民居也是就地取土，添加桐油、石灰，做成三合土夯墙而建。

从1569年到1927年，莲塘城建城后的358年间，古城先后经历了169任主政官员，如走马灯似的平均两年多就换一任。城南巽塔的风水传说、城内为数众多的宗教场所、城墙保卫下遍布炮楼枪眼的围屋、高寨岗上的钟楼残垣，成为那个动荡年代的见证。

1927年，一场“姓氏械斗”致使县衙被火烧，最终使得县城外迁，莲塘城从此结束了其历史使命。此后，莲塘城变为老城村，成为自然村。

穿过历史的烟云，莲塘古城如今以另一种方式“活”了下来，并融进了不少新的时代元素。古城内，清代进士钟一诚手书的“锄经种字”匾依然镶嵌在门楣上，嵌入厚厚城墙里的“敬惜字纸”炉，县衙门口竖立的戒石，“像赣州府文庙一样气派”的孔庙……它们就是一个个会“说话”的文物，向人们讲述着客家古城的点滴过往。

活态保护赋新城

游览明代古街巷、品尝客家美食、观赏客家非遗民俗表演……“五一”假期，游客们穿梭于古城中各具特色的景点打卡，不亦乐乎。

从历史长河中走来，客家古城就像一颗遗落尘埃的明珠，散发着历史文化的光芒，却“藏在深闺人未识”。直到2019年，其所在地老城村被列入第五批中国传统村落名录，客家古城迎来了新时代的发展机遇。2021年，定南县以明代客家古城为依托，全力打造文旅综合体。

如何让客家古城保护和利用相得益彰？定南始终坚持活态保护的原则。

“活”在修旧如旧地传承。修缮古城门、古庙、古塔、古井、古街、古民居等，重建县衙、城墙、关帝庙、钟楼、文昌阁等古建筑，基本保留了古城九街五巷布局，较好地恢复了古城的历史面貌。

“活”在与时俱进地融合。对项目内原有民居及文物进行保护性修缮，结合定南瑞狮、赣南采茶戏等非遗，丰富了美食街、文创街、国风剧场、衙门酒吧、“湾区后街”等业态，常态性开展文创设计、表演传习等活动，把传统村落风貌和现代元素结合起来，实现传统文化的时代传承。

古城的“活”还在于见人见物见生活，处处可见升腾起的人间烟火味。今年50岁的廖建东，从小在古城长大，景区未建之前他在这里开了9年豆腐坊。因为豆腐做得好，景区建设之时就把他的豆腐坊规划在内，没有让他搬出景区。“没想过自己的家会变成景区，更没想到以前做菜吃的豆腐，如今会变成旅游美食。”廖建东说。游客来了，豆腐坊也不能只卖豆腐了。廖建东每天为游客提供豆腐花、豆浆、白豆腐、干炸豆腐、酒豆腐等美食，感兴趣的游客还可以到后面的院子里体验做豆腐。“五一”假期，廖建东的豆腐坊每天营业额都有近4000元。

如今，在客家古城，像廖建东这样吃上“旅游饭”的古城人不在少数，他们原本是外出务工或在村里务农的村民。据统计，老城村村民在古城景区就业、创业的有125人，他们有的经营客家特色小吃，有的在景区上班，有的则为景区提供各类农产品。

从古色古香的古城古迹，到富有客家特色的民俗及美食，再到客家人栖居的生活场景，客家古城被外界贴上了客家世界现存唯一一座“活着的古县城”的标签。

客家文旅享名城

“这里客家文化浓厚，看到了熟悉的客家建筑，品尝了赣南客家小吃，体验了非遗扎染手工，还感受到了家人般的礼遇热情。”近日，百余位香港游客畅游古城，香港华商旅游协会主席林浩辉直言，游览古城时总能找到客家人回家的感觉。

古城之所以称“客家古城”，不仅仅是它地处赣南客家人聚居区域，更多的是这里浸润着客家的文化。

勤劳是刻在客家人骨子里的品质。在客家古城，一道道美食便是最好的见证。铁勺粄、烫皮、灰水粄，这些美食制作技艺均来自客家人对稻米孜孜以求的精细加工，通过勤劳的双手，以不同方式做出客家特色食品。再如，省级非遗项目定南客家酸酒鸭制作技艺，虽然酸酒鸭制作程序烦琐，却折射出客家人在迁徙过程中，用饮食调理的方式适应南北方的环境差异。

包容是客家人另一个突出的特质。行走在客家古城，多样化的文旅文化元素在这里有机融合。杨丽渠是四川人，她在古城经营了一家手工扎染坊，每到节假日，前来体验扎染的游客络绎不绝。离染坊不远的客家文化馆，展列着定南客家非遗民俗物件，其中被评为国家级非遗项目的赣南客家服饰，总能让游客把它与扎染服饰进行联想，以此感受到不同的服饰文化。

在客家古城，体现客家人团结互助、崇文重教、勤奋拼搏、开放包容的特性本质，自信、自立、自强的精神品格的人和事还有不少。拂去历史尘埃，穿过长长的时空隧道，不少游客与客家人的先辈在此相遇，成为架起一座通向客家世界的桥梁。

在景区门口，有一块刻有“客家古城”四个大字的巨石，题字人是香港特别行政区第五任行政长官林郑月娥。客家古城地处赣粤边界，粤、港不少居民均属客家民系，与赣南客家有着千丝万缕的联系。以山水相连结缘，以文化相承同源，乘借文旅风帆，古城正成为粤港澳大湾区“微度假”目的地。

如今，着眼“近程”“易到”“高频”等“微度假”的特点，客家古城除了打造民宿、乡村休闲等项目，还积极融合县域内的红色、绿色、古色等旅游资源，形成一条珍珠串式的精品客家旅游线，吸引更多游客前来“微度假”。

从历史走来，古城镌刻着客家文化的隽永基因；以当下为题，古城正书写着古今碰撞的关于“诗和远方”的新答卷；向未来出发，历经岁月涤荡的古城，将不断上演文化传承与产业共荣的新故事。

作者：詹继成

2024 年 5 月 10 日

内陆小城何以“骑”向未来

10年前，马对宜黄当地的老百姓来说是个挺陌生的东西。而今，宜黄竟成了马术产业崭新的热土。于这一内陆县城而言，马术运动何以成为新的城市名片？

“五一”期间，宜黄刮起了一股策马奔腾的“最炫骑士风”。

草原那达慕大会上，骑马拾物、射箭、赛马表演精彩绝伦，马术运动蕴含的魅力让人如痴如醉；场馆内，来自天南地北的游客们相聚在此，马蹄声、驼蹄声、草原汉子的呐喊与观众的欢呼声阵阵回荡。

入夜，盛大的篝火晚会和非遗表演轮番上演，游客现场品尝了斗米壶酒与草原马奶酒的独特风味，聆听古琴与马头琴合奏的美妙旋律……

这一场场马术盛宴，让宜黄的文旅魅力迅速绽放，热度直线上升。据统计，“五一”当天全县共接待游客近13万人次，实现旅游综合收入0.825亿元。

10年前，马对宜黄当地的老百姓来说还是个挺陌生的东西。而今，宜黄竟成了马术产业崭新的热土。于这一内陆县城而言，马术运动何以成为新的城市名片？

一

宜黄与“马”的结缘，缘起于本土企业家辛成华。

2008年，年仅18岁的华裔少年华天放弃英国国籍，选择代表中国参加北京奥运会，成为第一位登上奥运会马术三项赛场的中国选手。对于资深“马迷”辛成华而言，华天在赛场上的飒爽英姿，再次点燃了他内心对马术的热爱与激情，更让他深刻感受到了马术运动的魅力和潜力。

2015年，从小就有骑士梦的辛成华，事业有成后，为方便与志同道合的马术爱好者进行交流，他与朋友联合投资2000余万元，从英国、荷兰等地购买了28匹纯种、半血马，在家乡宜黄县创办了阳光马术俱乐部，兴建了马术实训基地，宜黄马术产业由此而生。

为什么选择在内陆一个山区小县投资发展马术这项原本被认为是“贵族运动”的项目？辛成华表示，他看准了中国马术运动蓬勃发展的未来，而家乡宜黄也具备发展马术运动的环境基础。更重要的是，宜黄县委、县政府对引入和发展马术产业项目的雄心和诚意。在项目审批、产业配套、景区创建、赛事运营、产业资金等方面给予大力扶持，当地政府让辛成华吃下了定心丸，坚定了其进一步发展的信心。

2016年，辛成华成立江西腾飞体育文化旅游发展有限公司，2018年起，公司先后投资3.6亿元建设谭纶马术小镇。迄今为止，已建成1万平方米的室外赛马场、5400平方米的马术馆、6000平方米的热身馆、3万平方米的越野赛道，游客服务中心、商业街等配套设施一应俱全，集马术教育、马术赛事、休闲旅游、养生度假、酒店民宿于一体，是全省最大、全国一流的马术运动休闲旅游综合体。

二

依托一流的场馆设施，谭纶马术小镇赛事运营动作频频：举办江西省青少年马术锦标赛，来自全国各地的18支代表队、近200对人马组合参赛，打造传播马术运动、马术文化交流的综合性平台；举办骑谭纶骏马“五一”文旅活动，以马会友、欢聚一堂，将草原文化与宜黄本地文化碰撞、融合，打造独具特色的马术赛事品牌……

宜黄居民许莹直呼过瘾，她表示，在家乡经常可以观看到国内顶级的马术比赛，小县城也有了国际范。许莹从去年9月开始学习马术，现在已经可以骑着马越过障碍。“骑马的时候非常开心，马术运动让我变得更加自信勇敢。”许莹谈及马术时脸上挂满笑容。

“开展马文化系列活动和赛事是吸引游客参观娱乐的主要产品形式。今年，我们力争举办各类赛事及文旅活动10场以上，吸引马文化旅游游客100万人次以上。”谭纶马术小镇总经理侯志明介绍。

巧借文体赛事，打响马术品牌。宜黄县积极探索“马术+赛事”“马术+研学”“马术+办节”等融合新路径，谭纶马术小镇先后承办江西省第十五届运动会马术比赛项目、2024年江西省青少年马术锦标赛暨首届“谭纶杯”马术公开赛等体育赛事。据统计，去年马术小镇承接各类旅行团体120多批次3万余人，全年游客数达50万人，马术品牌的知名度、影响力与日俱增。

随着马术运动在宜黄兴起，越来越多青年力量投身其中。青少年是马术运动和马术行业的未来，谭纶马术小镇的目标便是全面推动江西马术行业人才的培养，为国家输送未来的马术运动员。

2015年，经省教育厅批准，阳光马术俱乐部（现为谭纶马术小镇）

获批设立三年全日制马术与管理专业，与宜黄县职教中心联合办学，该专业为全省唯一的马术职业教育专业。目前已培养各类马术人才300余名，并全部在国内各马术俱乐部就业。

在培养的本土明星骑手中，李泓颖是其中的佼佼者。这位出生于2010年的年轻骑手，5岁开始便与马术结下了不解之缘。到了8岁，李泓颖已经能够驰骋于全国各地的马术俱乐部联赛中不断挑战自我。9岁那年，她凭借出色的表现获得中国马术协会的骑手认证，具备了参加国家级马术比赛的运动员资格，4年后便开始在全国马术赛事中崭露头角。

2018年11月，在江西省第十五届运动会马术比赛项目中，李泓颖以人、马、音乐的完美融合，接连夺得盛装舞步初三级冠军、场地障碍赛地杆级别亚军和团体铜牌。

在她眼中，这些荣誉和成绩的背后离不开谭纶马术小镇的支持。小镇拥有一流的场馆设施、专业的教练团队和优良的竞技马匹，为她提供了良好的训练环境和比赛平台。正是这些因素的共同作用，才让她能够在马术道路上越走越远。

三

“马术运动不仅可以锻炼挺拔的身姿，还能提升青少年的气质、自信心、责任感和坚韧性。所以一到周末和寒暑假，马场就非常热闹。”在赛马场教练吴俊哲看来，马术运动的这些特点，是这项运动能逐渐受到青少年和家长喜爱的缘故。

“几年前，因价格和门槛高，来体验马术的人寥寥无几，现在情况正悄然发生着变化。”侯志明介绍道。随着社会的发展，小众马术正逐步“踏”入大众生活，从原来的“贵族运动”逐渐走向“平民运动”。马术小镇近年来积极开展马术培训及体验活动，承接研学游、马术摄影、马术文化节、啤酒烧烤节、文艺演出等，让马术运动走进大众视野，更多人开始把骑马当作一项群众性的体育爱好。

马背上骑乘的肆意洒脱，让来谭纶马术小镇开展研学游的宜黄三小的孩子们兴奋不已。为培养和锻炼学生的心智和体质，该校分批次组织学生过来体验马术运动。

一位黄姓家长分享道：“我的儿子今年10岁，他已经跟随教练学习骑马超过半年了。每当看到他在马背上那自信而从容的模样，我都深感欣慰。就像很多家长送孩子去学习钢琴、围棋一样，对于孩子来说，马术不仅仅是一项技能，更是一种对未来可能性的探索。”

在推进马术体验平民化的同时，宜黄县正加快马术产业与一、二、三产融合发展，推动与园区塑料、汽配、服装等企业深度合作，开发马术头盔、马镫、护栏、座椅等马术装备，让马术产业链渗透到市民生活的方方面面。

“我们将大力扶持马术产业发展，认真做好‘马术+’文章，推动以马为主题的体育、文化、旅游、教育的深度融合，通过举办马术赛事、表演、培训等活动，带动休闲骑乘、文化旅游以及专业化马产品开发等新业态的发展。”宜黄县委书记杜晓良表示。

作者：徐建国

2024年5月11日

全南“攀”出一个新天地

作为地处江西最南端的小县城，全南缘何能在短短几年内擦亮攀岩品牌？

在成都举行的2024年全国青少年户外运动发展大会暨中国登山协会青少年委员会工作会上，江西全南县被第一批授予全国攀岩后备人才基地创建单位。

就在5个月前，全南县攀岩小镇被江西省体育局命名为江西省攀岩训练基地。不仅如此，全南县还连续三年举办省、市青少年攀岩锦标赛，高标准承办2022第六届全国少年攀岩锦标赛暨2022全国青少年U系列攀岩联赛、2023第二十九届全国攀岩锦标赛暨巴黎奥运会国家攀岩集训队选拔赛……攀岩运动在全南蔚然成风。

作为地处江西最南端的小县城，全南缘何能在短短几年内擦亮攀岩品牌，成为全市、全省乃至全国的攀岩赛事基地？中国（全南）攀岩小镇快速崛起的背后，有着怎样的发展历程和出彩故事？

从零起步到立品牌

走进中国（全南）攀岩小镇，喘息声、呐喊声、脚步声相互交织，众多攀岩爱好者正在这里开展日常训练。他们动作灵巧，在高低、形状不一的岩壁上找准着力点，转身、跳跃，不断向上攀爬，体验攀岩的刺激和快乐。

攀岩运动在全南兴起，与被誉为“中国壁虎”的全南籍攀岩运动员钟齐鑫息息相关。

2007年4月，钟齐鑫首次在第九届世界攀岩锦标赛男子速度赛中夺冠，以8秒76的成绩创造新的世界纪录，让中国攀岩在世界舞台上有了一席之地。同时，这位来自江西全南的世界攀岩冠军，也给全南埋下了攀岩的“种子”。

攀岩的“种子”能在全南落地生根不是偶然。全南以“攀岩世界冠军钟齐鑫家乡”为金字招牌，大力实施“一县一品”发展战略，投资16亿元高标准打造中国（全南）攀岩小镇，做活“攀岩+”文章，举办丰富多彩的攀岩赛事及培训活动，让攀岩成为绝美全南一张崭新的名片。

作为江西省首家全业态攀岩赛事基地，攀岩小镇占地860亩，建有标准化的室外攀岩场地和各种难度的室内攀岩体验墙，有4条标准速度赛道，并配套建设星级酒店、餐厅、攀岩者之家等基础设施，成为全国一流的攀岩比赛、训练、体验基地。

仅2023年，攀岩小镇就举办了第二十九届全国攀岩锦标赛暨巴黎奥运会国家攀岩集训队选拔赛、2023年江西省青少年攀岩锦标赛、第三十二届世客会系列活动暨赣州市第六届运动会青少年部攀岩比赛等大型赛事活动，吸引了全国各地的人前来观赛，全南攀岩小镇声名鹊起。

一批批来自全国各地的攀岩运动员、教练员入驻攀岩小镇，一场场攀岩赛事在这里激情上演，一个个冠军在这座小镇诞生……全南的知名度和美誉度进一步提升，全南攀岩小镇的名声正逐步走向全国。

从引人才到育人才

如何让“落地生根”的攀岩运动“开花结果”？全南在引人才和育人才上持续发力。

没有人才，产业就没有支撑。全南以攀岩小镇为依托，积极培育、引进注册攀岩教练员、裁判员、专业运动员等攀岩专业人才。截至目前，全南县攀岩裁判员、注册攀岩教练员有39名，攀岩运动员有350余名。

2023年，世界攀岩冠军、中国攀岩队速度组主教练钟齐鑫携队员回到家乡全南县，指导全南县青少年攀岩队训练。

“希望培养更多的攀岩后备人才，也希望更多的人能关注了解攀岩这项运动，深入挖掘攀岩背后的运动精神，在人生路上不断向上攀登。”钟齐鑫如是说。

在钟齐鑫的带动下，全南刮起了一股“攀岩旋风”，越来越多的人开始加入攀岩运动中。为推广普及攀岩运动，全南大力实施攀岩进学校、进景区、进公园、进企业、进机关的“五进工程”，推动全县形成关注攀岩、热爱攀岩、参与攀岩的浓厚氛围。

以赛促体，以赛育人。全南做活体教融合发展文章，与全县的中小学校及机关单位合作，精心打造了全南中学、第二中学、燕园实验中学、第三小学等学校攀岩训练基地，在各校常态化开展攀岩特色教学，持续推动班级赛、年级赛、校际赛等竞赛交流活动，实现攀岩课程、攀岩教师进校园全覆盖，培养一批攀岩人才，带动攀岩新热潮。

全南攀岩人才正多点开花、茁壮成长，他们有的成为专业的攀岩运动员，有的成为攀岩助教，带着攀岩梦想走向全国各地。

从一项运动到一个产业

攀岩运动的兴起，并与时尚、社交、消费、娱乐、旅游等深度嵌合，正为全南经济社会发展注入新活力。

全南县教科体局局长陈辉表示，攀岩作为一项体育运动，既能提升广大群众的幸福感、获得感，又能助力旅游业发展，攀岩产业的辐射效能也在持续加强。

“我们假期都爱带孩子来体验攀岩，孩子能锻炼身体，我们家长也喜欢在全南其他景区游玩。”来自粤港澳大湾区的游客叶伟敏说。

来全南攀岩，也来全南旅游。全南以攀岩为主题，大力推进“攀岩+旅游”模式，将攀岩小镇打造为集运动休闲、户外运动、亲子陪伴、健康生活、乡村旅游、企业团建于一体的沉浸式运动潮玩地。攀岩小镇已获评国家4A级旅游景区，成为面向粤港澳大湾区的攀岩旅游重要打卡地，吸引更多人相聚全南、结缘全南、了解全南。

攀岩运动的兴起，在提升城市文体、拉动投资和消费增长等方面的溢出效应，其价值和意义远远超出攀岩运动本身。

依托攀岩“力量”，全南打造城市社区15分钟健身圈，建设了一批高标准、大众化的体育基础设施，投资5500万元建成包括篮球馆、游泳馆、田径场等在内的全南县综合体育场馆。

同时，全南县构建体育赛事—旅游发展—文化宣传—市场消费产业链，丰富文体活动，壮大文旅市场，让旅游业迸发活力。2023年，全南县累计接待游客723多万人次，实现旅游综合收入64.45亿元，同比增长29.22%。

当更多攀岩赛事的“流量”转化为发展的“增量”和百姓福祉的“分量”，全南攀岩的故事将会越来越精彩。

作者：廖莹君　钟鑫鹏

2024年5月15日

“独好乡村”的经营之道

会昌县学习运用“千万工程”经验，因地制宜，大胆改革，通过搭建“县振兴集团＋乡镇子公司＋合作社＋龙头企业＋农户”的五方主体经营体系，探索出一条新时代山区小县的“独好乡村”振兴之路。

90年前，毛主席在会昌写下“踏遍青山人未老，风景这边独好”的壮丽诗篇。自此，“风景独好”成为会昌这座赣南小城内在的形象标签。

如何打造乡村振兴“独好风景”？会昌县学习运用“千万工程”经验，因地制宜，大胆改革，激活五方主体，盘活乡村资产，赋能乡村经营，探索出一条新时代山区小县的“独好乡村”振兴之路。

五方主体乡村经营模式如何运行？这背后又有着怎样的理论逻辑、实践逻辑？

一

会昌县人口53万，耕地33.9万亩，人均耕地仅0.6亩，不到全国平均水平的一半。因田块细碎分散、高低不平，机械化作业困难，长期以来农业规模经营水平不高、农业产业化发展滞后。

受全国工业化和城镇化快速发展的影响，20世纪90年代以来，会昌农村大部分青壮年劳动力远赴广东、福建等沿海发达地区务工。农村人口流向城市，一方面有效促进了工业化、城镇化进程，提升了农民收入，农村人多地少的矛盾得到缓解，为规模生产提供了条件；另一方面也导致农村“空心化”的突出问题，未来10年、20年谁来种地，成为事关粮食安全的重大课题。

村集体功能弱化、村集体资产和农田水利管不好、农村公共服务供给难以持续……在庄埠乡庄埠村支部书记胡庆有看来，乡村振兴一定要解决这些共性问题。“脱贫攻坚消除了绝对贫困，补齐了村里基础设施和公共服务等短板，也给村集体积累了大量扶贫资产。”胡庆有说。可这些资产大多处于闲置状态，无法转变为乡村振兴的资金投入，这该怎么办？

胡庆有的烦恼也是会昌的烦恼。为此，会昌积极创新，通过搭建“县振兴集团+乡镇子公司+合作社+龙头企业+农户”的五方主体经营体系，不仅构建了一套行之有效的乡村振兴投融资机制，有效盘活农村沉睡资产，还通过这套体系有效解决乡村基础设施管护运维、公共服务长效供给难和农业产业组织化改造、规模化生产、社会化服务、市场化经营难等问题。

二

党的二十大报告提出“巩固和完善农村基本经营制度，发展新型农村集体经济，发展新型农业经营主体和社会化服务，发展农业适度规模经营”，为推进乡村全面振兴指明了清晰路径。

会昌县因地制宜，让小农户与现代农业发展有机衔接，通过组织化、社会化、市场化、规模化的连接改造，形成生产力联合，提供了“独好乡村”振兴的会昌方案。

推动组织化改造。分散、粗放、低效是小农户生产的特点，相比现代农业，小农户在生产、政策、市场上都处于弱势。为改变这一现状，会昌借鉴浙江强村公司和日本农协的经验，发挥村集体“统”的功能，做实村集体合作社，把撂荒、分散、零碎耕地“统”起来，实现小田并大田。在尊重农户意愿基础上，将土地流转到村合作社，统一签订托管和流转协议。有龙头企业和大户种植的田块，由村合作社与农户签订土地流转协议再转租给龙头企业和大户；若无大户种植，则由村合作社与农户签订土地托管协议并由村合作社统一组织种植。目前，全县各村集体合作社和农户共签订托管协议66251亩。

开展社会化服务。不久前，200余名地理教师在小密乡齐聚一堂，参加全市高中地理教师“粮安农稳”研学活动。工厂化育秧的成效，引得在场教师赞叹连连。会昌以育秧中心、全程机械化服务中心、“独好农机”建设为抓手，为种植主体提供水稻育秧、翻耕、插秧、无人机飞防、农药播撒、收割、烘干等一条龙式全程农事服务，并实现种子、基质、农药、化肥等物资的采购分销和农产品烘干销售，有效降低农业生产成本，提升种粮主体经营收益。不少老农户感慨：“现在我们能把地种好，也种得更轻松。”2023年，会昌县超额完成种植任务，粮食安全考核位居全省主产县前列、赣州市第一。先后获得国家农业现代化示范区创建县、全国第一批农业生产全程机械化示范县创建县、全国绿色食品原料（水稻）标准化生产基地创建县等荣誉。

拥抱市场化经营。夏日，走进小密乡京东数字农场，只见秧苗长势喜人、迎风挺立，金蛋担公司负责人王琼芳认真盯着“谷语”智能化管理系统各项数据，了解水稻生长情况。“我们公司是会昌农业市场化经营的受益者，搭上五方主体乡村经营的‘快车’，与县振兴集团、京东集团合作打造了京东数字农场，成为一家市级农业龙头企业。”王琼芳说，在“会昌独好”区域公用品牌和科技的赋能下，公司带动周边农户300多户就业，人均年增收2万多元。在会昌，像金蛋担公司这样的龙头企业还有不少，这是会昌县推进市场化经营的一个缩影。2023年，会昌以县振兴集团为牵引，注册经营“会昌独好”区域公用品牌，选择龙头企业进行合作扶持。由企业负责吸纳就业、组织生产、提供产品，产品进入“会昌独好”品牌店使用区域公用品牌统一营销。目前，已开发十大类180个“会昌独好”产品，线上线下销售额达6.12亿元，实现利润超6000万元。

形成规模化生产。“我们子公司发展订单农业，增加农产品销售半径，将市场订单分给各村大户种植，在这个过程中将土地、资金、技术、劳动力等资源集中起来，形成规模效应。”提及订单农业，庄埠乡庄知溪行农业发展有限公司总经理肖杨信心满满。发展适度规模经营是实现农业现代化的必然选择。会昌以乡镇子公司和村集体经济合作社为主体，推行农业生产“大托管”。既确保农村基本经营制度不变质，又适应土地经营权流转、农业经营方式的多样化，进一步推动提高农业生产经营集约化、规模化水平。今年以来，粮食生产“大托管”在庄埠乡全面推开。该乡通过粮食生产“大托管”，统一流转土地、选种、发展订单化种植，获得惠诚农业、慧腾米业等企业2600余亩生态有机稻订单，实现粮食生产降本增效。

三

学习运用“千万工程”经验，破解乡村振兴共性难题，“会昌解法”带来了哪些启示？

坚持农村基本经营制度。探索之初，会昌就坚决落实“保持土地集体所有、家庭承包经营的基本制度长久不变，保持农户依法承包集体土地的基本权利长久不变”要求，巩固和完善农村基本经营制度，确保农民不会失去土地，保持农村社会和谐稳定。

激发各方主体活力。坚持“多予少取放活”，充分运用市场机制，建立多元化投融资机制和“政府主导、农民主体、干部服务、社会参与”工作机制。发展壮大振兴集团，做实村集体合作社，培育龙头企业和大户，构建联农带农机制，维护广大农民利益，充分调动各方面的积极性和创造性。

政府和市场优势互补。鉴于当地市场化经营主体不足，会昌充分发挥国企引领带动作用。用好国有企业资源、资金、信用等优势，统筹各类资源，集中力量办大事；同时发挥市场主体机制灵活，资源配置高效优势；将国企的“统”和市场主体的“分”结合起来，有效实现政府和市场优势互补，激发乡村振兴新活力。五方助力，用心经营，强了产业、富了百姓、美了乡村。一幅幅“独好乡村”振兴图景正在会昌呼之欲出。

作者：肖继仁　郭世生　欧阳清

2024 年 5 月 18 日

婺源：活着的传统村落博物馆

小桥流水人家，粉墙黛瓦黄花。最美乡村婺源，如何打造活着的传统村落博物馆？

2024年4月，中国国家灌溉排水委员会公布入选2024年度世界灌溉工程遗产中国候选工程名单，其中徽州堨坝—婺源石堨位居榜首。

作为一项古老的水利工程，婺源石堨是农耕文明的智慧结晶，也是传统村落的建筑符号。

从南北朝时期开发建造，到今日成为地域名片、走向世界舞台，石堨是婺源保护传统村落、留住文化遗产的一个生动写照。

一

在婺源，无论走到哪里，乡村民居都是粉墙黛瓦的徽派建筑，辨识度很高。作为原古徽州"一府六县"之一，包括婺源在内的徽州文化生态保护区是首批国家级文化生态保护区。

清代许承尧编写的《歙事闲谭》中描述道："凡五里十里，遥望粉墙矗矗，鸳瓦鳞鳞，棹楔峥嵘，鸱吻耸拔，宛如城郭，殊足观也。"

独特的地域文化，孕育了婺源一众古村落。如今婺源拥有中国历史文化名村7个、中国传统村落30个、各级古村落101个、古建文物

3810处、国家级非物质文化遗产6项，被誉为“徽文化大观园”。

“党员姓名：程菊娌　岗位名称：环境卫生监督兼古建保护……”走进婺源县汪口村，一块块镶嵌在房屋墙面上的“党员服务微岗位”牌子吸人眼球。村头巷尾，不时有党员义务清扫、免费讲解、公益服务的忙碌身影。

近年来，婺源立足“全域皆景、村村是景、村景相融”的县情，创新实施“景村”党建引领传统村落保护工程，将党员设在“每一栋古民居古祠堂、每一座古桥古亭、每一条古街古巷、每一方石堨石塝、每一片水口古林”，200余个传统村落保护“微岗位”上墙公示，接受社会监督。

“为促进传统村落活态保护传承，我们灵活设置‘传统村落保护’‘传统文化挖掘’‘民俗非遗传承’等功能型党小组40余个，组建‘传统村落保护指导员’队伍30余支，常态化开展古村文化宣传、古屋维修补漏、流转托管等工作。”婺源县委组织部有关负责人说，在党组织示范引领下，辐射带动3000多名传统村落常住居民、能工巧匠和旅游创客争当文化遗产保护“公益大使”。

“王炎松教授是武汉大学建筑学博士生导师，对古建筑保护研究颇深，是我们的驻村专家。”婺源县住建局党组成员、副局长刘光耀介绍说。该县聘请高校专家学者担任传统村落驻村专家，为30个中国传统村落提供一对一、多对一技术支持，以及现场指导和项目督导。

二

建设和美乡村，婺源将中华民族的审美情趣引入乡村建设和传统村落保护，打造“没有围墙的古村落博物馆”，留住徽韵乡愁。

“随着事物的发展变化，制度也不断更新升级。”刘光耀告诉笔者，婺源先后出台《婺源县古村落、历史文化名村、古建筑保护管理暂行办法》等10多个文件，利用城乡总体规划暨“多规合一”试点契机，全域规划、全域统筹，让城乡处处烙印生态理念；完成婺源县传统村落集中连片保护利用规划编制工作，既留住一砖一瓦，也守护一草一木。

“古村古建联审联批会议机制是婺源的首创之举，曾得到住建部村镇司的高度肯定。”刘光耀说。婺源成立古村落、历史文化名村、古建筑保护委员会，每季度定期召开联审联批会议，研究解决传统村落保护具体问题。同时，婺源县组织专家团队设计16套符合传统村落风貌的农房建设图集，免费提供给群众建房时选择，严格落实“带图审批”制度，让传统村落风貌和现代元素有机融合。

专项资金从2012年的100万元/年，增加到现在的1000万元/年；村民维修古建筑补助资金最高可以拿到5万元，最低不少于0.8万元……婺源县财政每年安排古村落、古建筑保护专项资金，对村集体经济组织、原住村民、认购认领古建筑的新村民维修古建筑进行奖补。

2023年，婺源维修中国传统村落的传统建筑187幢，共投入维修资金1379万元，其中县级古建筑保护专项资金545万元，村民自主配套资金834万元，创历史新高。

三

“我们追求的是诗意栖居、全域旅游、艺术文创和研学实践四位一体的、身心自由的生活形态。”在婺源县严田村，北京大学建筑与景观设计学院教授俞孔坚团队建造的几座蜂巢小木屋，隐现在绿水青山和田园小道间，吸引着各地游客前来休闲体验。

为让传统村落“活”起来、走出去，婺源引进俞孔坚教授团队，构建传统村落保护的“严田·望山生活”模式。以最自然的方式展示古村落魅力，发展特色民宿、景观研学、网络直播等产业，让生态设施得以完善、传统耕作得以重现、乡土遗产得以保留、治理秩序得以重建。先后获评“南加州大学研学基地”“香港大学研学基地”“全国市长研修学院现场教学基地”等。

“传统村落不仅是文化遗产，也有生态涵养功能、休闲观光功能和文化体验功能，越来越成为人们养生养老、创新创业、生活居住的新空间。”北京大学硕士毕业的吴志轩放弃大都市生活，来到婺源实施自己的“十百千万”计划，即通过十年努力，复兴十项传统文化，活化百栋老宅，扶持千名村民创业，找到万名家园共建者。如今，他成了婺源家喻户晓的“荣誉市民”。

像吴志轩一样，“古建设计操盘手”马志刚、“数智官坑建设者”黎建华、“中药康养实干家”陈波等一批“高人”“新人”纷纷落户婺源，为传统村落保护注入新活力。

古建民居有了新“活法”。自2022年起，婺源两次面向全球招募古建民居“宿主”，老城区19栋古建筑成功认领“宿主”。推出10个传统村落面向全球公开招募“传统村落运营商”，共同打造“国际乡村度假旅居目的地”。

“社会投资不低于5亿元，维修全县数百幢古建筑，形成延村古宅民宿集群区。”谈起传统村落保护成果，刘光耀一脸自豪地说，“通过引进‘高人’、引来‘新人’，带动传统村落原住居民、旅游创客10.3

万余人吃上‘文物饭’‘景观饭’，让占全县总人口近30%的村民分享到传统村落‘两山’转化红利。”

如今，婺源形成了以理坑为代表的写生艺术区、以甲路为代表的纸伞非遗区、以大畈为代表的歙砚产业区等“一区一特色”，开辟了“传统村落+民宿度假”“传统村落+影视文创”“传统村落+电商直播”等“一村一产业”。

在《高老爷夫妇的婺源乡居生活》作者山荆（笔名）的眼中，婺源就是中国版的“永远的普罗旺斯”，是当代“陶渊明”们的梦境之地。

一组数据振奋人心：2023年，婺源30个中国传统村落所属的行政村中，24个村集体经济经营性收入超过20万元，其中8个村超过50万元、6个村超过100万元。传统村落与绿水青山相融而行，一幅“流金淌银”的美丽画卷徐徐铺展。

作者：吕富来

2024年5月21日

“盆景村”养成记

宜丰县东槽村盆景产业的发展，从传统销售到驶上电商“快速道”；可以说是一部奋斗史。通过电商助力，一个曾经的“空心村”“零业村”，成功晋级为“产业发展优质村”。

一盆一景一世界，半农半艺半神仙。

行走在宜丰县同安乡东槽村，干净整洁的路面，错落有致的农家小院，紫薇、赤楠、栀子花等琳琅满目的盆景宛如一件件艺术品，入眼皆是风景。

经过15年盆景种植发展历程，全村现有盆景将近百万盆，年销售额1000万元以上，坐实了东槽村“盆景村”的“江湖地位”，村民随手拍摄、直播讲解已经成为常态。很难想象，这是大山里一个人口仅有356人的小村庄。

昔日冷清的“空心村”变身生机勃勃的“前景村”。盆景已然成为东槽村的文化符号，也带来了民风的大转变，村里几乎很少见到“摆龙门阵”式的闲谈，更没有“四个人围一桌”打牌的现象，随处可见的都是盆景丛中热情卖力的推介，方寸之间彰显着乡村新活力。

百万盆景上演“直播秀”

“这盆小叶赤楠是今天的开播福利，造型就像一幅山水画，只要150元，喜欢的朋友拼手速……”在村民唐赛的盆景园里，他和妻子以天然的竹山和潺潺的溪流为背景，架起手机开始盆景直播。夫妻俩凭借默契十足的“配合战”，开播不到2分钟，就接了5个订单。

2020年，90后青年唐赛返乡创业，开始涉足盆景行业。和其他新手不同的是：他小时候就看着父亲唐细生摆弄盆景，虽然规模不大，家里也算有了一定的盆景“家底子”。

其实，真正吸引唐赛的，还是东槽村业已形成的盆景产业链。“现在村里运营、快递和进货渠道已经非常成熟，新入行的，也能赚钱。”唐赛说。

村里的盆景主要依靠从外地进货，然后进行培育、修剪和造型，再通过直播间卖出去。“每天大约直播6个小时，几乎全部是通过网络销售，盆景售价从百元到千元再到万元的都有，去年的营业额有100多万元。”唐赛开心地介绍着自己的盆景园。

网络直播，其实也是一个“江湖”，卖设计和卖创意才是最高级的。

村里除了走薄利多销的路子，也各有自己设计的精品。“盆景的市场说大也大，说小也小，就拿网上关注我们的人来说，90%的人是外行，有利于走量，剩下的10%‘内行’则是价值所在，他们不在乎价格，只要精品。”唐赛坦言，做精品的利润大于走量的利润，带来的利益链条也更长久更深远，这也是村里盆景产业今后发展的方向。

实现乡村全面振兴关键在人，返乡青年是希望所在。

“原来在外面打工的年轻人，现在有90%都回来了，村里每天都是活力满满的。”东槽村党支部书记张文武说，村里共有盆景种植基地36个，除此之外，现在家家户户的房前屋后都摆满了盆景，全村盆景数量将近百万盆，每年的成交数量达42万盆以上。

“盆景村”是如何“炼”成的

抢抓政策红利，把准时代脉搏，闯出自媒体的发展之路。东槽村盆景产业的发展，从传统销售到驶上电商“快速道”，可以说是一部奋斗史。

村里最早开始做盆景的是盆景爱好者黄喜忠，通过一个人带几个人，再发展到一群人。“但前面几年一直没有真正搞起来，主要还是条件限制。”黄喜忠说。

无疑，市场销售曾是制约村里盆景产业发展壮大的重要因素。“我们拉到县里市场去卖才能卖多少？以前家里人做盆景就只是想换点钱，这和产业有本质上的区别。”黄喜忠说。自从打通了网络渠道以后，东槽村的盆景事业才实现了“质”的飞跃，也才有了“盆景村”的基础。

大概每天下午4点钟，县快递公司派出的两辆大卡车翻山越岭准时到达东槽村，到各个基地的打包车间，把前一天卖出的盆景搬上车。“我们每天会从县城过来，平均一天出单600件左右，然后发往全国各地。”快递员漆明芳说。

作为“盆景村”，要想有叫得响的品牌，首先就要解决场地的问题。现在，由乡里牵头，村里正在打造合作社，整合200亩土地资源，对所有的盆景种植基地和打包车间进行集中经营管理，进一步完善道路、展厅等基础设施，以提高全村的盆景标准。

“村里的老一辈有经验，也会构思，所以我们打算把他们请‘出山’，多给大家培训。而且，乡里也会请农业大学教授来实地指导我们盆景种植，县里定期也有电商直播培训。”张文武说。下一步他们将依托乡村振兴好政策，把东槽村打造成一个集休闲观光和盆景销售于一体的美丽乡村，真正让盆景产业造福东槽村。

共富路上“一个都不能少”

这天村民朱员生格外高兴，原来是他精心栽种的“宝贝们”即将全部被搬进直播间进行销售。

“半个月前就跟季勇预约好了，我不会直播，希望今天他可以帮我卖个好价钱。”朱员生说。季勇也是村里盆景种植大户之一，平常得空的时候就会帮助村里年纪较大、不懂直播的村民进行线上盆景营销，让大家都可以“分一杯羹”。

互帮互助，互利共赢，共享流量。因为解决了市场销售问题，现在村里每家每户都成了盆景作坊。“种盆景不仅有趣，还可以赚钱，而且村里也变美了，何乐而不为呢？”朱员生说。

盆景产业的发展也解决了农村闲散劳动力的就业问题。“现在气温升高了，我在基地负责洒水，一天有160元收入呢！”67岁的罗金秀满意地说道。

整个产业包括了种植、修剪、养护、销售、搬运、打包等环节，带动当地村民就业，村民不用出村便可增加收入。目前全村盆景产业从业人员约250人，户均增收约10万元。

通过电商助力，一个曾经的“空心村”“零业村”，成功晋级为产业发展优质村。

近年来，宜丰依托本土资源，按照“一村一品”的产业发展格局，鼓励各地因地制宜发展特色产业，出台一系列针对电商发展前后端的扶持政策，包括对种植户的补助、电商直播的流量扶持、农村物流成本的降低等，吸引了一大批懂电商、有经验、会运营的年轻人返乡创业，有效促进了农业增效、农民增收，激活乡村振兴“一池碧水”。

作者：张海燕

2024年5月24日

南昌文旅从“上新”到“上分”

流量的背后是能量，南昌以其独特的气质，正成为越来越多人心中的旅行目的地。

刚刚过去的“六一”，南昌上演了一次全城大联欢，各种高规格的主题活动扎堆亮相，全城乐享文旅好戏。

作为年度大戏之一的2024中国南昌国际龙舟赛，在6月1日这天鸣锣竞渡。来自俄罗斯、德国、阿联酋、马来西亚等国和南昌都市圈队、国内友好城市队、港澳台队等42支龙舟队弄潮挥桨，奉献了一场看点十足的“水上争霸赛”。

这个“六一”档，正遇上周末，南昌各项文旅活动令人眼花缭乱。除了龙舟赛外，八一广场升旗仪式、音乐节、演唱会等悉数登场，短时间内冲上社交平台话题榜，引得网友感慨：演唱会和音乐节一起上阵，南昌是懂怎么拿捏我的。

遍布全城的精品文旅活动令人应接不暇，彰显着这座城市的青春活力。流量的背后是能量，南昌以其独特的气质，正成为越来越多人心中的旅行目的地。

一

近段时间以来，南昌“星味”格外浓。

刘涛、杨钰莹来昌为家乡“上分”，央视《三餐四季》节目摄制组“寻味”大士院美食街，李国麟、童谣等现身为南昌“打Call”，还有张远、苏醒、杜海涛等艺人走进南昌录制综艺，网友戏称南昌是捅了什么“明星窝”吗？

今年，众多重量级歌手纷纷空降南昌，5月中旬以来，南昌几乎周周都有演唱会。张杰、潘玮柏、蔡依林、林俊杰、光良、凤凰传奇、陶喆、周华健等，纷纷来昌。作为“行走的GDP”，演唱会“话筒一响、黄金万两”。不过，南昌的收获远不止流量层面。蔡依林在舞台上一句“我们中国，南昌最热情了对吧！”突如其来的表白，直接把歌迷们送上了情感的云霄飞车。

网红城市南昌到底有多“吸睛”？年初，外交部发言人华春莹、汪文斌在推特发文推介南昌，可谓是“Buff叠满”；“五一”期间，雷军在微博推介南昌，那一碗粉、一罐汤打开的味蕾实在诱人……本来就火的南昌借势“出圈”，频频站上了“C位”。

用脚投票，是衡量城市吸引力的最好标准。不妨用两组数字来观察南昌流量与人气的拾级而上。腾讯位置大数据显示，龙年春节期间，国内热门城市人口迁入热度同比增幅前十名，南昌排名第三；5月1日南昌地铁的客运强度位居全国第二。要问游客们都去哪儿了，举世瞩目的幽幽海昏、千古流芳的滕王阁、灯光璀璨的秋水广场，以及盛放“繁花”的百年老街里，都是答案。

其实，南昌的走红远非接到“泼天的富贵”那般简单，而是细水长流的有意为之。从时间轴上看，南昌的热度曲线始终昂扬向上，这恰恰是城市文旅“长红”的最佳说明。在英国伦敦世界旅游交易会上，南昌入选“2023 年中国十大旅游目的地必去城市”。

“网红之城”进阶“顶流之城”，这只是一个开始。

二

人气是城市最大的“烟火气”。要成为“一年四季没有淡季”的城市，就得不断上新“招牌菜”。

哈尔滨的“冰雪奇缘”、天水的“热辣滚烫”、长沙的“必喝奶茶”、淄博的“烧烤飘香”、重庆的“8D 魔幻”……许多网红城市在某个阶段的“花式整活”往往都有奇效，从而掀起一波波现象级文旅热。

褪去热闹的表象，实际上网红城市的内核还是城市深耕文旅融合，加强产品创意设计，推动服务提质升级。这是实现由“网红”到“长红”的底层逻辑。在这方面，南昌展现出了一贯的坚持和定力。

“在南昌举办演唱会，审批速度快、场馆设施设备好、人口流量大，文演消费潜力巨大。”这是某演唱会承办方的真情流露。

南昌为什么能赢得一众明星大咖和举办方的垂青？除了观演“流量”的重要支撑，城市自身的魅力、实力和诚意，更是“曲终人不散”。的关键。

城市的走红，本身是城市口碑、文化底蕴、经济实力乃至基础建设等一系列因素综合作用的产物。南昌固然有不少需要改善的地方，但那份真诚待客的诚意和口碑，才是城市引流的最强招牌。

为了让游客“放心把假期交给南昌”，滕王阁景区保安化身“显眼包”为游客唱歌跳舞；南昌地铁站设置临时行李存放点，执勤民警为游客行李提供“保姆式”看护；就连八一公园内的小黄鸭脚踏船都变成嗖嗖带风的快艇……

此情此景，连生活在本地的土著都在隔空喊话：“南昌，你真的让我感到陌生”“向外地的游客要一份攻略”。

三

城市的成长逻辑，是要不断汲取走向未来的力量。成为潮流追赶的城市，是一种“其兴可待”，而对于城市本身和市民来说，这种变化的意义不仅在于“有看头”“有玩头”，还在于“有赚头”“有盼头”。往深处看，南昌在“流量”中如何收获“留量”，更值得思考。

真金白银的收入。“每次开演唱会的时候，店里顾客数量都是平时的两三倍。”一波波文旅大军涌入南昌，让在红谷滩区经营餐饮店的田小菊忙得不可开交。文旅热背后承载着数以万计人的吃、住、行、游、购、娱，其经济触角延伸连接着多个行业，红利从上游分享到下游。数据显示，2023年全年南昌共接待游客1.9亿人次，实现旅游综合收入1977.79亿元。文旅蛋糕越做越大见证着一座城市的欣欣向荣，和服务行业息息相关的经营者们从中分一杯羹，这既是发展的指向，也是民生的归途。

城市符号的擦亮。近年来，南昌文旅IP开始在全国文旅市场异军突起，烟花晚会、升旗仪式、国际龙舟赛、马拉松、千人横渡赣江等接二连三的主场活动让城市热度不减。城市仅有一时的热闹和流量是不够的，新IP、新玩法与新思路，决定着它的增量和上限。前不久，八一大桥的白猫黑猫雕塑又掀起了一波热度。随着拍照打卡平台正式开放，一波波“特种兵”奔赴而来。年轻人“二刷”“三刷”南昌，与城市深度对话，他们把目光锁定在相对冷门的景区。这种“发现之旅”带来的求新体验，无疑是值得期待的。

文化设施的改造。由老住宅区变为历史文化街区，大士院街启动改造提升，唤醒了无数老南昌人的记忆。城市承载着历史，沉淀着厚重的文化。无论是旧城址的修复，还是新地标的打造，都是一座城市为民情怀的见证，这也是最值得开掘的文旅资源。南昌市图书馆新馆项目开工建设，陆军博物馆、保利大剧院等文化新地标在加紧推进，滕王阁景区北园免费开放还景于民……一处处历史文化设施的改造提升，在不断“上新”看点的同时，也为城市积淀了更多与众不同的气质与内涵。

人才引进的加速。把“流量”转为“留量”，人是最需要争取的资源。一场国际龙舟赛能带来什么，一个叫尤文的年轻人这样说：“衷心希望未来南昌能举办更多的体育赛事，让更多人有机会感受南昌的魅力和活力，体会到南昌的宜居、宜业、宜游。”宜居、宜业、宜游，诚如斯言。越来越懂年轻人的南昌，把目标瞄准了更高端的“赛道”，超前布局航空、新型储能、VR等一批战略性新兴产业。这其中，人是最大的变量，也是最活跃的因子。当“人”与“城”开始双向奔赴，文旅能带来多大的热度，也将赋予这座城市多大的发展活力。

作者：谢伟锋

2024 年 6 月 3 日

“南昌造”盾构机凭啥出海

“南昌造”盾构机何以立足本土、走向世界?

切割、焊接、吊装……在江西中铁工程装备有限公司盾构产业化中心，一台9.48米大直径“中铁1412号”土压平衡盾构机正加紧进行生产组装，计划于6月底下线出口意大利，这将是“南昌造”盾构机产品首次出口海外。

过去，南昌建地铁所使用的盾构机都需要从省外运入，本土企业参与度不高。短短几年间，代表地铁建设工程机械最高水准的盾构机也实现了本土造，背后是南昌前瞻性布局轨道交通全产业链，打造南昌轨道交通产业园的努力。如今，市面上已有25台“南昌造”盾构机服务于本土及省外工程项目。

“南昌造”盾构机何以立足本土、走向世界?

笔者走进江西中铁工程装备有限公司，探寻“大国重器 南昌制造”一路掘进、擦亮品牌的密码。

一

盾构机主要用于铁路、公路、地铁和水利水电、矿山巷道等基建工程的隧道环节，被称为“工程机械之王”，有着“地下蛟龙”的美誉。

盾构机分为3个部分，从前至后依次是刀盘、盾体、后配套，其涉及地质、土木、机械、液压、电气、控制、测量等多门学科技术。

虽然技艺复杂，但每台盾构机都不一样，形象来说，没有能包打天下的盾构机，它们都是根据施工的土层、埋深、沉降等要求“量体裁衣”制造出来的。

“先锋一号”是首台“南昌造”盾构机，于2022年6月底在南昌轨道交通产业园成功下线。对于该台盾构机，江西中铁装备生产车间负责人王佳宁记忆犹新。“那台盾构机很牛的，它应用了全国首套智能盾构自动驾驶系统，能够自动推进、自动保压、自动纠偏。”王佳宁回忆。2022年，他从新疆临时被调到南昌，可谓是“临危受命”。

当时为了赶进度，他白天就提前到岗和班组成员沟通技术难点，晚上就加班研究图纸，受疫情影响，经常还要赶到高速口协调物资设备进场，那一两个月基本都吃住在厂房。

为确保“先锋一号”顺利下线，王佳宁和工友们一路“过关闯将”，将焊接关、加工关、组装关、验收关一个个成功击破，这台盾构机从生产到验收最终仅用时40天。“我们每一步都走得胆大心细。像焊接，不同的刀具尺寸，不同的焊丝数量，都必须精准到位，再比如液压、电气、管路系统的调试，都需要花时间精力。”王佳宁说。

2023年9月，随着瑶湖东站—瑶湖西站区间的双线贯通，“先锋一号”顺利完成“首秀”。自此，“南昌造”盾构机开始“下饺子”，“先锋二号”“洪都争先号NO.1”“洪都争先号NO.2”“楚风号”等13台盾构机先后下线，服务于南昌地铁建设，还有12台盾构机走出江西，服务于广州、长沙、深圳、福州等省外工程项目，累计实现产值4.61亿元。

二

近段时间，江西中铁装备生产技术部负责人梁儒刚格外忙碌。他随身携带的记录本密密麻麻记录着工作要点、操作心得等，细节处还用红笔作了特殊标注。

“正在进行的盾体吊装，及之后的刀盘焊接拼装都是重中之重，大家务必做好万全准备，一举拿下。”早例会上，梁儒刚对“中铁1412号”盾构机的重难点进行再剖析、再部署。

“中铁1412号”盾构机开挖直径9.48米，整机长度约180米，总重量约2100吨，是全省首台“南昌造”出口海外的盾构机产品，将应用于意大利西西里岛二期隧道工程项目建设。

梁儒刚告诉笔者，盾体和刀盘的吊装远比想象中更难。以刀盘为例，由于重量较重，如果整体不能平稳放置，会挤压损坏后方盾体，且分段结构还容易出现卡不准销孔位置而倾斜的情况。“可以把刀盘想象成一个圆形蛋糕，它先被分成3块，再一块一块焊接拼装起来。之后，每焊接完一条焊缝，还要仔细复核刀臂半径和高度，以避免刀臂焊接变形，基本上刀箱中心的偏差不能超过3毫米。”梁儒刚说。

值得一提的是，这款为意大利铁路项目量身定制的产品，有着防爆设计、智能维保、同步底拱浇筑、绿色节能等多项技术的加持，不仅能满足ATEX欧盟防爆指令、CE欧盟安全认证、意大利当地规范等多项标准，还可以大幅提升盾构机的掘进效率、使用寿命和施工安全性。

“相信有了这次经验，‘掘’胜国内外的‘南昌造’盾构机将越来越多。”在梁儒刚看来，以“工匠精神”“绣花功夫”必能造出“地下巨龙”。

三

从无到有，从有到优，“大国重器 南昌制造”的底气源自过硬的实力。

江西中铁工程装备有限公司综合办公室负责人杨培磊告诉笔者，从材料、设计、技术、施工等方面入手，他们先后开展了24个科研课题，截至目前，已获得17项实用新型专利。同时，他们还注重调度精兵强将做好生产管控，铺排能工巧匠做好质量管控，为盾构机生产组装打下坚实基础。

当然，除了传统的城市轨道交通、铁路公路交通，“南昌造”盾构机正“挖掘”更多可能。

3月9日，两台“南昌造”泥水平衡盾构机顺利下线，助力粤西环北部湾广东水资源配置工程建设；4月19日，贵溪银珠山铅锌银矿项目中段实现顺利贯通，就是使用了全省首台“南昌造”超小转弯半径矿用掘进机“江铜一号”。这标志着江西矿山工程建设领域首次硬岩TBM工法施工取得阶段性胜利。

“随着盾构机逐步实现自主化、本土化、产业化、市场化，其发展潜力巨大，对于未来轨道交通产业，乃至抽水蓄能、矿山、市政等领域，都能提供更好产品和更优服务。”杨培磊表示。

作者：蔡　欢

2024 年 6 月 10 日

一株小草书写产业传奇

从规模化种植到科技化加工，再到专业化销售，近年来，灯芯草在抚州市荣山镇已经走上了产业化发展的道路，不仅为乡村振兴提供了新动能，也照亮了当地百姓的致富路。

“皮草虫草不及灯草，金山银山不如荣山。”这句话在抚州市临川区荣山镇流传甚广，家家户户耳熟能详。句中说的比皮草、虫草还要好的灯草，就是灯芯草。

在荣山镇，几乎家家户户都种灯芯草。“我们荣山人种植灯芯草，已经有近千年的历史。”荣山镇党委书记熊战平说。

目前，荣山已经成为全国最大的灯芯草生产基地。全镇灯芯草种植面积达1.2万余亩，已注册国家地理标志证明商标，年产值超2亿元，带动就业1万余人，人均年增收近8000元。

灯芯草，已经成为当地带动就业、促进增收的“致富草”“幸福草”。

一

荣山镇虽然有着悠久的灯芯草种植历史，但一直以来，都是以散种散卖为主，并没有真正形成规模。

“我们充分发挥灯芯草这个传统产业优势，出台多项鼓励措施，不断扩大种植规模，让灯芯草成为村民的‘致富草’。”熊战平说。

灯芯草是多年生草本水生植物，用途广泛，是业界公认的绿色原料，无公害。其全身是宝，茎可编草席，茎皮纤维可以做编织和造纸原料，灯芯可以做枕头芯、蜡烛芯，并有利尿、通淋、消心火、除水肿和治疗口舌生疮等许多药用功效。

“灯芯草无论在国内还是在国外，都有着广阔的市场，产品经常供不应求，这为我们扩大种植面积增添了信心。”临川鑫剑种植专业合作社理事长王福奇表示。

火车跑得快，全靠车头带。在扩大灯芯草种植面积的过程中，荣山镇充分发挥致富带头人的作用，鼓励他们建设种植基地、成立灯芯草专业合作社，抱团发展。目前，荣山镇相继成立了惠民灯芯草专业合作社、新安灯芯草种植专业合作社等11个灯芯草合作社。

与此同时，在镇政府的引导下，联合全镇灯芯草专业合作社，成立荣山镇灯芯草联合协会。各合作社在联合协会的指导下，积极参与产业发展工作，灯芯草种植面积不断扩大。短短10年时间，荣山镇的灯芯草面积从3000亩扩大到1.2万亩。

为带动困难群众一起种植灯芯草致富，荣山镇还根据各村的实际和群众个人情况，坚持“因地制宜、因势利导、因人而异”的帮扶原则，探索出一个新的产业发展模式：在每个村租赁、流转水田60亩作为帮扶基地，专门种植灯芯草。困难群众每人认种一亩，合作社党员实行一对一帮扶，负责为他们提供种苗、技术。

56岁的新安村村民何长金，丈夫早年因病去世，自己又患多种慢性病，干不了重活。以前，何长金仅靠政府的低保金度日，日子过得十分艰难。

2018年，党员王福奇根据她的身体状况，鼓动她认种一亩灯芯草。何长金生病住院，忙不过来时，王福奇便主动上门帮助她栽种、收割灯芯草。一年下来，何长金认种的一亩灯芯草的收入在1万元以上。

在荣山镇，像何长金这样种植灯芯草的困难群众有130余人。

二

“经过几年的运行，剥离机效果非常好。”合作社总经理黄国年说。荣山镇虎碧种植合作社的加工厂房里机器轰鸣，两台灯芯草剥离机正在加工灯芯草。几分钟时间，一捆捆灯芯草经过机器加工变成一根根白色的灯芯。

“一台机器的工作效率是人工的50倍，每天可以加工灯芯草500斤，产出草芯50斤。”黄国年介绍道。数百年来，村民加工灯芯草都是靠手工操作，费时费力，效率极为低下。

2017年，一直在外务工的黄国年和好友决定返乡研发加工灯芯草的机器。他们用了整整3年时间，成功研制出灯芯草剥离机。目前，已获得国家知识产权局发明专利，得到专家组的高度评价。

自从2020年灯芯草剥离机问世后，临川区各乡镇种植灯芯草的村民越来越多，种植面积不断扩大。目前，已经扩大到河埠、龙溪、东馆、腾桥、鹏田等12个乡镇，面积增加到2万多亩。

“原来村民不愿意种灯芯草主要是因为挑草太费时间，如今有了剥离机，帮助他们解决了这个难题。”黄国年说。不仅如此，有了灯芯草剥离机后，他们收购村民的灯芯草时，每斤还上涨了2元，每亩可以帮助村民增收1000元。

如今，灯芯草种植户说，灯芯草剥离机让灯芯草种植又轻松、又赚钱。

三

晨光熹微，在荣山镇灯芯草交易市场，人们挑着长长的灯芯草茎髓向交易市场汇集。当日是农历五月初九，逢单开市的灯芯草集市又迎来了上百名周边群众。

早上7时整，铃声响起，交易正式开始：灯芯草销售经纪人在人群中穿梭，看长短、辨颜色，上手理一理，便开始讨价还价，价钱商定后，便上秤、交钱、收货，谈完一家，再找下一家。

为了方便村民更好地销售灯芯草，荣山镇投资近200万元，于2020年在集镇建成江西首个灯芯草交易市场。目前，该市场灯芯草年交易额可达4000万元，为全国最大的灯芯草交易中心之一。

“树雄心，创大业，灯草通南北。”这是鑫剑种植专业合作社门口一副对联的上联。正如对联中描述的那样，灯芯草如今已经被荣山人卖到大江南北甚至海外。

厂房内，一块块“灯芯草砖”在库房内整齐码放着。“这些‘草砖’即将发往浙江的制药企业。”王福奇说。如果说灯芯草交易市场是荣山人卖草的平台，那灯芯草经纪人就是平台上的纽带。

荣山镇将信息灵、渠道广的农民聘用为灯芯草经纪人。他们内与农户牵手，外同客商接头，下广东、进福建、走浙江，奔走推销，将荣山镇的灯芯草销往全国各地。

目前，该镇灯芯草经纪人已达40人，建立长期固定销售渠道15条，销售灯芯草年成交额高达2亿元。在灯芯草经纪人的努力下，灯芯草的销售范围不断扩大，甚至走出国门，远销至新加坡、泰国等东南亚国家。

从规模化种植到科技化加工，再到专业化销售，近年来，灯芯草在当地已经走上了产业化发展的道路，不仅为乡村振兴提供了新动能，也照亮了当地百姓的致富路。

作者：章晋辉

2024 年 6 月 15 日

这片古樟林为何引得驻华使节纷纷点赞

牛田古樟林沿乌江两岸绵延十里，有樟树10000余棵，800年以上的有1400多棵。牛田古樟林的美，美在面积之广、古樟之多、树龄之长、长势之茂……在全国实为罕见。

幽幽古樟林，跨越千年仍青苍。近日，来赣参加“2024战略传播论坛”的部分驻华使节走进乐安县牛田镇，一睹千年古樟林的别样风采。

尼泊尔、希腊、格林纳达、印度尼西亚、赞比亚、波黑、古巴等国的驻华使节，在倾听千年古樟林的故事后，直呼：“这里太美了！”

牛田古樟林的美，美在面积之广、古樟之多、树龄之长、长势之茂……今天，在江西乃至全国，若要找出规模最大的古樟林，乌江之畔的牛田古樟林当之无愧。

这里，千年古樟，绵延十里，百鸟栖居，好似“奇幻森林”；这里，远离喧嚣，吸引万人驻足，在此地斑驳的树荫下亲水、观鸟、跑步、“森”呼吸……是人们向往的“快乐胜地 心安家园”。

当这片“宝藏”资源得以发掘，大家的朋友圈被这一片“大美樟林”刷屏时，我们不禁思考：这片古樟林为何能完整保存至今？为何引得游人纷至沓来？

一

十里香樟，千年守护。

明代理学家董燧“斩白马立村规护古樟”；水南村义务守林“父子兵”……自古以来，当地人就像爱护眼睛一样守护着这片古樟林，人们尊崇它们、保护它们，书写了人与自然和谐共生的典范篇章。

1000多年前，虽然这里人口不多，但大家立下了严规：一是所种之树是村庄风水树，任何人不得砍伐，若有违反，罚米5石、猪1头、摆酒3日；二是即使树枝枯死，也不得砍拾，违者也得罚；三是严加护树，若洪水侵蚀岸边，影响树之生长，必须及时砌坎，所需劳力，每户有责。

原来，地处乌江沿岸的水南村，历史上连年遭遇水患，为了保护村庄，先民们便在乌江两岸种植大量樟树，并把保护樟树林的举措写进了村里丁、余等姓的族谱，还制定了专门的村规民约。

在水南村村民的族谱上，记载着许多护林轶事：有村民进入樟树林砍柴被带至祠堂打屁股；有义务守林“父子兵”，村民丁隆近义务守林20年，倒在了护林路上，其儿子丁年祥接过父亲护林的接力棒。

“保护古樟林，是我们水南村一代又一代人义不容辞的责任。”水南村村民丁乃衢说道，以前只要有村民砍伐樟树，便会被带到宗祠受族规处罚，保护古樟林被作为一项重要的村规民约传承至今。现在每天护林员都会来巡逻，并通过电子设备监测樟树状况。

“曾经就有不少制作香精、香料的商家觊觎这片古樟林，找到村民理事会，每棵出价三四万元，不过来者都吃了闭门羹。”水南村党支部书记丁啼王介绍。

如今，乐安县林业部门将十里古樟林全部列入国家生态公益林进行保护，从2004年开始就对500年以上树龄的古樟进行挂牌保护，并规划设定了古樟群落保护区。

二

古樟树群，世所罕见。

没有地上跑的，只有天上飞的。林中的枝头上，白鹭、百灵等100多种鸟类嬉戏。漫步在石板铺就、蜿蜒曲折的林间小道，亲近这片被精心呵护了1000余年的“宝藏胜地”，抚摸它、感受它，令人遐思无限、流连忘返。

古樟莽莽榛榛，树冠遮天蔽日，每一棵古樟都有它独特的形态和韵味。游客必打卡的“三仙樟”，从不同角度观看，它呈现出不同的形态，人站在旁边拍照打卡，组成“仙”字；从另一面看又似“爱心”形状，所以被当地人称为“三仙樟”或“爱心樟”，其树龄已超过1200年，围径达10米，需要七八个成年人才能将它抱住。

在古樟林中探寻，最突出的感觉有二：一是树“大”，二是树“多”。

究竟有多大？这片古樟林沿乌江两岸绵延十里，与流坑古村相依相伴，有樟树10000余棵，占地1100多亩，形成的密集古樟群落有10余片，而大部分树龄在200年至800年之间，800年以上的有1400多棵，数百年甚或上千年，古樟林与江河、村庄、田园相依相存。

牛田古樟林面积之广，古樟之多，树龄之长，在全国实为罕见，于2016年被上海大世界基尼斯评为“中国第一古樟林”。如今，这片古樟林已成为远近闻名的生态地标、文化地标，吸引着国内外游客纷纷前来打卡探秘。

三

千年古樟，焕发新生。

投资2.98亿元的十里乌江幸福河湖工程基本完工；投资9000余万元的古樟林保护及活化利用主体工程已完工……去年以来，乐安县在圆满承办抚州市文化和旅游产业发展大会的基础上，大力推进了流坑古村和古樟树林景区基础设施提升、品牌创建和宣传营销等，开启了全县文旅融合发展新篇章，牛田古樟林景区也被赋予“新玩法”。

前不久，一场“炫彩青春”江西古村跑赛事在古樟树林鸣枪开跑，一支主要由省内20所高校莘莘学子组成的“青春队”，穿行在8公里的古樟林斑驳的光影里，挥洒青春的激情，此次赛事抖音话题播放量突破1.2亿。

流坑风景名胜区党工委书记詹海群介绍说，“千古第一村”流坑古村和牛田古樟林两个独有的文旅资源相互串联，这里被打造成了十里乌江“最美赛道”。去年10月底以来，这里成功举办了“流坑半程马拉松”“流坑村跑”首届挑战赛和“江西古村跑”等系列赛事活动，高效地推动了文旅融合发展，这也是推进流坑—古樟林景区升级提质的有效举措。

在古樟林特产集市区，10多家村民的“百味”商铺整齐排列，摊位上的商品琳琅满目，有非遗文创产品乐安蛋雕、竹衣工艺、御造葫芦等，还有状元鱼、手剥笋、豆腐乳等当地特色美食，吸引了不少游客驻足参观、选购、品尝。

“去年年底举办的‘乐安流坑半程马拉松’首届挑战赛，吸引了来自省内外的2000余名选手参赛，活动期间为集市带来了近5万元的营业额。”水南村党支部书记丁啼王说道。

如今，每逢节假日来牛田古樟林游玩的游客络绎不绝，村民对美丽乡村建设和古樟林的保护更有信心了。

深厚的文化底蕴和优美的生态环境，吸引的不只是游客，还有每年接踵而至的“写生大军”。“这次学校组织了40人来写生。这里古色古香，处处都是风景，真是写生的好地方。”正在古樟树林写生的学生贺韵琪说。

“我们与省内各大高校开展合作，省外也有许多学生来此写生，全年累计超过5万人次。这不仅直接创造了上千万元的旅游收入，而且带动了村里的餐饮、零售等消费，让村民在家门口增收致富。”詹海群说。接下来，牛田古樟林景区还将把旅游、文化、健身等要素结合，突出“乡情”“野趣”“自在跑游”，吸引更多市民和游客参与进来。

从古樟林里踱步而出，乌江两岸连绵的古樟群落，秀梢摇翠，枝繁叶茂，夹拥着一脉江流，这片千年古樟林正“青春”。

作者：邱志超

2024 年 6 月 20 日

解基层治理之结看“婺源解法”

基层治理千头万绪，面临着主体多元、利益多元、诉求多元等难题。如何创新治理模式，提升治理效能，婺源县法院探索出了一条可资借鉴的“婺源解法”。

婺源是旅游大县，往来游客众多，投诉、纠纷也相对较多，与一般的县比，基层治理也呈现出新的特点。如何创新治理模式，提升治理效能，让群众满意，考验着地方的施政智慧和水平。

作为基层治理的职能部门，婺源县法院坚持和发展新时代“枫桥经验”，创新工作方法，努力把矛盾纠纷化解在源头，把司法服务前移至现场，把和谐稳定留给群众。

近3年来，婺源县法院先后获评“全国普法工作先进单位”“平安江西建设先进集体”“全省优秀法院”，被省高院授予“集体三等功”。这些荣誉，见证着婺源县法院深耕基层治理的作为和群众口碑。

原来法官就在我们身边

健全城乡治理体系，把矛盾纠纷化解在基层、化解在萌芽状态，这是当前基层治理的重要着力方向。但是，由于农村、社区点多面广，实际治理过程中常常面临下沉力量不足、多方参与不够、解纷效果不好等问题。

如何破解基层治理之困？2023年，婺源县法院以上级法院试点“联村法官+”机制为契机，探索推行“法官+调解员+网格员+群众代表”的联动解纷机制，在地方政府支持下，选派70名干警入驻乡镇综治中心，并在全县212个村（居）委会设立法官联络点，打通司法服务“最后一公里”。

“是赋春法庭法官吗？我是许村盘山村委会干部，我们这里有一起纠纷，需要你们的帮助。”今年2月，赋春法庭接到了这样一个求助电话。

据悉，今年元月底，吴某某在何某、程某婚礼期间连续多餐饮酒。后吴某某在新娘程某家中参加回门宴再次饮酒后前往2楼客厅午休，其间昏迷，后因情况危急送往医院抢救无效身亡。

赋春法庭详细了解该纠纷后，邀请“联村法官+”解纷团队的网格员、调解员、群众代表共同参与纠纷调解。经过多方努力，双方最终达成调解协议，新郎何某、新娘父亲程某共同赔偿吴某某父母等亲属各项损失费用34万余元。最终，该纠纷被化解在诉讼前。

自该项机制实施以来，婺源县法院成功化解矛盾纠纷260余起，接受群众咨询750余人次。“‘联村法官+’让我们离法官更近了，感觉法官就在我们身边，随时都能向他们求助。”许村镇村民程某说。

经常穿梭在婺源乡野田间的一批批法官，为婺源乡村织就了一张无形的调解网。调解网一头连着司法，一头连着百姓，共同把矛盾纠纷化解在源头。

这里景美人更美

婺源是全国唯一一个以整个县命名的国家3A级旅游景区，这里的徽派建筑、油菜花海、古镇古村，无一不彰显了“最美乡村”绝佳的自然禀赋和深厚的文化底蕴。

如何为全域旅游提供有效的司法保障，是摆在婺源县法院面前最直接的课题。

为此，婺源县法院因地制宜，提出“审理好传统民事案件，为辖区群众服务；调处好旅游纠纷，为八方游客服务”的“两为两服务”工作法。

在江湾、清华、赋春3个中心乡镇的派出法庭设立旅游法庭，将旅游巡回审判点设置在辖区4A级以上景区内，构建起“庭、点、员”三位一体的旅游便民诉讼网络，致力于旅游纠纷快立、快审、快结，努力不让游客在婺源受委屈，不让婺源的旅游形象受损。

旅游法庭成立后，效果立竿见影。2022年6月，清华法庭联合婺源县市场监督管理局等部门成功调处一起涉旅游人身损害赔偿纠纷。

安徽游客朱某跟随旅行社到婺源旅游，在入住的酒店洗澡时不慎摔倒，造成头部受伤。事故发生后，酒店方面立即将朱某送往医院治疗，因后续费用负担问题，游客、旅行社、酒店等各方协商未果。

清华法庭接到反馈后，立即与有关职能部门成立专案调解工作组进行调解。在各部门的联动协调下，酒店方与朱某达成调解协议，愿意承担相应赔偿责任，当场支付全部赔偿款3000元。最终，涉事各方握手言和。

“清华法庭的法官服务很热心、专业能力强，很快就解决了此次纠纷，为他们点赞。婺源不只景美，人更美！”朱某握着清华法庭法官的手说。

除了旅游法庭，婺源县法院还成立了环境资源审判庭、家事法庭等特色法庭。群众在哪里，司法服务就在哪里。这些特色法庭走进乡村、走进游客，用“送来的”司法服务化解群众身边的矛盾纠纷。

我要找老潘帮我调解纠纷

“昨天到法院提交诉状的离婚纠纷双方当事人到了没有，我听下他们的意见，先给他们调解一下。”一大早，在婺源县法院诉讼服务中心，就看到老潘忙碌的身影。

老潘名叫潘金平，是一名有着20年党龄的老党员，历任县法院民事、审监、执行等多个业务庭长职务，审判执行工作经验丰富。

为应对不断涌现的各类矛盾纠纷，婺源县法院在诉讼服务中心成立了“老潘调解工作室”，从乡镇、村居委会、劳动人事等部门聘请6名调解员组建起一支第三方调解团队，由潘金平指导该调解团队的日常工作。

该工作室成立以来，共指导特邀调解员诉前调解各类矛盾纠纷5126件，处理涉案金额达4500多万元。

2023年元宵节后第一个工作日，“老潘调解工作室”收到当事人俞某等人送来的一面锦旗。提起锦旗背后的故事，俞某感慨不已：“感谢法院为我们农民工追回这么多年的血汗钱。”

原来，2017年底农民工俞某等17人受雇于戴某，在某新农村工地建设工程中从事路面硬化等工作。完工后，戴某只结算了部分劳动报酬，还有一部分未支付，由于无法联系上戴某，俞某等人的工资竟被拖欠了足足5年，无奈之下俞某等人只能向法院起诉。

“老潘调解工作室”接到该起纠纷调解申请后，经过多方打听与戴某取得联系，迅速组织农民工与戴某进行协商调解。经过释法明理，最终双方达成调解协议，戴某将11.6万元拖欠工资支付给俞某等17名农民工。

如今，忙碌的老潘依旧活跃在调解一线，他总是激情满满：“我们正联合更多部门共同探索‘法院+N’调解模式，我们要把调解的触角伸得更远，为更多的人送去司法服务。”

作者：李　哲　徐智勇

2024年6月23日

铜鼓为何不再“大张旗鼓”

如此“严苛”的要求，靠谁来宣传才有用呢？各村将村内德高望重、公道正派的老党员、老干部、热心群众选聘为红白理事会成员，教育引导居民自觉严格按照村规民约操办红白喜事，摒弃陈规陋习。

在铜鼓县棋坪镇幽居村村部前，经常能见到65岁的王诗洪一边蹬着辆三轮车卖薯粉丝，一边不停大声吆喝。王诗洪如今能有时间做点小生意，得益于铜鼓开展的移风易俗工作。原来，他每年吃酒110多场，帮工150多次，是村里有名的“欠账户”。

2020年，幽居村开展移风易俗工作，王诗洪每年吃酒减少至30场左右，人情支出减少了8000多元，帮工减少到30次左右。也正因为有了更多时间，他做起了小买卖，靠卖薯粉丝一年就有2万多元的纯收入。

王诗洪的变化只是铜鼓狠抓移风易俗工作的一个缩影，背后展现的是铜鼓婚事新办、丧事简办，“无事酒”不办的生活常态。铜鼓怎么变得不“大张旗鼓”了？这背后又藏着哪些不为人知的故事？

一

原来在铜鼓农村到底有多少酒？满月酒、周岁酒、订婚酒、结婚酒、升学酒、当兵酒、新居落成、乔迁、生日酒等，林林总总大约20种。

在农村但凡送礼，送100元是起点，多则不限，一个家庭一年送礼上万块钱特别正常，多的时候甚至高达几万元。

除了礼金的沉重负担，婚丧喜事大操大办还会影响群众正常生产、生活。原来，一般的喜事往往办一两天，丧事可能办四五天。一年帮工三五十个相当正常，甚至有人一年帮工一百来天。

大塅镇公益村刘力山今年71岁，早年一直做木匠。后来很长一段时间，他“下岗”了，几乎没人再请他了，这是怎么一回事？大塅镇公益村支书李琦舰介绍说，当地村民习惯操办婚丧喜事，因为刘力山是当地的能人，能写能说，办事有板有眼，是当地操办婚丧喜事最有名的“喜总”“总务”。

刘力山说：“我做木匠的技术在当地还是不错的，但是我每年做‘喜总’‘总务’以及帮工要耽误100天左右，吃酒要耽误40天左右，接到的木匠活就越来越少了。另外，一年吃酒还要花费2万多元，还不含儿子一家的人情支出。”

吃酒帮工太多，很多群众没法安心工作，也严重影响了他们赚钱养家。在铜鼓，部分企业对于雇佣本地员工持谨慎态度，原因就在于当地风俗中，婚丧嫁娶等场合常需亲友大量参与筹备与庆祝，员工频繁请假，动辄三四日，对企业运营效率和人力安排造成不小影响。

二

2020年初，在铜鼓县文明办的指导下，各村召开党员会、村民代表会、村组干部会、各姓氏族长会，听取各方意见，成立红白喜事理事会，制定符合本村村情的村规民约。

在村规民约中，控酒席种类：只许办婚事、丧事3种酒席。控宴请对象：亲友、本村小组人员。控宴席标准：12个菜，烟低于25元/包，酒低于80元/瓶。控制浪费：不放焰火，不请乐队，不发小罐饮料，帮忙人员一律不发烟、不发红包；丧事只能办头尾3天；不请道士念经；送遗体到火葬场火化，小车不超过5辆。

如此“严苛”的要求，靠谁来宣传才有用呢？各村将村内德高望重、公道正派的老党员、老干部、热心群众选聘为红白理事会成员，教育引导居民自觉严格按照村规民约操办红白喜事，摒弃陈规陋习。

除此之外，各村通过电子显示屏、户主会、微信群等宣传推广管理办法；村里组织党员上户发放宣传村规民约和《移风易俗倡议书》；县乡风文明宣讲团深入各处开展移风易俗宣讲；“铜鼓发布”也专门开辟了移风易俗宣传专栏，介绍各地好做法。

既宣传到位，也要落实到位。事前，理事会成员到群众家中张贴村规民约，告知不能违规；事中，理事会成员上户检查，看有没有违规；事后，理事会成员找群众了解，看有没有暗中违规。

此前，大塅镇公益村一村民家里娶儿媳妇，理事会成员在事前走访时，发现他预约了戏班子，还给了500元定金。理事会成员要求他取消戏班子的演出，家属以交了定金为由，不愿松口。最后，理事会成员出面主动联系戏班子，让他把钱退给了家属，取消演出。

公益村村民李某的儿子满月，办了2桌满月酒，来者都是李某的至亲。事后有村民反映，有一些邻居给李某送了礼金、礼物，但是没有去吃饭。理事会成员调查发现，一共有12位邻居给李某随礼2000元，除此之外还有一些礼物。理事会成员上门做李某工作，最终李某理解并配合，将所收礼金悉数退还。

三

设定村规民约，严把“事前+事中+事后”三道关，已经初见成效。但想要抓好移风易俗，最关键的就是发挥好村“两委”班子的示范引领作用，让他们成为移风易俗的宣传者、倡导者、传播者、践行者。

去年“五一”期间，铜鼓县永宁镇上源村党支部书记邵鹏与铜鼓三中老师吴珊珊“零彩礼”结婚，婚礼没请婚庆公司，没有西式婚礼仪式中的“我愿意”，也没请附近的村民，来的只是一些主要亲戚。

“凡是要求群众做到的，我们党员必须率先做到；凡是要求群众不能做的，我们党员就一律不能做。只有我们率先遵守村规民约，婚丧喜事大操大办的风气才有可能彻底改变。”说起如何抓移风易俗工作，邵鹏深有感触。

除了用身边人、身边事教育引导群众向上向善，铜鼓也不忘打好“奖惩”组合拳，双管齐下为铜鼓培育优良家风、文明乡风、淳朴民风。

“只要严格按照村规民约操办红白喜事，我们就能拿到积分奖励。闲下来就可以拿积分到超市来换些礼品，有洗洁精、沐浴露之类的小东西，分攒得够多了还能换电饭煲那种小家电呢。”村民吴琴高兴地说。正是这种在高桥乡高桥村、温泉镇新开村等20多个行政村（居委会）

试行的乡村治理积分制，让广大群众自觉参与移风易俗，实现共建共治共享。

各镇村对操办升学宴的，一律不发高考奖学金。对违反村规民约大操大办婚丧喜事的，在入党、参军、竞选村干部时，实行一票否决。同时，严格管理党员干部操办婚丧喜事事宜，对于违反规定的，给予党纪政纪处分。去年8月，就有一位村支书因为化整为零操办儿子婚事而被追责。

近年来，铜鼓县组织各地开展移风易俗宣传宣讲活动280多场，发放移风易俗倡议书3000余份，推动移风易俗理念入脑入心。现在，铜鼓婚事新办，要高额彩礼的少了。丧事简办，不仅办丧事时间大大缩短，还能省下不少钱，请和尚念经的几乎没有了，一场丧事平均节省2万至3万块钱。“搬家酒”“满月酒”“升学酒”“生日酒”等“无事酒”基本杜绝。

据统计，2020年以来，铜鼓全县每户每年减少人情支出4000元以上，每户每年减少帮工30个以上。一加一减，每户每年平均“增收”7000元以上。

作者：邱　桀

2024年8月4日

奥运冠军为何齐聚南昌

一段关于青春与拼搏、追梦与圆梦的故事或许会在这里起笔。

“天高海阔，明天是我，用尽全力告诉全世界，满天星光，为我闪烁……”昨天，伴随着活动的主题曲《天高海阔》青春动感的节奏，2024年“奔跑吧·少年”全国青少年阳光体育大会盛大闭幕，各地青少年带着收获和感动挥手告别南昌。

这场继巴黎奥运会后的第一个“国字号”综合体育活动，吸引了全国33支队伍2000余位10岁至15岁的青少年体育爱好者齐聚南昌，他们都“玩”出了些什么？又给我们带来怎样的思考与启示？

盛事连连：南昌，何以“富贵泼天”？

活动官宣前，官方就放话邀请了奥运冠军亲临现场。大家纷纷喊话“南昌这么火，请到‘国际莎’又怎么了”“求求你少宣传点吧，我怕抢不到位置”……

尽管如此，开幕式的规格之高还是出乎大家意料。“壮哉我中国少年，与国无疆……”开幕式在铿锵有力的《少年中国说》中徐徐拉开。奥运冠军“干饭哥”盛李豪、“小黄鸭”黄雨婷、邓雅文和江西运动员徐诗晓、程玉洁、万乐天六人手持国旗入场，点燃全场。《跳跃的光阴》等节目通过跳绳、课间操、轮滑、街舞等多种方式，让一个个活泼可爱、英姿飒爽的少年形象在一歌一舞、一动一静间呈现在观众面前……近两年来，南昌各项赛事活动不断，英雄城曝光度持续拉升：万人骑游夜跑、复兴大桥健步走、烟花秀、八一广场升国旗、滕王阁跨年潮……系列活动轮番上阵，城市品牌热度“蹭蹭直上”，不少南昌人自己都惊叹：这还是我认识的那个南昌吗？

此番阳光体育大会再次花落南昌，无疑让已经“起势”的南昌文旅和城市品牌再添了一把火，让人们重新见识了一个“体育南昌”的形象。实际上，此番全国性重大体育赛事花落南昌，并非毫无征兆的“泼天富贵”，而是早就有迹可循。古人有云：桐高凤必至，花香蝶自来。南昌“富贵”之“桐”，在于其“久久为功”：从城市断头路到城市交通网，从市民规则行到城市文明风，深耕不止，方结硕果。南昌“富贵”之“花”，在于其“善积跬步”：以“三色文化”打造城市文化品牌，让南昌城更有南昌“味道”；以民为本“发力”城市更新，让南昌人与来昌人共享城市便捷。“桐”起“花”开，阳光体育大会之凤凰、彩蝶，自然逐香而来。此外，这里还有南昌民众对体育运动的热爱，与南昌体育事业发展的双向奔赴与互相成全。

自2021年起，南昌市教体局就整合各类青少年比赛，共同举办“滕王阁杯”青少年体育联赛，每年参与人数近2万人。南昌国际马拉松、国际龙舟赛、南昌夜跑骑行大会等系列赛事，已经让体育运动成为南昌城市文化。

不争金夺银：大会，何以谓之精彩

与以往体育赛事相比，此次阳光体育大会不求专业，而受众广泛；不甚激烈，却甚精彩！缘何如此？

因松弛感。以往，体育赛会必然是以激烈竞赛为看点，以争金夺银为亮点，然而阳光体育大会并非如此。大会坚持“健康第一”理念，面向全体青少年，不设金银铜牌，淡化竞技名次，以趣味吸引大众参与，主打的就是一个“松弛感”。不制造焦虑、不制造“内卷”，让青少年放下心理包袱，感受体育运动的魅力和快乐，让体育运动回归普通青少年，让“享受体育快乐”“快乐享受体育”成为可能。

因参与感。细心的观众会发现，此次阳光体育大会赛场之上运动员竞技水平相差甚远，这与以往体育比赛大有不同。而这，就是此次大会的特别用心之处：不以竞技水平拼高下，而以大众参与为重心。事实上自2021年起，国家体育总局联合教育部等多部门共同发起“奔跑吧·少年”系列活动，三年来已带动超1.2亿人次青少年参与。同样，此次阳光体育大会设置展演展示、教育活动、项目体验三大板块，涵盖开闭幕式、青少年健身科普展、中华体育精神展等内容，其用意就是鼓励重在参与、重在体验、重在普及，让体育运动进入青少年生活并成为常态。

因自信心。体育运动关系青少年身心健康，更关系到国家命运和民族未来，责任何其之重。为争夺奥运奖牌，世界各国以奥运金牌为标杆，竭尽全力培养竞技体育人才。然而，此次阳光体育大会却未将项目竞技放在首位，而是将武术、攀岩、轮滑、垒球等表演式、体验式项目“推入”大众视野。

或许，巴黎奥运会上国家队争金夺银的满满自信，已经可以让我们“闲庭信步”，让青少年可以自由表现和享受体育运动，这何尝不是一种体育自信？何尝不是一种体育文化自信？

阳光体育：未来，何以继续“奔跑”

在开幕式上，潘展乐作为代表发出“走进运动场，走到阳光下，在体育锻炼中强健体魄、突破自我”的倡议，号召广大青少年迈开健康运动的第一步。作为青少年的“引导员”，奥运健儿走进南昌市体校湾里训练中心，为小朋友们指导技术动作，讲述奥运故事，传递体育理念。而阳光体育大会的连锁效应，彰显其独特的魅力，也激发我们对体教融合、文—体—旅融合以及体育产业发展的深层次思考。

让体育的“阳光”落在大地上。毋庸讳言，不少学校的体育教育与德育、美育等课程并非学校教育的“主科”，对体育教育的重视程度不够，导致学校体育教育的“式微”甚至缺位。阳光体育大会的理念与实践，将大众体育、快乐体育等主旨强化到学校体育教育理念和现实当中，在传统体育项目之外引入武术、舞蹈、攀岩、啦啦操等新型体育项目，让“帮助学生在体育锻炼中享受乐趣、增强体质、健全人格、锻炼意志”成为现实。从教育制度到教学内容，从教学载体到教学渠道，阳光体育大会都为大众化、快乐型体教融合给出方案。

为文体旅融合打开新口子。当文旅融合逐渐走向成熟、成型之时，体旅融合以及文体旅大融合就应当成为新机遇和新赛道。此次，阳光体育大会设置了参观南昌新四军军部旧址陈列馆等爱国主义教育活动，安排了歌舞剧《八一起义》等文艺活动。把众多体验项目和教育活动下沉至景区、街区和商圈，与体育赛事“三下”活动相对应，既能吸引更多群众尤其是青少年沉浸式体验活动和赛事，又能带动地方“赛事经济”发展，让“跟着赛事去旅行”“一人参赛全家旅行”成为现实。借助阳光体育赛事，南昌城市形象、城市文化、饮食文化等自信地“走出去”，这无疑是一次成功的城市营销。

体育“黄金赛道”未来可期。《体育强国建设纲要》提出，到2035年，体育治理体系和治理能力实现现代化，体育产业更大更活更优，成为国民经济支柱性产业，我国体育产业总量占GDP的比重将达到4%左右。巨大的市场潜力和乐观的发展预期，无疑为地方经济社会发展提供了全新赛道。

而以青少年为目标群体的阳光体育大会，正是我国大众体育的基础性工程，庞大的体育消费人群和消费市场，将为我国体育产业发展持续输入新生力量，体育产业的发展有望迎来新时代的无限“深蓝”。一段关于青春与拼搏、追梦与圆梦的故事或许会在这里起笔。

作者：戴庆锋　虞　越

2024 年 8 月 25 日

今晚吉安邀你来烧塔

吉安中秋烧塔习俗不仅是一种文化传承，也是对历史的一种纪念和对美好生活的祈愿。

吉泰民安寓美意，江南望郡扬芳名。被称作“金庐陵”的吉安，自古物阜民淳，文化底蕴厚重。很多民俗民情，洋溢庐陵色彩，彰显地方特色，中秋烧塔就是其中独具魅力的习俗，清代编印的《吉安府志》就有“吉安中秋玩月，烧塔为乐”的记载。

在吉安，每年农历八月十五中秋节，很多乡村都热衷于烧塔，祈求来年风调雨顺，日子红红火火，这是一项传承了七百多年的民俗活动。

架塔趣事连连

中秋节的前几天，村里的孩子们就会挑着簸箕或提着桶子，在村庄和附近的砖瓦场捡拾废弃的砖瓦来架砖瓦塔。砖瓦场离村较远，挑一担回来要大半天时间。有的小孩偷懒，借助梯子就从自家的猪圈或偏房矮屋上偷抽瓦片，被大人发现后，追得满村跑，引来一阵嬉笑声。

采集的砖瓦汇集后被一起堆放在村庄空旷的平地或晒谷场上，让村里的泥水匠来架塔。架塔着实是件细致活，非常考验人的耐力和细心。用砖瓦架塔时，每片瓦搭叠要匀称、合理，既要吻合结实，又要留出透气缝隙。同时，还要兼顾重心，切莫搭偏。

塔的形状要求“肚大头尖顶成点”，要注重重心的平稳。架塔时必须小心翼翼、聚精会神，不然稍不留意就会功亏一篑。中秋烧塔祈求圆满，如架塔时不能一次成功，烧塔时也难以尽兴，于是背负全村期望架塔的泥水匠是无论如何也不会让塔倒塌，这是脸面，也是在乡亲面前必须信守的诺言。

在吉安，瓦塔形状有“圆形塔”“方形塔”“多角形塔”等，且各有其吉祥寓意。如圆形塔寓意“中秋月圆人也圆”；方形塔呈四方形，寓意四通八达；多角形塔寓意生财多道、生意兴隆。

架塔的工艺也很有讲究，因通风需要，大多为开窗形。开窗形的塔身上的“窗”有方形、菱形、梅花形等，千姿百态。塔的顶端是开放式的，像大烟囱。塔的大小高低也不一而足，矮的不到两米，高的直立而起有四五米高。

为了使塔身便于通风透气且造型美观，大的瓦塔常是两片瓦片合在一起按“品”字形架放。塔底一般用砖块砌成，约占塔高的四分之一，再用瓦片叠砌封顶。塔底前后各留有一个塔门，前门用于投放燃料，后门则是耙灰烬的出口。

塔架好后，村里主事的人就会挨家挨户地收集稻草，用作烧塔的燃料，也有的人会送来芦苇秆、甘蔗叶、松柴、木屑等燃料。这些燃料堆在塔旁，像一座座山丘，成为孩子们追逐嬉闹的乐园。富裕的人家还会捐出几斤菜籽油，泼在烧红的塔身，寄托一份红红火火的美好祝愿。

烧塔祈祥纳福

忙碌一天后，一切就绪，只待夜幕降临。

中秋节的晚上，明月刚露头，村民们就不约而同地聚集到烧塔的地方，开始敲锣打鼓，燃起火把，放着鞭炮，现场洋溢着一片喜庆。烧塔时，由村里德高望重的长者来点火，他们在点火时嘴里念念有词，语气十分虔诚，大意是祈祷全村老少平安、家庭和睦、生活幸福。

烧塔时的场面异常红火热闹，乡亲时而把砖瓦塔内燃烧的稻草用长长的木棍挑起，时而往里塞入大把大把的燃料，让塔越烧越旺。木棍一挑，熊熊火焰瞬间腾起；燃料一投，腾起的火焰又蓄势待发。

火烧旺起来后，整个塔身都是通红的，这时有人就会大声喊道："搅起来，泼油！"话音还未落，烧火者极其兴奋地把塔底的火烬使劲往上搅动，从瓦片缝隙里蹿出的火苗扑面而来，吓得一旁的乡亲不禁后退。躲不及的，有火星落在身上，不过，都是有惊无险。

火最旺时，旁边有人迫不及待把一家家收集来的菜籽油往塔身泼去，顿时整个塔体通红，火星四射，欢呼声此起彼伏，在夜空中久久回荡。

远远望去，火苗在瓦塔里肆意升腾，忽上忽下的火团在塔内随着木棍的翻转而变化无穷，如万马奔腾，又好似霞光万丈，舔着塔身吐放着奔腾不息的光和热，映红了乡亲们的脸庞。开心的村民一起拍着手大声叫喊："烧塔，烧塔，越烧越发！"

有的地方在塔身烧到通红时也会洒上米醋，使得火塔发出"嗞嗞"的声响。此刻，一股米醋的芳香开始弥漫整个村庄。

热情高涨时，村里有些文化的长辈还会对着火塔唱赞词。词句都很简单，但乡土气息浓厚。诸如“出秆出得多，谷多米也多；出油出得多，牛牯会干活”“塔火烧得旺，来年猪牛壮”“烧塔烧得红，养猪养到二百五，烧塔烧得白，养猪养到没尾巴”等乡间俚语，语言朴实，感情真挚，表达着丰收的喜悦和对生活的美好期许。

烧塔现场，高潮一浪掀起一浪。被大火炙烤得汗流浃背的村民，兴致一来，干脆脱去上衣，站成弓步，侧身压腿，把塔里的柴火搅得更猛。添柴的村民也不甘示弱，抓起粗壮的木柴一根接一根投进去，直把塔身烧得像火球，给人瞬间就要炸裂的感觉。膨胀的火形成团，形成带，形成球，像蛟龙出海又似赤蛇吐信，映染了乡村的夜空。

有些文化的村民，会对着月亮吟诵“但愿人长久，千里共婵娟”“江畔何人初见月，江月何年初照人”“我寄愁心与明月，随君直到夜郎西”等诗句，寄托对家人无限的思念之情。善歌的妇女则围着火塔用小调、山歌等方式庆贺丰收好年景，歌唱幸福新生活。

如今，这些热闹的中秋烧塔场景渐渐成了在外游子美好的儿时记忆，每每忆起，这份日益膨胀的乡愁依然牵引着大家的思绪和脚步。

习俗由来已久

据说，中秋烧塔这一习俗起源于元朝末年。元朝统治中国以后，采取种族歧视的政策，蒙古贵族没收了汉人的马匹和兵器。

为了监控老百姓活动，元统治者把五户人家编成一甲，由元政府派一名蒙古贵族当甲长。甲长由五家轮流供养，到每家受供养前后，都要称体重，如果体重减轻，负责供养的那一户就要受惩处。

元朝贵族在各地作威作福，勒索百姓财物，奸淫良家妇女。他们做贼心虚，怕被百姓报复，规定每甲五户只能共用一把菜刀，其余的没收。

元朝末年，连年水灾，物价飞涨，人民流离失所，饥寒交迫。因此，陆续有人举起反元旗帜，开展推翻元朝统治的斗争，这得到全国各地底层民众的响应。吉安人民为与周边统一步调，按事前密约，于八月十五这一天，在空旷地方用瓦片砌塔，燃烧猛火，作为行动信号参与起义。从此，烧塔便成为中秋习俗沿袭下来。随着时间的推移，烧塔逐渐演变成庆祝丰收和家庭团圆的民俗活动，成为中秋节庆的重要组成部分。

也有记载，吉安中秋烧塔习俗是为了纪念在战斗中壮烈牺牲的起义将领张云和广大英勇就义的壮士们。2014年11月，“吉安中秋烧塔习俗”经国务院批准列入第四批国家级非物质文化遗产代表性项目名录。

吉安中秋烧塔习俗不仅是一种文化传承，也是对历史的一种纪念和对美好生活的祈愿。相较于一般中秋活动而言，有其独特的文化内涵，它是稻谷节节饱满、家里红红火火、亲朋平平安安的象征，寄托了人们对生活的美好祝愿。

作者：贺小林

2024 年 9 月 17 日

洞见江西

（下）

当代江西杂志社 编著

江西教育出版社
JIANGXI EDUCATION PUBLISHING HOUSE
·南 昌·

图书在版编目（CIP）数据
洞见江西 / 当代江西杂志社编著. -- 南昌 : 江西教育出版社，2024.11. -- ISBN 978-7-5705-4585-8
Ⅰ. I25
中国国家版本馆CIP数据核字第2024FV4229号

洞见江西
DONGJIAN JIANGXI
当代江西杂志社 编著

江西教育出版社出版
（南昌市学府大道 299 号 邮编：330038）

各地新华书店经销
江西千叶彩印有限公司印刷
720 毫米 ×1000 毫米 16 开本 59.75 印张 717 千字
2024 年 11 月第 1 版 2024 年 11 月第 1 次印刷

ISBN 978-7-5705-4585-8
定价：119.00 元（上、下册）

赣教版图书如有印装质量问题，请向我社调换 电话：0791-86710427
总编室电话：0791-86705643 编辑部电话：0791-86700573
投稿邮箱：JXJYCBS@163.com 网址：http://www.jxeph.com

目录

第一篇章 / 江右风华

第二篇章 / 乡土观察

第三篇章 / 红色基因

第四篇章 / 赣鄱时评

第五篇章 / 时代先锋

◎第三篇章

红色基因

方志敏：永远的丰碑

习近平总书记曾先后多次谈及方志敏。方志敏用一生回答了什么是真正的穷和富，什么是人生最大的快乐，什么是革命者的伟大信仰，人到底怎样活着才有价值。方志敏的伟大信仰是如何铸就的？让我们一起重温方志敏的故事……

1935年8月，年仅36岁的方志敏在南昌下沙窝英勇就义，从此离开了那个他为之奋斗终身的“可爱的中国”。

在短暂的一生中，方志敏始终保持旺盛的革命斗志，为了党和人民的利益，不屈不挠英勇奋斗。他用热血和生命诠释了对党和人民的忠诚、对共产主义的信仰，在人民心中铸起了一座不朽的丰碑，永远激励着后人。

以身殉志的光辉一生

方志敏出生于一个农民家庭，童年在乡村读私塾。他于1916年进弋阳县立高等小学；1919年秋考入江西省立甲种工业学校，其间广泛阅读革命进步书刊，组织开展进步活动；1921年春夏之交，因揭露校长腐败问题被校方开除学籍；同年9月，考入九江南伟烈学校，在此阅读了英文版《共产党宣言》等马克思主义相关理论书籍以及《先驱》等宣传革命的报刊。1922年7月上旬，他弃学赴上海，8月加入中国社会主义青年团。1924年3月，他在南昌加入中国共产党。

土地革命战争时期，根据党的八七会议精神，方志敏与邵式平、黄道等共产党人组织领导了弋（阳）横（峰）暴动，之后领导创建了闽浙皖赣苏区，创建了红十军。后来，这块红色区域发展壮大，成为土地革命时期中国共产党领导的六大战略地区之一。

方志敏等人开创的赣东北根据地被毛泽东称为“方志敏式”革命根据地，获得“苏维埃模范省”的嘉许。

1934年11月，方志敏率领红军北上抗日先遣队向国民党统治的腹心地区出击，遭到敌人重兵堵截“围剿”。1935年1月，他在怀玉山血战中不幸被俘。

方志敏在狱中坚持斗争，经受了敌人威逼利诱的考验，并以坚定的信仰和顽强的斗争精神写下《可爱的中国》《清贫》《我从事革命斗争的略述》等约14万字的文稿。后来这些文字流传于世，成为党和人民宝贵的精神财富。同年8月6日，他在南昌下沙窝被秘密杀害。

人民领袖毛泽东在批阅点评《新唐书》时，曾将方志敏与人们仰慕的古今人物一起谈论，赞评：“以身殉志，不亦伟乎！”毛泽东还亲笔写了碑文“方志敏烈士之墓”。毛泽东怀念方志敏，称他“有勇气、有志气而且是很有才华的共产党人，他死得伟大，我很怀念他”。

2009年，方志敏入选“100位为新中国成立作出突出贡献的英雄模范人物”。

《可爱的中国》诞生缘由

《可爱的中国》是方志敏的代表作。这篇文章深刻影响了我国几代人，几乎成为与方志敏对等的文化符号。然而，你知道方志敏在狱中为什么要写《可爱的中国》吗？

方志敏入狱之初就萌生了写作念头。1935年2月，方志敏在监狱中与国民党江西省党部执委王某及江西《民国日报》记者见面。当记者问及是否向狱方提出“假以时间，俾写自传”时，方志敏说：“拟定数万言，唯以心绪不宁，迄未成就。”

为了驳斥敌人的诽谤和诬蔑，阐明自己的爱国精神和情怀，方志敏决心排除困难和干扰，写下《可爱的中国》，以书明志。

方志敏在文后附言：“这篇像小说又不像小说的东西，乃是在看管我们的官人们监视之下写的。所以只能比较含糊其辞地写。”

写作的目的是要说明“一个共产党员，是爱护国家的，而且比谁都不落后，以打破那些武断者诬蔑的谰言”。

他在文中说，被俘入狱后，一些抱有劝降使命前来“看望”的同学同僚等故旧（多半已成了国民党高官要员），“他们都承认我是一个革命者；不过他们认为我只顾到工农阶级的利益，忽视了民族的利益，好像我并不是热心爱中国爱民族的人。朋友，这是真实的话吗？工农阶级的利益，会是与民族的利益冲突吗？不，绝不是的，真正为工农阶级谋解放的人，才正是为民族谋解放的人，说我不爱中国不爱民族，那简直是对我一个天大的冤枉了”。

敌人的诽谤和污蔑，激发了方志敏炽热的爱国情怀，这种爱国之情如同火山爆发喷薄倾泻，凝铸成了不朽的爱国主义篇章。

《可爱的中国》袒露的正是一个共产党人对祖国的赤诚，它也被后人称为爱国主义千古绝唱的烈士遗著。

此外，他在监狱中还向党汇报情况，总结经验教训，写下了《我从事革命斗争的略述》《我们临死以前的话》等文稿。为彰显共产党人的舍己为公的美德，揭露国民党军阀的凶残卑鄙和监狱黑暗，他写下了《清贫》《狱中纪实》等隽永篇章。

跨越时空的革命精神

方志敏狱中文稿是他生命最后时刻凝结的心血，是一位坚贞的共产党人最精彩的人生答卷。

这些文稿由方志敏在狱中团结争取的友人，甘冒风险陆续从戒备森严的黑狱中传出，几经辗转送达上海地下党组织，因而得以流传于世。

方志敏撰写的《可爱的中国》等部分狱中文稿以及同年被捕牺牲的瞿秋白的部分遗稿，由冯雪峰委托谢澹如先生保存。

1938年，谢澹如在上海创办了金星书店。次年，他为了纪念方志敏烈士就义四周年，将方志敏的手稿细细地校勘誊抄辑集，以霞社名义出版了《方志敏自传》（内收《清贫》《可爱的中国》等文稿）。其间，谢澹如读中学的两个儿子，协助父亲整理、誊抄文稿，成为遗稿的第一批读者。谢氏兄弟被那些充满爱国情的优美文字感染了，尤其是谢家次子读到《可爱的中国》时，热血沸腾，心生崇敬之情。他为了纪念祖父的挚友瞿秋白和方志敏烈士，遂改名为秋敏，并以谢秋敏之名参加进步学生运动。谢秋敏后来因参加学生运动暴露了身份，赴解放区参加新四军投身抗日战场，其名字终生未改。

习近平总书记指出，在社会主义核心价值观中，最深层、最根本、最永恒的是爱国主义。爱国主义是常谈常新的主题。拥有家国情怀的作品，最能感召中华儿女团结奋斗。范仲淹的“先天下之忧而忧，后天下之乐而乐”；陆游的“王师北定中原日，家祭无忘告乃翁”，“位卑未敢忘忧国”，“夜阑卧听风吹雨，铁马冰河入梦来”；文天祥的“人生自古谁无死，留取丹心照汗青”；林则徐的“苟利国家生死以，岂因祸福避趋之”；岳飞的《满江红》；方志敏的《可爱的中国》；等等，都以全部热情为祖国放歌抒怀。

方志敏已成为与古代先贤齐名的爱国典范，必将千古流芳，永垂不朽。

作者：张　斌　陈家鹦

2023 年 8 月 6 日

你所不知道的“江西共大”

共产主义劳动大学，这个曾经风靡一时的名字将不少江西人再次拉回到那个难忘的年代。

一则网帖称江西农业大学老校门施工，大学校门上的校名“江西农业大学”将更换为“共产主义劳动大学”。该消息立即引起关注。

江西农业大学相关部门负责人接受采访时表示，“江西农业大学更名”系误读，网传图片上的建筑是学校在“共大”时期的老校门，今年暑假期间，学校将该建筑恢复了历史原貌，作为校内的一处历史文化景观。该负责人介绍，老校门一直存在，现在只是恢复历史原貌。

共产主义劳动大学，这个曾经风靡一时的名字将不少江西人再次拉回到那个难忘的年代。60多年前，在江西这片红土地上首创了这一所独特的大学——江西共产主义劳动大学（简称共大）。从1958年创办至1980年更名，共培养了21万余名人才，建立了120多所分校。

当年为何要在江西开办共大？其背后又有着怎样的故事？

汪东兴：肩负重任回江西

1958年3月，在毛泽东身边工作的中共中央办公厅警卫局局长汪东兴，被派到江西任副省长兼省农垦厅厅长。毛主席在半年前就关注到老区发生的一件事，即江西省委、省人民委员会及各地机关有5万多名干部自动报名下乡参加农业生产劳动，掀起了冬季生产高潮。毛主席希望汪东兴能去那里有所作为。

江西地处内陆地区，三面环山，山地和丘陵占全省面积的70%以上。当时工业基础薄弱，交通不发达，全省经济主要靠农业支撑。

汪东兴回到江西后，满怀对家乡人民的深情厚谊，一头扎进垦殖场去搞调查，他几乎跑遍各个山头，了解江西总体农业生产情况。这也是毛主席一贯提倡的优良作风。

1958年5月，全国农垦工作会议在北京召开，汪东兴作为江西省的代表赴京参会。他趁会议间隙向主席汇报工作："经过几个月的调查，发现江西普遍存在农民文化程度低、多数人上不起学的情况。为了解决这个矛盾，垦殖场采取了积极的应对措施，他们从农民文化程度低、掌握技术有困难的角度出发，办起了技术学校。凡是这样的地方，农业生产的形势更好些。"

毛主席听到垦殖场办技术学校，不由眼睛一亮，兴致勃勃地说："这个办法好，三十几年前我在江西、湖南、福建等地搞农民运动调查，许许多多的农民不识字，要说的说不清，想写的写不出，不学点文化，农业生产的发展有困难。你回去与邵式平省长商量办法，多办些学校，让上不起学的农民上学！你看好不好？"

毛主席心里装的是农民，他对农民的牵挂，可谓情重千钧。汪东兴不敢怠慢，会议一结束，他立即赶回江西，第一件事就是向省长邵式平汇报与毛主席见面时所谈到的情况，建议在江西办一所农业方面的学校。汪东兴设想的学校是这样的：学生是适龄农民，学费全免，资金来源靠学员自己劳动创造。

邵式平听后，很是赞同："办农民教育，这是件大事，省里要想法子支持才好。"

1958年6月9日，省委作出"创办江西省劳动大学的决议"，并于6天后在全省垦殖场场长和党委书记会议上，讨论确定名称改为"江西共产主义劳动大学"。

周总理：亲笔题写"共大"名

江西结合省情创办共产主义劳动大学的决定，得到了毛主席的赞同与支持。很快，由省委书记刘俊秀亲自兼任总校校长，副省长汪东兴兼任总校党委书记的"江西共产主义劳动大学"横空出世。

共大的开办，受到全省人民特别是全省工农群众的欢迎，他们编了一个顺口溜："共大好比一枝花，花开迎向工农家；工农子弟上大学，学好本领建国家。"同时，报考的学生除来自江西省各地外，还有相当一部分学生来自上海、江苏、安徽、福建、湖南、广西等20个省（市、自治区）。

1958年8月1日，在中国人民解放军建军31周年的光辉日子里，江西共产主义劳动大学总校以及井冈山、大茅山、九连山、青龙山、武功山、油山、东固山、金坪、大源、蒙山、五府山等30所分校同时举行了开学典礼。

刘俊秀在他的回忆录中这样写道："在开学典礼上，我对同学们说：'过去我们是一边打仗一边学习，现在你们是一边劳动一边学习。只要坚持教育为无产阶级政治服务，教育同生产劳动相结合的方针，实行半工半读、勤工俭学，你们就能把自己培养成为有社会主义觉悟、有文化的劳动者。你们要在这所新型的大学里，信心百倍的学习、劳动、锻炼，要为自己是这样一个新型大学生而自豪！’”

1970年春，吉安县兴桥公社藤桥村21岁的刘来兴，顺利完成了从生产队到大队、从公社到县革委会，最后到地区革委会的逐级推荐选拔，成为首届2000名“工农兵大学生”之一，来到南昌梅岭脚下的江西共产主义劳动大学总校学习。据刘来兴回忆，去总校报到那天，看到高大的校门上镶嵌着“共产主义劳动大学”8个手写的繁体大字，他感觉既庄严又好看。

后来他才了解到，这8个大字是周恩来总理亲自题写的。1959年庐山会议期间，周总理在听取江西省委领导汇报共大创办的情况后，欣然题写校名。1971年2月，在总校就读一年后，刘来兴被组织分配到共大东固山分校任教，先后在农学科、农机科、林学科3个专业学科任科主任。

朱德也十分关心共大的发展。他多次来江西视察共大总校和井冈山、大茅山、云山等分校，并特地给共大井冈山分校校刊题写了“井冈熔炉”的刊头。

毛主席：热情洋溢表赞誉

毛主席一直关注着共大的一切，他希望看到中国农民生活现状的改观，希望看到中国的农民成为国家生产建设的主力军。

共大在教学上坚持理论联系实际，强调教学内容坚持三个面向，即面向农业、面向生产、面向基层。教材编写贯彻“少而精”，注重科学性、实践性和先进性。教学方法上实行课堂教学与现场教学、专业教学与专业生产、校内教学与校外生产实习相结合。在生产劳动的安排上坚持三个为主：一是生产以农林牧生产为主；二是劳动以学生劳动为主；三是学生劳动以专业劳动为主。

在共大创办3周年前夕，毛主席到达庐山，当他了解到共大的发展情况后，十分欣慰，欣然提笔写了一封500余字的热情洋溢的表扬信，对共大的办学经验，做了科学、精辟、全面而系统的总结。信中称："你们的事业，我是完全赞成的。半工半读，勤工俭学，不要国家一分钱，小学、中学、大学都有，分散在全省各个山头，少数在平地。这样的学校确是很好的。在校的青年居多，也有一部分中年干部。我希望不但在江西有这样的学校，各省也应有这样的学校……"这就是著名的"七三〇指示"。

1965年5月27日，毛主席在井冈山上，他很想亲自到山沟边去看看那里的共大井冈山分校，但因日程安排很紧未能成行。于是，他就委派同他一起上山的湖南省委书记张平化和江西省委书记兼共大总校校长刘俊秀，代表他去井冈山分校，看望全体师生员工，把党中央的亲切关怀告诉大家。

江西共大的办学模式也引起了海内外人士浓厚的兴趣。有人认为共大是中国教育的"乌托邦"，也有人认为这是值得借鉴的一所在试验摸索中前进的大学。

据相关资料记载，从1963年起，江西共大就被外交部列为对外参观点。仅1968年至1980年，就有86个国家和地区的549批外国朋友共7496人到共大访问考察。

美国学者苏珊·佩由在共大逗留期间更是称赞道："共大是符合中

国实际的富有创造性和具有鲜明特色的大学。”

同时，20世纪70年代，以江西共大为代表的教育模式还被联合国表彰为发展中国家的典范。1978年，江西共大还被评为全国重点大学。

婺源鄣公山：唯一一所“保名”校

时代车轮滚滚向前，把诸多岁月故事碾成往事。辉煌的江西共大，也抵不过岁月的洪流。就这么一所传奇的学校，仿佛在一夜之间消失，“总校加分校、半工又半读”的办学模式也随之被摒弃。

1980年11月20日，经中共江西省委、江西省人民政府批准，“江西共产主义劳动大学”改名为“江西农业大学”。这标志着学校的发展由半工半读改为全日制办学，学校翻开了新的一页。原各个分校根据各地具体情况相继更名，有的被取消或归并到其他学校。

比如，成立于1958年10月的江西共大泰和分校，1987年更名为笔者就读的泰和县职业技术高中，1993年再次更名为泰和县职业中等专业学校；而刘来兴任教的江西共大东固山分校，于1984年秋更名为吉安县东固职校。共大时期较好的两所分校——云山分校和庐山分校分别变成了江西垦殖学校（江西省通用技术工程学校的前身）和九江师专（九江学院的前身）。

据介绍，江西至今还有唯一一所沿用“共产主义劳动大学”名字的学校，它就是与总校一起诞生的30所分校之一——婺源鄣公山共产主义劳动大学，属婺源县公办职业学校，是目前全国唯一的“共产主义劳动大学”。之前，该校位于婺源鄣公山，2005年，搬迁至婺源县城，并与当地的师范专修学校和卫校合并。

就这样，从1958年创办到1980年改制，历时22年，江西共产主义劳动大学已成岁月往事。江西共大，它曾创下开办127所分校、学校遍布全省各地的纪录；她曾拥有21万来自全国四面八方的毕业生；它曾是全国占地最大、地域最广、学生最多、国家花钱最少的学校……

白驹过隙，江西共大一去不复返，但在历史长河中，它却留下了浓墨重彩的一笔。

作者：康美权

2023年8月24日

开学季听听16名大学生的信仰

金秋九月，迎来开学季，无数大学新生元气满满、满怀期待走进大学校园。新的学期，新的起点，如何上好“开学第一课”，引导新生扣好“人生第一粒扣子”，对大学新生成长至关重要。

开学季，让我们一起追忆井冈山斗争时期的大学生群体，看看他们关于理想信念的故事，感悟初心使命，汲取奋进力量。

井冈翠竹经风雨，杜鹃啼血化芳菲。井冈山，是一块浸染了无数先烈鲜血的红土地。

在井冈山革命根据地从无到有、由小到大的历程中，有16名大学生在革命最需要的时候，义无反顾地跟着部队上井冈山，用青春和热血铸就了一座座永恒的丰碑。

他们是：北京中法大学的陈毅，山东青岛大学及武昌中山大学的罗荣桓，北京大学的李却非、伍中豪、邝鄘、谭衷，北京师范大学的邓贞谦，北京私立国民大学的朱亦岳，上海大学的何挺颖，上海复旦大学的游雪程，南京南方大学及上海法政大学的谭梓生，重庆中法大学的徐彦刚，湖南益阳信义大学的曾士峨，上海持志大学的王良，湖南南华大学的周舫，北京高等师范学校的刘霞。

是什么力量让这样一群有文化、有水平、充满青春活力的大学生义无反顾地走上革命道路，甚至献出自己宝贵的生命？

为了后代幸福　走上革命道路

在井冈山斗争时期，有些大学生，他们家境一般，但是他们的父母为了摆脱家庭的贫穷，为了让孩子更有出息，哪怕是砸锅卖铁，也要供孩子去上学。他们在大学里发奋苦读，目标就是让自己的后代生活得更幸福，所以要砸碎黑暗的旧社会，要革命。

北京师范大学毕业的邓贞谦，14岁因生活所迫到萍乡县城商店当学徒，16岁考入萍乡中学继续求学时，经常和刘型、张国庶等进步同学一起探索革命真理。在井冈山斗争时期，身为湘东区委书记的邓贞谦经受跋山涉水的艰苦考验，不顾敌人岗哨密集的重重危险，挺身而出，担起了安源市委与井冈山革命根据地联络的重担。也就是在这段路上，他于1928年4月上旬不幸被捕。6月8日，邓贞谦被敌人绑赴刑场，从容就义。那一年，他刚满21岁。他的牺牲，正如他在狱中墙壁上写下的“暴动不怕激烈，牺牲要有价值”。今日虽死，精神犹存！

靠族祠资助读书的曾士峨，在益阳信义大学读书期间，受到革命思想的熏陶，思想进步很快，走上了探寻革命的道路。从秋收起义到参加创建、保卫井冈山革命根据地，向赣南闽西进军，参加粉碎敌人的第一、二、三次“围剿”，他参加和指挥了大大小小的战斗数十次，出生入死，多次负伤，屡建战功，直至英勇献身，年仅27岁。

革命虽苦，但他在给家人的最后一封信中这样写道：“虽奔波南北，历尽千辛，然为大众之生息，常觉无形的快慰，精神爽奋。”为中华民族解放事业而献身的豪情壮志飞扬在字里行间。

北大才子邝鄘，经过五四运动的锻炼和“驱张运动”（驱逐湖南军阀张敬尧的运动）的战斗洗礼后，深刻认识到人民群众的力量，开始走上马克思主义的道路。“打倒列强，打倒列强，除军阀！除军阀！”他创作的《北伐军歌》鼓舞了一批批革命军英勇奋斗。他被捕后，把笔夹在脚趾间，在摆在地面的纸上写下了遒劲有力、闪闪发光的八个大字：“杀了邝鄘，还有邝鄘！”敌人绞尽脑汁，软硬兼施，一无所得，最后残忍地把他推到耒阳县仁义圩古塘村前杀害。牺牲时，他年仅31岁。

“杀了邝鄘，还有邝鄘！”多么响亮的口号！多么豪迈的气概！为让天底下的孩子能过上幸福的生活，他们心甘情愿舍弃自己的生命，因为这是大义，这是真正的舍身成仁。

不为荣华富贵　不为光宗耀祖

革命理想高于天。有的人，因为看见而相信。但对真正的革命者而言，他们因为相信而看见。

陈毅出生于四川省乐至县，因从小不满黑暗腐败的旧社会，为了追求真理，投身革命。1919年，刚满18岁那年，他便毅然决然到法国勤工俭学，开始接受马克思主义教育启蒙。1923年，他进北京中法大学学习，并光荣地加入了中国共产党。1927年，他参加南昌起义后任国民革命军第十一军第二十五师第七十三团政治指导员。随后，他与朱德一道率部参加湘南起义并上井冈山。

罗荣桓，出身于富裕人家，他父亲光为家族捐款修建的祠堂就达500多平方米。罗荣桓大学毕业后在广州生活，所见所闻让他的世界观、人生观发生了质的飞跃。

他们都是因为马克思主义的真理、飞速发展的革命形势而认清了自己的目标和道路。信仰一旦确定，便要为共产主义而奋斗终身。

何挺颖，受父辈影响，从小喜爱读书。在上海大同大学（今上海大学）读书时，马克思主义和五卅运动的斗争实践，使他知识救国的思想被彻底改变。“中国有了共产党，散沙结成水门汀”，他决定不当老师了，转而投身革命洪流，秋收起义失败后坚定跟随毛泽东上井冈山。在井冈山斗争时期，他政治坚定，作战勇敢，指挥果断，成为我军著名的军事指挥员和党的优秀干部，为井冈山革命根据地的创建作出重要贡献。1929年1月24日红四军向赣南行军途中，第二十八团党代表何挺颖在大余战斗中身负重伤，不幸牺牲，年仅24岁。

谭衷是富商之子，他不愁吃不愁穿。但是为了心中的信仰，他背叛了封建家庭，以革命为己任，牺牲时只有27岁。

我们党的革命领导者，他们的初心和使命不是为了荣华富贵、光宗耀祖，而是救国救民、振兴中华。他们坚信马克思主义是科学的，是能够救中国的，他们坚信自己为之奋斗的事业是神圣的，是值得的，是能够实现的。

为主义　义无反顾

在井冈山革命博物馆的展厅内，陈列着一份小册子——《共产主义者须知》，其中有这样一段话：“为团体努力。作群众导师。到群众中去。到反动荆棘中去。不畏难，不怕死，不爱钱，为主义而牺牲。”

井冈骁将伍中豪，在他短暂的革命生涯中，以英勇善战给人留下深刻印象。毛泽东多次在根据地干部会上表扬伍中豪能打仗，还很会做群众工作。就是这样一位文武全才，牺牲时年仅25岁。“男儿沙场百战死，壮士马革裹尸还。埋骨何须桑梓地，人间处处是青山。”这首诗是伍中豪在1920年5月完成的，它既是这位红军早期将领生前的铮铮誓言，也是他悲壮人生的真实写照。

忠贞不渝、死而后已的杰出将领周鲂，1929年1月24日在大余战斗中不幸中弹，在生命的最后一刻，他悄悄地拉响了藏在身边的手榴弹，与10多个敌人同归于尽，时年29岁。

何等英雄气概！何等悲壮！正是因为他们有这样一腔热血，有为之追求的理想信念，有一股以身许国的革命豪情，所以他们甘愿抛头颅、洒热血，中国革命才取得最终胜利，才有了我们现在的幸福生活。

纵观他们走上革命道路的人生轨迹，我们能发现他们之间有不少共同特点：大多是在学校接受教育的同时也接受到进步的思想，从而坚定了对马克思主义的信仰；大多是和正能量的人在一起，互相影响对方，从而成为一名坚定的共产主义者。

回望“雄关漫道真如铁”的过去，道阻且长；追溯“千磨万击还坚劲”的初心，哀感天地。这些井冈山斗争时期的大学生，靠着坚定的“革命必将胜利”的强大信念，用自己的实际行动书写了一曲曲慷慨激越的壮歌，用自己的青春和热血告诉了我们什么是“为了信仰而奋斗终身”。

正是这份信仰，成为点亮他们人生风华中的一束耀眼的光芒。

作者：周见美

2023年9月1日

抗战牺牲的第一个江西籍将军

又逢九一八，一个中国人民和中华民族必须永远铭记的日子。此刻，我们无比怀念在14年抗战中牺牲的革命烈士，他们是中华民族发展史上一座座不朽的丰碑。今天我们一起追忆抗战中牺牲的第一位江西籍将军，他就是朱赤。

去年8月，电影《八佰》的热映引发了观众民族感情的强烈共鸣。电影讲述的是1937年淞沪会战末期，中日双方激战已持续3个月，上海濒临沦陷，国民党第八十八师第二六二旅第五二四团团副谢晋元率第一营战士452人，号称八百壮士，坚守上海四行仓库的故事。

谢晋元的顶头上司，第二六二旅少将旅长朱赤，是江西修水人，后来在南京保卫战中壮烈牺牲，血洒雨花台，成为江西在抗战中牺牲的第一个将军。

黄埔军校锻造铁血好汉

朱赤（1904—1937），号新民，修水县上衫乡下衫村人。他出生在一个家境较好的农家，父母都是勤劳朴实之人。朱赤早年在家乡附近私塾读书，他好学勤奋，成绩名列前茅，后到朱陂场（现大桥镇）的仁义中学就读，学业非常出众，深得老师喜爱。毕业之后，经老师推荐，他到东港乡小学当老师。

每年寒暑假，朱赤与仁义中学的老同学来往频繁，他们时不时带来九江、南昌、长沙等地的新消息、新知识、新思想、新学说，朱赤每次听后都心潮澎湃。

当听说孙中山先生在广州建立军政府，创建军队准备北伐，并号召有志青年到黄埔军校学习的消息时，他按捺不住了。在做通父母的工作后，他提着简单的行李，怀揣着家人凑拢的几块银元，踏上了南下广州的征途。

1925年6月，朱赤来到广州，凭借扎实的功底考入黄埔军校第三期步兵科，7月1日正式入学。在校期间，他受到马克思列宁主义赤色思潮和理论的影响，而后改名为“朱赤”。

第三期学生中出了很多出类拔萃的名将，有毛主席诗句中“偏师借重黄公略”的红军将领黄公略，有远征军名将戴安澜，有抗日名将第七十四军军长王耀武，还有民国三十三年（1944）5月，在衡阳保卫战中面对6倍于己的日军重兵围攻，坚持防守47日的方天觉，还有李天霞、毛邦初等人。

1926年7月9日，10万国民革命军正式出师北伐。朱赤随军北上，在部队担任见习军官，所在部队攻占了湖南平江，经家乡修水，转战九江、南昌等地。在战斗中，他沉着冷静，作战勇敢，战功卓著，不久就升为排长、连长。

上海首战垂留青史

1932年1月28日，日军发动对上海的进攻。朱赤所在的第八十八师奉命进军上海增援。2月16日，部队进入庙行、江湾一带抢修工事。20日，日军大举进攻庙行、江湾一带，并用飞机对守军阵地狂轰滥炸，日舰则以重炮攻击。

面对疯狂的日军，朱赤和他的战友们同日军血战两昼夜，打退敌人多次冲锋，日军伤亡惨重，被迫停止攻击。

庙行一战是我军淞沪抗战中打得最漂亮的一仗，也是日军伤亡最多的一场败仗。朱赤因功晋升营长。

1937年7月全面抗战爆发后，朱赤时任国民党第八十八师第二六二旅第五二四团团长。8月初，日军在上海虹桥机场蓄意挑衅，同时增兵上海，战争一触即发。第八十八师奉命开赴上海准备应战。这时朱赤已升任第二六二旅少将旅长，他率部于12日到达防区，迅速占领一线，抢修防御工事，积极布防。

13日，淞沪会战正式打响，朱赤率部在八字桥首战日军。15日，他率部与第二六四旅配合攻击日本海军陆战队司令部。8月下旬，日军增援部队陆续抵达上海，他们凭借装备精良、训练有素、人数众多的优势，转守为攻。朱赤率第二六二旅将士被迫由进攻转入防御，以闸北为核心构筑街市防御体系。日军多次对闸北阵地发起猛攻，但在朱赤部队的顽强阻击下，未能前进半步。

11月5日，日军大批增援部队在杭州湾登陆，对上海中国守军形成包围之势，朱赤奉命率部撤退，转向吴福线和锡澄线设防御阵地。11月12日，上海失守。

全军撤退之前，蒋介石计划第八十八师留守在苏州河北岸，征求孙元良意见时，孙元良认为孤军死守没有价值，后又决定留一个团死守四行仓库，实际只有400多人，对外号称800人，这个团就是赫赫有名的谢晋元团。

当时，谢晋元是朱赤第二六二旅第五二四团的团副，这400多名壮士都是朱赤将军的部属。这次坚守，就是永留青史的"四行仓库保卫战"。

后来这一可歌可泣的抗日情景被拍摄成《八百壮士》《八佰》等影视剧，将士们胸怀家国奋起御侮，不惧流血牺牲、英勇抗击日军的伟大民族精神淋漓尽致地展现在荧幕之上。

血洒疆场战日寇

南京，虎踞龙盘之地，国民政府首都。

1937年11月初，日军在杭州湾登陆，迂回对南京形成包围圈。南京地处长江中下游平原，虽然周边有几座小山，但还是易攻难守。国民政府原计划弃守南京，但考虑到南京是首都，不放一枪一弹就撤退，难以向国民交代，更无颜面对南京父老。

唐生智主动请缨担任南京卫戍司令长官，朱赤也奉命率第二六二旅参加南京保卫战，奉命防守南京腹心阵地，守卫雨花台。朱赤将旅指挥部设在雨花台上，亲自驻守阵地，教育全体士兵宁为战死鬼，不做亡国奴，鼓励士兵奋勇杀敌，誓与南京共存亡。

守住了雨花台，就守住了中华门，就守住了南京的东南部。1937年12月5日，南京保卫战打响。

日军携淞沪会战新胜之余威，分三路水陆并进，气势汹汹地向南京扑来。没过几天，在日军凌厉攻势之下，南京外围工事及守备很快被突破，朱赤的第二六二旅防守的雨花台，立即被顶到了最前线。

11日，朱赤的第二六二旅与日军的主力部队发生激战。在日军飞机狂轰滥炸，大炮猛烈攻击，步兵发动一波接一波冲锋的攻势下，朱赤亲率敢死队，振臂高呼，杀入敌群。全旅官兵士气倍增，跟随将军以血肉之躯与敌相搏，一次又一次地打退了日军的进攻。

12日晨，日军集中了100余架飞机、10余门大炮的火力，兵分数路向雨花台阵地发起猛攻。

面对如潮水般扑来的日军，朱赤命令仅存的一个特务连，把剩下的几十箱手榴弹的盖子全部打开，用绳子把导火索串联起来，摆在阵地前，待日军进攻至阵地前沿时，朱赤下令引燃手榴弹，日军被炸得血肉横飞，遗尸遍地。

日军恼羞成怒，用炮火将第二六二旅阵地封锁起来集中火力轰击，整个阵地被炸成一片焦土，官兵们壮烈殉国。

朱赤将军血洒雨花台，牺牲时年仅33岁。

永垂不朽记忠魂

在朱赤牺牲之后，第二六二旅特务连连长郭学礼和战友把他的遗体就地掩埋在雨花台阵地上，以防被日军找到。

由于当年朱赤率领的军队伤亡殆尽，少数的幸存者流落在全国各地。此后多年里，外界对朱赤将军的事迹知之甚少。2011年以前，外界只知道朱赤将军的牺牲地在雨花台一带，却不清楚具体的方位，直到当年与朱赤一同抗战的特务连连长郭学礼的后人郭永柱现身讲述父亲生前的回忆，才揭开了埋藏多年的往事。

1987年12月，民政部追认朱赤为革命烈士。他的英雄事迹载入中国人民解放军军事科学院所编《国民党抗日殉难将领传》一书，也分别载入《修水县志》和《修水英烈谱》。

2014年9月1日，经党中央、国务院批准，民政部公布了第一批在抗日战争中顽强奋战、为国捐躯的300名抗日英烈和英雄群体名录（民政部公告第327号）。名单中有吉鸿昌、赵一曼、佟麟阁、杨靖宇、张自忠、左权、戴安澜等著名抗日烈士，朱赤将军也赫然在列！

幕阜巍巍九岭青青，修水迢迢汩汩东流。朱赤将军的英名将与山河同在、与日月同辉，他将永远活在人们的心中！

作者：周　斌

2023 年 9 月 18 日

致敬长征前夕的那些生死诀别

父送子、妻送郎、兄弟争相上战场……89年前，8.6万余名红军将士，怀揣抗日救亡的壮志，从瑞金、兴国、石城、于都等地出发，踏上漫漫征途，书写了人类历史上的壮丽史诗。革命英雄的事迹，值得我们永远铭记。

“一切向前走，都不能忘记走过的路；走得再远、走到再光辉的未来，也不能忘记走过的过去，不能忘记为什么出发。”1934年10月10日晚，中央红军开始实施战略转移，向集结地域开进，开始了一场九死一生却彻底改变中国命运的伟大远征。在这场向死而生的征途前夕，涌现出无数感人至深的亲情、友情、爱情故事！

战友离别成永别

长征出发前夕，中央决定让何叔衡留在中央苏区坚持斗争，而他的老战友林伯渠等其他老同志则随红军长征。部队出发前一晚，何叔衡在云石山梅坑的住处准备了清酒和花生米，为老战友林伯渠饯行。举杯相敬，互道珍重之后，何叔衡把他身上的毛衣脱下来，递给林伯渠说：“这件毛衣是我女儿实山为我编织的，征途艰险，你带去御寒吧！”这件毛衣是何叔衡离开上海转移到苏区前，他的女儿连夜赶工织就的。林伯渠怎么也不肯收，他说：“不行，你将毛衣给了我，你自己拿什么御寒呢？这里的冬天也是很冷的。”在何叔衡执意相送下，林伯渠两泪纵横，紧握何叔衡的手说：“叔衡，等着我们，大家一定会再聚的。”收下毛衣后，林伯渠百感交集，当夜就写下一首情深意切的诗，以回赠何叔衡，诗曰《别梅坑》：

> 共同事业尚艰辛，清酒盈樽喜对倾。敢为叶坪弄政法，欣然沙坝搞财经。去留心绪都嫌重，风雨荒鸡盼早鸣。赠我绨袍无限意，殷勤握手别梅坑。

远征，是为了革命；留下，也是为了革命。这对并肩作战的革命战友，这次分离也成了永别！

中央红军长征后，苏区的形势越来越严峻。1935年2月，何叔衡在转移途中，为了不拖累战友，纵身跳崖牺牲。在游击斗争中，瞿秋白、毛泽覃、刘伯坚、贺昌等人也相继壮烈牺牲，他们为了革命的胜利，流尽了最后一滴血。

舍小家骨肉分离

为了革命的胜利，无数红军指战员不得不与骨肉分离。那时，刘伯坚奉命留在中央苏区坚持革命斗争，任赣南军区政治部主任。1935年3月初，刘伯坚率部队转移突围，在战斗中身中数弹，不幸负伤被捕。在狱中，刘伯坚写下了《带镣行》及四封家书。其中3封写给妻子的兄嫂，一封是写给妻子的绝命书。“我的绝命书及遗嘱你必能见着……你不要伤心，望你无论如何要为中国革命努力，不要脱离革命战线……十二时快到了，就要上杀场，不能再写了，致以最后的革命的敬礼。”字里行间无不浸透着家国情怀与民族大义。

唯一让刘伯坚放心不下的，是在被捕前分别寄养在西安、江西和福建三地群众家中的“虎生”“豹生”“熊生”3个幼子。在给妻子王叔振的绝笔信中，刘伯坚嘱托她把孩子养育成人，希望爱人“用尽一切的力量教养虎、豹、熊三幼儿成人，继续我的光荣的革命事业”。多年后，刘伯坚的二儿子刘豹生仍能回忆起自己被送走的那个夜晚，腿部受伤的父亲拄着拐杖站在漆黑的山间小路上，他哭喊着不愿离开。他也曾埋怨过父亲的“狠心”，但在一遍遍重读父亲的家书后，渐渐读懂了父亲的爱国赤子之心。三子刘熊生出生未满月就被留在当地给他人抚养，因为身份保密的需要，直到1965年，他的身份才被公开。1979年，在他们的父母牺牲44年后，年近半百的三兄弟首次聚首。

像这样骨肉分离的场景还有很多，长征前夕毛泽东和贺子珍忍痛将自己的儿子毛毛托付给贺怡。林伯渠、邓子恢、罗炳辉等人都将自己的子女留在了中央苏区，这些留下的孩子，有的流落民间，有的长大成人，有的竟不知所终。谁无父母，谁无子女，可为了革命的胜利，他们忍受了这人世间最大的痛苦。

相濡以沫终别离

战火纷飞的革命年代，幸福时光总是短暂的。长征前夕，无数革命伴侣就此诀别，把爱情的诀别一页写在了革命的史册上。

中国共产党的创始人之一、苏区“五老”之一的董必武，1933年与时任中共汀州市委宣传部部长的陈碧英结为夫妻。在中央红军实施战略大转移时，中央要求，有工作需要随军的女红军，必须经过严格的身体检查，而陈碧英体检时因体重仅差了半公斤而被刷了下来。董必武服从组织决定，让妻子留在了瑞金。临别时，陈碧英的泪水止不住地往下流，她把系在腰带上的手电筒解下来，送给了董必武，哽咽着说："你年纪大了，晚上走路多留心！"

1929年，在莫斯科留学的唐义贞和陆定一结为夫妻。回国之后，唐义贞来到中央苏区担任了卫生材料厂厂长，投入到苏区的卫生事业中。长征出发前夕，唐义贞因怀有八个月的身孕，被组织安排留在苏区坚持游击战争，一对革命伴侣就此挥泪告别。红军走后的第二个月，唐义贞生下了一个男孩，取名小定，这个名字既深藏着她对丈夫"定一"的眷恋之情，也隐含着她一定要亲手把孩子带大的初衷。随着革命战争形势日益严峻，国民党反动派四处疯狂地搜捕红军。为了革命事业，为了不拖累战友，唐义贞不得不忍痛把孩子送给当地的群众收养。1935年1月28日，唐义贞不幸受伤被捕，后壮烈牺牲。陆定一在悼亡诗中写道：结婚仅五年，分别却四次，再见已无期，唯有心相知。

走好新时代长征路

革命战争年代，随时都会面临牺牲，生命如悬崖峭壁上的花朵，随时可能凋谢。红军长征出发时，对于未来，他们是未知的。

为了革命事业，他们毅然决然舍骨肉别亲人。在红军到达信丰古陂杨坊宿营时，贺子珍从休养连前来看望毛泽东，含泪讲述瑞金男女老少相送时的情景。毛泽东听后，神情凝重地说："我们欠根据地人民的实在太多了。”为了革命信仰，他们义无反顾舍小家为大家。

1985年，美国记者哈里森·索尔兹伯里在他所著的《长征：前所未闻的故事》中说：“为什么衣衫褴褛、屡遭失败的红军，却始终不能被打垮击败，是因为每个红军战士的心里，都有崇高的信仰。”

据不完全统计，从1928年至1935年间，中央苏区扩红约35万人，其中60％以上的兵源来自于江西。新中国成立后，实行军衔制时，中央授予江西籍上、中、少将多达325名。为支持革命战争和苏区建设，赣南苏区群众节衣缩食，倾其所有，先后认购苏维埃政府发行的两次革命战争公债和经济建设公债共300余万元，占公债发行总数的60％以上。中央长征前5个月，江西工农为红军筹集了大量的武器弹药和紧缺的药品、食盐，捐献稻谷84万担、被毯2万床、棉花8.6万斤、布鞋5万双、草鞋20万双和军费150万元等。

心有所信，方能致远。今天的我们更应大力弘扬长征精神，传承红色基因，以“中流击水”的劲头、“乘风破浪”的姿态，走好新时代长征路。

作者：钟燕林

2023年10月10日

隐秘而伟大的红色交通线

有这样一条秘密交通线，被誉为“中华苏维埃的血脉”，无数“党的红色传令兵”为党传令，保证了在上海的党中央机关与中央苏区之间的交通联系，成为党中央和中央苏区的“千里眼”和“顺风耳”。

红色交通线，隐秘而伟大！

1930年，为加强与全国各革命根据地的联系，党中央成立中共中央交通局，开辟长江、北方和南方3条秘密交通线。其中，由中共中央机关驻地上海经香港、汕头、大埔、永定、长汀到中央苏区机关驻地瑞金的南方交通线，是持续时间最长、发挥作用最大、最为隐秘的一条。

这条长达3000多公里的秘密交通线，被誉为“中央红色交通线”。这条交通线传递了大量中央和地方文件、情报资料，运送了苏区急需的物资和经费，安全掩护了不少领导干部和优秀人才转移到中央苏区，保证了在上海的党中央机关与中央苏区之间的上情下达和下情上传，成为党中央和中央苏区的“千里眼”和“顺风耳”，被誉为“中华苏维埃的血脉”。

架起党中央与中央苏区的信息桥

传送文件和情报是红色交通线的重要使命，事关苏维埃政权的生死存亡。

中央规定，各地的交通站和交通人员必须承担起传达中央文件，输送党内宣传品，并打探各地动向的责任。同时，各苏区务必每逢初一、十五向中央总结报告工作。因此，确保苏区与上海党中央之间交通线畅通就显得极为重要。

当时传递情报的形式多种多样，文件是用秘制的药水，印在字画、手绢的后面，或线装书的反面，甚至是写在衬衫上，穿在身上。热水瓶、竹扁担，也是秘密藏匿文件之处。而传送文件和情报，则是极其危险的。

1934年2月初，在闽西的一条崎岖山路上，交通员邓仕诚带着两位党的代表在陆路行走，另外一名交通员赖石春则撑着一条小船跟着他们。

遇到敌人设有岗哨的地方，他们提前上船、适时下船。就这样，一路晓行夜宿，水陆并进，他们来到上杭县金山渡口。这里是敌人戒备森严的地方，过往行人都会被搜身检查，稍有可疑行为就会立即被逮捕。代表身上藏有秘密文件，若被敌人搜出，后果不堪设想。

这时，一名樵夫悄悄地走上前来，趁着敌人不注意，双方对上了暗号。这名樵夫其实是上杭县秘密交通站派来接应的，他们迅速将文件藏在柴禾里，然后大摇大摆地挑着柴禾登上船。这边，敌人的岗哨只顾搜身，却对每日砍柴渡河的樵夫未曾注意。

就这样，他们顺利地通过了金山渡口，而两位代表也在交通员的护送下，一站接一站，安全离开苏区到达上海。

六千里风雨兼程，一路上斗智斗勇。红色交通线上的勇士们用智慧和生命创造了奇迹。据1929年中央秘书处的统计，一年时间由外交科送往各地的文件有5523件，各省经过交通员送到党中央的文件达4687件，其中不少是极为重要的，这为党中央和各苏区的沟通联络起到了重要作用。

为中央苏区输送新鲜血液

从1930年开始，中央交通局通过各交通线护送领导干部到中央苏区，规模较大的有3次。

第一次是1930年，为巩固和扩大苏区，党中央抽调100多名干部到中央苏区工作，其中有叶剑英、徐特立、张爱萍、左权、项英、邓发、萧劲光等；第二次是1931年顾顺章叛变后，党中央和在上海工作的干部受到严重威胁，大批干部被及时转移至中央苏区，其中包括周恩来、邓颖超、刘少奇、蔡纫湘、邓小平、金维映、李克农、胡底、钱壮飞、潘汉年等；第三次是1932年年底至1933年年初，中共临时中央政治局决定将上海党中央机关迁入中央苏区首府瑞金，一些干部也转移至中央苏区，包括博古、张闻天、陈云、李维汉、林伯渠、谢觉哉、吴亮平、陈微明（又名沙可夫）、钱之光、杨尚昆和共产国际的军事顾问李德（即奥托·布劳恩）等。其中，以护送周恩来到中央苏区最为惊险。

据时任中央交通线闽西大站负责人李沛群回忆，当年护送周恩来的是黄华和肖桂昌。周恩来化装后登上一艘从上海驶往广东汕头的小火轮，三天两晚后抵达汕头港。原计划由汕头交通站安排在金陵旅社住宿。

在旅社，周恩来警觉地发现旅社客厅墙上挂着1926年汕头市各界欢迎黄埔军校师生的合影，照片的醒目位置就是自己。为安全起见，他们马上转移到棉安街军阀张瑞贵秘密开的私人旅店去住。

第二天上午，周恩来打扮成商人，肖桂昌、黄华打扮成同行者，登上了汕头开往潮安的火车。为了不引人注意，3人挤进了拥挤嘈杂的三等车厢。

周恩来在一处靠窗的座位看报。突然查票员来查票，周恩来认出这人曾到东江行政专员公署向他请示过工作，忙把头上的帽子拉低，扭头看窗外；肖桂昌见状，机智地站起来，挡住周恩来，同时把车票交给检票员。验票员看过车票后，示意他们二等厢在后面。肖桂昌当面答应，见那人走后就坐着不动，成功躲过了搜查。

火车到达潮州后，周恩来一行3人继续坐小火轮溯江而上，到达大埔，与前来接应的国家政治保卫局执行科科长卓雄接上了头。

为了确保周恩来一行安全，卓雄带着他们巧妙地避过了敌人布下的层层哨卡，绕过敌人的道道封锁线，于当年12月底，安全抵达瑞金。

就是这条隐秘交通线，先后护送了周恩来、刘少奇、邓小平、叶剑英、聂荣臻等200多名我党重要人士和6000多担食盐、药品等苏区紧缺物资，同时传递了大量中央和地方的文件、信件和情报资料，对苏区的发展和革命斗争的开展起了重要作用。毛泽东后来评价这条秘密交通线时说："交通线就像我们身上的血脉。"

从1930年到长征前夕，通过这条红色地下交通线进入中央苏区的，还有兵工厂、制弹厂、造布厂、印刷厂等多批技术工人以及一大批文艺工作者，他们在苏区经济建设和文艺创作等各方面施展才华，为中国革命作出了重大贡献。

为中央苏区运送紧缺物资

在敌人“不给赤匪粒米勺水之接济，片纸只鸟之通过”的严密封锁下，中央苏区的物资，如食盐、药品、布匹、无线电器材等很短缺，于是红军不得不通过采购点换成钞票和银元，再拿来购买所需物资。

汕头交通站就是红军在白区的重要采购点。站长陈彭年充分利用开电器材料行的便利，与社会各界搞好关系，暗地里将各类物资大箱大箱地运往苏区。

物资运到大埔青溪站时，往往都是隐藏在一些偏僻的地方，做好记号之后，再通知苏区派精悍的武装力量出来抢运。

有时候，青溪交通站的同志还要负责联络各乡村交通站，发动当地群众，假装挑粪下田或上山割草，将食盐、药品等物资藏在粪桶或草料中，越过封锁线，一站接一站地传送到苏区。

中央苏区也通过交通线运送无线电零件等。交通员熊志华接到任务，从上海运送电台配件到中央苏区。熊志华入宿汕头升平路的南京旅社后，为了确保电台零件安全，他把装在饼干瓶中的电台零件细心地塞进刚买的竹枕头里。

此后，面对警察、宪兵几次搜查，他都沉着、冷静、巧妙地应付过关。一夜无眠，他却始终没有等到来接应的同志。第二天天一亮，熊志华只得马上离开旅店，赶往火车站，向潮州进发。

到达永定桃坑交通站时，因叛徒告密，熊志华等人被敌人包围。

交通员李寿科为了掩护同志，身中三弹英勇牺牲。

虽然一路经历重重波折，但是在交通员的舍命保护下，熊志华和电台零件最终平安抵达中央苏区。

红色交通员们凭着自己的智慧和勇敢，冲破重重关卡，安全运送了大量民用、军用物资，确保了中央苏区的正常运转。

一批勇敢坚毅的革命战士

选一个能够承担这项秘密工作的合格交通员“比选一个县委书记还难”！一是要党龄长，政治上坚定可靠。二是有丰富的对敌斗争经验，机警灵活，枪法要准。三是身体要健壮，能够胜任长途跋涉。四是有一定文化，记忆力要强（背文件），而且，不能说梦话。

卢伟良就是优秀的红色地下交通员之一。

1931年6月，闽西特委书记郭滴人将一批光洋交由大埔中站站长卢伟良，让他送至上海以解党中央的活动经费之缺。卢伟良和交通员们将光洋一个个串起来，分别在左、右手臂上缠着，再用布条包扎好，从闽西前往上海。

当时天气炎热，手臂被光洋磨破了，但卢伟良和交通员们仍闯过重重难关，顺利完成党交给的任务。

赖德胜是永定工农通讯社的交通员，他携带双枪，机智勇敢，一次次出生入死，冒着生命危险，把中央红军急需的大量物资送到上杭、永定交界的严坑交通站，还把一大批党的高级领导干部安全护送到中央苏区。

从1935年5月至1937年，赖德胜多次被国民党反动派抓去吊打、灌辣椒水和煤油、坐老虎凳、用香火烧等，受尽严刑拷打，九死一生。

他的妻子张华英也因受到敌人非人的折磨而流产，永远失去了生育能力。不管敌人怎样严刑拷打，赖德胜凭着坚定的信念，始终没有泄露半点机密，没有出卖党组织和自己的同志。

“砍头不要紧，只要主义真。为了真理存，献身为革命。”众多红色地下交通员面对敌人的屠刀，大义凛然，不畏强敌，坚定革命信念，用自己的生命铭刻下共产党人的赤胆忠诚。

据不完全统计，土地革命战争时期，仅江西一省，为粉碎敌人封锁、完成通信任务而牺牲的交通员就有1700多人。他们不仅出色地完成了党交给的任务，更用血肉之躯铺就了共产党人的生命线、保障线，为中国革命的胜利做出了巨大贡献。

作者：钟燕林

2023年10月19日

王卓超勇闯九道生死关

1935年10月19日，中共中央和红一方面军到达陕北吴起镇。至此，中共中央、红一方面军主力历时一年多的长征结束。在艰苦卓绝的长征路上，无数革命先辈前赴后继、舍生忘死，书写了气壮山河的英雄气概。今天让我们听听从长征中走出来的王卓超的故事。

“在革命战争年代，革命者随时都有牺牲的可能，而且牺牲的场面绝非艺术描写那样轰动。所以，能闯过生死关活到今天是件不容易的事。另一方面，革命者在生与死的考验面前是大无畏的，一息尚存，只有两个字：‘革命’，而且生命力日旺，革命斗志益坚。这也是我们能取得胜利的一个根本原因。”1996年，晚年退休在家的王卓超回忆说。

王卓超18岁参加革命，在中国工农红军第七军中战斗成长，跟随红军主力参加了二万五千里长征，到延安后负责中央首长的安全保卫工作。他从一名普通工农子弟成长为红军战士，成长为党的高级领导干部。其间，他凭着坚定的信念，战胜无数困难，闯过了九道生死关。

走上革命斗争道路

寻乌县地处赣东南边陲，毗邻闽粤，在封闭落后的旧社会，这里“山高皇帝远”，反动力量较为薄弱，有着聚集和发展革命力量的良好条件。

1927年8月1日，南昌起义拉开了中国共产党武装反抗国民党反动派的序幕。彼时，寻乌一部分在外求学的知识青年纷纷响应，回到家乡积极宣传党的主张，号召人民参加革命。在火热的革命浪潮中，王卓超接触了革命思想，走上了革命道路。

1930年10月，寻乌县苏维埃政府领导的第二十一纵队攻打枫山乡坧坊村反动武装的炮楼，乡苏维埃政府也组织民兵参加了围攻炮楼的行动，王卓超奉命到附近的小土坡上观察敌情。突然，炮楼内的土炮打来一发铁弹，落在离毫无准备的王卓超脚下不到一尺之处，倘若炮弹再瞄高一分，后果不堪设想。

1931年3月，蒋介石调集20万兵力向中央苏区发动第二次“围剿”。为斗争需要，当地苏维埃政府组织干部群众修筑土围子，抵挡反动派进攻。有一天，反动派民团武装从东西两面夹攻，王卓超带领群众同敌人进行了激烈的战斗。正陷入被敌人包围的危急时刻，县苏维埃政府派遣的武装赤卫队前来支援，击溃了反动派的进攻，王卓超等人才得以脱险。

此后，王卓超一家时常受到反动民团的骚扰，只好搬到山里的土房子中居住。一天，大雾茫茫，王卓超的嫂子隐约看到有两个戴着红袖章、背着枪的陌生人向家里走来，很是可疑，于是赶紧回家报信。王卓超听后觉得不对劲，立即朝门口走去，却被二人拦住了。王卓超急中生智问道：“同志，你们是哪里的？干什么来了？”两人谎称是游击队，到这里打反动派。“好，同志们辛苦了，我去给你们做饭吃。”王卓超等家人跑远，便提着水桶往山下走，表示要下山打水。待到下山走远，他立马藏身于山上密林中，这才躲过了敌人的追捕。

参加红军战胜艰险

1931年11月，红七军来到寻乌县，打跑了地方反动武装，开展“扩红”运动。当地群众踊跃报名参加红军，王卓超也在县苏维埃政府的介绍下加入了红七军。

1932年1月10日，中央军委命令红三军团攻打赣州城。赣州城三面环水，城墙坚固，易守难攻。担任主攻的红七军做好了各种攻城的准备，派了20名青年战士，在东门城墙地下昼夜不停轮流挖地道，准备炸毁城墙。王卓超正是被派去挖地道的20名战士之一，他们住在离城墙不到百米远的商店里，里边有一个囤粮的围子，装有八成满的粮食，仅能睡下一个人。

一天下午，王卓超正在粮囤里休息，城墙上的敌人突然打来一发乒乓球大的土炮弹，轰的一声落在他身旁的粮垛上，所幸有粮食作为缓冲，弹片未能炸开，王卓超再次与死神擦肩而过。

战士们花了25天，终于挖通了地道。挖地道时，王卓超被坑道顶塌下来的石头砸成重伤，被安排在后方休养，由战友们继续执行爆破任务。由于缺乏爆破经验，倒塌的城墙土把30多名攻城的突击队队员掩埋了。敌人把炸开的缺口堵住后，立即集中火力进行封锁，其增援部队也不断赶来，与红军在城外展开了激烈的战斗。此时攻城已不太可能，围城部队接到撤退命令，去往兴国县莲塘村休整。

伤愈归队后，王卓超于1932年6月光荣地加入中国共产党。此后的革命斗争中，王卓超在红三军团保卫局工作，负责封锁敌军消息，捕捉敌人侦探、清查俘虏等。1934年10月，第五次反“围剿”失败后，红三军团从于都出发开始长征。

1935年6月12日，部队从四川省天全县出发，在去往大雪山——夹金山的路上，遭遇敌机突袭。因河流湍急，水流声掩盖了敌机的轰鸣，直到敌机飞到头顶战士们才察觉。王卓超刚跳到水沟里隐蔽，敌机投下的炸弹正落在离他3米远的土墙边，他得以躲过一劫。待敌机轰炸扫射了一阵，他和战友们又爬起来继续前行。

夹金山天寒地冻，天气变化无常，山路崎岖险峻，到处是悬崖峭壁。部队行军上山30里，下山20里，要走一天。到半山腰时，因高寒缺氧，每走一步都艰难万分，许多战友倒下后就再也爬不起来了。王卓超也浑身无力、心跳加快，此时，一匹大骡子经过，他立即紧抓着骡子尾巴不放，凭着革命必胜的信念和顽强的意志，艰难地翻越了大雪山。

1935年8月中旬，红军开始向草地进军。草地无边无际，表面上看起来是草，下面却是很深的沼泽，基本无路可走，后面的部队只能沿着前面部队踩过的脚印走。在行军途中，王卓超一不留神没踩准前面的脚印，从边沿滑到了烂泥糊里，一下就被淹没了半个身子，连忙呼救。附近的同志闻声赶来，合力将他拉了上来。经过七八天的艰难行军，红军才走出茫茫草地。

红军到达陕北后，部队进行了整编，成立一方面军司令部，朱德任总司令；又成立一方面军保卫局，罗瑞卿任局长。王卓超当时就在一方面军保卫局执行部工作。

公安保卫战线建功勋

1938年11月20日，正值周末，延安城一片热闹景象。当时中共中央、中央军委各机关，西北局各机关，陕甘宁边区政府，延安市党政各机关和抗日军政大学等都设立在延安城。

上午8时40分左右，宝塔山上传来防空警报，时任延安市公安局局长的王卓超立即指挥全体干警紧急集合，分别奔向事先安排的工作岗位，维持防空秩序，帮助群众转移到安全地带。

王卓超路过一个小巷时，敌机从头顶飞过，一颗炸弹突然从天而降，将附近的房子炸塌了，爆炸的气浪将他掀倒在地，所幸一面土墙挡住了弹片。他爬起身拍去身上的尘土，顾不上伤痛，又继续走上街指挥疏散群众、抢救伤员。这天后，日军又连续数次轰炸延安，由于防备充分，敌机大多只是炸塌了城内房屋，没有造成较大人员伤亡和其他财产损失。

毛主席对此评价说："日本飞机轰炸延安城时，延安市公安局的干警英勇地维护了社会治安秩序，保卫了人民的安全，是中国人民的好警察。"

1946年，党中央决定从各解放区调集大批干部到东北工作，王卓超于10月到达哈尔滨，担任合江省公安处处长一职。他在当地发动群众配合军队剿匪反霸，进行土地改革，建立人民政权。经过两年多努力，取得了巩固后方、支援前线工作的初步胜利。

在三大战役取得胜利的大好形势下，王卓超又受命带领合江省200多名干部南下，支援江西省的工作。抵达南京后，因浙赣铁路不通，长江军运船舶困难，四野司令部指示，东北九省2000多名南下的干部组成南下干部支队，王卓超担任支队长。

根据敌人封锁白天严、晚上松的规律，王卓超带领队伍乘坐“江汉”号轮船连夜起航，加足马力向江西九江进发。轮船不日便抵达九江港，就在大家以为安全时，3架敌机在码头上空盘旋侦查，此时轮船上除了2000多名干部外，还装有800吨炮弹，情况万分危急，船上的人开始慌乱起来。

王卓超立即发出命令，让警卫部队维持秩序，任何人不准乱动。敌机在空中盘旋了一阵，没有发现异常后，就往长江下游飞去了。见敌机离去，王卓超立即指挥大家迅速有序下船，最终不辱使命，将南下干部一个不少地护送到了南昌，也闯过了他的第九道生死关。

新中国成立后，王卓超历任江西省公安厅厅长兼检察署检察长、江西省副省长、中共江西省委常委、政法领导小组组长等职。

“父亲觉得自己活着一天，就要为家乡建设贡献力量。工作得空便要下乡和群众一起修桥修路、兴修水利，父老乡亲们哪个生活困难，他都会拿出自己的工资帮助他们，自己的内衣袜子却是补丁摞补丁。”王卓超的女儿王小梅说，“他常教育我们子女，红色政权来之不易，中国共产党是为人民谋利益、谋幸福的党。如今，他已离开我们21年了，我们要以父亲为榜样，赓续红色血脉，走好新时代的长征路。”

作者：刘　杨

2023 年 10 月 22 日

追溯92年前的“开国大典”

92年前的今天，在瑞金的叶坪村，举行了一场山坳里的“开国大典”。

92年前的今天，一个中国历史上从未有过的新型人民政权——中华苏维埃共和国临时中央政府在江西瑞金正式成立。

这一天，在瑞金的叶坪村，举行了一场山坳里的“开国大典”。

“开国大典”是怎么安排的？又经历了哪些惊心动魄的时刻呢？让我们走进历史，从红军首次阅兵典礼、精心设置假会场、盛大“开国大典”以及提灯晚会等时刻感受紧张激动又充满希望的一天！

红军首次阅兵典礼

1931年11月7日的清晨，东方熹微，层林尽染。瑞金叶坪的红军阅兵广场上，已是人声鼎沸，口令阵阵。

为庆祝中华苏维埃第一次全国代表大会（简称“一苏大会”）的隆重召开，中国工农红军第一次正式阅兵典礼在这里举行。

检阅台的横梁上挂着“第一次全国苏维埃代表大会红军检阅台”的横幅。台中央摆着书桌和长条板凳，天幕上悬挂着马克思、列宁的画像，两边是中国工农红军军旗。广场四周悬挂着汽灯、马灯和灯笼，场中红旗似海，欢声如潮。

6时左右，毛泽东、朱德、彭德怀、项英、任弼时、邓发、周以栗、叶剑英、张鼎丞、曾山等领导人和红军将领，身穿红军军装、腿缠绑带，在参会代表和数千名群众的欢呼声中步入广场，健步登上检阅台，向受阅部队挥手致意。

随着大会执行主席朱德宣布："第一次全国苏维埃代表大会阅兵仪式现在开始！"顿时，广场内外欢腾雀跃，台上台下掌声如雷，锣鼓声、鞭炮声、军乐声、欢呼声响成一片，汇成欢乐的海洋。

嘹亮的军号声响起，威武的红军战士扛着从战场上缴获的各种武器，喊着洪亮的口号，迈着矫健的步伐通过检阅台，向毛泽东、朱德等领导人行注目礼，领导人也向受阅部队挥手致意。赤卫军和少先队也穿着列宁装，挂着红飘带，扛着梭镖、大刀整齐地通过检阅台。

整个会场气氛达到高潮，"红军万岁！""苏维埃万岁！""中国共产党万岁！"的口号声此起彼伏，响彻云霄。中央红军各军、军团代表，红军随营学校和警卫部队的代表，闽赣两省附近县的赤卫军和少先队等，都接受了检阅。

阅兵典礼刚结束，就有十几架国民党飞机掠过叶坪红军广场上空，赶来"庆贺"。这是怎么回事呢?

精心设置假会场

原来，毛泽东、朱德等人早就料到蒋介石不愿看到"一苏大会"召开，肯定会趁机搞破坏，所以决定采取在瑞金和长汀分设一真一假两个会场的办法来迷惑敌人。国民党确实根据情报获悉，“一苏大会”的会议地点，不是在江西瑞金就是在福建长汀，便企图破坏会议，摧毁新生的革命政权。

国家政治保卫局局长邓发向长汀县委书记李坚真传达中央的决定：“尽管会场是假的，但必须按真的会场布置，目的是要借长汀的宝地，唱一出空城计。”李坚真接到任务后，深知这个假会场意义重大，事关“一苏大会”能否在瑞金顺利召开、中华苏维埃共和国能否顺利成立。她在县委和县苏维埃政府的党政联席会议上动员：“我们一定要服从毛泽东总政委的指示，在长汀不但要搞个假会场，而且要搞得像模像样，达到以假乱真的程度。”

经过一番调研，假会场选在离长汀城西郊不远的南山坝要道旁，这里只有一栋无人居住的空茅屋，周围没有其他房屋，离百姓居住的村庄有一定的距离，如敌机来轰炸，不会伤害到群众。而且这里空间大，树木稀疏，从空中俯视很显眼，容易被敌人发现。

李坚真发动群众一起布置“一苏大会”假会场，长汀的群众以为真的要在这里召开“一苏大会”，都非常支持，桌子、凳子、台布等都主动捐献出来摆好，扎彩门、做标语……主席台很快就搭建好，在会场周围还插满了红旗，很远就能看得见一个偌大的会场，气势恢宏。

假会场布置妥当后，长汀县委有意引来周围很多群众参观。他们以为真要在这里开大会，消息很快在群众中传开了，当然消息也传到了国民党情报机关。邓发特地从瑞金赶到长汀来验收，果然，叶坪的会场还不如长汀这个假会场逼真呢！

而真会场所在地瑞金叶坪古樟参天、绿树成林，布置时也未在露天悬挂张贴任何标志性东西，静悄悄不事先张扬。阅兵典礼一结束，参加检阅的军民就已疏散隐蔽，敌机飞来，并没有发现会场目标，只是在县城近郊扔下数枚炸弹作为“贺礼”，便往长汀方向飞去。

国民党飞机在长汀上空盘旋了几圈，终于“发现”了设在那里的“一苏大会”会场，又是投弹轰炸，又是低空扫射，把假会场炸得个稀巴烂才“凯旋”而归。

人们得知这一消息后，都佩服毛泽东、朱德等人考虑问题周密。假会场，真成功。正如当年中共苏区中央局电报所说：“苏大会开幕之日，有十余机轰炸长汀瑞金，投弹百余枚，烧屋百余栋，死伤数十人，但大会无恙。”

“一苏大会”盛大开幕

7日下午，“一苏大会”开幕式在叶坪的谢氏宗祠隆重举行。经过精心布置，整个祠堂显得庄严肃穆。大会主席台正面墙上挂着革命导师马克思和列宁的画像，画像中间挂着一面鲜艳的镰刀锤头红旗。

主席台两侧贴着一副还散发着墨香的对联，左联为“学习过去苏维埃运动的经验”，右联为“建立布尔什维克的群众工作”，横幅为“全世界无产阶级联合起来”。主席台前沿放着一块横匾，上书“工农砲垒，民主专政”八个金色大字，高度概括了中华苏维埃共和国的政权性质。

大厅内16根圆柱子之间挂满了红红绿绿写满各色标语的三角彩旗，柱子上贴满了“苏维埃万岁”“红军万岁”“拥护全苏大会”等各色标语。

中厅的天井已铺上木板，整个大厅摆放着约200张长条木凳。红军无线电通讯队在会场上架设了电线电灯，用反“围剿”缴获敌人的发电机发电照明，整个会场充满热烈喜庆的氛围。

出席大会的正式代表和列席代表共有610余人（除湘赣、湘鄂赣苏区代表尚在途中外）。代表们胸前佩戴用红布制成的红五星代表证，端坐在长条木凳上，双眼目不转睛地注视着主席台。

大会推举毛泽东、项英、任弼时、朱德、周以栗、曾山、陈正人、张鼎丞、邓广仁等37人为大会主席团成员。

随后，大会主席团主席项英用他那特有的大嗓门宣布“一苏大会”开幕：“同志们，中华苏维埃第一次全国工农兵代表大会，已于苏联十月革命胜利的今天，正式开幕了！”话音刚落，会场内外顿时响起了热烈的掌声和欢呼声。

项英的开幕词，不断地被代表们热烈的掌声打断。大会宣读了毛泽东的题词：“苏维埃是工农劳苦群众自己管理自己生活的机关，是革命战争的组织者和领导者。”

隆重热烈而简短的开幕式，在代表们“全苏大会成功万岁！”“中华苏维埃共和国万岁！”“全世界无产阶级和被压迫民族解放万岁！”的高呼中结束。

会后，中共苏区中央局在瑞金的毛泽东、项英、任弼时、朱德、王稼祥、顾作霖、邓发7位委员，高兴地在室外会场合影留念。一些大会代表和工作人员也纷纷合影留念。

11月9日，“一苏大会”第一次全体大会举行，毛泽东代表中共苏区中央局向大会作了政治问题报告。

会议一直持续到11月20日，大会听取并讨论了项英、张鼎丞、朱德、周以栗、王稼祥、邓广仁等人所作的关于劳动法问题、土地法问题、红军问题、经济政策问题、少数民族问题、工农检查问题的报告，并通过了与法律、红军、经济政策等相关的决议。

提灯晚会军民同乐

7日晚上，叶坪村和瑞金城同时举行提灯晚会，热烈庆祝“一苏大会”隆重召开，庆祝中华苏维埃共和国的诞生。数千群众或提着自制的灯笼，或打着火把，涌进叶坪广场，与代表们一起举行盛大的提灯庆祝晚会。毛泽东、朱德等领导同志与广大群众一起唱歌、呼口号。

一时间，出现了“人山人海，红光满天，庄严热烈，空前未有”的盛况。心灵手巧的百姓扎了各种彩灯来装点，争奇斗艳：通红的红星灯、翠绿的采茶灯、晶莹的梅花灯、艳美的荷花灯，还有凤凰灯、兔子灯、鲤鱼灯、蚌壳灯、走马灯、铁锤镰刀灯等，灯火辉煌，竞展风采。广场中央，一堆篝火熊熊燃烧，几盘龙灯、两对狮子同时舞动，气氛热烈，军民欢乐无比。

在红军广场检阅台和“一苏大会”会场，还举办了精彩的文艺演出。演出有话剧《最后的晚餐》、赣南东河戏《活捉张辉瓒》，以及《打土豪分田地》《送郎当红军》《婚姻自由》《苏联舞》等节目，精彩纷呈。

在演出中，红军领导人毛泽东、朱德的艺术形象第一次在舞台上出现，观众惊奇不已。隆重热烈的提灯庆祝晚会，在军民们无比激奋的情绪中一直持续到次日清晨。

提灯庆祝晚会一连进行了三晚，节目精彩纷呈，军民欢乐无比。无数彩色的礼花向广场四周发射，军民们载歌载舞，在不眠之夜中迎来了中华苏维埃共和国的新曙光。

作者：陈　安　彭小青

2023 年 11 月 7 日

25万余名烈士共同写下精神坐标

一组组数据、一幅幅图片、一件件实物，向我们讲述着一个个激昂豪迈、荡气回肠的英烈故事。

一座风格典雅的苏式建筑坐落于南昌繁华的八一大道中段，周围簇拥着一片枝繁叶茂的樟树林，正门前方的广场中心矗立着一尊手握长枪、背戴斗笠的红军战士雕像，显得格外肃穆而雄伟，这里便是江西革命烈士纪念堂（下文简称“纪念堂”）。

纪念堂于1952年动工，历时5年建成，是当时南昌十大标志性建筑之一。

纪念堂承载了哪些感人的故事？又传递着怎样的信仰？

一

走进纪念堂序厅，映入眼帘的是烈士浮雕群，雕像目光如炬、神情坚毅果敢，其斗志犹如一团熊熊燃烧的火焰，令人肃然起敬。展厅陈列了37册记载了25万余名烈士的名录，重点展示了1642名江西籍和在江西牺牲的外地籍烈士的事迹及21个典型英烈集体的事迹。

一组组数据、一幅幅图片、一件件实物，向我们讲述着一个个激昂豪迈、荡气回肠的英烈故事，让我们得以重温一段段艰苦卓绝、气吞山河的革命历程。

风萧萧兮赣水寒，壮士问道兮救国难。在那积贫积弱、任人宰割的年代，无数仁人志士苦苦探寻救国道路，是马克思主义给黑暗的旧中国带来了希望的曙光。

赵醒侬，这位江西早期党团组织的主要创始人，参加革命后受新思想感召，为了表达自己的觉醒，将原名“性和”改为“醒侬”，决心用马克思主义思想改造江西青年。他也成为在江西为了打倒帝国主义、打倒军阀，争取中华民族独立解放的革命运动的第一个牺牲者。

矢愿从今立坚志，要为世界主人翁。袁玉冰，这位为追求真理而牺牲的江西新文化运动倡导者，于1922年8月考入北京大学哲学系，经李大钊介绍加入中国社会主义青年团，后转入中国共产党。他创办了改造社。他在《新江西》上发表的文章《我的希望》中写道：“我们应该振作精神，鼓舞志气，创造未来的新江西。”

血染东南半壁红，忍将奇迹作奇功。方志敏，是伟大的无产阶级革命家、军事家，杰出的农民运动领袖，土地革命战争时期赣东北和闽浙赣革命根据地的创始人。他坚信共产主义能救中国，在狱中写下：“敌人只能砍下我们的头颅，决不能动摇我们的信仰！因为我们信仰的主义，乃是宇宙的真理！”以“爱国、创造、清贫、奉献”为内涵的方志敏精神特质，凝结了伟大共产主义战士崇高的理想抱负、道德风范、人格魅力，成为激励后人的宝贵精神财富。

革命伉俪两地情，化作奇花日日新。王经燕与张朝燮，这对革命伉俪既是最亲密的爱人，也是最坚定的同志。两人出生于封建豪绅家庭，为了共同的理想，毅然放弃安逸的生活，走上艰辛的革命道路。

夫妻二人经常鸿雁传书共勉。张朝燮在信中写道："我们应以被压迫民众的利益灾害为利害，不能以个人私己的利害为利害，个人的利害与民众的利害相冲突时，应该牺牲个人的利害。"王经燕回信道："虽然人人都知道牺牲是我们革命者所不能避免的，我们革命的成功也就是由牺牲换来的，没有流血，就没有成功之日。"爱情醇厚绵长，信仰更是坚定执着。

铮铮铁骨竞豪情，矢志革命述丹心。96年前的一个漫天风雪的寒冷冬天，在南昌城德胜门外的下沙窝，中共德安县委书记杨超临刑前面不改色，引吭高诵《就义诗》："满天风雪满天愁，革命何须怕断头。"为理想，他坦然面对死亡，用坚定的党性谱写了短暂而光辉的一生，这是革命者独有的血色浪漫。

移孝作忠为救国，抗日先锋赴大义。"我想家里天天在盼着我回家吧！其实我何尝不想回家呢？可是'天下兴亡，匹夫有责'。"聂之俊，出生于书香世家，在武汉大学读书时积极参加抗日救亡运动。他在写给妻子的信中说："当全国同胞正处在水深火热的苦难之中，整个国家民族存亡绝续的关头底时候，每一个有血性的青年，没有不投笔从戎、枕戈待旦的！那末，个人的一切，如学业、官禄、家庭，也将成为次要的东西了。"我能体会到这个20来岁的青年内心的情感纠葛，身前是满目疮痍的祖国，身后是为自己生命担忧的妻子，或许对于坚定要以"丹心碧血染黄沙"的革命烈士而言，对国家的忠就是对父母最大的孝。

二

这些英烈牺牲时都非常年轻，有的仅二十出头，有的家境殷实，他们为何不求显达于世，反而放弃锦衣玉食，甚至不惜与家庭决裂，究竟是何等力量让他们如此抉择？

这，就是信仰的力量！这是鲜血和生命的宣誓，这是先国后家的高尚情怀，这是一股充盈于天地间的英雄气概和超越自我的伟大情怀！

“为有牺牲多壮志，敢教日月换新天。喜看稻菽千重浪，遍地英雄下夕烟。”为保卫新生的中华苏维埃共和国，仅1933年初到1934年长征前夕，中央苏区就有17万人参加红军。这个数字意味着中央苏区内不分男女老幼，平均每15人就有1人参加红军。

这些刚刚参军的新兵，很快就跟随中央红军离开家乡，很多人都在日后的残酷战斗中牺牲了。仅兴国参军的5万青年中有2.3万人成为红军烈士，牺牲在长征路上的烈士就有12038名，几乎红军每前进一公里就有一名兴国籍将士倒下，可谓“万里长征路，里里兴国魂”。

步入三楼“赶考路上的闪亮坐标”专题展，一张发黄借据让我不禁驻足凝视，这是红军时期留下的向当地农民出具的借条。透过这张小小的借条，我们可以从中体会到红军部队的艰苦奋斗、纪律严明、清廉节俭的优良作风。

刘启耀背着金条乞讨数年，历尽千辛万苦寻找党组织，宁可忍饥挨饿也不动用分毫党的经费。苏区“模范县委书记”谢名仁，提出并践行“要用冲锋的精神，做好革命的工作”，被称为“不知疲倦的人”。

张其德，虽曾任赣东北特区贫民银行行长、闽浙赣省苏维埃政府财政部部长等职，却从来不多占公家一分钱、一寸布，被称为“分文不沾的财政部长”。

物质世界的清贫者，却是精神世界的富足者。新中国成立后，甘祖昌将军化剑为犁，艰苦耕耘再为民，与当地农民一样过着十分俭朴的生活，却慷慨捐助家乡建设。

开国将领陈奇涵对子女定下规矩，如果谁想拿着我的名头搞特殊，就滚出这个家门。死后他也没给子女留下任何财产，只留下10个大字：不愿子孙富，但愿子孙贤。

他们是不贪财的真革命者，以实际行动践行共产党人一心为民、清正廉洁的优秀品质。

三

物换星移，如今共和国已走过了74个年头，今日之中国，“到处都是活跃跃的创造，到处都是日新月异的进步”。

回望历史、缅怀英烈，不只是为了纪念，也不只是为了采撷耀眼的历史之花，更是为了获取燃烧在英烈心中那奔突的地火，那火便是信仰的力量。唯有传承英烈的风骨，才能挺起中华民族的脊梁！

天地英雄气，千秋尚凛然。这座纪念堂，见证了光荣而伟大的革命历史，它就像一座蕴藏丰富的红色基因库、一首革命史诗、一幅英雄画卷、一个力量之源，深深刻印在人民心中。

来到纪念堂，你的灵魂会得到洗礼，思想会更加纯粹，脚下会更有力量。

近年来，纪念堂为深入挖掘先烈先辈事迹，多角度、全维度、沉浸式地为受众提供现场教育，精心推出一批红色文化精品，深受参观者喜爱。

一代人有一代人的长征，我们唯有以革命英烈为坐标，赓续红色基因血脉，从革命英烈身上汲取奋进力量，在新长征路上勇于攻克一个个腊子口、娄山关，彰显新时代新作为，才能无愧于时代、无愧于人民、无愧于先辈。

作者：施新华

2023 年 12 月 1 日

向毛主席学危机管控艺术

危中寻机、化危为机是毛泽东领导中国共产党应对和化解各种风险挑战的制胜法宝。

在重大历史转折关头，毛泽东总能凭借高超的智慧，捕捉机遇，创造机遇，提前谋划，临危不惧，掌握主动，使得中国革命化险为夷、转危为安。毛泽东在化危为机方面，为我们树立了典范，也为我们从容应对各种复杂局面和风险挑战提供了借鉴。

不打无准备之仗，不打无把握之仗

毛泽东十分重视未雨绸缪、提前谋划，总能在危机来临前做好充分的准备。中央苏区能取得前三次反“围剿”的胜利，重要原因在于毛泽东领导红军做了系统准备。比如，制定“诱敌深入”的基本战略方针，提出集中优势兵力，各个歼灭敌人，避强击弱，慎重出战，采取包围迂回、穿插分割的战术；强调“三大纪律六项注意”，树立人民军队纪律严明的威武之师形象；广泛发动群众，建立苏维埃政权，分配土地，动员大批群众参加红军。

1945年，面对抗日战争即将全胜的大好形势，毛泽东在党的七大上一口气列出我们党可能遇到的“十七条困难”，告诫全党“准备吃亏”。他指出，“准备对付非常的困难，对付非常的不利情况”，“如果我们不准备不设想到这样的困难，那困难一来就不能对付，而有了这种准备就好办事”。

党的七大胜利召开后，毛泽东还带领全党在多方面开展斗争准备工作，为夺取新的胜利打下了坚实基础。抗战胜利后，蒋介石连续三次电邀毛泽东去重庆“共定大计”。为了国家前途和人民利益，毛泽东毅然赴约，深入虎穴，同时指出，不要寄希望于国民党发善心而放松对蒋介石的警惕和斗争。他强调：“全国性的内战不论哪一天爆发，我们都要准备好。”因此，毛泽东在军事策略、工作重心和经济建设等方面，提出一系列准备要求。比如，实现战略从以游击战为主转向运动战；准备夺取大城市，到城市做工作，掌握大的铁路、工厂、银行；大搞经济建设，自己动手，发展生产。正因为各项工作准备充分，我们党恰当地应对了当时的复杂局面，粉碎了蒋介石的阴谋，赢得了全国人民的支持。

1950年，面对朝鲜战场复杂形势，毛泽东指出，“如果美帝得胜，就会得意，就会威胁我国。对朝鲜不能不帮，必须帮助”，我们要“深刻地估计到各种可能遇到和必然会遇到的困难情况，并准备用高度的热情，勇气，细心和刻苦耐劳的精神去克服这些困难”。

面对经济和技术远远落后于帝国主义国家的现状，毛泽东反复强调：“我们应当以有可能挨打为出发点来部署我们的工作，力求在一个不太长久的时间内，改变我国社会经济、技术方面的落后状态，否则我们就要犯错误。”实践证明，如果中国没有取得“两弹一星”等科技成就，“就不能叫有重要影响的大国，就没有现在这样的国际地位”。

敌军围困万千重，我自岿然不动

面对各种危机与挑战，毛泽东始终能够临危不乱、冷静思考，保持战略定力，理性分析复杂局势，作出科学决策。

井冈山斗争时期，面对地方军阀和蒋介石的重兵“围剿”，毛泽东能够做到“敌军围困万千重，我自岿然不动”，巧妙化险为夷；长征途中，面对国民党军队的围追堵截，毛泽东率领红军翻雪山、过草地，等闲视之；延安时期，面对国民党的严厉封锁，毛泽东提出“自己动手、丰衣足食”的口号，开展大生产运动。

解放战争时期，傅作义准备出动近10万大军突袭中共中央机关所在地西柏坡。当时国共主要战场在东北和西北，而中共中央周围卫戍部队仅有1万多人，形势十分危急。获知情报后，毛泽东临危不惧，撰写了一篇评论，详细公布了国民党的战略意图。正是这一纸评论，引起了国民党军队的巨大恐慌，使得傅作义兵发西柏坡寸功未进，落得草草撤退的下场。

新中国成立后，美国政府采取敌视政策，企图通过经济封锁的方式把新中国扼杀在摇篮里。一些西方政客们幸灾乐祸地认为，新中国尚不具备自给自足的能力，在美国强大经济封锁的压力下，必然面临崩溃瓦解的结局。对此，毛泽东一方面号召发扬独立自主、自力更生的精神，另一方面指挥全党全国在全面封锁的间隙中一点一点地突破美国的封锁禁运政策。为给新中国留下对外贸易和交流的窗口，打开美国封锁禁运政策的豁口，毛泽东审时度势地做出暂停收回香港的决定。在人民解放军强大攻势面前，收回香港本就是探囊取物的事情，毛泽东却力排众议，让英国人继续经营香港。对此，毛泽东在1963年

8月9日同索马里总理舍马克交流时指出：“香港是通商要道，如果我们现在就控制它，对世界贸易、对我们同世界的贸易关系都不利。我们不动它并不是永远不动它，英国现在安心，将来会不安心的。”抗美援朝战争期间，新中国通过香港获得了大量必需品，有力保障了前线的物资供应。此外，毛泽东还抓住一切机会，主动与资本主义国家开展贸易活动。许多国家也不顾美国制裁，纷纷与中国开展贸易活动。

扫帚不到，灰尘照例不会自己跑掉

无论是指挥作战，还是领导建设社会主义，毛泽东都牢牢掌握着战略主动权，认为“凡是反动的东西，你不打，他就不倒。这也和扫地一样，扫帚不到，灰尘照例不会自己跑掉”。发挥主观能动性是贯穿毛泽东指挥的一条主线。

毛泽东在总结土地革命战争时期的经验时说：“运动战，还是阵地战？我们的答复是：运动战。”

遵义会议后，红军仍然面临着几十万国民党军的围追堵截。毛泽东以运动战理论为基础，指挥3万红军巧妙穿插于敌军缝隙之间，忽南忽北，灵活变换方向，使敌陷入疲于奔命的困境。红军则在调动迷惑敌人的过程中，发现敌之弱点，攻其不备，不仅取得了娄山关大捷，而且把尾随之敌全部甩在金沙江以南，粉碎了蒋介石企图围歼中央红军于川黔滇交界地区的计划。

抗美援朝战争期间，毛泽东客观分析了敌我双方在军事上的长处和短处，并精辟地总结道：“敌人是钢多气少，我们是钢少气多。”这是我方发挥能动性、战胜敌人的优势所在。面对美国的核讹诈，毛泽东把原子弹比作纸老虎，并强调："原子弹是一种大规模屠杀的武器，但是决定战争胜败的是人民，而不是一两件新式武器。"在毛泽东的正确领导下，中国人民志愿军充分发挥我方能动性的战略优势，以"钢少气多"力克"钢多气少"的侵略者。

新中国成立初期，血吸虫病患病人数达1160万，受感染威胁的人口超过1亿人，遍及南方12个省市。当毛泽东得知血吸虫病的危害如此严重，以及缺少理想治疗药物、灭螺任务繁重等情况后，他要求全党务必下定决心，充分发挥能动性，排除万难，彻底消灭血吸虫病。为尽早消灭血吸虫病，毛泽东认为应由党委统一领导、全面规划血吸虫病的防治工作。因此，毛泽东组织成立中央防治血吸虫病九人领导小组，通过协调水利、卫生、农业、宣传等部门，实现资源的调动和整合。

在毛泽东的领导下，深受血吸虫折磨的广大人民群众，立即掀起消灭血吸虫病的群众运动。在全国民众的奋力拼搏下，党中央确定的七年消灭血吸虫病的目标提前实现，仅用两三年就消除了"蛊害"、送走了"瘟神"！此外，毛泽东还带领全党向重大传染病和流行病宣战，不仅控制和消除了天花、脊髓灰质炎、丝虫病、疟疾等传染病和流行病，也让克山病、大骨节病等主要地方病基本消除，使我国公共卫生事业取得巨大进步。

作者：何兵兵

2023 年 12 月 24 日

王震将军的红星往事

一位名垂青史的将军在红星人民眼里就像一位老支书、一位老农民，与普通百姓没有一点陌生，没有一点距离。

1969年10月，王震将军下放到位于抚州东乡的红星垦殖场劳动锻炼，开启了他与江西的一段不解之缘。

在那个特殊年代，王震以特殊身份在东乡红星生活了两年半，与红星的一山一水、一草一木结下了深厚情谊。他曾多次说过，红星是个好地方，我对红星是有感情的。东乡人民也没有忘记他。

一

红星垦殖场是20世纪50年代后期兴办的农垦企业。1969年10月下旬，王震带着身边的工作人员离开抚州军分区干休所，来到红星垦殖场蹲点。身为将军的王震来到红星后，变客为主，以自己“蹲点”的身份，积极参与和指导垦殖场的各项工作。

为农场谋发展，为群众谋福利，为社会谋财富，是王震将军立足红星、扎根红星的出发点。

为使红星垦殖场数万亩荒山披上绿装，使“一天下雨一包脓，三天天晴一包铜”的黄泥岗变成瓜果飘香的沃土，他号召垦殖场职工深冬到水库、池塘、沟渠里挖淤泥，在沟壑里修水库、引山泉；动员各分场兴办养鸡场、养牛场，利用猪牛粪便改良土壤；开垦荒山荒地栽种花生、红薯、瓜果，增加副业收入；大力发展农业、养殖、饲料加工等设备的生产。

当时，红星奶粉加工厂生产的“培力”奶粉、红星机械厂生产的饲料粉碎机驰名全国，各大养殖场出产的生猪更是品质优良，远销各地。短短三年，这些措施不仅红星的干部职工大幅增加了收入，提前过上了温饱生活，也对东乡的农业发展和全民创业产生了深远影响。

这些，正是这位在红星垦殖场没有正式职务，不领取固定工资，甚至没有完全落实场部福利待遇的“蹲点”干部、“编外员工”，以他的远见卓识在红星这块红色的土地上创造的惊人奇迹。

东乡今天的发展与王震将军当年在红星创立的“农工商贸一体化”经营模式有着密不可分的联系。王震将军在红星各大企业培养了一大批尖端人才，包括技术人才、管理人才、销售人才。他们走南闯北、信息灵敏，既有一技之长，又吃苦耐劳，因而在出外务工、回乡创业和招商引资中抢得先机、拔得头筹。

如今，东乡有一批全国知名的涉农企业，包括生猪、家禽、淀粉加工等，大多与王震将军当年倡导的发展思路有关。

时至今日，东乡人民还在分享王震将军多种经营的致富之道。这也是老一辈革命家心中装着人民群众，一切为了人民群众的具体体现。

二

在红星“蹲点”的日子里，王震将军一直住在红星招待所闲置的一座低矮的砖瓦房里。2012年，为弘扬王震将军的高尚品德和革命精神，县人民政府对王震将军原住所进行整修，对周边杂乱的工棚进行清理。

但庭院中王震将军和夫人王季清亲手栽植的葡萄却至今还保留着。在这间小屋里，在这个葡萄架下，王震将军接待了前来看望他的首长和战友。在与场部干部职工、邻居和群众的交谈交往中，王震将军总是那么和蔼可亲、平易近人。

密切联系群众，凡事率先垂范，是王震将军给红星人民留下的最深刻印象。在红壤改造的现场，在春插的稻田里，年逾六旬的王震将军常常戴着斗笠，穿着蓑衣，挽着裤腿，与干部群众一道干活。累了就盘着双腿和大家一道坐在田埂上休息、聊天。夜里与附近的群众一道在河里洗澡，在树下纳凉。那些日子，垦殖场的干部群众都以能跟将军一块劳动、一块聊天感到幸运和开心。

别看他是一位德高望重的国家领导人，可在红星人民眼里，他就是一位农民。什么重活、脏活他都干过。

有一次，他的一位老战友到访，工作人员告诉他，王震将军去了东山分场养猪场。这位老战友在工作人员的陪同下驱车十来里来到猪场，在猪场绕了一圈就是不见王震将军的踪影。原来，王震将军正穿着一双靴子与兽医李汝庆在一间低矮的猪舍里为一头患病的母猪打针。之后，王震将军又与饲养员一同将猪圈里的猪粪一一清除。

老战友看到这一幕时，眼泪情不自禁地流了下来。原来，王震将军的脸颊上、手臂上、衣衫上都沾着猪粪，当他从一米多高的栅栏里伸出头来时，老领导和在场的人一时都没有认出他来。他可是一位大名鼎鼎的将军啊！可此刻，他成了一名饲养员，甚至比饲养员还敬业。

王震纪念馆里珍藏着一张特殊的照片。照片上，王震将军穿着一件褪了色的单衣，挽着高高的裤腿，蹲坐在一张破旧的木椅上。对面是几个同样挽起衣袖和裤腿的职工，职工们也和王震将军一样刚刚从农田里回来。王震将军一边抽着烟，一边亲切地与职工们交谈着。他们或许说的是农业生产，或许说的是家长里短，气氛是那么和谐，话题是那么轻松……

在人们眼里，将军都是高大魁梧、威风凛凛的，而这张照片里的将军怎么蹲坐在椅子上呢？这是因为，王震将军在长征、垦荒等艰苦的日子里经常忍饥挨饿，用餐、休息不规律，最终落下严重的胃病。每当寒冬或是春发时病情便加重，他有时疼得一连几天都寝食难安。

为了不耽误工作，王震将军总是这样蹲坐着，用膝盖顶着腹部，剧烈的疼痛就能有所缓解。当年，王震将军就是这样，经常蹲坐着，跟基层一线干部职工谈论国际国内的形势，讲红星垦殖场的发展规划和宏伟蓝图。

也就在那一刻，场部的一名工作人员，也是一名摄影爱好者将这一幕拍了下来。参观者都说，这是一个难见的瞬间，一位名垂青史的将军在红星人民眼里就像一位老支书、一位老农民，与普通百姓没有一点陌生，没有一点距离。

三

居庙堂之高则忧其民，处江湖之远则忧其君。王震将军在逆境中始终坚持对党的忠诚，为国家前途和命运感到担忧。在红星的日子里，他坚持天天听广播、看报纸，还将国家大事、国际新闻及时讲给垦殖场的职工听。

回北京后，王震将军还曾数次回到东乡红星，与红星的干部群众促膝长谈，询问东乡发展状况，并多次写信给红星垦殖场的领导和职工，鼓励他们要一如既往办好国营农场，继续发扬“艰苦奋斗、勇于开拓”的农垦精神，为红星垦殖场的发展献计献策。红星的干部职工都说，王震将军对红星的情怀是用语言无法表达的，也是用文字叙述不完的。

1973年4月，王震同志率中央六个部委的领导专程来到红星垦殖场视察。在东乡，他说得最多的一句话便是：东乡人民没有忘记我，我也忘不了东乡红星。我是红星垦殖场的一分子，红星就是我的家！

一个为了中国人民解放事业屡建功勋，为了中国的农垦事业付出了毕生心血的将军，把他只生活了两年半的红星，当成了自己的第二故乡，把红星当作自己的家。这是何等深情啊！

作者：汪云飞

2023 年 12 月 31 日

三湾红枫今更红

在枫树坪，两棵枫树紧连一块，它曾经见证了具有里程碑意义的三湾改编，如今依旧诉说着三湾村、三湾乡、永新县的变迁。

在永新县三湾乡三湾村村头，屹立着两棵高大挺拔的红枫。两棵红枫高80余米，与旁边绿色的古樟相互依偎、相互映衬，显得格外亮丽。1927年，毛泽东就是在这几棵古树下向部队宣布进行改编的。如今，90多年过去了，驻足枫树坪，我们似乎仍能听到时光里传来的清晰回响，感受到岁月留下的红色记忆。

一

枫树坪，是三湾村村头一块平坦地。在这片土地上，生长着一棵大樟树，两棵枫树，它们紧连在一块。樟树高大茂盛，树叶层层叠叠；枫树虬枝横溢、错落有致。它们似沧桑的老者，虽历经几百年风雨，依然生机盎然，见证了我党、我军历史上具有里程碑意义的三湾改编。三湾村也因此享有“中国军魂诞生地”的美誉。大樟树婆娑慈祥，冠如伞盖，如一位慈祥的老人张开双臂拥抱世界，欢迎八方来客。两棵枫树，高低协调，挺拔屹立，如哨兵一般；朱红色的“衣装”，在冬日暖阳照耀下，闪烁着耀眼的金光。山风吹过，樟树与红枫相互依靠，叶片窸窸窣窣，如窃窃私语，似乎在向游客讲述那段红色历史，诉说三湾村、三湾乡、永新县的变迁。

二

每一次向历史回眸，都是一次思想的点名、精神的整装。1927年，震撼全国的秋收起义失利后，毛泽东在湖南文家市力主转兵，决定向罗霄山脉中段井冈山进军，建立农村革命根据地。

当年9月29日，毛泽东率秋收起义部队在永新县高溪乡九陂村进行了一天休整后，来到了辖陈家、钟家、上李家、下李家等数个自然村的三湾村。三湾村位于湖南、江西两省交界的九陇山北麓，是茶陵、莲花、永新、井冈山四县（市）交界的地方，是永新县的一个山村。

由于连续作战，疲劳、饥饿、疾病轮番袭扰，起义部队到达三湾时已不足千人，编制却还是起义时的编制，以至于官多兵少、枪多人少，很不利于作战。部队成员虽大多数是经过战斗锻炼、考验的党团员和工农运动骨干，但也有未经改造的旧知识分子及旧军官出身的人。在战斗失利和艰苦环境面前，部分人员悲观动摇情绪突出。

面对这种状况，怎么办？到达三湾的当天晚上，毛泽东主持召开中共前敌委员会扩大会议，决定解决这个革命进程中出现的重大问题，提出部队要进行改编。

翌日，部队在枫树坪集合。毛泽东向全体官兵说明改编意义，并针对少数人悲观动摇情绪，作了鼓舞人心的讲话。紧接着，毛泽东宣布改编方案，把一个师缩编为一个团，番号定为工农革命军第一军第一师第一团。对于动摇不定的人，在做好思想工作基础上，按“愿留则留，愿走发路费”原则让战士自主选择。在部队中建立党的各级组织，支部建在连上，班、排设立党小组，连以上设党代表，营、团建立党委。毛泽东任前敌委员会书记，统一领导部队，重要问题必须经过党委讨论决定，部队因此有了坚强的领导核心。同时，重新任命干部，实行民主制度，禁止枪杀逃兵，官长不许打骂士兵，废除烦琐的礼节，士兵有开会发言的权利，官兵待遇平等。连队建立士兵委员会，在党支部指导下进行宣传和组织群众工作、组织领导士兵文娱生活、监督部队经济开支和伙食管理。军队内部建立民主管理，一扫封建雇佣军队的一套作风，充分调动士兵的积极性。“支部建在连上”“官兵平等”等一整套崭新的治军方略，从组织上确立了党对军队的绝对领导。

毛泽东在三湾住了5天，亲自深入老乡家里访贫问苦，进行社会调查。见三湾村水井塌毁，毛泽东便带领战士清理淤泥，并加深拓宽水井。考虑到部队人多，用水需求大，毛泽东又带领战士在相邻的地方挖了一口同样的井，保证了井水供应。后来，这两口水井被人们称为“红双井”。

10月3日，毛泽东率部队在枫树坪下集结出发，离开三湾，以崭新的风貌、坚定的步伐，迎着朝阳向井冈山进发，开启中国革命胜利之路。也是红枫艳红时。1972年10月的一天，天高云淡，秋高气爽，邓小平轻车简从来到三湾。他昂首站在枫树坪，眺望四周青山，坚定而自信。他来到三湾接受教育，作为复出的起点。

年年岁岁花相似，岁岁年年人不同。三湾枫树坪饱经沧桑的红枫、古樟不断凋零，又不断生长，绽放出红色力量。它们见证了刻骨铭心的岁月，感受到一代伟人的情怀与思绪，是那样熠熠生辉，又是那样默默无闻。

三

三湾是个小山村，却不仅仅是一个小山村。红军留下的足迹，使这里成为中国革命的重要坐标。90多年过去，如今有着700多年树龄的两棵红枫，更加枝繁叶茂，就像三湾村、三湾乡的变化一样，日新月异、欣欣向荣。

走进村落，一条条乡村道路干净整洁，一栋栋农家房屋阡陌交错，在冬日的大棚里新鲜的瓜果蔬菜诱人采摘……处处呈现出美丽祥和的乡村振兴画卷。

三湾乡辖三湾、汗江、石口、九陇、高车坳5个行政村，人口1400多户5000多人。三湾乡因地制宜，大力发展红薯、蜂蜜、水酒，以及旅游等产业，积极培育壮大经营主体，不断完善产业与脱贫户、监测户利益联结机制，增强产业扶贫保障能力，巩固拓展脱贫攻坚成果同乡村振兴有效衔接。同时以乡村人居环境整治为突破，集中整治农村“八乱”现象，治理农村生活污水、开展厕所革命、推行垃圾无害分类收集等，彻底解决农村环境脏乱差现象，群众幸福指数日益提高。在这里，红色资源变成了旅游资源。改编旧址红枫香樟林、三湾改编纪念馆、改编纪念塔、改编广场、毛泽东雕塑、毛泽东旧居、工农革命军第一军第一师第一团团部旧址、士兵委员会旧址、红双井、红枫湖……一系列以三湾改编为元素的红色景点先后被挖掘打造出来，依靠旅游产业，人民群众的生活水平日益红火，红得像红枫那样灿烂、那么热烈。

伫立三湾枫树坪的红枫树下，仰望红枫，片片枫叶写满了故事，写满了变迁。人们望着红枫舞动的身躯，听着枫叶猎猎作响的声音，惊叹于红枫的丰姿，敬佩红枫的执着。在红枫的衬托下，小山村靓了，永新县也靓了。

作者：龙抗病

2024 年 1 月 3 日

这家“平民银行”创造了多个“第一”

东固平民银行作为江西苏区第一家银行，是如何诞生的？它的创建对根据地建设发挥了哪些重要作用？

在吉安市青原区东固畲族乡圩场南侧，有一座中西合璧式的二层楼房，门额正中为用篆书写的“平民银行”四个大字。银行名虽为“平民”，但意义却非同一般。它是江西苏区第一家银行，发行了中国工农红色政权最早的纸币，是中国红色金融的先驱。东固平民银行是如何诞生的？它的创建对根据地建设发挥了哪些重要作用？让我们走进东固平民银行红色旧址，去寻访那段鲜为人知的革命历史。

横空出世

1927年11月，共产党员赖经邦、李文林、曾炳春等人在东固地区发动和领导了暴动，实行工农武装割据，建立了东固革命根据地。东固革命根据地的崛起，严重威胁着国民党在赣西南的统治。

国民党军队和地主武装时常对东固进行军事“清剿”，同时实行严密的经济封锁。“东固的这一块红色政权，处于四面白色区域包围之中，本地的部分富农以及原在东固街开店的外地商人，把资金抽走了，白色区域的豪绅地主，阻扰外人进入东固经商，称东固为匪窝。意欲用经济封锁，断绝物资的方法，扼杀这块微弱的根据地——东固。”

1928年2月，东固区委为解决群众生产生活中缺乏流通资金的问题，以发展农村经济，由根据地军民自己筹集资金，成立了东固贫民借贷所，向当地群众提供无息和低息借贷，解了群众燃眉之急。

10月，东固区委决定在贫民借贷所的基础上，成立东固平民银行。之所以取名“平民银行”，意为老百姓自己办的银行，目的是联合东固各阶层的经济力量，争取各阶层的援助。创立东固平民银行时，江西工农红军独立第二团将打土豪得来的4000块银洋资助给平民银行，加上各阶层民众筹集的3000块银洋，一共有7000块银洋的起始资金。于是东固平民银行正式挂牌成立，黄启绶任行长。

为使银行工作尽快开展起来，东固区委成立了以黄启绶、刘经化（区委书记）、汪安国（区委组织委员）、王金亨、邱有文、李文莲、王直清7人组成的平民银行工作委员会。

由于敌人封锁严密，印刷纸币所需的机器、纸张、油墨、蜡纸等材料无法进入东固。工作委员会决定自力更生、因陋就简，土法上马创办了一个油墨蜡纸厂。制造油墨和蜡纸的工人都是当地农民。

平民银行工作委员会聘请了两位“能工巧匠”：一个是精于雕刻、擅长书画，人称“丹青先生”的刘昌梓；另一个是学识渊博、擅长刻蜡纸的教书先生杨仿仙。两人密切配合，一个不厌其烦地反复修改票面，另一个则竭尽全力一次又一次地刻印，终于印出了令人满意的1元面值纸币。

纸币正面上方银行名称为“东古平民银行”，故意去掉“固”字外围的“口”字，是为了表达根据地军民粉碎敌人封锁和“清剿”的决心。主图为一轮冉冉升起的红日，寓意中国革命如东方之日出；下方左右分别盖上“东古平民银行之章”和“黄启绶之章”的红色印章，最后蘸红水写上00000001的编号。背面印有“共同生产”“共同消费”字样。两面刷上起防腐和硬化作用的桐油，晾干后进行剪切。至此，根据地的第一张纸币，也是我国工农政权的第一张纸币诞生了。之后，又经过精心设计，新增了5角、100文和200文3种纸币。1929年，工作委员会又扩大资金8000元，增印了2元纸币和10枚铜元券，发行纸币2万元。

稳健发展

东固平民银行自创办之初就受到大家的热烈欢迎。根据地各界人士各显神通，想方设法筹措资金，支持平民银行的开办，有的妇女还把结婚陪嫁的手镯、项链、耳环、戒指等往平民银行送，大家都希望平民银行能够兴旺发达。

1929年2月，井冈山革命根据地失守后，毛泽东、朱德率领红军突围，到达东固根据地与江西工农红军独立第二、四团会师。毛泽东、朱德、陈毅了解到东固根据地办起了平民银行，当即称赞这件事办得好，并希望银行办成中国红色政权的金融大本营，为发展革命力量、开辟和巩固革命根据地做出贡献。

在李文林的陪同下，毛泽东、朱德、陈毅还来到平民银行视察。在参观平民银行印刷车间时，毛泽东发现职工们用土纸、土法印出了崭新的纸币，称赞说：“用这样的土办法居然印出了高质量的票子，东固人民了不起！”他还赞扬了职工艰苦奋斗、精益求精的工作作风，并派人给予指导和改造。

当他们看到平民银行别具特色的建筑风格和栩栩如生的门面图案时，毛泽东不禁大加赞赏。毛泽东指着银行外墙的空白处说：“这里地处街道中心，如果在上面写上一条标语，既有很好的宣传作用，又能为房子锦上添花。”毛泽东的提议得到大家的赞同。

可是，由谁来起草标语呢？毛泽东拍了拍朱德的肩膀说：“还是请我们的朱军长拟定吧，他是最擅长发号施令的。”朱德注视墙壁，思索片刻，走进营业厅，提笔写下两行小字：“全体动员起来扩大民族革命战争粉碎敌人的大举进攻！”

时值第一次反“围剿”前夕，红军队伍逐渐壮大，革命根据地日益强盛，蒋介石极为恐慌，调遣10万兵力向苏区进攻。朱德拟定的这条标语，是向根据地全体军民发出的反“围剿”动员令。毛泽东看了标语之后，连声称赞：“气势磅礴，震撼人心，写得好！写得好！”陈毅也竖起大拇指赞道：“要得！要得！”

1930年3月，赣西南苏维埃政府成立，东固平民银行改组为东固银行，归辖于赣西南苏维埃政府财政部。东固平民银行纸币也停止发行使用，开始发行使用东固银行纸币，7月，改称赣西南工农银行。1930年10月，红军攻克吉安，缴获两台石印机，毛泽东指示部队将这两台石印机留给东固银行使用，并配备了石印工人。从此，纸币由油印改为石印，票面也由单色印制改为彩色套印。

红军打下吉安后，建立了统一的工农民主政府。由于根据地的扩大，需要扩大货币流通，加强金融管理，原来的赣西南工农银行已不适应新形势的需要，1930年11月，赣西南工农银行发展成江西工农银行。1932年3月，江西工农银行又与闽西工农银行合并为中华苏维埃共和国国家银行。

功不可没

东固平民银行成立之前，东固山里山外的贸易被卡断，日用物资供应紧张，一些私商乘机敲诈盘剥。根据地所产谷、米、油及其他农产品被大幅压价，而外来工业品如食盐、煤油等则纷纷涨价，甚至涨了一倍，出现了工农品“剪刀差”现象。经济贸易往来被掐断，市面上流通的是各种滥发的杂票纸币。1927年冬，国民党江西省政府主席兼第五路军总指挥朱培德借筹措军费之名，行搜刮民脂之实，曾拟发行500万元金库券，后恐民众反对，改由官商合办的裕民银行发行大量纸票；1930年，鲁涤平上任国民党江西省政府主席之后，又发行所谓兑换券；还有漳州民兴银行等所发行的钞票以及许多地方的商会和商号发行的银元票、铜元票流通券，充斥着本就千疮百孔的赣西南。

在这些纸币中，有的并无准备金，滥发无度，劣币驱逐良币的结果使市场流通的银元极少，工农群众对各色杂票极不信任。为了改变这种状况，当地成立了东固消费合作社，吸引白区的商人来根据地做生意。但东固地区的银元和铜板很少，交易、找零困难，所以消费合作社印制了一种以铜元为面值标注的铜元票，解决了找零的问题，消费合作社便有了铜元票可以使用。但是对于整个根据地其他商家来说，仍然感到不便。为了适应商品流通的需要，东固平民银行就在当时的东固贫民借赁所里诞生了。

每逢东固当圩日散圩时，平民银行派专人到市场上，摸清当日交易的现金、纸币数目，掌握市场交易的货币需求量。开始时，商人们来东固兑换铜元，银行都随来随兑，应付利索，有多少兑多少。后来随着铜元票在周边广泛流通，且信用稳定，外地商人渐渐不再兑取，凭铜元票频繁买卖贸易；加之消费合作社增加根据地自产货物的生产与输出，大批日用必需品被运进来，供给根据地群众需求，于是工农群众都争先恐后地拿银元现洋来兑换铜元票，各种杂钞花票逐渐没人要，在经济上给国民党反动派以有力打击。

后来铜元票的发行数量也相应增加，到1930年3月扩大为东固银行时，其发行数量近20万张，流通于整个赣西南赤色区域。东固平民银行和以它为基础发展起来的东固银行，是江西苏区最早的银行，在冲破敌人的经济封锁，恢复与发展根据地市场贸易，巩固苏维埃政权等方面发挥了重要作用。

东固红色金融活动的有益尝试，为江西工农银行、中华苏维埃共和国国家银行的成立打下了良好基础，为苏区政府金融政策的制定作出了有益探索。

作者：康美权　康典江

2024 年 1 月 13 日

红军在江西过的三个非同寻常年

回望那些红军在江西过的春节，艰苦朴素却回味无穷。

百节年为首。春节，是传承不息的文化纽带，寄托着中华儿女对家庭和睦的向往、对美好生活的期盼。90多年前，在那个为革命浴血奋战的年代，红军在江西又是如何度过春节的？

在遂川过了一个欢乐胜利年

1928年初，为了解决军需问题和扩大工农革命军的影响，毛泽东和前委根据遂川守敌薄弱的情报，决定攻打遂川。1月4日，毛泽东率部从井冈山龙市出发，进抵遂川县大坑镇，并在此将大地主肖家璧打得狼狈而逃。第二天，守城敌军弃城而逃，工农革命军随即占领遂川县城。工农革命军这次在遂川的31天时间里，不仅和人民群众一起度过了一个喜庆祥和的春节，还创建了遂川县工农兵政府，颁布了《遂川工农兵政府临时政纲》。在工农革命军宣传队及其他工作队回县城过年之前，毛泽东特别提出，各地要把打土豪没收地主的粮食、物品分给贫苦农民，作为过年的胜利品。于是，红军首先在草林开展群众性活动。他们在草林圩场万寿宫门口和浮桥头将打土豪没收的猪肉、衣服、米谷、油盐等物资分给2000多名群众；随后，在县城罗汉寺的柴坪里，工农革命军将从土豪劣绅和奸商那里没收的油、盐、米谷、瓜子、糕饼、猪肉、衣服等分给群众，许多从乡下来街上的群众也分得了过年所需物品。毛泽东亲自和战士一起，站在路口给老表发糕点。

1月21日，除夕的前一天，工农革命军从各地回县城过年。工农革命军进城时，全城男女老幼纷纷拥上街头迎接。革命的胜利给群众带来了新年的喜悦，有的在置办年货，有的商铺贴出了红对联。大街小巷，群众挑着分来的谷子，穿着分来的衣服，喜笑颜开。1月23日，大年初一。遂川县工农兵政府成立工作准备就绪。负责宣传的同志拟了几副对联，打算贴在主席台两侧，可选来选去总觉得不贴切。这时，正好毛泽东来了，他兴致勃勃地看了一遍，选了其中一副略作修改，大家无不拍手称好。

想当年你剥削工农，好就好，利中加利；

看今朝我斩杀土劣，怕不怕，刀上加刀。

1月24日，大年初二。一大早，工农群众聚集在县城张家祠大草坪前，庆祝遂川县工农兵政府成立。大家喜气洋洋，互相拜年，鞭炮声、锣鼓声、欢呼声此起彼伏。

刚完成与南昌起义余部联络任务、回到遂川的何长工，看到这些热闹场面，便找到做宣传工作的欧阳晖，要他编首歌曲，歌唱遂川群众革命斗争的火红场面。当晚，欧阳晖便写出了一首《过新年》。

毛泽东看过后连连称好，并嘱咐宣传队教群众唱。广大工农群众过了个翻身年，尽情地欢唱新学的歌曲《过新年》：

过新年，过新年，今年不比往常年，来了工农革命军，土豪劣绅哭涟涟。

过新年，过新年，今年不比往常年，来了工农革命军，又分谷子又分田。

过新年，过新年，今年不比往常年，你拿斧头我拿镰，要打倒肖家璧，要活捉罗普权。

在瑞金过了一个“排场阔气”年

1929年1月，为粉碎国民党军对井冈山的第三次“会剿”，毛泽东、朱德率领红四军主力离开井冈山，出击赣南，实施“围魏救赵”策略，以解井冈山之围。2月9日，红四军遭遇数倍于己的敌军的围追堵截，在深山老林中餐风露宿，最终转战至江西瑞金以北的大柏地山区。此时，敌“追剿”兵力仅有赣敌刘士毅部两个团，态势颇为孤立，可以利用大柏地南北走向、十余里长的峡谷地形优势，打伏击战。红四军前委决定立即作出战斗部署：主力埋伏在瑞金以北的大柏地谷地两侧以求歼灭该敌，一个营在隘前警戒，负责将敌诱进伏击区。此举无疑是置之死地而后生，但红军战士都希望打赢这一仗，以壮军威。

当天，正是农历除夕。红军缺衣少粮，战士们穿着单衣迎风冒雨，饥寒交迫。大柏地的老百姓对红军不了解，已经逃避一空。但红军纪律严明，主人不在，不能随便动用群众的东西。尽管此时他们已经一天未吃饭，也拿不出经费来向老百姓购买。

毛泽东觉得这是个问题，不能叫大家饿着肚子打仗吧！于是，毛泽东和朱德决定从实际情况出发，采取灵活机动的办法，批准各部可以向群众家里借用粮、油、菜等。同时，要求留下借条，并张贴布告，说明日后一定偿还。各连队借用当地群众的粮、油、菜等，饱餐了一顿，养足了精神。

2月10日，大年初一，刘士毅部钻进了红军的伏击圈。此役一举歼敌两个团，俘敌800余人，缴枪800余支，取得了重大胜利，红四军军威大振。这是红四军下山以来的首次重大胜利，陈毅称之为“红军成立以来最有荣誉之战争”。战斗结束后，红军离开大柏地，向宁都县城进发。大柏地战斗之后，老百姓回到家中，发现家中留有纸条，上面说明红军借了什么食物，价值多少，以后一定如数归还。他们难以置信：“世上哪里还有这样的军队呀？”

5月，红军重返大柏地，向老百姓兑现了所欠款项，拿不出借条的，只要能说出具体数字的也给兑现。大柏地群众发自肺腑地说：“红军说话算数，丁是丁，卯是卯，我们信得过！”

在大余过了一个惊心动魄年

1929年2月1日，因敌众我寡，红军第三次反“会剿”失利。为保存火种，彭德怀按照边界特委与红五军军委联席会议的策略，决定不分昼夜地往赣南方向迅疾挺进。

当部队抵达大余的新城镇时，已是大年除夕。为安抚民心，在彭德怀的指示下，红五军指战员们立即张贴安民告示，阐述红军宗旨。由于红五军严守各项群众纪律，不惊扰百姓，敌人的谣言不攻自破，民众照样踏踏实实、安安心心过了一个祥和的春节。

除夕之夜，指战员们包括派出的哨兵都已极度疲劳，要求饭后就地休整。然而，因新城镇临近粤赣公路线上的敌军据点，彭德怀凭着敏锐的战场直觉，认定敌人一旦得知我部行踪，半夜就能扑到这里。因此，彭德怀要求部队饭后必须转移。可是，部队异常疲乏，指战员们早已支撑不住，全部倒头昏睡。

“这天晚上我没有睡，也不能睡，到各连去看，都睡得很死，甚至守卫的也睡着了。”彭德怀回忆道，“（深夜）一点了，爆竹声中飞来子弹声。”彭德怀赶紧叫醒熟睡的号兵紧急吹号，并指挥部队应战。

激战3个多小时后，红五军且战且退，转移到南康，天亮清点人数，只剩下283人。另有200余人在混乱中与军部失去联络，部分队伍由大队长李光带领，转移到了南雄县境，后被敌人包围，李光在战斗中牺牲，红军损失惨重。

回望那些年红军在江西过的春节，艰苦朴素却回味无穷。条件再艰难，也抵挡不住红军的革命乐观主义精神，是他们让劳苦大众度过混沌时刻，过上幸福生活。而今的我们在幸福里忆苦思甜，甜更甜。

作者：何小文　张琼瑾　李清清

2024年2月9日

进京“赶考”的历史回响

在“3·23”赶考日前夕，省委主要领导主持2024年第3次省委理论学习中心组集体学习，聚焦“严明党的纪律 大抓工作落实”主题，开展警示教育，深化研讨交流。“赶考”，永远在路上。今天，让我们一起重温75年前的那次赶考之路。

历史总是在特殊的时间节点给人以深刻的启迪和奋进的力量。75年前的今天，毛泽东率领中共中央离开西柏坡向北京城进发。临行前，毛泽东与周恩来的对话意味深长：“今天是进京的日子，进京赶考去。”一句“进京赶考去”，既充满着豪情与自信，又透露出对胜利后的谨慎心态与忧患意识，教育全党继续保持清醒头脑。

事实已经证明，我们党执政70多年来，向人民、向历史交出了一份优异答卷。

七届二中全会：进京“赶考”前的总动员

在解放战争即将取得全国胜利的前夕，党的七届二中全会于1949年3月5日至13日在西柏坡召开。这是我们党在解放战争时期召开的唯一一次中央全会。

全会着重讨论了党的工作重心由乡村转移到城市的问题。这意味着，中国共产党即将成为在全国进行全面执政的党。

在这样一个重大的历史时刻，怎样保证党在新的历史条件下永不变色，顺利地适应工作重心的转变，担负好新的历史重任，是摆在全党面前的重大课题。因此，加强党的思想建设，成为全会的一个重要内容。会上，毛泽东一针见血地指出，因为胜利，党内可能生长出“四种情绪”，即骄傲情绪，以功臣自居的情绪，停顿起来不求进步的情绪，贪图享乐不愿再过艰苦生活的情绪。

为了防止各种腐朽思想的侵蚀和“四种情绪”的蔓延，毛泽东提醒全党同志“夺取全国胜利，这只是万里长征走完了第一步。如果这一步也值得骄傲，那是比较渺小的，更值得骄傲的还在后头”。并且，他带有预见性地指出，要防止资产阶级“糖衣炮弹”的进攻，向全党郑重提出了“两个务必”的重要要求，作出了“六条规定”。

党的七届二中全会的召开，特别是“两个务必”的提出，不仅在当时起到了警醒全党的作用，而且直到现在都具有重要指导意义。会议结束后，党中央开始了进京前的各项准备工作。一方面，是对进京工作做出周密部署和精心安排。另一方面更重要的是，思想上一定要准备好，尤其是要对进城人员进行思想教育。毛泽东反复告诫即将入城的干部战士，我们就要进北平了，我们进北平可不是李自成进北平，他们进了北平就变了。我们共产党人进北平，不是去享福，是要继续干革命，建设社会主义，直到实现共产主义。

毛泽东还把中直机关各部门的负责人叫到他的住地进行教育，并特别强调：“我们要准备进北平了，希望大家一定要做好准备。我说的准备不是收拾盆盆罐罐，是思想准备。”毛泽东还专门指示中央办公厅印发“进京守则”，对进城事项作了详细规定，如不准进入民家，出门不准携带武器，进城三个月不准通信、会客、访友等。毛泽东的告诫和“进京守则”的印发学习，在思想上给大家打了预防针，使进城的干部战士保持了清醒头脑。这一系列的警示和教育，充分体现了毛泽东非凡的洞察力和战略远见，表现出强烈的宗旨意识和忧患意识。

3月23日至25日：进京“赶考”的三日

从3月23日上午于西柏坡出发，到3月25日傍晚毛泽东和中共中央机关移驻北京香山，进京“赶考”前后历时三日，“赶考”之路总长约360公里。

23日，党的七届二中全会的新闻公报由新华社向全国发表。也就是在这一天，毛泽东等领导率中共中央机关离开西柏坡。出发前，毛泽东只睡了四五个小时，他兴奋地对周恩来说：“今天是进京的日子，进京赶考去。”周恩来笑着说：“我们应当都能考试及格，不要退回来。”毛泽东说：“退回去就失败了。我们决不当李自成，我们都希望考个好成绩。”

中共中央和解放军总部乘着11辆小汽车、10辆大卡车出发，一路北上。原本是赶到保定住下，因为路不好走，天黑以前毛泽东一行就在河北唐县附近的淑吕村住下了。根据毛泽东身边人回忆，这一夜毛泽东没有休息，前半夜同村干部座谈，后半夜坐在小凳子上，趴在用木板支的床上写材料，工作到天亮。24日上午，车队继续出发。毛泽东听说保定将举行中共中央进入北平的庆祝大会，立即嘱咐周恩来电告华北局，望速停止北平及各地的庆祝活动。

中午时分，车队到了保定，当时围观的群众很多，考虑到情况比较复杂，有警务人员提出要不要“净街”。毛泽东对驱赶群众的这一做法很不赞成，并说：“净街？净街干什么！看一看死不了人嘛。”在汽车里，毛泽东还不断地向群众招手致意。傍晚，毛泽东和中共中央的“赶考”车队到达河北涿县（今涿州市）。叶剑英、滕代远从北平赶来汇报了第二天的行动安排。

25日凌晨，毛泽东一行离开涿县，改乘火车驶向北平清华园火车站。清华园火车站建于1910年，是京张铁路老车站中距离北京城最近的一个车站。“清华园车站”匾额，为京张铁路总设计师詹天佑所题。随后，毛泽东等人坐汽车到颐和园休息。

下午，毛泽东和中共中央其他领导人到西苑机场，在这里正式举行入城仪式。叶剑英和聂荣臻陪同毛泽东、朱德、刘少奇、周恩来、任弼时分别乘敞篷吉普车开始检阅部队。受检阅的部队有1个炮兵师、1个装甲坦克师、1个步兵师，大约3万人。检阅部队后，毛泽东又接见了北平市的群众代表，还与沈钧儒、李济深、黄炎培、马叙伦等民主人士见面，并进行了半个多小时的交谈。周恩来看了看手表说：“朋友们，先生们，谢谢大家到这里来欢迎毛主席、党中央和人民解放军总部进驻北平。天快黑了，请诸位先生早些回去休息吧，以后有机会再谈，以后见面的机会多得很。”

告别后，中共中央和解放军总部机关在香山住下。毛泽东住在香山的双清别墅，在这里住了半年，到9月21日才移居北平城内中南海的菊香书屋。

迈步新征程：永葆“赶考”的清醒和坚定

走过千山万水，仍需跋山涉水。过去的考绩已经载入史册，现在的考题还摆在面前，未来的各种可以预料和难以预料的风险挑战还等着我们逐一破解。我们党所肩负的任务依然非常繁重，所面临的挑战依然十分严峻，党面临的“赶考”远未结束。

进京“赶考”，不仅是历史课题，也是时代课题。习近平总书记指出，要巩固长期执政地位、始终赢得人民衷心拥护，必须永葆“赶考”的清醒和坚定。迈步新征程，我们始终要以“赶考”的心态，牢记并践行“三个务必”，在接续奋斗中勇毅前行，努力书写更加壮丽的篇章。

要始终坚守为民的初心使命。如何始终不忘初心、牢记使命位列大党独有难题之首，时隔5年再次修订的《中国共产党纪律处分条例》也增写了“坚守初心使命”的内容，其重要性不言而喻。回顾历史，我们党从成立的那一天起，就把全心全意为人民服务作为根本宗旨，从井冈山到瑞金，从延安到西柏坡，从建立新中国到中国特色社会主义进入新时代，党同人民群众尽显鱼水深情。迈步新征程，我们要始终坚持人民至上，坚持以人民为中心，保持党同人民群众的血肉联系，与人民同甘苦共奋斗，扎实推进共同富裕，让现代化建设成果更多惠及全体人民，不断实现人民对美好生活的向往。

要始终保持坚定的理想信念。共产党人是用特殊材料制成的。这个“特殊材料”首先就特殊在“为共产主义事业奋斗终身”的理想信念和价值追求上。有理想才会有目标和方向，有信念脚下才会有力量。迈步新征程，我们要不断筑牢信仰之基、补足精神之钙、把稳思想之舵，以坚定的理想信念砥砺对党的赤诚忠心，练就“金刚不坏之身”，在新征程上统一思想、统一意志、统一行动，步调一致向前进，做到风雨兼程、风雨无阻，努力干出一番无愧于党和人民的事业。

要始终弘扬党的优良传统和作风。我们党之所以能够不断取得新的伟大成就，很重要的一条就是我们党在长期实践中培育并坚持了一系列光荣传统和优良作风，这是我们党历经百年依然风华正茂的重要法宝。迈步新征程，我们要把老一辈革命家和共产党人留下的光荣传统和优良作风传承好发扬好，始终把党的政治建设摆在首位，勇于推进党的自我革命，坚持以党性纯党风，以党纪固党性，坚决抵制各种不正之风，把严的基调、严的措施、严的氛围长期坚持下去，永葆共产党人清正廉洁、无私奉献的政治本色。

要始终增强居安思危的忧患意识。无论是在革命战争年代，还是在社会主义建设和改革时期，我们党始终把忧患意识贯穿于党的奋斗历程，这也是我们党不断从胜利走向胜利的重要思想方法、工作方法。迈步新征程，无论是面对新的战略机遇，还是应对各种风险挑战，我们都要增强忧患意识，坚持底线思维，时刻保持如履薄冰的谨慎、见叶知秋的敏锐，以“时时放心不下”的责任感，在新的赶考路上交出新的优异答卷。

作者：吴自锋

2024 年 3 月 23 日

你所不知道的宁都起义

90多年前，在江西宁都，爆发了土地革命战争时期国民党军最大规模的一次起义，国民党第二十六路军1.7万余名官兵响应中国共产党的号召，加入红军。

1931年12月14日，在江西宁都“围剿”红军的国民党第二十六路军1.7万余名官兵掉转枪口，宣布脱离国民党，加入红军，举行了震惊中外的“宁都起义”。

自南昌起义以来，还从未有过如此大规模的军队成建制地加入红军，而且都是训练有素、久经战阵的西北军老兵。

得此一强悍之师，中央红军的实力迈上了一个新的台阶，兵力由过去的3万余人增加到5万余人。

有党史专家说，“宁都起义”是苏区时宁都的“特产”，“特”在你无我有的独家“品牌”。

进退维谷中心生愤怒

第二十六路军原为西北军冯玉祥的一支部队。中原大战后，战败的西北军分为两部：一部主要由宋哲元和张自忠收容，后来投靠了张学良，被编为第二十九路军；另一部主要由孙连仲收容，在1930年10月18日通电投蒋，被编为第二十六路军，孙连仲为总指挥。

1931年2月，蒋介石将第二十六路军这支“杂牌军”调入江西“围剿”红军。1931年7月，他们奉命参加第三次“围剿”，8月进驻宁都县城。第三次“围剿”失败后，蒋介石不许他们撤退。

北退的唯一通道被蒋介石派嫡系朱绍良部堵住，逼迫第二十六路军在宁都苏区作“背水之战”，官兵恼羞成怒。

此时，第二十六路军军心不稳，原因主要有：一是军饷没有保障，部队生活极为困难；二是广大官兵大都是北方人，不服南方水土，疾病流行，病亡者甚多；三是他们目睹革命根据地内实行土地革命，工农生活得到改善，红军官兵平等，因而不满蒋介石统治和厌战情绪孕育于部队之中。

多种因素交织，第二十六路军已经处于崩溃的临界点，特别是九一八事变后，东北被日军占据，官兵日夜盼望要回乡抗日，但蒋介石不允，更加激起广大官兵的愤怒。

共产党引路走向新生

中共中央在分析这支在宁都的国民党部队情况之后，认为它存在起义的条件，要求抓住时机，积极运动。

第二十六路军到江西两三个月后，中共中央从上海派遣王超、袁汉澄、李肃进入第二十六路军和该军原有的共产党员刘振亚等人一起开展兵运工作。

同时，成立中共特别支部，秘密发展党的组织，刘振亚任书记，袁汉澄、王铭五分别任组织、宣传委员，李青云任士兵党员支部书记。

1931年10月，经中共中央批准，该军总指挥部参谋长赵博生在宁都桥背村秘密入党。

就在赵博生和季振同、董振堂等人谋划起义的时候，总指挥孙连仲因牙疾请假赴南京看病，留在军中的第二十七师师长高树勋也私自离队赴庐山“疗养”，在军中执掌军务的最大军官就是参谋长赵博生了。

然而，向来对第二十六路军不信任的蒋介石不是吃素的，一路安插眼线。

11月底，地下党在南昌的联络点突然遭到破坏，与第二十六路军有关的两个文件落到了敌人手中。12月初，蒋介石在南昌行营发出火急密电，查拿“共犯”。

赵博生获悉，立即与中共特别支部成员果断机智地应对这一突变，赵博生、董振堂、季振同、李青云等人根据中央革命军事委员会的指示，迅速部署起义行动。赵博生抓住这个有利时机，决定在14日发动起义。

1931年12月14日黄昏，宁都县城气温特别低，梅江河西岸的古榕树被冷风吹得阵阵作响。这时，宁都全城更换岗哨，戒备森严。

赵博生以请谈话方式捕捉了宁都县县长温肇祥，以参谋长的名义召开会议并请吃饭，在总指挥部解决团以上的军官问题。季振同、董振堂、李青云、袁汉澄、郭如岳、卢寿椿、刘振亚、孙步霞等人分别率部负责控制、占领、监视总指挥部、师部、旅部、电台、电话总机、兵站等要害部门，以及通往苏区的交通要道。

下午6时，赵博生在东门耶稣教堂举办宴会，楼上是团以上主官，楼下是他们的卫士席。全军官佐只有第二十五师师长李松崑未到席。8时，赵博生在席间阐明形势，晓以利害关系，宣布起义参加红军。

在场的多数军官赞同，少数顽固分子被当场被捕，并以他们各自的名义下令所属部队在指定的时间、地点集合待命。与此同时，按预先的布置，楼下的卫士全部被夺下武器。

耶稣堂内总指挥部的问题解决后，赵博生等人旋即进入预定的岗位，指挥全城各部的统一行动。预定计划进行得很顺利，仅李松崑在20公里外的石上墟带走一个团。其余各部1.7万余人，携带2万多支枪起义。

15日清晨，在城南水口塔下河滩上，赵博生、董振堂、季振同、黄中岳率领起义部队在此集合，赵博生激动地向全体官兵宣布起义成功，接着带头扯下帽上的国民党党徽，撕掉国民党青天白日旗。然后，跨过梅江河踏上木桥，迎着朝阳，向光明奔去。当天，部队到达固厚，受到以王稼祥、刘伯坚、左权为代表的中革军委的热情迎接和当地群众的热烈欢迎。晚上，起义部队在王布头曾氏客家民房里架起天线，通过电台向全国播发了宁都起义宣言。

16日，部队集合在固厚河畔，刘伯坚代表中革军委向全体起义官兵宣读授予其中国工农红军第五军团番号的决定和毛泽东、朱德签发的红五军团及其所属各军领导人的委任状：季振同任红五军团总指挥，董振堂任红五军团副总指挥兼第十三军军长，赵博生任红五军团参谋长兼第十四军军长，黄中岳任第十五军军长。

接着，部队开往石城的龙冈、秋溪和瑞金的九堡整编，经过两个月的整编和教育训练，红五军团淬炼成了一支铁的红军。

宁都起义沉重打击了蒋介石“攘外必先安内”的政策，使当时的中央红军兵力由3万余人猛增到5万余人，中央红军增至3个军团（红一、红三和红五军团），壮大了红军力量，增强了红军战斗力，促进了中央苏区的巩固和发展。

革命精神永放光芒

第二十六路军改编为中国工农红军第五军团后，历经反“围剿”、长征、抗日战争、解放战争和抗美援朝战争，做出了可歌可泣的贡献。

当年起义的领导人赵博生、董振堂等一大批中高级指挥员，均为革命流尽了最后一滴血，为国人留下了宝贵的精神财富。

1955年授军衔时，参与宁都起义中尚健在的人员中，被授予上将1人、中将6人、少将26人，未授军衔的省军级副部长、部长、大使等20人。

20世纪60、70年代，国际上许多尚未取得政权的无产阶级政党都组团前来宁都，了解、学习“宁都起义”兵运成功经验。宁都先后接待了40多批（次）外宾，他们来自东南亚、非洲、拉丁美洲各国。

毛泽东对宁都起义有很高的评价。1938年12月，在宁都起义爆发七周年时，毛泽东在延安凤凰山同部分参加宁都起义的同志合影，并亲笔题词：“以宁都起义的精神用于反对日本帝国主义，我们是战无不胜的！”

宁都起义，虽已经过去了90多年，但其伟大精神始终闪耀着光芒，历久弥新。

作者：温谈升

2024年3月28日

高自立的传奇一生

高自立理想坚定，脚步从容，他清醒地知道，选择了干革命，选择了共产主义，自己将要面临的可能就是生命的付出和一辈子的奉献。

源头村有好水。水在数山拱卫处，青葱蓊郁的草木从三面环抱过来，中间是掩藏起来的一个水库。我来源头村不是为了亲近山间的水，而是来追寻村里的人。源头村是积淀着红色基因的萍乡市安源区所属的一个偏远山村。此时我刚刚从延安考察归来，要来这里追寻一个在陕甘宁边区政府留下过厚重脚印的人。我要追寻的那个人名叫高自立。

一

1927年5月马日事变后，湖南军阀将部队开进赣西萍乡，大肆逮捕和杀害共产党人。在萍乡总工会工作的高自立与200多名革命群众一起被湖南军阀拘禁。被关了3天后，高自立等人在安源工人纠察队的救援下越狱而出。

出狱后的高自立没有后悔也没有迟疑，他立即在组织指派下展开了县总工会和生产消费合作社的恢复重建工作。高自立似乎天生就是算账做生意的好材料。他9岁进私塾，读书4年半之后，到两家商店当学徒，一边学做糕饼、蜡烛等，一边凭着聪明好学掌握了算账的好功夫。他能双手同时打算盘，又快又准。别人被折腾得无处下手的糊涂账，他三下五除二就搞得一清二楚。周围的人不能理解，这么精明的一个人，怎么就不好好做生意挣钱养家而铁了心要去干革命呢？这么精明的一个人，怎么就不知道明哲保身，以至于好不容易摆脱牢狱之灾后马上又因参与革命组织的活动而被反动派通缉呢？幸好，当反动地主武装又一次袭击县城，严重破坏革命组织并悬赏300银元缉拿高自立的时候，他已经受党的指派辗转到达武汉，参加北伐军叶挺独立团。此后的故事有了硝烟味。

1927年9月，高自立随秋收起义部队从修水出发，打长寿街、夺朱溪厂、战龙门厂，一路浴血奋战。遭受挫折的起义队伍到后期走散了不少成员，但高自立始终目标坚定，他随部队来到井冈山。后来，他又跟随红军主力转战赣南闽西，参与创建赣南闽西革命根据地。

1931年，高自立与粟裕率红六十四师参加板坑战斗，先后担任红四军政治部主任、红三军政治委员兼军委书记。紧接着，他又被任命为红五军团第十五军军长兼政治委员。土地革命战争时期，高自立参加过前四次反“围剿”斗争。就像大多数战斗英雄一样，身先士卒的高自立身负重伤仍然坚守一线指挥战斗，直至打退敌人的进攻才被战士们抬下火线。

伤愈后的高自立由于身体原因转任中华苏维埃共和国中央执行委员会委员、中央工农检查部副部长、土地部部长等职。他发现瑞金县财政部部长蓝文勋和会计科科长唐仁达贪污腐化问题，并以此为契机，查出一系列贪腐行为。当这个在中央苏区轰动一时的“京城”巨贪案尘埃落定后，高自立松了一口气。此后，他的足迹到莫斯科、延安，后来他又担任陕甘宁边区政府的副主席、代主席。

二

从第一次听到共产党的名称开始，高自立就将它与光明、希望关联到了一起。当时他在萍乡县城做店员，见证了后来自己终生追随的毛泽东、刘少奇等共产党人在萍乡安源领导工人开展的种种斗争；他也接触了从北京、武汉等地来到萍乡传播新思想的一批进步学生。渐渐地，他知道了共产主义，知道了一群人对光明的信仰。最终，他与这群人有了共同的信仰，有了共同的组织。他宣誓的时候是在1926年10月。

前一年的1925年10月，高自立亲眼看到身边的大批革命工人被反动军阀镇压逮捕，亲眼看到了工运领袖黄静源被杀害在街头。这残酷的世界没有让高自立退缩，反而让他进一步认清了自己的内心，他明白自己真正想要的不是一家一户的安宁日子，而是追求让更多贫苦民众幸福的生活。他清醒地知道，选择了这种追求，选择了这种信仰，自己将要面临的可能是生命的付出和一辈子的奉献。高自立理想坚定，脚步从容，跟随着党旗、军旗，一路前行。透过单薄的履历，我看见血雨腥风中冲锋在前的高自立，我看见边区大生产运动时斗志高昂的高自立，我看见解放战争时期转战东北的高自立，我也看见了毫无怨言让出边区政府副主席职务的高自立。此前，高自立已经担任了一段时间的陕甘宁边区政府副主席，并曾代理过主席职务，但为了让边区政府“三三制”改革顺利推进，他由副主席转任建设厅厅长，真诚支持新任的党外人士担任副主席。“官越当越小”的高自立没有忘记自己的追求，更没有忘记党旗下的誓言。面对工作需要而进行的岗位调整，他只想着当年在那面旗帜下立下的“服从纪律，牺牲个人”的誓言，只想着自己和同志们始终如一的追求与信仰。

一路走来，多少同志走着走着就倒在了路上，也有同志走着走着就迷失了初心，能够坚持到延安，坚持到胜利的那一天，多么不容易！每次想到这些，高自立就充满了干劲。充满了干劲的高自立很快又迎来了自己新的任务。抗战胜利后，为加强对东北地区的领导，中共中央决定设立东北局，调派干部进军东北。高自立被派到东北担任冀热辽分局委员兼财经委员会主任，后任冀热辽分局副书记。

三

到东北安顿下来之后，高自立马上扑到了没日没夜的工作中。夜深人静的时候，他隐约看到了这个国家光明的未来和无穷的希望，突然有些想念自己的女儿。

1927年的那一次离开，高自立有些决绝也有些匆忙，只来得及向妻子语焉不详地转告一声。此前，为了革命事业奔波，他已经有一段时间没有回源头村了，连8个月大的女儿都没有亲手抱过一次。那一次离开，源头村多了一个从来没有见过父亲的女儿，革命的征途上多了一个从来没有见过女儿的父亲。高自立不知道，就在他转战井冈山的时候，女儿身染恶疾，落下严重残疾。高自立在延安安顿后，书信辗转，他的妻子历经艰险来到延安。看到10多年来始终孑然一身的丈夫，她知道，丈夫不是一个无情的人，这么多年抛家弃子，实在是为了革命理想不得已而为之。在延安的窑洞里，得知女儿因病致残、生活艰难，高自立泪流满面。当我们将目光投射到更远更广的时空，在整个革命战争年代，又有多少革命者为了信仰放弃了个人的利益和小家庭的团聚！高自立，不过是千万人中的一个。

当胜利的曙光终于在望，高自立腾出空来给女儿写了几封家书："馥英女儿，二十多年没有写信给你，也无法照顾你的生活，原因是环境不好，写信给你，反怕害了你……""吾儿现已年过二十，不知已婚否？如未结婚，暂时可不结婚，我拟送你入学，求得一项专门技能，以便能在生活上自立……"在这几封寄自1949年的家信中，高自立一再勉励女儿自立自强，永远跟党走，残疾人也可以为社会做贡献。他也憧憬着全国解放后能尽快与女儿团聚。

遗憾的是，积劳成疾的高自立，终是没能等到那一天。1950年1月9日，高自立因病在沈阳逝世。他的妻子不想给组织增添麻烦，毅然回到家乡源头村，与女儿相依为命。70多年后的今天，我一遍遍翻看这几封家书和记载，一遍遍咂摸这一家人安贫乐道的言语举动。

在这个美丽宁静的源头村，我找到了高自立在党旗下明了的革命信仰初心之源，也找到了他的后人在父辈示范下坚定的自强自立传承之流。

作者：漆宇勤

2024年4月5日

凯丰与延安文艺座谈会

在整风运动中，凯丰担负着对中央文委系统和延安学校整风运动具体指导的重担。他在思想上的巨大变化和理论宣传方面的出色表现，深得毛泽东赏识。

1942年4月27日，毛泽东和凯丰联名发出请柬，邀请在延安的100多位文艺工作者和有关负责人参加文艺座谈会。在毛泽东有生之年发出的请柬中，共同署名的仅此一次。

延安文艺座谈会在延安杨家岭召开，座谈会确立了文艺为工农兵服务的基本方针，其历史地位和意义不言而喻。

请柬中与毛泽东一同署名的凯丰不仅是延安文艺座谈会的召集人、主持人，还为宣传和阐释毛泽东《在延安文艺座谈会上的讲话》（下文简称《讲话》）精神做出了重要贡献。追溯凯丰与延安文艺座谈会的前前后后，重温《讲话》精神，可以让我们从中汲取营养、激发斗志。

延安文艺界整风的组织者

凯丰（1906—1955），原名何克全，江西萍乡人，1925年考入武昌高等师范学校，1927年赴莫斯科中山大学学习，1931年化名“开封”，按谐音写成“凯丰”。从土地革命战争时期开始，凯丰就战斗在党的宣传理论战线上，是党内杰出的理论宣传家。

1937年全民族抗战爆发以后，许多追求革命的文艺工作者和知识青年从敌占区和国统区涌入“革命圣地”延安。他们为革命文艺队伍增添了新鲜血液和力量，也为中国共产党领导的人民抗日战争做出了很多贡献，但与革命斗争形势要求相比，他们还有明显不足。

正如朱德在鲁迅艺术文学院创立两周年纪念大会上所说：“在前方，我们拿枪杆子的打得很热闹，你们拿笔杆子的打得虽然也还热闹，但是还不够。这里，我们希望前后方的枪杆子和笔杆子能亲密地联合起来。”朱德还说：“打了三年仗，可歌可泣的故事太多了，但是好多战士们英勇牺牲于战场，还不知道他们姓张姓李，这是我们的罪过，而且也是你们文艺的罪过。”不仅如此，延安文艺界也暴露出许多亟待解决的问题，比如，有人以为作家可以不要马列主义的立场、观点；有人主张对抗战与革命应“暴露黑暗”，写光明就是公式主义……更严重的是，“代表这些偏向的作品在文艺刊物甚至党报上都盛极一时”。

一天，毛泽东来到时任中共中央宣传部代理部长凯丰的窑洞，与他商量解决延安文艺界存在的问题。这两位从瑞金一路走来的战友，虽然在遵义会议上曾经闹过“不愉快”，但凯丰很快就被毛泽东的卓越才华所吸引，两人的革命友谊也更加深厚。凯丰在思想上的巨大变化和理论宣传方面的出色表现，深得毛泽东赏识；在延安时期的许多政治关口，凯丰都站在以毛泽东为代表的正确路线一边。毛泽东把随身带来的一本国民党特务机关编成的小册子《关于“野百合花”及其他——延安新文字狱真相》放在凯丰面前。凯丰拿起小册子，只见编者按写着:“使为了抗日号召跑向陕北的青年大失所望，更使许多老共产党员感到前途没落的悲愁。”他面色凝重地说:“是啊，真是山雨欲来风满楼!”

彼时，声势浩大的延安整风运动正在全党范围内开展。1942年2月1日和8日，毛泽东分别作题为《整顿党的作风》《反对党八股》的报告。凯丰认真领会毛泽东的报告精神，将整风运动的内容概括为“整顿三风”——反对主观主义以整顿学风，反对宗派主义以整顿党风，反对党八股以整顿文风。

在整风运动中，凯丰担负着对中央文委系统和延安学校整风运动具体指导的重任。对于文艺界的不良风气，他岂能等闲视之?显然，文艺界的整风也迫在眉睫。从1942年3月下旬起，党中央着手解决延安文艺界存在的脱离实际、脱离工农兵、思想混乱等与革命不协调的问题。凯丰协助毛泽东进行了大量的调查研究，通过各种渠道掌握文艺界情况，还请萧军、舒群等人搜集文艺界意见，与何其芳、周立波等人谈心交朋友。

延安文艺座谈会的召集人和主持人

1942年4月10日，中共中央书记处工作会议做出召开延安文艺界座谈会的决定。从27日始，延安文艺界人士陆续收到由毛泽东和凯丰共同署名的粉红色请柬，上面写道:“为着交换对于目前文艺运动各方面问题的意见起见，特定于五月二日下午一时半在杨家岭办公厅楼下会议室内开座谈会，敬希届时出席为盼。”延安文艺座谈会于5月2日、16日、23日先后分3次在杨家岭中共中央办公厅举行，均由凯丰主持。

参加第一次会议的中央领导有毛泽东、朱德等。毛泽东作了讲话（即后来发表的《讲话》的引言部分），他首先简要说明召开座谈会的目的，接着讲述文化大军对于革命战争的重要性。他风趣地说："我们有两支军队，一支是朱（德）总司令的，一支是鲁（迅）总司令的。"随后，他指出当前文艺工作者存在的立场问题、工作对象等问题，尖锐而中肯。毛泽东"出题"后，大家热烈讨论。第二次会议是全天讨论，也是争论最激烈的一次。毛泽东边听边记，偶尔插话。第三次会议从下午开始，一直开到深夜。因为事先知道毛泽东要讲话，所以会场爆满。毛泽东说："同志们，座谈会开了三次，开得很好。可惜座位太少了，下次多做几把椅子，请你们来坐……"接着，毛泽东根据会前调查研究的情况和会中讨论反映出的问题，为座谈会做结论（即后来发表的《讲话》的结论部分）。

《讲话》内容丰富，论述深刻，其核心问题就是文艺"为什么人服务"和"如何服务"的问题。毛泽东指出，文艺"为什么人的问题，是一个根本的问题，原则的问题"。"在我们各个抗日根据地从事文学艺术工作的同志中，这个问题似乎是已经解决了……其实不然。很多同志对这个问题并没有得到明确的解决。"很多同志不是站在无产阶级立场上，而是从小资产阶级立场出发，"把自己的作品当作小资产阶级的自我表现来创作的"，而"对于工农兵群众，则缺乏接近，缺乏了解，缺乏研究，缺乏知心朋友，不善于描写他们"。据此，毛泽东明确指出："我们的文学艺术都是为人民大众的，首先是为工农兵的，为工农兵而创作，为工农兵所利用的。"这就是毛泽东为革命文艺所指明的方向，人们习惯上称之为"文艺的工农兵方向"。用毛泽东的话说，文艺工作者首先要转变立场，"把屁股挪到工农兵这边来"。

《讲话》精神的宣传者和阐释者

延安文艺座谈会后，毛泽东《讲话》的精神迅速在延安和陕甘宁边区广大文艺工作者中传开。为了确保革命文艺工作沿着延安文艺座谈会指明的新方向前进，1943年3月10日，由凯丰倡议，以中央文委和中组部的名义，召开党的文艺工作者会议，有50位党员文艺家出席，刘少奇、凯丰、陈云、周扬等人出席并讲话。

凯丰阐述《关于文艺工作者下乡的问题》一文的内容，他告诫下乡文艺工作者，要打破做客的观念和放下文化人的架子，还结合过去下乡的经验，讲了下乡的困难、下乡应该注意什么等问题。会后，文艺工作者掀起了深入工农兵的热潮。

3月22日，凯丰在中央文委召开的戏剧工作会议上讲话时说，“内容是抗战所需要的，形式是群众所了解的——提倡合于这个要求的戏剧，反对违背这个要求的戏剧，这就是现在一切戏剧运动的出发点”，进一步阐述和贯彻文艺的工农兵方向。

1943年10月19日，即鲁迅逝世7周年纪念日，《讲话》在《解放日报》上全文发表。次日，凯丰任委员的中央总学委下发通知指出，《讲话》“是中国共产党在思想建设、理论建设的事业上最重要的文献之一，是毛泽东同志用通俗语言所写成的马列主义中国化的教科书”。11月7日，中共中央宣传部发出的《关于执行党的文艺政策的决定》指出：“毛泽东同志讲话的全部精神，同样适用于一切文化部门，也同样适用于党的一切工作部门。”

2014年10月，习近平总书记在文艺工作座谈会上指出，“社会主义文艺，从本质上讲，就是人民的文艺”，“只有牢固树立马克思主义文艺观，真正做到了以人民为中心，文艺才能发挥最大正能量”。这与毛泽东延安《讲话》精神一脉相承。

作者：汤建萍

2024 年 5 月 2 日

周恩来为何点赞“93号同志”

张世熙身上有很多“标签”，他参与领导成立了江西省第一个苏维埃政权，为“十六字诀”游击战术的形成做出了贡献，他还让万安暴动的“土特产”扬名国际舞台。

今年是中国共产党成立103周年，同时也是中国共产党江西地方组织创建100周年。

100多年来，一批又一批中国共产党人为了中华民族伟大复兴，勇立潮头，英勇奋战，乃至献出了宝贵的生命。

据统计，在中华人民共和国成立之前，担任中共江西省委书记（代理书记）的有20位，其中有10位书记壮烈牺牲。张世熙就是其中之一。

参与领导成立了江西省第一个苏维埃政权

1894年9月15日，张世熙出生于万安县窑头镇中塘村。张世熙学习刻苦，抱着实业救国的理想，他考入江西省立甲种工业窑业学校。然而，他发现实业救不了半殖民地半封建社会的中国。

看清当时中国积贫积弱真相后的张世熙，毅然选择放弃学业，回到家乡与有志青年一道组织“万安青年学会”，创办《青年》刊物，开办“聚华书店”，宣传新思想新文化，传播马克思主义。

1926年春，32岁的张世熙在曾天宇、肖素民的介绍下加入中国共产党。1927年6月，根据党的五大后通过的党章，中共万安地委改成中共万安县委，张世熙仍任书记。

大革命失败后，全国许多地方的党组织陷于瘫痪。江西全省党员人数从5100余人骤降到1000人左右。危亡关头，在曾天宇、张世熙等人的努力下，中共万安地委基本保全了组织且一直有效地开展工作。在以张世熙为首的中共万安县委领导下，全县党的组织有了很大的发展和壮大，万安县委成为当时江西坚强的党组织。

随着白色恐怖进一步升级，国民党大肆屠杀共产党员和革命群众。根据八七会议精神，张世熙与曾天宇一起领导发动了声势浩大的万安暴动。他们四次攻打万安县城，终于在1928年1月9日占领县城，11日就成立了江西省第一个苏维埃政权——万安县工农兵苏维埃人民委员会。

万安暴动在江西苏维埃运动发展史上有着重要地位，“暴动的胜利，是全省苏维埃革命的信号”，在暴动中建立的万安县苏维埃政权，“不但是万安工农革命胜利的产儿，并且是江西第一个苏维埃，为江西革命开辟了一个新的局面——苏维埃革命的局面”。

为“十六字诀”游击战术的形成做出了贡献

万安暴动的胜利震惊了国民党反动派。1928年1月22日，国民党部队从泰和向着万安迅速进发，妄图“剿灭”参加暴动的农军和共产党人。

2月4日，国民党又从广东调来部队前往万安“围剿”。面对敌强我弱的不利局面，张世熙等人运用“巧妙”战术与敌周旋。

何种“巧妙”战术？在1月20日毛泽东主持召开的前委与遂川、万安联席会议上，作为万安县代表的张世熙汇报了万安暴动时与敌人斗争的策略，即“坚壁清野，敌来我退，敌走我追，敌驻我扰，敌少我攻”的二十字诀。张世熙汇报的万安暴动的对敌斗争策略，为红军游击战术的正式提出做出了贡献。

让万安暴动的“土特产”扬名国际舞台

1928年6月，考虑到万安暴动的影响和张世熙在革命斗争中的突出表现，中共江西省委决定选派张世熙、王凤飞、曾文甫3人赴莫斯科参加党的第六次全国代表大会。

为安全起见，这些代表都有专门的代号，张世熙的代号是93号。6月18日，大会隆重开幕，瞿秋白、李立三、周恩来以及共产国际代表布哈林都先后作了精彩报告。

一天晚上，周恩来对张世熙说：“93号同志，现在告诉你两个消息，一个是安排你在大会上发言，一个是邀请你在国际舞台上作万安暴动的报告，你得好好准备一下。”

6月25日和7月2日，张世熙在党的六大上作了两次精彩发言，他结合万安的革命斗争实际，针对盲动主义、机会主义、等待主义、农民问题、土地问题等发表了自己的见解，赢得了代表们的赞赏。

党的六大结束后的第二天，张世熙又应邀出席了共产国际执委会会议，并作了万安暴动的情况报告，引起很大反响。

周恩来高兴地说：“93号同志讲得好！”

张世熙则谦虚地说："这只是我们的'土特产'啦。"

周恩来又笑着说："'土特产'好！显示了我们东方民族的性格、特点和尊严！"

为党的革命事业流尽了最后一滴血

在新中国成立前担任中共江西省委书记的20人中，江西籍的有7人，分别是冯任、张世熙、张国庶、李文林、陈正人、曾山、黄道。

1928年12月12日，在中共江西省第二次代表大会上，张世熙当选省委书记。担任省委书记后，他集中精力投入健全省委和全省各级党的领导机构的工作中，调整充实了各特委和一些重点县委的领导班子，使全省城乡的革命斗争都得到了发展，为迎接新的革命高潮的到来奠定了扎实的组织基础。

1929年9月7日，《中共中央给江西省委的指示信》指出："江西工作有了相当的进步。"但由于新的盲动主义倾向开始抬头，9月26日，中共中央再次改组江西省委，张世熙以省委特派员身份，化名刘永祥前往景德镇，负责恢复和建立赣东北特委。

1929年12月12日，由于叛徒的出卖，张世熙在景德镇被捕。这年年底，国民党反动派将张世熙秘密杀害于南昌。后来，张世熙的妻子严秋香和儿子张理景也相继被害。

张世熙一家为党的革命事业流尽了最后一滴血。

作者：邝卓一　邱　群

2024年7月1日

97年前的第一枪为何在这里打响

1927年8月1日，南昌城头一声枪响，拉开了我们党武装反抗国民党反动派的大幕。南昌城头的枪声，像划破夜空的一道闪电，使中国人民在黑暗中看到了革命的希望，在逆境中看到了奋起的力量。

1927年8月1日，中国共产党在南昌领导发动了震惊中外的武装起义，打响了武装反抗国民党反动派的第一枪。从此，“八一”成为南昌最鲜明的符号，南昌成为天下英雄城。97年前的第一枪，为什么会在南昌打响？

历史选择南昌：南昌处在大革命运动前沿

北伐军攻克南昌后，蒋介石立即把总司令部迁到南昌。接着，蒋介石集团策划了反共反人民的“AB团”组织，制造事端解散了国民党左派的南昌市党部，采用卑劣手段夺取国民党江西省党部大权，查办学生会、逮捕工人纠察队队员等，妄图把南昌变成反共反人民的桥头堡。

面对“AB团”的猖狂进攻，江西地方党组织领导江西人民进行英勇斗争。各界代表向武汉国民政府报告江西情况，要求解散国民党右派篡夺的江西省党部。在共产党和国民党左派的支持下，国民党中央和国民政府作出了严令国民党江西省党部停止职权、听候查办的决定，指派方志敏等8人为中央特派员，代行国民党江西省党部职权并改组省党部。

中共江西区委组织南昌地区的革命群众，在1927年4月2日举行了打击“AB团”的“四二暴动”，逮捕了“AB团”头目巫启圣等30多人。这次斗争的胜利，推翻了国民党右派把持的省党部，摧垮了“AB团”势力。

起义前夕，我党掌握或影响的、能够向南昌集结参加武装起义的部队，有贺龙领导的第二十军，叶挺领导的第十一军第二十四师、第十师，由原叶挺独立团扩编的第四军第二十五师的大部分以及朱德领导的军官教育团和南昌公安局的两个保安队，共约3万人。而敌人在南昌城内和近郊只有第五方面军总指挥兼江西省省长朱培德的指挥部及警备团共约1万人。在南昌区域内，我军形成了三倍于敌人的优势兵力，南昌已然处在革命的前沿。

历史垂青南昌：南昌打响第一枪绝非偶然

1927年7月12日，中共中央进行改组。7月下旬，中共中央决定集合自己掌握和影响的部分国民革命军，并联合以张发奎为总指挥的第二方面军南下广东，会合当地革命力量，实行土地革命，恢复革命根据地，然后发动新的北伐。

起义地点定在南昌，是经过精心选择的。衡量南昌所处的特殊地理位置和敌我力量对比，考虑到南昌工农运动高涨的革命基础，中共中央最终决定在南昌发动武装反抗国民党反动派的军事起义。从地理条件看，南昌地处长江中下游地区的赣江之滨，北距长江130余公里，承东启西，纵贯南北，物产丰富，部队机动范围广，回旋余地大。当时，中共中央决定到北伐起源地的广东重新进行反帝反封建的国民革命，从江西到广东，路径最为有利。

中共中央决定举行武装起义时，贺龙、叶挺率领的起义主力部队均驻扎在九江附近。九江距离南昌约130公里，两地之间有南浔铁路，火车运力大、机动快。当时南浔铁路在南昌的终点是昌北的牛行车站，与南昌城之间还隔着一条赣江。起义以后，如果敌人沿铁路来进攻，起义军还可以借赣江的阻隔来组织防守。后来的事实证明了这一判断的正确性。选择在南昌发动起义，起义前便于调兵集聚、补充给养，起义后既利于防守，又有利于按照既定的计划向广东方向机动，这样的地理条件是很有优势的。

历史考验南昌：南昌军民交出了合格答卷

早在大革命之前，以袁玉冰、赵醒侬、方志敏等为代表的先进知识分子，通过组建革命团体、开设革命书店、创办革命学校等多种渠道，使马克思主义在南昌得到广泛传播，为江西党团组织的建立以及大革命运动的开展，打下了一定的基础。

1923年，中国社会主义青年团江西地方团成立。1924年，直属中央的中共南昌支部成立，负责领导全省革命斗争。这年，江西省的共产党员数量从4月份的3000多人，发展到7月份的5000多人。同年7月

21日，中共江西省第一次代表大会在南昌召开，成立了中共江西省执行委员会。

北伐军未到江西之前，一部分参加过广州农民运动讲学所的学员和黄埔军校江西籍的共产党员，从广东回到江西，开展工农运动。北伐军占领南昌后，江西工农运动蓬勃发展。1927年6月，全省农民协会会员达80多万人。1927年1月中旬，全省工会会员达10余万人，42个县市建立了总工会或筹备处，并建立了工人纠察队。同年2月23日，江西省工人第一次代表大会在南昌召开，江西省总工会正式成立。在此期间，朱德领导的军官教育团培养了下级军官1000多人，许多人毕业后被分配到附近各县担任工农武装力量的干部。

在起义部队到达南昌的前两天，南昌成千上万的工人、学生和其他革命群众举行大会，声讨蒋介石的反革命罪行。

7月26日前后，叶挺、贺龙率部经由南浔铁路开进南昌，因敌人炸毁了涂家埠铁路大桥，导致起义部队辎重车马无法通过。南浔铁路沿线很多铁路工人倾向共产党，他们立即组织起100多名工人连夜抢修了铁路大桥，使部队及时抵达南昌。

大革命时期江西特别是南昌地区工农运动的蓬勃发展，为党在南昌举行武装反抗国民党反动派的斗争奠定了群众基础和组织基础。

历史成就南昌：南昌成为天下英雄城

中共中央和中央领导人十分重视纪念南昌起义。1930年8月1日，毛泽东与朱德派罗炳辉率两个纵队攻击牛行车站，并隔江向南昌城鸣枪示威，这是最早关于南昌起义的纪念活动。

1933年6月26日，中共苏区中央局发出《关于“八一”国际反战争斗争日及中国工农红军成立纪念日的决定》，指出:“中央革命军事委员会为纪念1927年8月1日的南昌暴动，已确定‘八一’为中国工农红军纪念的日子。”6月30日，中央革命军事委员会发布《关于决定“八一”为中国工农红军成立纪念日》命令，明确“本委会为纪念南昌暴动与红军成立，特决定自一九三三年起，每年八月一日为中国工农红军成立纪念日”。

1933年7月17日，《红色中华》刊登了由中华苏维埃共和国临时中央政府主席毛泽东等人于7月1日签署的《中央政府关于“八一”纪念运动的决议》，规定:“批准中央革命军事委员会的建议，规定以每年‘八一’为中国工农红军纪念日。并于今年‘八一’纪念节授与战旗于红军的各团，同时授与奖章于领导南昌暴动的负责同志及红军中有特殊功勋的指挥员和战斗员。”从1933年8月1日起，8月1日正式成为中国工农红军成立纪念日。

1949年3月13日，党的七届二中全会通过了毛泽东起草的《关于军旗的决议》，明确规定中国人民解放军的军旗“加‘八一’二字”。1949年6月15日，中国人民革命军事委员会正式发布命令，规定以“八一”二字作为中国人民解放军军旗和军徽的主要标志。中华人民共和国成立后，中国工农红军成立纪念日改称为中国人民解放军建军节。

2017年8月1日，习近平总书记在庆祝中国人民解放军建军90周年大会上的重要讲话中指出，1927年8月1日，南昌城头一声枪响，拉开了我们党武装反抗国民党反动派的大幕。南昌城头的枪声，像划破夜空的一道闪电，使中国人民在黑暗中看到了革命的希望，在逆境中看到了奋起的力量。

习近平总书记用“三个伟大事件”标定南昌起义的历史地位，指出这是中国共产党历史上的一个伟大事件、中国革命史上的一个伟大事件、中华民族发展史上的一个伟大事件。党对军队绝对领导的根本原则和制度发端于南昌起义，南昌起义连同秋收起义、广州起义以及其他许多地区的武装起义，标志着中国共产党独立领导革命战争、创建人民军队的开端，开启了中国革命新纪元。

南昌起义的伟大历史功绩，确立了南昌天下英雄城的城市地位和独特品牌。

作者：徐小虎

2024年8月1日

遂川建政见证了什么

遂川是井冈山革命根据地的核心组成部分，一代伟人毛泽东在这里开启了遂川建政的伟大实践。遂川建政，到底见证了哪些重大史实？

这个暑假，遂川县工农兵政府旧址迎来了一拨拨研学者，有当地的中小学生，也有全国各地参加社会实践的大学生，他们一边聆听讲解员的解说，一边端详革命时期的文物……

遂川是井冈山革命根据地的核心组成部分，一代伟人毛泽东在这里开启了遂川建政的伟大实践。这是中国共产党在土地革命战争时期，以法治方式建立人民民主政权的第一次伟大实践，是马克思主义中国化的光辉典范，是列宁主义国家学说在中国的发展，为我们开辟了全过程人民民主的先河。遂川建政，到底见证了哪些重大史实？

武装夺取政权的成功实践

1928年1月4日，工农革命军在毛泽东、张子清率领下，在遂川大坑击溃恶霸肖家璧的反动武装，后顺利占领遂川县城。

1月24日，正是大年初二，遂川县工农兵政府在县城张家祠（李家坪）前宣告成立，近两万工农群众及工农革命军战士参加了成立大会。在锣鼓声、欢呼声中，毛泽东将裹着红绸的县工农兵政府大印交给贫农出身的共产党员王次淳。

毛泽东说，新年伊始，遂川县工农兵政府成立了！我们的工农劳苦群众解放了！他指着新当选的县工农兵政府主席王次淳说，这位就是你们的县长，叫王次淳，西庄老俵。前几天还在挑大粪，现在要当县长了。

毛泽东举起一只手，伸出小拇指说："过去土豪劣绅当权，我们是这个。"然后伸出大拇指说："如今，农民当县长，我们是这个。这可是自古以来没有的大喜事哟！但是，革命光靠县长一个人是不行的，还要靠大家团结奋斗。一根稻草一拉就断，如果用稻草拧成一根绳，就不容易断了！"老百姓唱起了新编的歌谣："过新年，过新年，今年不同往常年；工农革命军来了，又分谷子又分田……"

首次宣布人民军队军规军纪

"革命军人个个要牢记，三大纪律八项注意，第一一切行动听指挥……"这首妇孺皆知的革命歌曲《三大纪律八项注意》其实最早源于毛泽东在遂川提出的"三大纪律、六项注意"。

1927年10月23日，毛泽东率领的工农革命军在遂川大汾遭遇肖家璧靖卫团的袭击。战后战士们疲惫饥渴，途经一块红薯地，大家一拥而上挖起红薯就吃。毛泽东随队伍赶上来，看到这一情景很是生气，说："我们是工农革命军，不是军阀的队伍，怎么能随意侵犯群众的利益呢？"大家惭愧地低下了头。毛泽东耐心地说："几个红薯看起来是小事，但体现了一支队伍的作风和纪律，我们只有秋毫无犯，才能得到群众的拥护啊！”

10月24日早晨，毛泽东站在遂川县荆竹山村前的“雷打石”上，第一次提出了工农革命军的“三大纪律”：一、行动听指挥，二、不拿群众一个红薯，三、打土豪要归公。

1928年1月25日，在遂川县城李家坪召开的为部队分兵下乡做群众工作的大会上，毛泽东提出了“六项注意”：还门板，捆铺草，说话和气，买卖公平，不拉伕、请来伕子要给钱，不打人不骂人。

毛泽东要求全体干部战士把“六项注意”牢记心头，贯彻到行动中去。战士们有的把它写在驻地墙壁上，有的写在自己的包裹布上。通过对“六项注意”的贯彻执行，部队遵纪爱民的风气逐步形成。

代表工农利益的施政大纲诞生

遂川县工农兵政府成立后，颁布《遂川工农兵政府临时政纲》（下文简称《临时政纲》）。这是毛泽东根据实际情况和现实需要，指导时任遂川县委书记的陈正人在调查研究基础上起草、制定的中国历史上第一部真正代表群众利益的施政纲领，也是中国共产党首次以法律形式确定自己的政治主张、政治目标和政权组织形式。《临时政纲》也成为井冈山地区和后来赣南、闽西等根据地政权建设的初步蓝本。

为使群众容易理解，毛泽东将大纲中一些深奥难懂的语句改成通俗易懂的群众语言，如将“不虐待儿童”改成“不准大人打小孩”，“废除聘金聘礼”改成“讨老婆不要钱”，“废除土豪的债务”改成“借地主的钱不要还”，等等。

《临时政纲》是党的主张与群众意愿相结合的结晶，充分体现了新政权实行工农民主专政的性质和宗旨。

首次提出游击战术“十二字诀”

1928年1月下旬，毛泽东在遂川召开的工农革命军前委和遂川、万安两县县委联席会上，首次提出“敌来我退，敌驻我扰，敌退我追”的游击战术十二字决。

1927年10月，毛泽东率领湘赣边秋收起义部队来到井冈山后，以宁冈为大本营，分派部队四处游击，实行工农武装割据，至1928年2月，攻下了茶陵、遂川、宁冈三个县城，取得了丰富的游击战经验，提出了“分兵以发动群众，集中以应付敌人”的原则。

在战争实践中，毛泽东不但善于运用古代兵家著作中的理论知识，而且善于吸收井冈山与绿林武装的盘旋经验，并加以改造和提升，形成新的独特的游击战术。毛泽东笑着说：“打得赢就打，打不赢就走，赚钱就来，蚀本不干，这就是我们的战术。”这是他对游击战术的最早总结。“十二字诀”后来发展成游击战“十六字诀”，成为我军以弱胜强、屡试不爽的游击战术法宝。

毛泽东亲手创建草林红色圩场

毛泽东在遂川草林镇创造性地开办“全国首个红色圩场”，通过繁荣市场贸易，畅通红白两区物资的交流，活跃边界经济，在解决边界民众生活困难以及打破敌人经济封锁、巩固和发展井冈山革命根据地等方面发挥了重要作用，也为我党在革命年代做好经济工作积累了极其宝贵的经验。

草林圩是湘赣边界四大圩场之一，1928年有600多户人家，200多家店铺，但多为豪绅地主所垄断，圩上最大的豪绅黄礼瑞在圩镇周围交通要道上设立关卡，强行抽税。单是从黄坳到草林这70里路上，就有五道税卡。老表们说：“逢圩莫逢草林圩，沿路关卡数不尽；草林圩上走一圈，流尽穷人血和泪。”

毛泽东率工农革命军攻下遂川县城后，土豪劣绅四处放风，说“共匪”要烧杀抢掠。生意人卷着细软跑了，老百姓也纷纷躲藏起来，草林圩冷冷清清，一片萧条。

毛泽东对分兵发动群众的连长曾士峨、党代表罗荣桓说：“这次下去，切莫性急，一口难吃热糖包。慢一点，稳一点，耐心做群众工作局面总会打开的。”

罗荣桓命令宣传队打起红布小旗，分头深入到各村，对群众进行宣传，开展社会调查，执行群众纪律，想方设法有所突破。圩镇和各村到处贴满了“打倒土豪劣绅”“保护中小商人”“取消苛捐杂税”等标语。为彻底揭穿土豪劣绅的反动宣传，打击黄礼瑞等土豪劣绅的破坏活动，罗荣桓根据毛泽东的指示制定了“保护工商业，团结中小商人”的政策。

毛泽东还教导工农革命军要大力向群众宣传：保护中小商业者，对他们的东西连“一个红枣也不能动”。这一政策得到了中小商人的拥护，草林圩开始复活了，粉碎了国民党“大店货物归公，老板杀头，小店铺子没收，老板带走”的反动谣言和“靖卫团打不死你，我却要困死你”的经济封锁。

“遂川建政”，见证了一面为广大群众树起的革命旗帜，见证了一套边界政权建设架构的组织机构，见证了一系列为边界发展壮大构建的经济政策。它是井冈山革命根据地建立的政权建设的伟大尝试，是马克思主义政权思想在井冈山斗争时期的重要实践。

作者：范录军

2024 年 8 月 5 日

再识上饶集中营

这里的一砖一瓦浸染着革命烈士的鲜血，承载着厚重的历史，讲述着悲壮的故事，为后人留下了宝贵的红色资源与精神财富。

1941年8月12日，有人向毛泽东急切地提议，“主席，请营救冯雪峰”。毛泽东得知冯雪峰被囚禁在上饶集中营时，立即和陈云商量，决定一定要想办法将他营救出来。

那一年，上饶集中营关押着包括新四军军长叶挺等皖南事变中被俘的新四军排级以上干部以及东南各省搜捕来的共产党员、爱国进步人士近900人。

他们为何被关押在上饶？上饶集中营背后有哪些值得铭记的故事？今天，就让我们走进历史，重识那段被时光尘封的悲壮往事。

一

“千古奇冤，江南一叶；同室操戈，相煎何急？”1941年1月，周恩来满含悲愤地亲笔写下了这首四言挽诗。

这首挽诗既是哀悼“皖南事变”中遇难的项英等人，又是对国民党当局做法的严厉谴责。1941年年初，叶挺带领新四军军部及直属部队9000余人奉命北移，途中行至皖南泾县茂林地区时，遭到国民党7个师8万多人的包围袭击。经过7昼夜的血战，约2000人分散突围，另有一部分人被俘，其余人皆壮烈牺牲或失散。新四军军长叶挺在下山谈判过程中被扣押于上饶集中营，政治部主任袁国平、副参谋长周子昆牺牲。

国民党为什么要将叶挺扣押在上饶？从地理位置上看，位于赣东北的上饶地处四省交界，有地理之便。加之，上饶时属国民党第三战区司令顾祝同辖地，蒋介石正是利用顾祝同与叶挺是保定陆军军官学校同期同学关系，意欲对软禁中的叶挺极尽诱降之能。

这种情况下，在上饶茅家岭、周田、李村、七峰岩等地设立的一座大规模的法西斯式集中营成为国民党的首选。国民党打着军政训练机关的幌子，将新设的监狱冠冕堂皇地称为“国民党第三战区司令长官司令部训练总队”“特别训练班”“战时青年训导团东南分团”。

建营之后，这里成了一座人间炼狱。针刺、棍打、灌辣椒水、铁块烫身、活埋、裸身吹寒风、站铁丝笼、吞食跳蚤虱子、绳索绑勒项颈、饭菜里放毒药等骇人听闻的酷刑，每天都在这里上演。

上饶集中营自1941年3月建立到1942年6月迁至福建，历时一年零四个月。这里关押了新四军军长叶挺、第三支队司令员张正坤、新四军教导总队副总队长兼教育长冯达飞、新四军政治部秘书处处长黄诚、新四军政治部组织部部长李子芳、机要处机要员施奇等革命志士，他们的斗争事迹让上饶集中营举世闻名，但为什么被称为“上饶集中营”，其来历却鲜有人知。

“上饶集中营”这个名称与全国最早的一本关于上饶集中营的书籍

《上饶集中营》密切相关。该书于1945年年初在华中抗日民主根据地出版，这本书的主编就是时任新华社华中分社社长的范长江，这本书的出版和广泛传播，使得“上饶集中营”这一名称被广泛使用。

1951年，上海电影制片厂摄制电影《上饶集中营》在全国放映，“上饶集中营”才得以被全国人民广泛知晓。

二

“正气压邪气，不变应万变”“富贵不能淫，威武不能屈”“坐牢三个月，胜读十年书”“头可断，血可流，志不可屈”……在上饶集中营李村监狱囚室里，叶挺对国民党顽固派阴谋诱降的恶劣行迹发出振聋发聩的反击。

李村监狱原是国民党第三战区长官部副官招待处，新四军原编入三战区军事序列，但是三战区常常借故拖发、扣发薪水，叶挺就曾多次到上饶与顾祝同交涉，并多次入住过这个招待所，而今作为“阶下囚”被关押于此，叶挺更是满腔激愤。

叶挺被关在上饶后，使得小小李村变得热闹非凡，轿车、吉普车上的党政军界名人络绎不绝地前来“看望”“奉劝”他。其中一次，顾祝同亲自摆宴宴请叶挺，而叶挺素来看不起顾祝同，称他为“顾竹筒”——空虚不实，没有真本事，靠拍蒋介石的马屁飞黄腾达。

席间，叶挺轻蔑地说：“你老兄的名为‘宴请’实为‘劝降’的表演是否也该收场了。我最后还是给你背诵一遍民族英雄文天祥的《正气歌》……‘人生自古谁无死，留取丹心照汗青’。我叶挺活着不会趋炎附势，死了也不会被人唾骂。告辞了！”随后，大气凛然，拂袖而去。

为表明自己的政治立场，叶挺直接给蒋介石写了一封代电稿，再次要求“在上饶组织军事法庭，交付判决，并以明令公布，以免周折延迟”。顾祝同未完成劝降任务，只好照转代电稿交差。蒋介石看了代电稿，只好无可奈何地摇头。

1941年8月，叶挺被押离上饶集中营，几易囚地。他将新四军铁的信仰、铁的担当、铁的意志、铁的纪律表现得淋漓尽致。

滔滔信水、浩浩鄱湖、奇秀三清、巍巍灵山。在上饶市区，有一条穿城而过的大道，北段叫“五三大道”，南段叫“叶挺大道”，以“五三”为名就是纪念1949年5月3日上饶解放，以叶挺为名则是为了纪念叶挺将军。

叶挺大道直抵上饶集中营，五三大道则朝向上饶高铁站，在百姓心中寓意着“不忘来路，未来可期”。

三

“从这山，我懂得了我们为什么奔赴那悲剧而毫无惧色，而永不退屈！”这首名为《灵山歌》的诗，是诗人冯雪峰关押在上饶集中营远眺灵山时写下的。

上饶集中营，是黎明前的黑夜、是一部电影、一段历史。今天，我们再识上饶集中营，识的又是什么？

去听那首刺破黑夜的铁牢歌声——“铁蹄，踏不碎仇恨的心！海水，洗不清祖国的悲愤，按住遍体鳞伤，挺起铁的胸，我们走向大地的黎明。”这首高亢激越的战歌由曾经被关押在上饶集中营的艺术家赖少其填词，这首《黎明》几乎成了上饶集中营斗争的主题曲，大家在平时集合的时候唱，在特务残酷鞭打战士的时候唱，在狱中绝食的时候唱。

电影《上饶集中营》是新中国首部“监狱片”，拍摄地就是监狱旧址，强烈的真实感冲击着观众。而编剧冯雪峰本人是“上饶集中营”的亲历者，他赋予了真切的爱憎力量，使得该片影响了几代人，成为后人了解那段历史的窗口。

穿过历史烟云，昔日“人间监狱”已浴火重生，现在的上饶集中营成为红色名胜区，是全国爱国主义教育示范基地、国家4A级旅游景区、江西省廉洁文化教育基地。

“来吧，来上饶，来聆听一堂堂精品红色课程”“北伐名将叶挺”“华侨英烈——李子芳”“一尊活着的塑像”……跟随讲解员的讲解，无数人来到上饶集中营，在沉浸式教学中接受一场爱国主义革命传统教育。

时光流转，今日的上饶集中营名胜区，每年吸引着全国各地各界人士来此瞻仰感悟。这里的一砖一瓦浸染着革命烈士的鲜血，承载着厚重的历史，讲述着悲壮的故事，为后人留下了宝贵的红色资源与精神财富。

作者：江日航

2024 年 9 月 3 日

“飞将军”墓找寻缘何一波三折

时隔93年，屡建功勋的红军将领黄公略为何今日举行遗骸安葬仪式？笔者带您揭秘黄公略烈士墓找寻背后一波三折的故事。

今天上午，青原区东固革命烈士陵园内，青松挺立，哀乐低鸣，天地同悲。

经党中央批准，退役军人事务部、中央军委政治工作部、江西省委省政府在这里举办黄公略烈士遗骸安葬仪式。

黄公略是湖南湘乡人，著名红军将领、军事家，平江起义领导者之一。中华人民共和国成立后，黄公略被中央军委确定为中国人民解放军36位军事家之一，并被评选为“100位为新中国成立作出突出贡献的英雄模范人物”之一。在红军时期，黄公略曾与毛泽东、朱德、彭德怀并称为“朱毛彭黄”。

1931年9月15日，时任红一方面军第一军团第三军军长的黄公略，在吉安市青原区东固畲族乡六渡坳指挥部队转移时，遭敌机袭击壮烈牺牲，时年33岁，党和红军将其秘密安葬。

为表彰其功勋，1931年11月，中华苏维埃共和国临时中央政府作出立公略县、建公略亭、修公略台、命公略路、创公略队等决定，以此表达对黄公略烈士的缅怀之情。

时隔93年，这位屡建功勋的红军将领为何在今日才举行遗骸安葬仪式?

首寻无功而返

关于黄公略牺牲的经过，1995年出版的《东固镇志》中有这样一段简略记载：1931年9月15日，在第三次反“围剿”战斗中，率领部队向东固山转移，当路经东固六渡坳时，突遇敌机袭击，他立即指挥部队疏散、隐蔽，并奋不顾身地组织对空射击，不幸中弹，光荣牺牲。1931年9月16日，在兴国莲塘，毛泽东亲自主持了黄公略的追悼大会，并题词“黄公略同志的革命精神永垂不朽”。

新中国成立后，党中央、中央人民政府和中央军委十分怀念对中国革命做出巨大贡献的黄公略烈士，决定寻找黄公略的遗骨，准备将其骨灰安放于北京市八宝山革命公墓。1964年10月初，中华人民共和国内务部第一任部长、时任最高人民法院院长的谢觉哉，亲自写信给黄公略当年的勤务兵、时任河南省军区许昌军分区司令员高书官，要他去江西寻找黄公略的遗骨。

10月13日上午，以高书官为组长的寻墓工作组在中南海正式成立。除公安部一位同志外，其余组员均为科学院专门搞考古研究的专家。

起初，高书官对寻墓还是很有信心的。谁知，来到东固后，他才发现这里已经变化很大：昔日的羊肠小道变成了可以通大型拖拉机的砂石路；过去到处可见的土坯房，如今新建了不少砖瓦房；以前被战火烧毁的山上，现在已林木参天。还有那条熟悉的六渡河，也有好几处改了道。眼前的一切让高书官的记忆都变得有些模糊。

根据高书官的回忆，在当地干部和群众的带领下，经过多日的勘察，工作组最后把墓址搜索范围圈定在六渡村张家背组的山坡上。这个地方到处都是石头和树木，不远处有座万民古寺，前面是六渡河，很符合墓址的特征。

于是，工作组组织人力，在张家背的山上挖了10多天，几乎把整个山坡都翻遍了，但一无所获。之后的几天里，工作组把搜索范围放大，前前后后一共考证了20余座没有墓碑、用山石封口的墓穴，但最终仍是无功而返。

寻墓工作组分析认为，可能是那时地下党或当地群众出于对黄公略的爱戴，怕国民党反动派来毁坟，有意将坟墓转移了。30多年的时间，人口变迁，山河易貌，转移遗骨的人已无处可找或不在人世了。

无奈，高书官只好向党中央汇报寻墓的进展情况。中央作出指示，暂且中止寻墓，静待时机，以免造成过度发掘，给今后的寻墓工作带来更大困难。于是，寻墓工作暂时搁置下来。

时间眨眼到了1985年5月，黄公略的女儿黄岁新带着丈夫张志强和一双儿女来到东固。她将高书官介绍的关于父亲墓址的信息，原原本本地告诉给儿女们，希望他们日后有机会一定要找到父亲的遗骸。直至临终前，黄岁新仍念念不忘给父亲寻墓的事情。

至此，第一次寻墓结束，黄公略烈士安葬之谜仍未解开。

再寻依旧无果

官方寻找虽暂且搁置，但民间寻访没有中断。2011年4月到5月间，湖南卫视准备推出一期《寻找黄公略》的专题节目，专程来到吉安采访。尽管在当地采访了很多人，时间也比较长，但苦于线索太少，所以这次寻访依旧无果。不过，采访活动却引发了民间寻找黄公略烈士墓的热潮。

当年，东固革命历史研究会在东固成立。研究会的主要职责是对东固革命根据地、赣西南革命根据地的红色资源进行抢救、发掘、收集和整理。在大家挖掘东固红色历史文化的过程中，所有人都把寻找黄公略烈士墓作为头等大事，每一次寻访，他们都不忘向被访人打听相关线索。

后来，越来越多人知道了黄公略的革命事迹，他们打心眼里敬佩这位被毛泽东写进诗词里的“飞将军”。黄公略烈士牺牲前后，一直深受苏区人民的爱戴和敬仰。

在多次采访中，研究会成员总结出黄公略烈士墓的几个重要信息：一是墓地坐向是坐北朝南；二是从抬棺起到埋葬完成不会超过2个小时，也不可能走太远，离村约三里，路过处有农田、小河；三是墓址前后有战壕、大石头、大树、寺庙等特征。

第二次寻墓跨度长达10多年，虽然最终目标不明，但却为后续寻找工作提供了方向。

三寻终获成功

2020年9月26日，黄公略的外孙张忠借湖南湘乡修缮家族祖墓之机，来到东固六渡村捧回三把土，撒在黄家祖坟上，寓意烈士魂归故里。但张忠心里一直惦记着母亲生前的嘱托。

同年冬天，张忠决定重新开始寻找黄公略墓地。他先是整理了《黄公略同志墓址党史资料汇编》小册子，搜集当地三维地图及一些航拍资料等，并向有关部门请求协助。后来，张忠又向有关部门做了专题报告。

2021年10月，根据退役军人事务部的要求，江西省委、省政府高度重视此事，指示吉安市委、市政府以及青原区委、区政府专门成立寻墓工作组。在退役军人事务部和省退役军人事务厅的指导下，寻墓工作组展开对黄公略烈士遗骸的搜寻工作。

2022年7月13日，张忠与工作组再次来到东固，为方便开展工作，选择了当地一家民宿居住。16日早上，民宿老板刘节明在东固街上包子铺里巧遇东固革命历史研究会成员李周源，交谈中李周源才得知张忠来寻墓一事。

事情就那么凑巧！几天后，李周源在竹子坝游玩时偶遇了六渡村的黄富财，闲聊时说起黄公略将军的外孙张忠先生寻墓之事，黄富财拉着李周源就往外走，在一个僻静处问道："真是黄公略的外孙来了吗？"李周源说绝对没错。黄富财这才小声说："我有重要消息，但要见到张忠本人才会说。"李周源随即联系时任青原区退役军人事务局局长的谢拔生，并通过他联系上张忠。很快，黄富财与市、区搜寻工作组、张忠、谢拔生等人汇合。至此，黄公略烈士墓与黄富财一家三代守墓的故事才得以浮出水面。

出生于1968年的黄富财是六渡村拱桥组人，拱桥距离黄公略牺牲地不足两里。其祖父黄来从生前是东固区宣传委员，1930年在对敌斗争中牺牲，祖母高春秀当时是村妇女会主任。1931年9月的一天夜里，东固区委书记找到黄富财的祖母，请求她将黄公略的遗体安葬在黄家的生基（还未安葬的墓穴）里，并用石头将墓门垒好。

后来，东固区委书记在一次战斗中牺牲，从此这个秘密只有高春秀一个人知道。据黄富财介绍，他每逢清明、冬至，都会跟着奶奶和爸爸去扫墓。“我奶奶说这是黄将军墓，他是为了我们穷苦人才牺牲的。我们一定要保护好，不要轻易对任何人说。”1979年，83岁的高春秀去世后，黄富财的爸爸又接着守护墓地。2015年，父亲过世后，黄富财一个人坚持守护到今天。

2022年8月2日下午，市、区搜寻发掘工作组和有关专家学者在东固连夜召开调度会，布置第二天挖墓取样的准备工作。8月3日，考古专家正式开始挖掘，最终在墓里发现部分人体骸骨和6枚棺材钉，并于10月12日派专人护送骨骸到上海复旦大学进行DNA技术鉴定。

2023年2月28日，黄公略烈士的四个堂侄完成了生物取样；4月7日，张忠完成了生物取样；5月初，经比对检测和国内专家集体论证，DNA吻合度高达99.99%，确定为黄公略烈士遗骸。此墓也认定为黄公略烈士安葬地。

至此，被岁月封存了93年的烈士遗骸终被寻见，为新中国成立做出突出贡献的英雄模范黄公略，其遗骸也得以回归烈士陵园。

历史总是不巧。一次次阴差阳错，黄富财一家和黄岁新失之交臂。历史又总有巧合。一方苦苦寻访，一方默默坚守，最终双方在机缘中得以相见。英烈之魂永垂不朽，英烈之名万古流芳。东固山常青，黄公略永生！

作者：康美权

2024年9月25日

93年前为何在这里定都

历史选择了瑞金，也成就了瑞金。以瑞金为中心的中央苏区，是当时全国最大、最重要、最具代表性的一块苏区，是中国共产党最重要的治国理政试验田。

中国共产党以巨大的政治勇气和首创精神，于1931年11月7日至20日，在瑞金叶坪召开中华苏维埃第一次全国代表大会（下文简称“一苏大”），宣告中华苏维埃共和国临时中央政府成立，建都瑞金（京）。

在党和苏维埃政府的领导下，中央苏区一片生机勃勃的景象，与当时国民党统治区域百业凋敝、民不聊生的景象形成鲜明对比。瑞金也成为当时人们非常向往的地方。周恩来曾盛赞：“中国外国不如兴国，南京北京不如瑞京。”

93年前，瑞金有何优势成为定都之选？是历史的必然还是偶然？又有着怎样的历史背景？

政治局势稳定

早在1927年8月，周恩来、朱德等人领导的八一南昌起义部队就经过瑞金。为进一步加强瑞金地方党组织建设，起义军帮助建立了瑞金第一个中共支部——绵江中学党支部。

后来，瑞金早期的共产党人，以绵江中学为活动基地开展革命运动。贺龙、彭泽民、郭沫若等人就是在绵江中学入党的。

1929年上半年，毛泽东、朱德等人曾先后三次率红四军来到瑞金，特别是这年2月10日至11日，红四军在大柏地赢得了下井冈山后的第一个大胜仗。大柏地战斗改变了红军下山以来被动挨打的处境，为开辟赣南、闽西革命根据地创造了条件。

几个月后，红四军第二次回到大柏地，主动偿还上次战斗中部队向当地群众借的吃用物，同时进一步宣传革命思想。部队当天赶往瑞金县城，老百姓就敲锣打鼓地欢迎红军，这个场面在当时是很少见的。因而毛泽东当时就提出："瑞金是个好地方，一定要把这块革命根据地搞好。"

1930年4月，瑞金党组织领导了武阳暴动、安治暴动等，成立了瑞金县苏维埃政府和红军第二十四纵队。1931年春，在红三十五军和红十二军帮助下，瑞金已经成为全红县，并深入开展了土地革命，全面分配了土地。

1931年8月初，邓小平临危受命任瑞金县委书记后，采取有力措施，迅速纠正了全县乱肃"社会民主党"的错误，稳定了全县局势，狠抓县、区、乡三级苏维埃政权的建立、恢复和整顿工作，成立了县苏维埃政府，瑞金全县的政局得到迅速稳定，干部、群众的革命积极性也随之高涨起来。

紧接着邓小平又狠抓瑞金县的各项建设工作，如开展分田运动、兴办干部培训班、与贪污腐化作斗争等，解决农民的土地问题。瑞金的面貌大为改观，全县一片红，形势越来越好，为“一苏大”在这里召开，苏维埃共和国定都瑞金，创造了深厚而稳定的政治条件。

自身优势突出

瑞金得名始于唐天祐元年（904），当时境内象湖镇有淘金场，相传“置监时有航浮于水面，色如黄金，人目为瑞”，又“其地掘土得金”，遂以“瑞金”命名。南唐保大十一年（953），瑞金监升级为瑞金县，名称沿用至今。

从地理环境上看，瑞金地处三省交界，宜“居中指挥”。瑞金位于江西省的东南部，赣州市东部武夷山脉西麓，赣江东源贡水上游，东与福建省长汀县交界，西邻于都，南连会昌、石城，北接宁都。区位突出，地扼赣闽咽喉，素为赣闽粤三省通衢。境内群山环抱，层峦叠嶂，隘口相续，四岭亦尽山国。

从交通条件上看，瑞金水路发达，便于军用物资运送。绵江自东北而西南流贯瑞金，流经大部分乡镇，至会昌城东与湘水汇合成贡水，经于都到赣州汇章水为赣江。发源于长汀新乐山的古城河，经古城入瑞金，在城东南与绵水汇合。梅水则由宁都梅岭而来，会下坝溪、智水，经于都入贡水。这3条河是瑞金通航邻县与闽、赣、粤、湘、宁、沪等地的主要水道。其支流众多，蔓延全境，不仅有灌溉之利，有的还兼具舟楫之便。

从物资基础上看，瑞金物产丰富，可提供充足的物资补给。瑞金盆地是江西四大盆地之一，气候温和，土地肥沃，物产丰富，尤其是米粮供给充足。民间就有“绵江两岸是块洲，三年两不收，还有余粮下赣州”的说法。此外，还有土纸、苎线、线罩、夏布、芦花皮枕等，是瑞金外销出口的主要土特产品；矿产则有金、铁、钨、煤、石灰石、高岭土等，这些丰富的物产，能够更好满足新生政权的补给需求。

从军事态势上看，瑞金境内敌对势力相对薄弱，适合总部和军队驻扎。当时，赣州驻有国民党第十九路军两个师；宁都县城驻有国民党第二十六路军2万人；从吉安至泰和赣江沿岸，也驻有国民党重兵；兴国是第三次反“围剿”主战场，离兴国不远的吉安富田，还驻有国民党两个师；会昌县城还处于国民党控制之下；石城县南部还有许多“土围”“山寨”被土豪劣绅地主武装占据；等等。

历史选择瑞金

“一苏大”选择在瑞金召开，这是历史的偶然也是必然。1931年6月20日，中华苏维埃中央革命军事委员会发布第十四号通令，决定将“一苏大”的时间定为1931年11月7日，但未确定开会的地点。

第三次反“围剿”结束后，红一方面军总部于9月23日在兴国县鼎龙水头庄发布《开往福建工作筹款的命令》，这个命令要求总部和方面军各部都开到长汀城集中，然后以它为中心分散到各地筹款做群众工作，同时休整部队。由此可以判断，“一苏大”的地点可能准备定在长汀城。但之后的一封耐人寻思的电报内容，使得情况发生变化，最终会议地点改定在瑞金。

10月24日，中共苏区中央局向上海党中央发去一份长电。长电在详细报告了中央苏区第三次反“围剿”经过、战果以及红军的近况后，在电文最后一段这样写道：“红军目前急切须休息，须训练，须补充，须筹款，须布置新战场，创造根据地。又因十一月七日开苏大会，中央［局］不能远离，遂将红军主力分布石城、长汀、于都、会昌四县工作，总部及中央局在瑞金居中指挥。”

这份电文提出“总部及中央局在瑞金居中指挥”，显然是打算以瑞金为指挥中心和驻地枢纽，开展召开第一次全国苏维埃代表大会和成立苏维埃临时中央政府的各项准备工作。

此外，据党中央派往中央苏区工作的余泽鸿于1931年9月30日在瑞金写给党中央的一份报告中称：“最近28/9中央局与红军方面军到瑞金，我将中央接受国际十一次扩大会决议及闽西情形向中央局作了报告。昨天中央局召集十二军、赣东特委、瑞金县委党的活动分子会议，我去参加的。听了泽东同志关于目前时局，党的任务，三次战争教训的报告……”

报告虽未提及定都瑞金的决定，但可以推断出，在9月29日至10月3日这段时间内，中共苏区中央局和苏维埃中央军委提出在瑞金召开“一苏大”并建立中华苏维埃共和国的建议，并报上海党中央批准。

从会议地址的变更，似乎瑞金被定为首都是一种偶然。但其实“一苏大”召开的地点和中华苏维埃共和国的首都选择在瑞金，是其背后具备的诸多因素，让偶然成为必然。

历史选择了瑞金，也成就了瑞金。以瑞金为中心的中央苏区，是当时全国最大、最重要、最具代表性的一块苏区，是中国共产党最重要的治国理政试验田。

作者：袁　芳　钟燕林　朱奕南

2024年9月30日

烈士纪念日我们应该记住什么

一代人吃了几代人的苦，才换来我们如今的幸福安康。我们的烟火日常，却是那一代人的终极梦想。人民至上，始终是革命先烈们为之奋斗的理想。

江西是一片红土圣地，浸染着无数革命先烈的热血。一百多年来，英勇的赣鄱儿女在中国共产党的领导下，为了人民的幸福和民族的复兴，前仆后继、勇担使命。安源路矿工人大罢工、八一南昌起义、秋收起义、朱毛会师、瑞金建政、长征、南方红军三年游击战争、新四军组建……党史、军史上许多重大事件都在这里发生，江西在中国革命的史册上写下了光辉篇章。

特别是土地革命战争时期，江西苏区面积占全省三分之二，人口占二分之一以上。据统计，全省有名有姓的烈士有25万余人，无名烈士更是难计其数。

今天是第11个烈士纪念日。每思祖国金汤固，便忆英雄铁甲寒！国之重器非金非玉，是兵对国忠，是国对兵义，是兵不惧死，是国不敢忘！人民幸福是对烈士们最大的告慰，不懈奋斗是对烈士精神最好的传承。

革命是为了什么

江山就是人民，人民就是江山。革命是为了什么？为的就是人民群众的根本利益，为的就是让人民群众过上好日子。人民幸福、民族复兴就是党的初心使命。有的人努力是为了成为人上人，而有的人努力是为了再也没有人上人。

1934年10月，中央红军主力长征后，根据组织安排，时任江西省苏维埃政府主席的刘启耀留在苏区坚持斗争。当时经济十分困难，作为省苏主席，刘启耀有一个重要的任务，就是保管好江西省苏维埃政府的经费——一包金银。

在一次突围战斗中，刘启耀不幸负伤，满身是血，不省人事。深夜，刘启耀被寒风冻醒，他最先查看的不是自己的伤势，而是赶紧寻找掩埋在乱石中的褡裢，沉甸甸的褡裢里装有金条、首饰和银元。为躲过敌人搜捕，他隐姓埋名，在遂川、万安、泰和一带山区漂泊流浪，衣食无着，过着乞丐般的生活。

刘启耀一边乞讨，一边寻找党组织。他几乎走遍了原赣西南苏区的各个角落，终于秘密联络到了老党员、老红军、老苏区干部数百人，并和他们一起同敌人开展斗争。1937年年初，刘启耀和罗孟文等人组建了中共临时江西省委，刘启耀当选为临时省委书记。

在临时省委机关成立后的第一次常委会上，当大家都为省委今后的办公经费发愁时，刘启耀撩开破衣烂衫，把一包金银倒在桌子上，说:“这是我突围时保管的江西省苏维埃政府的经费，今后归临时省委支配。”大家都惊呆了，谁都没有想到刘启耀居然背着金条乞讨数年，他宁愿忍饥挨饿也不肯动用分毫公款。

一代人吃了几代人的苦，才换来我们如今的幸福安康。我们的烟火日常，却是那一代人的终极梦想。人民至上，始终是革命先烈们为之奋斗的理想。

革命何须怕断头

为有牺牲多壮志，敢教日月换新天。革命先烈们在国家人民危难关头，用身躯筑路、热血筑墙，将生命留在了战场，将和平留给了我们。每一个向死而行的生命都应该被铭记，每一种视死如归的精神都值得被仰望。

“满天风雪满天愁，革命何须怕断头？留得子胥豪气在，三年归报楚王仇。”1927年12月27日，杨超被敌人杀害于南昌德胜门外下沙窝，年仅23岁，这是他牺牲前留下的就义诗。

杨超早在南昌心远中学就读时，就积极学习进步思想。每年寒暑假，他不仅劝导父亲改变对长工的刻薄行为，还将自己在学校节约下来的钱购买纸笔，办农民夜校，教长工认字、打算盘，并建成了德安县第一所农民夜校。

1923年，为欢迎民权运动者袁玉冰出狱，杨超在《新江西》第六号上发表了一篇题为《改造中国一条大路——革命》的文章，不久他就因是“学潮中的滋事分子”被开除了学籍。后杨超来到大城市求学，追寻革命真理。他在南京加入了社会主义青年团，在北京大学就读时结识了恽代英、萧楚女，并由他们介绍入了党。

1925年暑假，杨超回到家乡，直接领导成立了德安最早的工会——柴炭工人工会。1926年，杨超离开北京大学到德安从事党的工作，7月中共德安支部恢复，杨超任党支部书记。在他的带领下，德安革命事业迎来蓬勃发展，全县95%的地区都是红区，都有党组织的活动。

1927年四一二反革命政变爆发，7月杨超出席中共江西省委第一次党员代表大会，被选为省委委员并作了大会发言。12月23日，杨超由武汉返回德安时在九江招商码头被捕，遂被送往南昌。被捕后，面对残酷的刑讯，他大义凛然，严守秘密。27日，敌人将杨超、王环心、袁玉冰、谢率真四人杀害于南昌德胜门外下沙窝。临刑前杨超面不改色，英勇就义。

我们的烈士不是钢筋铁骨，他们也是有血有肉的普通人。但他们身前是敌人，身后是百姓，甘愿为了崇高的事业献出宝贵的生命。生逢盛世，我们绝不能因为和平安宁而忘却他们的流血与奋斗，绝不能因为岁月静好而忘却那些曾经遭受压迫人民的抗争。

革命何以成功

“革命理想高于天。理想信念之火一经点燃，就永远不会熄灭。”一百年前，一群热血青年为救祖国人民于水火之中，致力寻找先进的革命思想来武装人民、建设祖国。他们以信仰铸魂，为人民献身。

1925年11月，年仅19岁的古柏在广东梅县读书时就加入了中国共产党。1927年春，蒋介石叛变革命，纵使革命形势日益恶化，年轻的古柏仍不怕艰险，毅然往返于梅县和家乡寻乌开展革命工作。

家中的长辈非常担心古柏的安全，曾劝告他说：“自古以来，时代之变迁，政党之初期发展，一定要牺牲不少青年。为党铺平道路，党之主义才能实现。难道你愿意做共产主义的铺路石吗？”

古柏坚定地回答：“我愿意这样做！没有铺路的人，哪有康庄大道可走？”这位长辈听后非常惊讶地问：“难道你不怕死吗？”古柏从容地回答道：“信者不惧！”

正是因为对共产主义具有坚定的信念，古柏不惧条件艰苦，和战友们一起于1927年冬在寻乌县建立了中国共产党支部。次年3月，他又参与领导了寻乌农民武装暴动。暴动失败后，敌人四处搜捕古柏等人，屠杀了一大批革命群众。但古柏没有因此气馁，不久就领导组建了赣南红军第二十一纵队，创立和发展了寻乌红色区域。

1930年5月，毛泽东、朱德率领红四军来到寻乌县城，为了研究城市商业状况和中国富农问题，毛泽东在这里做了近20天的社会调查。时任中共寻乌县委书记的古柏，陪同毛泽东走街串巷，深入店铺作坊，坐在田间地头，与工人农友促膝谈心，广交朋友，了解社会各阶级的情况。

和毛泽东的亲密接触，进一步坚定了古柏的革命信心。此后，古柏调到毛泽东身边工作，任红四军前委秘书长，跟随毛泽东转战闽西、赣南、袁水流域和赣江两岸。

1934年10月，中央红军主力长征后，古柏奉命留在赣南打游击。1935年3月5日，古柏在广东省龙川县上坪镇的鸳鸯坑向游击队传达中央指示精神时，被敌人包围，为掩护同志们突围，不幸壮烈牺牲。

为了深切悼念古柏，1937年秋，毛泽东亲笔题词：“吾友古柏，英俊奋发，为国捐躯，殊堪悲悼。愿古氏同胞，继其遗志，共达自由解放之目的。”

百年后，先烈们用生命在黑暗里点亮的烛火，如今早已光芒万丈。

他们为了心中的信仰、为了祖国人民，不怕牺牲，甘当铺路石，把鲜血洒在了祖国和人民需要的地方。

今天，以国之名缅怀英烈，是对英烈最深情的礼赞；秉持初心传承红色基因，是对英烈最好的告慰！

作者：何丹凤

2024 年 9 月 30 日

◎第四篇章

赣鄱时评

龙舟赛背后“赛”什么

对于一座城市而言，一场赛事能带来什么？比赛的背后“赛”的又是什么？这个问题值得我们深思。

以赛为媒，让更多的人看到城市包容、开放、文明、传承的形象。南昌此番举办国际龙舟比赛，彰显的是管理者对市民文化需求的关注与回应，体现的是一座城市的包容与气度。数十艘龙舟水上竞发，空中跳伞、特技滑水、龙狮齐舞让人目不暇接，美食集市百余个品质摊位的小吃琳琅满目，音乐喷泉、烟花秀和光影艺术展梦幻上演，多支备受年轻人追捧的乐队空降献唱，还有乐园、海世界、商场、酒店等多业态文旅消费活动……

如果你去看了2023年南昌国际龙舟赛，相信一定会留下难忘的回忆。从早到晚，整个九龙湖人山人海，很多人感慨，继南昌“特种兵式”旅游之后，国际龙舟赛又一次把南昌的人气点燃。

大型体育赛事是城市品牌营销的有效载体，尤其是在互联网高度发达的当下，网络传播形成放大效应，带来巨大流量。“一项赛事带旺一座城市”早已屡见不鲜。

对于一座城市而言，一场赛事能带来什么？比赛的背后“赛”的又是什么？这个问题值得我们深思。

一

很多人奇怪，龙舟比赛年年有，这场龙舟赛为什么这么火？笔者亲身感受了比赛盛况，认为至少有这么几点。

首先是规格高、看点足。这场比赛有40多支龙舟队近700名选手参赛，设有12人200米直道竞速赛和22人500米联合对抗赛两个项目，是历年来南昌举办的水平最高的龙舟比赛。参赛队伍不仅有南昌都市圈代表队和广州、深圳、武汉、长沙等友好城市代表队，还有韩国、泰国、德国以及在昌国际友人代表队。比赛既有本土味，也有“国际范”。

其次是组织得当、内容丰富。地铁2号线直达赛场、3条公交接驳线路、6个铁骑服务点、23个停车场近1.5万个泊车位保障交通，1000名志愿者和2000余名安保人员现场服务。当天还有“鸿鹄大集市”“水幕音乐喷泉烟花秀”“啤酒音乐节”“光影艺术季”等文旅活动。选手在热烈的环境中放手拼搏，观众则是来得方便、走得自由、吃得放心、玩得开心。在吃喝玩乐中，欣赏一场扣人心弦的赛事，岂不美哉。

最后是人们对传统文化推陈出新的期待。作为中华民族传统习俗之一，端午吃粽子、划龙舟的文化习俗已有千年之久，承载着一个地方的风土人情。在文旅消费市场火爆的当下，举行划龙舟比赛，让这种传统习俗牵手文旅活动走进大众视野，丰富节日生活，无疑点燃了人们对传统文化的热情。

实际上，赛龙舟有着广泛的群众基础。唐朝时端午赛龙舟常常是“柳堤花岸万人招”，很受百姓欢迎。唐敬宗更是赛龙舟的忠实粉丝，他不仅下令建造十艘竞渡船，还亲自下场参赛。到了宋代，很多地方赛龙舟已经发展成全民性娱乐活动。黄公绍有诗云："好是年年三二月，湖边日日看划船。"时任杭州知州的范仲淹就曾鼓励当地百姓举办龙舟赛，以此活跃地方经济。

江西雨水充沛、河渠纵横，各地很早就有端午赛龙舟的传统。《九江儒林乡志》记载："乡人每夏五月，必斗龙舟。"《南昌县志》详细记录了赛龙舟的精彩场面："龙舟有专以竞渡者，不载旗帜，两船并斗，数里外但闻鼓声隐隐，瞬息即至，其捷如飞。"

可见，当时的人们对赛龙舟有着极高的兴致。今天，龙南杨村龙舟赛、分宜洋江龙舟竞技、青云谱舨王庙龙舟赛、万安龙舟赛等在当地仍然颇具影响力。尤其是过去几年，出于疫情防控需要和治安考虑，很多地方纷纷"禁划龙舟"，不少人对龙舟赛翘首以盼。南昌此番举办国际龙舟比赛，彰显的是管理者对市民文化需求的关注与回应，体现的是一座城市的包容与气度。

二

办好一场大型赛事不容易，不仅考验着一座城市的综合实力，更需要管理者和民众在文化消费上"双向奔赴"。

近年来，南昌在举办大型赛事上颇为积极，中国击剑大师赛、中国梅岭越野挑战赛等赛事已渐成品牌，还要举行全国无人机竞速赛、2023南昌马拉松等全国性赛事。可以说，利用大型赛事提升城市人气和品牌美誉度，南昌找对了路子。

办一场赛事，重识一座城市。在互联网经济盛行的当下，赛事就像是流量入口，有人就有流量。只有人来了，才能亲身感受，才有机会重建印象。来到南昌的外地观众，逛一逛珠宝街，看一看滕王阁，品一品南昌美食，对这座城市就会有不一样的认识。各类赛事越来越成为南昌城市请柬、城市名片，有这些体育赛事的加持，美食南昌、活力南昌、动感南昌的形象越来越深入人心。

办一场赛事，拉动一次消费。赛事带来了人气，人气就是消费潜力，有人气就有话题。龙舟赛期间，南昌瞅准时机，围绕大宗商品、赣菜美食、购物狂欢，开展系列促消费活动，把大赛价值最大化。就在龙舟赛比赛日当天，鸿鹄大集市、水幕音乐喷泉烟花秀、融创乐园主题活动等带来多样化的文旅消费体验，多个夜市街区还举办美食节、烧烤节、啤酒音乐节，人气高涨。热热闹闹间，一座城市的活力和“烟火气”相互碰撞，民众的消费热情尽情释放。

办一场赛事，塑造一个品牌。水是南昌的特色，城市因水而发、缘水而兴。作为一项水上运动，国际龙舟赛与水城南昌相遇，带给人们更多期待和遐想。每座城市都有自己的特色资源，本地资源与体育运动相结合，催生的是本土IP品牌赛事。一到端午节，人们就想看龙舟赛，说起划龙舟，首先想到的是南昌——到南昌打卡，看一场国际龙舟赛，逛一逛南方水城，与传统民俗来一次“最美邂逅”。

三

文化是一座城市的风骨。城市建设由“外延式”扩张转向“内涵式”发展，文化赋能是必由之路。对于城市发展而言，完善城市功能，涵养城市文化，培育新的增长点，体育赛事是很好的切入点和突破口。

体育赛事是一扇窗口，让更多的人认识一座城、走近一座城、爱上一座城。挖掘和利用城市独有的资源禀赋，走一条体育、文化、旅游、生态融合发展之路，越来越成为众多城市的选择。

可以说，打好体育赛事这张牌，大有文章可做。

提升城市服务品质。体育赛事能带来参赛人气，人气的背后就是消费力。要想让参赛者变成参观者，让流量变成“留量”，离不开城市精细化的管理和服务。比如苏州环金鸡湖国际半程马拉松赛，赛道串联金鸡湖、大运河等景点及商圈，沿途安排昆曲、评弹表演，让各地跑者感受姑苏文化、细品古韵今风。一场比赛，就是人与城的一次对话，一次好的参赛和观赛体验，就把城市的温度、品质和内涵传递给了更多的人。

建设文化消费城市。在城市大宗消费增长放缓的背景下，文化消费正成为悄然崛起的新势力。所谓“哨声一响，黄金万两”，一场深圳马拉松，参赛规模达2万人；一场贵州“村超”，就吸引了近5万人现场观赛，体育赛事俨然成了解开城市“流量密码”的金钥匙。赛事热闹的背后，隐藏的是“文体搭台、经贸唱戏”的逻辑。一场热门赛事能激活一座城市的交通、餐饮、住宿、门票，以及延伸的其他文旅消费，人们在这里吃喝玩乐游购娱。文体热度升温，烧旺的是消费的火焰。

塑造城市文化气质。一个“动起来”的人流露的是阳光和自信，一座“动起来”的城展现的是生机与活力。以赛为媒，让更多的人看到城市包容、开放、文明、传承的形象。与此同时，一场成功的赛事，厚植的是全民健身的群众基础，激发的是强身健体的社会共识。如今，体育早已跃出竞技场，进入街巷阡陌，在大型赛事带动下，运动健身正走向大众化，“动起来”也日益成为市民生活新风尚。当更多的人愿意迈开步子拥抱体育运动，当体育运动成了更多人的日常生活，一座运动之城、活力之都的基础也就更加厚实。

作者：李宝华

2023 年 6 月 12 日

“开院晒粮”为何引发热议

一张朴素的“开院晒粮”告示为何能引发网民热议？

正值北方麦收时节，各地都是小麦抢收晾晒的火热景象。河南安阳滑县瓦岗寨乡政府门口“院内可以晒粮”的告示火遍全网，网民纷纷点赞：这比干净的路面更有面子，这就是为人民服务。

“开院晒粮”不仅河南有，山东德州、潍坊等多地乡镇同样在推行开放机关办公区域，组织各村开放村委大院、文化广场等村内空旷场地，方便群众进院晒粮。部分乡镇还组织机关干部将镇街主干道清理干净作为晾晒点，最大限度保障粮食应晒尽晒、颗粒归仓。

一张朴素的“开院晒粮”告示为何能引发网民热议，收获一片赞誉？

一

随着科学技术在农业领域的广泛应用，播种、收割、运输、储存等一系列粮食生产难题得到有效解决，但“何处晒粮”仍是农户遇到的一大难题。“公路晒粮”现象的出现，给群众出行带来了安全隐患。

群众的“小问题”就是政府的“大课题”。为帮助农民更好地晒粮，许多基层政府开放办公区域，帮助农民解燃眉之急。这背后，是以人民为中心的发展思想，是政府真心诚意为群众办实事、解难题的为民意识。

实际上，政府开放大院不乏先例。早在2018年，扬州市政府为了解决外地游客旅行中的难题，开放多个机关大院供外地游客停车。2019年“五一”期间，衢州向游客免费开放65家市本级企事业单位办公场地的3291个停车位，并开放市行政中心食堂供餐。2022年7月，河南省信阳市拆除市委、市政府大院围墙，得到央视网点赞和网友一片叫好。

江西也有多次开放省级机关大院的先例。2020年，江西省体育局陆续拆除了运动场馆、大院停车场、省体育医院的围墙，将田径、游泳、武术等专业训练场地、场馆用于全民健身，吸引了周边市民前来健身锻炼。实践表明，开放机关大院一定程度能促进公共资源的有效利用，拉近政府与群众的距离，树立政府为民亲民的良好形象。

可以说，“开院晒粮”既是保障粮食品质、确保粮食颗粒归仓的应时之举，也是关心民生实际、主动服务群众的思想之变。

二

从粗暴洒水整治公路打场晒粮，到开放机关大院鼓励农户晒粮，反映的是政府职能理念从“管理者”到“服务者”的深刻转变。

服务型政府理念植根于古代“民本思想”的深厚土壤。《尚书》中

“民惟邦本，本固邦宁”是史书中最早记载的民本思想。孟子集西周以来的民本思想，提出了仁政学说，形成了比较完整的民本思想体系。

柳宗元在永州所作的《送薛存义序》一文，首次明确提出了“官为民役”的理念，强调民众才是真正的主人，官吏是民众的公仆。作为中华优秀传统政治文化的重要组成部分，民本思想在现代服务型政府构建中依旧发挥着不可忽视的作用。

1944年9月，毛泽东参加张思德追悼大会，亲笔写下“向为人民利益而牺牲的张思德同志致敬”的挽联，并作了题为《为人民服务》的著名演讲，号召全党全军学习张思德“为人民服务”的精神。

纵观中国共产党的光辉历史，无论是井冈山斗争时期与老百姓有盐同咸、无盐同淡，还是解放战争和新中国成立后的土地改革；无论是“做人民的勤务员”的公仆意识，还是永垂不朽的“雷锋精神”，无不贯穿着这样一条主线：永远为了人民，永远依靠人民。

建设人民满意的服务型政府成为各级政府矢志不移的追求。服务型政府的根本性质是人民政府，这也决定了服务型政府必须服务人民和依靠人民，政府提供什么样的服务、怎样提供服务都应该由人民群众来决定。

2018年，江西省大力开展服务型政府建设，着力从精简和下放审批事项、大力推进“互联网+政务服务”、积极构建“亲”“清”新型政商关系等三个方面，解决好政府与市场、政府与社会的关系问题。

优化政府机构职能，进一步推进政府工作全面提质、提速、提效，从而建立科学规范、运行高效的服务型政府，才能更好适应经济社会飞速发展的需要。

政府有没有做好服务工作，群众都会看在眼里、记在心里，也能切身感受到。从“核酸屋改造”到“淄博烧烤热潮”，从“拆墙透绿”到“开院晒粮”，服务理念正在深入政府大院的每一处角落，一件件暖心舒心的服务小事在网上“刷屏”，一桩桩利民惠民的切实举措获得网友点赞。

三

从政府“开院晒粮”这件小事就能看出，服务型政府的基本出发点和落脚点，在于想群众之所想，急群众之所急。

建设服务型政府任重而道远，不是下发几个文件就能达成的，也不是开展几次专项整治行动就能巩固的，而是要从宏观层面构建服务制度的框架，从点滴之处转变已有的经验习惯。

政府既要打开机关的“围墙大门”，更要破除距离的“无形之门”。开放机关大门仅仅只解决了“门难进”的问题，“事难办”才是干群关系产生隔膜的关键所在。

打破这堵“无形之墙”就要敢于触碰利益固化的“深水滩”，敢于啃下思想观念的“硬骨头”，从反对“四风”开始，优化服务方式，提升服务质量，一步步消除公众的质疑，展现出接地气的政府形象。

政府既要处理好决策上的“大事”，更要解决好细节里的“小事”。为何“开院晒粮”这样的小事能够让老百姓共鸣共情？究其根本是因为政府把每一个老百姓的“切身小事”挂在心头、落到实处。

小事不小，重在办好。对老百姓来说，他们的每一件琐碎小事，都是实实在在的大事、急事、难事。比如教育、医疗、交通、社保、小区配套……这些都满怀群众的需求与期望。

小事办好了，传递的是党和政府的关怀温暖，拉近的是政府与群众的距离。衢州的停车场开放固然称好，但更令人关注的是衢州18元的“特色中餐”，吸引众多游客打卡品尝的“机关伙食”；河南在鼓励农户进院晒粮的同时，号召机关干部“能不开车就不开车”；山东组成志愿服务队帮助村民铺粮晒粮，生动展现了多处地方政府扎实为民服务的鲜明特色。

一座包容的城市，在政府与百姓的一次次相遇中形成；一座温暖的城市，在政府与百姓的一次次互动中建立。以真心换民心，以真意换民意，“鱼水情深”的良性循环才能更加巩固、更加稳定。

作者：陈智辉

2023 年 6 月 19 日

农民评职称评出了什么

农民也能评职称？没错！农民评职称到底评出了什么？它何以引发广泛关注？

在大多数人印象里，评职称一般是有专业技术的人群的专利，与农民似乎没有什么关系。

然而，就在前不久，南昌市进贤县架桥镇三兴养殖专业合作社负责人吁海金拿到了期盼已久的“农民助理畜牧师”职称证书，成为进贤这一批次71名获得职业农民职称中的一员。

农民也能评职称？没错！把这些“绿本本”颁给种田种地搞养殖的农民，农民的种养技术得到“官方认证”，一下子成了响当当的“田秀才”“土专家”。

人们不禁疑惑，农民评职称到底评出了什么？它何以引发广泛关注？

一

在进贤，自2021年开展职业农民职称评定工作以来，已有177名乡村人才取得职业农民职称；在会昌，当地开通农民职称评审“绿色通道”，推动农民由“身份”到“职业”的转型。

给农民评职称虽是新鲜事，但并非无迹可寻。早在2018年，中央一号文件就明确提出，大力培育新型职业农民，鼓励各地开展职业农民职称评定试点。2019年中央一号文件提出，探索通过岗编适度分离、在岗学历教育、创新职称评定等多种方式，引导各类人才投身乡村振兴。

为了更好地吸引各类人才在乡村振兴中建功立业，吉林为乡村人才量身定制了农经师、农技师、农艺师等9个职称专业；山东从2018年起试点并逐步推广新型职业农民职称评定制度；浙江为农民打开正高级职称评定的大门，鼓励职业农民参评。

除了给荣誉、给身份，各地也根据实际情况，出台配套的奖励补助、职称优先评定等政策，鼓励更多的年轻人返乡创业。赣州将取得职称资格的职业农民纳入该市人才目录，进入目录的职业农民可享受人才住房、创业贷款等相应类别的人才优惠政策。

给农民评职称，评的是长期扎根农村、掌握丰富生产经验的技术达人。这些扎根乡土的“田秀才”“土专家”，既有农业生产经营实践经验，又有推广示范带动能力。他们获得职称后，反过来推动农业产业做大做强，产生了良好的经济效益和社会效益。

农民评职称，打通的是乡村人才成长之路，拓宽的是广大农村引才之路，注入的是乡村发展的动力和活力。

二

乡村振兴，需要一大批有头脑、有经验、懂管理、懂技术的职业农民。培育更多的新型职业农民，让他们在乡村振兴的广阔天地里大显身手，这既是农民评职称的出发点，也是落脚点。

一张职称证书，就是对农民专业技术水平和工作能力的认可，也是高素质新型职业农民的“身份证”。

这张证书，评出的是荣誉感与归属感。过去，农村给人的印象是环境艰苦、闭塞落后。在很长一段时间内，农民这一职业生活环境和发展前景不被人认可，很多年轻人谈农村“色变”。给农民一张光鲜的职业“名片”，让农民也“持证上岗”，实际上是为农民正名，增强社会对农民身份的认同，激发农民的职业自豪感与创造力，以此打开新型职业农民的成长通道，推动其职业化发展。职称傍身和政策倾斜，有助于激励更多的人扎根乡村，吸引更多的人留下来建设乡村。

这张职称证书，评出的是人才的源头活水。如今的农业生产，已不再是传统的“面朝黄土背朝天”，需要机械化、规模化甚至智能化。对于农业种植中出现的播种、除虫、喷药等问题，需要植入更多科学知识，而不仅仅依靠传统经验来解决。用评职称的方式，把“田秀才”“土专家”选出来，带动更多人学习新技术新理念，让更多“新农人”涌现在田间地头。拥有这张专属“身份证”，不少持证农民还能优先享受新技术培训，优先获得新品种、新工艺的实验示范机会等，成为产业发展“领头羊”。

同时，这也体现了人才观的进步。用评职称的方式肯定新型农业人才，这既是对乡村人力资本的重视和对乡村人才价值的肯定，也是发现农村农业专业人才、畅通乡村振兴人才成长的一种有效方式，体现的是人才观的进步。

三

随着乡村振兴战略稳步推进，我国乡村人才队伍建设不断加强壮大，但仍面临引才难、育才难、用才难、留才难等问题。破解人才困局，依然要围绕“人”来做文章。

农民评职称的创新举措，给乡村人才培育带来了诸多启发。

首先是优化环境留住人。环境舒心爽心，人才能留得住，农民工作才有干劲，发展才有空间，事业才有奔头。为此，不少地方出台配套政策奖励乡村人才。山东东营为获取职称的农民一次性补助数千元；吉林对获评者给予连续五年的资金奖励和补贴；河北、湖北等地鼓励条件适宜者优先兴办农业技术经营型实体。当更多农民感受到他们被重视，看到了广袤乡村大有可为，乡村振兴的基础才能更加厚实。

其次是完善机制激励人。给农民评职称，本质上是创新新型人才成长机制，挖掘盘活人才资源。除了在福利待遇、创业扶持、公共服务、人居环境等方面下功夫，还应着力完善人才“下得去、留得住、干得好、流得动”的长效机制，让他们能心无旁骛地投身乡村振兴建设。各地创新出台的农民职称评聘制度，完善了乡村人才评价机制，为培养一支与农业农村现代化相适应的乡村产业振兴带头人提供了制度保障。以农民职称评定制度为突破口，用活职称评审“指挥棒”，打破乡土人才发展“天花板”，助推更多“土专家”“田秀才”脱颖而出。

最后是起到了示范引领带动作用。给农民评职称，既能为各类人才投身农业开辟渠道，也为传统农民转型为现代农民提供路径。宜昌农民王恩珍在拥有中级职称后，走上“农民田间学校”讲台，给乡亲们传授柑橘种植经验，带领乡亲们致富。新型职业农民站上讲台传经验，走进地头解难题，示范引领传帮带，真正发挥引领一方、带动一片的作用。越来越多的“老把式”“新农人”用知识、技术、技能改变着乡村的面貌，成为带动产业振兴的关键力量。有他们为这片大地的丰收挥洒汗水、播种智慧，希望的田野更加充满希望。

作者：肖国瑞

2023 年 7 月 10 日

透视《长安三万里》的文化自信

新时代，传承中华文化优秀基因，用优秀的中华文化培根铸魂，珍惜传统文化的精髓与魅力，立文化自信于心、挺起民族脊梁，与文化携手前行，文化魅力和文化自信就会绵延永续。

一部以唐诗为叙事主线的国产动漫电影，收获超过17亿元票房，高调摘取2023年动画片内地票房榜冠军，跻身中国影史动画电影票房第二位。为什么？凭什么？你是否被影片中的某个瞬间击中？

疫情防控政策调整后的首个暑期档，国内电影市场可谓热闹非凡，《消失的她》《八角笼中》等影片持续收割暑期票房。作为这个暑期档的“另类”，动画电影《长安三万里》于7月2日一经点映就自带“顶流”气质，引爆了一场重温唐诗的热潮。

电影以盛唐为背景，从晚年高适的视角出发，讲述了安史之乱后，困守孤城的高适向监军太监回忆起自己与李白的一生往事。整部动画电影中，先后共用到16位唐朝诗人的48首古诗，这些诗词被巧妙地嵌入剧情中。千古流传的名诗、精美绝伦的画面，演绎成一部大气磅礴的大唐史诗，为观众呈现了一场精彩的文化盛宴。

一

一座长安城，半部华夏史。

这部“鸿篇巨制”，没让人觉得冗长，反而让人沉浸其中，甚至剧终后仍觉意犹未尽。

至今回忆起那灿若繁星的唐诗，那美轮美奂的情景，那感人至深的情感，那扣人心弦的情节，仍然让人心潮澎湃、荡气回肠。

从李白的“长安一片月，万户捣衣声”，能触摸到长安的烟火人间；从卢照邻的“长安大道连狭斜，青牛白马七香车”，能看到长安的繁华；从王维的“九天阊阖开宫殿，万国衣冠拜冕旒”，能领略到盛唐的威严；从王昌龄的“黄沙百战穿金甲，不破楼兰终不还”，能感受到边塞将士的英勇气概……《长安三万里》留给观众最浓的便是诗意。

这部影片既是盛唐诗歌群英荟萃，也是一堂经典的国学讲座。影片彰显出中国诗词文化的深厚底蕴，是中华儿女的骄傲、是国人自信的底气。

仔细想来，正是因为包括诗词在内的中华文化的一脉相承，发扬光大，才使华夏文明一直得以延续至今；正是因为我们有千年的“诗在，书在，长安就在”的铿锵誓言，才有今天的“文化在，中华在，自信就在”的恢宏民族底气。

岁月更替，沧海桑田，文化依然是支撑着中华民族在艰难困苦中屹立不倒的“根”和“魂”。

新时代，传承中华文化优秀基因，用优秀的中华文化培根铸魂，珍惜传统文化的精髓与魅力，立文化自信于心、挺起民族脊梁，与文化携手前行，文化魅力和文化自信就会绵延永续。

《长安三万里》的走红，反映出当下社会对优秀传统文化的强烈需求和认可，说明文化产品的消费者正在寻找那些能够触动心灵、富有深度和内涵、守正创新的艺术作品。

二

影片虽名为“长安”，但讲述的远不止于长安。细细品来，蓦然发现其中竟然藏着不少江西元素，值得我们玩味。

其实，唐诗、宋词、元曲、明清小说中均多见江西元素。“飞流直下三千尺，疑是银河落九天”，是李白笔下的庐山；“浔阳江头夜送客，枫叶荻花秋瑟瑟”，是白居易笔下的九江；“稻花香里说丰年，听取蛙声一片”，是辛弃疾笔下的上饶；“雨过天青翠欲流，不须大邑向人求”，是吴铭道笔下的景德镇……

电影《长安三万里》多处点亮“江西元素”，闪耀着古代江西文化的光芒。“诗仙”李白曾先后5次来到庐山，写下40余篇诗词。晚年的李白隐居庐山五老峰东侧的屏风叠，他的最后一任妻子宗氏，最后隐居并终老庐山。走遍千山万水之后，李白对庐山这样评价：“予行天下，所游览山水甚富，俊伟诡特，鲜有能过之者，真天下壮观也。”

李白写庐山的诗，最有名的当数《望庐山瀑布》，其次是《庐山遥寄卢侍御虚舟》《登庐山五老峰》。他以大手笔描绘了庐山雄奇壮丽的风光，可谓是描写庐山的千古绝唱。诗文表现出诗人的豪迈气概，抒发了寄情山水、纵情遨游、狂放不羁的情怀，流露了诗人因政治失意而避世求仙的愤世之情。

《长安三万里》片尾字幕里，有诸多与长安相关的诗句，其中就有

“西北望长安”，出自南宋词人辛弃疾的《菩萨蛮·书江西造口壁》。这是辛弃疾在赣江边深山环抱的造口驿石壁上写下的一首脍炙人口的词：“郁孤台下清江水，中间多少行人泪。西北望长安，可怜无数山。青山遮不住，毕竟东流去。江晚正愁余，山深闻鹧鸪。”

郁孤台坐落在赣州城内西北隅的贺兰山上，是赣州城内地势最高的游览点，也因为“隆阜郁然孤峙”而得名。郁孤台，唐代就已负盛名，是赣州现存最古老的胜迹。

从古至今，许多诗词作品被用来记录历史、传递思想、表达情感等，具有重要的社会功能。而“大咖”们游历江西留下的佳话和美谈，成为古代江西璀璨文化的有力注脚。

三

“修身、齐家、治国、平天下”是所有读书人内心所向往的，才华横溢的李白亦是如此。李白的才华无须多言，“绣口一吐就是半个盛唐”，但他偏偏出生于商贾之家，连参加科举考试的资格都没有。他一生渴望建功立业，终生没能实现抱负，原来李白的人生，也有诸多遗憾。

影片主角高适被称为“唐朝最会做官的诗人之一”，也是大器晚成的典范。他出生于没落的官宦之家，“少年不知愁滋味”的高适并不悲泣于家世。青年时的他纵情山水之间，人到中年，一事无成的他随即陷入迷茫，但没有一味抱怨，更没有虚度光阴，在隐居的日子里，开始勤奋苦读，终于在45岁的年纪开启了为官生涯。

李白和高适是好友，两人于天宝年间在长安相识，共同经历了许多事情，结下了深厚的友谊。然而，安史之乱后，他们的关系发生了变化。高适选择了成为武将，并在平定北方战乱中立下战功，而李白则带着全家老小逃往南方避难。这种志向的选择为后来两人的分道扬镳埋下了伏笔。

《长安三万里》中，“长安”象征着“理想”，而“三万里”象征着追寻理想的旅途，“长安三万里”则象征着现实与理想之间的距离。

那么，从李白和高适追求理想时遇到的困苦和挣扎中，我们能获得怎样的启示？影片昭示，时代赋予了我们选择理想的权利，我们理应以回报时代为目的，以报效祖国为理想创造盛世。我们既要有李白那种“大鹏一日同风起，扶摇直上九万里”的凌云壮志，更要有高适那种“梦到长安三万里，海风吹断碛西头”的执着信念和脚踏实地。

人生不管处于逆境也好，顺境也罢，只要我们始终坚守“莫愁前路无知己，天下谁人不识君”的初心，终有一天会“长风破浪会有时，直挂云帆济沧海”，实现我们的人生价值和远大理想。

作者：温圣魏

2023 年 8 月 22 日

华为究竟安了什么“芯”

芯片，现代工业的粮食，一有风吹草动，就会触动科技界乃至西方各国敏感的神经。

昨日，深圳湾体育中心，备受瞩目的华为秋季全场景新品发布会如期上演。华为携多款全场景新品惊艳亮相，赚足了眼球。早在20多天前的8月29日，华为“未发先售”上架新款旗舰手机，无异于引爆了一颗重磅炸弹。

为什么于无声处响惊雷？因为里面有芯片。芯片，现代工业的粮食，一有风吹草动，就会触动科技界乃至西方各国敏感的神经。

一

华为此次批量“上新”，有人说是中国科技史的历史性事件。全球市场和科技界的目光纷纷投向中国，投向这家“打不死的鸟”。日本、德国率先对Mate 60 Pro拆解、测试，希望有“折断华为翅膀”的发现，可结果让他们哑然。

须知，目前全球只有台积电等少数企业可以生产7nm及以下的芯片，而美国禁止这些芯片企业向华为提供相应的工艺服务。即便围堵者没有发现蛛丝马迹，外界还是很难接受华为的成功。他们不解的是：明明被美西方卡得死死的，华为怎么还会有如此高级的芯片？

有多种猜测：比如，华为在美国制裁前预订囤积了一批7nm工艺的芯片，然后将其用于新机生产；华为利用自己在芯片设计方面的优势，通过优化和创新，将原本需要5nm工艺才能实现的功能压缩到了7nm工艺上，找到其他能够提供7nm工艺服务的制造商来合作……全是猜测，善意者也不敢相信“奇迹”。

出于对市场的垂涎，美国虽许可向我国出售不包括顶尖芯片在内的半导体产品，但仍是左一个调查，右一个研究。美国数十名著名芯片专家对华为新产品进行了全面严格的检测，没有发现存在来自美国相关技术的迹象，也注意到华为手机芯片的制造工艺与美国的技术有所不同。

尽管如此，美国仍然不相信华为可能拥有比美国更高的技术水平，表示将继续加大对华为新产品的技术研究力度，以便确认是否存在来自美国技术的可能性。

美国众议院一众政要仍要求采取严格的措施，对华为等中国公司实施封锁和制裁，对高管提出刑事指控等。真是利令智昏、世所罕见。

专家介绍，Mate 60系列手机搭载的芯片，性能完全达到甚至超过5G芯片的要求。这是一款真正意义上中国人自己制造的芯片。此芯名叫麒麟9000S，中国设计中国造。这也验证了荷兰ASML首席执行官曾经的预言：如果一直对中国进行技术封锁，那么中国早晚可以实现技术的全面国产化。

麒麟，中国传说中罕见的神兽。中国麒麟芯让国人热血沸腾，人们不禁想问，究竟是什么“芯”造就了中国麒麟芯。

二

高山顶上，悬崖边上，悬崖边上就是最危险的“边上”。

全世界只有几家公司能做5G，把5G做得最好的是华为；全世界只有几家公司能做微波，把微波做得最好的是华为；能把5G和微波做在一起，不需要光纤就能实现回传的，只有华为。

2019年，华为手机出货量达到1.88亿台，营收8588亿元，净利润627亿元。华为登上山顶，狂风暴雨也迅猛袭来，风暴中心就在太平洋东岸。美国除了施行肆意妄为的政治霸权、穷兵黩武的军事霸权、巧取豪夺的经济霸权、蛊惑人心的文化霸权外，还施行垄断打压的科技霸权，企图固化科技垄断优势，遏阻其他国家科技和经济发展。

从2018年开始，美国炮制各种借口，围堵打压中国高科技企业，先后将1000多家中国企业列入各种制裁清单，还对生物技术、人工智能等高端技术实施出口管控，严格投资审查，打压包括TikTok、微信等中国社交媒体应用程序，游说荷兰、日本、韩国限制对中国芯片和相关设备与技术出口。对华为的恣意打压和制裁则更加特别，美国不仅限制华为产品进入美国市场，断供芯片和操作系统，在全世界胁迫其他国家禁止华为参与当地5G网络建设，还策动加拿大无理拘押华为首席财务官孟晚舟近3年。

华为，究竟安了什么“芯”，才能扛住惊涛骇浪的暴虐？介绍、分析华为的著作、视频、文章不可胜数，这里说说几个“芯”。

领导集团“芯”。企业，首先不是赢在其他，而是赢在领导集团。来看看掌舵华为的这班人：自称为“傀儡”的任正非，华为第一号人物，外界称他为商界奇才、民族英雄，认为他具有军团领导力、铁三角领导力等九种新型领导力。面对复杂的市场环境和竞争压力，他总能未雨绸缪，不断创新，及时发现问题并解决问题。余承东，华为手机商掌门人，出身安徽农村，清华研究生，毕业后留校任教，后加入华为，骨子里藏着“事事都要拿第一”的傲气，内部称他为“救火英雄”。芯片女王何庭波，带着2万人研制芯片，实施“王炸”，是美国忌惮的存在。孟晚舟，就不用说了……这个领导集团率领20多万集团军，几十年“对着一个城墙口持续冲锋”，遇强更强，遇压不降，攻克前进道路上一个又一个“娄山关”“腊子口”。

中国男儿“芯”。“中国男儿，中国男儿，要将只手撑天空……一夫振臂万夫雄……”这首100多年前陆军讲武堂的军歌《中国男儿》是华为的战歌，不管哪个部门开干部会，第一件事都要唱这首歌。

为何要唱战歌？华为原党委副书记朱士尧常讲这样一个故事：1996年，“两弹”元勋邓稼先逝世十周年时，曾经的同窗好友杨振宁专门写了一篇纪念文章，回忆起他们父辈那一代人年轻时特别喜欢唱《中国男儿》。杨振宁认为，真正的中国男儿，邓稼先就是活生生的典型，建议国家拍宣传邓稼先的电影或电视剧时，一定要把《中国男儿》作为主题歌。杨振宁的建议，在庆祝中国共产党成立90周年的时候，在反映“两弹一星”的电视剧《五星红旗迎风飘扬》中实现了。这极大地触动了军人出身的任正非，于是，在华为就有了这样一个规矩。打胜仗是华为的信念，每唱一次气壮山河的战歌，都是一次铸“芯”。中国男儿“芯”，就是一切为了前线、一切为了打胜仗之“芯”，就是为强国建设、民族复兴贡献智慧和力量之“芯”。

极限生存“芯”。1991年，华为就开始练“童子功”，成立ASIC设计中心，负责设计专用集成电路。那时，企业初创，资金紧张，但华为视创新为企业生存发展的血液，大量投入资金搞研发。任正非深刻洞察国际芯片竞争格局，深刻认识到与竞争对手在高山上掰手腕的这一天定会到来，在风轻云淡的季节前瞻性地对未来极限生存做好预案，打造芯片“备胎”。数千个日夜，面对数千个的难题，华为人风雨兼程，走上了科技史上最为悲壮的长征。当美国制裁降临，“备胎”一夜转正，保住了生存发展的“底座”。

人才强大“芯”。华为在全世界有26个研发能力中心，有一个战略研究院，共拥有700多名数学家、近900名物理学家、120多名化学家、近8000名基础研究专家、近7万名工程师。华为一直强调，什么都能缺，唯有人才不能缺；什么都可以不争，唯有人才不能不争。

“神仙聚会”的华为，仍在持续不拘一格、不惜重金选人才，那个“天才少年”招募计划众所周知，那种把世界各国科学家都吸引到自己公司的雄心令人肃然起敬。这是华为成功打破西方对芯片垄断、扛住极限施压的底牌……因为这么多的“芯”，才造出今天这样的景。

“河出潼关，因有太华抵抗，而水力益增其奔猛；风回三峡，因有巫山为隔，风力益增其怒号。”这是自然的辩证法，也是战斗者的斗争法。

三

人类曾经历了三次工业革命。第一次工业革命发生在18世纪60年代至19世纪中期，以蒸汽机的发明和应用为标志。第二次工业革命发生在19世纪下半叶至20世纪初，以电力的广泛应用和内燃机的发明为标志。第三次工业革命发生在20世纪后半期，以计算机、航空航天、原子能等领域的突破和发展为标志。

专家认为，以人工智能、清洁能源、机器人技术、量子信息技术、虚拟现实以及生物技术为主的新一轮工业革命正在如火如荼展开，正在改变我们的经济发展模式和生活方式。

2023年9月7日，习近平总书记主持召开新时代推动东北全面振兴座谈会时提出，积极培育新能源、新材料、先进制造、电子信息等战略性新兴产业，积极培育未来产业，加快形成新质生产力，增加发展新动能。8日，习近平总书记在听取黑龙江省委、省政府工作汇报后作重要讲话，再次强调，整合科技创新资源，引领发展战略性新兴产业和未来产业，加快形成新质生产力。习近平总书记反复强调加快形成新质生产力，信号鲜明、意涵丰富。新质生产力在未来经济发展及竞争中具有极端重要的意义。

科学技术是第一生产力、第一竞争力，创新是引领发展的第一动力。国家竞争，根本是生产力之争，核心是科技创新能力之争。

关键核心技术买不到、引不进、等不来，只有自强自立，强化攻关，不断延伸创新链、产业链，把“最大变量”转化为“最大增量”，国力才会不断增强，“脖子”才不会被对手卡住。

新质生产力的“质”，就是科技含量高、创新驱动成为关键的“质”。华为突围，本质上是新质生产力的较量。华为很早就将销售收入的10%以上用于研发。2018年5月，华为宣布，未来几年，每年的研发经费将逐步提升到100亿到200亿美元。

面对极限制裁打压，华为不仅活了下来，还全面突破、创新发展。2022年，华为5G用户超过5.6亿，终端市场完成了准备。现在，华为不仅有麒麟9000S芯片，还有鸿蒙4.0操作系统。

“软硬兼施”的技术创新，在万物互联时代，打造出一个全新的智能生态系统，涉及整个智能产业上下游，这是一个数万亿美元体量的市场。

前两次工业革命，我们尝够了“落后就要挨打”的滋味。最新一轮工业革命浪潮中，我们要全力以赴，抓住加快形成新质生产力这个“牛鼻子”，抢占制高点，赢得新优势，让我们的对手除了敬佩之外，别无选择。

作者：彭学明

2023 年 9 月 26 日

“全职儿女”：双向奔赴还是变相逃离

作为一种社会现象，“全职儿女”背后的问题值得我们关注和深思。

这个假期，有自称“全职儿女”的网友分享假期不出游的经历，引发网友“围观”。

随着青年就业竞争加剧，一种叫“全职儿女”的新工作成为一些年轻人无奈的选择，这种现象不仅冲上热搜，也引起了社会的广泛关注。

顾名思义，“全职儿女”就是年轻人不外出工作，选择在家为父母打工：9点起床，10点遛狗，偶尔去厨房帮帮忙，没事陪长辈唠唠嗑买买菜，包吃包住，钱多活少离家近。关键是远离了职场内卷，拒绝了领导“PUA”，更不用早起晚归。简单地说，就是告别老板，全职在家，代替保姆，陪护爹妈，包吃包住，工资几千，灵活就业交社保，别人问你老板是谁，答案很豪横：我爹。

网友们戏称，不得不说啊，这一届“全职儿女”是懂上班的，“整顿职场”还得是他们。

一

作为一种社会现象，“全职儿女”其实并不是新鲜事物，但以某类群体的方式出现，确实值得关注。

我们说古代的王公贵族也好，或者近代的八旗子弟也好，包括我们身边的一些同龄人，也包括我们父辈中的部分人，自己不工作，靠上一代积累的财富来生活，这样的现象是一直存在的，在中国历史上并不新鲜，在世界历史上也不新鲜。

这种现象突然被社会关注起来，有很多原因，最主要的就是当下年轻人的就业压力问题。据统计，过去3年，全国毕业生总数达到了2900万，一些毕业生没有顺利找到工作，或没有找到理想的工作，而今年的高校毕业生超过1100万，庞大的高校毕业生群体，面临的就业压力可想而知。

现在就业难的一些年轻人中，本科生占比不小。在高学历的人才中本科生并不占优势，和大专生、中专生比起来，专业没有人家对口，找工作已经很难了，偏偏还要“整顿职场”。

他们拒绝加班、拒绝内卷，“未经清贫难成人，不经打击老天真”，一些年轻人刚走出校园就尝到了社会的苦涩味道。于是，这些暂时找不到工作，或者没有遇到理想工作的年轻人，就无奈选择在家当起了“全职儿女”。

二

有人说，“全职儿女”是一种新型不孝，认为“全职儿女”是一种

“啃老”，而且是打着为父母打工的名义，清新脱俗的“啃老”。持该观点的人认为，这是当下一些年轻人对社会责任的逃避，对就业压力的躲避，以父母经济条件为支撑，远离了职场的“996”，不吃外卖不长胖，没有加班和出差，从校门出来直接回到了家门，对温床存在依赖，缺乏社会的捶打和历练，难以成长成才。

反对者则认为，“全职儿女”其实也很心酸。别看“全职儿女”表面笑嘻嘻地坐享其成，其实父母内心很焦虑，首先父母得有不错的收入，有过硬的经济基础；其次父母还得放下面子，不听邻里的闲言碎语。

的确，一些年轻人确实遭遇了还没毕业就失业的尴尬。走出校门后，又赶上了企业频繁裁员，大城市里学历倒挂，甚至还有10个“双一流”毕业生争一个县城编制的现象，工作确实不好找，尤其是要找一份专业对口的理想工作。

即使工作了，一年到头“996”，工资还不够给父母请个保姆，也不舍得为父母做一次健康体检。忙碌奔波的年轻人，可能很久才会给父母打一次电话，一年可能见不到一次爸妈，看起来上班很努力、很上进，但最后买房还得靠家里贡献，搞不好还得掏空“6个钱包”。

从年轻人的角度看，“全职儿女”表面上无忧无虑，但自我价值感其实在一路下滑，寒窗苦读十几载，却不得不“赋闲”在家，怎么可能心安理得地“躺平”？

其实做“全职儿女”更多的还是一种无奈和过渡。

三

作为一种社会现象，“全职儿女”背后的问题值得我们关注和深思。面对竞争激烈的就业环境，部分年轻人选择做“全职儿女”作为暂时失业、休养调整的过渡，为后续的职业规划和人生发展蓄能，这本身无可厚非。那我们应该如何去正确看待和引导这种现象，笔者以为，需要从以下几方面努力。

一是个人不要蹭热度，盲目跟风。你在街上走，有一个人吐口唾沫，你在那儿看，马上就有一两个人过来看，然后一群人来看，后来发现，就是口唾沫。说的就是一种盲目的从众心理。

“全职儿女”属于个体结合自身家庭情况，做出的个性化选择，其他人应该从自身实际出发去正确看待。每个家庭、每个个体的情况是不同的，有的家庭经济条件较好，确实需要聘用保姆或者其他家政服务者。而年轻人毕业后暂时没有工作，或暂时没有找到理想的工作，过渡代替保姆和其他家政工作，既缓解了就业压力，也为个人更好地思考规划未来提供了港湾，不失为一种现实选择。

需要过渡的理由可以有很多，但无论哪一种，前提是需要有家庭基础，但也不能因为家庭基础好就盲目去跟风，滋养懒惰，消磨斗志，回避矛盾。对大多数普通家庭的孩子来说，肩上的担子要更加沉重，更不能跟风。既然无法“躺平”，那我们就果断按下前进的启动键，骑驴找马，在干中找、在找中成，相信机会总是留给有准备的人。

二是社会需要有温度，理性宽容。“全职儿女”这种现象既然存在，就说明有其一定的合理性。我们不能把自己的人生价值观强加到选择做“全职儿女”的人身上，而应该对其保持应有的理解和尊重，维护社会应有的温度。

首先在认知上，我们要把通过自食其力、按劳取酬的“全职儿女”同坐吃山空、饭来张口的“啃老族”区分开来，两者的性质有着本质的不同，我们要做到理性疏导，而不是“一棍子打死”。其次，教育机构要履行好职责，不仅要在课程设置上与时俱进，与社会就业结构紧密挂钩，做到课程与社会实践相结合，更要教育引导年轻人树立正确的人生观、价值观，培养其独立自主、吃苦耐劳的品质和能力，引导学生结合自身条件做好职业规划。最后，家属、邻里要保持必要的宽容，要基于当下激烈竞争的现实，多一些感同身受，少一些苛责抱怨，在尊重理解孩子的基础上，给予正确的引导和帮助，用带着温度的支持鼓励孩子走进社会，创造自己的人生价值和社会价值。

三是主体必须有高度，厚植情怀。青年强，则国家强。当代中国青年生逢其时，施展才干的舞台无比广阔，实现梦想的前景无比光明。因此，青年人作为社会责任的主体和社会发展的未来，要有强烈的主体意识和责任担当。青年人应该站在国家民族的高度，始终保持家国情怀，自立自强，即使身处竞争激烈的当下，也要勇敢抓住难得的建功立业机遇。“全职儿女”在暂时“寄居”家庭的同时，重心应该还是蓄能。要在有限的“蛰伏”期内，重新规划未来，挖掘自身的潜力和创造力，不断提升自我的价值，尽快投入到社会实践中去。把个人价值和社会价值统筹起来，不辜负党的期望、人民期待、民族重托，不辜负我们这个伟大时代，而不应该把父母提供的门槛和台阶，当作瞌睡的枕头。

相信，只要坚持正确的方向，脚踏实地地奋斗，我们每个人都能找到属于自己的星辰大海。

作者：曾德斌

2023 年 10 月 6 日

“庐山天下悠”如何更“优”

一句“庐山天下悠”，道尽了庐山历史之悠久、文脉之悠长、山川之悠远、生活之悠闲。当下，如何做实唱响“庐山天下悠”品牌？

匡庐秋韵，美得正当时。2023年中秋、国庆双节期间，庐山再次火爆“出圈”。

据统计，2023年中秋、国庆双节期间，庐山市景区闸机游客流量超过60万人次。这是庐山实行“一票多次多日使用制”“一票畅游环山十大景区”等新政后的第一个长假交出的成绩单。

一句“庐山天下悠”，道尽了庐山历史之悠久、文脉之悠长、山川之悠远、生活之悠闲。

在传统旅游业重构和消费者迭代新趋势下，江西当如何以文塑旅、以旅彰文，唱响“庐山天下悠”品牌？

激活品牌时代张力

品牌建设事关旅游景区核心竞争力，当时代有新的召唤，当新消费与新势力崛起，品牌需要通过激活来保持自身张力。当前，庐山文旅品牌建设主要面临四个方面的挑战。

再塑文化影响力。当下，基于景区消费人群迭代造成的“文化代沟”正在扩大。比如，《庐山恋》是庐山“爱情圣山”的重要载体，是60后、70后心目中的爱情经典，但是对于不少“00后”来说，这部进入了吉尼斯世界纪录的影片，存在于他们认知的“茧房”之外，代际割裂容易导致品牌战略陷入空心化陷阱。再比如，“人文圣山”代表庐山的文化张力，但庐山在中国文化和政治史上的地位主要集中在古代或近现代，当代政治家、文学家、艺术家登临庐山的大事记不多，白鹿洞书院这类重大历史文化标签埋藏于记忆的深巷之中，由年代感造成的情感割裂是当代年轻人群体与庐山形成共情和文化认同的另一大障碍，也是“人文圣山”全面复兴必须填平的沟壑。

重拾国际影响力。庐山是中国最早与世界接轨的内地名山，在全球具备号召力。早在23年前，庐山就举办了首届江西庐山国际文化旅游节，后来还策划过世界名山大会、“东亚世界遗产文化景观——庐山论坛”等一系列国际交流活动，是江西对话世界的高端平台和重要舞台。百舸争流，不进则退。近几年，庐山虽然重拾升势，连续举办庐山国际爱情电影周，同时迎来全球商界精英大会，亮相世界城市品牌大会等国际交流盛会。但庐山与正在全力打造“国际会客厅”的黄山，与持续进行“世界名山对话”的国际山地旅游联盟发起地贵州等相比，谁更能代表中国世界名山的自信气度、审美高度、科学态度、创新力度、国际风度，竞争将异常激烈。

提升市场号召力。庐山本是含着“金钥匙”出身的。从最初的“江西旅游第一名片”“江西旅游第一山”，到与井冈山、三清山、龙虎山、武功山等形成各自的细分市场，直至被“新势力”超越。基于旅游产品供给和营销创新驱动的旅游市场洗牌，考验着景区改革中“变与不变”的智慧。面对新的历史机遇与挑战，庐山需要密切关注行业发展趋势和消费生态，致力产品、业态和运营提升，解决山水有余、城乡不足，自然风光靓丽、文化景观不足，“大庐山、环庐山、泛庐山”协作和相互引流不足，共同发展和共赢机制不足等问题。

锻造品牌“种草”力。庐山需要人格化“种草”，进一步告诉市场“我是谁”，以便在互联网传播的汪洋大海中被消费者清楚地看见并一见钟情。武功山变“老公山”，洛阳满城汉服，西安靠盛唐密盒“摇人”，黄山的形象宣传从“五岳归来不看山，黄山归来不看岳”到“创意黄山，文化徽州”……文旅品牌激活不是一场战役，而是久久为功的价值追求。

挖掘品牌时代价值

在保持品牌核心价值的同时，发掘与时代及消费者强链接的时代价值，是实现“庐山天下悠”品牌力持续成长的关键。

那么，庐山的时代价值何在？

文明互鉴价值。庐山的“悠”代表悠长、可持续，书院文化、隐逸文化、宗教文化、杏林文化、茶文化、碑刻文化等中国文化几乎都可以在庐山找到根脉或端倪。庐山天人合一、万物并育的生态文明理念也具有中外文明交流互鉴的时代价值。尤为突出的是庐山所蕴含的中华文明的包容性，它展现了中国各宗教信仰多元并存的和谐格局，体现了中华文化对世界文明兼收并蓄的开放胸怀。

精神治愈价值。庐山不只是一座山，还是一处“心庐”。庐山的自然山水和人文滋养能够提供特别的情绪价值和思想给养，帮助人们对抗精神焦虑。历史上，庐山就是古代隐逸文化的典型区域,《桃花源记》寄托着陶渊明“悠然见南山”的生活理想。庐山的悠然山水曾经深深治愈过陶渊明，也治愈过包括李白、杜甫、苏轼在内的诸多历史人物，使他们在人生至暗时刻找回内心的宁静，因此，庐山在民间也有着“中国治愈第一山”之誉。山有所望，风有所向，光有所亮，游人来到这座“天空之城”，可大隐于市，可小隐于庐，可从日常起居中参悟生命意义，缓解精神内耗，完善精神架构。

审美意趣价值。文旅业是创造美、展现美、传播美，实现人民对美好生活追求与向往，提升人民幸福感的主阵地。庐山的“悠”美具有巨大的文化力量，它是少有的融合了东西方美学特征的美学空间，它的历史遗迹融汇在具有突出价值的自然美之中，形成了具有极高美学价值的文化景观。从庙宇到教堂，从中式楼台到“万国别墅”，从中国诗词到西方油画，从茶饮到咖啡，庐山集齐了建筑的风情、文学的浪漫、艺术的灵动、哲学的深刻、宗教的独特、生活方式的多元……自东晋画家顾恺之创作中国绘画史上第一幅独立存在的山水画《庐山图》，到谢灵运、陶渊明开创中国山水诗和田园诗派，庐山被不断赋予美的表达。

爱情信仰价值。连续举办了4年的庐山国际爱情电影周，展现了跨越种族、民族、地域的爱的浪漫、温暖与力量。这既为年轻一代对“庐山恋”IP的认知带来想象空间，更为时代提供了某种幸福注脚，有助于“Z时代”年轻人建立“爱情信仰”，激发对于美好未来的向往与追求。2023年“520”期间，庐山发动过一轮“爱情测试”，以“全山为你告白”为核心广告语，为有情人打造“挚爱电影院”专场等系列定制旅游度假产品，并推出“Cosplay”（角色扮演）《庐山恋》男女主人公经典剧照和穿汉服免门票政策。一时间，活动引发年轻情侣们争相在网络上晒照。

战略传播价值。世界级景区是中国走向世界的重要媒介。庐山具有积极融入国家战略传播体系，履行国际传播责任的优质资源与民间基础。庐山拥有多张世界级名片，它是中国首个世界文化遗产景观、首批世界地质公园，世界名山大会召开地；庐山拥有独特的中国文化符号，一座庐山几乎藏着半部中国文化史；庐山是西方文化影响中国腹地的独特代表，庐山的早期开发始于英国人李德立，这里聚居过20多个国家的侨民，一批外国人曾经在庐山留下童年记忆，赛珍珠从庐山走向诺贝尔奖，成为沟通东西方文化的代表。江西省政府授予来赣工作外国专家的最高奖项以庐山命名，“庐山友谊奖”已颁给数百名外国专家。作为中外友好往来的连接者、见证者，庐山特别适合担当战略传播“操盘手”。

创新品牌时代表达

在刷新庐山时代价值的基础上，怎样丰富“庐山天下悠”品牌内涵和外延？创新人格化、差异化表达，使之适配新的时代语境，焕发新的时代魅力和市场活力是重中之重。

推出“45度角悠生活”。从“卖美丽风景”到“卖美好生活”的转型已经成为国内旅游营销新趋势。山岳型度假地庐山的美好生活该如何提炼？“45度角悠生活”是一种有意思的表达。所谓45度角，介于0度躺平和90度正襟危坐之间，它是坐在电脑椅上往后一倒就可以小憩的角度，是人们紧张工作之余的一种从容姿态，是视线由平视变为大仰角的悠然自得，是身体和灵魂都处于暂时放空但又可随时启动的进退自如。那么什么是“悠生活”呢？它是“45度角”的生活日常和度假体验，是可感知、可触摸、可体验、可互动的庐山旅游产品体系的集成。它关乎花草、诗画、茶泉、书院、爱情等，它将“最庐山”的美好元素集纳到主客共享的物理空间，清晰表明庐山的价值观和调性。“45度角悠生活”与庐山的胸襟、气度、产品格调相一致，可用具象、网感、拟人化、年轻化手法，塑造庐山“躺而不平、卷而不曲”的生活平衡大师的新形象。

喊出“愛LOVE悠”宣传口号。庐山的历史底蕴决定了这座圣山既是“生活家”，也是“思想家”。而“愛”和“悠”是体现庐山形象的两个关键字。其中，“悠”代表“庐山天下悠”的悠然，“愛”代表“爱情圣山”的爱意。“悠”涵盖了“愛”，“愛”是“悠”生活的载体之一。“愛LOVE悠”即与“I Love you”的英文表达谐音，利于国际传播，同时“愛”这一繁体字适合应用于对台推广，两岸中国人同此凉热。还可考虑向全球征集“愛LOVE悠”LOGO，对“愛”和“悠”进行符号化、场景化设计，像篁岭的“晒秋”一样，形成某种仪式感，常晒常新，再在此基础上梳理出庐山爱情故事和品牌故事，用人类共通的情感，引发海内外游客共鸣与共情。文化符号可从新中国银幕第一吻和陶渊明采菊东篱下的意象出发，使“愛”和“悠”成为庐山文旅品牌鲜明的情感底色，成为新时代庐山的超级符号。

选出新时代“庐山谣”代言人。经典庐山主要是由历史上的文人墨客和影视文艺作品来定义盖章的，比方说曾五上庐山，“好为庐山谣，兴因庐山发”的李白。今日庐山需要更多新时代的“李白”来代言。建议在庐山原住民、新庐山人、游客、文化交流及商务人士中重点营销五类人群，打造“庐山天下悠”品牌的人格化标签。

一是年轻人。突出庐山个性化魅力及其与青春活力相匹配的IP，在营销方案和产品设计上体现潮范，激发“潮”（朝）圣和潮玩。

二是本地人。目前庐山的“悠”生活缺少本土化表达，本地人的悠生活场景需要用视觉产品“种草”，让近2万庐山人及其在地“悠”生活成为外地人来庐山旅游想要邂逅的对象以及复刻的旅游体验。

三是文化人。庐山是文化高地，市场形象略显高冷，其代言人多为古代文豪，已产生代际断层。庐山的文气需要戴建业、方锦龙、李安等这类既具市场人气又符合庐山特质的文化名家大家以及优质青年偶像来加持赋能，为庐山而鸣。

四是有情人。庐山的爱情IP，还需要更多动人的、本地的庐山爱情故事来夯实。庐山上不乏神仙眷侣，其中，定居庐山的乔尼、安娜跨国夫妻，外地来庐创业的岩时、锅锅夫妻，本地民宿从业者王哥、丁姐夫妻，《庐山恋》放映员杨霖、吴惠夫妻等都非常具有典型性、代表性，但庐山爱情故事尚未作为现象级事件进行包装推广。

五是外国人。李德立开发庐山时期的在庐山生活的外国侨民及其后代、在庐山生活度假的外国友人、庐山友谊奖获得者、在赣海外留学生、在赣生活工作的外国友人、喜爱中国风光文化的各国游客等，都是庐山讲好中国故事的核心资源。

输出令人心动的庐山专属记忆。作为一座名山，庐山几乎家喻户晓，但作为一座城市，庐山的品牌形象还缺少现实生活的细节、城市空间的肌理和与“天下悠”相匹配的可亲、可爱、可敬的灵魂。

关于庐山的独家记忆和话题传播点在哪里？

一是在过去的美好追忆里。电影《庐山恋》爆红之后，庐山由少数人群的避暑胜地成为大众旅游目的地，很多人去庐山都会拍照。可发起庐山9999张老照片全球有奖征集活动，邀请早期庐山游客追忆当年同框对象、拍摄情景以及发生在庐山的亲情、友情、爱情故事。也可发起故地重游、旧照重拍，对比照片主人公在同一拍摄地今昔容颜、服装、气质、经历变化，掀起一波“回忆杀”，通过新媒体投放，触发社会各界对庐山的集体追忆与情感共振。

二是在新时代美好回忆里。美好需要仪式感，庐山可结合沉浸式、参与式、互动式体验及庐山资源的唯一性、独特性进行节庆活动创意。如种子的旅行——庐山中国植物节、吾庐——世界青年发展论坛、榫卯VS乐高——庐山国际青少年创意挑战赛、天空之城嘉年华——牯岭COOLING仲夏夜国际星光艺术节、致敬经典——世界优秀爱情电影角色大巡游（电影周抖音／小红书／微信奇遇夜）、“爱的痕迹会消失，但爱的记忆永在”——7·12亲吻节（1980年7月12日《庐山恋》首映）、归去来兮——桃花源中国新农人大会、交换冬天——童话庐山冰雪温泉节等。以创意营销活动，引爆人们对庐山的关注和向往，刺激出游意愿和内容共创热情，阐释和表达“悠”生活。

三是在数字化桃源记忆里。以陶渊明为形象代言人，运用专业化的市场营销以及品牌化的管理方法，建造桃源秘境，打造网络社交平台。网民可化身行吟诗人、变装达人、高山茶人、采药道人、桃源渔夫等，设定游戏流程和激励机制，倡导在数字化社区表达生活热爱，开展正能量行为艺术，进行精神找寻和美的发现，抵达诗与远方。

创出让庐山“悠”起来的现代业态。庐山可围绕建设世界级旅游目的地目标，以山岳型度假悠生活模式为纲，通过业态创新和项目引进，把“庐山天下悠”打造成为世界人民喜爱的无国界品牌，形成与其他世界名山的差异化定位。

一是发展民宿产业，力争成为项目投资地。民宿是一种输出审美和生活方式的业态，庐山民宿大多为“名”墅，具有唯一性和不可复制性。可中西合璧，使悠生活经由古人诗意回归，同时增加帐篷营地、汽车营地、星空营地等户外设施。

二是发展婚恋产业，将庐山打造成为“有情人一生必去打卡地”。做实全产业链，成为海内外知名求爱首选地、恋爱见证地、婚姻登记地、婚纱照旅拍地、结婚摆酒地、蜜月度假地、金婚银婚纪念地。

三是系统编制研学产品，开辟研学产业新天地。从先贤流传下来的不朽文化遗产遗迹，到胡先骕创建中国第一个亚热带山地植物园，再到李四光“第四纪冰川”学说等，庐山研学资源得天独厚，可强化互动传播，以庐山的环球视野、审美追求和历史纵深，推进文化自信。

四是做强文化会展业，建成国际交流高地。通过举办世界级电影节、音乐会、演唱会、青年文化创意集市、全球性艺术与生活论坛、国际性会议等，以参与其中的鲜活个体，打造超越不同文明的富有个性和感染力的国际化城市形象。

五是发展健康产业，打造身心疗愈热地。从美育到美愈，从疗养到疗愈，穿越芳菲逍遥季、清凉浪漫季、多彩金秋季、冰雪童话季，庐山这座天空之城一半诗意一半烟火，既懂浪漫，更懂治愈。

向云端，“悠”生活文旅品牌和“悠”生活文旅产品创建正当时。

作者：谢永芳

2023 年 10 月 9 日

江西何以成为“语文课文收割机”

江西，为何能成为语文课本里的“常客”？她有何魅力让游客“近悦远来”？

前不久，央视连发3条推文推介江西，人们忽然发现，原来江西才是妥妥的“语文课文收割机”。小时候反复背诵的许多千古名句，竟然写的都是江西。

江西不仅人文荟萃，风景也堪称一绝。江西籍大家巨擘灿若星辰，写入教材的江西风景令人沉醉。难怪网友感慨：这辈子总得去几次江西吧！

江西，为何能成为语文课本里的“常客”？江西有何魅力让游客“近悦远来”？

一

江西，三面环山，一面向水。有山、有水，必有诗。

“飞流直下三千尺，疑是银河落九天。”（李白《望庐山瀑布》），李白一生5次来到庐山，写下了40多首诗词，对庐山的喜爱可见一斑。

“落霞与孤鹜齐飞，秋水共长天一色。”（王勃《滕王阁序》）枕江而立的滕王阁，千百年来引无数人登临饱览。

“同是天涯沦落人，相逢何必曾相识。”（白居易《琵琶行》）白居易的长篇叙事诗，引发无数共鸣。

“郁孤台下清江水，中间多少行人泪。”（辛弃疾《菩萨蛮·书江西造口壁》）稼轩居士闲居江西留下的作品，至今脍炙人口。

不仅如此，钟灵毓秀的赣鄱大地哺育出了欧阳修、曾巩、王安石、黄庭坚、杨万里、朱熹、姜夔、汤显祖、宋应星等大批历史文化名人，这些人生于斯、长于斯，他们或文章或诗词或事迹被写入了各年级语文课本，成为无数人共同的文化记忆。

江西山水真吾邦。美哉，江西！

二

近代学者梁启超曾说：“我们国里头四川和江西两省，向来是产生大文学家的所在。”江右文脉流淌千年，在中华文明史上占有重要地位。单就文学而言，江西可谓“名家巨擘贤材荟萃，鼎钟野瑟相激百世”。

江西传统文化有什么特点？千百年来江右文脉盛行的秘诀又是什么？

经世致用治学之道。“区区彼江西，其产多材贤。”江西文化繁荣，应归功于教育事业的发达。尊师重教、奖掖后学，是江西人的优良传统。千百年来，人们孜孜不倦的求学精神，成就了江西良好的学习风尚。“江右书院冠华夏。”著名的白鹿洞书院、鹅湖书院、白鹭洲书院等誉满天下，培养了大批道德文章俱佳的名士。教育的兴盛也推动了科举的发达，“一门三进士，隔河两宰相，五里三状元，十里九布政”

“翰林多吉水，朝士半江西”等成为美谈。

文章节义之邦。江西文坛英才荟萃、名家辈出，如群星璀璨，光耀中华。不仅如此，每当国家危难之际，江西士人总有舍生取义之举，表现出铮铮铁骨。文章与节义并重是江西士人遵循的人生信条和追求目标。以诗而言，陶渊明开创田园诗派，黄庭坚创立江西诗派，杨万里创造诚斋诗体，王安石创半山体；以词而言，晏殊开创西江词派，姜夔创立格律词派；以文而言，唐宋八大家江西有三，欧阳修、曾巩、王安石。时人盛赞江西:“窃观国朝文章之士，特盛于江西……求之他方，未有若是其众者。”以节义论，南宋洪皓出使金国，被拘十五年而不忘故土；宋末元初，江万里全家投止水拒降；文天祥“人生自古谁无死，留取丹心照汗青”，以身殉国；谢枋得一门忠烈，毁家纾难，谥号“文节”……这些名士的事迹和品格流芳百世，给江西留下了光彩照人之笔。

艺术造诣独领风骚。黄庭坚的书法注重险峻和古拙的气息，与苏轼、蔡襄、米芾并称“宋四家”；明代汤显祖高扬“性灵”旗帜，创作了中国戏剧史上的不朽剧作“临川四梦”；清初画坛奇才朱耷，号“八大山人”，开创清代以来的大写意画派；清代蒋士铨精通戏曲，被称为“乾隆曲家第一”。除此之外，弋阳腔、采茶戏、兴国山歌、傩舞……宋明清时期的江西艺术领域成就斐然。一个个文艺奇才叱咤风云，一批批文艺巨作迭出，对华夏文明产生了深远的影响，成为中华文化宝库中的不朽篇章。

三

在杭州亚运会开幕式上，中国代表团的礼服让人眼前一亮。这套名为“星耀”的服饰，包含了青花瓷和牡丹等元素。白与蓝的主色调象征着中华体育精神，而青花瓷则闪耀着浓浓的江西元素。

在历史上曾留下深刻文化印记的江西，在新时代如何承担起赓续历史文脉、谱写文化华章的历史使命和时代责任？又该如何推动优秀传统文化创造性转化、创新性发展？

探究文化“追溯性”。一个国家、一个民族，应知自己从哪里来，要到哪里去。认识中华文明的悠久历史、感知中华文化的博大精深，离不开文明探源和历史研究。前不久，《江右文库》首批成果“方志编”问世。这是江西有史以来规模最大的文献整理与研究出版工程，是对秦汉以来至1911年的江西文献做了系统的收集、整理和研究。江西是文化资源大省，孕育了万年稻作文化、三千年青铜文化、千年陶瓷文化、千年书院文化等优秀传统文化，历史底蕴深厚，文化遗存遍布。唯有寻根问底、探源溯流，把珍贵的历史文化遗产保护好、传承好、利用好，才能不断推动赣鄱传统文化传承创新发展。

让传统文化“活起来”。中秋国庆假期，景德镇中国陶瓷博物馆一件罗汉陶瓷雕塑成为当地最火爆的打卡点之一，因雕塑作品衍生出的表情包——“无语菩萨”强力“出圈”，在网络上刷屏。令人感到意外的是，在5万余件的珍贵藏品中，一件创作于20世纪40年代的雕塑被一群年轻人热烈追捧，让许多本地人表示“很突然”。古罗马学者西塞罗曾说过，一个人如果对自己出生以前的历史毫无所知的话，这个人就等于没有长大。历史是不断延伸的。过去是现在的历史，现在也是未来的历史。从这个意义上讲，人们渴望走进历史、了解传统，不仅仅是为了观察过往、知晓前事，也是为了认识现在、定位自身，更是为了展望未来、满怀希冀。让历史可触可感、宛在眼前，让传统文化有温度、接地气，才能打开人们的历史视野，激发人们的兴趣，从而实现“让收藏在禁宫里的文物、陈列在广阔大地上的遗产、书写在古籍里的文字都活起来”。

推动文化“走出去”。在景德镇举行的2023战略传播论坛上，200余位中外嘉宾共话文明交流互鉴，零距离感受沉淀千年的陶瓷文化。约旦驻华大使说：“陶瓷不仅是艺术，更代表着文化。”泰国驻华公使衔参赞坦言：“深感景德镇不仅是江西的、中国的，更是世界的。”近年来，江西大力推进文化对外传播，文化走出去的步伐铿锵有力：承办第五届“阿拉伯艺术节”，塑造了“汤显祖戏剧节暨国际戏剧交流月”等文化交流品牌，《用china讲China》《讲好中华文化故事　推动文明交流互鉴》连续两年入选全国“对外传播十大优秀案例”。新时代，江西的文化更加频繁地走向世界，江西的故事也越来越多地传播到海外。

行走在赣鄱大地，在万年遗址前探寻人类早期文明、在千年汉代文物前一睹神秘真容、在百年革命圣地前感悟红色文化魅力。越是徜徉其中，越会深切感受到，江西文化就像一坛陈年老酒，历久弥香，越品越有味道。

作者：胡海智

2023 年 10 月 25 日

“以竹代塑”的江西机遇

在各国“限塑令”不断升级加码的背景下，作为塑料的重要替代品，竹子的绿色无污染属性和实用性价值，越来越受到全世界的重视。

近期，国家发展改革委等部门联合印发《加快“以竹代塑”发展三年行动计划》，为建立“以竹代塑”产业体系明确方向路径，规划发展蓝图。

此前，我国与国际竹藤组织还共同发布《“以竹代塑”倡议》和《“以竹代塑”全球行动计划（2023—2030）》，为治理塑料污染积极贡献好“竹”意。在一系列利好政策的加持下，可以说，竹产业迎来了“黄金时代”。

按照规划，到2035年中国竹产业总产值将超过1万亿元。未来，竹产业将是绿色发展的又一个细分风口。作为竹资源大省，江西当如何把握机遇？

一

江西是竹资源大省，全省现有竹林面积1765万亩，活立竹29.72亿株，竹林面积和竹资源总量居全国前列，初步形成了赣东北雷竹产业集群、赣东和赣西南毛竹产业集群，全省竹产业综合产值达686亿元。

立足丰富的竹资源，江西竹产业正在乘势而起。目前，全省有省级以上竹产业龙头企业59家，年产值超1亿元的竹产业企业12家，涵盖竹建材、竹家具等20多个产品体系，竹资源产出、竹产品产能、竹产业产值均居全国前列。

例如，资溪县建成省内首个竹科技产业园，引进国内知名头部企业，推动竹产业延链、补链、强链；乐安县集聚11家本土竹笋加工企业，建成省内首个以竹笋为主的森林食品产业园；万安县打造以竹材建材、竹质能源、竹炭为主的产业园区，首期签约总投资额45.5亿元。

全省各地还深挖竹品牌价值。吉安打造“井冈翠竹”公用品牌，抚州“乐安竹笋”获评国家地理标志产品并入选中欧地理标志互认产品，铜鼓竹企业开发的竹系列产品率先进入“以竹代塑”市场应用，宜丰主打硒主题推动“富硒笋产品+竹林康养”深度融合。

与竹产业发展风生水起相伴的，是底蕴深厚的竹文化的觉醒。历史上，竹子在江西文化脉络中留下了浓墨重彩的一笔。北宋大文豪苏轼虽然不是江西人，也从未在江西任职，但他第一次到江西题写名篇《江西》，盛赞“江西山水真吾邦，白沙翠竹石底江”，流露对江西的青山绿水、江河翠竹的挚爱。

可使食无肉，不可居无竹。千百年来，竹子在人们心中有着非常特殊的地位，被视为一种高雅、坚韧、有节操的象征，代表高尚的品德和情操。

井冈山人总是自豪地说，井冈山的竹子，是革命的竹子；宜春明月山上竹林月影园里的9999绺翠竹，祈福天下有情人如竹子一样相约到老；余干县勤廉示范村乌泥村的枝叶园，青翠挺立的竹子提醒党员领导干部不忘时刻坚守亲民爱民、知民为民的公仆情怀。

青青翠竹，既是当前产业发展的物质依托，也是人们文化表达的情感载体，它一头连着生产，一头连着广阔的生活。

二

让人没有想到的是，挺立山林的一竿翠竹，千百年后，会与塑料联系在一起。

塑料经过一百多年的发展，在给我们生活带来极大便利的同时，也逐渐成为人类最主要的污染源之一。中国首个《中国塑料污染治理理念与实践》指出，预计到2050年，全球塑料累计产量将增长到340亿吨，年塑料废弃物产生量约为3亿吨。

"全球每年有超过800万吨的塑料垃圾流入海洋，有1500万海洋生物因误食塑料而死亡，塑料正在窒息地球……"这是央视一则在播的公益广告。

有数据显示，人类每分钟消耗约100万个塑料瓶，每年使用多达5万亿个塑料袋；全球每年生产塑料约4亿吨，产生的塑料废弃物超过2亿吨，流入江河湖海的废弃塑料每年高达上千万吨。

可以说，地球正面临被塑料"吞噬"的危险。除了塑料污染，"塑料病"也正日益成为现实威胁。

微塑料指直径小于5毫米的塑料颗粒，它们会进入食物、水和空气中，在海洋中累积会对生态系统造成威胁。据估计，地球上的每人每年会吞入超过5万个塑料颗粒。

科学家在通过追踪研究澳大利亚豪勋爵岛上的海鸟发现，豪勋爵岛上发现的死亡海鸟样本中，90%的鸟胃里都含有塑料。塑料已成为海洋生物致死的“重要杀手”。

荷兰科学家2022年在《国际环境》杂志上发表论文称，人体血液中发现了微塑料。科学家表示，如果血液内有塑料，那么这些塑料可能存在于我们身体内的任何地方。

在塑料制品无节制地使用，大量未经管理的废弃塑料用品正在以惊人的速度污染我们的地球，从最深的马里亚纳海沟，到最高的珠穆朗玛峰，都有人类活动留下的塑料碎片。

而竹子作为速生、可降解的生物质材料，具有廉价、耐用性好的特点，用竹制品替代塑料制品，为减少塑料污染提供了有效解决途径。

在这种背景下，竹子作为塑料的重要替代品，它的绿色无污染属性和实用性价值，越来越受到全世界的重视。

三

优美的自然环境本身就是乡村振兴的优质资源。坐拥丰富的竹资源，培育日渐壮大的竹产业，乘着“以竹代塑”的东风，江西竹产业大有可为。

把握新机遇。在江西，不少地方出台过与“竹”相关产业培育政策，在竹林成片的乡镇均有竹厂，广大乡村仍活跃着不少“竹”手艺人，匠心独运创造了竹床、竹席、竹椅、竹筷等，他们被称为“篾匠”，大到竹编固土建房、小到竹编蚂蚱，巧手中有大天地。但是长期以来，低产量、低效益的问题成为竹产业做大做强的重要制约。

竹子是最有生命力的植物之一，繁殖能力极强，一棵竹子几年后就能长成一片竹林。竹子也是生长速度最快的植物，一株竹子长到五米高只需要三十天左右。“以竹代塑”为江西竹产业发展提供的路径方向、具体措施和支持政策，是实现行业绿色可持续发展的行动指引。

搭建竹平台。多年来，江西通过政策扶持、产业引导、技术指导，大力发展竹产业，取得了显著成效。全省毛竹林资源质量不断提升，面积数显著增长，竹产品开发利用全面拓展，毛竹产品已由传统的竹拉丝、竹地板、竹胶合板向竹键盘、竹家具、竹工艺品、竹纤维等高科技、高附加值产品迈进。

积极部署未来产业，搭建区域性或乃至全国性“产学研贸”一体的平台，是打通竹产业链的关键一招，更是提前布局竹产业全链条的先手棋。在做好“竹+”文章的同时，江西积极部署竹产业链，做大竹市场，以平台促链条、以链条搭平台，找准定位、明确方向，整合资源、精准发力，助推传统竹产业转型升级。

发掘竹价值。随着文旅产业的大力发展，“江西风景独好”正在书写生动篇章。在上饶广信区五府山镇、铅山县武夷山镇，青翠欲滴的竹子构成了壮观的“竹海”，民宿星散其中，高海拔的竹山、茶园、冰溪、人家，让无数游客来此避暑，以竹为友，伴竹而眠。

用好竹优势、做足竹文章。当更多竹产业“变量”变“增量”，得天独厚的资源优势就能源源不断地转化为产业优势、经济优势，绿色品牌也就在此间生长。

作者：江日航

2023 年 11 月 27 日

“江西小炒”缘何“出圈”

“江西小炒”不仅量大实惠、口味独特，更承载着一个群体的体面。对于来这里放松身心的普通打工人来说，热菜配酒，越吃越有。

这些日子，“江西小炒”突然爆火网络。在某短视频平台，一则关于“江西小炒”的短视频，点赞、转发和留言超过10万。

视频内容讲的是，在义乌一场音乐节上，歌手在互动环节问现场观众义乌特产是啥，大家异口同声地喊道：“江西小炒！”这个答案让初来乍到的歌手蒙圈了好一阵子。

“江西小炒”凭什么征服义乌人民？这个别具一格的“特产”背后有着怎样的故事？

一

自古民以食为天，我国饮食文化源远流长。吃在中国，神州大地的菜品千姿百态，按照不同的口味，形成各自的体系，还有很多主菜系衍生出来的支派，遍布全国各地。

作为美食大省，江西风味的经典菜肴不胜枚举，藜蒿炒腊肉、宁都三杯鸡、莲花血鸭、余干辣椒炒肉、井冈烟笋等都是其中的代表。

中国是饮食文化大国，长期以来由于各地地理环境、气候条件、物产种类、文化传统以及民族习俗不同，形成了不同的菜肴派别，知名度较高的有鲁菜、川菜、粤菜、闽菜、苏菜、浙菜、湘菜、徽菜，俗称“八大菜系”。

八大菜系中有七个都在南方，浙菜名列八大菜系之一，而赣菜并未上榜。那么，“江西小炒”作为赣品菜肴，凭什么“喧宾夺主”打败鼎鼎有名的浙菜，在“小商品之都”义乌开疆拓土，俘获一众食客？

其实早在2022年2月，在乐平市鸬鹚乡召开的“江西小炒”产业促进座谈会就披露了一个惊人的数据：乐平市在省外开办的“江西小炒”餐饮店近5000家，主要分布在江浙一带，这个数字目前仍在增长。

因为地理位置毗邻，两地交通便捷，很多江西人到浙江务工赚钱，据说最高峰的时候，有近300万江西人在浙江务工。大规模的人员往来催生了文化交流，也培育了独特的群体消费方式。他们既是“江西小炒”的“掌勺人”，也是“江西小炒”的消费者。

二

义乌人异口同声喊出家乡的特产是“江西小炒”，这足以说明“江西小炒”在义乌乃至在浙江的影响力，低调的“江西小炒”这一回被动高调了起来。

浙菜大多鲜嫩软滑、香醇绵糯、清爽不腻，其中代表名菜有西湖醋鱼、东坡肉、龙井虾仁、荷叶粉蒸肉等。这些菜肴往往出现在大酒楼和高档饭店中，请客吃饭很有面子。

但普通大众更青睐的是接地气的家常小炒，在烟火气十足的集市、农贸市场和工地小区门口，“江西小炒”无疑成为大多数人的第一选择。

菜随人走，遍地开花。江西本地菜肴口味偏重，江西人尤其喜辣，很多到浙江务工的江西人难以适应浙菜偏甜的口味。他们思念家乡菜口味，爱吃风味独特的江西小炒。于是，最初服务于江西务工人员、以“江西小炒”冠名的菜馆开始如雨后春笋般出现。当年，很多新店都是不需要广告，不用宣传营销，自然而然就会有可观的客人登门。江西老表在当地盘下个小店，做餐饮赚钱的消息传回了老家，成群结队的江西人就干起餐饮这一行。随着两地日渐活跃的经济文化交流，“江西小炒”就此扎根在这土壤里。

量大实惠，口味纯正。走出江西的“江西小炒”，并不算当地的“硬菜”，而是最普通的家常菜。没有石耳炖鸡，也没有砂锅甲鱼，他们做的都是下饭菜，相比较其他快餐，“江西小炒”量多实惠、口味纯正，深受当地人和外来务工人员的喜爱。据非官方统计，在外经营“江西小炒”店的老板有近10万人，其中大部分都是夫妻店或者父子店，这些店多分布在社区、集市，相互辐射，彼此合作。吃苦耐劳的他们起早贪黑、兢兢业业，用实惠和诚意打动食客。

打工人难得的一份体面。出入“江西小炒”店，你几乎看不到一个人借酒消愁，也看不到悲伤难过。这里的菜普通，人也普通，但小锅大盘，就是能给普通人以一种生活的体面，这里就像一个短暂的休息港湾，能让打工人明天干活更加卖力。亲民的菜价，说鸡就是整鸡、说鱼就是大鱼的菜量，还有永远离不开的鲜辣椒、豆瓣酱等。便宜量大又下饭，“江西小炒”成为很多普通人改善伙食、老乡聚餐的首选。

打工人特别是农民工群体，他们能一边看菜，一边掏出半瓶白酒喝，他们喝着一口老家带来的酒，喝的是乡愁，喝的是生活，喝的是为家庭干活赚钱的劲头。如果说黄焖鸡米饭是一个人孤独地享用的食物，那“江西小炒”更像是一场宴席，但这是属于那些普通打工人的宴席。

在“江西小炒”店出菜最多的就是干锅菜，干锅鲫鱼、干锅肥肠、干锅花菜、干锅土豆，一切都可干锅。热气腾腾的干锅，既入味、也暖胃。对于来这里放松身心和胃口的普通打工人来说，热菜配酒，越吃越有。他们并不在意档次，他们需要的是一个可以放松的地方，一个让自己努力生活、拼命干活的加油站。“江西小炒”恰巧能给他们这样的体面。

三

11月23日，赣菜（杭州）中心在杭州市举行揭牌仪式，正式投入运营。“赣菜中心”抢滩杭州，彰显出江西打造赣菜品牌、做大做强赣菜产业的决心和信心。

目前，江西省外的赣菜餐厅已接近3500家，江西启动实施赣菜“扬名”行动，将进一步提升赣菜知名度和美誉度。在这种背景下，推动“江西小炒”做大做强，江西能做的还有很多。

热情好客就是“江西小炒”的代名词。人才资源是重点发展的第一资源，眼下，江西各地开启了新一轮的引人、留人大战。值此契机，通过大力发展赣菜精品文旅产业项目，发挥城市资源优势，用特色亮点来镌刻城市活力印象是突出重围的有力举措。要想留住一个人的心，就要先留住他的胃。作为赣菜“课代表”的“江西小炒”，想必也能为江西吸引人才尤其是吸引江西籍在外人才回流加分不少。

沙县小吃、兰州拉面，在国内大街小巷随处可见，南昌可以靠走出去的“江西小炒”品牌提升城市知名度，利用“文旅+美食”的黄金组合吸引人气。餐饮消费是旅游活动中的重要组成部分，在拉动经济发展的地位中举足轻重。近年来，南昌通过烟花秀、龙舟赛等一系列主场活动成功引起“网红”效应，来昌游客人数显著增长，相关机构可以通过发放赣菜消费券针对性刺激本土菜系良性发展，用美食招待八方来客。事实上，品牌建设需要多方共同努力。有关部门应加强良性引导，整体打造提升，为“江西小炒”提供公益宣传，鼓励各大直播平台给予流量支持，组织网络“大V”推广宣介，对于外地的江西人给予更多的关怀与支持。

如今，“江西小炒”迎来了产业发展的风口。恰逢各地抢抓预制菜产业，产业融合发展正当其时。可着力在食品包装、产品研发、品质提升、品牌创建上下功夫，打造更多具有“江西小炒”特色味道的预制食品，充分挖掘品牌发展潜力，把产业热点变成发展亮点。只有接地气的、符合大众的产业才能拥有广阔的群众基础。道道“绝杀”的“江西小炒”妥妥又是江西一张闪亮的名片。当更多“江西小炒”的“流量”转化为江西发展的“增量”和百姓福祉的“分量”，“江西小炒”的故事就会越来越精彩。

作者：章志鹏

2023年12月1日

“炒香”客家预制菜还需几把火

从历史走到现在，从现在走向未来，客家菜如何与预制菜实现“强强联手”，走得更远？

2023年11月初，以“五洲客家音、四海桑梓情”为主题的世界客属第32届恳亲大会在赣州龙南举行。会议期间，赣南客家美食、客家农特产品受到海内外客属乡亲的一致好评。

赣州被誉为“客家摇篮”，是客家民系的发祥地和客家人的主要聚居地之一。千百年来，一代代客家人在赣南大地繁衍生息，创造了独树一帜、自成体系、咸辣鲜香、五味调和的赣南客家菜。

这一年，“培育发展预制菜产业”首次被写入中央一号文件。为让客家美食搭上发展“快车”，赣州紧抓风口机遇，以打造客家预制菜产业集聚区为主线，大力发展预制菜产业。该市预制菜产业综合产值突破100亿元，入选“全国十大预制菜创新发展地区优秀案例”。

喜人的成绩背后，映射出赣州客家菜求新图变谋发展的决心。从历史走到现在，从现在走向未来，客家菜如何与预制菜实现“强强联手”，走得更远？

用客家牌“炒”香预制菜

从王安石、苏东坡、文天祥、王阳明等历代名人作诗盛赞的梅干菜扣肉、客家酿豆腐、赣南小炒鱼等客家菜品，到毛泽东等老一辈无产阶级革命家在此留下“四星望月”、颇具趣味的“李德鸭”等一道道美味菜肴，风味独特的赣南客家菜深受大家喜爱。

赣南客家菜注重原汁原味，讲究烹调技巧，以鲜、嫩、滑、香、甜、辣为特色，让人回味无穷。丰富的食材选择，辅以多元化的烹调方法，让食材的营养成分得到最大程度的保留和发挥。

赣南客家菜既有粤菜的鲜美和湘菜的爽辣，又与中原烹饪饮食文化相互融合，形成了鲜辣酸香的特点，风格独树一帜，以此为基础开发出预制菜菜品自然有成为市场爆款的可能。

毗邻巨大的消费市场，优越的交通枢纽优势，也让赣州发展客家预制菜产业具备广阔的市场消费空间。作为连接华东、华南和华中地区的重要交通节点，赣州市毗邻消费能力最强、市场最活跃、消费最集中的粤港澳大湾区、闽三角等经济发达地区，辐射人口达3亿以上。

精准有力的支持政策，助力赣州预制菜产业发展提质增效。赣州市委、市政府出台的《赣州市推进预制菜产业发展三年行动方案（2023—2025）》，明确要开发客家特色菜品，立足赣南客家地域特色和传统，研发盆菜、卤制、调理、米面等客家系列产品，形成预制菜菜品集聚效应。

用“菜篮子”“炒”香预制菜

走进宁都县工业园区的赣州市晟阳餐饮管理有限公司生产车间内，映入眼帘的是一条条智能生产线，精心挑选的优质食材在这里经过一道道严格的加工程序和质检工序后，变成了一袋袋包装精美的预制菜品。

“我们的预制菜目前主要有三杯鸡、宁都肉丸、梅干菜扣肉、红烧肉等地方特色菜肴。”赣州市晟阳餐饮管理有限公司总经理杨文东说。

依托农业资源禀赋和产业发展基础，赣州以打造客家预制菜产业集聚区为主线，发挥绿色、有机、富硒的特色农产品优势，按照“一区一圈”发展战略，即以宁都县为核心区，瑞金、兴国、于都、石城等县（市）为核心圈，辐射全市其他县（市、区）的预制菜发展空间布局，全力打造南方预制菜产业名城、世界客家菜预制加工基地。

作为当前食品工业发展的新赛道，预制菜一头连着产地，一头连着市场；一头连着生产，一头连着消费；一头连着农民增收，一头连着市场供给。

在瑞金的江西三德食品有限公司水产品深加工全产业链项目点预制菜生产车间，筛选、清洗、检测……工人们铆足干劲忙生产，现场一派忙碌景象。该项目是瑞金市深入贯彻赣州市打造预制菜产业“一区一圈”战略引进的预制菜生产加工企业。

“公司计划依托现有鳜鱼养殖技术，在瑞金泽覃乡水科所建立鳜鱼示范养殖基地，采取‘公司+农户’的形式，让产业联结千家万户，带动群众增收致富，助力乡村振兴。”该公司相关负责人介绍，鳜鱼示范养殖基地计划发展鳜鱼养殖3000亩，可联结养殖户1000户，带动户均增收3万元以上。

预制菜产业是实现农产品增值保值、农民增收致富的新产业新模式，赣州正充分发挥预制菜产业的优势，不断延长农业产业链、提升价值链、优化供应链，推进预制菜产业高质量发展，为乡村振兴和农民致富贡献力量。

让赣南客家菜香飘更远

在龙南市召开的2023世界客家菜营养健康暨产业发展大会上，赣州客家饮食文化和客家菜产业新动向，引发与会人员广泛关注。

如何为赣州客家预制菜再添把火？

借力政策东风，优化产业集群。赣州市聚焦打造赣南客家菜品牌，大力实施预制菜产业发展三年行动，掀起了发展热潮，产业乘势而起。

得利斯华南预制菜食品产业园、阿姆源中央厨房、蘑菇街食品供应链及智慧冷链等一批大型预制菜项目纷纷落地开工。2022年，赣州全市预制菜产业链综合产值突破100亿元。赣州市农业农村局总畜牧兽医师李华斌介绍说："今年以来赣州引进预制菜项目19个，总投资达199.4亿元。"

依托当地资源丰富、种类齐全的农产品，是全国生猪主产区和全省蔬菜、家禽主产区等优势，赣州市大力推进客家菜品牌创建，与深圳市签订赣深农业战略合作协议，打造大湾区优质农产品供应基地，建成粤港澳大湾区菜篮子生产基地84家，认证深圳"圳品"28个。

2023年5月30日，赣州成立了全省首个地级市预制菜产业协会，吸纳了全市80多家预制菜全产业链龙头企业为会员单位，涵盖了优质农产品供应商、预制菜生产加工企业、农民专业合作社、餐饮协会、科研院所等产业各环节，初步构建起集产学研一体、全链条服务、全要素保障的强大“朋友圈”。该协会的成立，将有力助推赣南客家预制菜产业健康、可持续、高质量发展。

如今，快捷美味的赣南客家风味预制菜，被人们纷纷端上餐桌。一道道客家菜从“田头”到“厂头”再到“灶头”，衔接了餐饮行业的上、中、下游企业，实现了一、二、三产业的深度融合。

作者：刘珊伊　钟清兰　李　顺

2023 年 12 月 7 日

羽绒服为何败给了军大衣

寒冬来袭，一群朝气蓬勃的大学生将军大衣穿出了自己的风度，他们用个性和时尚的态度，站在了“整顿羽绒服市场”的最前沿。

曾经“土”味十足的军大衣就这样以人们意想不到的方式，强势闯入大众视野，成为今冬市场的新潮流。年轻一代相约组队穿上军大衣，他们用自己的方式避开消费主义陷阱，成为走在时尚前端的一道亮丽风景。

寒风之下的温暖生意，羽绒服对比军大衣，到底谁更胜一筹？现象背后，反映出人们对于消费的喜好发生了怎样的转变？

一

穿上军大衣，保暖超预期。

随着全国多地出现断崖式降温，价格低、用料足的军大衣，成为众多大学生的御寒首选。与动辄上千元的羽绒服相比，军大衣在网络上的售价为50元至200元不等，价钱更便宜，暖和又耐穿。尽管款式相对单一，或许还有些笨重，但瑕不掩瑜，军大衣正成为当下青年大学生所热衷选择的一款“御寒神器”。

提起军大衣，大家的第一印象或许就是一个字——“土”！但有着相当历史的军大衣，百年之后仍“火遍全网”，足见它还是有其独特的魅力值和生命力的。那么军大衣究竟有何魅力，能历经百年而仍不过时呢？我们一起来扒一扒军大衣的“前世今生”。

军大衣的起源，可以追溯到英国维多利亚时期，当时贵族们出于简化穿着、提高生活效率的目的，一款“夫拉克外套”因方便出行而受到贵族的喜爱，并被引入军队。1901年，英国设计师巴宝莉对其进行改进，提高了保暖性，这种被称为巴宝莉式的新型军大衣就成为英国军官的军用大衣制式款。由于这种军大衣既时尚又保暖，很快流行于整个欧洲军界。

现在大家所熟悉的军大衣，是在苏式款式上进一步改制而成的。1965年，随着军衔制的取消，这款军大衣成为军便服，顿时变身为全国人民喜欢穿的“国民服装”。在接下来的十几年里，身穿军大衣、头戴雷锋帽几乎成了中国人冬季着装的标准形象。而且颜色也开始从单一的军绿色演化成深蓝色、浅棕色等多种颜色，以适应社会不同人群的需要。当时的军大衣不仅是时尚的代名词，更为人们提供了极为重要的生活保障。从某种意义上讲，军大衣已从一件衣物变成一个时代的象征。

此后，我军装备了新式防寒衣物，部队中的军大衣逐渐减少。但因其性价比高，军大衣仍然出没于其他众多场合。它从未被国人遗忘，甚至还“出圈”到国外。每年中国都会对外销售数千万套军大衣，而在2022年，销量更是突破了2亿套！雷锋帽、军大衣在国外备受欢迎，许多外国人都把拥有一身中式军大衣当成时尚。

穿一身这样有着“历史沉淀”和“国际范儿”的军大衣，你还会觉得它“土”吗?

二

我们经常在网络上刷到这样一句话：不是羽绒服买不起，而是军大衣更有性价比。

从御寒单品来说，一直以来，棉衣和羽绒服颇受消费者欢迎。但棉衣最大的问题是容易吸水，长期在户外，越穿越沉重。其保暖、防潮、防寒程度都比不上有着动物羽绒和防风面料的羽绒服；从时尚角度看，现代服装讲究线条、裁剪，衬托身材，这些都和臃肿的大衣棉袄不搭界，自然轻便保暖的羽绒服更胜一筹。

但学生们为啥选择军大衣？主要还是性价比。

近年来“羽绒服越来越贵”，似乎是每年冬天老百姓口中避不开的话题。一件羽绒服竟成为冬日衣橱中的“奢侈品”。据统计，从2010年到2020年间，中国的羽绒服均价已经从360元飙升到656元，稍微叫得出名的品牌羽绒服价格都在千元以上，2000元以上的占比接近70%。众多被视为经济实惠的国产品牌，如今价格也水涨船高。或许出于对品牌的自信和营销策略，国产羽绒服纷纷推出高价产品，向高端市场发力。

但市场并不买账。虽然商家推出了价格昂贵的高端羽绒服，但消费者接受度并不高，多数工薪阶层仍然更倾向于选择性价比高的商品。许多人对高价羽绒服持有质疑态度，甚至有消费者直接吐槽价格与质量不相匹配。很多年轻人表示，上千元的羽绒服本就不是自己选择的范围。的确，品牌方如果将生活用品过度“镀金”成奢侈品来销售，那么这种将消费者当韭菜割的行为，凭什么得到理解和支持？

脱离大众购买力的羽绒服，必然不为消费者所买账。有数据显示，近年羽绒服的市场份额已逐年下滑，部分消费者已经转而选择一些其他的保暖服装如冲锋衣、棉衣等作为替代。在这样的消费环境中，军大衣能够“出圈”，“圈粉”年轻一代也就不足为怪！

“我们都是没有收入的人，经济来源主要靠父母，能够给家里省钱还保暖，为什么不选军大衣？”“生活用品，够用就好；穿着衣物，得体就行。”从“精致穷”到“精致省”，这届年轻人的消费观，开始有点不一样。

“精致穷”是形容一种部分年轻群体中的生活方式。这类人群赚得不多，却敢于节衣缩食，去追求自认为精致的物质，鞋、包、服饰等生活用品一定要用贵的。用他们自己的话说：穷得叮当，活得闪亮。可实际上，这都是商家所营造的消费陷阱，是物质堆出来的精致美好。奢侈过后，一身大牌，价值数万元，却在真正需要用钱时拮据困难，落得更加一地鸡毛的窘境。

而今天大部分年轻一代的“精致省”，则是在无关紧要的地方，极尽省钱之能事，“留下好钢用在刀刃上”。他们外出吃饭会买代金券、团购券，遇到折扣、薅羊毛的机会格外积极；回到家也会注意节水省电、避免浪费；连朋友圈都干净了，没有往年的各种晒了；对待家居物件的消费，也更加务实，从源头尽量做到“断舍离”，对待品牌的狂热不再，转而关注物品的性价比。当年轻人不爱鲜花钻石，开始买黄金和理财；不爱国际大牌，开始追求高性价比的国货。自然而然，在羽绒服和军大衣之间，他们用实际行动做出了自己的选择。

褪去浮华，钱尽其能，物尽其用，在精打细算中，年轻一代回归了理性消费。

三

时尚的衣服不一定贵；贵的衣服也不一定就时尚。军大衣的兴起，可以被看作是一种时尚潮流的回归，也体现了新一代消费者对性价比的渴望和对时尚的自我解读。

当年轻人疏远高价羽绒服后，他们开始寻找既经济又实用的替代品，最终将目光转向了军大衣。这种转变不仅基于价格，更展现了年轻人的经济智慧，体现了他们对个性化的生活方式拥有独立的思考能力和独到的审美观。表面上看，在不拘一格的大学生带领下，军大衣、花棉袄重回潮流前线，风靡各大高校，背后则让我们看到大学生以网络化、年轻态的方式表达着对羽绒服价格不断攀升的调侃和反抗，以及审美、消费理念的转变。

曾经，伴随着社会经济的发展以及受西方文化的影响，一些人攀比成风，闹出了不少令人痛心的事情！有的学生为了所谓的面子和虚荣，不惜背上“校园贷”，把自己压得喘不过气来，甚至连累了家人。

今天，只买对的，不选贵的！人们对一线品牌的盲目追求和狂热正在逐渐消散。军大衣的爆火并非偶然，传统的消费观念正在逐渐改变，理性的大众消费心理正在兴起。消费者更加关注产品的质量、环保性，以及对家庭负担能力的考量。越来越多人开始重视可持续性消费、个人价值和情感满足，而不仅仅局限于物质追求。

消费理念的改变给雄心勃勃的羽绒服产业也敲响了警钟。企业有定价自主权，消费者有自主选择权。产品升级，不等同于价格大涨。品质经得起检验，价格对得起体验，这样的产品，消费者才会买账。以实惠的价格、实在的品质、实用的性能，让拥有不同消费能力、不同消费需求的消费者都能各有所获、心有所属，备感物有所值，市场才能做大做强。当各大品牌开始有清醒的认知后，相信市场会有更多实用、时尚、高性价比的服饰供大家选择和搭配，这也是军大衣重新“走俏”带给我们的启示。

作者：朱　亮

2023 年 12 月 14 日

红色旅游如何更“红”

从“火起来”到“新意足”，折射的是江西红色旅游从强资源到强品牌、强参观到强体验、强景区到强创新的转变和升级。

12月8日至10日，2023中国红色旅游博览会（下文简称“红博会”）在于都举行。乘着红博会的热度，人们前来瞻仰革命旧址，一睹“活起来”的文物风采，在与历史对话中，接受一次红色洗礼。

近年来，江西红色旅游火出了新高度。以赣州为例，2023年前8个月，赣州红色旅游接待人数达3177.49万人次，实现红色旅游收入312.27亿元，可以说，红色旅游迎来了“最好的时代”。

透过红博会这个“窗口”，我们能看见什么？火热的红色旅游如何才能更“红”？

一

红色旅游既是重要的旅游产业，也是特殊的文化工程，在传承红色基因方面具有独特作用。

红博会是国内唯一的以红色旅游为主题的旅游博览会。自2005年首届红博会在江西南昌举办以来，红博会已经走过了18个年头，其中江西共举办了14届。现如今，红博会已成为中国红色旅游的“金字招牌”。

每年的红博会主题不同，亮点不同。本届红博会不仅设置了主题展、红色旅游高质量发展对话等主题活动，还举办了“千车万人”重走长征路、红色研学旅行全球推广等配套活动，通过红色产品展销、艺术表演呈现等方式全方位打造开放式、沉浸式的红色展会，让观众体验红色旅游的新玩法、新活力、新魅力。

红博会，是红色文化集中传承发展的饕餮盛宴。本届红博会上，不仅有创新的红色文化展示，更有叫好又叫座的红色演艺精品。在红博会主题展演艺馆内，《星火》《延安保育院》《重庆1949》等一批精品力作集中亮相，尤其是大型红色文旅史诗剧《长征第一渡》盛大展演，赢得了热烈反响和广泛赞誉。

江西红色旅游，既有活力，更有魅力，各种红色文创产品为红色文化注入了新的时代表达。承载着红色记忆的文创产品，深受大众喜爱。例如，南昌八一起义纪念馆精心打造的红色卡通形象“小军军”，与纪念馆讲解导览、宣传推广、教育活动深度融合，形成了独具一格的红色标签。

红博会，是一个窗口，更是一个平台。透过红博会，我们看到了江西红色旅游的全新气象。

二

红色，是江西最亮眼的底色。江西县县有红色故事，市市有红色景点，全省就是一座没有围墙的红色历史博物馆。

当前，红色旅游持续升温，需求日趋多样，对红色资源的保护、开发和利用提出了更高要求。在旅游产品、业态、模式不断创新的大背景下，只有多维度推进红色旅游深度融合，才能全方位提升红色旅游发展动力。

红色旅游“火”得有底蕴。江西拥有深厚的红色底蕴和丰富的红色资源，2344个革命遗址旧址和纪念物、21个国家级爱国主义教育示范基地、18个国家级国防教育示范基地遍布全省。赣南等原中央苏区革命旧址整体保护经验成为全国示范，红色标语保护利用成为全国革命文物保护利用样板。依托资源底蕴优势、政策叠加优势及区位发展优势，江西红色旅游IP标识鲜明，已成为全国红色旅游发展的“排头兵”。

红色旅游“红”得有新意。守正创新、推陈出新，是保持任何事物发展旺盛生命力的秘诀所在。本届红博会，对全国大型红色演艺、红色旅游线路产品、红色旅游数字化项目和红色文创等新业态、新产品、新场景进行了征集、梳理和集中展示，为的就是更好地促进科技、艺术与红色旅游的深度结合，从而产生精彩蝶变。场馆之外，江西红色旅游的创意、创新更是比比皆是。南昌八一起义纪念馆推出的5G红色旅游示范区是全省首个5G+VR红色旅游示范样板，纪念馆把5G的高速特性与VR科技的沉浸感相融合，创新推出5G+VR红色旅游直播巡展，游客可以“云上”进行VR实景沉浸式直播参观，收获了大批年轻“粉丝”。在赣州，一座以红色文化为主题的大型主题公园，以百余年来中华民族的奋斗历程为背景，将脍炙人口的红色经典和经久不衰的英雄事迹打造成了一系列高科技互动体验项目，让游客沉浸式感受红色文化的魅力。游客既是项目体验者，也是文化探寻者，更是精神传递者，由此该公园荣获了“2022年度中国最佳主题公园”奖。

从“火起来”到“新意足”，折射的是江西红色旅游从强资源到强品牌、强参观到强体验、强景区到强创新的转变和升级。

三

红色历史是连接过去、现在和未来的重要纽带，而红色旅游的魅力根植于红色历史的旺盛生命力之中。

从中共一大纪念馆，到井冈山八角楼革命旧址群，再到红军长征湘江战役纪念园，一处处旧址、一座座纪念馆，不仅记录着可歌可泣的历史篇章，也承载着坚如磐石的信仰信念。可以说，红色旅游既为传承红色基因提供了新路径，又成为推进乡村振兴和共同富裕的重要抓手。

盘活资源。创新产品、内容为王，精准定位、IP引领是推动新时代红色旅游实现高质量发展的关键所在。应在统一规划、统筹协调、加强资源要素整合的基础上，通过上下联动、横向联合，进一步盘活不同地域、层级、属性、类型的红色资源，实现差异化发展。此外，突出红色主题、深化区域融合，将红色文化资源串珠成线，通过资源共享、线路共推、设施共建和信息共用，让红色资源在动态演绎中“活”起来。

立体开发。红色资源不仅是鲜活的历史，也是发展的资源。运用“红色旅游+”的模式，把红色文化的魂与旅游市场的需求、产品、业态有效整合起来，不断创新红色资源的“打开方式”，就能产生“1+1

＞2”的效果。例如，大力发展“红色旅游+休闲农业”新模式，以红色文化为内核，以休闲农业为路径，形成农业观光度假模式，为农业发展注入新动能。

科技赋能。科技是推动红色旅游高质量发展的“新引擎”。在创新红色文化展示上，利用影视、实景演出、AR导览、互动游戏、文创体验等观众喜闻乐见的方式，不仅能让红色资源可看可听、可读可感，更能对红色文化进行更加立体、鲜活的展示，使游客在“穿越时空”的体验中感悟红色文化的魅力。

每一个红色景点都是一个生动的课堂，用足用好丰富的红色资源，做好“人气”与“流量”文章，提升旅游体验，丰富供给体系，讲好红色故事，红色旅游就能拥有无限可能。

作者：王丽君

2023年12月20日

“科目三”刮来了什么风

无论是“科目三”还是军大衣，它们与年轻人的相遇都产生了巨大的反转与落差，这种反转与落差正是当代网络文化的主要特征。在这种文化语境下，各种网络奇观由此而生。

“科目三”确实火了，一段时间以来，全网似乎都在跳“科目三”，扭胯摇花手，潇洒小连步，搭配《江湖一笑》背景音乐，让网友直呼“魔性”“上头”。

不光在国内社交平台火，“科目三”正在强势“出海”。日前，在世界体育舞蹈大赛总决赛上，世界冠军乔安娜魔性开跳“科目三”，为科目三的“国际化”添了一把火。

“科目三”凭什么能火爆全网甚至席卷全球？“土味”的背后有着怎样的消费心理和时尚文化？

一

随着“科目三”在全国范围内流传开来，人们首先要问，什么是“科目三”？“科目三”从何而来？

据传，“科目三”源自于广西梧州的一场婚礼。网友摇花手外加小连步代替传统的“闹婚”，魔性的舞步迅速走红，就此衍生出“网络梗”“广西人一生必考的三个科目”，即“科目一”唱山歌，“科目二”嗦米粉，而丝滑花手小连招则是“科目三”。

“科目三”被人们熟知，还与一则短视频不无关系。2023年11月下旬，在一家海底捞门店里，两位博主身穿海底捞工服跳“科目三”的视频迅速走红网络，以至于很多食客特地跑到海底捞门店，只为点上一支“科目三”。海底捞看到流量密码后，更是让员工们勤学苦练摇手花、小连步。江苏无锡一海底捞门店员工因跳“科目三”被通报表扬，并被奖励3000元。一时间，“科目三”成为网民心中的每日必刷题。

就连国台办发言人都回应称，一首歌曲、一段舞步或一种美食会通过社交平台很快火爆两岸……这是两岸青年在网络时代独特的交流方式。

很快，不同肤色、不同国籍的年轻人也喊着“英区不大，创造神话”“俄区上分”“科目三的风还是吹到了韩国”等口号，相继加入“科目三”的PK中。就以名叫“爱美丽”的英国抖音博主为例，虽然她身在英国，却频频为中国各省“上分”，凭借模仿各地不同风格“科目三”的视频而迅速走红。

不仅如此，国家代表队也加入“群魔乱舞”的行列。几天，俄罗斯皇家芭蕾舞团在沈阳表演完《天鹅湖》后，芭蕾舞者们乘兴跳起了“科目三”，让网友惊叹“《天鹅湖》爆改‘科目三’，‘科目三’略微出手就席卷全球”。双手一甩，双脚一崴。不管什么场合、不管什么地方，只要感觉到了，洗脑的“科目三”都能让年轻人“走起来”。

二

这个冬天最最火的热梗是什么？无疑是穿上军大衣，配上摇花手。明明是两种“土味”十足的元素，怎么组合后就成了“顶流时尚”呢？

过去，“军大衣”是爷爷辈爱不释手的过冬神器。作为20世纪的“御寒单品”，受限于当时客观条件，生产不出款式多样、颜色靓丽的军大衣，而当下军大衣意外走红，再一次演绎了“土到极致便是潮”。

军大衣现象让很多人感慨，当代年轻人的消费观念确实变了，他们似乎不再盲目追求“花外表”“高档次”，反而追求物美价廉。动辄千元以上的羽绒服买不起，那就买军大衣，就保暖效果来说，军大衣不遑多让。扭胯摇花手小连步的“科目三”配上“御寒单品”，不需要刻意穿着打扮，也无需在意太多舞蹈、音乐的专业知识，甚至不用考虑美感，只要“跟着感觉走”摇动身体，或许这是当代青年释放压力的另一种方式。

有人说，“科目三”的走红是网络亚文化的胜利。在互联网时代，更容易出现以群体共性为个性，以更广泛的群体为中心展示自我的趋势，普通人更有“话语权”，大家不会在意匿名者的身份，这种低成本、无门槛的宣泄方式，满足了年轻网友的消费欲望以及情绪调节的需要。

相关研究表明，相比现实世界，网络上更容易交到“知心朋友”。在以往，一种潮流文化往往需要一位当红明星或者一个强大品牌引领，现如今，可能只需要一批具有相同话题的网友便可实现。

与以往不同的是，当红明星或者潮流品牌都与普通人相隔甚远，互联网则是拉近了彼此的距离感。或许有人会说“科目三”现象是“土味文化”，让人“辣眼睛”，但是不可否认，每一种文化流行的背后都有其合理性。不管是“科目三”还是军大衣，爆火的背后其实都有一双无形的推手在暗暗推动。截至今年6月，我国网民规模达10.79亿，其中短视频用户规模达10.26亿，“短视频+”让各类文化搭上了互联网快车，巨大的流量产生了十分可观的收益。

看到海底捞“一跳成名”产生的巨大利益，一些官方媒体也在尝试着用土味音乐、土味舞蹈来吸引年轻人。例如，前段时间大火的《恐龙扛狼》神曲，就有不少官方号出来“整活儿”，在主流文化的参与下，流量成了网络文化衍生发展的一把标尺。

无论是魔性舞步还是“土味大衣”，它们与年轻人的相遇产生了巨大的反转与落差，这种反转与落差，正是当代网络文化的主要特征。“科目三”与军大衣的网络奇观，由此而生。

三

很多人敏锐地观察到，以“科目三”为代表的“土味文化”在发展过程中，出现了两种截然不同的走向。

一面是更加贴近生活，是普通网民个性表达的展现，例如上海某家餐饮品牌主打“土味+文艺”，引爆“魔都”尝鲜热潮；另一方面则是在个性表达过程中没有坚守底线，出现质量低俗、三观不正等倾向。

文化发展的另一个话题是传承，传承的前提是通俗，是被需要。增加文化的流行度就意味着拥有更多通俗化、大众化气质，进而形成了通俗文化。“通俗”意味着浅显易懂，但其蕴含着平民和大众意识，具有更高的传承性、流传度。通俗文化扎根广大民众，从来都充满顽强的生命力，比如古代通俗小说。长期以来，古代通俗小说被视作是市井小民的消遣物，难登大雅之堂，但是“四大奇书”和《红楼梦》却深受底层读者喜爱，以至于最终实现了文学地位的“逆袭”。

虽然通俗文化未必那般“阳春白雪”，但它有着广阔的市场，被民众所需要，它是时代文化的重要构成，也是亿万网民精神生活的一种依托。它们的走红，有着深厚的群众基础。但是，我们应看到通俗文化流行的同时可能走向变异，必须警惕通俗文化被引向审丑、低俗的深渊。一些博主为了吸引流量“碰瓷”热梗，变着花样生产更多“丑”元素的低质内容，污染网络空间。不少网络主播以装疯卖傻、自我丑化、打擦边球等方式“引流”，无疑是对网络通俗文化的“竭泽而渔”。当网络流行变成无序“玩梗”时，我们必须更加关注行为的边界。如果受众审美被无止境地践踏，通俗走向低俗，一种文化的生命也将走向终结。

作者：陈银平

2023 年 12 月 23 日

每一步都是向上的力量

时间一遍遍地教会我们：原来每一次拼搏，都是对梦想的奔赴；每一次动情，都是对生活的赞美。

当跨年的烟火点亮寒冬的黑夜，时间的列车又一次送我们来到年终的站台。我们所挥别的，是过去365个步履不停的日夜，那些振奋的、坚忍的、彷徨的、难以言表的，如同五颜六色的光谱，构成了这色彩斑斓的一年。

回望是另一种纪念。此刻，微风卷起了日历的最后一页，交替的背后，是告别，也是出发。

一

诗人说，时间是画面构成的抽象物。如果给你一支彩笔，你该怎样描绘过去的365个日夜。

这一年，我们始终保持着热爱奔赴山海。前路漫漫有风有雪，唯有热爱可抵漫长岁月。有人埋头奋战只为冲破科技封锁，有人“漂”在瓷都只为追寻艺术梦，有人咬牙坚持跑完一场马拉松，有人不远千里邂逅北国冰雪。不可能所有事都得能偿所愿，生活常常充满遗憾，但仍然值得热情拥抱。此刻我们都是“西楼儿女”，历经千帆仍不减热爱。

这一年，我们感受到世界上唯一的不变，就是一直在变。身处高速演进的变局之中，我们是见证者，也是参与者，既对波诡云谲的世界局势感到不安，也对宏观经济的变化体现有着切身感受，既惊叹于人工智能大爆发掀起的巨浪，也有感于年轻人消费观的剧烈转变。被时代的洪流裹挟，所有人都感觉有些眼花缭乱。

这一年，我们遇见了平凡，也超越了平凡。那些与我们朝夕相处的人和事，有朝一日变得光芒万丈。我们爱听视障播音硕士董丽娜优美的声音，等到了杨妞花亲手把人贩子送进监狱；我们仰望“小镇做题家”桂海潮奔向浩瀚星空，也点赞外卖小哥彭清林的舍身一跃。此刻，我们知道了时间的意义，它成就了一个人的英雄梦想，让人感到平凡人的平凡事，才最动人。

回望2023，每个人都躬身入局，每个人都在奋力拼搏。无论是奋战在乡村振兴一线的产业带头人、专注于科技攻关的科研工作者，还是穿梭在街头巷尾的外卖骑手，他们是平凡世界里的不平凡，洒下了点点萤火，汇成了灿烂星河。在他们身上，我们看到了普通人滚烫的内心，看到了当代青年的梦想与远方，也看到了每一个平常日子里蕴藏着生生不息的力量。

这世界总是复杂且真实，纵有一支神笔，也写不尽这一年的人间烟火与山河远阔，写不尽这一年的星霜荏苒与款款深情。

二

所有人的情感总和，就是这个时代的真相。

入冬的寒潮让人穿上了物美价廉的“军大衣”。有人感叹钱不好赚，也不够花，不甘愿“躺平”，但又“卷不过”，有网友发出“我太难了”的感慨。但是没有谁的人生能坐享其成，关关难过关关过，肩上有责，谁都是令人起敬的“孤勇者”。

我们一直在平凡的日子里奔忙。感觉时间的进度条越来越快，似乎每天都有干不完的活、加不完的班，买回来的书积了一层灰，一场“说走就走的旅行”到年底也没实现，所有人都像蚂蚁一样忙碌，疲惫、焦虑、气喘吁吁。然而无论是一个人的逆流而上，还是一个社会负重前行，都在与时代旋律的呼应中，变得深刻。

我们幸而遇见生命里的那束光。还记得神舟十六号、神舟十七号追梦浩瀚星空，记得杭州亚运会上刮起的“青春风暴”，记得华为极限生存上演“王者归来”，记得昌景黄高铁连接的“诗与远方”，还有庐山的雪、婺源的秋、赣江的落霞、南昌的烟花。每一个片段都曾让我们收起失落的泪花，重拾前行的勇气。

时间一遍遍地教会我们：原来每一次拼搏，都是对梦想的奔赴；每一次动情，都是对生活的赞美。身处急速前进的年代，只能用平常视角，感知它的相对位移。热闹的“村BA”，火出圈的“特种兵式旅游”，还有应接不暇的展览会、演唱会、焰火晚会，每一个微小的剪影，映照的都是奔涌的时代大潮。

时间犹如抽在战马身上的皮鞭，鞭策着我们奔驰向前。告别过去的欢乐与泪水、得到与失去，拍拍身上的尘土，奔赴下一个春天。

这一起身，又是一段远行。

三

罗曼·罗兰书中，圣者克利斯朵夫背着一个孩子过河，浪头很急，孩子很重，克利斯朵夫费尽千辛万苦过了河，放下孩子，说：“咱们到了！唉，你多重啊！孩子，你究竟是谁呢？”孩子回答说：“我是即将到来的日子。”

人们总是对明天抱有期许，不是因为明天意味着希望，而是因为对希望的奔赴与倾注，才让明天成为隐喻，才让梦想之灯永燃不熄。我们从不低估未知的挑战，也不忽视变局里的变量，但我们依旧保持乐观，就像每颗种子都有一个春天的梦想，用信心坚定信心，用希望回应希望，越过寒冬，终将迎来春光。

我们相信，每一步都是向上的力量。无论面对多大的不确定性，自身的努力就是最大的确定。不当坐而论道的清谈客，要做起而行之的行动者，看准了就抓紧干，能多干就多干一些。走过了荆棘密林，走过了万水千山，相约山顶相见。

我们相信，每一次拼搏都值得铭记。艰难困苦，玉汝于成，奋斗始终是通向彼岸的唯一捷径。尽管个体的光芒是微弱的，但是千千万万个跳动的萤火，汇聚起来就是璀璨的夜空。人之渺小在历史长河中犹如沧海一粟，每一笔的轻描淡写，可能就是一个人波澜壮阔的一生。但正是这无数轻描淡写，构成了这个时代蓬勃向上的力量。

别了，2023！你好，2024！

作者：李宝华

2024 年 1 月 1 日

“南方小土豆”为何如此亲切

“南方小土豆”向往东北的最美雪景，东北老铁也没有辜负这份热情。接住这“泼天富贵”的背后，是前沿的文旅融合新打法和宾至如归的精细化服务理念。

进入冬季，不少身穿羽绒服的南方游客纷纷涌向北国冰雪世界，她们凭借萌萌的外表和对冰雪的热情，迅速俘获了北方网友的芳心，因此也被网友亲切地称为“南方小土豆”。

网络上，类似的称呼除了“南方小土豆”，还有“广西砂糖橘”“云南野生菌”等。这个冬天，各种奇奇怪怪的昵称火爆全网。尽管这种称谓看上去并不是夸赞，但无论是南方人还是北方人似乎都欣然接受，并以此为乐。

作为一种带有明显地域标签的昵称，“南方小土豆”为何如此亲切？这种南客北上的背后，反映了怎样的文化交流和消费新动向？

一

这个冬天，有一种宠溺来自哈尔滨。2023年12月27日，一条短视频火了。冻梨的切块摆盘成了热议话题，哈尔滨的网友风趣回应：我一个哈尔滨人活20多年头一回见！这还是我出生的地方吗？你这么切让我怎么跟我的大板牙解释啊！……各种“神评”把哈尔滨对“南方小土豆”的宠爱彻底点燃。

给萝卜切片，被老奶奶搀着过马路，订宾馆不加钱……南北文化的交流话题感十足，而这些镜头下的细节，更是温暖了寒冬里的广大网友。

东北大汉性格耿直嗓门大，在和“小土豆”们交谈时，司机大哥也“夹里夹气”变得温柔起来；怕南方游客在外旅游打不到车，市民更是在自家车上贴上“‘南方小土豆’免费顺风车”的标识，到街头免费接送。粗犷的东北人细节拉满，对“南方小土豆”的宠爱根本藏不住。

这些天，11个“广西小砂糖橘”勇闯东北的经历更是萌化了全网。从哈尔滨到漠河，赏北国风光、观雪地烟花、吃当地美食、看泼冰成水、打卡中国最北哨位……

一路上，东北老铁把“小砂糖橘”们照顾得“嘎嘎好”。消防站里，消防员一把抱起小可爱们，“小砂糖橘”被宠到连路都不用走；拔河时，消防员们甚至用上了“假摔”技术，隔着屏幕都能感到孩子们的快乐。

心越贴越近，爱会相互感染。在漠河回哈尔滨的列车上，“小砂糖橘”在警察叔叔怀里哭红了眼睛：“我想警察叔叔跟我回南宁。”“小砂糖橘”是“东北团宠”，护“橘”人也成了“小砂糖橘”心里的家人。

东北为“小砂糖橘”送上贴心守护和关怀温暖，广西则把“好果子”相送。今年1月5日下午，满载着189吨砂糖橘和沃柑的11辆车从广西南宁出发，前往哈尔滨，在哈尔滨巴洛克风情街上免费发放。

一边是“甜宠”，一边是“甜果”，一边是花式宠爱，一边是花式回礼，南北的“异地恋”谈得火热，“嘻哈CP”成了全网的新晋顶流，广大网友都很“嗑”！哈尔滨宠得浪漫，我们爱得直接。

二

“南方小土豆”这一称呼最初是部分南方游客“勇闯大东北”的自称，后来网友把“身穿浅色羽绒服，头戴可爱毛绒帽”的南方游客统称为“南方小土豆”。现在，这一称谓逐渐演变为东北人传递善意和友好的固定暗号。

这个冬天，到北方冰雪旅游的“南方小土豆”成团出现。亚布力滑雪旅游度假区、冰雪大世界等景区网络搜索指数和预订量增势迅猛，冰雪大世界几万人同时进场，太平机场被“挤爆”，索菲亚教堂到处都是彩色面包服。毫无疑问，哈尔滨已成为当前国内旅游目的地“顶流”。

正所谓“一方水土养一方人”，南北自然资源不同、风土人情迥异，差异本身就是一种吸引力。比如雪落满肩头的浪漫、零下数十度的气温、极速冰滑梯带来的“起飞感”等独特体验让南方游客满怀新奇、充满向往。同时，不同地域文化的相互碰撞，让一切都变得有趣起来，多少令人噗嗤一笑的“名场面”就此诞生。比如，南方游客手拉行李箱浩荡奔赴东北澡堂子，被戏称为“南泥北运”；玩冰雪滑梯的南方游客因穿着可爱、身材娇小被误认为是儿童，坐着雪圈被“踹”下了儿童道……南北差异下的热梗趣事推升着一座城市的文旅吸引力。

如果说得天独厚的冰雪资源是哈尔滨的一张名片，那么优质的服务则是吸引游客的“磁石”。既有仪式感，又有新鲜感；既是大高个，又会夹子音，这样的友好型“市”格和强烈反差感，怎能不火？

连夜整改“退票风波”，修建游客温暖驿站，在机场新增更衣室，延长公交、地铁运营时间，依法严肃处理旅游欺诈问题等，一系列暖心举措让人感受到了满满的善意和诚意，在众人的“口碑接力”中，哈尔滨加冕冬季旅游地的“王者”。无论是市民自发到景区给游客送姜枣茶、五常大米，还是在索菲亚教堂上用无人机造月亮，或是把鄂伦春族守林人请出山，这份热情和服务不但拉近了距离感，更增强了认同感。

“天是冷的，但心是热的。”大东北扑面而来的热情流动在大街小巷，“掏心掏肺”的服务体现在方方面面，让冷资源的“热效应”加速释放，成为引爆旅游热潮的支点。“南方小土豆”向往东北的最美雪景，东北老铁也没有辜负这份热情。接住这“泼天富贵”的背后，是前沿的文旅融合新打法和宾至如归的精细化服务理念。

三

夏天热了淄博烧烤，冬天火了哈尔滨雪景。哈尔滨的火爆，与去年的淄博有异曲同工之妙，发展时令经济、加强文化交流、升级服务理念，是两座城市相继出圈的共同密码。

绿水青山就是金山银山，冰天雪地也是金山银山。哈尔滨依托得天独厚的冰雪资源，把制约发展的“冷”转化为吸引游客的“热”，冰雪旅游市场呈现“井喷”之势。正所谓“四时之景不同，而乐亦无穷也”。时令经济自带场景，易于打造“季节限定”的氛围感、新鲜感，特色鲜明、潜力无限，是一条可复制的“出圈”路径。

而文旅消费的另一面，是文旅产品和配套服务。哈尔滨的经验告诉我们：只有抠好细节、做好服务，通过花样翻新的融合业态满足游客的消费体验，才能让时令经济越烧越旺。

让哈尔滨走红的，不仅是冰雪的浪漫，还有文化的碰撞。把冻梨切片摆盘、用勺子吃烤红薯、把交响乐搬进商场……文化的交流融合给了游客更多惊喜。文化交流自带一种碰撞融合的奇妙体验。提高这种奇妙的体验，就是要推动新的文化空间、文化内容的产生，把更多的文化资源、文化要素转化为文旅产品和服务。创新潮流表达形式，让文化交流的成效在空间上扩展、在价值上延伸。

出圈靠的绝非运气。城市服务越好，城市品牌越亮，流量热度也就越高。只有把握规律、做足服务，形成有竞争力的文旅产品，才能有“泼天的富贵”。这就要不断提升硬实力，着力提升城市基建和景区建设，提供优质的公共服务，营造有竞争力的旅游体验；还要深入挖掘城市的独特资源，塑造深入人心的形象品牌，重视宣传营销，用流量爆点提升知名度和美誉度。掌握“出圈密码”，读懂“何以尔滨”，相信会有更多的城市立足特色资源，迎来爆火“出圈”。

作者：郭素娇

2024 年 1 月 12 日

算法导向下的“信息茧房”之困

“信息茧房”作为一种当前普遍存在的网络现象，在构建信息壁垒、加剧群体对立、异化用户心理等方面的负面作用不容忽视。

日前，中央网信办开展“清朗·整治短视频信息内容导向不良问题”专项行动，主要解决短视频平台算法价值导向存在偏差、优质短视频呈现不足等问题。

打开社交软件或电商平台，从戏谑搞怪到时尚潮流，从商品推荐到生活技巧，平日里各类同质化信息铺天盖地。人们沉溺其中，获得短暂欢愉的同时，也在不断收窄信息视野，钝化信息识别判断能力。

长期以来，各类移动应用通过大数据算法，片面以点赞率、转发率等量化指标作为流量分配依据。这种做法引发了一个致命问题，即我们被越织越密的“信息茧房”困住了。在算法的不断“投喂”下，我们该如何自处，又该怎样审视被塑造的自己？

一

先来认识一个概念，什么是“信息茧房”？

美国法学教授凯斯·R.桑斯坦在其著作《信息乌托邦——众人如何生产知识》中提出，在信息传播中，人们对自身的信息需求并非全方位的，人们只注意自己想要的东西和使自己愉悦的讯息，久而久之，会将自身桎梏于茧房中。

移动互联网技术的迅猛发展，带动了社交媒体和个性化推荐算法的兴起。在此语境下，人们往往被推送与自己兴趣和偏好相符的信息和观点，一个舒适且符合心理预期的信息茧房由此形成。

在庞大的信息海洋中，算法推荐可以帮助个体聚合和过滤所需的信息，带来更加智能化、便捷化和安全化的信息获取体验，一定程度上避免了信息过载和信息噪音的困扰。但当你以为一切信息触手可及、尽在掌控时，你看到的很可能只是一个“楚门的世界”。

在影片《楚门的世界》里，主人公楚门从小到大一直生活在一座叫桃源岛的小城，他是这座小城里一家保险公司的经纪人，看上去似乎过着与常人完全相同的生活。直至有一天，他忽然察觉到生活的异样，开始怀疑自己所经历的一切是否真实。最终，楚门发现自己实际上是生活在一个巨大的电视节目中，一举一动都被摄像机监视着。与之类似，我们也生活在一个被算法和个性化推荐操纵的信息环境中，接触到的信息无一例外都是经过大数据精准抓取，系统选择性地投喂给我们的内容。

“马看到什么，是人决定的。”前段时间热映电影《封神》里的一句台词很好地诠释了信息茧房的特性。目前，一些网络平台基于算法推荐“量体裁衣”，提供个性化的热搜榜单，犹如一只无形的手，操控着网友能看到什么、不能看到什么。

这种信息内循环，让茧房俨然变成了一张温床，用户很可能陷入其中而不自知，不知不觉被带了节奏。

二

信息茧房是信息分拣与数据筛选下的必然结果。

个性化推荐算法追求用户满意度，往往会优先推送点击率高和与用户兴趣相关的内容。这种定制化体验对“窄众”信息需求人群来说，恰恰是一个四季如春的“信息暖房”。与此同时，诸多副作用也显而易见。信息的定制化推送，让用户越来越倾向于只关注自己选择的内容和领域，逐渐陷入一个信息领域的舒适圈。

从深层次看，信息茧房不仅仅意味着便利，同时也是一种信息牢房，让人困在单一信息世界里，成为被动接收信息的附庸。一个人如果受困于信息茧房，知识面会被有意或无意地限制，独立思考能力和批判性思维可能被剥夺，无法全面了解和理解复杂的现实世界，致使出现有时信息越来越多，知识却越来越少；有时情绪越来越多，理性却越来越少的现象。

信息茧房使得人们更容易接触到与自己观点相符的信息，而忽略了核实事实，致使假新闻在社交媒体上肆意传播。例如，国外一些政治团体和利益集团可以有意识地散布虚假信息，以影响公众的观点和选举结果。

这种现象也导致一些极端片面的信息病毒式扩散，进一步加剧了人群分化和社会分裂。当人们只接触到与自己观点相符的信息时，很容易对事物产生刻板印象。这种偏见不仅加深了个体的认知差异，也削弱了社会交际和社区凝聚力，这无疑会加剧与其他群体的隔阂与对立。

更令人忧虑的是，由于信息技术提供了更自我的思想空间，一些人认知偏见、焦虑和愤怒等消极情绪增加，面临心理健康问题，还可能为逃避社会矛盾，逐渐自我封闭。

信息茧房作为一种当前普遍存在的网络现象，在构建信息壁垒、加剧群体对立、异化用户心理等方面的负面作用不容忽视。

三

科技本身是中立的，它的发展取决于人类的选择和使用方式。我们不能因为信息茧房的出现而否定相关信息技术的进步，更不能坠入反对技术的深渊。对于“信息茧房”的存在，我们应该以理性的态度审慎视之。

避免技术滥用和失衡。在今天的信息时代，算法在决定人们获取的信息内容及其展示优先级方面发挥着重要作用。然而，算法的设计和运用需要考量社会责任和公共利益。说到底，技术的发展应该是服务人，而非束缚人，应该推动社会进步，而非阻碍发展。小小的舆论场，牵动的却是偌大的现实世界。信息的推送者、内容产品的生产商以及各类媒体、社交平台及电商平台需反思算法使用的边界，不能只追求点击率和流量。除了精度和准度，还要有温度，要在努力保持平衡、公正和负责的基础上，积极推动信息多样性和观点开放，帮助公众更全面客观地认识事物。

警惕被定制内容带偏。对网友来说，互联网本应是认识世界、改造世界的工具，而非作茧自缚的慢性毒药。面对无孔不入、无处不在的算法，也要每时每刻提醒自己，勇于打破对互联网的依赖，拓宽信息获取的渠道，主动寻求多元化的信息和观点，建立起更为丰富、多元的知识体系。尤其在一些突发热点事件中，我们要培养批判性思维和辨别信息真伪的能力，不被评论区的意见牵着鼻子走，试着站在不同立场、不同视角，学会更辩证地分析和思考问题。

检视社会系统性问题。信息茧房的形成并非一蹴而就，信息环境对人的影响也是由浅入深、从量变到质变，最终形塑外部生态的过程。与其过度谴责个体自控力和独立思考能力不强，不如去关注信息传播机制是否出现系统性问题，奖优淘劣的功夫有没有到位。

立法明责确权。雪崩时，没有一片雪花是无辜的。倘若没有与利益匹配相应的权责，由算法驱动且不断固化信息茧房，这种现象非但得不到纠偏，反而可能成为推波助澜的技术武器，加剧信息窄化、网络暴力、群体极化等负面趋势。不管未来技术如何变革，立法这一基石都不应动摇，各有其权、各司其职、各负其责，技术向善应成为基本追求。

作者：孔德淇

2024 年 1 月 13 日

这场大雪让我们再次想起“尔滨”

若想接力成为下一个文旅新宠，必然要对未来旅游产业发展有快速、清晰、精准的规划。

今晨，一场漫天大雪席卷我国中东部地区，银装素裹、惟余莽莽的雪中画面在朋友圈刷屏。对于久居南方的人来说，我们似乎与冰雪久违了。冰雪，总是引人遐思，这场南国之雪，很容易让我们想起今冬强势“出圈”的北国“尔滨”。

这个冬天，哈尔滨突然就火了，天南海北的游客快要挤爆这座城市，过去不温不火的东北冰城一跃成为全网顶流城市，被外地网友亲切地称为“尔滨”。

大数据显示，最近哈尔滨热度环比暴涨300%。今年元旦假期，哈尔滨市累计接待外地游客超过300万人次，实现旅游总收入59.14亿元，游客接待量与旅游总收入达到历史峰值。元旦假期结束，哈尔滨冰雪游热度持续居高不下，这个冬天哈尔滨“赢麻了”。

那么，哈尔滨到底怎么走红的？为什么它能从竞争异常激烈的文旅市场脱颖而出？哈尔滨的“出圈”带给我们什么启示？

一

“南方小土豆”是哈尔滨人对南方游客的一种爱称，通常是指身材相对于北方人更为娇小，身着彩色羽绒服，头戴可爱毛绒帽的南方游客。

土味十足的昵称意外“出圈”，带动了哈尔滨网络曝光率的再次攀升，旅游人气也站上了新台阶。此后，各类亲民又有趣的网络昵称不断涌现，“讨好型市格”“小砂糖橘”“哈格沃兹”等生动形象的称呼，既展现了哈尔滨的独特魅力，也拉近了它与游客的距离。尤其值得一提的是，哈尔滨将这些“热词”转化为实体IP开发，如计划研发小土豆形象IP，以轻松幽默的方式塑造城市品牌形象，使得哈尔滨在网络空间中始终保持高曝光度和话题性。

虽然从“尔滨”能隐约看到淄博爆火的影子，但与淄博不同的是，哈尔滨属于老牌网红再次“翻红”，而淄博并不具备独一无二的旅游资源，它是靠着热情好客的服务态度引来无数外地游客。相较之下，哈尔滨只需要提升形象、做优服务，扭转大众的刻板印象。

其实，被“南方小土豆”不断追捧的冰雪大世界和索菲亚教堂，都是哈尔滨的“老家底”，“新花活”冰雪气垫船、雪地摩托车早在多年前亦已登场。除了抓住难得的网络流量机会，哈尔滨很大程度上是通过效法山东打造的好客形象，成功上位“东北一哥”的。

二

事实上，哈尔滨的爆红并非偶然，其背后有多重因素的推波助澜。

哈尔滨作为东北中心城市之一，交通便利，航空、铁路和公路网络发达，旅游服务也相对完善，有众多的酒店、旅行社提供后勤保障。不光有便捷交通和众多景区景点，这里的酒吧、KTV、各种夜市等场所也满足了当代年轻人的娱乐需求。如果说这些优势不少城市都具备，那么下面几点其他城市就不一定可以做到了。

首先是新奇的人设。南方人对于雪的向往是天生的，哈尔滨作为东北的老牌冰雪之城，又自带省会城市的天然流量属性。哈尔滨冰雪大世界是一种季节性、阶段性的人造景观，此次的投资建设规模是远超以往，是历年之最，且大东北的澡堂，更是“南方小土豆”没见识过的稀罕物件，还有各种冰雪活动，如滑雪、滑冰、雪地摩托等游乐项目也深受游客喜爱。加上哈尔滨历史悠久，拥有丰富的文化遗产。城市中保留了大量俄式风格建筑，充满了浓厚的异国情调，成为游客拍照打卡的热门地点。许多年轻人把旅游体验分享到社交媒体上，吸引了全国乃至世界各地游客的关注，为哈尔滨的爆火埋下了伏笔。

再者，哈尔滨投入了大量的资源进行推介引导。此前，哈尔滨借冰雪大世界开园退票事件蹭了一波流量。面对舆情压力，市政府及景区管理部门坦诚面对、快速行动。他们首先向公众致歉，承认管理和服务存在不足，并立即着手进行园区运营的整改工作，进而将危机巧妙化解，转化成了一波“厚道流量”，提升了城市知名度。随着抖音、快手等短视频平台裂变式传播，哈尔滨的网红打卡地，以及城市景观的形象迅速在网络上走红。

最后，还有一个非常重要的原因就是东北人的热情好客。游客来到哈尔滨，可以感受到家的温暖和热情，这是一种难得的情绪价值。经过朋友圈反复发酵传播，“尔滨”的旅游形象深入人心，在掀起这波冰雪旅游热潮中起到了决定性作用，可以说稳稳接住了淄博的接力棒。

三

谁也无法预测下一个爆火的城市是哪里，应该说在流量红利时代，每个地方都有“出圈”的机会和可能。因此，我们也应思考如何撬动文旅市场，实现旅游经济效益最大化，说不定下一个被流量宠幸的就是我们的城市。

若想接力成为下一个文旅新宠，必然要对未来旅游产业发展有快速、清晰、精准的规划。

一方面，立足我省本土文化，发掘独特旅游资源。通过供给侧结构性改革充实旅游供给，激发多元化的消费需求。从“尔滨”爆火的现象来看，是黑龙江举全省之力启动了冬季旅游“百日行动”的成果。为了擦亮冰雪旅游的金字招牌，哈尔滨在雪季来临之初就早早作好准备提前进入预热状态，除了利用互联网引流，打造冰雪大世界等传统王牌项目，更是千方百计回应市场变化和游客需求，扩大冰雪旅游优质产品供给，把东北地区优质冰雪资源的独特魅力展现得淋漓尽致，为游客制造了一波又一波惊喜，助力冰雪经济提质增效。我们也应当加强创新，不断解锁新产品、新玩法，创造新场景、新体验，思考当下如何运用新媒体获取关注，利用新技术分析受众需求，为游客提供更具新奇感的旅游体验。

另一方面，拿出硬核举措强化管理、创新服务。哈尔滨不仅将冰雪玩出了新花样，还拿出满满的诚意，把游客“宠”出了新高度。“你想要的，我都给你”，是哈尔滨人的服务宗旨。比如，游客想在著名景点索菲亚教堂拍月亮，哈尔滨就在教堂上空放了一个直径5米的人造月亮满足游客；哈尔滨在机场玩快闪花式迎客，在广场建“温暖驿站”方便游客落脚，景点住宿免费接送；还有南方游客想吃甜口的豆腐脑，哈尔滨就改成加糖豆腐脑，连冻梨这种寒冷地区特色水果也被切成片进行花样摆盘……这种“没有的，我创造；有的，我改造”的创新服务让许多本地人叹为观止。我省旅游资源丰富，拥有旅游资源种类中的绝大多数类型，不少旅游资源在全国具有很强的竞争力。因此，哈尔滨的经验启示我们，要充分挖掘好、利用好这些旅游资源，因势利导出政策、搞服务，凭新意出彩，借口碑“出圈”，靠诚意获客，用温度留人。城市爆火后，能否承载剧增的客流、接住高涨的旅游热情，对城市方方面面的管理和服务能力也是一场大考。火爆“出圈”不仅需要公安、应急、交通、消防、发改、市场、宣传、网信等部门通力协作，也需要团体和个人自发行动，更需要从政府到普通市民的共同努力。2024年，希望我们都能有“出圈”的机会和能力。

作者：章志鹏

2024 年 1 月 22 日

脑机接口：福兮祸兮

极具科幻色彩的脑机接口给我们带来了什么科技遐想？这一技术的发展又将如何改变人类生活？

1月30日，科技狂人马斯克宣称其旗下的脑机接口公司神经连接（Neuralink）进行了首例脑机接口设备的人体移植实验，移植者目前恢复良好。这表明，脑机接口研究取得了重要进展。

技术的快速迭代让更多人拥有了体验科技的机会。互联网、大数据、人工智能……人类利用科技服务生活，许多过去科幻般的畅想如今已逐步成为现实。此番脑机接口技术取得突破，似乎正在打开一扇科技造福人类的新大门，让我们看到了新技术展现出的巨大潜力。

极具科幻色彩的脑机接口给我们带来了什么科技遐想？这一技术的发展又将如何改变人类生活？

一

对很多人来说，“脑机接口”是个新词。先来认识一下什么是脑机接口？

简单说，它就是在大脑和外部设备架设桥梁，通过复杂算法，对大脑活动信号进行信息采集、分析解码，破解大脑运作模式，再由设备解析反馈转化为行动，实现人和计算机之间的直接交互。这项技术的目标很明确，就是建立人与计算机之间的快速交流通道，帮助患者做自己想做的事情。如帮助失明患者恢复视力，帮助失去肌肉控制能力的瘫痪者控制辅助设备，帮助中风患者恢复交流能力。

马斯克在一次脑机接口演示中表示："最终我们将实现人工智能的共生。"被称为"行动力狂人"的马斯克于2019年发布了脑机接口领域的首款产品，其原理是用激光在头骨上钻孔，再避开大脑血管，将一条线路植入脑中。实际上，马斯克并非脑机接口领域的先驱。1924年，德国精神病学家汉斯·伯杰记录了人类的首个脑电图，建立了精神世界与现实世界的桥梁，这个脑电图称得上是最早的脑机接口。

从植入电极到尝试控制电极，从视觉应用上的突破到情绪控制上的突破，脑机接口技术一直在进步。1978年，威廉·多贝尔在一位盲人的视觉皮层上植入了68个电极的阵列，与一台摄像机相连通，成功制造了光幻觉。2020年底，上海瑞金医院成立脑机接口及神经调控中心，希望提高疑难神经疾病、精神疾病的研究和诊疗水平。2023年5月，全球首例非人灵长类动物介入式脑机接口试验在北京获得成功，标志着我国脑机接口技术取得突破。

人类的一切感觉都依赖于大脑，我们的视觉、嗅觉、味觉、触觉等感官反应其实都是大脑信号的反馈。依赖大脑功能形成的各类人体机能，在脑机接口的帮助下都将变得更加容易。

可以预见的是，随着脑机接口的发展，影视作品中"意识上传"的场景有望变成现实，"超级人类"的诞生也可能不再是幻想。这一刻，科技展现了它超乎想象的力量。

二

脑机接口看起来很玄幻，目标看起来很宏大，似乎人类正在向科幻作品的场景中迈进。实际上，从医学的角度来看，这是人类运用科技治疗疾病的全新尝试，是通过脑机接口革新人机交互的大胆创想，可能成为人类文明史上的一项重要里程碑。

从过去到现在，这种对科技的大胆创想一直未曾停止。晋朝文学家干宝所著的《搜神记》中就曾描写过“荧惑星”人。“仰而视之，若曳一匹练以登天”，丰富的想象力令人叹服。东晋王嘉编著的《拾遗记》中描述了一种螺形舟，能沉行海底以及一种能燃烧的石头。“及夜，燃石以继日光。此石出燃山，其土石皆自光澈”。这种石头敲碎后哪怕只是米粒般大小，都具有极强的照明效果。在乔什·特兰克执导的科幻电影《超能失控》中，三个少年意外发现拥有自由操纵物体的超能力，能够用意念控制物体，用眼睛掀翻远处汽车。电影《黑客帝国》中也有将人的脑部活动完全复刻到系统之中的桥段。可以说，正是这种科技遐想驱动着人们矢志不渝地探索世界、洞察规律、思考未知，从而在现实与未来之间，找到一条可以跨越的通道。

当前，全世界需要依靠轮椅出行的人超过7500万，对于这些因神经肌肉或脊髓受损而导致肢体瘫痪的人来说，即便是喝口水、吃顿饭都极为困难。脑机接口技术的出现让这一群体有质量地活着成为可能。

想象一下，当渐冻症患者通过脑机接口进行打字交流，视觉障碍患者能够摆脱漆黑的世界，手部残疾患者能轻松地控制手机，操纵机械臂。这样的景象对于残疾人来说无疑是莫大的福音。借助科技手段，他们有得以重新与美好世界连接的希望。脑机接口犹如一顶会魔法的帽子，帮助我们克服种种天然局限，就像当年互联网对传统媒体的迭代一样，实现人类生理极限的延伸和解放。这正是科技的最终归宿。

三

科技带来的遐想令人振奋，但是任何科技都是把双刃剑，脑机接口也不例外。它在安全性、社会伦理等方面的争议从未间断，被称为“人类未来的惊险一跳”。

首当其冲的是技术风险。大脑是人体最重要的器官，一旦受损，造成的危害是不可逆的。而且即便成功植入，也可能面临人体未知的排异反应。尽管其安全性在动物身上得到了证明，但是人类大脑更为复杂，在其中植入设备依然让人们生畏。

在生命健康风险之外，人们更在意的还有伦理风险。康德说：“我们不应仅仅是把人当作达到目的的手段，而应把人当作目的本身。”当越来越多的机械设备进入我们的大脑，那么我们到底是属于人类还是属于机器，这将是让很多哲学家头疼的问题。

此外，隐私安全也不容忽视。脑机接口一旦普及，所获得的将是比大数据更加精准的人体数据。被采集解码的人脑信号的隐私安全、个人的情绪是否会被反控制、是否会加剧社会分化等，都将是棘手的现实问题。

但是，“人永远是第一位的”，科技的宗旨在于造福人类。科技的弊端客观存在，我们唯有大胆创造、谨慎驾驭，而不能因噎废食。政府所做的就是控制风险，在最小伤害原则之下，尽其所能地确保技术不会威胁到患者本人的生命健康。目前，国内的监管政策和法规尚未成熟，仍然存在巨大的监管漏洞，需要未雨绸缪，尽早谋划。就当前技术发展及商业应用而言，脑机接口技术的主要问题不是存在风险，而是发展不足。相关部门应当出台相应的激励政策，在维护生命权的同时，加大投入力度，扶持相关技术主体，提高技术水准。

在社会公平方面，只有商业化才能让更多人享受脑机接口技术进步带来的便捷。堵不如疏、疏不如引，百年前坐飞机还是少数人的权利，如今这种权利已经惠及大众。同样的道理，商业化应用必定让技术之光照耀普罗大众。而政府和企业的使命，则是加速这个过程。至于其中的问题，不应成为阻碍科技车轮向前的绊脚石，毕竟矛盾还是要靠发展去解决。第一次工业革命开始时，马车和火车尚能一较高下，后来随着技术的改进，马车被火车远远甩开，淹没在时代的尘埃中。脑机接口技术同样如此。我们有理由相信，科技这一“火车”必将带着人类冲破历史局限，驶向更广阔的未来。

作者：郭素娇　柴亚星

2024 年 2 月 1 日

"冷"非遗何以"热"文化

对于非遗而言，保护和传承是不变的课题。让非遗融入现代生活，体现当代价值，涵养文明乡风，讲好中国故事，凝聚民族精神，是非遗保护传承的重要使命。

岁末年初，正是各类传统非遗文化最"热"的时候。非遗过大年、文化进万家，有非遗的新年，才有我们记忆中最纯正的春节味道。

非物质文化遗产是中华优秀传统文化的重要组成部分。它既是中华文明绵延传承的生动见证，也是联结民族情感、增强文化自信的重要基础。江西自古以来是个文化大省，长期的文化积淀让江西民间孕育了诸多非物质文化遗产。江西的非遗文化有哪些看点？非遗文化到底有何魅力？

一

中华五千年文明给我们留下了极为丰富的非物质文化遗产，这里面既有戏剧、杂技，又有书法、刺绣，还有活字印刷术、瓷器烧制工艺……这些非物质文化遗产项目不仅是中国的，更是世界的。

江西省的非物质文化遗产资源异常丰富，弋阳腔、傩文化、瓷文化、客家文化等在全国和世界都有深远影响，其中国家级非物质文化遗产就有88项，种类丰富，数量众多。

兴国山歌。作为兴国县地方传统音乐，兴国山歌历史悠久，相传是秦末造阿房宫的伐木工在兴国上洛山隐居时所唱的歌。兴国山歌有独唱、对唱、“三打铁”、联唱、轮唱等形式和锁歌、盘歌、斗歌、猜花、绣褡裤、藤缠树、树缠藤等种类。兴国山歌涉及的内容十分广泛，有时即兴编唱，有时长篇叙事，形式多样。

宜黄戏。早在明朝时期，宜黄戏就声名在外，迄今已有近700年的历史，是如今尚存的江西地方赣语大戏剧种。中国杰出戏剧家汤显祖的剧作“临川四梦”，最初就是由宜黄班演出的，因此才有“宜伶”“宜黄子弟”之说，宜黄戏在表演艺术上有着浓厚的古风古韵。

全丰花灯。清乾隆《义宁州志》记，“分宁（今修水）界吴楚之交，俗多类楚……城市村落乡民犹多袭旧，专事巫祷。”全丰花灯是一项介于灯、戏、舞之间的灯队表演艺术，有生、旦、丑三行。生角双手推车，旦角一手捏手帕一手扶车把表演，丑角戴礼帽，脸画豆腐块，真可谓“灯荟东方满眼春”。

“万物有所生，而独知守其根。”非物质文化遗产是一个个价值连城的宝藏，蕴含着一个民族和国家的文化基因，隐藏着“从哪里来，向何处去”的精神密码。

二

文化连接着过去、现在和未来。保护非遗、传承非遗，不止于对过去的简单复制，更在于从厚重的历史文化底蕴中汲取营养，推陈出新，在传承过程中获得新的发展动力。以江西横峰县的省级非物质文化遗产横峰傀儡戏为例。相传在晋朝，时有外邦入侵，皇帝率兵出征御敌，后被敌围困18年。为了振奋士气，皇帝祷告上苍，军中特制一种草人，用以演唱歌舞。后来敌军败退，这种草人唱戏的习俗却保留了下来，流至民间，世代相传，后逐渐演变成祈求丰年、岁保平安的风俗。这种民俗扎根于传统文化的土壤，之所以能够长盛不衰、历久弥新，是因为有着深层的文化逻辑。

内容有广度。提线木偶表演内容广泛，既有神话故事、历史故事，也有社会故事和娱乐表演，所唱剧目大都宣扬惩恶扬善、教书育人，与人民群众的生活息息相关。观众能够在戏中辨别真伪、区分善恶，获得价值共鸣。

曲调有宽度。提线木偶从多方面保存了民间的戏曲音乐，既保留了古老自然的皮黄戏、弋阳腔的原生态特征，又吸收了饶河调、信河调等民间小曲、小调、山歌、莲花落、花鼓调的曲调，能够满足不同层次群众的欣赏需求。

寓意有深度。提线木偶以通俗的方法进行传播演出，用易懂的语言宣扬文化，讲述历史。经过一代代艺人的演出实践，提线木偶逐渐形成了自己的艺术风格和体系，在弘扬民族文化、丰富人民群众的文化生活等方面，起到了重要的促进作用。

漫漫五千年，悠悠古文化。在文明互鉴的过程中，文化遗产提供了更有仪式感的见证和叙述。非物质文化遗产则让人们看到实人、实物、实事，以及贯穿其中的传承人和代际赓续的口传心授，这也正是非物质文化遗产的独特魅力。

三

文化和历史是一个民族的灵魂，非遗则是这个灵魂中最生动、最鲜活的部分。对于非遗而言，保护和传承是不变的课题。让非遗融入现代生活，体现当代价值，涵养文明乡风，凝聚民族精神，讲好中国故事，是非遗保护传承的重要使命。

近年来，我国非物质文化遗产保护利用水平不断提升，创造性转化、创新性发展呈现新气象。应该说，全方位开展非遗保护，不仅是对古老传统的尊重，更是对未来负责。

守好非遗"厚家底"，激发非遗"新活力"。作为一个非遗大省，江西坚持"保护为主、抢救第一、合理利用、传承发展"的理念，先后出台了多项规范性指导文件，从源头上对其给予保护。江西陆续推出《江西省非物质文化遗产条例》、非物质文化遗产项目代表性传承人关爱工程方案、传统工艺振兴计划等，对全省境内非遗的整体保护、传承传播、发展利用都做了详尽规范，各类抢救性记录、传承、传播等保护性工作有条不紊地推进。

坚持守正，也不断创新。在保护非遗方面，江西各地加强与高校院所合作，从产品研发、工艺设计、科研平台建设、人才培养、成果转化、科创基地建设等多个方面进行研究与提升。譬如，在非遗产品销售上，"线上线下共销售"成为当下流行的推广模式，"非遗+互联网"为非遗手工艺产业传播提供了广阔平台，使得非遗产品活起来、火起来。非遗更在传播过程中不断被筛选和再造，非遗文化也可以因此更加大众化和生活化。正如一位非遗保护人所说的："对于我们现在的非遗传承，最需要的就是情怀和创新，在传承的同时也需要更加符合现代审美，这直接关系到非遗项目能走多远。”

生生不息，薪火相传。非遗不是放在橱窗里的展品，也并非束之高阁的技艺绝活。既加强系统性保护，也推进创新性发展，非物质文化遗产才能焕发出强大的生命力。

作者：王丽君

2024 年 2 月 7 日

“催婚”与“恐婚”较量的背后

如何引导年轻人在多元化的社会变化中选择正确的婚恋观、落实生育支持政策、提高人口发展质量，积极应对人口老龄化？这是我们全社会应该思考的问题。

“你都老大不小了，有对象了吗？什么时候结婚啊？”春节假期，你是否遇到了这些熟悉而又直击人心的“灵魂拷问”？不管是正处在恋爱关系中的男女，还是尚在等待爱情的单身青年，年关都躲不开催婚这道题。

国家统计局的数据表明，2022年我国初婚人数为1051.76万人，比2021年减少了106.04万人，同比下降了9.16%，我国初婚人数首次低于1100万人。

为什么年轻人不愿意结婚？年轻人的婚恋观到底发生了怎样的改变？

一

婚恋观是人生观的重要组成部分，直接影响恋爱、婚姻行为的价值取向，对青年的择偶行为、婚姻生活起着导向作用。

传统观念认为，婚姻是一种家庭责任，是一辈子的承诺，因此，老一辈的婚姻观念显得较为传统和保守，也比较纯粹，他们认为，到了什么样的年纪，就应该去做什么样的事情，顺应天道而为之。

郑玄注《诗经·郑风·丰》曰："婚姻之道，谓嫁娶之礼。"《白虎通》说："婚姻者，何谓也？昏时行礼，故谓之婚也。妇人因夫而成，故曰姻。"说的就是建立夫妻关系，也就是我们常说的结婚仪式。

而从法理的观点看，《中华人民共和国民法典》第一千零四十三条指出，家庭应当树立优良家风，弘扬家庭美德，重视家庭文明建设。夫妻应当互相忠实，互相尊重，互相关爱；家庭成员应当敬老爱幼，互相帮助，维护平等、和睦、文明的婚姻家庭关系。从这个角度说开来，婚恋问题是一个社会系统性问题，既有情理的意义，也有法理的要求，本质上还是一种经济制度。

但在当下价值观多元化的时代，年轻人群在外貌主义、物质主义、浪漫主义、本位主义和攀比风气的叠加下，婚恋观呈现出了多元化的特征。比如，部分青年在择偶上受西方价值观念的冲击和社会生活压力的影响，对物质条件更加趋于务实，有的对婚姻选择更加自由化，坚持把“自己找”作为解决单身问题的主要途径，最突出的一个观念变化就是，婚姻从“必修课”变成了“选修课”，越来越多年轻人更倾向于选择“如果找不到合适的或者满意的，宁可一个人过”。

二

到底什么原因促成婚恋观的改变？冰冻三尺非一日之寒。年轻人婚恋观的变化，究其原因，可以从人口性别比例、时代的发展、个体意识的觉醒等角度窥见一二。

性别比例失调影响了婚配数量。性别比例失调的直接影响就是同龄的男性数量远远高于女性数量，人口总量中的男性比重也超过女性，在实行一夫一妻制的现代社会，这就意味着超过比例部分的男性将无法找到婚配对象。这种人口比例的失衡给适婚者造成一定压力。人口比例的失衡还将引发一个不可忽视的现象——婚姻挤压。简而言之，婚姻挤压是由于同龄男性人数超过同龄女性人数，一部分男性无法或很难从同龄女性中寻找婚配对象，转而寻找年龄更低的女性人群，于是出现了年长男性挤占年轻男性的婚配权，上一代男性挤占下一代男性的婚配权，导致代际间婚姻的不平衡。这种不平衡加剧了年轻人婚恋观念的转变，加之工作压力大、生活成本高，很多“80后”“90后”被迫晚婚或单身。

时代发展让女性人格更加独立。在传统的农业时代和工业时代，男性的体力是组建家庭不可或缺的生存要素，也是婚姻市场的重要筹码，人们秉持着“嫁人嫁汉，穿衣吃饭”的传统理念和现实需求。发展到现代，女性受教育程度不断提升，参与社会经济发展的程度显著提高，无论是思想和身心都得到了充分的解放，女性自身经济能力也逐步增强，甚至超越了男性。随着经济的独立，也为女性带来了思想和人格的独立，对很多经济已经独立的女性来说，自己条件已经很好，她们不愿意将自己的拼搏成果轻易分享给他人，婚姻应该是共赢，而不是单方面的付出。换言之，婚姻已经不是生存的“必需品”，而是生活中的“调味品”。

个体需求意识的觉醒增加了婚恋的难度。年轻一代接受过良好的教育，有着广泛的社交圈和多元化的生活方式。在个体需求意识的日渐觉醒下，他们更加注重自我价值的实现和提升，不愿意为了婚姻放弃自己的事业和梦想，更不愿意在婚姻中失去自我。尽管婚恋难是不争的事实，但依然有很多年轻人将个人需求摆在了第一位，这些个体需求包括物质的要求、经济基础的要求、对方情绪价值的需求、学历素养的要求、颜值身高的要求等，如果个人需求无法得到满足，组建家庭的需求也将无法成立，他们更愿意选择继续等待，宁缺毋滥也成了很多年轻人的共识。

三

如何引导年轻人在多元化的社会变化中选择正确的婚恋观，落实生育支持政策，提高人口发展质量，积极应对人口老龄化？这是我们全社会应该思考的问题。

拉高一个维度，从家国情怀看待个体婚姻。婚姻是组建家庭的基础，每一个家庭都是构成社会的基本单元。年轻人群的婚恋观念及价值取向，不仅是影响个体的婚恋行为选择及人生发展的重要因素，更是衡量一个家庭系统与整个社会和谐稳定的重要尺度。截至目前，全国共有4.9亿户家庭，家庭建设是国家建设、社会建设的基础工程，引导年轻人树立正确的婚恋观，培育新型婚育文化，对推进家庭教育、家风建设、社会稳定乃至国家发展都具有重大现实意义。

营造一份温度，从家庭层面引导关爱青年婚恋。婚恋观的形成，离不开家庭婚恋教育。父母给予年轻人的婚恋教育包括沟通技巧、冲突解决和亲子教育等，通过对年轻人责任意识、家务分工、共同育儿等的引导，让年轻一辈在正确认识婚姻上少走弯路。同时，作为长辈和过来人，父母一定要想清楚一件事——婚姻不是目的，幸福才是目的。社会发展让每个人都有多样化的选择，幸不幸福只有自己说了算，因为冷暖自知。凡事都有两面性，选择结婚的人在享受婚姻带来的归属感时，就要承担婚姻生活中的烦恼与忧愁；选择单身的人享受了个体自由，就要承受旁观万家灯火可能带来的孤独和落寞。

没有一种生活是完美的，社会发展的进步就是让每个人在不损害社会集体利益的前提下，都有选择自己生活的权利，选择应该是多元的。所以，作为年轻人最坚实的港湾，家庭成员应该把冰冷的催婚换成带有温度的关怀，才能更加凸显家庭的意义，看似关心的催婚，实则会加剧年轻人的恐婚。

培育一种厚度，从长远发展纠正观念偏差。年轻一代在婚配对象的选择上，受到自身个体需求的影响，更加注重实际生活的考量。有的年轻人看重住房、私家车、家庭财富、彩礼等经济基础，更加注重对方的外貌和社会关系，相处时也过于突出性格、脾气等因素在婚姻中的分量，却在很大程度上忽视了情理和法理上夫妻相处之道、婚姻经营之道、家庭和睦之道。因此，在婚恋过程中，当代青年应正确认识爱情和婚姻的本质，在择偶时，应摒弃功利的眼光，将人品道德、长远发展、情感基础作为是否进一步发展的考虑因素，不可以貌取人或以经济物质条件来作为预判婚姻幸福与否的唯一标准。青年人只有树立正确的婚恋观，充分认识自己和对方，两人在一种良性互动中共同成长发展，才能收获长久而幸福的婚姻。

作者：曾德斌

2024 年 3 月 4 日

望仙谷的“仙侠”之路

把握需求点、打造记忆点、提高话题度，望仙谷以产品和创意为内核的文旅“破圈”之路，对当下火爆的乡村文旅，颇具借鉴意义。

央视新闻《我们的现代化故事》专题片聚焦望仙谷。在央视镜头下，空灵幽深的山谷、仙气十足的阁楼、热闹非凡的年俗，激起了无数人打卡这个“仙侠世界”的冲动。

自2020年10月开园以来，望仙谷景区在社交平台上热度一直居高不下，对外营业仅一年，客流量就突破百万人次。2023年，景区接待游客369.1万人次，总营业收入达到4.14亿元。

昔日“废弃矿区”如何蝶变成“美丽山谷”？这个网红景区有着怎样的发展故事？

一

悬崖上的“仙侠小镇”、山谷里的“清明上河图”……走进望仙谷景区，呈现眼前的是一派仙侠缥缈景象。很难想象，十几年前这里还是一座“灰头土脸”的采石场。

望仙谷坐落在上饶市广信区，地处灵山北麓，隐于山涧峡谷之中，这里曾是江西省著名的花岗岩板材生产基地。鼎盛时这里曾有179条花岗岩生产线，5000多人曾以此谋生，当地生态环境也因此遭到严重破坏。后来随着采矿业被叫停，年轻人陆续离开，留在这里的，只有一条堆满乱石的河床，以及只剩几户居民的空心村。

怎么让废弃矿山变废为宝？如何让这里的绿水青山变为金山银山？当地政府一直在探索中谋求转型。

修复生态环境是第一步。当地政府积极开展植树种草、清运废石、回填矿坑、清理河道等工作，通过几年的努力，有效恢复了废弃矿山的生态环境，望仙乡片区的森林覆盖率也一举上升到了81%。望仙谷最大的资源是原始的山川峡谷、花岗岩石和赣东北传统村落。山、水、谷、村、寺、林、田等基础资源和赣东北民居传统建筑，都是宝贵的文旅资源。

经过长时间摸索，一条转型之路逐渐清晰起来：遵循复原村落、就地取材原则，把废弃资源变成旅游资产，打造一个望得见山、看得见水、记得住乡愁的大型文旅景区。

历经10年的打磨，一个网红“仙侠小镇”，一座集人文、民俗、农业、美食、度假、研学于一体的度假旅游区，强势闯入文旅市场，成为炙手可热的旅游目的地。

如今走进望仙谷，水绕村、屋靠山、山缠云，一幅赣派生活的“清明上河图”令人流连忘返；依山而建、沿谷成街，栈道串联、点缀山体之上的悬崖民宿群，更是让景区虚幻又空灵。走在古街古道，倚靠木窗听雨，遇见遗落时光；住在悬崖民宿，临空抚琴赏月，感受仙侠风情。在这里，相遇一场不辨虚实的缥缈梦境，体验独一无二的梦幻仙侠。

独具特色的创意加上短视频流量的加持，让望仙谷景区火爆出圈。从2022年开始，在抖音、微博、小红书等网络平台上，望仙谷悬崖民宿和小镇夜景的短视频广为传播，甚至连外交部发言人也参与到网民的宣传接力中。

今日的望仙谷，天蓝了、水清了、山绿了、人居环境和生态环境更加好了，随着更多的“仙气”带来更旺的“人气”，昔日采石场成功蝶变为“仙界景色，凡间生活”的网红打卡地。

二

人生苦乐懿何往，逍遥自在望仙谷。不同于一般的乡村旅游，望仙谷独特的“仙侠”气质，让它在竞争激烈的乡村旅游消费市场上，手握更多出圈技能。

社交平台上，许多博主和网友“自来水式打call”，让望仙谷成为流量的“宠儿”。望仙谷凭什么打动人心？它的口碑来自于哪里？

这里有原始质朴的美丽画卷。望仙谷因山就势复原老宅古街、修复古道、建造古桥，打造了极具江西地域特色的建筑群。隐于峡谷中的望仙谷，犹如陶渊明笔下的桃花源，远离市区的喧闹，鳞次栉比的黄墙灰瓦夯土房依山傍水，街道上错落有致的青石板，临街铺面带着岁月痕迹的木门，留住了传统村落的神韵。

这里有独具特色的赣家风味。这里不仅保留了乡里乡情、屋村原味，还引进各项非遗手工艺和文创店家，提高了景区的吸睛指数和文化内涵。在这里，人们不仅能品尝到上百家本土特色小吃，更能从舌尖上品味出赣家山水的美好。在各具特色的传统手工作坊里，游客可以亲身体验各类传统手工农产品的制造乐趣。

这里有绝壁悬崖的仙宿体验。白鹤崖垂直高度110多米，其上共建有38间客房，建筑依山形而建，沿峡谷成街，与山川峡谷融为一体。游客坐拥青崖竹海、卧享群山环抱，纵享“身在市中、心在山中”的住宿体验。入住其间，推窗可见山林峡谷、溪谷石桥，与山野为邻，与星月相伴，独特的居住体验能满足大多数人对云端的向往。

这里还有独特的感官盛宴。崖壁灯光真人秀打造最美的夜间记忆，全息投影剧目《望仙缘》给人带来一段仙侠时光。沉浸式实景剧本杀打造深度沉浸式的剧情体验和互动剧场。还有汉族传统婚礼大秀还原古代婚礼凤冠霞帔、十里红妆的宏大场景，让人沉醉其中，流连忘返。

可以说，正是这种独特而又极致的文旅体验，才让望仙谷成为文旅市场的“团宠”，迎来“出道即巅峰”的高光时刻。

三

从废旧矿坑到网红打卡点，望仙谷的走红看似偶然，实际上切中了人们的文化需要和文旅爆点。这条以产品和创意为内核的文旅“破圈”之路，对当下火爆的乡村文旅，颇具借鉴意义。

把握需求点。在自然资源整合和经营开发等方面，望仙谷景区做了积极探索。它将保护自然资源与发展生态旅游相结合，致力于拯救落寞乡村，再造新乡故土；依托景区特有的优质生态资源，大力发展康养旅游，提供太极功法心法、国医堂康养理疗、养生茶道等多元康养体验。无论是传承赣家风物，还是深山康养理疗，无一不是着眼于满足人们对美好生活的向往。

打造记忆点。望仙谷一步一景、移步换景，生动地诠释了什么是东方美学。这里的悬崖木屋，一半烟火，一半仙气，走入望仙谷，游客方知“望山望水不如望仙，见山见水未见仙”。尤其是每当夜幕降临，星光点点、灯火通明，仿佛来到仙侠世界。人们在这里远离尘世喧嚣，找到心灵归宿。“仙侠”是望仙谷最大的记忆点，让人记住这里，恋上这里。

提高话题度。望仙谷的美，美得与众不同。崖壁、古街、老宅、石桥、酒肆、汉服，还有丰富多彩的民俗活动，让这个“最美打卡点”为游客旅拍提供了丰富的选择。在业态上，望仙谷依托当地特色，布局文创、非遗、美食、沉浸式体验及住宿等业态，方寸之间解锁“吃住行游购娱”一条龙。人们赏美景、拍美照、品美食，来望仙谷品味舌尖上的江西，来望仙谷圆仙侠梦……有了这些话题，也就叩开了流量的大门。

作者：余佑明

2024 年 3 月 14 日

“3·15”晚会带给我们哪些思考

“3·15”晚会虽然是一种节目形式，但不止于一种形式，更是一种推动市场有序发展的动能。这种动能回应的是每个人心中对正义的呼声。

昨晚，第34届“3·15”晚会在央视开播，为观众端上了一盘让人无语凝噎的打假大餐。整台晚会揭露了消防、食品、金融、数据等消费领域的“陷阱”，持续曝光了一些无良商家的欺诈手段和可恶谎言。看过之后，令人深感震惊、愤怒！

那么，今年的晚会具体暴露了哪些问题？备受关注的“3·15”国际消费者权益日又带给我们哪些思考？

一

“3·15”晚会可以追溯到1991年，当时中央电视台推出了一档以揭露假冒伪劣商品为主题的晚会。该晚会一经播出，就获得社会广泛关注和赞誉，逐渐形成一年一度的消费者权益保护晚会。

今年晚会延续了往年的风格，近2小时的晚会，主持人通过犀利的言辞点评，揭露一个个负面典型案例，播出的案例素材，都是由卧底记者暗访调查收集而来，大量的佐证让黑心商家无处藏身，让假冒伪劣无所遁形。

我们先回顾下，这届晚会都曝光了谁?

食品问题依然没能缺席。“民以食为天”，这是《汉书·郦食其传》中书写的警世之语。在食品安全监管越发严厉的今天，仍有不少商家在利益的驱使下铤而走险，将产品偷梁换柱，以次充好，败坏行业名声。今年的“3·15”晚会上，被曝光的主角之一是不良企业使用槽头肉制作的梅菜扣肉预制菜。槽头肉是猪头与躯干连接部位的肉，因其淋巴较多，一度被视为“垃圾肉”，有观点认为其会对人体健康产生影响。为了降低生产成本，商家采用未经严格处理的劣质槽头肉去替代五花肉，这种食材在一些厂家不堪入目的加工过程中，令人作呕。与此同时，被曝光的还有标榜“高科技”的某品牌高价位酒，他们用虚假的广告宣传欺骗误导消费者，侵犯了消费者的权益。

消防隐患问题鸣警钟。今年几起重大火灾事件给人民的生命和财产安全造成了巨大损失，为我们敲响警钟，随之而来消防类产品也成为大家关注的重点。发生火灾时，防火玻璃、灭火器等消防产品会对控制火情和安全逃生发挥重要作用，而使用质量不过关的伪劣消防产品不但起不到相应的作用，还会耽误我们的保命时机。然而，现实中偷工减料的灭火器、不合格的防火玻璃，在抽查、检查中躲避层层关卡，流入消费市场，这些原本的“救命神器”却变成“谋财害命”的工具，最终给社会安全埋下巨大隐患。

诈骗套路层出不穷。随着网络技术的不断发展，电信网络诈骗手段也层出不穷。婚恋介绍网站、借贷金融App，甚至智能AI技术也被用来实施诈骗等，骗术话术越来越“高明”，让百姓防不胜防。这次被曝光的多家婚恋平台和某互联网金融平台等以话术、套路一步步诱导消费者，使之成为杀猪盘的“猎杀”对象，严重损害了行业声誉和客户利益。

此外，还有一线汽车品牌某款车型的传动轴异响情况和主板机灰黑产业链等曝光。这些消费陷阱令无数人踩坑，其背后的各种隐患让人不寒而栗。

实际上，“3·15”晚会的曝光并不是为了博眼球，也不是为了泼冷水，而是实实在在将老百姓身边的问题一针见血地揭露出来，将隐忧隐患暴露在阳光之下。毕竟，只有先发现问题、正视问题，才有可能解决问题。

二

“3·15”晚会作为中国消费者权益保护的标志性活动，社会影响广泛，甚至有人说该晚会是行业的“包青天”。能收到如此高的评价，这台晚会凭什么?

它倒逼企业诚信守法经营。在被曝光之后，涉事企业通常将面临苦果。当地市场监管部门会立即挂牌督办，很快对涉事企业给予停产停业处罚，责令全面下架召回涉事产品，并对涉及的企业负责人依法进行追责。如此看来，“3·15”晚会搭建起了群众反馈、舆论监督与市场监管之间的桥梁。在掌握侵害消费者权益真实信息的基础上，通过曝光将涉事企业拉到聚光灯下，再由相关监管部门跟进处罚，达到了对不法行为的惩戒和警示的效果，推动行业规范有序发展。

它增强了消费者权益保护意识。不仅对假冒伪劣产品严厉打击，还肃清了市场秩序。央视每年坚持举办“3・15”晚会就释放出信号：我国坚决打击假冒伪劣产品，对消费者权益进行保护。晚会不仅曝光不良企业行为，为广大消费者提供了有力的保护，也有助于引导消费者对于自身权益的认识和保护，让消费者敢于发声、敢于维权。

它推动消费者权益保护制度的完善。“3・15”晚会不仅为广大消费者提供了重要的保护，也推动了中国消费者权益保护制度的进一步完善和改进。在不良企业行为被曝光的影响下，也督促政府部门和相关组织不断制定更加有效的监管政策。

从这几个层面看，“3・15”晚会虽然是一种节目形式，但不止于一种形式，更是一种推动市场有序发展的动能。这种动能回应的是每个人心中对正义的呼声。

三

“3・15”晚会就像一面照妖镜，令不法商家瑟瑟发抖，让消费者拍手称快。当然，我们也应该看到，在维护消费者权益的道路上，我们还有很长的路要走。

在这样一台晚会中，无论是消费者，还是市场主体，抑或是主管部门，都应该总结经验教训，启迪智慧，明确下一步市场需要重点规范的领域和方向，还消费者一个安全、放心、有序的市场环境。

于消费者而言，它就是维权指南。现实生活中，很多消费者在面对侵权行为时往往因势单力薄、缺乏专业知识等不了了之。而“3・15”晚会教会我们的是，保障消费公平是全社会共同的目标。消费者在遭遇侵权违法行为时，可以及时与媒体、消费者协会、市场监管部门取得联系，妥善保管相应的证据材料，依法维护自己的正当权益，让不法商家受到相应的惩罚。

于监管部门而言，它就是“信号灯”。市场监管部门要从“3·15”晚会中抓住民情反馈的窗口期，快速跟进有效线索，严厉打击违法违规行为，及时回应社会关切。有关部门还要从中看到市场的新趋势、新变化，主动加强学习，要刷新观念认识，提升技术水平。比如，对于当下隐蔽性强、侦破难度大的深度伪造技术等侵害消费者权益的新型手段，有关部门唯有加强学习才能实现“魔高一尺，道高一丈”的治理效果。

于企业而言，它就是“反光镜”。一些不法企业将3月15日这一天视为“渡劫”，甚至抱着侥幸心理以为通过“公关”就能幸免，也有的企业认为这只是应付消费者和监管部门的检查，等风头过后，很快故态复萌。事实上，“3·15”晚会更像是一面镜子，是一次规则意识的集体强调，提醒着每一位企业经营者，诚实守信、勇于担责。企业应从典型案例中吸取教训，勉励自身不断提升产品和服务质量，在市场竞争中提升知名度和美誉度。毕竟，产品质量才是生存的王道。

总之，“3·15”晚会的举办不仅为消费者提供了一个发声的平台，更对市场秩序和法律法规的完善起到了积极的推动作用，其目的是唤醒人们的维权意识，倒逼商家提供良心产品，提升老百姓的消费质量。

“3·15”晚会之后要做的，远不止曝光惩戒，更重要的是让消费者明明白白消费、平平安安消费、放心无忧消费。我们期待，天天都是“3·15”。

作者：邓绪娟　周晓晗

2024年3月16日

从北京车展看新能源汽车之变

从制造到智造、由追赶到领跑，中国新能源汽车强势闯入国际汽车消费市场，在广受欢迎的同时，也在深刻重塑世界汽车产业的面貌。

就在昨天，为期10天的2024北京国际汽车展览会落下帷幕。时隔4年，重新回归的北京车展创下的流量盛况，令全球瞩目，热度从线下火到了线上。

线下，1500多家参展商、国内外知名汽车及零部件制造商齐聚车展现场，展览现场人头攒动，一些车企展厅被围得水泄不通，甚至排起了长龙，各大车企网红掌门人亲自上阵拉流量、比营销。线上，各路媒体大军争相涌入，社交平台上各类探访短视频掀起了一波又一波的热议话题。

无论是频频“吸睛”的明星车型，还是车圈“大佬”引发的“明星效应”，抑或是造车旧势力与新势力的同台竞技，“霸屏”的国产新能源汽车掀起了一场流量盛宴。

这次车展的超级流量证明，国产新能源汽车确实“火”了，已然成为全民关注的焦点。那么，国产新能源汽车崛起的背后折射出汽车产业的哪些变化？

一

一次车展的爆火不是无端的。这次北京国际车展话题性之大、看点之足、人们期待之高，都显示了它的与众不同。

首先是参展规模大，参展人数多。车展上117台新车全球首发，其中30台为跨国公司全球首发，41台概念车闪亮登场，展出新能源车型高达278台。尤其是一众新能源明星车型隆重登场，不论是外观设计、智能配置，还是整车理念，都让人耳目一新，颠覆了人们对国产汽车的认知。同一个展馆内，小米、蔚来等国产品牌展台前人流如潮，反观不少老牌车企尤其是以前广受欢迎的外国车企展台前，却有些“门庭冷落”，这反映出人们对汽车品牌喜好的变化。

除了对车的期待，看“车圈‘大佬’”也是一大看点。小米掌门人雷军所过之处人潮涌动，车展期间，雷军召开小米车展发布会，几乎吸引了整个场馆的人，造成了馆内拥堵，侧面说明雷军是当前车圈最具“现象级”人气的“大佬”。卖迈巴赫换国产新能源智能网联车的“车圈网红”周鸿祎，则化身为车展“最老车模”，他爬上某款车型车顶的照片被广为传播。还有自称“六旬老汉”的奇瑞汽车董事长尹同跃、长城汽车董事长魏建军，也都冲到了营销一线，一时“吸睛”无数。

车展的另一个看点就是外国人特别多，许多海外经销商、投资者、研发人员密集扑向中国车企展台，展馆内外国面孔十分易见。热传视频中，有这样的一幕令人印象深刻。德国汽车微控制器产品营销经理迪奥戈来到上汽MG名爵展台，用手机对着其全球首款敞篷电动跑车不停拍摄，嘴里还赞叹：“中国汽车每年都在进步。”同样热传的还有一段韩国人观察中国新能源车的视频。视频中，韩国车企人员组团围观中国新能源车，目不转睛注视着车内配置和操作功能，眼睛似乎都看“直”了。实际上，从去年上海车展开始，我国本土车展影响力已有赶超慕尼黑、日内瓦等传统国际知名车展的势头，来自不同国家的车企高管与经销商们争相亮相中国车展。今年的北京车展，情况更甚于去年。

二

在短视频平台上爆火只是表象，真正印证这把“火”有多旺，还得看近来的数据。

2024年一季度，中国汽车出口132.4万辆，同比增长33.2%，强势赢得“开门红”，在全球新能源汽车销售市场分上到了最大一块蛋糕。把视线往前移。2023年，中国汽车出口首次超越日本，位居全球第一。同年，我国电动载人汽车、锂离子蓄电池、太阳能电池等“新三样”产品出口全线飘红，突破万亿元大关。

与这种火热势头相对的，是美国处心积虑炒作中国“产能过剩”。一段时间以来，美国一些政客和媒体大肆炒作中国新能源产品“产能过剩”。无论是美国国务卿布林肯，还是美国财政部长耶伦，都在重复这种陈词滥调。明眼人都知道，中国的新能源汽车、锂电池、光伏等产品，凭借技术创新和物美价廉收获了全球消费者的青睐，并为全球绿色低碳发展提供了急需的优质产能。

在欧洲，我国新能源汽车表现尤为抢眼，上汽旗下MG4 EV在法国、意大利等多国进入纯电动车销量榜前十，在英国跃居纯电动车销量亚军。西方许多消费者也对中国物美价廉的新能源汽车充满期待。可以说，我国的优质产能不但没有过剩，反而正是全世界消费者所急需的。

从这次北京车展也能看出，中国新能源汽车既没有“产能过剩”“需求减弱”，外国车企也没有“离开中国”，有的是取长补短、合作共赢。无论是国产新能源汽车在车展上崭露头角，还是赢得外国消费者青睐，其背后是国产汽车在技术创新上的突飞猛进。

国产新能源汽车科技感十足、叫好又叫座。比亚迪仰望、搭载华为鸿蒙智行的享界、小米SU7等车型，都是科技满满，数字底盘、一键AI代驾、智能座舱等科技让人眼花缭乱，还有超级续航和超级快充电池新品，钠电电池、固态电池等前沿技术产品亮相，引爆了整个车圈。

我国新能源汽车强势闯入国际汽车消费市场，而且愈战愈勇，这对欧美传统的造车势力形成了强烈的压力。这是我们深耕新能源赛道、专注于科技创新结出的硕果。

三

在这场持久的汽车产业革命争夺战中，我国新能源汽车成了全球瞩目的朝阳产业，成为我国经济增长的重要支点，也为全世界产业变革和环境保护贡献了中国力量。

在国际汽车消费市场引发“鲶鱼效应”的国产新能源汽车，正给全世界汽车产业和普通消费者带去新机遇、注入新动能。

引领产业之变。产品智能化早已是科技消费品竞逐的主赛道，智能手机代替老人机、液晶超薄彩电代替黑白电视机，概莫能外。立足我们的技术和资源优势，保持产业定力，引领前沿技术研发，我国新能源汽车由此完成了产业重塑和换道超车。如今，我国新能源汽车产业早已不是昔日的“吴下阿蒙”。锂离子蓄电池技术走在世界前列，智能驾驶取得突破性进展，公共充电桩迅速普及，尤其是充电设施的智能化，在全国范围内形成了一个方便快捷且适用的产业链。世界汽车产业的格局，因为中国新能源汽车的参与而面貌一新。

引导良性竞争。随着国产新能源汽车市场占有率首次突破50%，日系、韩系、法系等合资燃油汽车销量呈螺旋式下降，部分品牌甚至退出中国市场。国产新能源汽车逐步打破国外品牌的垄断地位，开始在世界汽车消费市场“唱主角”。多年来，我国新能源汽车产业已形成了一条完备的供应链和产业链，拥有强悍的上下游配套及研发、制造、销售能力。广受欢迎的国产新能源汽车不仅给全世界消费者提供了更多选择，也在重塑世界产业链，倒逼技术变革，这在客观上促进了世界范围内汽车产业的良性竞争。

造福广大消费者。在燃油车时代，国产品牌也曾饱受诟病，可谓忍辱负重。进入新能源汽车时代，国产新能源汽车价格便宜、用料良心、科技感足，其高颜值、超大屏、人性化的驾驶体验俘获了无数消费者的芳心，既满足了消费者绿色出行的需要，也为时尚生活提供了品质保证。与其他的消费市场一样，过硬的产品是新能源汽车消费的主要驱动力。说到底，国产新能源汽车在市场广受欢迎，拼的是产品性能和经济性。体验感好不好，驾驶是否安全便捷，是决定新能源汽车走多远的核心因素，也是消费者对新能源汽车的主要期盼。

从制造到智造，由追赶到领跑，这一次，国产新能源汽车正迎来属于自己的“黄金时代”。

作者：李德林　郭素娇

2024 年 5 月 5 日

婺源文旅凭啥这么火

当前，国内旅游市场下沉趋势明显，非传统的县域旅游正成为旅游市场“新宠”，热度直逼一、二线热门旅游目的地城市。透过现象，我们从中能看到哪些文旅新动向?

如果要问当前最火的县域旅游目的地是哪里，答案一定少不了婺源。携程发布的《2024“五一”旅游趋势洞察报告》显示，这个“五一”小长假，江西婺源与福建平潭、广西阳朔、浙江安吉等携手跻身热门的县域旅游目的地。多个平台数据显示，婺源上榜热门县域旅游目的地TOP10。

在刚刚过去的“五一”小长假，婺源县共接待游客约57万人次，同比增长10.5%。假期的婺源开启了“人从众”模式，去过的游客无不感慨：婺源仿佛有一亿人。婺源为什么这么火爆？从婺源文旅透视县域旅游“出圈秘籍”，我们能看到哪些文旅新动向？

一

这个“五一”，“最美乡村”婺源不出意外地迎来了一波旅游热潮，文旅热度持续走高。“我每天都有团，根本忙不过来！”一名婺源的导游说。

“五一”期间，婺源各景区人气火爆，现象级热度吸引了央媒频频点赞。景区创新推出的“沉浸式”体验非遗项目、《梦里老家》实景演出等，狂拉了一波好感。仅5月1日当天，婺源全县接待游客就达10.1万人次，其中篁岭、婺女洲成为最受游客欢迎的景区。

不久前，“王婆”空降婺源，在婺女洲登台“说媒”数日。“王婆”给婺女洲带来的余热不减。数据显示，小长假首日，婺女洲度假区游客数量超过2万，成为婺源最火景点。

而作为当前热播剧《微暗之火》取景地之一，《微暗之火》的走红也为婺源文旅热度“加了一把火”。游客点名要打卡“剧里张新成的家、童瑶的家”。汪口景区的俞氏祠堂，篁岭镇错落有致的房子，秋口镇的油菜花地……这些婺源不同乡镇、景区的画面，共同构成了《微暗之火》中的“清水镇”，网友直呼“被美到了”！

婺源文旅的这场流量“大潮”，并不是突然涨起来的。兔年春节假期，婺源全县共接待游客72.46万人次，位居全省第一，许多人赶赴“最美乡村”过大年。经主流媒体报道推介，相关话题网络阅读量近4亿。

实际上，去年婺源文旅就已经火爆全年。《2023年中国网红县城指数》出炉，婺源荣登榜首。2023年，婺源唱响“四季主题歌”，累计组织春日庆典、江湖侠侣文化节、灯彩节等活动近330场，吸引数千万游客前往游览。

去年全年婺源全县接待2620.3万人次，综合收入256.8亿元，实现爆发式增长。春节、“五一”假期、中秋、国庆假期和赏花游高峰期间，婺源各大星级酒店、精品民宿一房难求，火爆程度堪当“网红城市”殊荣。

二

在文旅市场竞争异常激烈、文旅产品供给日趋饱和的当下，文旅的火爆绝非没有理由。全国各地的游客接踵而至，究竟到小县城婺源看什么？

如果要用一个字形容婺源，“美”字最适合不过。婺源有一种清新脱俗、摄人心魄的美。无数在都市疲于奔命的人，在婺源总能找到一种遗失的美好。作为“中国最美乡村”，婺源处处有着醉人的风景，万亩梯田油菜花海、村前屋后的桃花、漫山遍野的杜鹃花、白墙黑瓦的徽派建筑，构成了一方“世外桃源”，许多人因此把去婺源逛古村落、赏油菜花、体验晒秋纳入了出游计划。

这里有最美的花海。提到婺源，人们首先想起的一定是金灿灿的油菜花，到婺源看油菜花，已然成为婺源的最响招牌。在中国“四大花海”之一的江岭景区，万亩油菜花漫山遍野，肆意盛放在高低错落的梯田。婺源是花的海洋，一年四季花团锦簇、五彩缤纷。不管你什么时候来，这里都别有风情。位于篁岭的油菜花梯田，也是婺源春季最壮观的景致之一。走在篁岭的小径上，油菜花如同金色海洋，在山坡上翻腾起伏。假如乘坐索道或通过玻璃栈道上山，从空中俯瞰花海，缤纷夺目的景象一定让人流连忘返。

这里有最美的古村。明清时代的徽派建筑几乎遍布婺源全县各乡村，婺源是当今中国古建筑保存最多、最完好的地方之一。走进古村古宅，皆是爬满青藤的粉墙，长着青苔的黛瓦，飞檐翘角的雕刻，斑驳剥落的门楣。住在这里，游客可纵享“门前听水响，窗外闻鸟啼”的生活情趣。被誉为“最美乡愁体验地”的篁岭古村落，是一个挂在崖上的古村落。漫步其间，粉墙、黛瓦、祠堂、古井……赣风徽韵皆具的古朴建筑，无不诉说着光阴的故事。在这层层垒叠的村落里，人人都能找寻到一份属于自己的宁静与美好。

这里有最美的自然风光。婺源可谓是遗落人间的美玉，倾洒了一地温柔。这里的山丘花海、炊烟古宅、小桥流水，共同构成了一幅唯美的田园画卷，令人神往。无论是山水环绕的茶文化村，风情别致的熹园，还是景色宜人的鸳鸯湖，抑或是溪水潺潺的卧龙谷，这里的景，随手一拍都能作为壁纸。篁岭是美的集大成者。春天，千亩油菜花竞相开放，让人着迷；夏天，万花绽放争奇斗艳，每走一步都让人眼花缭乱；秋天，“晒秋”热闹非凡，村落五谷飘香；冬季，树梢挂满了熟透了的柿子，让人心生无限暖意。

三

刚刚过去的“五一”长假，县域市场景区门票订单同比增长150%以上，下沉旅游市场异军突起，热度直逼一、二线热门旅游目的地城市。

以婺源为代表的县域旅游正成为旅游市场“新宠”。人们不禁要问，在文旅红海市场，县城旅游凭什么“破圈”？没有哪个地方能随随便便成功。爆火的县城在基础设施、交通便利度、文旅产品供给、新业态新玩法等方面默默积累，日渐彰显出比较优势。

县域旅游费用更亲民。住宿、餐饮等旅游费用，是游客出行的重要考虑因素。每逢假期，热门旅游城市食宿便成“老、大、难”问题，涨价已是司空见惯。随着县域旅游接待能力的提升，以同样甚至更低的价格就能“住顶级酒店、吃特色美食”，使得游客更愿意为高品质县域旅游买单。

这个假期，婺源文旅的性价比优势尽显。婺源核心景区李坑附近的民宿，价格总体维持在300元以下。“五一”假期前，婺源县召开旅游品质提升动员大会，要求算好“政治账”“经济账”“声誉账”，为游客提供优质服务，还率先成立旅游诚信退赔中心，形成了旅游诚信退赔“婺源模式”。

县域旅游服务更多元。热门目的地城市旅游产品同质化程度高，风光带和“打卡点”商业气息浓重、过度营销等问题让人诟病已久。县域旅游资源独特性强，可谓“县县皆不同”，不一样的民俗活动、不一样的地方特色带来的新鲜感，令人神往。

婺源远山近坡、花开四季，唯美的自然风景和以乡村为主体的田园诗意，风光别样，令人倾心，还有千年书乡的文化底蕴，给人以心灵洗涤。“五一”期间，婺源举办篁岭鲜花古村·诗意生活季、江湾景区非遗巡演季、婺女洲度假区打铁花等各类活动50余场，吸引全国游客来“打卡婺源”。

县域旅游体验更放松。年轻群体日渐成为文旅主力军，他们更追求放松身心的休闲模式，更希望体验本土文化和生活，更在意旅行的体验感，更喜欢找个小城躲清闲。以放轻松为目的的休闲游成为年轻人出游的主要选择，他们更青睐于去那些独具特色、有烟火气的小众城市，享受大城市没有的松弛感。

“来婺源追赶你的第一缕阳光”是年轻人对婺源的理解，这充满了温情和诗意。婺源一年四季美如画，不同季节有不同的风景。这里没有都市的喧嚣，只有小城的慢生活，没有令人厌倦的内卷，只有诗意和温情。无论是寻景、赏花，还是赏民俗、看建筑，婺源皆能满足你。

可以说，独特的自然风光和人文景观、优质的服务、良好的体验，以及由此攒下的人气与口碑，是以婺源为代表的县域旅游火爆“出圈”的秘诀所在。

作者：王贤龙　郑雯妤

2024 年 5 月 9 日

背《滕王阁序》免票的背后

“背诵经典免门票”活动受到欢迎，折射出人们对中国传统文化的价值认同，也是景区打“文化牌”、拾“文化味”，做好“文”“旅”结合文章的一次营销创新。

去年，南昌滕王阁景区推出的背《滕王阁序》免票游玩活动火爆全网，各种背《滕王阁序》短视频广为传播，为滕王阁景区赚回了一波超高人气，助力全年景区游客数量突破400万次。

这个“五一”小长假，南昌再次升级新玩法。推出“一篇《滕王阁序》走遍南昌”活动，在滕王阁“背序”成功可领取通关文牒，即可享受南昌重点景区免门票优惠。

这种颇为新奇的“知识变现”，引得无数人跃跃欲试。小长假期间，滕王阁景区人山人海，景区VR自助背序亭前排起了长长的队伍。

眼见滕王阁景区的“背序”活动大受欢迎，各地也纷纷效仿。一时间，知识变现似乎成了景区的标配。随着文旅市场竞争白热化，各类营销手段层出不穷，从景区知识变现的玩法中，我们能窥见哪些文旅新思路?

一

早在2013年，滕王阁景区就推出“背《滕王阁序》免门票”活动，引发了广泛关注。2023年，借助短视频的裂变传播，滕王阁“背序”突然间火“出圈”，成为现象级文旅创新案例。

许多外地游客携儿带女、搀老扶幼，赶往滕王阁景区挑战通关。4岁萌娃“背序”一把通关，外卖小哥也加入“背序”行列且全文无错……社交平台上，“背序”的热传视频让人印象深刻。

2023年4月初，一段山东青岛九中研学团学员集体诵读《滕王阁序》的短视频突然火了。滕王阁基座的台阶上，数百名身着校服的少年整齐排列，齐声诵读王勃在此地留下的千古绝唱。

今年的玩法再一次升级，凡未成年学生顺利背诵《滕王阁序》，同行家长也可以免票登阁，此举引得网友直呼：“拼娃的时候到了。”凭借这张通关文牒，不少游客在滕王阁开启了免票看风景模式。

新奇的玩法对城市文旅加持作用是显著的。去年全年，南昌收获了流量狂潮，成功跻身网红旅游城市行列，斩获“2023年中国十大旅游目的地必去城市”殊荣。

“背序免票”带火了滕王阁景区，也引来各地纷纷效仿。在赣州阳明心谷景区，背诵王阳明《回军龙南道中短述五首》诗中任意至少三首，即可免票进入。在鹰潭龙虎山景区，6分钟以内背完五章《道德经》，即可免费畅游龙虎山。除了江西省，其他省的部分景点也相继推出背诵名人佳作免门票活动，引得不少人前来挑战。

《滕王阁序》在中国文学史上有着重要地位，其对于南昌城的意义更是不言而喻。“背序”免票活动不仅是南昌以文化连接游客，做好文旅融合实践的有益探索，也是弘扬传统文化、传承千年文脉的当代实践。

这背后折射出人们对中国传统文化的价值认同，也是景区打“文化牌”、拾“文化味”，做好“文”“旅”结合文章的一次营销创新。

二

吟一首古诗，背一篇古文，即可免费获得一张景区门票。一次人人皆可参与的挑战赛，吸引着无数人跃跃欲试。这一看似简单的玩法，却撬动了千万级的流量。从这种知识变现的新玩法里，我们能看到文旅竞技和流量突围的哪些新思路?

经营理念迭代。在文旅竞争白热化的当下，单纯靠“看山望水”的观光型旅游产品已经缺乏足够的吸引力，相较于景观包装，情感共鸣被证明才是有效途径。知识变现是景区加强与游客情感联结的一种新尝试，通过人所共知的古诗、古文与游客取得情感联结，用文化共鸣为景区赋能，再借由短视频的裂变传播，提升景区的曝光率和话题度，拉升景区的文化IP效应，从而实现品牌效应与流量收益的双丰收。

游客体验升级。滕王阁景区发出的“背序”通关挑战赛，玩法不再是“钞票换门票，金钱买情怀”的无趣交易，而是用自己的知识储备来赢得景区“硬通货”，用文化PK赛的形式包装传统景区售票模式。这种“旅游+文化”的创意设计，巧妙之处在于其蕴含的参与性、互动性和挑战性。这种自带话题感的活动没有门槛，人人皆可参与，通过自己的知识储备打一场文旅通关游戏，游客在这种强烈的文化交互体验中收获了精神欢愉，也为景区积累了口碑。

实现“文”“旅”双赢。以文塑旅、以旅彰文，“文”与“旅”从来都是相伴相生、融为一体，只有“文”与“旅”两个价值支点强起来，才有可能在流量争夺战中保持不败。知识变现核心在于抓住了文化这一突破口。吟一首诗，背一篇序，既弘扬了传统文化，也增强了景区文化品牌，让人们通过一首诗，记住一个景区；通过一篇序，奔赴一个景区。当传统文化被更多人关注，并转化为触发旅游行为的“情绪开关”，旅游就能找到更深层次的价值依托。

三

在文旅市场日渐进入存量竞争的阶段，如何出新出奇，适应不断迭代的文旅融合新模式、新打法，是摆在各地文旅主体面前的现实难题。

近年来，淄博烧烤、哈尔滨冰雪游、天水麻辣烫、“王婆”说媒等“出圈”走红，引爆文旅市场。这些文旅“爆款”暗含的基本思路打法，对我们把握文旅产业演进方向、理解文旅流量逻辑，具有启发意义。

强化参与感和体验感。从“世界那么大，我想去看看”到“一场说走就走的旅行”，情绪似乎正成为文旅行为的“触发器”，不仅影响着消费者的决策，还重塑着人们的旅行方式。有学者认为，旅游本质上是一种情感体验过程，旅游的终极目标是获得愉悦的旅途体验。说白了，能不能抓住游客的心，能不能提供极致的情感体验，决定了景区在融合之路上能走多远。情绪消费的背后，是文旅的参与感和体验感，是景与情的情感连接。在琢磨透年轻人兴趣点这条路上，南昌可谓用力颇深。背一篇序文，游一座园区，这种深度参与的挑战通关游戏，通过情景化的体验唤醒游客文化记忆，以此找到一条情感连接路径。游客凭借“知识”获得一张通关文牒，巧妙设计的趣味通关奏响了情感共鸣，也在无形中完成了一场口碑接力。

注重内容打造提升。只有产品业态富有新意，文旅IP才有培育的空间，口碑接力才能形成。不难见到，许多文旅项目往往违背了旅游的核心诉求，没有站在消费者的角度策划设计，其结果是投入了巨资却建造出一堆徒有其表的“人造景观”，最终变得门庭冷落。内容始终是文旅的生命线，内容创新活力有多强，文旅的价值增量就有多大。纵观近年来南昌文旅的发展轨迹，无论是烟花晚会、系列主场活动、打造城市漫行精品线路，还是此次“背序”游南昌活动，实际上都是产品思维下的内容二次打造和产品形态“上新”。正是这种新意，才让南昌的“长红”之路延续至今。

构建全域旅游格局。在文旅市场越来越强调创新模式玩法、提升文旅能级的当下，文旅品牌建设靠景区单点已经很难突破流量天花板。强化要素互联，通过产品组合则可能带来流量叠加效应，赋予文旅更大的想象力。在这一逻辑下，文旅较量正日渐转向更高阶的全域产品组合、关联产业融合的比拼，以此实现消费场景的升级和文旅模式的更新。此番南昌推出“背序”游南昌活动，目的之一就是强化景区间流量互通、平衡地区热力值。利用热门景区的热度向非热门景区引流，调和城区和外围县区间的旅游热度，其深远目的在于构建流量均衡、全域皆热的文旅格局，这也是南昌致力于强化板块联系，赋能文旅融合提质向新的具体举措。

作者：叶自旺　王惊雄

2024 年 5 月 10 日

"Z世代"为何纷纷"血脉觉醒"

一次次"潮"起来、"活"起来的国潮，见证了当代年轻人审美和趣味的转向，这种转向让我们看到了传统与现代的和谐共存，也窥见传统文化传承创新的内在韧劲。

当下，"血脉觉醒"一词屡屡出现于网络，引发人们共鸣。1995年至2009年间出生、与网络信息时代无缝对接的"Z世代"在成长过程中，被一些"上了年纪"的事物所吸引，人们称这种现象为"血脉觉醒"。

从热衷成为"刘畊宏男孩、女孩"到疯狂练习八段锦，从秋天的"第一杯奶茶"到追捧"围炉煮茶"，从沉迷于"非主流"到"盘串女孩""年轻文玩人"……以往自带夕阳红背景音和中年"油腻"感的文化领域，正吸引着越来越多的年轻人涉足。

年轻人"血脉觉醒"的背后反映了什么审美和趣味转向？这一现象对传统文化的创新发展又能带来哪些启示？

一

一段时间以来，带有“新中式”“八段锦”“围炉煮茶”“盘串养珠”字样的话题频频登上热搜，在互联网上引领潮流走向。

登上春晚的八段锦，在新年开工第一天便冲上热搜话题榜，吸引了超过4300万次阅读。小红书里，“八段锦”成为了一种秀出生活方式和理念的载体，被网友称为“更适合中国宝宝体质的帕梅拉”。

在哔哩哔哩视频网站，《健身气功八段锦完整版》和《八段锦 国家体育总局 口令版》分别斩获近5000万播放量和2000万播放量，跟练视频弹幕、评论区里的“在线锦友”多达百万。即使是凌晨三点，也有上百人实时在线学习“八段锦”完整版。

曾经一提到“盘串”，人们总认为是中老年人的标配。数据显示，在文玩电商用户中，35岁以下的消费者占据了半壁江山。面对商家精心设计、款式多样、价格亲民的手串饰品，年轻人纷纷“买串上瘾”。

说到时尚界的宠儿，当然少不了年轻人最热衷的社交消费新方式——围炉煮茶。闲暇时光，邀上二三好友，找个安静的角落，支起小炭炉，摆上小茶壶，壶中加入牛奶、红枣、桂圆等配料，周围烤上地瓜、花生、栗子、砂糖橘等食材，一边看着升腾的火苗，一边愉快地谈天。

这种岁月静好的氛围感日渐俘获了年轻人的芳心。数据显示，20岁至30岁的年轻人成为其中主要消费群体，小红书上相关话题下有超过6万篇笔记，抖音平台上相关视频播放量超过40亿次。

而在老年人主导的养生界，年轻人也在以自己的方式重塑“新式养生”。午夜时分，泡着脚、端着温牛奶的年轻人，转身在网上奋战到天明。这种一边熬夜释放压力，一边追求健康的生活方式，颇有几分“赛博养生”的错乱感。

这一届年轻人确实不走寻常路，从20岁开始就复刻父辈退休生活，爱上了拍花草树木、养生泡脚、纵情山水，以至于网友笑称“直接快人一步，少走40年弯路”。

二

年轻人的“血脉觉醒”正在复刻这样一条轨迹：质疑老祖宗，理解老祖宗，成为老祖宗。让人直呼“看不懂”的背后，却有着共同的现实表征和文化追求。

低门槛和高自由度。和球类、游泳等运动相比，“八段锦”对身体素质基本要求更低，老少皆宜，加之动作较慢、节奏舒缓、简单易学，又无需器械，不受时间、场地等因素的限制，因而受到越来越多年轻人的推崇。而“围炉煮茶”更是方便“整活”。只需准备火炉、茶壶、铁架、烤网，加上喜欢的食材，便可以开怀畅饮、畅聊。若是在秋冬时节，室外落叶飘零萧瑟的清冷与室内温馨场景营造出的温暖对比，更是让年轻人内心的幸福感油然而生。

对健康养生的追求。当前，各行各业竞争日趋激烈，高度内卷的职场让人们倍感压力。“围炉煮茶”主打一个“慢生活”的情调，年轻人在工作、学习之余，邀三五好友互诉衷肠，让疲惫的身心得到放松，颇有“偷得浮生半日闲”之欢愉。八段锦具有增强体质、强化脏腑等功能，吸引年轻人组起“养生锻炼局”，沉浸在舒缓的传统音乐中，开步屈膝、仰头翻掌、两手攀足、呼气吐气，既解压又治愈。而“盘串”

作为稳定心态、释放压力的一种方式，是普遍“压力过载”的环境下，年轻人的一种精神寄托。

更高层次的精神追求和文化认同。时下，年轻人常用“到了一定年纪就会血脉觉醒”来调侃自己，他们一手掀起了戏曲热、博物馆热、马面裙热等各种“国潮热”。与其说这是审美的一次集体转向，不如说是在物质生活日渐充盈的背景下，年轻人对精神文化追求的一次探寻和回归。往深处看，蕴含着传统文化和人文精神的“盘串”，既让年轻人体验到古代文人的闲适生活情趣，又为年轻人提供了探寻民族根脉的方式。而年轻人追捧“围炉煮茶”的背后，彰显的则是对中华优秀茶文化的精神奔赴，展现的是年轻人对传统生活方式的自信与底气。

三

文化是民族的血脉。

一次次“潮”起来、“活”起来的国潮，见证了当代年轻人审美和趣味的转向，这种转向让我们看到了传统与现代的和谐共存，也窥见传统文化传承创新的内在韧劲。

“血脉觉醒”根植于传统文化的丰厚沃土。从国潮服饰走红，马面裙订单量同比增长841%；到年轻人放弃所谓象征爱情的钻石，选择排队买黄金类首饰；再到中国传统纹样创演秀《年锦》、原创舞蹈《锦鲤》、咏春拳等带有浓厚中式浪漫意境的国风舞台作品火爆“出圈”……中华文明直至今天依然保存着让人沉醉其中、热泪盈眶的文化力量，这是“Z世代”“血脉觉醒”的精神本源。所以说，没有深厚的底蕴，文化就会“气虚”；不立足于优秀传统文化，就难以唤醒年轻人体内沉睡的文化基因。

“血脉觉醒”来源于对传统文化的守正创新。对于“Z世代”而言，他们拒绝填鸭式文化灌输，但对穿着时尚外衣的国潮抱有浓厚兴趣。以珠串为例，从传统的装饰品演变为时尚单品的背后，是商家立足于传统工艺手法，创新创意设计，主动贴合年轻人审美的潮流新玩法。实践证明，用“心”推动传统文化上“新”，以年轻人接受的方式创新文化表达、展示时代风貌，“血脉觉醒”的大门才能不叩自开。

“血脉觉醒”彰显了传统文化的时代魅力。从“八段锦”带动练功服、太极鞋等老物件登上了淘宝热搜，到围炉煮茶带动2023年茶叶行业在抖音电商平台的市场规模超230亿元，同比增长超过60%，优秀传统文化正以看得见的方式，展现出它与众不同的时代感召力。每个时代有每个时代的表达，但文化内核始终如一。植根于五千年文明的中华优秀传统文化因其特有的智慧、理念、气度、神韵而永葆生机，在一代代人的传承发展中历久弥新。“Z世代”“血脉觉醒”恰恰证明，文化内核与时代气息相结合，为中华优秀传统文化注入了持久的生命力，从中我们也看到了文化传承与文化自信相互激荡的时代新貌。

作者：陶　成

2024 年 5 月 14 日

如何拯救“词穷”的年轻人

互联网带来的信息“过度喂养”，颠覆了传统信息输入模式，加速消解了人的思考力和认知力，这是资讯过剩和信息爆炸时代人们“词穷”的直接推手。

从“我emo了”“yyds”“绝绝子”等网络语言铺天盖地，到斗图、表情包等“互联网嘴替”大行其道，还有“奈何自己没文化，一句‘卧槽’走天下”等自我调侃风行网络，这一届年轻人似乎集体患上了“失语症”。

很多人都有这样一种感觉：一张嘴就“词穷”，一提笔就忘字。热衷于斗图玩梗的年轻人沉浸在碎片化的网络文化里，表达能力正以肉眼可见的速度下降。年轻人为什么会“词穷”，是互联网的海量信息瓦解了思考力，还是在线交流遏制了线下表达？我们又该拿什么拯救“词穷”的年轻人？

一

你是不是有这种感觉，开会时领导临时安排发言，一开口总感觉词不达意、内容空洞，或者逻辑混乱，说不出个所以然。春节回老家拜年，饭桌上亲朋好友围坐一团，你都不知道要说什么，最害怕一张嘴话不得体，令人尴尬。写东西时抓耳挠腮，总想炫点文采，却苦于肚子里没“墨水”，不知道从何下笔，最后只能依靠网络素材草草应对。

这些不是个例。中国青年报社社会调查中心的一项调查显示，超半数受访青年感觉自己的语言表达能力在下降；47.1%的受访青年感觉自己词汇量匮乏、表达单一，还有不少人发觉自己有写作困难、逻辑混乱、懒于表达，离开表情包就无法交流等问题。

在这个追求“短平快”的时代，5G冲浪都跟不上年轻人造梗的速度。按理说，当代年轻人能接触到的知识和资讯总体要比以往更加丰富，学习能力也更强，但他们却意外地出现表达困难等问题。

今天，网络发展和数字技术日新月异，人们回信息只需发一段语音或者一连串表情包，写文字也只要点一点网络搜索并复制、粘贴。一个表情包、几个热梗，还有几句流行的网络用语，就足以横行网络空间。

还记得抗击新冠疫情时，国际友人捐赠的物资上写着“山川异域，风月同天”，一句优美的短句，令不少人直呼惊艳。这种表达的高级感，不知让多少人既羡慕又陌生。

键盘的使用让人们开始提笔忘字，表情包的流行让人们的表达逐渐词不达意，甚至连整篇文章、整条视频都有大数据模型帮助我们自动生成。这种环境下，难怪网友纷纷感叹：“已经不会好好说话了。”

二

“词穷”现象一定程度上反映了当下年轻人的一种精神生活状态，其中有着深刻的社会和文化背景。

过度依赖互联网。互联网是年轻人的全时空场域，年轻人活跃在网络上，翻新各类网络用语，沉浸于斗图的愉悦，长此以往，慢慢开始疏于现实世界的交流，内心的真实想法得不到充分表达。有专家指出，沉迷于网络社交媒体会使人与现实脱节，让大脑长期处在放空状态，思维方式变得简单、粗暴。大脑在这种习惯性放空的情况下，趋向于降低思考和交流的频率，变得更加迟钝，更不愿意思考。“信息依赖症”一旦养成，人们就更加容易陷入“社交屏蔽”的恶性循环。

缺乏深度阅读。移动互联网时代，阅读形式发生了翻天覆地的变化，越来越多的年轻人习惯于通过手机进行阅读，逐渐放弃了阅读传统书报刊。年轻人沉浸于这种碎片化的学习模式，以简单轻松甚至娱乐性为目的的“浅阅读”逐渐占据了主流，阅读浅尝辄止的现象较为普遍。尤其是越来越多人沉迷于短视频的世界，导致深度阅读的时间和精力被挤压，单纯依靠网络碎片化阅读无法构建能够应对复杂场景的语言和逻辑储备，以至于每当需要张口的时候，就会感觉“词到用时方恨少”。正是因为没有有效的阅读输入，文字最后成为“最熟悉的陌生人”。

缺乏深度思考。语言表达能力反映着一个人对事物的思考和认知，语言匮乏背后的深层次原因往往是思考的怠惰。快节奏的生活方式让人鲜有时间静心思考，习惯于快速浏览、点赞、转发，信息摄入追求简洁、高效，缺乏深度思考和分析的信息环境。线上社交是“社牛”，线下生活秒变“社恐”，这种信息交互方式不断消解人的自主思考和逻辑建构能力，人们也就很容易滑向“不会说话”的一端。

此外，社交焦虑也是一个原因。随着工作节奏和竞争的加剧，内卷、内耗等加重了人们的焦虑情绪，年轻人更加趋向于独处，且常常被抑郁、失落等情绪困扰，分享欲降低，对新知识和新事物缺乏足够的兴趣，进一步加剧了自我封闭。久而久之，“欲辨已忘言”的窘境也就愈发凸显。

一言以蔽之，互联网带来的信息过度喂养，颠覆了传统信息输入模式，加速消解了人的思考力和认知力，这是资讯过剩和信息爆炸时代人们“词穷”的直接推手。

三

德国语言学家洪堡特说：“民族的语言即民族的精神，民族的精神即民族的语言。二者的同一程度超过人们的任何想象。”语言表达能力不只是一个人综合能力的体现，它在某种程度上也是一个社会的横截面。没有基本的语言表达能力，也就没有文化传承和创新能力。欲让社会涵养更浓厚的文化氛围，首要的是我们自己突破“词穷”困境。

学会从互联网中跳脱出来。网络让一切信息的获取变得毫不费力，人们似乎无需思考，也足以获取无穷无尽的知识，这在某种程度上加剧了思维的怠惰。必须学会拒绝被信息“过度喂养”，努力摆脱“电子奶瓶”的驯化，重新审视文字的内蕴与美学价值，从对虚拟环境的过度依赖中走出来，多走入现实生活，提高审美、丰富阅历，多体验不同的生活场景，提升自我表达能力，丰富我们的语言内涵，从而让我们的语言表达有思想、有力量。

静下心多输入有效信息。当输入法取代拼音，表情包代替表达，提笔忘字、开口忘词的现象也就变得普遍。年轻一代跟风模仿网络用语，沉溺于简单化表达。这种文字失语的背后，是语言审美的退化和鉴赏能力的钝化。浩瀚的传统文化、优美的古诗词，集合了传统文化的文字美、音韵美、诗意美，是我们提升文学素养和语言表达能力的源泉。要敢于跳出阅读舒适区，回归纸质阅读，沉下心来读一本好书，与古人神交、与先贤切磋，多进行以提升学识修养和理论思维为目的的深层次阅读，恢复我们的表达能力。

多进行有效的思维训练。思维就像是一台机器，越用越灵敏，必要的思维训练是提升表达能力的基本途径。过度依赖电子快餐，懒于主动思考，容易让表达能力“锈迹斑斑”。多进行深度思考，积极拥抱现实社交场景，让大脑不断接受有效信息的刺激，变被动接受为主动筛选，慢慢走出思维倦怠。经过思考的文字和表达是生动的。要想思路更清晰、表达更有条理、说话更流利，还需要在有效思维训练的基础上不断学习实践。毕竟，相对于斗图玩梗，语言表达是一个长期学习积累的过程，没有对文化的敬畏和仰慕之心，也就很难做到“腹有诗书气自华”。

作者：祝　庆

2024 年 5 月 17 日

“骑行热”兴起为哪般

如今，骑车已经从通勤代步手段逐渐转变为一种时尚潮流的生活方式。为什么越来越多的人爱骑行？骑行能带给人们什么？

五月天，是骑行的好时节。骑车，追风，享自由，是骑行人对这个季节的不辜负！

骑一辆单车，挎一个背包，穿梭在青翠的树林间，体验旅途中的风土人情，感受初夏带来的清新和活力，仿佛自己也变成了大自然的一部分，非常惬意自在。

如今，骑车已经从通勤代步手段逐渐转变为一种时尚潮流的生活方式。为什么越来越多的人爱骑行？骑行能带给人们什么？我们一起来聊聊。

一

20世纪70年代，自行车是国人的集体记忆。对当时的工薪阶层来说，买一辆“凤凰牌”“永久牌”自行车，少说得攒上好几个月的生活费，且还要凭票购买，这更是增加了自行车的稀缺性，自行车一度成为家庭“重资产”的代表。自20世纪90年代起，自行车按功能逐渐分化出山地自行车、公路自行车、电动自行车等，更贴近不同消费者的个性化需求。到了21世纪，政府开始鼓励发展轻交通，政策上的引导让自行车市场经历了无限风光的十年，“自行车大军”应运而生。据不完全统计，2010年前后，国内自行车产量一直保持在年均约7000万辆的水平。

持续流行的骑行运动刺激了自行车销量的增长，2023年3月，小红书App上关于骑行的笔记不下175万篇，这些笔记类型包括骑行路线、骑行攻略（配速、车型、装备、穿着、路况等）、骑行摆拍、骑行风光、骑行打卡等，骑行文化愈发令人瞩目。

随着国内外经济形势的发展，油价的波动也愈加频繁。普通百姓都感觉到了油价上涨对日常生活的直接影响，这同样促成了骑行运动的强势回归，包括法拉利等知名汽车厂商也果断杀入了自行车赛道。

有研究报告预测，全球自行车市场将持续增长5年甚至更久，全球自行车市场规模将在2027年达到226.9亿美元。中国作为自行车生产和出口大国，自行车贸易量占全球60%以上。

总体来说，骑行这项户外运动因为运动成本低、受众群体大、运动装备获取简单、对场地要求不高，在众多运动方式中脱颖而出，并且热度仍在持续攀升。

二

曾经风靡大江南北的自行车，如今正强势回归城市生活，选择骑车出行的人越来越多。有关调查显示，在国内的骑行领域，男性用户占据压倒性的绝对多数，不过女性用户占比也在逐年增长。而在年龄方面，与往年相比，18—30岁年轻群体比例下降明显，50岁以上消费人群占比出现了十分显著的增长，自行车运动群体的老龄化趋势明显。

爱上骑行的理由有千千万，而让你踏上自行车肆意前行的原因又是什么？以下哪一点是你爱上骑行的理由？

骑行可满足全方位运动的需求。这几年，人们的健康意识有了较大提升，追求健康成为广泛共识。骑行作为一项有氧运动，相比于跑步，它不容易损伤膝盖，也不容易因大量出汗而引起脱水。骑行不仅能使全身的肌肉都参与运动，也能保持大脑的高度活跃，保持神经系统的敏捷性。经常骑行可以加快人体的新陈代谢，提高肌肉的耐力，增强心肺功能，减少心脏疾病的风险。骑行运动能让人身体各部位都得到有效的锻炼，因此也获得大多数人的青睐。

骑行是绿色低碳的出行方式。全球都在倡导绿色环保、低碳可持续的发展理念，而绿色低碳的自行车骑行自然成了一种被提倡的出行方式。相比汽车或摩托车，自行车不会造成尾气排放和空气污染，这有助于改善空气质量，减少城市中的交通拥堵。这种低碳交通方式，对减少碳足迹和保护环境具有重要意义。此外，骑行可以大大降低出行成本，无需购买燃料或支付公共交通费用，只需要一次性的自行车购买成本和基本的维护成本，相比其他出行方式更经济。

骑行能获取自由和快乐。在周末，摆脱工作的压力，去放飞自我，自由“飞翔”，那种不言而喻的快乐会油然而生。其实，在骑行的过程中身体会分泌一种名叫脑源性神经营养因子的物质，它能起到保护和修复记忆神经元的作用。此外，大脑释放出内啡肽——一种能引起愉悦感的化学物质，可以帮助人们在紧张的生活节奏中找到平衡，提升生活的幸福感。

骑行成为一种新兴的社交方式。骑行可以“独自享受”，更可以“结伴而行”。骑行已逐渐发展成为一种社交活动，骑行者可以通过组织集体骑行、参加骑行俱乐部等方式与其他骑行爱好者建立联系。试想下，一群人一起骑行，在互相的加油鼓劲之下，可以骑行得更快更远，在沿途的骑行路程中，一起分享美景与美食，也可以在遇见困难的时候互相帮持，这便是群体骑行的魅力。

读万卷书不如行万里路。骑行有助于拓宽眼界、增长见识。

三

“骑行热”的背后，是绿色环保理念的盛行、人们对健康的追求以及社交方式的多元化。实际上，自行车已不只是短距离的代步工具，而是成了一种生活方式、一个户外休闲项目、一种新的社交方式。正确引导好这种健康的生活方式，也不失为一件有意义的事情。

完善配套设施建设。骑车要有合适的场地，先要解决“在哪骑”的问题。现在已有不少城市修建了专用自行车道，例如江西南昌将骑行道纳入部分城市道路、湿地公园、休闲广场建设，让绿道环绕骑行道，实现处处皆有风景。对于骑行设施的规划建设，既要优化道路资源配置，也要连通城市景观，使之承载文化风韵、宜人风物，运动风尚自然也会深入人心。相关部门应该加大对骑行出行方式的支持力度，包括建设骑行专用道、设置骑行停车位、提供骑行出行的便利设施等。利用骑行路线，打造运动健身的“体育场”，拓展人文风光的“导览窗”，则是在解决“有没有”后，对自行车道“好不好”的探索。

打造赛事名片。有报告指出，骑行作为主要的传统户外运动项目，目前运动参与率还不高，还有巨大的提升空间。政府相关部门可以通过举办骑行出行比赛、组织骑行出行团体活动等方式鼓励市民积极参与骑行运动。例如，目前国内已形成环青海湖、环海南岛、环广西公路等自行车赛事，而在粤港澳大湾区、绝大部分城市都拥有自己的自行车赛事，形成赛事促旅游，再通过旅游促进相关产业发展的模式。那些悠长而流动的骑行线就是最好的城市名片，给城市经济、文化注入一股源源不断的发展活力。

推动产业发展。小车轮转动大产业。骑行也是开辟市场，发展带动一套完整的配套产业链的新赛道。这不仅反映在整车消费价格上，从千元到数万元都有相应产品的支撑；同时也反映在相关装备上，想要从入门到进阶，有太多细节装备需要“拿捏”。据统计，骑行群体中，67%以上的受访者拥有超过2辆车，购车预算在8001至30000元区间的用户占比47.3%；除整车外，把套、坐垫等小零件，传动系统、轮组等大部件，骑行服、头盔、鞋袜、码表等装备以及维修保养工具等，配套和服务也迈向专业化和细分化。持续升温的“骑行热”，不仅带动了自行车产业快速发展，还衍生出更多次生消费，与其他行业交叉融合，创造了不少新的就业岗位。

总之，“骑行热”不仅是骑行爱好者对于健康生活的追求，也彰显出人们对于大自然的向往，对于绿色低碳生活的推崇，是时代进步的典型标志。从产业发展角度来看，骑行是一个小运动、大产业的典型行业，综合带动作用强、产业链长，未来市场空间巨大。

作者：章志鹏

2024 年 5 月 27 日

剑指炫富“毒流量”

炫富网红被集体封禁的背后传递着什么信号？
如何防止炫富的“毒流量”劫持网络？

从豪车、名牌包的炫目展示，到奢华旅行的无尽诱惑，再到私人飞机、游艇的比拼炫耀，各路网红纷纷以高端消费为“吸睛”手段，推崇所谓的“精致生活”“人生赢家”来争夺公众的注意力和粉丝的追捧。

随着网络炫富风气愈演愈烈，其带来的负面影响也逐渐引起了社会各界的关注和担忧。5月21日晚，拥有400多万粉丝的网红“王红权星”被各平台封禁，同时被禁言的网红还包括“柏公子”“鲍鱼家姐”等。炫富网红被集体封禁的背后传递着什么信号？如何防止炫富的“毒流量”劫持网络？

一

炫富，简而言之就是过度展示个人财富和社会地位的行为，一般是通过奢侈的消费、昂贵的物品展示以及高调的社交活动来体现。

其实，炫富并非仅为当世之现象，古代的豪门贵族也常常热衷于通过奢侈的生活方式和显赫的财富来展示自己的地位和权势。

我们耳熟能详的炫富，莫过于西晋时期的石崇与王恺。王恺用丝做了长达四十里的障幕，石崇就用更为珍贵的锦做了五十里的路屏与之抗衡。当王恺用赤石脂涂墙以示奢华，石崇则别出心裁，用当时昂贵的花椒磨成粉作为涂料。这种挥霍无度的斗富行为，不仅反映了当时社会的奢靡风气，也揭示了人性中虚荣与攀比的一面。

改革开放以来，我国秉持着“让一部分人先富起来”“先富带动后富”的原则，积极鼓励合法致富、勤劳致富、创新致富。那些以诚信经营、回馈社会为己任的先行者，不仅创造了巨大财富，更成为全社会尊崇和学习的楷模。

但随着互联网的快速发展，大家对“富”的定义似乎出现了偏差，网络逐渐成为某些人炫富的新舞台。为吸引眼球和博取流量，一些用户通过社交媒体展示自己购买奢侈品、住豪宅、开豪车的优越生活，把拥有财富作为实现个人价值、标榜成功人士的唯一标识，并大肆炫耀鼓吹。

网络炫富深刻影响着大众，无底线的炫富已然成为当前新的网络“流毒”。追求纸醉金迷的生活，沉迷于物欲带来的膨胀感，在一众网民的围观中登上“人生巅峰”等过度的物质追求和炫富之风盛行，不仅“拉仇恨”，加剧了社会的贫富差距感受，更是对社会价值观的扭曲和误导，尤其对身心尚未发育完全的青少年产生的负面影响是难以估量的。

心理学家分析，过分爱慕虚荣是缺乏自信心和安全感的心理表现，也是膨胀、扭曲了的自尊心在作祟。而真正的富裕无须靠炫耀来彰显，作为一个有深度、有追求的现代人，我们不该只囿于物质的牢笼，而应更多地涵养个人的内在修养、高尚品格及社会责任感。

二

俗话说：“财不露白。”热衷于在网上炫富的行为背后究竟隐藏着怎样的目的？而那些频频炫富的人，他们是否真正拥有所展示的财富呢？

“人均法拉利，月入过百万。”当你打开媒体，各种奢华之风扑面而来。网红“王红权星”号称在北京星河湾小区拥有7套豪宅，全身没8位数不出门；网红“鲍鱼家姐”以豪门阔太身份“出圈”，拥有整副帝王绿翡翠，手上的“鸽子蛋”大到无法忽视；网红“柏公子”则喜欢展示购买的各类奢侈品、名贵服饰，25岁就为自己定制了豪车……

但和挥金如土形成强烈反差的是，这些号称“豪门”“阔少”的网红们，有的背后和商家合作售卖洗发水，有的豪宅只是借来用作拍摄的场所。可见，打着“晒出美好生活”旗号的炫富背后，往往隐藏着虚假的包装和夸大其词的描述。

打造网红炫富人设—吸睛引流—流量变现，已形成从策划、写文案到拍摄的“一条龙”产业链。在社交媒体平台上，流量就意味着关注度、影响力和潜在的商业价值。

因此，一些网红为了吸引更多粉丝和流量，不惜以炫富为手段，制造话题和热点。而受众则出于猎奇、艳羡、观赏等目的，无意之间让炫富者成为最大的流量赢家。

无论是真富还是假富，网络炫富的兴起与网络平台的推波助澜密不可分。一些网络平台为了追求点击率和关注度，不惜炒作炫富话题，为炫富行为提供流量和资源。这种商业化的操作方式，不仅加剧了炫富现象的蔓延，也误导了公众对于真实世界的认知。

借助炫富人设带来流量，积累巨额的个人财富，不但败坏了社会风气，更有害于社会公平。随着社会对于网络“炫富”的讨伐之声加剧和相关法规的出台，腾讯、抖音、快手、微博、B站、小红书等平台陆续发布不良价值导向内容专项治理公告，针对网络上出现的“奢靡浪费”“炫富拜金”等问题，重拳出击。

流量没有原罪，但传播自有边界。互联网平台具有“公共设施”的属性。既然是“公共设施”，人们就必须在维护公序良俗，倡导理性、文明的消费观和价值观上，承担起应有的社会责任。

三

网络不是名利场，不能在网络平台上为所欲为地炫富。

当然，治理网络炫富非一日之功，我们应从多角度入手，激浊扬清，扼住“毒流”，引来“清流”。

政府层面。为构建健康和谐的网络环境，亟须进一步细化并完善相关法律法规，以清晰界定网络炫富行为的边界，并明确其法律责任，为打击此类行为提供坚实的法律支撑。中央网信办发布《关于开展“清朗·整治‘自媒体’无底线博流量”专项行动的通知》，明确要求各平台针对网络上出现的奢靡浪费、炫富拜金等问题，从严打击，倡导理性、文明的消费观和价值观。近日，一系列炫富网红的集体封禁，不仅是对炫富行为开展的“亮剑”行动，也在社会范围内产生了强大的震慑力，更能有效引导社会舆论与风气的正向发展。

平台层面。必须严格强化内容审核机制，及时甄别、删除炫富的不良信息，防止其进一步传播、扩散。鉴于当前炫富视频常常以“体验”“揭秘”等隐蔽形式出现，平台的审核人员更需增强内容甄别的敏锐性和精准度，以坚定的治理决心，彻底切断网络炫富背后通过吸引流量变现的利益链条。同时，充分利用人工智能、大数据等先进技术手段，提高对违规行为的识别和拦截能力，以科技力量强化技术管控水平。此外，还应设立有效的奖罚机制，对积极举报炫富行为的用户给予合理的奖励，从而在平台上构建起一道严密的安全“防护网”。

社会层面。家庭和学校应敏锐察觉并及时纠正青少年的网络炫富行为，引导青少年树立正确的网络价值观，形成对网络炫富行为的正确认知。媒体应充分发挥其监督作用，加强对网络炫富现象的深入报道和评论，揭示炫富行为的本质和潜在危害，以舆论力量推动社会形成对网络炫富的广泛抵制氛围，鼓励大众以实际行动抵制网络炫富现象。为了更有效地遏制网络炫富现象，我们需要广泛动员公众积极参与网络监督，鼓励大家通过举报涉及网络炫富的不良信息，共同营造健康、积极的网络环境。

激浊扬清，势在必行。刹住网络炫富歪风，这不仅关乎网络空间的健康生态，更是对全社会良好风尚的塑造和坚守。

作者：朱　亮　周　程

2024 年 5 月 31 日

人们为什么爱上“骑游夜跑”

作为当代都市年轻人追捧的一种时新生活方式，人们通过“骑游夜跑”观览一城美景，追寻品质生活，寻觅一种遗失的松弛感，同时也在其中拓宽社交边界，放大社交价值。

昨天，南昌大型夜间体育活动“运动炫酷南昌 万人骑游夜跑”火热开启，上万名参赛选手集体出战，迎着晚风，在璀璨酷炫氛围中挥洒汗水，尽情感受南昌“一江两岸，多桥辉映”的秀美景色、文化底蕴和发展活力。

继半个月前的国际龙舟赛之后，南昌再次上新了经典体育活动，用一场活力四射的万人爆汗运动，开启了“在路上”模式，引爆时尚生活新方式。风光无限、热力无边的背后，人们为什么爱上“骑游夜跑”？这项运动的热度从何处来，未来又将跑向何方？

一

夜间游泳、夜间健身、夜爬、夜跑、夜骑……随着工作和生活节奏的加快，越来越多人选择在晚上走出家门锻炼健身，“骑游夜跑”等

“夜健身”逐渐成为时新的生活方式。

不少参与“骑游夜跑”的人感慨，他们白天的时间卖给了公司，只有晚上的时间属于自己。还有人笑称，他家门口就是免费体育场馆和健身绿道，没有人能抵挡这份便利的诱惑。对“骑游夜跑”的变化，坚持夜跑多年的跑者感触颇深。“一开始只有零星几个人自顾自地跑，现在跑道多了，路线选择也多了，在路上的年轻人也越来越多。”如今，在各大城市夜幕下的跑道上，能看到越来越多年轻的面孔。

国人有多爱跑步？《2023中国路跑赛事蓝皮书》显示，2023年全国范围内共举办路跑赛事699场，总参赛人次达605.19万人次。这背后，既是“全民健身”理念的深入人心，也是品质生活的自然追求，当然也离不开政府“有为之手”的推动。以南昌为例，仅2023年，南昌市新增绿道长度65公里，全市绿道总长度达935公里，生态公园、绿色跑道随处可见，赣江市民公园智慧健身跑道、高新区南塘湖绿道、九龙湖智慧公园绿道等，成了人们绿色健康生活的新去处。

一边是“落霞与孤鹜齐飞”的滕王阁，一边是高楼林立尽显繁华的都市汇；一会儿是轻柔和缓的江风扑面而来，一会儿是绿林掩映的花丛映入眼帘。在南昌，一张“九横、九纵、八环”的绿道网络，让人看了就忍不住想跑起来。如同此次“骑游夜跑”活动的一位跑者所说，“当得知可以近距离观赏南昌一江两岸美丽夜景时，我就迫不及待地想要参与其中。在璀璨的灯光下骑行，感受微风拂面，那种自由和畅快让人心驰神往。”

二

在路上认识世界，在途中认识自己。当前，人们认识和感受自我的方式变得更加多元化。“骑游夜跑”之所以能获得不少人的追捧是因为其所具备的独特之处。

观览一城美景。日落黄昏后，约上三两好友，或是一双跑鞋，或是一辆单车，绕着生态绿地，伴着习习凉风，叠石屏障、芙蓉长廊、绿树鲜花随处可见，还有摇曳的萤火虫点亮夏夜，低飞的蜻蜓预告雨天。这种亲近自然、抬脚能到的随性行、小确幸，能让人松弛感拉满。夜色降临，华灯初上，原本熟悉的建筑楼宇展现出另一番动人姿态，这种“熟悉的陌生感”令人沉醉。漫游跑道，抬头是高耸的摩天楼，左右是市井的生活烟火，临街窗户中透出的微弱灯光，还有擦肩而过的外卖小哥、代驾司机……与其说是“骑游夜跑”，不如说是与城市来一次亲密接触，在钢筋水泥的都市森林中寻见动感之美、人文之美。

满足品质生活。随着生活理念的不断更新，人们的休闲方式正在转变，愈发追求一种健康绿色的生活。现代都市里的“打工人”每天两点一线式奔波，难免会感到身心疲惫，“骑游夜跑”便成为一种新潮的解压方式，人们得以借此放空身心，“散散班味儿”。夜幕下边骑边逛，“骑行族”用两个轮子，触摸城市的肌理，体味城市的烟火气。在南昌这座宝藏之城，迈开双腿、骑上单车，正成为一种年轻人新潮的生活方式和时尚追求。

放大社交价值。随着健康中国理念日渐深入人心，人人参与体育锻炼的社会氛围愈发浓厚。在社交平台，连接不同图案的骑行地图，晒出夜跑的装备穿搭，总结各类安全事项，记录下前后身材变化都成为热帖，运动器械、路线选择、友好社交、城市打卡等都在互联网的加持下成为爆款社交话题。因为“骑行夜跑”，认识了更多志同道合的“饭搭子”“旅游搭子”。社交边界的拓宽，也带来了社交深度的延伸，“跑了几公里后，大家停下来在路边的小店里坐着聊聊家常、谈谈理想，这是久违的少年感和热血感”，谈及喜欢上“骑游夜跑”的原因，年轻跑者相视一笑，消失在道路尽头。

三

这次南昌“万人骑游夜跑”再次奉献了一场经典主题体育活动，让更多人看到了南昌动感、活力的一面，它也是近年来南昌文旅“热辣滚烫”的一个注脚。热闹之后，如何让“骑游夜跑”之“热”留住更多“余温”，是留给南昌以及其他城市的发展之问。

引领时尚潮流。当前，“骑游夜跑”等低门槛、轻投入的体育健身活动已成为群众健康生活方式的重要内容。作为公共体育设施的主要供给方，让“骑行夜游”带来的健康生活理念深入人心，是时代所需，也是应有之为。要在经费投入、场地类型、智慧管理、共享利用等方面下更大功夫，合理利用城市空置场所、废弃厂房、地下空间等“金角银边”区域，让废弃荒地“变身”为体育公园。聚焦沿江、沿湖、沿绿区域，建设更多临江、连桥、贯城、串趣的生态绿道，让更多人可以畅享优质丰富的山水风景和绿色福利。

点亮消费“夜”态。骑行夜游等夜间体育运动使得城市“夜经济”元素日趋多元化，城市的烟火气更浓。火爆的夜间运动进一步聚集了人气，反向促进夜间消费增长。商务部数据显示，我国六成消费发生在夜间，夜间经济行业市场规模从2018年的22.54万亿元增长到2023年的50.25万亿元。人员流量势必带来经济增量。着眼于“夜色搭台、经济唱戏”，因地制宜、因时制宜、因需制宜，积极整合健康需求、社群价值、品牌文化，将体育夜经济与夜间美食购物、文化娱乐和旅游等融合发展，把吃穿住行、旅游、购物、娱乐等连点成线、串珠成链，推动夜经济不断迭代、持续“破圈”，跑出经济增长的“加速度”。

做好留才文章。一场体育活动，不仅是竞技的比拼，更是展示城市实力、人文历史、发展活力的窗口。此次万人“骑游夜跑”活动中，人们既能领略一江两岸的秀美风光，也得以走进城市文化秀场，感受“自信、发奋、齐心”的精气神，饱览英雄城的生态之美、待客之诚、发展之速。把活动带来的“泼天流量”转化为人才留量和发展增量，离不开环境的沃土。既要像爱护眼睛一样爱护好生态环境，依托丰富的山水生态资源，打造更多家门口的“诗与远方”，也要打造“近悦远来”的发展环境，把服务理念植根于城市治理的方方面面，让各类人才在城市发展的“快车道”上放手骑行、疾步快跑。

作者：李　敏

2024 年 6 月 16 日

南昌如何“曲终人不散”

“话筒一响，黄金万两。”一场火爆的演唱会，既是城市营销的良好载体，更是拉动客流量、带动旅游经济发展的新引擎。

朋友们，你嗨够了吗？昨晚，凤凰传奇“吉祥如意”2024巡回演唱会南昌站在雨中激情上演，“绿旋风”再现大型军训现场，万人手臂齐挥，声浪嗨翻全场，歌迷们在热烈的氛围中享受了一场视听盛宴。

这是继6月1日—2日林俊杰演唱会后，南昌举办的又一重量级演唱会。自今年4月以来，张杰、潘玮柏、蔡依林、林俊杰等重量级歌手纷纷空降南昌，盛大演唱会接连上演，吸引了省内外歌迷蜂拥而至。

“话筒一响，黄金万两。”一场火爆的演唱会，既是城市营销的良好载体，更是拉动客流量、带动旅游经济发展的新引擎。在这轮城市演唱会争夺战中，南昌是怎样“抢戏”的，又该如何做到“曲终人不散”？

一

这个夏天，江西哪里最火热？南昌国际体育中心！

从张杰连开三场演唱会，到蔡依林的豪言“我们中国南昌最热情了”冲上网络热搜，再到林俊杰演唱会场外惊现“万人大合唱”，湖南人曾毅在南昌站演唱会“现场认亲”……不断上演的“名场面”无不彰显着南昌演艺市场的火爆。

演出艺人的“咖位”之高和排期密度之大，吊足了观众的胃口。据悉，今年南昌预计要举办20余场演唱会，下半年仍将有一大批流量歌手登临南昌献唱。当高品质的演唱会不再是一线大城市的专属，南昌应如何接住这“泼天的富贵”呢？

“盛”得住大城市的“溢出效应”。仅2023年上半年，全国营业性演出（不含娱乐场所演出）场次19.33万场，同比增长400.86%。究其原因，一方面是此前因疫情而被抑制的文娱消费需求的爆发，另一方面，大量疫情期间已签约项目需要履约。对主办方而言，一线城市场馆排期饱和，且租金昂贵、审批程序复杂，下沉是最优选。而在新晋网红城市南昌眼里，这些追看演唱会的年轻人无异于“行走的GDP”，抢抓演出市场自然是必出之招。

“容”得下演艺市场的旺盛需求。相比一线城市日常演艺市场的饱和，二、三线城市对高质量演出的需求日益旺盛。对于此前演艺经济并不太活跃的南昌来说，市民对家门口演唱会的热情从未减退。据统计，2023年以来南昌共举办大型音乐演出活动15场，吸引观众超过53.22万人次，其中外地游客占比65.6%，本地市民占比34.4%。环顾四周，不论是上海、广州、深圳等一线城市，还是武汉、南京、杭州、长沙等“新一线城市”，距离基本在600公里范围内，通达便捷的交通让外地歌迷奔赴南昌观演成为现实的可能。

“撑”得起办演唱会的城市信心。精准把握文化消费新“爆点”，江西在2023年启动“唱游江西”计划。“有朋自远方来，不亦乐乎！”

寻梦滕王阁景区台阶屏、一江两岸灯光秀点亮张杰演唱会宣发，一曲《天下》响彻万寿宫历史文化街区。明星个人演唱会异常火爆，临时加场申请一递交，相关职能部门“秒批秒办”，服务效率赢得各方点赞。为让外地观众体验宾至如归的服务，南昌推出行李免费寄存、地铁延时运营、提供专属福利等贴心措施，极大地提升了观众的游玩体验，彰显了南昌对全国各地游客的诚意。

二

演唱会经济本质上是一种注意力经济，能够在短时间内聚人气、聚财气。那么，越唱越红的演唱会经济能给南昌带来哪些新商机？

倒逼演艺产业链条延伸。“爆单”的演唱会触发了演出经济，曾有演出商算过一笔经济账：一个标准户外体育场单场容纳人数约5万人，以平均1000元一张票价来估算，预计满场的演唱会票房5000万元。不单是票房经济，整个城市的演艺市场都将盘活。演唱会筹备中涉及场地租赁、舞台搭建、音响灯光设备、安保措施等多方面，能够吸引更多的文化从业者参与到相关产业链中，促进音乐、舞蹈、戏剧等表演类艺术以及相关的设计、制作和销售等文化创意产业的发展，凝聚起城市的文化软实力。

带动食宿餐饮消费暴增。随着跨城观演人数比例大幅攀升，酒店、餐饮等行业迎来客流高峰。酒店是演唱会经济的受益者，就南昌国体中心周边酒店来说，客房入住率在演唱会期间明显提升，同比增长约10个百分点。而周边餐饮销售额比平时增长了超过30%。据国体中心一家烧烤店店长介绍，“如果是演唱会当日晚上，客流能达到平时3倍左右”，这无疑显示出演唱会对餐饮业的拉动作用。

助推文旅市场强劲升温。演艺市场的活跃，让新一轮文旅生态竞争赛道显现。不少明星主动打卡品尝当地美食、游玩景点。例如，蔡依林为南昌美食“打Call”：“南昌美食虽然有一点辣，但是辣得很过瘾！”林俊杰发出微博：“乖，来喝汤了！南昌闻名的皮蛋肉饼瓦罐汤。”除了明星本人，天南地北的歌迷们都来南昌“碰头”，总会撬动周边消费，带动城市的旅游、购物、娱乐等产业发展，激发旅游行业新活力。

演唱会繁荣的背后是浓浓的烟火气。演唱会经济的触角延伸到多个行业，许多经营者都能从中分享红利，这既是发展的指向，也是民生的归旨。

三

为了一场演唱会而奔赴一座城，俨然成为当下年轻人的旅行新风尚。但也必须承认，举办大型演出活动也是对当地城市管理、公共服务水平的一次重大考验。

那么，南昌如何通过演出经济打开城市文旅消费的新局面，让流量成为“留量”，实现“曲终人不散”，笔者认为关键要做到以下三点。

多一些贴心暖心服务。音乐盛宴的本质是一场人与城市的邂逅，切勿让一时的糟心毁了“一场舒心”。大到及时审批演出项目，力求“周周有演出”，小到打车载客、行李存放、设施维护，甚至碰到恶劣天气时提供“大礼包”“遮雨套餐”，这些都能彰显出城市的温度和诚意。多一点友善、亲切的司机大哥、多一点贴心，暖心的保障服务，为消费者提供更细致、更优质的文化消费体验，才是让游客变“回头客”，把流量变“留量”的关键。

多一些特色演出项目。除了引进高品质的演出外，更需要立足自身的特色优势，打造出与当地历史底蕴、人文气质匹配度更高的特色演出项目。这既可以是零门票、零距离、零商业的路边音乐会，也可以是历史文化街区里的全天候沉浸式文旅项目，还可以是具有城市品牌特色的“音乐小镇”“戏剧小镇”。这种从当地文化滋养生长出来的“小美特精”的根植性演出，才更具有本土性和烟火气，从而与游客实现同频共振。

多一些文旅融合的新业态。演唱会一头连着观众，一头连着市场，是经济、文化、旅游结合的纽带与桥梁。今年以来，涌现出“演唱会+文旅”“艺术节+文旅”“漫展+文旅”等新业态新场景，这种联动盘活了传统文旅市场，撑起了活动举办城市的文旅消费新格局。可以预见，文化活动的引领将为旅游产品和服务创造更多新的价值和生存空间。

作者：邓绪娟　李梦玉

2024 年 6 月 24 日

年轻人为什么拒绝“牛马三件套”

“牛马三件套”折射出年轻人怎样的复杂心态和人生状态？年轻人在“牛马三件套”的揶揄与调侃中，找到了某种乐趣和勇敢，但调侃背后隐藏的社会现实更值得我们关注。

最近，“房贷、车贷、传宗接代”在网络上被一些年轻人调侃为“牛马三件套”，意思是一旦被这三种事物牵绊，人生就如同牛马套上了枷锁，需要终生为之奔波努力。更有人发出了“不婚不育，芳龄永继；无车无房，生活乐享”“可怜天下父母心，不生孩子我省心”的感叹。与之而来的，是持续下降的结婚率和生育率、依旧低迷的楼市和车行。

为什么现代年轻人高喊着拒绝“牛马三件套”？这背后折射出年轻人怎样的复杂心态和人生状态？又该如何帮助他们解开“牛马”的枷锁？

一

有人总结了当代年轻人的“必经之路”：奋笔疾书的高考，疲惫工作的单休；满怀期待的长假，挥手离别的不舍；月初扣款的“花呗”“月付”，月底总结的汇报、PPT；还有父母老去的焦虑、子女成长的一地鸡毛。

曾经，年轻人的奋斗目标是拥有属于自己的房子、车子和幸福美满的家庭，所以即使是背上了房贷、车贷，大家对未来也依然充满信心。然而，在当今这个快节奏、高压力的时代，年轻人被“加班文化”“内卷竞争”以及物质追求所裹挟，自己就如同不断耕耘的“牛马”，身上背着“房贷、车贷、传宗接代”的枷锁，眼前是充满不确定的人生旅途。于是，不少年轻人开始选择“丁克”“躺平”“月光”等生活方式，更是以“无车贷，无房贷，无后代”的“三无”方式对抗“牛马三件套”的现实压力。

这种看似消极的生活姿态，实际上是年轻人在沉重的生活和职业压力下催生的观念转变和无奈抗争。“牛马三件套”的背后，折射出的是年轻人对就业、医疗、生育、养老等方面的焦虑和担忧，也在一定程度上反映出年轻一代更加重视个人的幸福感、生活质量以及对自由和个性的追求。

二

年轻人拒绝“牛马三件套”的背后，既有客观的现实原因，也有主观思想觉醒的影响，我们既不能简单粗暴地否定，也不可置之不理、任其发展。

买又买不起。年轻人不想买房买车吗？不想看着自己可爱的孩子成长成才吗？答案一定是否定的。但随着婚姻、家庭生活成本飙升，结婚买房、彩礼、生育养育，成本高昂。房贷车贷、养娃育儿，掏空了年轻人的钱包，“买房＝花光六个钱包＋担心烂尾＋各种税费+30年房贷压力+失业焦虑”，“生娃=胎教+陪读打卡+课外培训+作业辅导”。两个等式下来，年轻人不得不开启“励志打拼”的“牛马人生”，兢兢业业地工作以维持本就微薄的收入，随之而来引发出“牛会哞，马会叫，牛马会收到”“不婚不育保平安”的自嘲。

卷又卷不动。面对竞争日趋激烈的就业市场，优质的工作机会本就不多，在学历、经历、能力的多重筛选下，年轻人为了找到一份合适的工作需要付出巨大的努力，还要随时面临可能被“优化”的焦虑。当“007”“996”的加班“内卷”成为常态，却得不到与之相匹配的职业晋升和收入增长，使得年轻人没事干的时候开始抑郁，有事干的时候又要焦虑，没有共识就开始内耗，有了共识就要“内卷”，这让年轻人对未来感到深深的迷茫和失望，就如同一直在原地蒙眼打转的“牛马”一样，身心俱疲。大家只能无奈选择拒绝“牛马三件套”的“低欲望模式”来实现妥协，通过减少压力和责任，来缓解内心的焦虑和痛苦。

躺又躺不平。很多时候，社会对成功的定义仍然较为单一。比如，读书时是成绩好、懂事早，工作以后则是薪水高、有房车，再后来则是结婚早、生娃快。这也使得很多年轻人在自我认知上产生困惑，他们发现，努力追求的目标并不能带来真正的幸福。相比世俗定义的“成功”，年轻人更加注重个人的发展和内心的满足。于是，他们开始寻找新的生活方式，用租房和乘坐公共交通省下的钱去旅行、读书、学习一门手艺等，用一种更轻松、自在的生活方式，追求自己真正感兴趣的事物，享受生活的美好。“岁月静好”与“一地鸡毛”相比较，越来越多的人发出拒绝“牛马三件套”的感叹也情有可原。

当然，暂时的自由并不意味着逃避责任。许多追求岁月静好的人同时也是理性的思考者，他们冷静地分析房贷车贷与家庭消费的杠杆关系，对比工作事业和养育孩子的精力分配。当下不适宜买房婚育时，他们是活在当下、享受生活的单身主义者。当缘分怦然而至，机会正当其时的关头，他们也会果断出手，安家置业，选择过上“卷”“躺”之间的“45度人生”。

拒绝“牛马三件套”并不意味着简单的妥协与撤退，更多的时候代表着年轻人在有限的空间内和暂时的人生阶段中面对生活的一种自洽。

三

年轻人在“牛马三件套”的揶揄与调侃中，找到了某种乐趣和勇敢，但调侃背后隐藏的社会现实更值得我们关注。

我们总说，年轻人是时代的“生力军”，一个时代的精神风貌，总是在年轻人身上得到最生动的体现。当发展的“接力棒”历史性地传到他们手上，随之而来的却是对自己“牛马”“韭菜”的怀疑与否定。

一代人有一代人的使命，一代人也有一代人的困境与难题。关注他们、帮助他们、引领他们、成就他们，为他们解开“牛马”的束缚，让更多“骏马”在辽阔的山海中自由奔腾，是时代的永恒课题，也期待每个年轻人的答案。

相信相信的力量。咬紧牙关，按部就班地买房买车、娶妻生子也好，选择“人生苦短，及时行乐”也罢，生活方式的不同，源自个人的发展境遇和思想观念，没有那么多是非对错、高低上下之分。年轻人，是创新的一代人，也是试错的一代人。他们需要得到更多的理解和尊重，理解他们的生活方式，尊重他们的价值追求和选择。我们要抛开所谓的传统、世俗、功利的评判标准，少一些“垮掉的一代”“叛逆的一代”“一代不如一代”的质疑，充分相信年轻的力量，多一些信任和包容，多关注年轻人的内心世界，帮助他们更好地实现自我价值。

热爱有爱的生活。房贷背后，不只是冰冷的数字和机械化的催缴，更是结束一天劳累的工作，推开家门后，餐桌上那一碗热气腾腾的清汤面；车贷背后，不只是分期的压力和油价、保养、保险的支出，更是带着爱人亲友，行驶在乡间小路时窗外飞过的白鹭和不绝的蝉鸣；孩子并不仅仅意味着“可怜天下父母心”，还有看着他一点点长大成人，第一次叫爸爸、妈妈，第一次离家上学的无数个瞬间。我们戴上“牛马三件套”的同时，也扛起了家庭的责任和重担。年轻人要始终保持对生活的热爱和希望，眼光放远、步子放大，把未来负重前行的每一步，都变成与爱人家人和衷共济、共同奋斗的必经之路。

用好管用的举措。处于事业起步阶段的年轻人，难免会遇到一些现实困境。这需要政府与社会更加关注年轻人的所思、所忧、所盼，聚焦毕业求职、创新创业、住房保障、子女教育等方面的操心事、烦心事，拿出实实在在、务实管用的真招实招，在关键处、要紧时拉一把、帮一下，努力为青年创造更公平、更有活力的发展环境，让他们感受到关爱就在身边，关怀就在眼前，帮助他们顶过压力，发展成才。

没有人永远年轻，却永远有人正年轻。成功的定义有千万种，一时的得失、成败、荣辱都算不了什么，有时候收拳是为了更好地发力。

作者：李　敏

2024 年 8 月 8 日

警惕“历史的垃圾时间”的叙事陷阱

“历史的垃圾时间”论调越是泛滥，我们越是要锤炼在意见洪流中保持清醒的思想定力。与其在自我预设的“垃圾时间”里自怨自艾，不如主动融入时代发展的洪流之中，用实际行动诠释青春价值，演绎灿烂人生。

近段时间，“历史的垃圾时间”这种论调在社交媒体上迅速蹿红，并引发持续热议。按照网友的说法，“历史的垃圾时间”最早是由奥地利经济学家米塞斯提出，用以形容某一历史时期，社会进程偏离经济规律，个体力量难以扭转局面，社会整体面临难以逆转的失败趋势。

无疑，这一带有煽动性的话语成功地让一些个人际遇不佳的人“破了防”，他们将个人遭遇的困境归咎于社会的不公，在一番指桑骂槐、生搬硬套后，便妄自断言“我们已经进入了‘历史的垃圾时间’”。“历史的垃圾时间”论调为何会兴起？这一论调本身在逻辑上是否站得住脚？对于网络热词的井喷现象，我们又应当采取何种态度？这些问题，值得我们深入探讨。

一

“历史的垃圾时间”这种论调能传播开来，背后有错综复杂的原因。

新奇论调迷惑了大众的眼球。从“世界是一个巨大的草台班子”到“历史的垃圾时间”，这些人为杜撰的“名人金句”，在网络上迅速蹿红，化身为网友竞相转发的“人间智慧”，其原因在于，虚假信息更具有刺激性和争议性，相较于真实信息更易捕获公众的注意力。这类言论独具一格的表达方式容易激发人们的好奇心，在情感层面也满足了部分群体“洞悉世间万象”的内心需求。因此，人们常常不经意间忽略了对言论真实性的考量，转而沉溺于利用这些负面言论对周遭种种不如意的际遇进行归类和批判，而这也进一步加剧了认知的偏差与混乱。

“奋斗无用论”困住了思考。作为怀揣梦想的年轻一代，内心充满对未来的憧憬与奋斗的热情。然而，由于相对匮乏社会经验，自我认知尚未完全清晰，他们在设定人生目标时，容易忽略现实的复杂挑战，掉入理想化的误区当中。当理想在现实面前碰壁时，巨大的心理落差会给他们带来深刻的挫败感。在此背景下，“历史的垃圾时间”通过外部归因，给他们提供了心理上的自我安慰。其实，从早期的“佛系”，到后来的“躺平”，再到如今的“历史的垃圾时间”，虽说法各异，但核心都指向所谓的“奋斗无用论”。毋庸讳言，“奋斗无意义”这种观念确实被部分青年群体认可甚至追捧，他们借此表达内心不满与困惑的同时，也在寻求暂时的精神慰藉和自我认同。

网络乱象助长了谣言传播。在网络上，一些缺乏责任感的媒体和个人，为了博眼球、博流量，往往有意夸大和散布未经证实的信息，这些行为极大地加剧了网络谣言的滋生与蔓延。部分网友在看到此类谣言时，常常不加核实便直接转发扩散，无形中充当了谣言传播的加速器。同时，网络信息监管也存在滞后问题。“当真相还在穿鞋的时候，谣言已经跑遍了半个世界”，不实信息传播速度非常快，而相关的监管难以及时有效对其进行全面的追踪处理。此外，“流量至上”的扭曲价值观也在背后推波助澜，促使网络平台在监管时容易“睁一只眼闭一只眼”，从而加剧了谣言的泛滥态势。

二

“历史的垃圾时间”论调热意味着需要更多冷思考。

首先，就学术严谨性而言，“历史的垃圾时间”这一论断的真实性完全站不住脚。已经有学者指出，在米塞斯的诸多代表作中，均“查无此句”。进一步地，笔者通过广泛检索中国知网、超星等权威学术资源平台，无论是以“篇名”“关键词”还是“全文”进行搜索，均未发现直接论述“历史的垃圾时间”的学术论文。这一现状强烈暗示，该概念在学术界并没有形成公认的理论基础，其作为学术名词的根基显得尤为薄弱，近乎无源之水、无本之木。

再者，“历史的垃圾时间”这一论断经不起历史的检验。网友常提及的黄巢之乱后的唐代、万历之后的明代、甲午战争之后的清朝等所谓典型的“历史的垃圾时间”，虽表面上看是历史的低谷，实则是思想激荡、时代转型的孕育期，昭示着新秩序与新繁荣的到来。每个历史阶段都是历史链条上不可或缺的一环，彼此相互交织，共同推动历史演进。将某一时期轻率打上“垃圾时间”的烙印，不仅是对历史整体性的粗暴割裂，更是对历史内在规律的深刻误解。

此外，关于“历史的垃圾时间”的界定标准本身就充满了主观性，无论是基于政治变迁、经济波动还是文化兴衰的考量，都无可避免存在个人立场和视角的局限，这使得关于“历史的垃圾时间”的认定无法形成广泛和客观的共识。

最关键的是，“历史的垃圾时间”这一论调不利于理解和解决现实问题。当前，网络上将“历史的垃圾时间”作为万能借口的倾向悄然蔓延，谈及投资必称“历史的垃圾时间，不做任何投资”，谈及工作也说“历史的垃圾时间里不必太努力”，字里行间透露出强烈的无奈感和无助感。

当代青年并非缺乏斗志，而是被一股从“丧”到“佛系”、从“躺平”到“垃圾时间”的亚健康文化模糊了价值判断和价值追求。他们试图通过在所谓的“垃圾时间”里采取“躺平”策略对抗现实压力。可实际上，这种抵抗的姿态非但无法触及问题本质，反而会逐渐侵蚀他们原有的斗志，最终陷入低质量的工作和生活循环当中，在社会发展中日益边缘化。

三

对于“历史的垃圾时间”等网络热词的“井喷”，我们又应当采取何种态度？

冲破叙事陷阱，保持“任尔东西南北风”的定力。网络亚健康文化潜移默化地影响着每个人，但并非所有人都能敏锐洞察并巧妙化解。正如北大光华管理学院院长刘俏所说，在这样一个破碎而又断裂、充满喧嚣和幻象的世界里，在支离破碎的时间和被割裂的注意力的配合下，深刻的思考终于消失在匆忙和浮躁之中，谎言和极端观点像病毒一样传播，当我们以一种消费的心态，拱手让出独立思考的权利，自知或者不自知地陷入类似“历史的垃圾时间”这样的“叙事陷阱”时，本属理性的争论将经常变成情绪性的宣泄甚至是刻意制造的对立，加剧人们的反智、恐惧、愤怒甚至仇恨。因此，“历史的垃圾时间”论调越是泛滥，我们越是要锤炼在意见洪流中保持清醒的思想定力，学会洞察事物本质，预料其潜在发展趋势，唯有如此方能抵御消极影响，笃定奋斗目标。

识破偏见迷雾，保持“风物长宜放眼量”的视野。当“历史的垃圾时间”成为网络情绪的宣泄口时，我们要警惕少数声音以偏概全，借此抹杀过往、看衰未来。历史长河滚滚向前，有“波峰”自然就有“波谷”。我们创造了经济连续多年高速增长的中国奇迹，这背后是无数人的接续努力。如先辈们在起起落落中选择“躺平”，今日中国之繁荣或许只能是遥不可及的梦想。与其在自我预设的“垃圾时间”里自怨自艾，不如主动融入时代发展的洪流之中，用实际行动诠释青春价值，演绎灿烂人生。

作者：郑伟生

2024 年 8 月 14 日

拆除婚姻登记门槛有何深意

《婚姻登记条例（修订草案）》（下文简称《条例草案》）取消婚姻登记地域管辖和持有户口簿的必备条件，就是着眼于让年轻人更便捷地完成婚姻登记，其中既有为结婚“减负”的考量，也饱含了最大限度成全美好爱情的良苦用心。

近日，《条例草案》开始向社会征求意见，该草案一经发布就引发广泛关注，尤其是废除了过去结婚登记必须要户口簿的条件，更是引发了全网热议。

有人举双手赞成，认为婚姻登记手续简化是时代的进步，是对“婚姻自由”原则的有力重申，意在鼓励人们勇敢追求真爱。也有人摇头叹息，说婚姻是神圣庄重的，缺乏户口簿的“过滤”机制，对于涉世未深的年轻人来说，如何预防不良婚姻将会成为新的难题。此番从政策层面拆除婚姻登记门槛有何深意？失去户口簿制约的年轻人，又该如何对待自己的幸福？

一

过去，人们领证结婚必须备齐两个物件，一是身份证，二是户口本，材料不齐结不了婚。正是这样，多年来关于“婚姻登记很麻烦”的声音一直不曾断绝过。

同样在过去，婚姻登记必须在一方户籍地办理，这让不少远离户籍所在地的人大费周章。“为爱奔波”成了一项大工程，得千里迢迢返回户籍所在地登记结婚，不仅费时费力，还造成了诸多不便。这些规定让婚姻登记显得颇为麻烦，而年轻人最怕麻烦。

“麻烦”似乎在一定程度上影响了人们结婚的意愿。联想到当下“80后”“90后”甚至“00后”群体中晚婚、不婚等现象，如何破除结婚登记中的“麻烦”似乎正成为当前必须应对的现实问题。往深处看，结婚率持续低迷的背后，既有年轻一代婚恋观的转变，也有家长介入、陈规陋习等世俗因素的阻扰，尤其是掏空家庭的高价彩礼，让不少年轻人“不敢结、不想结、不愿结”。

针对上述现象，《条例草案》规定，凭身份证就能登记结婚，新人在婚姻中拥有绝对的自主权，这既简化了婚姻登记手续，也最大程度减少了世俗的干扰，从程序层面让婚姻回归两情相悦、相濡以沫的本质。

当然，也有不少人担忧，懵懵懂懂的小年轻没有户口簿随便和别人结婚怎么办？瞒着父母结婚再生出一堆孩子又如何是好？尤其是长辈对年轻人在没有家庭“把关”的前提下可能盲目领证表现得忧心忡忡。其实，这种观点恰恰反映了长期以来人们对家庭干预年轻人婚姻的默许。我国男性法定结婚年龄不得早于22周岁，女性不得早于20周岁。进入法定婚龄的人都是成年人，对于婚姻这件人生大事，完全可以独立判断、独立思考。选择谁作为自己的人生伴侣，家庭应该把选择权交给他们。

可以说，这一次《条例草案》取消婚姻登记地域管辖和持有户口簿的必备条件，就是着眼于让年轻人更便捷地完成婚姻登记，其中既有为结婚减负的考量，也饱含了最大限度成全美好爱情的良苦用心。

二

过去，在一些家庭中，户口簿事实上成了不少父母拿捏晚辈婚姻的手段。如今结婚登记无须户口簿，这可以看作是彻底拆除了婚姻登记门槛。那么，这一举措基于什么现实考虑，其中又有何深意？

重申婚姻自主。长期以来，户口簿作为家庭关系的象征，父母对子女婚姻的影响常体现在对户口簿的把控上，这在一定程度上阻碍了婚姻自主，甚至成为家庭干预婚姻的工具。而如今，婚姻登记剔除了户口簿的必要性，让不少网友调侃道：“丈母娘的户口簿大权，看来要消亡殆尽了。”新的政策减少了家庭、户籍等外在因素的干扰，将婚姻的选择权交还给个人，让每一对恋人能在两情相悦、双向奔赴的基础上，轻装步入婚姻殿堂。可以说，办理结婚登记不再需要户口簿不仅是对婚姻登记流程的简化，更是对“婚姻自由”原则的重申。

拆除婚姻登记门槛。随着社会进步和信息技术的发展，全国婚姻登记信息已实现大数据联网，民政部、公安部通过部门间信息共享，可以有效防止重婚、骗婚等现象发生，居民身份证逐步实现了身份信息集成统一、多证合一。另外，自“跨省通办”试点及各地区实施“跨市通办”“全省通办”以来，事实上就已经打破婚姻登记必须在一方户籍所在地的限制，为拆除婚姻登记门槛提供了实践基础。此前社会对取消婚姻登记户口簿的限制呼声已高，此番政策落地，可以看作是回应民生关切、有效便民利民的务实举措。

客观上遏制高价彩礼。在网络曝光的天价彩礼案例中，部分父母或长辈对结婚彩礼“狮子大开口”，一些年轻人感叹“结不起婚”、被“棒打鸳鸯”、有情人不能终成眷属，甚至由此引发悲剧的案例屡见不鲜。现在凭身份证就能登记结婚，父母就少了一个“拿捏”子女婚姻的手段。子女在婚姻中拥有绝对的自主权，只要他们愿意，可以不谈彩礼、不谈“三金”，拿着身份证随时都可以领证结婚，这让家长不再对彩礼具有程序上的强制力，一定程度上扫除了天价彩礼等不良风气，客观上也有助于让婚姻始于“爱”、让彩礼归于“礼”。

三

结婚登记材料在变少，结婚登记程序在变简，但“执子之手，与子偕老”的婚姻真谛从未改变。当婚姻自主权交给年轻人，社会和家庭该如何对待他们的爱情？年轻人自己又该如何对待自己的婚姻？

为自己的选择负责。婚姻终是人生大事，关乎一辈子的幸福。虽然婚姻登记所需的材料在减少，婚姻登记流程在简化，但并非鼓励年轻人“随便”结婚，而是倒逼年轻人为自己的婚姻选择负责。闪婚闪离，既是对婚姻的亵渎，也是对幸福的背叛。其实，婚姻的本质并没有变，真正幸福的婚姻，感情与责任缺一不可。在婚姻的选择中，应保持审慎，需要深思熟虑，绝不能搞“一见钟情”式的闪婚。在追求婚姻自由的同时，也应时刻牢记“执子之手，与子偕老”的传统美德，肩负起婚姻赋予的责任与义务，为自己的选择买单。

尊重两情相悦的爱情。在决定自己的婚姻时，年轻人要多给年长者一些尊重，多听取父母和亲友的意见和建议，不能将婚姻视作儿戏。年长者也应给年轻人多一点信任，相信他们的慎重选择，尊重双方的爱情，绝不能越俎代庖、大包大揽。父母在孩子婚姻中的角色应该是引导者而非决定者，可以多用开明、理性的态度去引导孩子为爱奔赴、经营幸福。社会也要营造宽松包容的环境，倡导正确的婚姻观，让每个适龄的成年人都拥有属于自己的爱情。

期待更多年轻人拥抱婚姻。男大当婚，女大当嫁，婚姻自古以来都是一桩美事。但近年来适龄青年结婚率持续走低，引发社会担忧。民政部发布的《2024年二季度民政统计数据》显示，今年上半年结婚登记人数为343万对，较去年同期减少了49.8万对，仅为 2014 年同期的一半左右，创下近十年的新低。全社会都应为适龄年轻人创造有利条件，鼓励更多年轻人勇敢追逐爱情、珍惜对的人，阔步走进婚姻的殿堂。相关部门也要加强婚姻教育和提供法律咨询服务，开展必要的婚前辅导，提升年轻人对婚姻的向往，鼓励更多适龄青年大胆追求爱情，积极拥抱婚姻。

作者：祝中炎

2024 年 8 月 20 日

年轻人为什么爱“奔县”

“漂”也好，“留”也罢，无论选择逐梦繁华还是归守乡野，故乡始终是魂牵梦萦的地方。

从“县城贵妇”“县城旅游”到“县城文学”，最近一段时间，“县城”成为继“中产”之后，又一个全网热议的话题。“小城故事多，充满喜和乐。若是你到小城来，收获特别多……”20世纪80年代，“甜歌皇后”邓丽君的一首《小城故事》火遍大江南北。40余年后的今天，越来越多的年轻人却选择逃离北上广深，回到家乡的那座小县城。这背后折射出怎样的社会变迁与价值选择？

一

每一年，都能在当季社会风潮中，看到年轻人与众不同的精神状态。“世界那么大，我想去看看”，“人生是‘旷野’不是‘轨道’”，“裸辞寻找人生意义”……今年，去小城旅行意外爆火，大家齐聚在小城中心，打量着县城的边边角角，发现小城被低估的风景与烟火，追寻精神安稳、内心安定的愉悦体验。

一直以来，北上广深作为国内一线城市的代表，以其繁华的经济、丰富的文化和便利的生活设施吸引着无数追梦者。每年毕业季，数以万计满怀激情和理想的“小镇青年”奔赴这里，期待实现自己的价值。他们笑称自己为“京漂”“沪漂”。一个“漂”字，既是年轻人追逐梦想的鲜明标志，也流露出一种无所依靠的无奈。

如今，经历了高房价的打击、通勤时间的焦虑以及独在异乡的漂泊无依后，“离开大城市，返回小地方”成为不少年轻人的集体选择甚至集体自觉，回到“走不出”的小城当“县漂”成为更多年轻人向往的生活。

二

与一、二线城市相比，县城里有一个更接地气的中国，也有一个更开阔的世界，“节奏慢”“压力小”“离家近”“工资待遇差距不大”是年轻人选择回县城的理由。

“人家”变“家人”。几万一平方米的房价、数小时的通勤时间、“月亮不睡我不睡”的工作节奏都是让打工人下定决心返乡的关键，毕竟相对于县城，大都市发达的经济、优渥的教育医疗条件、富有吸引力的薪酬都是“硬核”竞争力。唯独在夜深人静时，在独居小单间里，猛然起身却撞到桌角，疼到飙泪的瞬间，击破无数年轻人心底的防线。大城市里，大家都是天南海北相聚的“人家”，回到家乡，面对的都是从小看着你长大的“家人”，是儿时吃过的那家炸串、楼下的早餐铺，是路上三三两两的亲戚熟人，是小城的一草一木、人际关系、情感网络，是久违的松弛感、烟火气、人情味。

“工资”换“生活”。智联招聘发布的《2024大学生就业力调研报告》显示，2024届毕业生签约三线及以下城市的比例升高2个百分点，占签约总体的1/4，就业市场下沉趋势初显。曾经，很多人以为一线城市代表着繁华、滋养着梦想、充满着机会。在经济增长节奏放缓、就业压力增大的当下，我们猛然发现，繁华跟自己无关，梦想在现实面前不堪一击，工资依然赶不上下跌的房价。于是，我们开始对大城市祛魅，开始回想起县城的小美好，开始期待日出时和工作携手、日落时和爱人相拥的“一屋两人三餐四季”生活，加上扣除房租、交通等成本，一些工资待遇实际和大城市的小县城相差无几，“回县城”的计划一步步提上日程。

“落后”与“下沉”。从地域看，县城作为乡村与城市之间的过渡地带，既保留了乡村的宁静与淳朴，又融入了城市的现代气息，是介于都市和乡村的“第三空间”。许多时候，我们对小县城天然带有几分偏见，认为县城就代表着低矮的自建房、老旧的街区、贫匮的精神生活。然而，随着经济的发展、时代的进步，小城也有高楼大厦、霓虹闪烁以及成熟的生活配套。随着大城市消费品牌逐步下沉，城市的差距日渐缩小。在大部分人逐梦大城市的时候，小县城的经济机会与发展空间为年轻人提供了“战术退却”的广阔天地。同时，这些带着外部世界的知识、信息、观念与生活方式回去的年轻人，也在无声地推动着“小县城”转型开放，实现人与城市的“双向奔赴”。

三

无论是千帆过尽还是夜深人静，人们总是对当下的处境充满犹疑。

难免“回头望”，望向自己人生的一个个岔路口，幻想自己如果选择了不一样的道路，是否会有更加轻松、精彩的人生境遇。因为没有选择县城，所以县城就成了烟火朦胧的“诗与远方”。但是，我们把县城描绘得再美好，收入减少、职业发展受限、文化生活匮乏等一些现实问题依旧横在眼前。讲好记忆中的那个“小城故事”，还需要我们共同的努力。

让“慢车”也能到“罗马”。尽管各地经济政策和人才政策重心逐步向县城倾斜，县城也逐步拓宽了一些就业空间，但是，产业结构和门类相对单一、大企业和高新产业相对缺乏的现状依然存在，优质的工作岗位不足也是客观现实。就业和经济紧密相连，打造县城经济的核心竞争力，关键在于立足本地资源禀赋，结合地方特色，着力培育具有本土特色的企业，多措并举强化人才支持，打造一批规模化、优质化、品牌化的特色产业，让年轻人记忆里惬意平凡的“人生来处”成为生机盎然、活力十足的“创业归途”。

让“小城”也能“故事多”。“北上广容不下肉身，三四线放不下灵魂”。应该看到，在县城硬件短板逐渐补齐的趋势下，精神文化等软件短板开始不断凸显。除了物质生活的快速发展，年轻人同样期待精神、文化领域的重塑。帮助年轻人实现“精神返乡”，要求我们在城市建设和更新过程中更加聚焦被忽视的自然风光、风物特产、民俗文化等独具特色的县城资源，主动掌握符合年轻人审美需求和互联网传播规律的推介手段，及时丰富精神文化生活，让“小县城”的迷人魅力被看见、被发现、被向往。

让“回头”不必撞“南墙”。在大小城市间兜转后，许多年轻人会再一次选择“杀回”北上广深等大城市。社交平台上，这群年轻人被称为“回笼漂”。在这个语境下，一线城市被视作“蒸笼”，“回笼”则意味着斗志与激情被重新点燃。他们明白在大城市立足的不易，但依然愿意用宝贵的青春放手一搏。大城市与家乡的来去之间，见证着年轻一代的希望和失落。无论是“离开”还是“回笼”，都是调整与试错的过程。我们更应该充分包容和尊重这种宝贵的英雄主义，给年轻人更多选择的机会、犯错的空间、兜底的保障，让他们可以更加理智、从容地选择自己的生活方式和人生道路。

站在县城高点，不难嗅到田间的稻香，也不难望见遥远的高楼大厦。“漂”也好，“留”也罢，所有异乡游子都是家乡骄子，无论选择逐梦繁华还是归守乡野，故乡始终是魂牵梦萦的地方，是心灵栖息的港湾，它始终陪伴着你，鼓舞着你，见证着你，包容着你，等待着你。

作者：李　敏

2024 年 9 月 4 日

◎第五篇章

时代先锋

“最美环保人”美在何处

今年6月，吴新胜入选“2023江西最美环保人”。
站在聚光灯下，发生在他背后的故事愈发引人关注。

天刚蒙蒙亮，吴新胜收拾好装备，奔向鄱阳湖余干水域各入河口，开始了一天的水质监测采样工作。这是吴新胜日常工作的一幕，自从来到余干县生态环境局监测中心工作，他就在这里扎下了根，甘当呵护绿水青山的“生态卫士”，一干就是10年。

今年6月，吴新胜入选“2023江西最美环保人”。站在聚光灯下，他的事迹引发人们的关注——先后参与鄱阳湖科学考察、全国第二次污染源普查、2020抗洪抢险等重大工作，获得江西省科技进步奖一等奖、国家级表现突出先进个人、抗洪抢险先进个人。

一

鄱阳湖水域面积有20%在余干境内，信江有112公里流经余干。做好余干境内的水样监测，对于鄱阳湖水域生态保护尤为重要。

提到水样监测，普通人可能认为这份工作就是整天穿着工作服，心无旁骛地在实验室捣鼓各种仪器，不用风吹雨淋，也不用操心琐碎的日常事务。吴新胜坦言："其实远没有想象得那么轻松，水质采样是最基础的工作，风吹雨淋是常事，为了保证环境监测数据的准确性和真实性，每个监测人员都要打起十二分的精神，容不得半点马虎大意。一旦接到紧急任务，大家都会加班加点，克服各种困难，确保第一时间完成样品的交接、分析工作。"

时间回拨到2013年。吴新胜刚参与鄱阳湖科学考察项目，当时他率领6人的团队开展水质监测、水样采集等基础研究。"我是学环境科学专业的，所以主动要求到沿江沿湖一线去收集数据。"但由于时间紧、任务重、标准高，加之数据全靠人工采集，这对刚开展水质采样工作的吴新胜来说，压力不小，"为了获得最精准的水质数据，我们加班加点，从采样、实验分析到数据汇总都是我们亲自做，经常干到凌晨2点，大家劲头都很足！"

鄱阳湖科学考察让吴新胜积累了丰富的实操经验，由于表现突出，他和省监测中心团队研究的课题获得江西省科技进步奖一等奖。

"这次科考是对自我本领的一次大提升，很多经验都是从那时候积累的。"让吴新胜印象深刻的是，有一次去黄金埠镇信江河段应急采样，尽管当时狂风暴雨、河水湍急，但吴新胜和同事晚上10点接到通知后毫不犹豫地奔赴现场，正是凭借着此前积累的经验和过硬的技术，最终顺利完成任务。

二

"全县第二次全国污染源普查的重担交给你了。"为了准确记录排污口的类别、位置及规模等信息，吴新胜总是冲在前面，沿河沿湖摸排清查，到点到位，不断采样监测。

“对入河排污口清查表格进行登记，对每个排污口进行经纬度定位并现场拍摄照片，与排污口管理单位或业主单位工作人员进行沟通交流……我们力求每处排污口清查资料做到详尽、真实。”吴新胜指着办公室一侧的资料柜说，“这都是我们一步一个脚印慢慢积累的原始档案。”

业内有句话这样描述污染源监测研究：风里来雨里去，泥巴地里滚一滚，一年四季不停歇。身为这支队伍中的一员，吴新胜在工作中是不惧风雨、不怕困难的硬汉，但他也有柔软的一面，在他心底永远潜藏着对妻子的那份愧疚。“你这个爹真是捡来的！”这是妻子临产时对吴新胜说的一句话。当时正值对第三方入户调查数据进行审核与统计的关键时刻，吴新胜难以抽身陪伴待产的妻子。但正是凭着这样一种舍小家为大家的精神，吴新胜顺利完成了入户调查数据采集工作，并撰写了《余干县第二次全国污染源普查工作总结报告》《余干县第二次全国污染源普查数据分析报告》，他也被评为国家级表现突出先进个人。

板凳甘坐十年冷，做研究就要耐得住寂寞。夏夜，监测中心三楼的化验室还亮着灯，吴新胜和同事正在对白天采集的样品进行水质分析。一间间化验室，流淌着他的青春岁月。“做生态环境监测与研究，有时候几个月都得不到预期结果，之前的努力还可能付诸东流，一切又回到原点。但我坚信，只要样品采集准确，数据分析精准，最终肯定能有收获。”吴新胜坚定地说。

近年来，吴新胜冲锋在环保一线，高质量地完成了总量减排、环境统计、生态红线划分和监测中心相关工作。

三

环境监测工作与群众生活息息相关。监测的每一项数据都关乎群众的生命安全和生活质量。

2022年12月，余干县东街某小区居民反映，楼下一处音乐餐吧在夜间释放噪声扰民，由于没有专业手段监测，居民和该餐吧几番交涉后，问题还是迟迟无法解决，导致投诉不断。接到任务后，吴新胜和执法人员连夜赶赴现场调查和监测，迅速锁定造成影响的声源为餐吧播放的音乐，并监测出夜间音量超出限定的标准范围。准确的数据让商家心服口服，整改后噪声扰民的情况得到显著改善。

十年坚守，初心如磐。

2022年7月，信江流域暴发蓝藻，严重威胁群众饮用水安全。险情就是命令，责任就是使命。迎着高温酷暑，吴新胜在信江流域累计巡测300多公里，观察蓝藻态势，准确掌握蓝藻指标，为后期饮用水安全监测提供科学数据支撑。功夫不负有心人。2022年底，鄱阳湖余干湖区总磷浓度控制达到历史最好水平。“经常可以看到长江江豚在水里嬉戏畅游，作为长江水生生物多样性的旗舰物种，江豚的回归，标志着湖区水质全面向好。”吴新胜笑着说。

有人说，环境监测是一份枯燥乏味的“苦差事”，吴新胜却甘之如饴，若问何以如此，他的回答是：“守护绿水青山是我的使命，后面还有很多工作要做，只要有了目标，路就不会远。”

作者：韩海建

2023年6月18日

追“光”的“90后”教授

他是南昌大学最年轻的教授、博士生导师之一，他是40篇国际权威期刊论文、100余篇SCI论文的作者，他是国家自然科学基金、优秀青年基金等13个基金项目的主持人，是江西省自然科学奖、教育部高等学校科学研究优秀成果奖获得者。他就是胡笑添。

胡笑添，就像他的名字一样，总是笑眼弯弯。身着简单的夹克和牛仔裤，在南昌大学化学化工学院的学生眼里，就像一位邻家大哥。

30岁出头的他，已是南昌大学最年轻的教授、博士生导师之一，是40篇国际权威期刊论文、100余篇SCI论文的作者，是国家自然科学基金、优秀青年基金等13个基金项目的主持人，还是斩获江西省自然科学奖一、二等奖，高等学校科学研究优秀成果奖二等奖的获奖能手。

年纪轻轻的他，究竟是如何在科研领域步步攀升，结出累累硕果的？

启程：拨开云雾　矢志前行

由于在中学阶段接触到了异彩纷呈的光电现象，怀揣着对其作进一步了解和探索的想法，高考填报志愿时，胡笑添毅然选择了南昌大学材料物理专业。

从踏进校园开始，胡笑添便专注于专业学习，课余时间用来泡图书馆是家常便饭，在那里，他常常一坐就是一整天。正当他畅想着未来如何与“光电”进一步打交道的时候，硅基光伏行业却迎来了“寒冬”。

2011年，整体行业不景气，看着不少学长学姐面临着“毕业即失业”的问题，胡笑添心中产生了动摇。“当时，很多人都思考着读研的时候要换个方向发展，我也非常迷茫。光电行业生产出的产品，如LED照明、液晶显示屏幕等给人们生活带来的改变非常显著。从这个角度来看的话，实在是非常有意义，但整个行业的低迷又让我内心有些不安，担心以后会不会没有发展前景。”站在选择的十字路口，胡笑添曾经有过犹豫。

2012年，在确定获得保研资格后，胡笑添在南昌大学前湖校区的材料楼转了一圈又一圈，叩响了一间又一间办公室和实验室的门。“我就是想和老师们聊一聊，看看‘光电’这条路以后到底行不行得通。”就在那时，胡笑添遇到了他的恩师——陈义旺教授。“陈老师一点架子都没有，非常热情，跟我谈了很多。给我记忆最深刻的一句话就是，每一个行业做到极致就是好的，要做优，做到头部。”正是这次交谈，让胡笑添纷扰的内心平静了下来，也坚定了他走新能源发电这条道路的决心。拨开云雾，才更知道心之所向。

跟随导师在太阳能电池领域学习一段时间后，胡笑添被新型薄膜光伏技术领域的很多基础科学问题深深吸引。薄膜光伏电池制备有两种工艺，分别是“干法”和“湿法”。“如果算低碳减排的账，用‘干法’制备时产生的浪费和我们最终得到的能量相比，其实是不划算的，成本非常高。而‘湿法’加工工艺可以说是发挥新型薄膜光伏器件的低成本优势最为兼容的方案。”胡笑添介绍道。

立足江西产业发展需求，着眼于科技成果落地转化，在导师的指导和建议下，胡笑添所在的科研小组接下了被称为“最困难的”湿法印刷工艺探索的任务。但在当时，国内外对于湿法印刷工艺的公开研究少之又少。他们便从零开始，从模仿外国先进技术工艺，到自主探索研究设备、墨水、基材和印刷模式，一干就是3年。

怎么把理论论证变成可复现的实验结果？反复多次的实验并没有给数据成果带来任何改变，这让科研小组的部分成员对方案可行性产生了质疑。但胡笑添没有放弃，一直鼓励团队成员：“我们再耐着性子摸索一下，坚持一下，说不定下次就成功了！”上天从不会辜负每一个努力的人。一年后，他们的研究开始逐渐有了起色，在一次次的实验中，湿法制备的效率不断提升。最终，他所在团队自行研发印刷的透明导电薄膜性能完全超越了传统铟锡氧化物导电薄膜，并实现了大规模量产。

突破：源于生活　用于生活

在攻读博士期间，胡笑添发现了一种具有吸光性质的绿色低碳材料——钙钛矿，它与可穿戴太阳能设备非常契合。

瞄准国家“双碳”背景下的能源战略需求和传统光伏行业分布式发电的技术瓶颈，胡笑添和其所在的团队将柔性薄膜光伏与印刷电子相结合，开始了制备柔性钙钛矿太阳能电池之路。

科研之路从来都不会一帆风顺。刚开始研究钙钛矿太阳能电源时，光电转换效率只有0.2%，这一度让团队十分沮丧，但他们没有畏难退缩。在接下来的3个月里，他们反复地实验，一次次调整细节。“比如说你的片子有没有清洗干净，你的墨水的配比是否正确，我们就是这样反复地去验证，每一步进行单一变量法去排除。”终于，光电转化效率提升了百倍，超过了20%，他们完成了别人眼里不可能的事情。

虽然钙钛矿太阳能电池在柔性可穿戴电子设备等方面具有独特的优势和巨大的应用潜力，但钙钛矿却是块“硬骨头”，怎么把钙钛矿太阳能电池变得更“温柔”，成了萦绕胡笑添心头的难题。

不经意的一个生活细节，让胡笑添产生了一个大胆的想法。他回忆说:“有一次洗澡的时候，我摸着脖子，突然灵光一现。我们的骨头是硬的，为什么脖子很灵活？人体脊柱和颈椎的软硬相结合，能不能对我们做柔性钙钛矿太阳能电池有借鉴意义。”得益于这个巧妙的想法，经过反复实验，他所在团队合成了一种疏水黏性导电聚合物，成功在“硬骨头”间引入一块“软骨”，并由此创造了高效大面积柔性钙钛矿器件的印刷制备，验证了它在小功率器件中实际应用的可行性。

不驰于空想，不骛于虚声，胡笑添及团队继续攻关，自主设计研发“卷对卷”光电器件印刷系统，并实现大面积光电器件制备和印刷装备成果转化和军民融合应用；利用柔性仿生设计，首次实现了印刷可穿戴钙钛矿太阳能电源；等等。

反哺：一份坚守　一份传承

除了科研，胡笑添的肩上扛起的还有“为党育人、为国育才”的使命。

当年，从中国科学院化学研究所毕业后，不少知名高校、科研院所和企业向他伸出了橄榄枝。他却毅然选择了回到母校——南昌大学，加入了恩师陈义旺教授领导的高分子及能源化学研究院大团队，他想要回到自己梦想开始的地方。

反哺母校情义深，启智杏坛人师心。回校工作后，胡笑添也建立了自己的研究小组。“我们小组微信群名是‘刷出一片天’，其主要含义就是突出我们小组印刷的主题研究特色，并力争创造更多的科学研究成果和社会经济价值。”由于制备要求，实验室没有窗户，常年处于封闭状态，使用和存放的光电器件都是精度以纳米计算的器材。

由于钙钛矿材料惧怕潮湿，为了保持干燥，实验室内的湿度只有室外环境的10%。“我们在实验室感受不到天黑和天亮，在里面待上几分钟，全身水分就会往外抽。”

即使是面对这样的环境，胡笑添也还是一有时间便扎进实验室。晚上把孩子哄睡着后，即便已经九十点了，他也要回到学校陪着学生们做实验，直到凌晨。“他们做实验的时候肯定会碰到难题，我们能做的就是及时地陪伴、引导和讲解。”

胡笑添有一把镊子，从2013年进入实验室之后就一直陪着他。“因为我们的试验样品是玻璃片，刚买来的镊子不顺手，玻璃片老是掉。我就把镊子的头掰一掰，让它用起来更顺手。”这把镊子曾在他硕士毕业时传递给实验室的师弟，现在仍在实验室里被学生使用。10年来，这把镊子见证了他学术路上的艰辛与收获，更承载着代代相传的科学精神。

“看似寻常最奇崛，成如容易却艰辛。”胡笑添仍坚信科研是要做一辈子的事情，他是时代洪流中的“追光者”，是研究领域的“驭光者”，更是让科研精神薪火相传的“发光者”。

作者：南　轩

2023 年 9 月 27 日

小小工作室直通乡村振兴大舞台

打造“石玉莲乡土人才工作室”是峡江县大力加强乡土人才建设，释放乡土人才活力的一个缩影。

眼下正值丰收季，峡江县金坪民族乡南下村“石玉莲乡土人才工作室”内格外忙碌。这段时间，石玉莲白天不仅要给周边的种植养殖大户上课，晚上还要出镜进行直播带货。

石玉莲是党的二十大代表，当地有名的种粮大户。她带领乡亲们走上了科技种田的致富之路，大家亲切地称她为“农民一姐”。

一

“依托工作室，3个多月的时间培养出优质水稻种植能手15名、直播带货能手8名，带来直接经济效益100余万元。”石玉莲欣喜地说道。

乡村要振兴，人才是关键。峡江县是江西省42个粮食主产县之一，耕地面积达35万亩，水稻种植面积约52万亩。

“石玉莲乡土人才工作室”是一个人才培训研学、院校合作、管理服务、活动承接、成果展示、产业指导“六位一体”的乡土人才平台。打造“石玉莲乡土人才工作室”是峡江县大力加强乡土人才建设，释放乡土人才活力的一个缩影。

今年年初，峡江县出台《峡江县乡土人才三年振兴行动方案》，通过试点推广的形式，在全县11个乡镇92个村（社区）成立了一批“新农人”工作室。工作室以培育壮大农业产业为工作目标，聚焦重点产业和特色产业发展，通过创新平台“梧桐引凤”、返乡成功人士“筑巢安家”、各类人才“群燕齐飞”三大政策体系，吸引人才、服务人才、成就人才。同时，通过对接高等院校、科研院所，开展课题研究、技术攻关、项目合作等，全方位服务乡村振兴。

二

“乡土人才工作室犹如一个智囊袋，为带领技艺传承、带强产业发展、带动群众致富提供源源不断的‘智动力’。”峡江县委组织部人才室负责人说。

刘景宁是峡江县马埠镇上盖村种粮大户，每年她都会承包几百亩土地种植水稻，此前由于缺乏市场预判和经营管理指导，仅依靠传统的经营模式，常常是“靠天吃饭”，收益不稳定。今年，刘景宁加入了上盖村乡土人才工作室。非农忙时节，她就参加工作室组织的各类培训充电学习。“通过培训，拓宽了视野，掌握了新技能，交到了新朋友，也让我们这些‘土包子’破土飘香起来。”刘景宁笑着说道。

和刘景宁一样，越来越多的乡土人才从工作室中受惠，这都源于该县“集聚人才、发展人才”“缺什么人才补什么人才”的工作理念。一方面，挖潜培新，为推进实施乡村振兴战略提供有力支撑。全面梳理排查县内乡土人才资源，建立“土专家”“田秀才”“产业致富带头人”乡土人才数据库；定期组织召开在外人才返乡创业座谈会，鼓励引导180余名在外优秀人才返乡创业；建立“乡土人才帮扶+”机制，采取“青蓝结对、导师帮带”的形式，定向培育乡土“新苗”。另一方面，引贤借智，针对优质水稻、精品果业、中药材种植等领域的技术难点、堵点，邀请院校教授博士到村实地授课。借助“科技特派团”“乡村振兴学院”等载体吸纳本土240余名专业技术人员担任技术顾问，定期开展技术指导，把更广泛、更专业的农业技术力量带到田间一线。

“虽然梅花鹿抗病能力强，但是也要做到定期防疫，注意观察梅花鹿状态，保持环境卫生……”走进峡江县罗田镇枥山农业生态养殖基地，产业致富带头人、枥山村乡土人才工作室负责人陈海军正耐心地向农户传授梅花鹿养殖技术。在人才工作室的指引和推动下，今年陈海军与江西农业大学合作开发了鹿茸、鹿血酒等多种产品，基地年收入突破了100万。

三

乡土人才工作室让更多的村民有了一技之长，能够在家门口实现就业创业增收。那么，如何使其作用最大化，既聚人气，又接地气？“产学研”三字诀就是峡江县乡土人才工作室的实践密码。

在“产”字上做文章。因地制宜鼓励引导760名产业致富带头人新增发展杨梅、水蜜桃、翠冠梨、井冈蜜柚、鮰鱼等特色种植养殖产业22万余亩，产值增长8亿元。依托抖音、快手等平台，推广线上销售模式，通过传统电商、直播带货，助力农产品出村进城，带动销售额提升2亿元。

在“学”字上出实招。与江西农大、江西省农科院合作拓展“线上”培训，配套打造一系列高质量的“云课堂”。不定期邀请省内农业专家或实操经验丰富的“田教授”“土专家”开展线下指导服务。

在“研”字上下功夫。与高校院所共建科技小院和校企科技人才示范基地，开展高产品种试种实验，促进人才开展产学研合作。

“乡土人才工作室的成功打造，让更多人才集聚乡村贡献才智和建功立业成为可能。”峡江县委组织部副部长朱辉介绍说，在工作室的助力推动下，当地培养造就了一支留得住、能战斗、带不走的乡土人才队伍，实现乡土人才、特色产业和乡村振兴同频共振、齐头并进。

“筑巢引凤”“牵线搭桥”“校地合作”……如今，一个个乡土人才工作室在峡江遍地开花，小小的工作室正在乡村振兴的大舞台扮演着越来越重要的角色。

作者：帅　轲　曾庆宇

2023 年 10 月 5 日

94岁不“躺平”的章金媛

九九重阳节，浓浓敬老情。有这样一位老人，当了一辈子的护士，而今94岁的她，仍是那个守护失能老人的“南丁格尔”。大爱无疆，致敬这位“中国奶奶”！

一张满头银发的中国面孔，再次轰动国际护理界。

继2003年成为江西首位获得南丁格尔奖章的护士后，时隔20年，章金媛又获得了由国际护士会和佛罗伦萨南丁格尔国际基金会颁发的2023年“国际成就奖”。这是全球护理界及健康领域最负盛名的奖项之一，每两年在全球范围内评选出一位护士获奖者。全国520多万名护士，章金媛是第一个也是唯一一个获此殊荣的中国人。

面对荣誉，章金媛常打趣道：“我没有那么好，我还要向报纸上的章金媛学习。”得奖之后的章金媛，好像更忙了。她欣然接受每一次采访，也有条不紊地推进每天的工作。不管岁月在她身上刻下多少道纹理，章金媛仍保持着自己的节奏，扎实地向内生长，向外绽放。

不一样的“90后”

走进一栋老旧住宅楼，一辆老年代步车放在一旁，一楼便是章金媛的家。四五十平方米的屋子里，随处可见医学护理和志愿服务活动的资料——摞成一堆的护理书籍，罗列整齐的带教学生档案……章金媛与国家领导人的合影、参加志愿服务活动的照片还有南丁格尔的画像一同挂满了墙面。寻常的布置，却让故事感充满了整个房间。

每天早晨7:30起床后，章金媛会在这里开启忙碌的一天：读《中国红十字报》和《人民日报》，手写学习笔记，学英语，还要弹钢琴锻炼手指功能，唱歌，写曲……“不学习，我就跟不上时代的发展。”要学的很多，想做的很多，章老总觉得自己的时间不够用。早在1992年，章金媛的3个女儿就一直劝说她去上海安享晚年，上海护理学会也向她抛出橄榄枝。但章金媛选择留下，“我离不开护理事业，我要留在南昌。”

为了远程看护独居的母亲，女儿们在家中安装了两个摄像头，但她们早已习惯白天不见母亲人影的常态。待到夜幕降临，章金媛脱下志愿服，弓着腰坐在沙发上，拿起手机和女儿唠起家长里短。这时的她，才像一名94岁的老人。章金媛的药盒放在角落的椅子上，盒面上“早、中、晚、空”的字样已斑驳模糊。每晚，章金媛都会一格一格地排好自己次日要吃的药。

晚霞灿烂落红美，人到花甲正金秋。年龄只是岁月的标记，从来不是限制生命热忱的理由。“我想帮助100位老人培养新的健康观，成为积极向上的健康老人，一起奔向100岁。”圆梦路上，自理自立的章金媛是最好的示范。

没有解决问题就不叫上门服务

平日里，章金媛很少出门，但这天是周六，是她去上户的日子。“做不‘躺平’的‘90后’”，她常挂在嘴边，也落到行动上。

像往常一样，章金媛披上印有红十字的白色披肩，戴着爱心奉献团标志性的小圆牌，骑着她的红色代步车驶向街道。“这个玻璃窗上为什么要贴广告？我们应该宣传我们自己的东西！”这是章金媛走进小金台社区红十字博爱家园说的第一句话。章老仿佛有四五双眼睛，能将所有的细节尽收眼底。

小金台社区距离爱国路上的第二个服务点不到两公里。短短的一条路，走起来却很漫长。代步车上的章金媛行驶在队伍的最前端，施工的路况、不平整的路面和来来往往的电动车让她频繁地急刹，小车一顿，她的身子就随之一晃。大车让小车，志愿者跟小车，这样的路他们走了23年。

爬楼、上户、指导，章金媛事必躬亲，身体力行。从一楼到五楼，没有电梯，94岁的她让年轻队员先上，而后独自撑着拐杖，抓着楼梯扶手，一步一个台阶地往上攀。谁能想象，这是一位心脏装了永久起搏器、腿脚并不利索的老人。一走进服务对象家中，板凳还没坐热，章金媛已经进入了工作状态。“他说他上下楼困难，那你要怎么做？你看过他的脚没有？”面对正颜厉色的章金媛，16岁的志愿者张飘飘明显慌了阵脚。

“望闻问切，视触叩听，请你们注意！”“他穿的袜子对不对，摸摸他的腿，能抬多高？能抬几分钟？”“我们是医务人员，要细致观察服务对象。”……直截了当的措辞，庄重严肃的神色，都掩不住最关切的教导。交流的问题是否客观有效，表格的填写是否全面规范，护理人员有没有掌握好相关技能，章金媛总能在最短的时间内给出指导。在她心中，只有解决了问题，才是真正的上门服务。

提到章金媛，志愿者们说得最多的是“厉害”“会批评人”。而她的“厉害”，是对自己的高要求和对病人的负责，是工作上的严格和技术上的精湛。

一场持续23年的爱心接力

“我志愿成为一名光荣的护理志愿者！我承诺：以南丁格尔为榜样，以红十字精神为准则，尽己所能，帮助他人，服务社会，奉献爱心，维护健康……”第一项议程是集体宣誓。从云会议的宫格视图上看，来自各医院的护理人员举起右拳与耳根部等高，和章金媛一同宣读誓词。

每逢工作例会，章金媛早早地拿出手机，扫描二维码，进入视频会议软件，打开摄像头和每一个人打招呼。

一周两次的团队常规云会议，章金媛都会在线上和各地的志愿者一起做保健操，学习古诗词，学英语和中医护理方法，并逐一了解各个社区小组的活动情况，相互交流学习。“等办公室修好了，我还是想去线下和大家见见面说说话。”在参会人员中，有一个特殊的身影。来自小金台社区的杨燕萍本是帮扶对象，年轻时患有帕金森病，常年手抖，总怕被别人嫌弃，但章金媛爱心奉献团把她当成家人。备受感动的杨燕萍选择加入这个大家庭，也成为一名志愿者。会议结束，她常常会录下自己学英语的视频，在群里展示播放，章奶奶每次都会在群里为她点赞。

而这场爱的接力，早在23年前就已拉开序幕。2000年，已经71岁的章金媛开启了人生的新篇章，她联合另外16名退休护士成立江西志愿护理服务中心，想为社区居民提供免费的健康教育、家庭护理等服务。创立之初，没有挂靠单位、没有经费、没有办公场所，不记得受过多少冷眼，吃过多少闭门羹，她们坚持一遍一遍地叩开房门，解释自己不是来推销药品的，而是真心想上门服务的。

回望来路，爬坡过坎，如今已是硕果累累。秉承着“我为人人，人人为我”的初衷，章金媛和她的团队像播种机一样，将爱心送到了社区深处，播撒向各个角落，传遍世界各地。23年来，团队从当初的星星之火，发展到现在47个分队2万余名注册志愿者（包括2000名小学生及4名国际友人），受益者70余万人，服务延伸至全省11个设区市70个县，共计350个社区。时光荏苒，沧桑蝶变，这支特殊的队伍已从一棵小树苗长成了参天大树。

作者：刘紫娟

2023年10月23日

驻村第一书记的“驻”心记

“来路不明”的青柚、署名的锦旗、组织给村里的荣誉，都见证着驻村第一书记王云野对横岗村的情义和担当。

跟着萍乡市湘东区麻山镇横岗村驻村第一书记王云野在村子转了一圈，再回到村委会的时候，他办公桌上多了几个圆滚滚的青柚。虽然不能明确送柚人是谁，但他基本上能猜个八九不离十，因为谁家种养了什么，他心里清楚得很。隔个一两天，他定会再去那户人家买点什么，变着法把钱给了。

这一天，是王云野来横岗村的第791天。在这个驻村第一书记的办公室，我们看到墙上挂满了村民送来的锦旗，有送给乡村振兴驻村工作组的，更多是送给王云野的，数了数，一共13面。

今年53岁的王云野是中国电信萍乡分公司选派的乡村振兴驻村干部。他秉持着“人心齐、产业旺、村庄美”的发展思路，让一个“后进村”迅速转化为“先进村”。

“来路不明”的青柚、署名的锦旗、组织给村里的荣誉，都见证着驻村第一书记王云野对横岗村的情义和担当。

守信：建一条通往群众心间的路

时隔两年，回想起初到横岗村的情景，王云野仍记忆犹新。横岗村是麻山镇最角落的一个村庄，地理位置偏僻，地形像个布口袋。村口一座桥就是村里连接外界的唯一出口，没有任何集体产业。主干道是狭窄坑洼的泥沙路，到处可见杂草、断墙，村民家供不上自来水，一到晚上就黑黢黢。

“骑着摩托车，车轮如果不小心掉进凹槽就出不来了。天一黑，经常有人掉到水塘里。”工作组刚进村时，72岁的老村支书文公明就对王云野说了这里的路况。两年后，文公明告诉笔者，其实他当时心里想的是：工作组成员的平均年龄是53岁，基本上都是已经退线或即将退线的老同志，你们不过是来应付罢了。

驻村工作组刚来村里几天，就深深领教了开展工作的困难：全村56个党员，几次党员大会都因到场人数不过三分之一而无法顺利召开。

为尽快修复村民对村“两委”的信任，王云野提出：村干部分头行动，逐家逐户地上门走访，这是最传统也是最有效的方法。经过两个月的走访，工作组开始分片区召开屋场会。“前面二十多场屋场会开下来，每一场都像是开批斗会。”王云野回忆道，“群众积怨已深，直到怨言、牢骚发泄得差不多了，才开始认真提出意见和建议，经过我们分析总结后发现，问题主要集中在道路破损、饮水困难和村庄环境脏乱等方面。”

很快，驻村工作组成员发挥各自优势，争取到3个基础设施项目，筹集资金100万元。算着距离春节只有4个月时间，工作组把修路作为头等大事来推进。

村组道路改造工程一开工，村里老老少少都义务过来投工投劳，为赶进度，毫无怨言地起早摸黑，只为能在春节前将这条柏油路修好。

终于，在2021年除夕这一天，横岗村5.4公里的柏油道路竣工通车。外出打工的村民返乡和村民串门拜年时，他们走在宽敞漂亮的沥青路面上，议论最多的除了新修的路，就是驻村工作组的好。

新修的村组公路成了串联起驻村干部和村民之间信任的心路。

发展：集体收入从零到突破50万元

“他带着我们去外地考察，我们从来没有组织过外出学习，这让大家心里非常兴奋。”汤家园组的村民小组长周运莲说，为带动党员、村民小组长为家乡创业，王云野几次带着他们去榜样村学习考察。

在一次考察回程的大巴上，周运莲主动发言：“我们一定要听书记的，要把横岗村建设得跟紫溪村一样好。”她的话赢得一片掌声。

村里有100余亩的冬水田没有人愿种，多年荒芜，草比人高，连制种大户也不愿要。王云野请稻虾种养专业人员前来帮忙，开垦出稻虾基地。去年，稻虾基地获批为农业农村部全国农技推广项目，不仅小龙虾产量高，稻虾米的品质也好，基地为集体经济增收20多万元。

两年来，王云野带领驻村工作组和村“两委”一道争项目、跑资金，发动村民流转土地，全村发展杂交水稻制种基地1000余亩，稻虾基地150亩，红梨基地1500亩，加上农技公司、副食品加工厂、特邦研学基地，村里有了可持续发展的产业。眼下，除了红梨基地，其他产业都开始逐步显示效益。

产业发展受益的不仅是村集体经济，还有当地村民。在红梨基地，

70岁的监测户周金萍在施冬肥。“劳动强度不大，一天赚百把块钱，挺好的。”周金萍说，自从村里有了产业后，她自己就没怎么闲过。去年夏天，她在制种基地做管理，3个月时间赚了1.9万，拿到这笔钱，她家买了一辆摩托车。在副食品加工厂，300多份盐津果子礼品袋在等着装车。“每月工资大概2500元，又赚了钱又顾了家”，60岁的妇女陈远莲正在打包，她告诉笔者，逢上节假日，厂里总是忙不过来。

驻村工作组进驻的第二年，横岗村的集体经济收入达到50余万元。100多位脱贫户、监测户、低保户都像老周一样，有了赚钱的路子，村民人均年收入从2020年的8000元增加到2022年的万余元。

振兴：后进村转变成“网红村”

“我们根本想不到，横岗村变化有这么快、这么大。”看着横岗村村史馆墙上前后两年的对比图，麻山镇组织委员吴婷唏嘘。

在完成村组公路改造后，驻村工作组和村“两委”干部并没有停下，一系列动作渐次展开。

屋前院后杂草丛丛，就请来庭院园林专家，选育布局果树和绿化树，做到户户屋前有绿植，百步闻花香；鱼塘河沟与山坡上的芦洞水库经过治理，被打造成网红垂钓基地、徒步长廊、露营基地，吸引不少游客前来休闲旅游；空置已久的危房焕然一新成了“童心港湾”，村里老人小孩可以在里面看书活动；村里还开设了村民剪纸艺术班，邀请剪纸艺术家前来教学指导；拆除断墙残壁，建立起燕子窝亭廊、休闲广场和停车场，村民们白天有了休闲活动的去处，到了晚上，广场舞、露天电影、露天KTV等活动也在村中心轮番上演。

建成两个30吨的水塔，保障了村民饮水安全，实现了他们的“自来水自由”。村里两口老井也得到清理，水质清洌、终年不断。

设施和环境都好了，来横岗村写生、钓鱼、徒步的人越来越多，曾经横岗村这个“落不得脚”的小山村，变成了小有名气的“网红村”。

回应：将心比心换来群众真心

今年8月18日，王云野的驻村工作的两年任期已满。组织再次安排他到其他村带动开展工作。得知王云野要调离横岗，村民们不同意了，联名写信挽留他。

“实心实意，这样的干部真少见，比亲兄弟还好。”村民文守成说。在村委会第一书记办公室墙上的锦旗中，文守成送上的有两面。可王云野还记得，初来横岗村的时候，村民中怨气最大的也数文守成，他是个“最难缠的上访户”。

文守成患有脑萎缩，近两年来病情加重，说话口齿不清，与人沟通困难。笔者很难听清他讲的话，王云野却听得清楚。问王云野为什么听得这么明白，“能不明白么？我差不多天天跟他聊，已经熟悉他的‘语言’。”王云野说。

燕子窝组的监测户文小军也给王云野送来了锦旗。每次经过文小军家，王云野必定会进去拉会儿家常。看到厨房灶台简易，便出钱请人搭了灶台；看到文小军家还在烧煤球，便送来新的燃气灶和煤气罐；还联系志愿者团队，为疾病缠身的文小军一家送来康复器材……

将心比心，王云野的一片赤诚换来了村民的理解和支持。为支持修路，村民陈永权带头迁坟；新建村文化广场，村民戴立龙主动拆除空心房；听说村里在找村史馆用房，村民文恒芝捐出150多平方米的空置房；村里引进红梨基地项目，涉及汤家园、鲤鱼等多个村民小组，1200亩的山岭，7天便完成土地流转。

村民们用实际行动回应王云野，王云野也向组织承诺：未来五年继续留在横岗村——王云野与群众之间，实现了一场乡村振兴战场上的双向奔赴。

作者：朱焕荣　姚雨婷

2023年11月6日

“最美公务员”美在哪

在吴锦寿的带领下，秋口镇实现了从“生态美”到“百姓富”，从“绿色颜值”到“金色价值”的美丽转变，老百姓端起“生态碗”、吃好“旅游饭”，擦亮了人与自然和谐共生的最美底色。

今年2月4日，中央组织部、中央宣传部发布“最美公务员”评选结果，全国共有20名同志当选为“最美公务员”，婺源县秋口镇党委书记吴锦寿名列其中。

这个土生土长的婺源汉子为何能从全国无数基层公仆中脱颖而出？“最美公务员”美在哪？

“观一鸟知生态”　美在争当生态文明“守护者”

保护好“熊猫鸟”，千万不能掉以轻心。岁末年关，在婺源县秋口镇王村石门自然村“串门”的吴锦寿和返乡村民拉起了家常：“蓝冠噪鹛是生态环境‘试金石’，观鸟游客越来越多，我们可要保护一草一木，守护这些宝贵财富……”

石门村水口林有香樟树、枫杨树、槠树、枫香树、糙叶树等树木，古木参天、清静幽雅。早在1993年，婺源就在石门村划定330公顷湿地为自然保护小区，吸引了蓝冠噪鹛、蓝喉蜂虎等40多种珍稀鸟类在此栖息繁衍。如今，石门村位于饶河源国家湿地公园的核心区，也是蓝冠噪鹛自然保护小区。

2021年，吴锦寿履新秋口镇党委书记。上任伊始，他就立下决心要保护好蓝冠噪鹛栖息地。每周抽出两天时间，戴上红袖套，到石门村客串护鸟员，是吴锦寿到秋口镇后形成的工作惯例。“蓝冠、黄喉、黑脸、黄腹、褐腰，啼声清脆悦耳……”看到游客，吴锦寿就打开话匣子，一边宣传爱鸟知识，一边劝导游客不要进入蓝冠噪鹛栖息核心区。

“水口林树木被大水冲毁了，及时补植；专职护鸟员年老了，找人替补……”吴锦寿一丝不苟地护鸟、爱鸟。在他的带领下，石门村护鸟志愿队伍组建了，蓝冠噪鹛科普馆开放了，湿地公园研学基地迎客了……随着石门村观鸟经济的兴起，村民纷纷吃上了“旅游饭”。2022年，人口仅512人的石门村，接待游客达30多万人；村民人均年收入由2013年的4000元左右提升到2.65万元。

随着各地游客纷至沓来，石门村民宿、农家乐、酿酒坊、非遗馆、茶舍等百花齐放，从过去名不见经传的小村庄摇身一变为开放的旅游名村。

瞄准观鸟人流爆棚的商机，为避免无序竞争、野蛮经营，在吴锦寿的推动下，石门村将生态资源入股，与婺源县文旅集团合资成立竹筏漂流公司，规范营业流程，统一价格标准，所得收益的一半以上用于村民年底分红。如今，仅此一项，就让每户村民年增收1000余元。

“观一村知治理” 美在争当乡村治理“实干家”

“小桥流水人家，粉墙黛瓦黄花。”走进婺源县秋口镇李坑村，映入眼帘的即是这样诗情画意的美景。受益于美丽风光与古朴风貌，李坑村获评国家4A级旅游景区，全村80%以上的村民吃上了“旅游饭”，实现旅游就业600余人，人均年收入3.5万元。

然而，前溯几年，因利益分配纠纷，李坑村一度面临景区摘牌的危机。为了促进村庄“由乱到治”，吴锦寿把办公室搬到李坑村，吃住在村里，与村民们交朋友、解难题、话发展。为了发扬村民们的主人翁精神，吴锦寿坚持“百姓的事交由百姓商量”，完善村规民约，深化村民自治。而今，通过村民代表商量制定的《李坑村村规民约》第22条中的“事无巨细”，从养生河管理、环境卫生“门前三包”到规范农民建房等，每一条都精准发力、切中要害。同时，村里实行“红黑榜”公示，以阳光监督倒逼责任落实，促进村规民约落地见效，村容村貌焕然一新。

除了从外部进行有效约束，吴锦寿还注重教育百姓进行自我管理。通过创新实施一个村史馆、一片“法律明白林”、一个法治文化广场、一堂德法讲堂“四个一”工程，开展“弘扬微家训、建设好家风”活动等，促进自治、法治、德治“三治融合”，让李坑村从“问题村”跻身“全国民主法治示范村”。

“解决老百姓的问题一定要及时，不能拖。拖了，老百姓就有怨气。”丰富的群众工作经验告诉吴锦寿，只有倾听老百姓的诉求，并及时想办法解决老百姓的难处，才能赢得他们的理解与支持。

在秋口镇，吴锦寿的足迹遍及镇村各个角落，他说：“人居环境整治也好，村庄建设也罢，只有自己熟悉了，心里才有方向，才能真正用心把事办好。”

为改造提升石门村至坑口村的5.7公里道路，吴锦寿与设计、建设单位负责人一道，在路上来来回回，商量线杆搬移、耕地林地节约、沿途景点保护等大小事宜。在他的带领下，秋口镇新增江西省3A级乡村旅游点3个，打造了精品古驿道和研学旅游线路30余条，入选“江西省乡村振兴示范镇”创建名单。

为了让百姓共享发展成果，吴锦寿在引导景区企业、特色民宿、农家乐等业主在带头创业致富的同时，争当传统村落保护“领头雁”，让历史文化和现代生活融为一体，把乡村建设得更美丽。

“观一叶知产业”　美在争当产业发展“急先锋”

“发展有机茶产业，不仅能涵养水土，保护生态环境，还能扩大国际贸易，提高生态产品综合效益。”今年1月，全国首个出口茶叶“大基地”揭牌仪式在秋口镇石门村举行。有机茶产业是秋口镇的传统优势产业。走进秋口镇秋溪村，但见“秋溪八景”的美丽景致吸引着各地写生游客的赞赏目光。

作为秋口镇党委书记，吴锦寿力主打造了秋溪茶旅融合发展项目，开辟秋溪茶业研学旅游线路。如今，秋溪村发展绿茶基地3000亩，白茶、黄金芽茶基地1000亩，茶园观光、茶园民宿、制茶体验等旅游业态悄然兴起。借助“一片叶子”，秋溪村发展了茶叶合作社9家、成立了茶叶加工企业1家，年产值近4000万元，实现村集体经济年收入50万元。

近年来，为实现“人人有事做，家家有收入”，秋口镇锚定“全域皆景、村村是景、村景相融”目标，大力实施“景村”党建工程，将党员服务旅游岗位设在“每一栋古民居古祠堂、每一座古桥古亭、每一条古街古巷、每一片水口古林”上，涵养绿水青山，培植金山银山。如今，秋口镇发展茶园面积3万余亩，拥有大小茶叶加工厂62家，其中规上茶企7家，年纳税额超700万元，一幅“茶山”变“金山”的美丽画卷徐徐展开。同时，依托观鸟游、古村游、研学游等，全镇发展农家乐200多家、床位6000余张，实现户均年收入5万多元。

特色旅游业带动了茶叶、蜂蜜、荷花、山茶油、冷水塘鱼等特色产业发展，涌现了洙西村百亩荷花基地、岭溪村蜜蜂养殖基地、梓槎村冷水塘鱼养殖基地等“一村一品”“一村一特”生态产业。全镇16个村集体经济平均年收入超过25万元以上，实现了“产业兴、百姓富、集体强”的发展目标。

万物各得其和以生，各得其养以成。在吴锦寿的带领下，秋口镇实现了从“生态美”到“百姓富”，从“绿色颜值”到“金色价值”的美丽转变，老百姓端起“生态碗”，吃好“旅游饭”，擦亮了人与自然和谐共生的最美底色。

作者：吕富来

2024 年 3 月 1 日

新田村出了个女能人

从农家妇女到全村的当家人，再到全国三八红旗手，陈玲珠背后的故事，令人动容。

近日，全国妇联发布2023年度全国三八红旗手名单，江西万载县潭埠镇新田村党支部书记、村委会主任陈玲珠榜上有名。让我们跟随笔者一起走进新田村，聆听她的故事。

初春时节，烟雨氤氲着整个村庄，美得愈发青翠。走进万载县潭埠镇新田村，一幢幢房屋错落有致，休闲文化广场干净整洁，宽阔的马路穿村而过，色彩绚丽的墙画扮靓了乡村……

42岁的陈玲珠是土生土长的新田村人。2017年，她担任村党支部副书记，几个月后，又全票当选村党支部书记。从农家妇女到全村的当家人，陈玲珠背后的故事，令人动容。

"关键时刻就要挺身而出"

新田村位于潭埠镇北部偏远山区，过去村集体经济收入近乎为零，村内道路坑坑洼洼，环境脏乱差，干群矛盾多，是远近闻名的"问题村"。

2017年，村里的老支书因年岁已高，提出辞职。一时间，村里连个管事的人都没有，这可让镇党委犯了难。在筛选村支书人选的过程中，在镇里当打字员的陈玲珠进入了镇党委干部的视线。“她是本地人，做事靠谱，又年轻，有群众基础，非常合适。”

当镇党委找到陈玲珠，想让她担任村里的支部副书记时，陈玲珠感到很惊讶，更多的是担忧。当时的新田村，村“两委”班子老化严重、群众信任度低、村内矛盾纠纷多，要不要接下这个烫手山芋，陈玲珠很犹豫。她说道：“镇党委前后找了我好几次，又给村里安排了驻村领导，让我坚定信心把村里带好。”

“在巨大的压力面前，我也有过无数次想要退缩的想法。但我是党员，关键时刻就要挺身而出，要对得起组织的信任。”自此之后，陈玲珠便开始了治村之路。

干部带着党员干，党员带着村民干，村民之间比着干。开展新农村建设时，村里的“三房”存量大。起初村民都在观望，以至于拆“三房”工作迟迟推不开。陈玲珠做通了自己爷爷的思想工作，带头拆除了自家危旧房，示范带动全村拆“三房”工作顺利开展，最终全村的“三房”都清零了。建设森林公园时，陈玲珠带领村干部先后3次到官元山河道捡了7000余斤鹅卵石铺设人行步道，省下资金2万余元。

在陈玲珠的带动下，党员、群众自发组建“五老”乡贤自治队、巾帼志愿服务队、平安志愿者服务队3支队伍，在调解邻里矛盾纠纷、关心关爱留守群体、入户普法宣传等方面发挥作用。全村拧成一股绳，用大爱和勤奋，共同守护家园的和谐平安。

“群众的事再小也是大事”

“好好好，你们别慌，我马上就来……”接到群众电话，陈玲珠立刻放下手中的事，跑去协调解决问题。像这样的事情，经常发生。

上任第二天，山下、新屋等几个小组的村民就焦急地找到她。“150亩田里面全是石头，种不了稻子了，现在可怎么办呀？”原来，这几个小组的农田地势较高，泥底较浅，20厘米以下全是石头。高标准农田改造后，田地倒是规整了不少，但田里到处都是石头，根本无法耕种。

“群众利益无小事，再小也要竭尽全力去办。何况，田地可是庄稼人的命根子啊！”想到这，陈玲珠也急了。她带领村“两委”班子白天跑单位、跑资金，晚上到村民家听意见，收集好点子。

在她的努力下，争取到整改资金3万余元，用于农田泥土回填，并发动党员、组长带头清理田里的石头。石头的事情解决了，但也因此错过了播种的季节。于是，陈玲珠又想办法联系到农业种植大户，将农田以每年每亩300元的价格进行流转，帮助村民挽回损失。

石头事件的圆满解决，让村民们纷纷竖起了大拇指，心底对这位女书记也多了一分认可。2018年村“两委”集中换届时，陈玲珠全票当选新田村党支部书记。

草段组因巨大的丹霞石和河流阻拦，修路难度大、成本高。修一条水泥路到家门口，是全组人多年未了的心愿。为早日修通道路，陈玲珠带领组里17户村民将阻拦修路的丹霞石人工开凿出来。家家户户拿着锄头、铁锹等工具，碎石、平路基……路基修好后，村里又买来钢筋水泥，把道路硬化。资金不够，村民们还自发到河里捡石头把桥修通。

如今，新田村16个村民小组全部通了水泥路，并完成了黑化。“活了60多年，总算盼到水泥路通到家门口了。现在路好走了，我们这山旮旮里都比以前热闹多了。”六壬组是村里海拔最高的组，69岁的组长刘端生逢人便夸路修得好。道路修通后，村民们就像办喜事一样，还特意摆了几桌宴席庆祝。

“要让村民鼓起钱袋子”

“本地工厂火热招聘中！”字体醒目的招聘海报，吸引了不少村民围观。

昔日的新田村，产业基础薄弱。在2015年专项整治后，村里唯一的一家花炮厂也退出了。没了活计，村里的青壮年都不约而同外出务工。一时间，村里变得冷冷清清，一点人气都没有。

“书记，村里不少人家里都是上有老下有小，他们都需要照顾，有没什么法子可以让她们就近找点活干，赚点钱补贴家用呢？”主题党日议事会上，有党员提出意见。

民有所呼，必有所应。陈玲珠多方走访，想方设法找项目、找企业，让村民在家门口实现就业。2023年，村里新引进食品加工厂，不仅可同时吸纳几百人就业，还能为员工提供食宿。

60岁的刘华忠是村里的低保户，以前，每月只能靠低保和公益性岗位收入维持生计。如今，他在食品厂也找到了一份活干，每月工资2000多元，收入比过去翻了番。“工厂劳动力需求大，而且按件计费，多劳多得。只要勤劳，就一定能多挣钱，过上好日子。”刘华忠对未来充满信心。

“大河有水小河满，大河没水小河干。”村级集体经济有底子，干部为民办事才有底气。为充分发挥地方资源优势，陈玲珠带领村“两委”班子积极探索村级集体经济发展新路子。以橙柚、宝石李、黄金梨等果树及高产油茶等经济作物为主体，打造了600余亩集观光旅游、生态采摘、娱乐休闲于一体的绿色生态园。将果园维护等工作设置为公益性岗位，为生活困难群体提供增收渠道。

产业旺了，村容靓了，村风淳了，一穷二白的贫困村蜕变成秀美乡村。陈玲珠本人也荣获“全国巾帼建功标兵”“全国三八红旗手”等荣誉称号。

“荣誉只是对昨天努力的肯定，未来任重道远。我相信，只要我们一起努力，新田的明天一定会更加美好。”谈及未来，陈玲珠脸上洋溢着幸福的笑容。

作者：邓　金　曾文敏

2024 年 3 月 8 日

在南昌火车站遇见最美的她

“三八”妇女节，让我们走近一位铁路战线上的最美女性，去聆听她的故事，致敬最美的她。

2024年2月9日，除夕，南昌火车站人流如织。车站工作人员陪护着一位三十多岁的盲人女性穿过人群，出现在“红土情”服务台前。听到李军那熟悉的声音，女子激动地说道:“终于又‘见’到你了，最美的党代表！”

李军想起来了，该女子姓刘，是新干县人，在南昌从事盲人按摩工作，是自己多次服务过的一位旅客。原来，刘女士特意乘坐南昌始发的T8009次车回乡过年，想见李军一面。

“爱是双向奔赴的。我和同事们用平凡之举温暖了旅客，而旅客也一次次温暖着我们。”李军微笑着说道。

“我的名字叫李军”

2009年7月的一个下午，李军从南昌站2站台接完重点旅客，在推着轮椅回服务台的路上，遇到一名背着老人的中年男子，但见他斜挎着背包，手上拿着X光片，脸涨得通红。旁边的女子则拎着大包小包，趔趔趄趄。或许力不从心，老人开始从中年男子的背上一点一点地往下滑。

危险！李军赶紧跑上前去，用手托住老人并把他扶上轮椅。她一边推轮椅，一边轻声对中年男子说道：“你们这也太不小心了，老人要是摔下来，多危险啊。”中年男人抬起袖子擦了一把汗，不好意思地解释道：“天气太热了，浑身都是汗，胳膊也没力气了，没有注意到，多亏你帮忙！”

中年男子名叫刘勇，他和姐姐一起带着父亲来南昌治病。遗憾的是，经过一番治疗后老人病情并未好转，所以他们准备带父亲回吉安老家。

眼看刘勇一家乘坐的列车快到站了，李军推着轮椅便往站台走。她提醒刘勇说：“以后你们带老人坐火车如果需要帮助，就打‘红土情’服务台电话，我们可以帮助接送。我的名字叫李军！”刘勇姐姐的眼圈瞬间红了，她附在李军的耳朵边小声说：“医生说我父亲只剩几个月时间，这可能是他最后一次坐火车了……”顿时，李军的心变得沉甸甸的，一双手情不自禁攥紧了轮椅。

当时，南昌站还没有重点旅客绿色通道和升降电梯，去往站台要走一段近200米的下坡路。为防止老人前倾滑出轮椅导致摔伤，李军便将轮椅反过来拉住，慢慢往后倒退着行走。那时的轮椅扶手上没有刹车装置，老人又属于“重量级”，这样一来，重心就压在李军这边。李军想不了那么多，她小心翼翼地慢慢挪动着脚步，浅蓝色的制服很快就被汗水浸透了。

到达站台时，李军觉得手酸腿麻。刘勇心里觉得过意不去，连声道谢。李军说：“没啥，一件小事而已，力气用了还会长。”跟列车长办理好交接后，李军正要转身离开，一直沉默不语的老人突然伸出右手拽住了她的衣角，嘴巴、喉咙蠕动着，却说不出话来。

这时，工作人员吹响了口笛。李军说："老人家，车很快要开了，上车回家吧！"谁知，老人不仅没有松开的意思，还缓缓伸出左手拽住了车门的扶手，浑浊的眼睛紧紧盯着李军。刘勇姐姐似乎明白了什么，低声问道："爸爸，您是不是要感谢这位铁路小姑娘啊？"老人吃力地点点头，两行热泪从深陷的眼眶里滑了出来。李军俯下身子，贴近老人的耳朵，柔声说："爷爷，这是我的分内事，您千万别客气！"

开车的铃声响起，终于，老人松开了手……火车渐行渐远，消失于拐弯处。李军定定地站在原地，呆呆地望着远方。

一个"百宝箱"和两张"地图"

某天中午，一名男子急急走向正在候车室内巡视的李军，问道："我的手被易拉罐划伤了，请问你有创可贴吗？""有！"话音刚落，李军立即从随身携带的小箱子里拿出酒精、棉签和创可贴，一边熟练地给男子的伤口消毒，一边提醒道，"这个伤口有点深，今天最好别碰水了，保险起见还是要打个破伤风疫苗，家里有宠物的话也尽量别接触。"这名男子注意到，小箱子里琳琅满目，有速效救心丸、放大镜、应急充电宝、数据线、针线包，甚至还有专为小朋友准备的糖果等小零食。

"百宝箱"的诞生，缘于一次偶遇。那天早晨，李军从站台返回候车室，路过扶梯时遇见一名女生，对方将手臂勾着扶手，缓缓跌坐在了地上。李军急忙跪在地面，并把女子扶到自己腿上。在得知对方没有吃早饭后，李军估计这女生很可能是出现低血糖的情况了。当时站台上没有小卖部，好在一位热心的大叔及时提供巧克力，让女生的症状得到了缓解。通过这件事，李军意识到，由于车站服务台离售票厅、进站口等都有一定距离，万一突发紧急情况，很难保证能及时处置。于是，她提出把一些在服务台常用的物品装在小箱子里随身携带，这个“百宝箱”仿佛是一个魔法口袋，又像是一个行走的服务台，让服务重点旅客和应对突发情况实现了“加速度”。

为了能第一时间解答旅客疑问，李军精心制作了两份“地图”。一张是自己手绘的车站地图，上面标注出了车站所有的售票处、候车室、检票口、出站口。另一张则是“李式城市地图”。她特意花了几天时间，把车站附近的公交、地铁乘车点，餐馆，药店，宾馆都转了个遍，绘制出一张“地图”。尽管如今导航软件普及，李军仍然坚持到实地去摸索路线，为的是给旅客吃住行提供最实在的帮助。

那天，旅客郭淼来南昌办完事，准备乘深夜的火车回家，一看时间还早，就想利用这几个小时出去转转，于是来到服务台找李军咨询。李军很快提出建议：“可以去秋水广场看喷泉，看完喷泉回来，再去南昌火车站附近的铁路三村吃‘胖子水煮’。”按照李军的建议，郭淼大饱了眼福、口福。临上车时，他对李军说：“我对你就说八个字：口服心服，非常感谢！”

没有血缘的兄妹情

2012年，德安人徐秋云在云南曲靖遭遇车祸，被下了3次病危通知书，生意泡了汤，欠下100多万元的债务，婚姻也拉响了警报。同年8

月，徐秋云从曲靖乘坐K1235次列车抵达南昌，准备接受后续治疗。

李军和同事提前拎着担架来到站台等待。眼前的徐秋云皮肤黝黑，脸色白得吓人，嘴唇黑紫黑紫的，瘦削的下巴上胡子拉碴。她小心翼翼地将双手穿过徐秋云的腋下，用力把他从铺位上慢慢扶起来，再跟同事一点一点把他挪动到担架上。下车时，由于担心徐秋云滑落，李军铆足劲，尽量将担架抬高。从站台到出站口有好几百米，走在最前面的李军不时回头看一眼躺在担架上的徐秋云，确认他是否安稳。把徐秋云抬到出站口的过程中，李军都顾不上喘口气，甩甩酸疼的胳膊后，又一路小跑回站台，把徐秋云的行李大包小包地背在肩上，抓在手里，快步赶到出站口。

时隔多年后，徐秋云对当时的场景仍记忆犹新："我躺在担架上，看着那个陌生的女孩抬着我、挎着包，走得很快！她的后背逐渐被汗水打湿，衣服都粘在背上。"

2013年春运前夕，徐秋云踏上了"讨说法"的旅途，他决定返回云南曲靖。拄着拐杖，独自一人来到南昌火车站时，他发现帮助自己的依旧是上次那个叫李军的女孩。一来二去，他们成了微信好友。

这一次，徐秋云讲述了自己发生车祸后生活翻天覆地的变化。因为行动不便，需要拄着拐杖才能缓慢行走，还时常被出租车拒载，被路人嘲笑。他痛苦地告诉李军："当医生宣布我髋关节坏死时，我的世界从此只有黑暗。"李军的声音变得有点哽咽，说："我父亲也是出车祸，然后生病去世的，那种无助的日子，我感同身受！"

"因为淋过雨，所以想要替别人撑伞。"李军帮徐秋云买车票、带盒饭，时不时来到他身旁问："冷不冷？要不要喝水？"怕徐秋云感觉尴尬，李军还特意让服务台的男同事询问他是否要去卫生间。李军一点点地安慰、开导徐秋云，同时提醒他一定要收集好相关证据，特别是要请一个好律师，这对维权相当重要。

十多年来，徐秋云多次往返南昌和曲靖，每一次，他都跟李军介绍维权的进展；李军耐心倾听，给出自己的建议。最终，徐秋云打赢了医疗纠纷的官司，获得100多万元赔偿，经济压力大大缓解，整个人的精神状态越来越好。

这次春运前夕，徐秋云拍了一段小视频发到微信里，兴奋地道："妹妹你看，我现在已经能自己走了，不用拐杖了！"那一刻，李军露出了欣慰的笑容，灿若一朵鲜红的杜鹃花。"看到旅客们都能平安出行，拥抱诗与远方，与家人幸福团聚，我就很开心，所有的辛苦和付出都值了。"

作者：彭文斌

2024年3月8日

一束照亮无声世界的光

这个信念给了我勇气，孩子们的第一声妈妈都给了我。

20多年来，她用生命中最美好的年华，使双耳极重度失聪的女儿和200多名听障儿童走出了无声世界，用爱心守护着许多毫无血缘关系的孩子，让他们重获新“声”。

她就是2023年度全国三八红旗手、鹰潭市特殊需要儿童康复中心主任曹有红。我们一起来听听她获奖背后的故事。

闪耀母爱之光

初为人母，最大的心愿就是孩子能健康快乐地成长。不幸的是，2001年底，曹有红1岁多的女儿被确诊为双耳极重度失聪，左耳完全丧失听力，右耳只能听到100分贝以上的声音。“你在背后叫她，她可以满世界去找你。”曹有红回忆起曾经，眼里噙着泪水。

女儿的病情犹如晴天霹雳，几乎击垮了曹有红。但与生俱来的母爱，让曹有红忍着心痛，擦干眼泪，不断调整自己的心态，默默发誓：不管吃多少苦，都要教会女儿说话，让她和别的孩子一样健康成长。

如何才能让女儿走出无声世界？曹有红在心里一遍一遍地问自己。她一方面自学聋儿康复知识，另一方面辗转多地听课求教。因为经济状况不佳，曹有红从亲朋好友那里借钱为女儿配上助听器，尝试着教孩子。

无数个清晨，女儿只要一睁眼，曹有红就给她戴上助听器，让女儿一只手摸着自己的喉部，另一只手摸着她的喉部，通过感受喉部的震动让女儿发出声音。一个字甚至是一个音，都要经过不停地反复练习。

经过两个月时间，女儿学会了发出第一声“啊——”整整一年后，女儿终于喊出了第一声“妈妈”。在女儿第一天踏进幼儿园的大门时，曹有红心里无比激动，久久没有离开。“我去接送女儿都是跑着去的。”曹有红说，就想观察女儿在园里的情况，让她进行更好的康复训练。

“喊了好几声，她都不理我的。”当时有小朋友告诉曹有红。曹有红就说：“她可能没听见，你可以多喊几声啊！”曹有红就经常耐心与幼儿园的小朋友及家长沟通，希望得到他们的帮助。

经过多年努力，曹有红的小女儿不仅能够正常沟通交流，还多次参加舞蹈、绘画比赛并获奖。现在，她已经以优异成绩从广西艺术学院毕业，找到了一份不错的工作。如今她心里已经埋下了一颗爱心的种子：去帮助更多陷入无声困境的孩子。

叩响无声之门

曹有红的育儿故事给许多人带来了希望，他们或慕名前来或打来电话，希望曹有红能帮帮他们的孩子。

一天，一位家长带着自己的孩子磊磊出现，希望曹有红能教患有听力障碍的磊磊。曹有红有些犹豫，毕竟自己不是专业的聋儿康复老师，但在家人的支持鼓励下，曹有红接收了孩子，尝试着一边教他发声，一边照料他的生活。磊磊的康复之路也初见成效，不到一年时间，磊磊已经可以进行简单交流。所有的辛苦都化为内心的甘甜，这让曹有红备感幸福。

"让这些孩子都能像我女儿一样正常开口说话，也是这个信念给了我勇气，他们的第一声'妈妈'都给了我。"曹有红说。

于是在2006年，曹有红省吃俭用创办聋儿语训部，就是现在的鹰潭市特殊需要儿童康复中心。当时没有场地，公婆就腾出房子来作教室，爱人也会拿出工资贴补。她既当老师又当妈妈，不仅教他们说话，还为他们洗衣做饭；对贫困家庭不只减免学费，还自掏腰包补齐他们的生活费。

为了让孩子们能够接受正规的聋儿康复培训，多年来，曹有红认真钻研聋儿语训知识，不断提升专业能力，获得了全国小儿四级听力师及评估师资质，还通过了大学本科应用心理学专业考试。

福姐的孩子双耳重度失聪，2岁时来到康复中心，不到1年，就学会了开口说话。福姐回忆："当孩子喊出第一声'妈妈'的时候，我差点哭了出来。"经过4年康复训练，福姐的孩子可以正常沟通交流、生活学习，如今在上小学二年级。福姐说："曹老师就像是一束光，照亮了我们整个家庭，真的非常感激她。"

曹有红用爱心、耐心、恒心、细心呵护着200多个孩子成长成才，竭尽所能地让这些特殊孩子能与正常孩子一样：同在蓝天下，共享灿烂阳光。

“金口难开今已开，石耳不闻使得闻。”无比感激的家长们纷纷送来了锦旗，整个康复中心走廊上方，满是锦旗红似火。

曹有红还先后获得“中国好人”、全国道德模范提名奖、全国听力语言康复工作先进个人、第七届江西省道德模范、江西省五一劳动奖章、江西青年五四奖章等荣誉。

守护幸福之路

“这是苹果，绿色的，酸酸甜甜的。”3月6日上午，曹有红正在给小果进行听觉语言训练，重复小果说的语句，纠正他的发音。

“切个西瓜给老师吃。”小果听见后立即作出回应，把玩具西瓜切开来，递给曹有红。

“是什么味道啊？”曹有红问。

“甜甜的。”小果立刻回答道。

5岁多的小果从4岁开始进行康复训练，从刚开始听不见声音，到现在已经能够进行简单的日常交流。“现在就是需要给他正音，因为他马上准备上幼儿园了。”曹有红开心地说。

最初，听障儿童要上普通幼儿园并不容易。当时，曹有红建议让康复到一定程度的磊磊上幼儿园，让他有更好的语言和学习环境。然而因为磊磊有听力障碍，没有幼儿园愿意接收。曹有红知道后，带着孩子找到园长，诉说孩子的不容易，在她的努力下，园长被感动了，收下了磊磊。2021年，磊磊以551分的优异成绩考取本科院校。

为了让残障儿童逐渐融入社会环境，2014年，曹有红将中心打造成全省首家融合康复教育机构，开展不同形式的融合教育，让康复情况较好的听障儿童能够边上幼儿园边进行康复训练，帮助他们更好地适应普通的学习生活。接下来，她想把融合教育推广至全省乃至全国。

曹有红无私的爱感动、感染着许多人。学日语的弟妹向容本在广州有着高薪工作，在曹有红的感染下，还是毅然来到康复中心当老师，至今已有12年了。现在，她一天要上9节课，每天的课都是满满当当的，她坚定地说："虽然很辛苦，但我还是会一直坚持下去！"

如今，康复中心有50多名学生、10多位老师，不少老师都曾是学生家长。曹有红说："来我们这儿当老师的，都是带着一种爱的情怀。"英姐就是其中一位，她将自己的孩子送进普通学校后选择留在康复中心任教，已经坚持了十多年。"曹老师给了我的孩子一个有声的世界，我也想给其他有听力障碍的孩子一个有声的世界。"英姐说。

"如果能让一个孩子从不会听、不会说，到能听、能说、能唱、能跳，和普通孩子一样上学读书，改变他的一生，我就觉得一切都值得！"曹有红说，她最大的心愿就是这些孩子能够健康快乐地成长，长大后自力更生，成为建设祖国的栋梁之材。

爱出者爱返，福往者福来。曹有红用爱为听障儿童构筑了一个有声世界，也为人世间增添了一份动人的温情。

（文中磊磊、小果、福姐、英姐等均为化名）

作者：杨　婷

2024年3月9日

中国“磁选”终于走向世界

干一行爱一岗，不为繁华易匠心；择一事终一生，不知春去几多时。科技创新成果节节开花的背后，不仅仅是熊大和带领团队勇攀高峰的努力，更是众多后起之秀接力赛跑、久久为功的拼搏。

不久前，首届“国家卓越工程师”获得者、赣州金环磁选科技装备股份有限公司创始人、SLon立环脉动高梯度磁选机的发明者熊大和博士从北京载誉归来，与记者讲述起他在中国“磁选”领域40年的科技攀登之旅。

“我就想为国家做点事情，不出国”

记者刚到办公室，看到熊大和正在给技术人员答疑解惑。“熊博士虽然早就退休了，但他每天照常来公司上班，工作中大家遇到技术难题经常向熊博士请教，他是金环公司坚强的技术后盾。”研发中心高级工程师李雨涵介绍道。

听完我们的来意，熊大和笑了一下，说：“我为自己这次能入选‘国家卓越工程师’感到非常荣幸，但荣誉是属于大家的。我只是一名普通人，按照爱迪生‘成功是1%的灵感加99%的汗水’的说法，在‘磁选’研发道路上，我体会最多的是汗水。”

讲起这40年来的奋斗岁月，熊大和颇为感慨。他自幼家庭贫困，1966年小学毕业后赶上了“文化大革命”，未能上普通初中，而是被宜丰县一所农林中学录取。两年半后因该校倒闭他被就地分配参加劳动。这一待就是9年。

1977年恢复高考，他考上江西冶金学院（现江西理工大学）选矿专业。入学后他一头扎进图书馆，从书本里，他知道了“传统强磁选机磁介质容易堵塞，微细粒级弱磁性矿物的选别是长期困扰选矿界的世界难题”。当时我国有很多宝贵的矿产资源被严重浪费，强磁设备完全依赖进口，令人痛心。

“做高梯度磁选机，而且要做就做全世界最好的！”梦想便在他心中扎根，“磁选”的科研之路从那时开启。

拿出一本装订整齐、纸面发黄的材料，熊大和说：“这是我的本科论文，里面记录了我认识高梯度磁选技术的过程。”当时，学校的实验设备并不完善，只有一台充磁器，实验条件简陋。他和同学们利用实验室原有的充磁线圈自制了一台简易的周期式高梯度磁选机。刚试验时，高梯度磁选机模型既没有振动也没有脉动，选矿效果并不好。

熊大和尝试把磁介质固定在铁棒上，试验时发现铁棒上附满了矿物，拿铁锤敲了下铁棒，发现精矿品位显著提高。原来，振动是提高高梯度磁选机分选效率的有效手段。之后经过反复多次试验，这个结论均得到了验证，于是这一研究成果就被写进了这篇本科毕业论文。

1982年，本科毕业后，他被分配到赣州有色冶金研究所工作，其间在中南工业大学攻读了硕士，硕士论文做的是振动高梯度磁选。在面临是否出国读博的抉择时，他并没有过多的犹豫，而是选择继续在中南工业大学攻读博士。虽然说当时留学归来的“洋博士”很走俏，“我也不在乎这些，我就是个‘土博士’，咱国内自己培养的。”熊大和很是自豪地说。

在中南工业大学读博期间，他一边上课，一边钻研磁选核心技术。“但这些研究终究还是在纸上、理论上，不能直接产生生产力，我想自己造磁选机，走向厂矿。”他的想法得到了研究所领导的支持，并为他提供了10万元科研经费。在机械设计、制造人员的协助下，他不断画图、设计、加工、组装，一次次失败，又一次次重新开始。

苦心人，天不负。700多个日夜奋战，熊大和终于在博士毕业的前一年，带领团队设计出了世界首台SLon-1000立环脉动高梯度磁选机。

“人生能有几回搏，不搏下怎么知道结果呢”

干一行爱一岗，不为繁华易匠心；择一事终一生，不知春去几多时。

1989年，熊大和所在的研究所与姑山铁矿签订了SLon-1500设备的研制与试验合同，该机每小时处理矿石20吨至30吨。“这次的试验合同相当于是一个‘对赌’协议，如果试验不成功，不但意味着收不到款，单位损失大，更是对立环脉动高梯度磁选机的研究方向提出了质疑，压力特别大。”熊大和坦言。

试验运行中，故障率特别高，大半时间都在停工检修，主要问题是机型增大，网介质容易松动，发生烂网，每天都要换网、加网，占维护工作总量的90%以上。两年间，熊大和每天都在矿山调试设备，经常全身汗渍、满身矿泥。

“他啊，干起活儿来比工人都更能吃苦，工人还会嫌脏，他从不嫌脏。我们干这个活儿，人必须钻到机器下面去。在那个矿山里面，大学生都不多的地方，突然说来了个博士，还这么干，下面的工人都很佩服他。”熊大和曾经的同事王键敏回忆说。

经过在姑山铁矿3000多个小时的应用后，这个磁铁精矿品位提高了6%，回收率提高了13%，选矿指标创造了姑山铁矿历史最高水平。“我很高兴，因为这意味着我们实现了将实验室的成果转化为生产力。试验设备每走一步，我的信心也就增加一分。”熊大和说。

2000年，鞍山钢铁公司得知熊大和的产品在姑山铁矿成功应用后，便联系到他，计划尝试使用这个产品。但是双方谈了3个月，一直没有进展，一同参与对接的同事都已经产生了放弃该项目的念头。

“我打电话给王工说，可能目前只有你和我知道，这个磁选机是世界上最好的，其他很少人知道，搞不成实在太可惜了。最后，他还是陪我去了鞍钢。”

面对难得的机会，熊大和选择了坚持。项目终于谈成，随后他带领团队4人来到鞍钢。“我记得那是东北50年来最冷的一次，被我们赶上了，熊博士的手上长满了冻疮。当时考察作业率，为了保证作业率高，他24小时守在机器边上。”赣州金环磁选科技装备股份有限公司副总经理李建设说。

3个月的工业试验，熊大和带领团队设计研发出一条全新的工业流程，成功解决了原磁选机能耗大、污染重的问题。鞍钢大规模采用他们的设备，这为全国甚至全世界树立了一个典范。

从此，该磁选机成为选矿界的明星产品，开始用于国内各大矿山的矿石分选，每年处理矿石10多亿吨，创造了我国弱磁性铁矿和多种微金属矿选矿历史最高水平。

“后面有狼追赶，你必须比狼跑得更快”

“把设备卖到国外去，才对我们国家有贡献，这才是爱国。”随着产品在国际上的知名度日渐提高，熊大和多次应邀赴南非参加国际交流合作。

“当时坐火车去北京转机，火车非常挤，没有座位，熊博士坐在地板上都在学英语，就是为了能跟国外的客户更好地沟通，把中国的产品介绍得更好。”熊大和曾经的同事曾文清感慨道。

为了不错失这次打开国际市场的机会，熊大和做了充足的准备。“我这个人不善交际，在跟那些矿山老板谈判的时候，我就想着怎么样从产品性能上去说服他们。”熊大和说。与此同时，针对南非矿产特点，他设计了SLon双立环脉动高梯度磁选机，成功征服了南非客户，创造了我国强磁设备出口的先例。

“不能躺在功劳簿上，我们后面有狼追赶，你必须比狼跑得更快，才能保持领先，所以我们要不断创新。”目前，超过4000台SLon系列磁选机在国内外2000多家厂矿企业推广应用，国内强磁选机市场占有率超过70%。

科技创新成果节节开花的背后，不仅仅是熊大和带领团队勇攀高峰的努力，更是众多后起之秀接力赛跑、久久为功的拼搏。

2001年，熊大和在母校江西理工大学担任资源与环境工程学院硕士研究生校外导师。其间，他与学校联合培养了12名硕士。“熊老师始终深入科研一线。”金环磁选副总经理任祥君说，“老师退休不退岗，依然坚持每天到公司指导大家，且拒领公司报酬。”

“只要是大家想学的，我都会毫无保留地教给他们。”熊大和说。

前浪托举，后浪奔涌。熊大和关心爱护青年人才，为拔尖创新人才脱颖而出铺路搭桥。“大一时我非常迷茫，直到熊老师来校做讲座，才让我茅塞顿开、豁然开朗。”熊大和的开门弟子陈禄政说。陈禄政如今已是昆明理工大学“高梯度磁选理论与技术”学科方向负责人、云南省中青年学术和技术带头人。

锻造国之重器，攻克技术堡垒，熊大和用一次次坚守担当，诠释着科技理想与育人初心。

作者：李梦玉　彭雪英

2024年3月13日

“网红所长”是如何炼成的

从警 13 年，他初心不改，一心为民。

“廖所长真心、耐心、细心，把我们当自家人一样。他眼中没有高低贵贱，只有一方百姓。”村民杨艾生朴实的话代表了群众的心声。

杨艾生所说的廖所长，就是芦溪县公安局国保大队大队长、原银河镇派出所所长、银河镇“为民工作室”发起人廖福来。近日，从北京传来喜讯，廖福来被评为“全国岗位学雷锋标兵”。

民生无小事，枝叶总关情。基层警务工作更是如此。长期扎根乡村的廖福来没有惊天动地的壮举，但无论是同事还是辖区百姓，都尊敬、信任、认可他，原因何在？

村民联名“请”回来的社区民警

眼睛有神，未语先笑。如果不是身穿一身警服，憨厚、淳朴的廖福来更像是一位邻家大哥，给人非常亲切的感觉。

2011年4月，27岁的廖福来来到芦溪县公安局银河派出所，成为一名基层民警。

“想让群众认可你做的事，首先得认可你这个人。唯有嘴勤、手勤、腿勤、脑勤，脚踏实地，才能走进群众心里。”初到银河派出所，廖福来这样告诉自己。

他的手机里存着辖区2000余个居民的电话和微信，总是一天到晚响个不停。在与银河镇百姓相处的第六个年头，他的双脚在辖区留下了9000多千米巡逻走访的足迹，巡逻警车陪伴他在辖区巡逻了2.7万多千米，入户走访累计达到6万多次，调解各类矛盾纠纷210多起。

2017年7月，廖福来调任新泉派出所教导员。辖区居民听闻后心里百般不舍，有很多老人多次相约去新泉乡，看望这个离家的“儿子”。

离开银河镇还不到一年，乡亲们决定联名写请愿信请求组织将他调回来。

“银河需要廖警官。”说这话的，是何家圳村有着55年党龄的老党员何财邦。“6年来，廖警官为乡亲们办了很多好事，我们都很喜欢他。”何财邦说着，从口袋里掏出了厚厚一沓纸条，“当时，乡亲们委托我们几个老党员给廖警官写一封挽留信，他们把想对廖警官讲的心里话都写在纸条上。”

“我因不同意女儿嫁到外地，女儿一气之下离家出走杳无音信，去年春天和您反映后，您便记挂在心，通过QQ聊天和她取得联系，把她劝回了家。”

“前年冬天我妻子因双目失明需办理残疾人证，是您来回奔波于县民政局、县医院，亲自帮我把事办好了。还帮我们家争取到危房补助款，现在新房子也建起来了。”

“有困难的时候我总是来麻烦您，一次又一次，多亏您的帮助，我家孙女如愿考上了大学，学费也有了着落！”

一张张大小不一的纸条，记录了廖福来为乡亲们做过的大事小事。挽留信写好后，全镇124户村民派代表签了名。“有的老人拄着拐杖过来，一些在外地工作的村民也特意请假过来签下自己的名字。我们都盼他能回来。”银河镇陇田村村民甘书爱动情地说道。

面对乡亲们的一句句心里话，34岁的廖福来眼眶湿润了。

一年后，芦溪县公安局进行人事调整时，充分考虑民意，将廖福来调回银河派出所担任所长。当廖福来重回银河的那一天，镇上的百姓喜笑颜开，纷纷到所里来看他。

随叫随到的“为民”队长

只有“心中常常牵挂”，才会“时时放心不下”。

户籍管理、巡逻执勤、值班办案，样样都需要警力，基层民警常常分身乏术。2019年，考虑到派出所警力有限、警务繁忙的实际，廖福来号召村里的党员、组长和热心的村民成立“银河镇为民工作室”，将民间的正能量汇聚在一起，以便发挥更大的作用。

“廖所长给我们办了这么多好事，我们更应该为大家做一些力所能及的事。”为民志愿者协会会长易云招说。在廖福来的带领下，工作室目前已聚合公益热心志愿者520余人，并在各村（社区）发展壮大。

“为民工作室”坚持“门常开、人常在、随时来、随时办”，只要群众有需要，第一时间赶到工作室。多年来为辖区群众找回10多名失联亲人，其中失联时间最长的已有12年；长期守护25位孤寡老人，做辖区全体留守老人的“快递员”“代办员”；资助孤儿双胞胎姐妹走入大学之门，累计为贫困学生对接爱心捐助、筹集学费30余万元……一次又一次，坚持不懈；一日又一日，从不停歇。

十三年如一日，廖福来的工作日记摆满了抽屉，每一本都见证着他与村民在一起的珍贵时光；他的荣誉证书同样高高摞起，“全国最美基层民警提名奖”“全国学雷锋标兵”“江西省职工职业道德建设标兵”“江西省优秀人民警察”，他还荣立个人二等功1次、个人三等功4次和各种嘉奖……

十三载风风雨雨，在风华正茂的年纪，他以实际行动坚守初心，用青春年华践行公安使命。

掌握“流量密码”的网红警官

近年来，电信诈骗案件高发，担心辖区群众受骗，廖福来带着民警挨个上门宣传，但效果甚微。

当看到大街小巷的居民们经常刷抖音，廖福来灵机一动，将“邱娥国工作法”向网络延伸，向当地网红取经学习，开通了“福来说事”的抖音账号。

2021年9月，廖福来在抖音上发布了一个走访留守老人的短视频，出乎意料地火了一把。自此，廖福来开了窍，用他的话说——找到了“本我”。“我的‘本我’就是和群众在一起，这就是我的‘流量密码’。”廖福来说。

他制作的视频均采用银河方言，内容除了宣传反诈知识外，还涵盖为群众寻找失联亲属、防盗抢知识宣传、日常走访、帮助辖区群众等方面，既有趣有料又寓教于乐，获得“粉丝”的热烈追捧。

如今，“福来说事”抖音号成了集收集民情、化解矛盾、安全宣传、扶老助农等功能于一体的平台。账号的影响力越来越大，目前已积累粉丝2.7万，点击量超千万，获赞超73万。其中，账号的6000多个抖音好友大部分均来自辖区，有农户经常打趣说：“廖所就是我们的‘咨询员’和‘农产品带货员’，他的微信朋友圈、抖音一推送，我们的农产品都不够卖了。”

成为“网红”后，对廖福来每日平均要接五六十个电话，全是各村村民和社区居民打来的，他们有的是求助，有的是报警，有的是倾诉，有的是提供破案线索……

“今天是我为银河老百姓站岗、守护的最后一个晚上，谢谢乡亲们，是你们让我明白了什么是警民情……”今年1月4日，廖福来调任芦溪县公安局国保大队大队长，临行前的一晚，廖福来在下村巡逻的路上通过“福来说事”抖音号发布了这条短视频。

“廖所长，感谢你的辛苦付出，银河人民永远爱你！”“廖所，要常回家看看……”随后，廖福来陆续收到1000多条来自银河百姓的信息。这一次，村民们藏起了心中深深的牵挂和不舍，纷纷为他送上最真挚的感激与祝福。

警灯闪烁，照亮大街小巷；警徽熠熠，守望千家万户。廖福来说，成为“网红所长”不是他的初衷，守护辖区的平安才是他不懈的追求。

廖福来的忠诚与信仰、热血和激情如同一朵朵绽放的鲜花，点缀着那片他挚爱的土地，让基层民警这个平凡的岗位有了不平凡的意义。

作者：刘艳红

2024 年 3 月 15 日

“三天不下乡，心里憋得慌”

帮助一群人、解决一类事，由点到面产生“溢出效应”，使地方“盆景”变为社会“风景”。

初识肖秋龙是去年11月，樟树市临江镇尹家村获评“全国新时代‘枫桥经验’先进典型”，笔者在尹家村蹲点采访时碰见了来村里调研的他。花白的头发，操着乡音的普通话，一句“三天不下乡，心里憋得慌”的自嘲，让人印象深刻。

再识肖秋龙是在央视《社会与法》频道，他受邀出席“2023年度法治人物”颁奖典礼，“农村养育了我，群众教育了我……”他朴实无华的语言，让人油然生出敬意。

2023年，肖秋龙获评“新时代政法楷模个人”“年度法治人物”。作为一名政法战线老兵，肖秋龙从业20余年，走街串巷、进村入户，人们都说他是一本行走的基层“治理经”。基层治理这本“经”如何念好？肖秋龙摸索出了不少小妙招。

“与群众交友，拜群众为师”

“小时候，乡亲因一些生活琐事发生纠纷，村里有威望的长辈站出来主持公道，大家都能心服口服、重归和睦。”肖秋龙出生在樟树市临江镇的一个偏远村庄，童年时的这些记忆，便是他对村民自治的最初印象。

2003年，肖秋龙进入樟树市委政法委工作，他愈发认识到，平安建设是一项发动和依靠群众的工作。此后，更是一门心思琢磨村民自治问题。每到周末，肖秋龙的身影不是在乡下，就是在下乡的路上。一本、一笔、一包成了肖秋龙下乡的“标配”，翻看笔记本，里面密密麻麻记满了与村民群众、乡镇干部面对面交流时碰撞出来的“智慧火花”。

2019年底，肖秋龙听说永泰镇上路皮自然村村民自治的做法具有很强的推广性，便带着问题来到村里“取经”。起初，村民对这位“不速之客”并不热情，得知肖秋龙是城里下来调研的干部，村民们脸上写满了“不知道”“不配合”。对此，肖秋龙并没有沮丧。他先是和村干部、村民理事长交朋友，向他们了解村里的基本情况，跟着他们一起走村入户，与村民打交道、拉家常。

每次召开村委会会议、村民理事会会议，肖秋龙也会坐在一旁认真听、仔细记，给大家出点子、想办法。肖秋龙利用一切工作机会或闲暇时间频繁“刷脸”，逐渐成了村里的熟人。如今，只要肖秋龙出现在村里，沿路总有人跟他热情地打招呼。

经过几个月的走访调研，肖秋龙用“乡言土语”拉近了与村民的距离，虚心向群众请教，不断向群众学习，通过梳理总结撰写了《德治自治融合 助推乡村振兴——让上路皮家村民自治“立”起来“跑”起来“美”起来的思考》的调研报告，提出村民自治要系统化、法治化、规范化等观点，帮助村里进一步提高村民自治水平。

2021年，该村入选全国村级议事协商创新实验试点单位，成为全市1900余个自然村纵深推行村民自治的教科书。

“当群众肚子里的蛔虫”

常年在基层一线的肖秋龙，也积累了丰富的调解工作经验。他发现矛盾纠纷的起因千差万别，但症结大同小异，当事人除了有清晰的“事结”外，普遍都有“怨结”“气结”“心结”。

2020年，市民杨某读初二的女儿在家上网课一个学期后，性格变得十分暴躁，成绩也断崖式下降。为此，母女俩经常发生争吵，小孩情绪更加不稳定，经常深夜在家大喊大叫，甚至出现轻生的念头。

万分焦虑的杨某找到肖秋龙。调解现场，母女两人各有说辞、情绪激动。于是，肖秋龙便分别和母女双方进行沟通，倾听她们在相处过程中的烦恼，引导她们说出矛盾根源、释放负面情绪。

一番沟通下来，肖秋龙从青少年心理特点、亲子沟通技巧等方面，对母女双方进行心理疏导，耐心劝慰，并嘱咐她们要多沟通、多关心彼此，少说教、少批评。经过几次的悉心开导，母女最终解开心结，亲情关系得以修复。

此后，找肖秋龙调解矛盾的群众越来越多，“老肖工作室”也就这样诞生了，工作室针对青少年成长中出现的一些问题进行心理疏导，利用空余时间为他们提供社会心理服务，先后帮助了100多名青少年解决成长中的烦恼。

“老肖工作室”逐渐成为当地基层社会治理的金字招牌。在“老肖工作室”带动下，樟树市先后成立了“老尹调解室”“锦绣天成调解室”

等特色品牌调解室32个，不断推动基层调解工作规范化、法治化。

为了更好走进群众的心，肖秋龙利用业余时间坚持学习心理学，取得二级心理咨询师的资格后，肖秋龙第一时间向笔者分享喜悦。“心病还需要心药医。如果将心理服务与化解矛盾纠纷相结合，可以更好地帮助情绪激动、心理失衡的当事人打开‘心防’、疏通‘心结’、治愈‘心病’。”讲到这，肖秋龙铆足了一股劲。

药都樟树的中医文化中讲究治未病，细心的肖秋龙从中获得灵感。与尹家村村干部一起摸索出“四招解四结”家门口解纷工作法，即用脚板丈量“怨结”、用热脸融化“气结”、用“婆婆嘴”解开“心结”、用“母舅”打开“事结”。

“从一个人到一群人，从一件事到一类事”

社区是城市治理的“底盘”，也是联系服务群众的“最后一公里”。相较于乡村的熟人社会，社区的治理问题更加复杂。

为提升社区精细化治理和精准化服务水平，2021年底，樟树市选择了3个社区作为创新网格化管理服务试点社区，肖秋龙作为试点社区的业务督导员，每天骑一辆自行车往返于“老肖工作室”和社区之间，社区网格成了他的第二办公室。

“业主不配合，连门都不开，还以为我们是推销的。”福城社区专职网格员陈秋珍回忆刚开始开展工作时的情形说道，“他（肖秋龙）教给我们很多和群众打交道的方式方法。他告诉我们要熟悉每家每户的基本信息，见到业主要主动打招呼聊会儿天，了解他们的所思所想所盼，帮助他们解决实际问题。只要群众和你敞开心扉，那么一切都变得容易了。”

做群众工作实际上就是做人的工作。“只有进得了门、说得上话，才能打开群众的话匣子，及时了解群众困难和需求，一些在平日里藏起来的矛盾纠纷才能尽早化解。”肖秋龙感慨道，“网格员的工作关涉群众的柴米油盐，而群众的幸福生活就藏在这些琐碎小事中。”

调研发现，网格员普遍存在职责不清、思路不明、底数不清、信息不通等问题。如何帮助网格员提高工作效率？带着这些思考，肖秋龙与社区干部、网格员归纳总结出城区网格化“三认四提四知”工作法：认路认房认人，提房知人、提人知事、提事知情、提情知策。

肖秋龙又跑遍全市16个农村乡镇（街道），提炼出农村版的“三认四提四知”（认田、认地、认房，提田知户、提户知地、提地知情、提情知策），充分发挥网格员人熟、地熟、情缘熟的优势，做到网格内底数清、情况明，及时排查矛盾纠纷、风险隐患线索。

由解决一个网格员的问题到总结梳理出“三认四提四知”工作法，由总结上路皮家的经验做法到将其复制推广为基层善治的典型案例，肖秋龙发挥自身所长，利用“深、问、思、导”调研工作法，创新总结出的“四招解四结”解纷工作法，帮助了一群人、解决了一类事，由点到面产生“溢出效应”，使“地方盆景”变为“社会风景”。

悠悠民生事，件件是大事。把爱好当工作的人是幸福的，把工作当爱好的人是可敬的。

作者：赵 莉 肖 雅

2024年3月19日

俞鸿儒为国之重器编“摇篮”

他是我国激波管、激波风洞研究及其应用的开拓者之一，是“中国激波风洞第一人”。他这一生，为无数国之重器编织“摇篮”，也为更多年轻人的成长铺就星光大道。

4月8日晚，《〈感动中国〉2023年度人物盛典》在中央广播电视总台综合频道播出，江西上饶籍中国科学院院士俞鸿儒获评感动中国2023年度人物。

“前辈布下的奇子，蛰伏深空的巨龙，做别人不敢做的，做别人做不成的。他独辟蹊径，一往无前。拨开科学的雾，荡去岁月的尘，我们看到一位科学家黄金般的心。”这是感动中国组委会给予俞鸿儒的颁奖词。

现年96岁的俞鸿儒是我国激波管、激波风洞研究及其应用的开拓者之一。他长期致力于激波与激波管的理论、实验与应用研究，为我国创建了多种高性能气动实验装置，被誉为“中国激波风洞第一人”。

颁奖台上，俞鸿儒手拄拐杖，从少先队员手中接过奖杯和鲜花，微笑着向观众致敬。伴随着荧幕上闪现的过往风云，此刻，他深藏功与名的过往，才开始被更多人熟知。

无惧艰险的拓路人

什么是风洞？风洞被称作“飞行器的摇篮”，它在地面上人为制造“天空”，能够产生可控制气流，模拟飞行器在空中飞行的复杂状态从而发现飞行器的设计缺陷。

飞行器的成功研制需要经过成百上千次风洞试验。我们耳熟能详的“东风”系列导弹、“神舟”系列飞船等，在鹰击长空、翱翔太空之前都要经过风洞的“淬炼”。

“这个做完对国家有用”，“国家没有这个是不行的”……俞鸿儒研究风洞技术的初心，简单而纯粹。而领俞鸿儒走上激波管研究这条路的，正是他的研究生导师、时任中国科学院力学研究所副所长的郭永怀。

1957年，苏联发射第一枚洲际导弹和第一颗人造地球卫星后，郭永怀预见中国将大力发展航天事业，于是给俞鸿儒制定了研制激波管、发展激波风洞的研究方向。次年，中国科学院力学研究所成立激波管组，年仅30岁的俞鸿儒担任组长。当时，新中国经济基础薄弱、电力短缺，无法效仿国外风洞的发展路线。

如何快速建立起我们自己的风洞技术平台？俞鸿儒没有紧跟当时的国际潮流，而是选择了更加省钱的办法——氢氧燃烧驱动方式。但这种方式容易发生爆炸，危险程度高。

“有一次把一个房子都炸掉了，爆炸后，郭永怀首先提出表扬。”俞鸿儒回忆道，老师考虑的是房子炸掉了可以再盖，但不弄清楚爆炸原因，就不能更好地预防。在老师的鼓励下，在一次次地试错和复盘后，俞鸿儒带领团队终于在风洞研究方面“炸”开了一条新路。

俞鸿儒上任当年，团队就研制出了中国第一代激波管；4年后，JF-4直通型激波风洞问世；7年后，他们又成功研制出尺寸和参数均达国际水平的大型激波风洞JF-8，而且造价低廉安全性高。

彼时，中国研制的导弹、火箭、人造卫星等重点型号飞行器陆续进入到攻关阶段，亟须大型风洞的检验。俞鸿儒主抓的JF-8激波风洞的建成恰逢其时，在各种试验中发挥了极其重要的作用。

科研需要有开拓创新的精神，也要有排除万难的坚定。当时，由于氢氧燃烧驱动技术路线容易引起爆炸，在国际上已被弃用，但俞鸿儒不这么看："我觉得这条路有希望，我的要求是绝对不能伤人死人，这点能耐要有。"

只相信科学，不迷信权威。俞鸿儒一次又一次闯关成功，验证了他的选择。1998年，他领导建成了国际上第一座爆轰驱动高焓激波风洞JF-10。此后，爆轰驱动成了世界激波风洞研究的热点。

从质疑潮流，到引领潮流，正是凭借这股质疑精神，俞鸿儒建立了属于中国人的风洞技术路线，正如他自己所讲："什么事坏的事里面有好的，好的事里面有坏的，天地间没有绝对的好事和坏事。"

把梦想根植在祖国最需要的地方

俞鸿儒认为，当时自己之所以能被导师选中，可能是因为他特殊的教育背景。"我念过两个大学，念过数学系又念过机械系，在化工系、水利系都教过课，是个万金油。"

传奇的求学经历，还得从俞鸿儒孩提时代说起。1928年6月，俞鸿儒生于文风蔚然的上饶广丰。儿时的俞鸿儒安静沉稳，聪颖过人。父亲深知落后带来苦难，要求他好好读书，长大后成为对社会有用的人。自那时起，读书自强的种子就已种进了他的心里。

战争年代，动荡的时局并没有阻挡俞鸿儒求学的脚步。1946年高中毕业后，他考取同济大学数学系。大学时代的俞鸿儒一边发奋读书，一边投身社会运动，积极追求进步。为建设发展东北工业基地，1949年，党中央决定创办大连大学。青年时代的俞鸿儒深知工程学科对经济建设的重要性，毅然决定二次参加高考，并顺利考入大连大学机械工程系。

从大连大学毕业后，28岁的俞鸿儒响应国家“向科学进军”的号召，报考中国科学院力学研究所研究生，师从郭永怀攻读流体力学，从此踏上了“风洞之路”。在力学研究所，俞鸿儒获得了宽松的实验环境，并深受钱学森、郭永怀等老师科学严谨的科研精神的熏陶和影响。“老师说，不许死人，爱怎么干就怎么干。”就这样，俞鸿儒快速地成长起来了。

一生择一事，一事终一生。促使俞鸿儒甘愿为祖国的科研事业奉献一生的，是对恩师郭永怀的感念，是敢为人先的责任担当，更是心中科研报国的坚定信念。

甘做科研路上的铺路石

“国家的科学事业需要我们来做铺路石。”这是导师郭永怀对俞鸿儒的教导，俞鸿儒也像导师一样，成为年轻科学家的引路人。

俞鸿儒主导研制的JF-8大型激波风洞为各种重点型号的飞行器试验发挥了重要作用，曾参加过2019年国庆阅兵的东风-5弹道导弹也曾在这里进行过测试。

曾有人问他看到导弹经过天安门广场时内心是什么感受，俞鸿儒淡然一笑说：“我们帮了一点忙，主要工作还是人家做的。”

2012年5月，我国建成高超声速且能复现爆轰驱动的激波风洞JF-12，实现了从“模拟”到“复现”的跨越。这是当时国际上最大、整体性能最先进的激波风洞，为我国航空航天重大任务研制提供了关键支撑。但在申报国家奖项时，作为JF-12的主要设计者，俞鸿儒却把自己的名字署在了最后。“荣誉对我来说没有用了，年轻人没有这个不好开展工作，他有用，做完有成就、有威信，工作就好做了，等他们老了再交给年轻人。”俞鸿儒说，“这个工作没人接手可不行。”

恩师郭永怀曾语重心长地教导他：“中国曾经落后这么多年，不是一朝一夕能够追赶上的。你们好好干，干好了也许你们的学生可能有成就，不能让人家这么欺负咱们。”俞鸿儒回忆道：“他不要求我们成名成家，就要求我们做铺路石。”在此后的科研生涯中，俞鸿儒始终将恩师郭永怀的话牢记于心。“我现在就按照他说的做一点，他是否满意还不好说。”谈起自己取得的成绩，俞鸿儒总是很谦逊：“其实很多时候取得的成绩不是个人的，是时代（给予的机会），是很多人共同的努力。”

时光斗转，50余年的“风洞之路”饱含故事。如今，耄耋之年的俞鸿儒依旧不忘提携后辈，他用智慧和谦逊，为无数国之重器编织“摇篮”，也为更多年轻人的成长铺就星光大道。

作者：戚虹鸿

2024 年 4 月 12 日

十米车厢写芳华

6年来，吴泽勋将十米车厢当作“家”一样用心经营，不仅把乘车的“家人”安全送达目的地，还通过无微不至的服务让他们感受到“家”的温暖。

6年，安全行车30万公里，他把十米车厢当成“家”，把乘客当成“家人”。他把简单的工作做到极致，用平凡的日常展现公交司机不凡的风采。

身在基层能否出彩？身处一线能否发光？九江市公共交通集团公司的“80后”公交司机吴泽勋给出了一个肯定答案。

今年3月，交通运输部、中华全国总工会联合发布2023年全国“最美公交司机”名单。江西有两名公交司机光荣上榜，吴泽勋就是其中一员。

日记本里记录满满的热爱

“2023年7月16日，一位乘客询问如何乘坐去湖口的公交车，我耐心帮助他梳理了具体的时间地点，详细告知他最为经济实惠的乘车方法。下车后，他对我竖起了大拇指。”“2024年3月14日，晴。5路车的乘客很多，三五成群的，一路欢声笑语，他们大多是去郊外踏青的。听着他们的欢声笑语，我也从中感受到了幸福的滋味。因为我为他们提供了方便快捷、舒适安全的优质服务，我的工作是有价值的，我服务我快乐……”

两本厚厚的笔记，记录着行车中的日常琐事、安全交规及文明行驶注意事项。落笔认真，字迹工整，每一字、每一句都流露出对这份工作的执着与热爱。翻看吴泽勋的日记，记者的内心是满满的惊讶，不禁对眼前这位朴实敦厚的44岁的中年汉子刮目相看。

2018年，吴泽勋正式加入九江市公共交通集团公司。在此之前，他曾在一家民营公司当过10年农村客运车司机。从民企的农村客运车司机到国企的公交司机，工作环境变了，要求也大不相同，他深感自己的服务意识和综合素养与其他人有一定的差距，必须抓紧学习，才能迎头赶上。于是，他认真学习公司的各项规章制度及服务条例，拼命提升自己。

从踏入公交公司的第一天起，吴泽勋便下定决心，不仅要做一名合格的公交司机，还要争取做一名优秀的公交司机。

“虽然我非常普通，但也是个有想法的人，我很热爱这份工作，不想碌碌无为。”吴泽勋一脸认真地对记者说。从2019年开始，吴泽勋便养成了记笔记的习惯，把每天车上的所见所闻、所思所想详细地记录下来。记笔记之后，他可以随时翻看，随时复盘，随时反思：当时是如何处理的？乘客的情绪反应怎样？是不是有更好的解决方式？很快，吴泽勋的综合素养就快速提升了。

因为热爱，所以动力满满。在平凡的工作中，吴泽勋创造出不平凡的业绩。他先后3次荣获九江市公共交通集团公司“先进工作者”“优秀共产党员”等荣誉称号。2023年，他荣获九江市第五批“学雷锋标兵”光荣称号。

“人车合一”是这样炼成的

“吴师傅开的车，又稳又好。车子进站时，根本感觉不到刹车，不晃不晕，我们就爱坐他的车。”这是乘客尤其是老年乘客对吴泽勋的一致评价。

“每次进站，我都会把车稳稳当当地停在老人面前。有不少老年乘客，专门挑我的班次乘坐。”对此，吴泽勋一脸的欣慰和自豪。你的车开得那么好，有什么诀窍吗？吴泽勋给了记者一个有些玄妙的回答：人车合一。吴泽勋解释说：“其实车也是有脾气的。脾气不好时，车辆的行驶状况自然也不好。而车的脾气就是你的脾气，除了车技，你还要时刻调整好自己的心态，像爱惜自己的身体一样爱护车，自然就能把车开得又稳又好。”

对吴泽勋来说，一旦坐进驾驶室，手握方向盘，他就会把任何事情都抛开，心无杂念地开车，直至把乘客安全送到目的地。哪里要转弯，哪里需要减速慢行，哪个站台孩童多，哪个站台有中风的老人……诸多细节，吴泽勋了然于胸，一刻也不敢掉以轻心。

用心一者技必良，不为繁华易匠心。业余时间，吴泽勋很少看手机刷视频，全身心投入学习当中。他通过不断学习、不断实践，总结了一套自己的工作经验。车辆进场要做到：停车向后走、向后看，绕车一圈细检查，垃圾入篓不落地。车辆进出站要做到：停二起三左右看，确保安全再起步。“停二”是车辆停稳两秒再开门，“起三”是车辆关门等三秒再起步。

2018年底，59路公交车车辆升级，燃油车更换为新能源车。驾驶新能源公交车，对司机来说无疑是一项新挑战。刚进入公司不久的吴泽勋找来说明书和相关资料自学，狠钻新能源公交车驾驶技术。通过学习、分析、琢磨，虚心请教专业技术人员，他在短时间内掌握了纯电车的操作要领。随后和同事们分享心得体会，帮助大家共同提高新车驾驶业务技能。吴泽勋还自创了一套“五心、三稳、一热情”的工作口诀：“五心”即真心、爱心、耐心、初心和责任心；“三稳”即起步稳、行车稳、停车稳；“一热情”即热情待人。

6年来，吴泽勋连续安全行车30多万公里，保持着生产安全零事故、营运零违章、服务零投诉的纪录。

十米车厢是他和乘客温馨的“家”

吴泽勋爱干净，每天都会专门抽出时间来精心打扫车厢，不留卫生死角，把车厢打理得干净、整洁、温馨。他很细心，每跑完一趟，都要巡视一番，看看车内有没有新丢的垃圾，检查有没有乘客落下的东西。

6年来，吴泽勋将十米车厢当作“家”一样用心经营，不仅把乘车的“家人”安全送达目的地，还通过无微不至的服务让他们感受到“家”的温暖。

不少老年乘客不会扫码支付，他会耐心地进行现场教学；遇到腿脚不便的乘客，他会停下来耐心等待乘客上车，主动帮他们找座位；乘客遗失东西，他会悉心保管、完璧归赵。经他之手归还给乘客的钱包、雨伞、提包、钥匙等物品不计其数。

去年冬天的一个清晨，细心的吴泽勋发现不少老人上车后宁愿站着也不愿意坐下。经过了解后他发现原来是座位冰凉，老人不适应。下班后，一直惦记这事的吴泽勋心想：给座位铺上坐垫不就解决问题了。说干就干，吴泽勋量好尺寸，找来海绵布垫，央求做裁缝的妈妈加工制作。第二天，连夜赶制的爱心坐垫就铺在了座位上，焐暖了座位，也温暖了乘客的心。

至今，吴泽勋的手机里依然保存着一条2018年10月4日的短信：“吴师傅好！我是葛思德，那天你帮我保管挎包，并把它归还给我了，我为你工作认真负责、爱岗敬业的精神和拾金不昧的高尚品德所感动，谢谢你的帮助！”原来，葛思德老人坐公交到江洲渡口换乘轮渡回家，不慎将挎包遗落在公交车上。吴泽勋在打扫车厢卫生时拾到了挎包，随即就奔向码头寻找失主，可惜轮渡已经驶离。吴泽勋赶紧将挎包上交调度室，经检查，包里有敬老卡、银行卡、一些证件和一个电话本。通过联系，老人当天下午就领回了挎包。

吴泽勋真诚、善良、负责的品质也吸引了很多“铁粉”，很多乘客一上车便和他亲切打招呼。得知吴泽勋的脚扭伤了，一位医生乘客专门为他送来治疗扭伤的药。熟悉吴泽勋的乘客都知道他热心公益活动，下班之余经常参加社区志愿服务，慰问孤寡老人，无偿献血，参加文明乘车宣传等公益活动。

用心付出，收获美好。乘客口中的一声声“谢谢”，乘客脸上展现的一串串笑容，对吴泽勋而言，就是最大的褒奖。

“我只是做了一些平凡细小的事情，没想到收获了如此多的荣誉，内心一直惴惴不安。今后，我要继续努力，认真敬业，把本职工作做到极致。”吴泽勋真诚地对记者说。

实实在在从小事着眼，踏踏实实从细节入手，认认真真对工作负责，这何尝不是一种“极致”。吴泽勋用他的实际行动生动诠释了：再平凡的工作，做到了极致，都会光芒万丈。

作者：江　慧

2024 年 4 月 13 日

一凿一斧中的指尖“琴”缘

这位农村出生的青年人为何会与古琴结缘，钟“琴”一生？

制琴又被称作“斫琴”，是我国一项历史悠久的民间传统技艺。一块接近废弃的老木头，经过斫琴师的巧手妙工，变身一床古琴，能够弹奏出清冷入仙的琴声。

封益华，便是一名化腐朽为神奇的斫琴师。在现代社会，古琴文化日渐式微，懂得斫制古琴的人更是寥寥无几。这位农村出生的青年人为何会与古琴结缘，钟“琴”一生？

“原来世上还有这么动听的声音”

今年38岁的封益华是江西省宜黄县人。2004年，18岁的封益华跟随父母来到厦门务工。当时，知名僧侣斫琴师智藏法师正打算在厦门招收学徒。听闻这个消息后，封益华的母亲带着他找到了智藏法师，希望能碰碰运气。

“年轻人，你知道这是什么东西吗？”

“是古琴！”

在智藏法师的工作室里，听到封益华的回答后，智藏法师随即坐在琴前拨弦、取音，绝妙的乐声从琴弦上缓缓流出。琴音悠悠，如见山高水长、鸿雁远飞，似感婉转流畅、隽永清新。这位从未见过古琴的农村青年，在第一次听到柔和又深沉的琴声时，心神瞬时被牵引，仿佛穿越千山万水，来到了一个静谧幽深的世界。

“第一次听到古琴的声音，我有一种浑身发麻的感觉——原来世界上还有这么动听的声音！”虽然已过去二十年，封益华仍记忆犹新。很快，封益华就投师在智藏法师门下，成为一名学徒，从此开启了学琴和斫琴的人生旅程。其后的几年里，封益华心无旁骛，潜心学艺。他看着一块块朽木经师父的巧手，在一凿一斧中，打磨出了历史的遗音，成为一座座移动的艺术丰碑。

接受古琴的熏陶越多，封益华就愈发对其沉迷，学艺也更加专注。在师父的精心栽培下，封益华系统地学习了古琴的相关知识，弹奏水平在日复一日的苦练中稳步提升，斫琴技艺在每一次的削砍、打磨中日渐成熟。2014年，封益华选择回到家乡宜黄发展。临别时，智藏法师送了他一把亲制的斧子，那不仅仅是一件工具，也是他出师的信物，更是对他未来之路的希冀。师父希望封益华能够永葆初心，以匠心独运的精神继续钻研斫琴之道。带着师父的期许，封益华开启了自己独立斫琴的生涯。

斫琴是一生一世的修行

面板为弧，底板平直，寓意“天圆地方”；琴头较高，代表高山；长长的琴弦，象征流水……古琴的外形设计，融入了古代先贤对“天人合一”的理解和朴实的哲学观。

在中国文人士大夫看来，含蓄、内敛的琴不仅是乐器，更是修身养性的“法器”。而在封益华心里，古琴之音，正如老子所言，“大音希声”；又如庄子所言，“至乐无乐”。音质松透空灵、外形雅致内敛、做工用料上乘、能传世的才能算好琴。因此，回到家乡的封益华远离都市喧嚣，潜心斫制古琴。研究木质、漆性，进村庄找木头……周而复始，十年如一日，“连做梦都在制琴”。

来到封益华斫琴的工作室，一股经过年代洇润的木质香充盈整个空间。地面堆叠着裁成合适大小的木材，墙上挂满各种形制的古琴半成品，一旁的工作台上是各式各样的斫琴工具。封益华小心翼翼地用凿子凿着木板，随着凹槽的逐渐显现，琴的轮廓也渐渐清晰起来。

封益华认为，每制一张琴，都需要用心去和琴交流。斫琴过程如同孕育生命，每张琴的完成就是斫琴师自己生命的一种延续，琴形与琴声的完美合一始终是他孜孜不倦的追求。他斫制古琴时既能严格遵循古法手工制作，又会对古琴的外观、内部构造及髹漆工艺加以改善。长此以往就形成了一套完整且成熟的制作流程。

“斫琴看似简单，其实制作工艺极其复杂，包括选材、造型、槽腹、刮灰、打磨、髹漆、试音上弦等一百多道工序，每道工序都靠纯手工，历时3年才能完成。”封益华说道。“髹漆”是古琴制作中非常重要的一环，也是封益华眼中最难的一道工序。制作所需的天然生漆能让古琴历经千年不腐不朽，但生漆的过敏率近乎100%。

在刚开始学习髹漆的时候，封益华的手指曾一度肿胀到无法工作，之后过敏蔓延至全身，花了整整3年的时间才克服。即便他不再过敏，由于生漆具有刺激性，长期将身体暴露在生漆的环境中，也是有害的。

那一床古琴，需要髹多少遍漆呢？封益华摇了摇头，直言没有标准答案。只有琴身的机理与色泽达到令他满意的程度，封益华才会停止髹漆的工序，而这道工序，最长可耗时两三年。上百道工序考验的不仅是耐心、恒心，更是一名斫琴师的心性与德行。作为斫琴师，仅仅会斫琴是远远不够的。只有具备深厚的文化底蕴和艺术修养，才能站得稳、行得远，封益华深谙此道。除了跟随师父学习古琴弹奏、斫制，封益华还广泛涉猎古琴以外的知识。他从园林、木雕、砖雕以及传统书画中汲取养分，提升自己的审美格调和艺术品位，也从中国传统音乐中体味古意苍茫的韵味，从中获得更多灵感和启发。

“独坐幽篁里，弹琴复长啸。”粗糙且布满茧疤的双手不但斫得一手好琴，更弹得一手好曲。以琴会友是封益华斫琴之余最乐意参加的活动。闲暇时刻，封益华会与几位好友相邀远足，在山水林泉间、草木葳蕤处，抚琴品茗，好不快哉。

做手艺人　也做“守艺人”

斫琴师，其实是一个“费力不讨好”的职业，不但要有出色的古琴演奏技巧，还要有极强的动手操作能力与耐力。

好琴需得时光磨。在回到宜黄斫琴的前三年，封益华几乎没一分钱收入，凭借着一股痴劲，他才咬牙坚持了下来。随着岁月的沉淀，封益华的斫琴技法日益炉火纯青，其名声亦如琴音般悠扬远播。封益华的琴友圈渐渐地扩展开来，经常成品还未出炉，就已被琴友预订一空。

“能够将热爱变成养家糊口的职业，我觉得我是一个非常幸运的人。”虽然他的生活负担小了，但随着成为抚州市古琴制作非遗传承人，封益华却觉得身上的担子更重了。他不仅要做手艺人，也要做“守艺人”。为了传艺，封益华收了6名徒弟。他们中有人因为过不了生漆过敏这一关而放弃，也有人因为斫琴难以养家糊口而选择另谋出路，真正留下来潜心学艺的却是寥寥。

面对窘境，封益华内心充满忧虑却又深感无力。他深知古琴艺术的珍贵，坚信只有让更多的人参与传承与发展，这一古老的艺术才能生生不息、历久弥新。于是，他开始致力于将古琴文化带入大众视野。

在宜黄县城区的宜黄河畔，一阵阵清远悦耳的古琴声不时随风飘荡，如同清泉般洗涤着人们的心灵。循声望去，封益华的古琴工作室便坐落在那不远处。近年来，封益华开设了不少古琴演奏培训班，培训古琴爱好者上千人次，深受广大市民喜爱，培训名额时常被一抢而光。他还积极参加各类公益讲座、展览活动，让更多人认识、了解古琴，感受到古琴文化的魅力。

“希望更多的年轻人加入到古琴的世界，让古琴声越来越悠扬。”封益华由衷说道。他拾起刨子，又是一番“嚓、嚓、嚓……”，木屑随之落下，仿佛韵律升起。“如果有来生，我还想斫琴。”对封益华而言，斫琴已经融入他的生命。

作者：王静岩

2024 年 4 月 15 日

开“飞机”种田的老潘

提起上会开飞机（无人机），下能开拖拉机，肯吃苦、爱学习，会钻研技术的老潘，村民们总是赞不绝口。

潘洪生跟粮食打了一辈子交道，从自家一亩三分地种起，到如今承包了800亩土地，成了远近闻名的种粮大户，大家都习惯称他为“老潘”。

来到双江村，当记者问起潘洪生，村民纷纷围拢过来，竖起大拇指，“老潘啊，我们镇没哪个不知道，他肯吃苦、爱学习，会钻研技术，是种粮的好手啊。”“老潘蛮赛蛮赛（当地话，很厉害的意思）啊，50多岁了，依旧活跃田土里，上会开飞机（无人机），下能开拖拉机。”村民们你一言我一语，迫不及待讲着老潘的十年“粮心”路的故事。

从种植小田到承包大户

老潘的种粮经历和别人不太一样，20世纪80年代，他的父亲潘芳有是村里的养猪大户。在他的记忆里，他没有像很多同龄人那样经历过缺吃少穿的苦日子。但父亲对粮食看得很重，小时候因调皮打翻了邻居孩子的饭碗，他就被父亲狠狠地揍了一顿。2014年，从外地回到芦村镇的潘洪生，看到村里的一些田地闲置撂荒，心里很不是滋味：这么好的田地闲置了，多可惜啊。于是，他萌生了把闲置田地集中起来搞规模经营的念头。

说干就干，很快他承包100多亩荒田种起了水稻，并成立了袁州区新龙水稻种植专业合作社。想着100多亩水稻，怎么着也能赚个几万块。可一年下来，刨去田租、人工、种子、化肥、农药等各种费用支出，不仅没有赚钱，还要亏本。很多人劝老潘："算了吧，别折腾，你去外面随便做什么生意都比种田强。"可潘洪生不信邪，坚持要把种粮之路走下去。"不管怎样，把田种起来，总比荒着好。"

此后，潘洪生一门心思钻研种粮技术，一边向当地其他种粮大户取经，一边向当地农技专家问技。从田间管理、种子选择、除草除虫、灌溉培育全流程，再到对禾苗细心呵护，全身心扑在农田里，终于喜获丰收。如今，潘洪生一年能种600多亩水稻、200多亩油菜。十年间，从最初的100多亩地发展到了如今的800多亩，他也开始享受到规模经营带来的红利。

从会种田到"慧"种田

几年下来，种田最难的各项田间管理工作，育秧、翻耕、播种、除草、除虫、灌溉……潘洪生全部熟练掌握，很快就成了镇里出名的务农"好把式"。但随着农资上涨、劳动力弱化、用工难等问题相继出现，老潘的种地成本逐年增高，一年忙到头，收入所得却十分微薄。怎么才能提高收入，增产、增效呢？随着水稻种植面积的扩大，这成为潘洪生急于解决的问题。把耕牛换“铁牛”，转人工为机械，学习智慧农技知识很快成为他亟须解决的问题。

2014年5月，潘洪生开始恶补智慧农业的相关知识，主动参加各种培训班、交流会、竞赛活动。系统学了农机技术后，潘洪生购买了2架植保无人机、5台拖拉机、1台收割机、3台烘干机，建设袁州区芦村镇洪生大米加工厂，逐步实现耕整、育秧、插秧、喷雾、收割和烘干全程机械化。

从传统的“镐锄镰犁”到如今的“金戈铁马”，从昔日的“人畜劳作”进化到现今的“机器换人”，农机装备正催生出农业生产的新动能。“现在国家提倡培育发展新质生产力，我们这些老表也要在粮食种植上体现出新质生产力。”潘洪生说。为了保护农田，他还推行绿色防控技术，坚持因苗施肥，精准诊断后再用药，不断降低肥料和农药用量，提高肥料和农药利用率。多管齐下结出累累硕果，目前潘洪生的水稻亩均产量能达到510公斤。

掌握了多项农技的潘洪生，依靠农业机械吃上了“技术饭”。“潘老板用无人机帮我家打农药，一亩只收28元，还包括了农药，我自已拿喷雾器在水田里走一圈费时费力不说，成本还高，无人机真是帮了大忙呀！”农户吴田祝说。“我购买农资时拿的是批发价。相比散户的价格和传统的人工打药，无人机打药大大节省了人力和农药成本，提高了种田效率，且飞洒效果好，粮食产量和质量都有所提高。”老潘介绍道。

目前，潘洪生的农机已全部投入到春耕生产中，承接了芦村镇春耕订单500多亩，植保无人机订单1000亩，“无人机作业”也给潘洪生额外增加了几万元收入。

从单一作物到稻鱼共生

日子越来越红火，善于思考的老潘并没有安于现状。偶然一次发现没打农药、施化肥少的有机稻田里出现很多小鱼后，潘洪生又研究起稻田鱼养殖技术。

去年潘洪生种了100多亩有机稻。在政府扶持下，还免费安装了15盏太阳能杀虫灯。他还按照不打农药、泉水灌溉、人工呵护的管理模式养了200多斤荷包鲤鱼。在稻田里养鱼，鱼的排泄物为水稻提供养分，而散落水中的稻花和谷粒则成为鱼的天然食料，促进生态循环，既减少了环境污染，又提升了鱼和稻米的品质，实现了鱼粮双丰收。“等荷包鲤鱼成熟后，亩产会有1000多斤，行情好的时候，可以卖到每斤18元。卖得好的话，这100多亩稻田养鱼就可以小挣十来万。”潘洪生满怀信心地说。

当前，农旅融合逐步兴起，潘洪生的稻鱼农业生态吸引了很多外地人围观，去年宜春老年大学组了一个100多人的团前来观光。接下来，潘洪生还准备推出割水稻、捉鲤鱼、扎稻草人等农业趣味游活动。潘洪生算了一笔账，按照现有的稻鱼共生农业模式发展下去，他的种粮致富之路大有可为。如果市场好，一亩田可以产有机大米270斤，每斤可以卖10元左右，这就有2700元的收入，再加上稻田鱼1.8万元，菜籽油780元，亩产年收入能够达到2万余元。

从“粮心”授人到良心助人

有着多年种粮心得的潘洪生，从不藏私，对每一位前来请教的农户倾其所有传授经验，田间地头、住宅庭院，成了大家共同学习、交流的阵地。

提起老潘，村民潘云生赞不绝口。他说，地种得一年比一年好，这里面有老潘的功劳。“他每到水稻种植时节都会来我田里，给我讲解水稻种子浸种和催芽技术。什么时候施肥，如何施肥，哪种肥料对水稻长势好，他都能讲得一清二楚。”

潘洪生的合作社不仅为芦村镇的农民传授种植技术、提供农机服务，还给农户提供了很多就业岗位。“老潘是个非常有心的人，在他这里务工钱结算快，每年还能带我们到外面旅游看世界，既放心又暖心。”村民潘细牙说。

长期在老潘的合作社里务工的有20余人，农忙的时候有将近50个人，老潘给每个人买了保温壶，组织大家旅游，还坚持每年三节给老人送礼。73岁的潘细牙说道：“洪伢是个好人，经常做好事，捐米、捐油、捐款……哪里有需要，他就会去哪里。”

手里有粮，心里不慌。“土地是咱们农民的命根，离了土地就没了根。只要你用心待它，它就会真心回报你。”潘洪生说。

作者：韩善玲　裴知行

2024 年 4 月 20 日

大山里的心灵“摆渡者”

陈燕燕说：“未来的路还很长，我会尽己所能去帮助更多的人，让更多心灵充满阳光。”

她以诗化人，引领孩童感受文字之美，让2000余名留守儿童过上诗意童年；她以心理咨询之力，劝和200余对夫妻，使得濒临破碎的家庭得到挽救；她以真心行公益，为甘肃灾区筹得抗灾物资60余万元……任岁月流转，她不断播撒着爱与阳光。

她就是2024年第一季度“助人为乐好人”、江西省“最美军嫂”、武宁县心理咨询协会副会长陈燕燕。

诗心润童心

陈燕燕，1986年出生于武宁县泉口镇，从小就敢爱敢恨、坚毅执着、关爱他人的性格。25岁那年，经人介绍，她嫁给了一名军人，成为一名军嫂，婚后第三年生下一个可爱的女儿。与很多内陆山区一样，武宁县农村青壮年大多外出务工，从而出现了大量留守儿童。外出务工的父母会尽力满足这些孩子的吃穿用度，但给予的心理关爱却较少。

“作为心理咨询师，我能为这些孩子们做点什么呢？”陈燕燕心里想。“干巴巴的心理咨询，容易让孩子们产生抵触；而生动的诗歌，或许可以成为一把钥匙，叩开孩子们的心房，诗心润童心。”陈燕燕道出了自己发起“采童诗”的初衷。起初，许多人对这个想法表示怀疑。且不说活动缺策划组织者，活动经费也不知从哪来，更何况，山里娃对诗歌接触本身就少，更别提什么系统训练了……孩子们真的能写出像样的诗？面对质疑，陈燕燕没有放弃。

如何走进孩子们的内心，让他们敞开心扉吐露心声，激发写诗的意愿？陈燕燕策划了鲁溪镇梅颜村的采诗活动。没想到，效果出奇地好。孩子们在趣味游戏之后，走进田野、荷塘，放飞思绪，写出了“我想变成一片荷叶，给小青蛙当成歌唱的舞台”“我还想变成知了，‘吱吱’地唱着摇篮曲”等富有灵气的童诗。陈燕燕精选了其中的12首，发布在微信公众号“江南风雅颂”上，引发了热烈反响。

有了这次出乎意料的成功，陈燕燕和志愿者们在采诗路上信心十足。围绕节气和节日，他们奔赴山乡和孩子们一起采诗。春天的山花、夏天的荷塘、秋天的田野、冬天的落雪，都成了孩子们创作的素材。现如今，陈燕燕带领的团队累计开展采诗活动50余次，采集诗歌2000余首，让2000余名儿童拥有了充满诗意的童年。“采童诗”项目获评省级新时代文明实践社会化志愿服务一类项目，多名小诗人获得了全国少儿诗歌大赛的一、二、三等奖。

孩子们的童年，正被诗歌照亮。每年“采童诗”活动，陈燕燕都要自掏腰包上万元，还要付出很多心力，但她说：“这是我的心头所好。一方面，诗歌让孩子们的情绪有了表达的载体，诗作的发表与获奖还点亮了孩子们的自信，给予了他们阳光；另一方面，很多时候他们用童心写成的童诗疗愈了我，他们的童真自信感染了我。”

润心化纠纷

2020年5月，武宁县成立婚姻家庭调解工作室，有着国家二级心理咨询师头衔的陈燕燕，受到调解室主办方县妇联的邀请，成为工作室的一名调解员。

“你帮帮我吧，我老公要打我！”有一次，一对夫妻走进调解室，妻子见到陈燕燕后开口道出了苦楚。丈夫身体不好，加之女儿读高三开销大，日子过得紧巴巴的。这就导致夫妻俩常因柴米油盐的琐事闹得不可开交，有时还大打出手。于是，妻子有离婚的念头，丈夫则放出狠话。陈燕燕倾听完夫妻俩的诉说，发现其实二人并没有大矛盾，经过一番耐心调解，夫妻俩心平气和地回家了。“前来办理离婚手续的夫妻中，赌气和冲动占了很大比重，”陈燕燕说，“婚调室刚好起了‘泄气阀’和‘缓冲带’的作用，我可以听他们的倾诉，排解他们的怨气，再平心静气地劝说。不少对婚姻不满的夫妻，满怀怨气而来，心平气顺而去。”

2021年7月，吴女士哭着和丈夫刘先生走进了调解室，一坐下就开始数落丈夫的各种不好，越说越激动，最后竟然直接掏出随身携带的水果刀，把刘先生的胳膊扎出了血。这种情形，陈燕燕虽是第一次遇见，但她还是冷静地和刘先生一起控制住局面。在听完陈燕燕入情在理地劝说后，吴女士承认自己行为过激，刘先生也意识到自己的错误，决定痛改前非，夫妻俩最终选择继续在一起好好过日子。

参加婚调工作以来，陈燕燕成功劝和濒临离婚的夫妻200多对，让他们冲动赌气的情绪得到了缓和，避免了更多家庭走向支离破碎。不少受惠夫妻还给陈燕燕送来锦旗，上面写着：“甘露润心化纠纷，真情调解促和谐。”“接纳来访者，充分尊重他们，与他们共情，让他们感受到真诚，调解就成功了一半。耐心倾听当事人的想法，让当事人敞开心扉说心里话，找准调解的着力点，就能在润物细无声中化干戈为玉帛，帮助他们重归家庭的美好。”谈到婚调成功的秘诀，陈燕燕如是说。

真心传真情

这世上没有人是一座孤岛，极致的利他就是最好的利己。从2014年起，陈燕燕就踏上公益之路。10年来，她以真心传真情，从未停下助人利他的脚步。

“洪水在哪里，洪水在牛的尾巴上；洪水在哪里，洪水在屋顶上；洪水在哪里，洪水在解放军叔叔的肩膀上……”陈燕燕念着念着，泪水情不自禁地从眼中掉落。提及自己参与2020年九江抗洪救灾的情形，陈燕燕至今难以忘怀。

2020年九江发生罕见洪涝灾害，为了防范和疏解受灾群众灾后心理应激问题，陈燕燕走访多个安置点，积极对受灾群众进行心理干预，化解他们的精神压力。上面的诗作就是抗洪救灾期间，她启发其中一名8岁小男孩写的诗。简短几句诗作，让人为之动容。

“陈燕燕是最活跃积极的，哪里有心理援助需要，哪里就有她的身影。”同样在武宁从事心理咨询工作的戴丽莉说。

2021年10月，一名因疫情封控在校的失恋女大学生，在深夜通过群聊加了陈燕燕微信，说自己已经生无可恋了。整个晚上，陈燕燕都在与这个女孩积极沟通。第二天，陈燕燕终于等来了自己期盼已久的话，这个女孩说：“新的太阳出来了，我想重新开启自己的人生。”陈燕燕说："心理援助有时就是这样，你不能帮助他人直接解决痛苦与无助，但是可以听别人诉说，提供一个情绪宣泄的窗口，给他们心灵慰藉。让人感觉到再苦再难有人陪伴、有人诉说，一切就都没那么难受了。"

2023年12月18日，甘肃临夏州积石山县突发6.2级地震。当时正在兰州的陈燕燕了解到灾区紧缺御寒物资，心急如焚。她充分利用自己的公益资源，迅速筹集价值近60万元的抗灾物资，不顾余震危险和家人担心，奔赴灾区。在灾区，她与志愿者们积极为受灾群众提供心理援助和医疗援助，她对受灾群众说："我是经历过1998年洪灾的孩子，我懂这份情谊，希望大家可以温暖地度过这个寒冬。"

衣带渐宽终不悔，为伊消得人憔悴。陈燕燕说："未来的路还很长，我会一如既往地投身于公益事业，发挥专长，尽己所能去帮助更多的人，让更多人的心灵充满阳光。"

作者：余华东

2024年4月29日

药都匠人

"五一"劳动节，我们走近一位全国乡村工匠名师，去倾听他的成长故事。

今年69岁的袁小平每天还保持着晨起练刀的习惯。只见他左手捏紧白芍置于刀床上，右手紧握锋利的樟刀，两手配合间，一片片白芍切制而出。掬一捧白芍片，吹得漫天飞舞，真不负"薄如纸、吹得起、断面齐、造型美"的美誉。

作为樟树中药炮制技艺国家级非遗传承人、全国第一批乡村工匠名师，袁小平如何传承、创新和发展中药炮制技艺？

"千万锤成一器"

赣江奔流，袁河依依，两水牵手交汇，形成一块洲地，得名洲上。这里地势平坦，土壤肥沃，适合药材生长，被称为"枳壳之乡"，滋养着一代代辛勤的药农。

1955年，袁小平出生在洲上乡袁家村一个普通家庭。他在家中排行老大，从小养成了一股吃苦耐劳、不服输的劲头。"我祖上六代都是制药人，我从小就对中药材感兴趣，16岁跟着祖父到药店当学徒，接受樟帮的严格训练。”袁小平回忆说。19岁那年，袁小平拜享有“头刀”之称的余寿祥为师，进一步学习中药炮制技艺。润药、饮片切制、炮炙诸法、辅料运用……袁小平一头扎进中药炮制的海洋，几十年如一日地学习、磨炼，技艺不断精进。

“传统的中药炮制是一门脏、苦、累的手脚功夫，初学者要有一定的悟性，我也是尝尽了苦头。嘴说千遍，不如上脚一试。”袁小平还请记者体验了一把跳碾槽磨药粉。记者刚站上船型碾槽台，身体就不自觉开始摇晃，双手不得不扶住碾台架。随着碾盘推移，明显感到腰部和腿部的肌肉开始紧张起来，每一次“咣当咣当”的踩踏都需要精准的控制力，以避免药材飞溅或研磨不均匀。“干中药炮制这一行没有捷径，只有慢慢积累，熟能生巧。”言语间，记者看到袁小平的手上布满老茧。是啊，岁月无声，这些老茧不正是成就他非凡技艺的光荣勋章？

择一事，终一生。工匠精神正是始于心无旁骛、矢志不渝的执着专注，在于“如切如磋，如琢如磨”的精益求精，成于“千万锤成一器”的卓越追求。“袁小平是樟帮第七代传人，中药炮制技艺的领军人物，他几十年专注于中药炮制相关工作，为发展壮大樟树中药产业，扩大药都知名度作出了贡献。”樟树市乡村振兴局副局长彭珍如说。

“再不能守着旧钵罐”

在中医药历史上，曾有“药不到樟树不齐，药不过樟树不灵”的说法，前者赞誉樟树中药品种齐全、应有尽有，后者赞誉樟树中药炮制技艺高超、质量上乘、疗效显著。

驻足赣江东岸的樟树老码头，江风习习，碧水悠悠。历史上药船穿梭、药商云集、药市红火的场景仿佛就在眼前。“中药炮制技艺是一门古老的技术，在继承传统的基础上，一定要走向现代化，再不能守着旧钵罐，跟不上新时代。”袁小平说。

2002年，袁小平联合几个樟树药商，创立天齐堂中药饮片公司。从考察学习到厂房设计施工，从招聘人才到组织生产销售等，袁小平四处奔波求教，但遇到的困难远比想象中大。“当时真是困难极了！入股的朋友自己开着传统药店，办现代企业的思维还没跟上来，而且在公司出现资金缺口时也不愿意再增资，只盼着盈利了分红……”回忆起那段岁月，袁小平至今难以忘怀。“我是个牛脾气，认定的事就要坚持到底，绝不服输，最终东拼西凑，闯过难关。”天齐堂也成为江西较早一批顺利取得中药饮片GMP证书的企业。传统中药炮制大多依赖手工，饮片生产效率不高、药材品质参差不齐。如何创新中药炮制加工方式，更好满足市场需求？袁小平又琢磨开来。

2009年10月，他做了一个大胆的决定：投入近7000万元，启动樟帮饮片炮制技术高技术产业化项目建设，并增加了一条精制饮片的现代化生产线。走进天齐堂中药饮片生产车间，一股药香扑鼻而来。在切药间，转盘式切药机、剁刀式切药机、高速裁断往复式切药机等设备让人大开眼界。“就拿切白芍来讲，虽然机器不能像人工一样切得那么薄，但按照《中国药典》的标准，如果人工切制，一人一天也就切2斤左右；如果上机器的话，可以设置标准参数，一天可以切1吨左右，大大提高了生产效率。”公司生产负责人张廷龙说。

记者在公司车间看到，一台高速给袋式真空包装机正发出轰鸣声，加工好的党参下料后通过机器自动打包成袋。机器上的运行画面显示：一分钟可以生产62袋。“我们在传承传统炮制技艺的基础上，实现全链条机械化，通过标准化生产，大大降低人工成本，增强了企业的市场竞争力。”张廷龙自信地说。

药材好，药才好。“我们在生产过程中发现，很多收上来的药材品质不高，很大程度上是因为农户把药材当粮食种，产量上去了，质量却下降了，这让我产生了建设标准化种植基地的念头。”袁小平说。说干就干。袁小平先后投资3000万元在刘公庙镇横塘村建立4000亩枳壳种植基地，在吴城乡塘下村建立2000亩吴茱萸、金银花种植基地。同时高薪聘请专家进行技术培训，终于建成了标准化种植基地，也给当地村民带来了意外之喜。

春日里的吴城种植基地，一簇簇乳白色的枳壳花清新雅丽，成团围抱，散发出浓郁香气。年过花甲的付六如是公司从周边村里聘请来的基地管家，“施肥、打药、除草、剪枝，我每天在家门口打工就有120元的收入，以前想都不敢想。”从药材种植、采收、加工到中药饮片炮制、生产、销售，天齐堂的产业链条正逐步完善。截至2023年底，天齐堂销售收入达3.16亿元。

“让非遗火起来”

樟树中药文化源远流长，代表性的中药炮制技艺自成体系，凝结着老药工识药、制药的智慧，是中国制药史上的一朵奇葩。如何让这一非物质文化遗产“火”起来，成为袁小平不断思考的问题。

“中医药是非物质文化遗产的重要组成部分，如何去推动中药炮制技艺的传承、保护、创新，我们还有很多难关要克服。”在袁小平的手机里，至今还珍藏着一张他在北京参加中国非物质文化遗产保护协会中医药委员会成立大会的合影。

袁小平还有一个爱好，只要闲下来，就会到各处私人收藏馆逛一逛，只要看对眼的跟药文化有关的老物件，他向来出手大方。“我们正在建设中药炮制技艺非遗传承馆，预计今年10月可以开业，到时候还会展出不少新收藏。”袁小平笑着说。说起袁小平，药都文化收藏馆的李锣笙这样描述：“他啊，挺认真的一个人，在我这里淘了不少古药书和古药具，可以说对中医药文化喜欢到了骨子里。”

文化传承，关键还在于人。为了培育更多人才，袁小平成立江西省袁小平中药炮制技能大师工作室和天齐堂樟帮中药炮制传承工作室，并亲自带徒授艺。多年来，天齐堂成了国家中医药管理局国家中医药特色优势教育培训基地，连续举办了20期中药特色传承技术人员培训班，培训人才达1200余人。

“袁老经常讲润药的是师傅，切药的是徒弟，中药炮制博大精深，我现在还只是学到了皮毛。”老药工朱建国说。“只要有疑难，在袁老那里都能找到答案，他是这一行的‘大牛’。”在“90后”杨迎心中，袁小平就是“百事通”。“年轻人是文化传承的希望，只要有人愿意学，坚持学，我就会尽最大的力量帮助他们。”袁小平说。受益于袁小平的悉心教导，一大批学子接过樟帮传承的接力棒，成长为技艺娴熟的老药工，在市级、省级中医药技能大赛中频频捧回大奖。

作者：叶景顺　邓绪娟

2024 年 5 月 1 日

被央视点赞的“大思政课”如何炼成

从“身边人”“身边事”到“天边人”“天边事”，引人入胜的讲课模式，生动鲜活的故事案例，鞭辟入里的理论解读，让王钰鑫从默默无闻的思政课老师变成了一位名副其实的“网红教师”。

“说起伟大建党精神，我想先讲个故事——‘南陈北李，相约建党’。大家都看过《觉醒年代》吧……”5月25日晚，央视《焦点访谈》播出《入脑入心的“大思政课”》。其中，江西师范大学的王钰鑫老师由电视剧情节引入，开始了一堂别开生面的思政课。这堂课为何能获央视关注？看似枯燥的思政课怎么在他手里变成了人人爱上的“金牌课”？让我们走进他的课堂一探究竟。

一

5月23日，在2021级数学与应用数学英才班的思政课上，只见偌大的PPT上只有一张图片，落款时间为12月份，场景是500亩未收割的稻田。

“这难道不浪费吗？有没有同学知道原因？”不少原本低着头的学

生开始抬起头仔细看图，想从中寻找到一些“蛛丝马迹”。“提示一下，图片拍摄地是鄱阳湖。”经过一番讨论，同学们自己得出了结论——这是“候鸟食堂”，是当地政府出台粮农补偿政策，保留了部分水稻作为候鸟越冬的食物。“以前觉得思政课很无聊，但问题式教学真的很鲜活，学习的劲头一下就起来了。”不少学生评价道。

这么多堂课，问题怎么切入，故事从哪儿来呢？王钰鑫莞尔一笑：“对我来说，生活中时时刻刻都在备课，课前几分钟发生的新闻就有可能成为案例，最新上映的电影可能出现在课件上，有时我还会把道德模范请到现场，和学生们作交流分享，效果相当好。”

“帮同学挡那8刀的时候，我真的没想太多，只觉得我不上去挡她可能活不了。况且我是军人的孩子，当然要上！”“其实我一直有个军人梦，总想保护更多的人。虽然报考军校落选了，但命运总会沿着梦想的方向前进……”课后学生纷纷感叹，没想到能亲眼见到“挡刀女孩”崔译文，还能听她讲自己是如何一步步实现军人梦，“理想信念”这个词似乎也变得越来越具象了。从“身边人”“身边事”到“天边人”“天边事”，引人入胜的讲课模式，生动鲜活的故事案例，鞭辟入里的理论解读，让王钰鑫从默默无闻的思政课老师变成了一位名副其实的“网红教师”。

二

师者，传道授业解惑也。如今虽然王钰鑫已经是学校的“网红教师”，但他还是谦虚地说：“仔细回想我当时走上研究马克思主义理论的路，也不过是为了答自己思想上的‘惑’。到底中国共产党为什么能，马克思主义为什么行，中国特色社会主义为什么好，我想找出个答案来。”

而谈及从“问道者”到“传道者”的转变，他坦言“没那么简单”。2018年10月，王钰鑫赴江西师范大学任思政课教师。“尽管自己有满腔热情，学生们却兴致全无，甚至不少人一次头都没抬过。”他回忆道。怎样才能走进他们的内心呢？要想教育别人，自己先得接受教育。此后，他开始搜集学习资料，建立资料“厨房”；保持读新闻的习惯，手机上安装的新闻资讯客户端多达10余个；关注时事热点，频繁与学生互动交流……慢慢地，王钰鑫发现学生们爱听故事。顺着这个思路，他常讲时事政治，评析热点话题。这一招果然管用，学生们的课堂表现一次比一次活跃。

王钰鑫也深知，思政课的本质是讲道理。形式有了，内容如何深化？在一次次的比赛磨砺和集体备课的交流碰撞中，他逐渐明白：无论是用事实说服人还是借情感打动人，最终都不能脱离用道理影响人。以“脱贫攻坚”思政课为例，古有屈原“哀民生之多艰”的感慨、杜甫“安得广厦千万间”的憧憬，今有新时代脱贫攻坚创造彪炳史册的人间奇迹。为什么只有中国共产党才能带领我们实现摆脱贫困的梦想呢？和其他国家相比，中国的优势在哪里？别的国家又是怎么评价中国的实践成效？

通过“古今”“中西”“主客”等多角度阐释，条分缕析，纸面上的道理变得立体可感，学生们的情感共鸣就能上升到真正的情感认同、理论认同、政治认同。这种认同，恰恰就是我们培养时代新人要达到的目的。

在讲课过程中，学生经常会提些尖锐的问题。王钰鑫直言：“作为思政课教师，不能绕着问题走。只有把问题讲透彻了，解答学生的困惑，才能实现‘精准滴灌’。”不绕着问题走，甚至奔着难题去，在研机析理中品味“真理的味道”，是王钰鑫的工作方式。

他走进基层群众进行分众式宣讲，在田间地头、厂矿工地、社区村组开展宣讲300多场，线上线下教学、宣讲受益人数超1000万；他坚持科研和教学“双轮驱动”，承担国家社科基金重大项目子课题4项、在《马克思主义研究》等报刊发表文章100余篇，出版著作10部；他不断探索思政课的全新“打开方式”，其主讲的“党史百年与交响乐”“从‘小平小道’走出‘康庄大道’”广受好评……6年来，王钰鑫像工匠一般埋头打磨一堂课，用这堂课影响了无数人。

三

思政课重在有料，贵在有趣。要面向“拇指族”“低头族”等青年学生群体，没有鲜明的价值指引和精彩的课堂呈现，也就不可能达到“润物细无声”的教学效果。

思政课如何成功吸引学生，让课堂既有“抬头率”，又有“点头率”？贯穿在王钰鑫课堂里的3条主线值得品味。

以故事表达吸引人。传统的思政课，往往存在照本宣科、填鸭式教学的通病，趣味性、时代感不强，难以有效吸引学生们的注意力。学生对干巴巴的知识从来都是难以下咽、难以共情的，只有有滋有味、有血有肉的思政课，才能真正做到有情有理。无论是一部热播剧、一种流行文化，甚至是一个热搜话题，都可以成为鲜活的教学案例。王钰鑫的思政课之所以备受学生们追捧，是因为他善于使用“青言青语”“网言网语”与学生们对话，善于把生活与课堂联系起来，用讲故事的方式讲道理。毕竟课堂越生动，道理才能越鲜活。

以情感代入感染人。人们常说，只有感动自己，才能感动别人。思政课也是一样，课堂很大程度上是一种体验的碰撞和情绪的对话，思政老师拥有多少育人情怀、倾注多少家国情感，决定了课堂有多强的代入感和感染力。好的思政课一定是让人听来意犹未尽的。王钰鑫的思政课有这样的魔力，在于他充沛的情绪感召和情感共鸣。或着眼于解决学生升学、就业问题，或着眼于解答学生成长中的困惑与烦恼，听这样的课，如同进行一次心灵的对话。正如他自己所言，“发现学生的关注点、兴趣点与兴奋点，才能打通思政课的难点、堵点和痛点”。

以价值浸润引领人。思政课的本质是讲道理，正确的政治立场和价值导向是课堂的灵魂。无论课程的内容、形式、理念、话语如何创新，党的创新理论的入脑入心、人民至上的价值坚守、在中国式现代化中挺膺担当的青春理想，是一切思政课的逻辑起点和价值旨归。走进王钰鑫的课堂，从党的百年光辉历程到新时代的伟大变革，从时代之问到社会万象，无论话题、语境如何变化，理论内核与价值意蕴始终不变。他将思政课看作是“现代农业栽培技术”，只有用正确的价值取向施以精准滴灌，才能给青春的麦苗以无尽向上的力量。

一名好的思政老师、一堂好的思政课就是一把“金钥匙”，帮助学生打开那扇成长的大门。

作者：李梦玉　李宝华

2024 年 5 月 29 日

从“扁担医生”到“亲人家医”

不管自己年岁多大，只要跑得动，乡亲们需要我看病，我一定随叫随到。

——邓经铭

“能让村民在家门口看病，减轻大家的就医负担，就是我学医的使命。”在兴国县龙口镇嶂下村行医40年来，从早年间的“扁担医生”到如今的“亲人家医”，邓经铭始终不忘医者初心，也正是凭着这份始终未变的初心，他收获了村民的爱戴敬重和社会的广泛赞誉。

不久前，年过六旬的邓经铭获评2023年度江西“最美医生”，这是他继获得“江西好人”之后的又一荣誉。今天，一起来看看，这位最美乡村医生背后的感人故事。

一

“以前村里没有诊所，村民每次有个小病小痛都要走上2个多小时山路到乡镇卫生院看病，非常不方便。”邓经铭告诉笔者，1983年自己考取乡村医生执业资格证书后，便申请创办了村里第一个诊所，自此踏上守护村民健康的医路征程。

嶂下村是龙口镇最偏远、村民居住最分散、交通最不方便的一个村。“以前山高路险，村民出行只能靠手拿肩挑。”嶂下村老支书刘桂发说，那时候，为了让患病村民得到及时治疗，邓经铭主动承担起服务嶂下村村民的重担。山路不好走，他就一根扁担挑两头，一头用竹筐装中草药，一头放医疗器材，穿行在崇山峻岭中。

几十年间，邓经铭已经记不清用坏了多少根扁担，挑坏了多少个竹筐，穿破了多少双胶鞋。村民们贴心地称呼他为“扁担医生”。直到2016年，嶂下村修了通组公路，邓经铭才卸下扁担。虽然扁担用不上了，但他身上的“扁担精神”仍然闪耀着光辉。

建立健康档案、筛查慢性病重点人群，定期到高血压、糖尿病等慢性病患者家中上门履约服务……邓经铭每天为村民的健康忙个不停，他还建立“嶂下村公共卫生服务”微信群，通过微信群不定时发布卫生健康相关信息，让村民了解最新的医疗政策，增强健康意识。截至目前，邓经铭为嶂下村208名老人、129例高血压病人、33名糖尿病病人、15名重型精神病患者建立健康档案，并将其信息纳入慢病管理，为村民的生命健康保驾护航。

二

“待人和善、随叫随到”，这是村民们对邓经铭的一致评价。

2014年的某天深夜，大雨滂沱，电闪雷鸣，家住嶂下村岭背组的一位84岁老人突发哮喘。邓经铭的手机骤然响起：“邓医生，我妈快不行了，快来救救她！”接到老人儿子打来的电话，邓经铭立马起身，披上雨衣，拎起药箱就往外赶。来到病人家里，邓经铭见老人脸色苍白、呼吸急促，迅速判断其有痰液阻塞。还没来得及说话，他便毫不犹豫俯下身子为老人吸痰，最终从“鬼门关”把老人拉了回来。

“我最大的心愿就是改变村里缺医少药的状况，让村民有地方看病，村里有医生治病。”邓经铭说。以仁心仁术护佑生命，以至精至诚守护人民健康，从医以来，邓经铭是这样说的，也是这样做的。

岭背组刘大叔患有高血压，像这样的高血压患者村里还有6人。邓经铭意识到，这件事不盯紧了可不行。加入慢病管理档案、指导用药、控制饮食、监测血压、健康宣教……邓经铭不放过每一个环节，把刘大叔等人列入“重点保护对象”。渐渐地，刘大叔已经习惯接听邓经铭的健康随访电话，坚持规范用药，并按时来卫生室监测血压，经过一年多的监测治疗，刘大叔的血压得到有效控制。“邓医生待我们就像亲人一样，每次都能把患慢病老乡的信息倒背如流，是他让我有了控制血压的信心，他真是一位好医生！”说起邓经铭，刘大叔连竖大拇指。“我母亲83岁，因为中风躺在床上一年多，要不是邓医生的帮忙，母亲不可能得到这么好的护理，现在她各项健康指标都很稳定，也没出现并发症。邓医生上门服务一年多，还没有收出诊费，真是我们的亲人家医。”在村民刘春华的心里，邓经铭不是亲人，却胜似亲人。

三

行医以来，邓经铭心里最放心不下的还是贫困群众，对家庭特别困难的患者，他经常主动减免医疗费，甚至免费为他们治疗。从20世纪90年代末开始，在当时农村生活水平低、村民收入微薄的情况下，邓经铭就常常为一些孤寡老人、残疾人、家庭特别困难的村民提供义诊，送医送药，给他们提供力所能及的帮助。这一份医者仁心在当地传为一段佳话。

邓经铭没有做惊天动地的大事，但在平凡工作中的默默坚守更让人动容。只要村民一个电话，不管什么时间，位置有多偏远，他都会以最快的速度出现，就是为了不耽误村民的病情。“我们乡村医生的工作很平凡，但保障村民健康，容不得半点马虎。”邓经铭经常这样说。村医的工作平凡得像一滴水，但乡村需要他们，村民需要他们。他的人生价值，在守护基层百姓的健康中变得更加丰满。2018年，在党和政府的关心下，兴国籍老红军王承登捐资2万元，政府投资30万元在嶂下村村委会旁新建了一所公办卫生室。卫生室宽敞明亮，设备齐全，这让嶂下村医疗条件大大改善，村民们开始享受到更加优质高效的医疗服务。

一份初心，一生坚守。如今，邓经铭依然奔波在服务病患的第一线，他最后说的话始终萦绕在笔者耳边：“不管年岁多大，只要跑得动，乡亲们需要我看病，我一定随叫随到。”

作者：李　玲　邓　君

2024 年 6 月 11 日

“瓷宫”奶奶和她的传奇一生

她用7年的时间亲手盖起了一座堂皇巍峨的宫殿，堪称一部集陶瓷艺术大成的杰作。这就是景德镇著名的“瓷宫”，是由余二妹老人亲手打造而成的。

2024年6月6日，从浮梁县新平村传来噩耗：“瓷宫奶奶”余二妹离世了，享年93岁。

回顾这位老人的一生，历程足够波澜壮阔。余二妹幼年丧父，12岁起跟着舅舅学做陶瓷，由此开启了80年的陶瓷人生。1988年，她主动“下海”创业，打造的“九龙闹海”巨型陶碗创下吉尼斯世界纪录。2010年，78岁的余二妹本该颐养天年，却做出惊人之举，不惜代价建造了一座属于这座城市的“瓷房子”……

斯人已逝，精神长存。她曾经的壮举留给人们太多的思考！虽然她走了，但是一座坚毅的丰碑却树立在人们心中。

一

盛夏的浮梁花红柳绿、空气清新。笔者来到浮梁县浮梁镇新平村，溪流潺潺，偶有和煦微风拂面而过，吹动树梢叶片窸窣作响，映入眼帘的是一派宁静祥和的乡村景象。

在村子东边的一座小山顶上，矗立着一座别具一格的宫殿式建筑，气势非凡。从村口远远望去，它巍然屹立于群山之巅，金碧辉煌的外观在阳光下熠熠生辉，宛如一颗璀璨的明珠躺卧于绿意盎然的山谷之中。在拱形的大门两侧，各立有一尊张牙舞爪的瓷狮子，仿佛在镇守着整座宫殿的安全。曲折的台阶一直延伸至顶层，沿途可见各种装饰陶塑、壁画和建筑构件。远看，虽给人一种坚实厚重之感，近观却又不失细腻圆润，堪称一部集陶瓷艺术大成的杰作。这就是景德镇著名的“瓷宫”，它是由余二妹老人亲手打造而成的。

她用7年的时间亲手盖起了一座堂皇巍峨的宫殿，风烛残年的老太和华美瑰丽的宫殿形成了剧烈的反差，让人震撼又不解。

二

余二妹生于景德镇一个瓷器世家，从小就接受陶瓷文化熏陶。12岁那年，余二妹就在舅舅开的陶瓷作坊里打工学艺，潜心钻研制瓷技术。虽然年纪尚小，但她很快就展现出对瓷器的浓厚兴趣。长大后，她先后在景德镇市艺术、红光、人民等瓷厂从事过陶瓷生产和销售工作。因为自小培养的陶瓷情怀和自身孜孜不倦地钻研，她最终从一名普通女工成长为创业者，拥有自己的独立陶瓷厂——黄坛瓷厂。

在创业过程中，余二妹经历了无数的困苦和磨难，但对瓷器的热爱从未动摇。她开始注重搜集各种陶瓷，几十年来，余二妹先后收藏了6万余件各式各样的瓷器珍品，部分藏品甚至是国内外一些拍卖会上流拍的孤品。对余二妹来说，每一件瓷器都是她耗费心血收来的，她视如珍宝，舍不得轻易卖掉。一些人开出天价想收购她的藏品，但都被她一一婉拒。

2010年，余二妹已年近八十，本该是含饴弄孙、颐养天年的年纪，可一次天津之行，改变了余二妹此后的人生轨迹。她在天津看到了一座令人惊艳的瓷砌房屋，瞬间受到了强烈的震撼。从那时起，她就萌发了建造一座“瓷宫”的念头。这个念头一经萌生，就像一粒种子深深植根于余二妹的内心，无论阻力有多大，都未曾动摇过。可建“瓷宫”没有钱怎么办？她便将祖辈留下的老房子卖掉筹集启动资金。在选址上又反复推敲，后在当地村里的帮助和支持下，终于选中了“鲇鱼村”这块风水宝地。

2011年，余二妹正式开始建设瓷宫。“瓷宫”初建时，请设计师要200万元，余二妹觉得不值当。于是，小学文凭都没有的她，跑去打印店花20元打印了一张福建土楼建筑图。资金缺口还很大，怎么办？为了筹集资金，余二妹变卖了家中所有的值钱物品，甚至房产，连那些自己一直舍不得出手的瓷器珍藏也不例外。她还借遍了所有亲朋好友，最困难的时候，已经借不到钱了，她便用融资的办法筹集资金。在通常的情况下，融资都比较难，更何况是80多岁的老人，想融资就更难了。

后来，很多人都被她的执着感动了，纷纷出手相助。余二妹先后筹集到2000万元资金，用于建造“瓷宫”。在建设“瓷宫”的7年中，老人吃尽了苦头，生活上节衣缩食，晚上睡在工地上的草棚里。子女们因为她这个“疯狂”的想法，几乎与她断绝了往来；外界无数人对余二妹的举动表示疑惑和不解，认为她“自讨苦吃”“糊涂”了。一些亲朋好友劝她别做傻事，留下这笔巨额财富给子孙后代。但她对此不以为意。项目一经启动，她唯一的想法就是赶快完工，尽快让自己的梦想成真。为了打造出“博物馆”的样子，她把收藏的6万多件瓷器，砸成80吨碎瓷片一一嵌入墙壁。

数年后，位于浮梁县新平村的第一座圆形宫殿“瓷宫”诞生了。这座斥资6000万元、容纳6万多件藏品，上下三层集纳各类陶瓷的私人宫殿，还被评为了国家2A级旅游景区。“瓷宫”全部以瓷器和瓷片为材料，有最经典的花纹，有最绚丽的色彩，承载着瓷器的过往、生命和未来。

三

建好“瓷宫”时，余二妹已是年近九旬的老人。她和“瓷宫”留下一张合影，深凹的眼眶里流淌着笑容，干瘦的身子在“千年瓷宫万年藏”的巨型牌匾下显得很是挺拔。她说，自己一辈子从未化过妆，也没有穿过这样漂亮的衣裳拍照，心情很是激动。

回望过去的艰辛，工程在进行到中期时曾一度陷入困境，她筹钱无门，债台高筑。疲惫不堪的余二妹甚至会在深夜独自哭泣，但第二天一早，她仍然会昂首阔步地出现在工地，仿佛昨夜的苦痛从未有过。

从下定决心到“瓷宫”最终落成，余二妹付出了常人难以想象的代价。7年的心血和汗水，终于在2017年这一年，凝结成一座占地1200平方米、3层楼高的“瓷宫”。宫殿内外装潢皆是老人精心设计的，处处融入了中国传统文化元素，极尽工艺精湛之能事。正是这份对瓷艺的热爱和对梦想的执着追求，最终造就了这气势恢宏的“瓷宫”杰作，令中外游客赞叹不已。

如今，“瓷宫”成为一处独具韵味的旅游景点，每天来此旅游的国内外游客络绎不绝，人们在这里游玩的时候，都情不自禁地想去了解“瓷宫”的创建者——那个执拗的老太太。人们无法想象，一个80多岁的老太太，究竟是凭借着怎样的信念和动力去建造这座“瓷宫”的？

显然，余二妹用实际行动展现了一名普通百姓对家乡陶瓷文化的热爱之情，以及对中华优秀传统文化的传承和创新。据景德镇新平瓷宫文化传播有限公司副总经理杨丽华（老人女儿）、杨浩（老人孙子）所说，老人在临终前还十分牵挂自己的事业，她嘱咐孩子们，等她去世后，就把她埋在新平村的山上，她要生生世世守着瓷器、守着瓷都。儿女们都说，一定会把老人留下的“瓷宫”管理好、经营好、发展好，不负老人的初心和遗愿。公司已研究将在景区适当的位置，给老人建一个纪念馆，把她一生的奋斗事迹，用图片和实物展现出来，让来“瓷宫”旅游的游客，亲身感受一个普通的景德镇女子是如何用毕生的精力和热忱，表达对传统陶瓷文化的理解和致敬传统陶瓷文化的。

瓷器易碎，瓷心永恒。就是因为有这样“犯傻”的余二妹，人们才看到了人性的光辉不是只为名利，还有更高远的追求，也正因为有许多像余二妹这样执着的陶瓷人的坚守，景德镇的千年陶瓷文化才得以传承致远、历久弥新。

作者：江　平　黄湘国
2024 年 6 月 18 日

整个评论区为什么都认识他

高尚无需轰轰烈烈壮举，只需平凡的坚持，像郑全卫那样，左手扶人、右手提物，在一个平凡的路口，就能成为一道光。

不久前，“整个评论区都认识的上饶交警”火遍了全网。起因是一则交警帮老人挑担子并扶老人过马路的视频引来各路网友围观叫好，随即冲上热搜榜，网友看后纷纷留言点赞，称他为“上饶最美交警”。

视频中的交警名叫郑全卫，是上饶市公安局交警支队城北大队东市中队的一名辅警。他每天的工作就是在上饶市中心路口执勤，十年如一日，熟悉他的市民看到他总会亲切地喊他一声“老郑”。老郑不会玩短视频，也不善言辞。默默无闻的他，每天做一点他自认为的“小事”，他从未想过自己有一天会走红网络。

整个评论区都认识他

回忆起那天的场景，郑全卫至今仍然有些错愕。7月9日下午，网友在路上偶然看见郑全卫在帮助一位拄着拐杖的老人挑担子，他一手扶着肩上的扁担，一手扶着老人，穿行在人车混杂的上饶市中心广场附近。

“这个画面让我很有感触，觉得这很难得，就顺手记录下这个美好的场景。”汪俊权在抖音上发布了这段视频，很快引来大量网友关注和转发，评论区更是一片夸赞。几天后，“上饶最美交警”等话题持续发酵，还一度登上网络平台热搜榜第一名，视频单条浏览量达1176万，整个抖音平台上有近7000万人在看。一时间，郑全卫变成了“整个评论区都认识的上饶警察”。突如其来的走红让郑全卫满是疑惑，在他看来，这不过是举手之劳，类似的事情他已经干了很多年。

在上饶市中心广场附近某店主王女士眼中，郑全卫热心肠、乐于助人。这些年，王女士已经记不清看过多少回老郑扶老人小孩过马路、帮人家扛东西的情景。在某社交平台“考古最美上饶交警”话题下方，网友自发跟帖千余条，随着网友的“曝光”，更多关于郑全卫的暖心举动被一一挖出，在网上形成了“最美接力”。有网友发帖回忆，自己见证了2019年某个雨天的那场紧急救援。当时，一名出租车司机在送医路上遭遇堵车向执勤交警求助，车上5岁左右的小孩急需送医，郑全卫见状，追上去从车内抱起小孩，一路冒雨跑向医院，及时将发烧哭闹的孩子送往急诊室。

同样的场景，很多人都是亲历者。3年前，上饶市中心亿升北座路口道路积水严重，郑全卫冒着大雨坚守在岗位上。那次他脱下鞋袜，赤脚站在积水中指挥交通，路过的许多司机向他竖起大拇指。还有人回忆自己参加志愿活动期间，遇到一名迷路的听障儿童，郑全卫挺身而出，帮助那名走失的儿童与家人团聚。这一幕幕感人瞬间都被路人记录下来，发在网上，汇成了一股暖流。网友这样感慨：“走过很多路口，见过许多交警，不是哪一个都像郑全卫一样，整个评论区都认识他。”还有人评价，“他用行动照亮了整个十字路口”。评论区底下，都是郑全卫推行汽车、手牵学生、怀抱小孩、助推轮椅的视频和照片，叠了无数层，这也成了他日常工作的“纪录片”。无论大雨倾盆还是骄阳似火，他都坚守在十字路口，为过往路人撑起一片安宁的天。

“把老百姓融入我们的心”

工作中的郑全卫有两副面孔。在不熟悉的人眼中，郑全卫面容清瘦，严肃较真，执勤时若碰上车子越线停车、行人私闯红灯，他对这些违法违规的车主和行人，表情总是凶凶的，有他在路口总是井然有序。更多人的眼中，他总是站得笔直，爱笑，工作起来一丝不苟，严肃的背后藏着一颗温暖的心。不管是谁家的老人、小孩有需要，无论是摊贩推车费力，还是汽车抛锚，他总是第一个上前帮忙，走时还不忘叮嘱两句。

由于长期暴露在太阳下，郑全卫皮肤黝黑，他高高瘦瘦、戴着一副眼镜。执勤时，他总是站得笔直，神情专注，哨声清亮，他站在那里，路口就像有了灵魂。这些年，人们已经熟悉了上饶市中心广场十字路口的这张老面孔，一些常年经过路口的行人，看到他总会亲切地喊一声“老郑”。

如何看待自己的走红？在面对媒体的采访时，老郑说：“以心换心，把老百姓融入我们的心，老百姓也会把我融入他们的心里。”朴素言语的背后，是他11年做好一件事的坚守。

“以心换心”，老郑的这份坚持，离不开师父当年的教导。2013年，郑全卫刚被录用为辅警，跟着师父王明华学习。说起“老劳模”王明华，上饶市中心亿升路口附近的市民没有不认识他的。从警30年，他甚至没有睡过一个懒觉，没有请过一天假，王明华几乎成了亿升路口的“路标”。“以心换心，你对老百姓好，老百姓就会记住你！”郑全卫记得，刚入警队时，师父王明华常常这样嘱咐他。2014年，正式执勤的郑全卫和王明华在上饶市中心亿升路口和信江桥北路口轮岗执勤，这一轮就是6年。2020年，王明华退休后，郑全卫接替师父继续坚守在执勤岗位上。前些天，64岁的王明华接到朋友的电话：“抖音上刷到你徒弟郑全卫了，劳模带劳模，这个徒弟，像你。”不太用得惯智能手机的王明华对这个喜报，倍感欣慰。

“职责所在，不值一提”

早七晚五的上饶市中心十字路口，车水马龙。郑全卫头戴警帽，身穿荧光服，笔挺地站在路口旁，注视着过往的人群。“嘀……嘀嘀嘀”，清亮的口哨声穿过街道，日复一日送走无数行人和车辆。盛夏，阳光炙烤着大地，室外像火炉一样，让人睁不开眼。郑全卫这边刚提醒电动车驾乘人员戴好头盔，那边又要牵着小学生过马路，他全身上下一遍遍被汗水浸透。上午不到十点，郑全卫的微信运动步数就已过万。每天，他要在太阳底下执勤8小时。正是郑全卫这样的投入和坚守，为繁忙的亿升路口筑起了一座“移动安全岛”。

网友“悠静”发布了一条微信朋友圈消息，图片中郑全卫正搀扶一位老人过马路，并配文“一早看到这样的景象，心情都不一样，为这位交警点赞”。从警以来，郑全卫最关注的就是独自出行的老人。他心里清楚，老人家年纪大，眼神和反应都会差一些，遵守交通规则的意识也比较淡薄，交警护送他们过马路会更安全。

对于各方的夸赞，他总是淡然一笑，腼腆的他甚至有些不好意思：“这个事情不值一提，本来也是我们工作的一部分。看到有需要的老人小孩，或者其他老弱病残，我们应该去帮助，这也是职责所在。”郑全卫没有惊天动地的壮举，也没有功成名就的传奇，只有默默无闻地奉献与付出。“全省公安交通管理工作成绩突出个人”“全省道路交通管理工作成绩突出个人”“全市公安交通管理工作优秀辅警”“文明有礼好警察”等荣誉，见证了郑全卫这些年的投入与坚守。

平凡与高尚之间，往往只隔着一堵叫作“坚持”的墙。高尚无需轰轰烈烈壮举，只需平凡的坚持，像郑全卫那样，左手扶人、右手提物，在一个平凡的路口，就能成为一道光。

作者：江日航

2024 年 8 月 5 日